D1669713

Joachim Käschel

Tobias Teich

Produktionswirtschaft

Band 1: Grundlagen, Produktionsplanung und -steuerung

Lehr- und Übungsbuch

2. überarbeitete Auflage

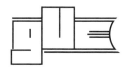

GUC - Verlag der Gesellschaft für
Unternehmensrechnung und Controlling m.b.H.
Chemnitz 2007

Die Deutsche Bibliothek - CIP-Einheitsaufnahme

http://www.ddb.de

Käschel, Joachim; Teich, Tobias:

Produktionswirtschaft. Band 1: Grundlagen, Produktionsplanung und -steuerung,

Lehr- und Übungsbuch / 2. überarbeitete Auflage / Joachim Käschel; Tobias Teich

Chemnitz: Verlag der GUC, 2007

(Lehrbuchreihe; 7)

ISBN 978-3-934235-53-3

© 2007 by Verlag der GUC - Gesellschaft für Unternehmensrechnung und Controlling m.b.H.

GUC m.b.H. · Abraham-Werner-Str. 22 · D-09117 Chemnitz

http://www.guc-verlag.de

Druck: Druckerei Wittchen, Nörten-Hardenberg

Gedruckt auf säurefreiem Papier - alterungsbeständig

Printed in Germany

ISBN 978-3-934235-53-3

Vorwort

Das vorliegende Lehrbuch richtet sich an Studierende der Wirtschaftswissenschaften, deren Anliegen es ist, sich ein notwendiges Maß an theoretischen Grundkenntnissen zum Phänomen *Produktion* zu erarbeiten, um diese dann gezielt auf praktische Problemstellungen anzuwenden.

Es gliedert sich in vier Kapitel. Das erste Kapitel nennt die wesentlichen Kenntnisse aus der Mathematik, auf die im vorliegenden Buch und in einem zweiten, später noch folgenden Band zurückgegriffen wird. Dabei handelt es sich im Wesentlichen um Fragestellungen zu Optimierung. Insofern bildet dies die Grundlage zur Auswahl optimaler Entscheidungen im Produktionsprozess. Das zweite Kapitel behandelt im Stil einer Einführungsvorlesung die Grundlagen der *Produktion*. Dabei wird nur das aus der Sicht der Autoren Nötigste zur Produktions- und Kostentheorie geboten und dies um eine Reihe praktischer Anwendungen ergänzt. Diesem Kapitel liegt ein Skript zu einer entsprechenden Vorlesung zugrunde, das zwar überarbeitet, aber bewusst nicht erweitert wurde. Deshalb wird an vielen Stellen auf eine trotz allem geringe Auswahl an weitergehender Literatur verwiesen. In einem relativ kurzen Kapitel drei wird eine Auswahl von Produktionsplanungsmodellen geboten, die einen Einblick in die Vielfalt der möglichen Problemstellungen bei der Planung von Produktionsmengen geben soll. Dieses und das folgende Kapitel 4 richtet sich in erster Linie an Studenten, die sich vertieft mit Fragen der Produktion auseinander setzen wollen. In diesem letzten Kapitel wird sehr ausführlich ein Überblick über Modelle und Verfahren der Fertigungssteuerung gegeben, wobei hier viele Forschungsergebnisse von Herrn Teich einfließen. Dies soll den aufmerksamen Leser dazu befähigen, für die vielfältigen Aufgaben aus der Praxis der Fertigungssteuerung einen theoretisch begründbaren Lösungsansatz zu finden. In einem zweiten Band werden ähnlich ausführlich Probleme der Beschaffung und des Supply Chain Managements bzw. der Vernetzung von Produktionsstätten behandelt.

Die Autoren danken allen Mitarbeitern der Professur Produktionswirtschaft und Industriebetriebslehre für die breite Unterstützung bei der Fertigstellung dieses Buches. Insbesondere die Unterstützung beim Sammeln von Aufgaben, bei der Erstellung von Abbildungen, beim Formatieren des Textes und bei der Überarbeitung von Rohfassungen bzw. Korrekturlesen war sehr hilfreich. Dieser Dank gilt den ehemaligen Mitarbeitern, Herrn Dr. Trapp und Herrn Dr. Köbernik, genau so wie den jetzigen Mitarbeitern, Herrn Marco Fischer, Herrn Hendrik Jähn, Herrn Lars Zschorn und insbesondere Herrn Matthias Zimmermann, sowie den überaus fleißigen studentischen Hilfskräften, Herrn Jens Fischer und Herrn André Vogel.

Chemnitz, im März 2007   Joachim Käschel
                                                                                              Tobias Teich

Inhaltsverzeichnis

Abbildungsverzeichnis

Kapitel 1

Mathematische Grundlagen

Dieses Kapitel soll die wesentlichen mathematischen Grundlagen, auf denen die nachfolgenden Kapitel aufbauen und die zum Lösen der Anwendungsbeispiele erforderlich sind, systematisch auflisten. Dabei wird kein Wert auf vollständige Darlegung der Theorie gelegt, insbesondere wird auf Beweise verzichtet. Zum vertiefenden Studium angegebener Sachverhalte wird auf *Luderer*[1] verwiesen.

1.1 Funktion einer reellen Veränderlichen

Anliegen dieses Abschnittes ist es, Grundbegriffe und wesentliche Methoden aus der Mathematik, insbesondere aus der Theorie von Funktionen einer reellen Veränderlichen zu wiederholen. Dabei soll es vor allem um Differenzierbarkeit und Extremwerte für differenzierbare Funktionen gehen.

Entscheiden unter Wirtschaftlichkeitsgesichtspunkten bedeutet ja in vielen Fällen, eine Handlungsalternative auszuwählen, die entweder ein Nutzensmaß maximiert oder ein Aufwandsmaß minimiert. Sind diese Maße als Funktion bekannt oder ermittelbar, ist das Bestimmen der gewünschten Handlungsalternative gleichbedeutend mit der Extremwertbestimmung einer solchen Funktion.

1.1.1 Grundbegriffe

Im Weiteren bezeichne R die Menge der reellen Zahlen bzw. den eindimensionalen Euklidischen Raum. Die Bezeichnung $[a,b] \in R$ steht für ein Intervall mit endlichen Intervallgrenzen a und b, wobei diese zum Intervall gehören sollen (abgeschlossenes Intervall). (a,b) steht für ein Intervall mit endlichen oder unendlichen Intervallgrenzen a und b, wobei diese nicht zum Intervall gehören sollen (offenes Intervall). Entsprechend sind Intervalle der Art $[a,b)$ bzw. $(a,b]$ zu interpretieren. Soll nicht in offene und abgeschlossene Intervalle unterschieden werden, kann die Schreibweise $< a,b >$ verwendet werden, die dann alle eben genannten vier Varianten zulässt.

---

[1]   Vgl. [Lud95].

Definition 1.1 : Eine Funktion $y = f(x)$, $x,y \in R$, heißt stetig in einem Punkt $\bar{x} \in R$,
wenn zu jedem vorgegebenen $\varepsilon > 0$ ein $\delta = \delta(\varepsilon) > 0$ existiert, so dass für alle
$x \in R$ mit $|x - \bar{x}| < \delta$ gilt: $|f(x) - f(\bar{x})| < \varepsilon$.

Definition 1.2 :
   Eine Funktion $y = f(x)$, $x,y \in R$, heißt stetig in einem (endlichen oder unendlichen) Intervall $< a,b > \subset R$, wenn sie in jedem Punkt $\bar{x} \in < a,b >$ stetig ist.

Definition 1.3 :
   Eine stetige Funktion $y = f(x)$, $x,y \in R$, heißt differenzierbar in einem Punkt
   $\bar{x} \in R$, wenn ein endlicher Grenzwert $\lim\limits_{x \to \bar{x}} \frac{f(x) - f(\bar{x})}{x - \bar{x}}$ existiert.

Definition 1.4 :
   Eine in einem (endlichen oder unendlichen) Intervall $< a,b > \subset R$ stetige Funktion
   $y = f(x)$, $x,y \in R$, heißt differenzierbar in $< a,b >$, wenn sie in jedem Punkt
   $\bar{x} \in < a,b >$ differenzierbar ist.

Definition 1.5 :
   Der in Definition 1.3 geforderte Grenzwert (des Differenzenquotienten) heißt Dif-
   ferenzialquotient oder erste Ableitung der Funktion $f(x)$ an der Stelle $\bar{x}$.
   Ist die Funktion $f(x)$ in einem Intervall $< a,b >$ differenzierbar, so bezeichnet
   $f'(x)$ die Ableitung der Funktion $f(x)$ an der Stelle $x \in < a,b >$, und zwar für alle
   solche x.

$f'(x)$ ist damit wiederum eine Funktion von x, $x \in < a,b >$. Sie kann selbst wieder
stetig und differenzierbar sein. Ihre Ableitung wird zweite Ableitung $f''(x)$ genannt, die
Funktion $f(x)$ heißt dann *zweimal differenzierbar* usw.

Für eine große Anzahl konkreter Funktionen können durch Berechnung der Grenzwerte
nach Definition 1.3 einfache Regeln zur Ermittlung ihrer Ableitungen bestimmt werden:
$$f(x) = c, \ c \in R \ \text{(konstant)} \quad f'(x) = 0$$
$$f(x) = x^n \qquad\qquad\qquad f'(x) = nx^{n-1} \quad \text{usw.}$$

Gilt für eine in $x = \bar{x}$ differenzierbare Funktion $f(x)$ die Eigenschaft $f'(\bar{x}) > 0$, so ist die
Funktion $f(x)$ in diesem Punkt $\bar{x}$ offensichtlich wachsend. Gilt dagegen die Eigenschaft
$f'(\bar{x}) < 0$, so ist die Funktion $f(x)$ in diesem Punkt $\bar{x}$ fallend.

1.1.2   Extremwerte von Funktionen einer reellen Veränderlichen

Definition 1.6 :
   Es sei eine Funktion $f(x)$ definiert $\forall x \in R$.
   Die Funktion $f(x)$ besitzt an der Stelle $\bar{x}$ ein globales Minimum, wenn gilt:
   $f(\bar{x}) \leq f(x) \ \forall x \in R$. $\bar{x}$ heißt dann (golbale) Minimalstelle und $f(\bar{x})$ (globaler)
   Minimalwert (oder auch globales Minimum) der Funktion $f(x)$.
   Die Funktion $f(x)$ besitzt an der Stelle $\bar{x}$ ein globales Maximum, wenn gilt:
   $f(\bar{x}) \geq f(x) \ \forall x \in R$. $\bar{x}$ heißt dann (globale) Maximalstelle und $f(\bar{x})$ (globaler)
   Maximalwert (oder auch globales Maximum) der Funktion $f(x)$.
   Die Funktion $f(x)$ besitzt an der Stelle $\bar{x}$ ein lokales Minimum, wenn ein $\varepsilon > 0$
   existiert, so dass $f(\bar{x}) \leq f(x) \ \forall x \in R$ mit $|x - \bar{x}| < \varepsilon$. $\bar{x}$ heißt dann lokale Mini-
   malstelle und $f(\bar{x})$ lokaler Minimalwert (oder auch lokales Minimum) der Funktion

$f(x)$.

Die Funktion $f(x)$ besitzt an der Stelle $\bar{x}$ ein lokales Maximum, wenn ein $\varepsilon > 0$ existiert, so dass $f(\bar{x}) \geq f(x) \; \forall x \in R$ mit $|x - \bar{x}| < \varepsilon$. $\bar{x}$ heißt dann lokale Maximalstelle und $f(\bar{x})$ lokaler Maximalwert (oder auch lokales Maximum) der Funktion $f(x)$.

Die lokalen bzw. globalen Maxima und Minima der Funktion $f(x)$ bezeichnet man als lokale bzw. globale Extrema.

Satz 1.1 :

Es sei $f(x)$ differenzierbar $\forall x \in R$. Es sei weiter $\bar{x}$ ein lokales oder globales Maximum oder Minimum. Dann gilt $f'(\bar{x}) = 0$.

Damit ist die Bedingung $f'(\bar{x}) = 0$ eine notwendige Bedingung dafür, dass die Funktion $f(x)$ an der Stelle $\bar{x}$ einen lokalen oder globalen Extremwert aufweist.

Satz 1.2 :

Es sei $f(x)$ differenzierbar $\forall x \in R$. Außerdem gelte für $\bar{x} \in R$ die Bedingung $f'(\bar{x}) = 0$. Ist $f'(x)$ im Punkt $\bar{x}$ differenzierbar, dann gilt

bei $f''(\bar{x}) < 0$: $\bar{x}$ ist Stelle eines (wenigstens) lokalen Maximums;

bei $f''(\bar{x}) > 0$: $\bar{x}$ ist Stelle eines (wenigstens) lokalen Minimums;

bei $f''(\bar{x}) = 0$: es ist noch keine Aussage zum Extremalverhalten der Funktion $f(x)$ an der Stelle $\bar{x}$ möglich.

Gilt $f''(\bar{x}) = 0$, so kann sowohl ein Maximum oder auch ein Minimum oder auch ein sogenannter Wendepunkt (kein Extremum) vorliegen:

Maximum: $f(x) = -x^4$ in $\bar{x} = 0$;

Minimum: $f(x) = +x^4$ in $\bar{x} = 0$;

Wendepunkt: $f(x) = x^3$ in $\bar{x} = 0$.

Zu weitergehenden Untersuchungen mit Hilfe dritter, vierter usw. Ableitungen sei auf die breit verfügbare Literatur verwiesen.

Satz 1.3 :

Es sei $f(x)$ zweimal differenzierbar $\forall x \in R$. Außerdem gelte für $\bar{x} \in R$ die Bedingung $f'(\bar{x}) = 0$.

Gilt $\forall x \in R$: $f''(x) < 0$, so besitzt $f(x)$ in $x = \bar{x}$ ein globales Maximum.

Gilt $\forall x \in R$: $f''(x) > 0$, so besitzt $f(x)$ in $x = \bar{x}$ ein globales Minimum.

$f''(x) < 0 \; \forall x \in R$ bedeutet, dass $f'(x)$ eine fallende Funktion ist. Das aber bedeutet wiederum, dass der Anstieg der Funktion $f(x)$ für wachsendes x abnimmt. Die Funktion $f(x)$ ist folglich nach oben gekrümmt, man nennt sie *konkav*.

$f''(x) > 0 \; \forall x \in R$ bedeutet, dass $f'(x)$ eine wachsende Funktion ist. Das aber bedeutet wiederum, dass der Anstieg der Funktion $f(x)$ für wachsendes x zunimmt. Die Funktion $f(x)$ ist folglich nach unten gekrümmt, man nennt sie *konvex*.

Eine Unterscheidung nach *konvex* und *streng konvex* bzw. nach *konkav* und *streng konkav* erfolgt an dieser Stelle nicht.

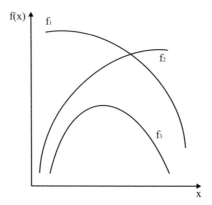

Abbildung 1.1: Konkave Funktionen

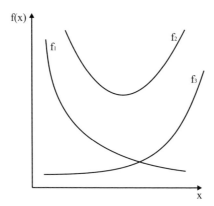

Abbildung 1.2: Konvexe Funktionen

Konvexe Funktionen sind z.B.: $f(x) = x^n$ mit $n = 2,4,6,\ldots$
Konkave Funktionen sind z.B.: $f(x) = -x^n$ mit $n = 2,4,6,\ldots$
Es ist leicht nachweisbar, dass die Summe konvexer Funktionen wieder eine konvexe Funktion ergibt, ebenso verändert die Multiplikation mit einer positiven reellen Zahl diese Eigenschaft nicht.
Analog ist auch die Summe konkaver Funktionen wieder eine konkave Funktion. Auch hier verändert die Multiplikation mit einer positiven reellen Zahl diese Eigenschaft nicht.

Konvexe Funktionen, definiert $\forall x \in R$, haben folglich keine endlichen Maximalstellen. Sie können Minimalstellen aufweisen, die dann aber alle globale Minimalstellen sind. Eine analoge Aussage gilt für konkave Funktionen, die keine endlichen Minimalstellen, höchstens Maximalstellen, dann aber global, aufweisen können.

1.1.3 Berechnung von Extremwerten bei Funktionen einer reellen Veränderlichen

Im weiteren sei gewährleistet, dass die zu untersuchende Funktion $f(x)$ $\forall x \in R$ hinreichend oft differenzierbar ist. In Anwendungsfällen werden in der Regel nicht generell die Extremwerte, sondern je nach Kriterium entweder die Maxima (z.B. Gewinn) oder die Minima (z.B. Kosten) zu ermitteln sein.

Ablauf :
   Gegeben sei die zu untersuchende Funktion $f(x)$.
   (1) Berechne $f'(x)$.
   (2) Löse die Gleichung $f'(x) = 0$.
   (3) Falls keine Lösungen existieren, so gibt es keine endlichen Extremstellen.
       ENDE
   (4) Berechne $f''(x)$.
   (5) Berechne für alle in (2) gefundenen Lösungen x_i, $i = 1,2,...,m$, den Wert $f''(x_i)$.
   (6) Falls $f''(x_i) > 0$, so ist x_i ein lokales Minimum.
   (7) Falls $f''(x_i) < 0$, so ist x_i ein lokales Maximum.
   (8) Falls $f''(x_i) = 0$, so ist – nach bisherigen Darlegungen – noch keine Aussage möglich.

Bemerkungen :
   zu (3): In solchen Fällen kann es sinnvoll sein, das Verhalten der Funktion $f(x)$ für $x \to \infty$ oder für $x \to -\infty$ zu untersuchen. Möglicherweise findet man dabei untere bzw. obere Schranken der Funktion.
   zu (4) bis (8): Ist es bekannt, dass die Funktion $f(x)$ über dem gesamten Raum R konvex bzw. konkav ist, so können diese Schritte entfallen. Die ermittelten Werte sind dann zwangsläufig globale Minimal- bzw. Maximalstellen.
   zu (6): Gesichert werden kann nur die lokale Extremaleigenschaft. Man beachte, dass auch ein Vergleich aller lokalen Minima nicht zu einer Aussage über das globale Minimum der Funktion $f(x)$ führt, da ihr Verhalten im Unendlichen bei einer solchen Aussage eine wesentliche Rolle spielt.
   zu (7): Gesichert werden kann nur die lokale Extremaleigenschaft. Man beachte, dass auch ein Vergleich aller lokalen Maxima nicht zu einer Aussage über das globale Maximum der Funktion $f(x)$ führt, da ihr Verhalten im Unendlichen bei einer solchen Aussage eine wesentliche Rolle spielt.

Beispiel :
   Die Funktion $f(x) = \frac{4}{3}x^3 - x$ hat an der Stelle $x_1 = -\frac{1}{2}$ ein lokales Maximum und an der Stelle $x_2 = \frac{1}{2}$ ein lokales Minimum. Sie besitzt aber weder ein globales Maximum noch ein globales Minimum, da $f(x) \to \infty$ für $x \to \infty$ und $f(x) \to -\infty$ für $x \to -\infty$, d.h. $f(x)$ ist sowohl nach oben als auch nach unten unbeschränkt, die Bedingung für globale Extrema in Definition 1.6 ist nicht erfüllbar.

Für praktische Untersuchungen, bei denen die Variable x eine Entscheidungsvariable und die Funktion $f(x)$ ein Entscheidungskriterium darstellen, ist es häufig sinnvoll und

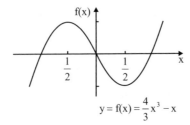

Abbildung 1.3: Funktion ohne globale Extrema

oft sogar notwendig, sich auf einen endlichen Bereich für die Variable x, auf ein endliches Intervall $[a,b]$, zu beschränken. Im Weiteren sei nun $f(x)$ hinreichend oft differenzierbar $\forall x \in [a,b]$.

Nach oben beschriebener Vorgehensweise werden bis zum Schritt (5) die extremal-verdächtigen Lösungen x_i, $i = 1,2,...,s$, ermittelt, die zum Intervall $[a,b]$ gehören. Zu diesen werden die Funktionswerte $f(x_i)$ berechnet. Zusätzlich müssen nun noch die Intervallgrenzen a und b untersucht werden. a und b sind mit Sicherheit lokale Extremstellen, ob Minimum oder Maximum kann anhand des Funktionsverlaufes in einer Umgebung dieser Punkte entschieden werden. Sehr einfach aber kann dann das globale Maximum und das globale Minimum der Funktion $f(x)$ über dem Intervall $[a,b]$ erkannt werden:

x_{max} ist globale Maximumstelle, wenn
$$f(x_{max}) = max\{f(a), f(b), f(x_i) : i = 1,2,...,s\},$$

x_{min} ist globale Minimumstelle, wenn
$$f(x_{min}) = min\{f(a), f(b), f(x_i) : i = 1,2,...,s\}.$$

1.1.4 Extremalstellen stückweise stetiger differenzierbarer Funktionen

Im Zusammenhang mit Mengenentscheidungen beim Einkauf treten Kostenfunktionen auf, die wegen mengenabhängiger Rabattstufen besondere Eigenschaften aufweisen. Dazu gehören Unstetigkeiten im Sinne endlich vieler endlicher Sprungstellen, Differenzierbarkeit zwischen den Unstetigkeitsstellen oder monotones Verhalten an den Sprungstellen[2].

Deshalb werden im Weiteren Funktionen folgenden speziellen Typs betrachtet:

$$f(x) = \begin{cases} f_1(x) & : & x_0 \leq x < x_1 \\ f_2(x) & : & x_1 \leq x < x_2 \\ f_3(x) & : & x_2 \leq x < x_3 \\ ...... & : & ...... \\ f_p(x) & : & x_{p-1} \leq x \leq x_p \end{cases}$$

Für die Funktionen $f_i(x)$ mögen folgende Voraussetzungen gelten:
V1: sie seien jeweils über $[x_{i-1},x_i]$ hinreichend oft differenzierbar,

---

[2]   Vgl. dazu auch Band 2 dieser Lehrbuchreihe, erscheint in 2008.

V2: $f_i(x_i) \geq f_{i+1}(x_i)$ für $i = 1,2,...,p - 1$.

Für die Funktion $f(x)$ soll das globale Minimum ermittelt werden. Dass ein solches existiert, folgt aus der Theorie der Funktion einer reellen Veränderlichen. Nach Voraussetzung ist jede Funktion $f_i(x)$ über einem endlichen Intervall $[x_{i-1},x_i]$ differenzierbar. Damit ist die Existenz eines globalen Minimums in diesem Intervall für diese einzelnen Funktionen gesichert. Da sich $f(x)$ nur aus endlich vielen Funktionsstücken $f_i(x)$ zusammensetzt, existiert das globale Minimum von $f(x)$ als Minimum der globalen Minima der Funktionen $f_i(x)$.

In Anlehnung an die bisherige Vorgehensweise kann das globale Minimum jeder Funktion $f_i(x)$ über dem zugehörigen Intervall $[x_{i-1},x_i]$ bestimmt werden, wobei wegen der Voraussetzung V2 – außer für $i = p$ – der Funktionswert $f_i(x_i)$ nicht ermittelt werden muss. Die so ermittelten p globalen Minima der Funktionen $f_i(x)$ sind, wenn die Voraussetzung V2 zu $f_i(x_i) > f_{i+1}(x_i)$ verschärft wird, auch lokale Minima der Funktion $f(x)$. Durch einen Funktionswertvergleich kann aus diesen (endlich vielen) das globale Minimum ausgewählt werden. Es ist leicht nachvollziehbar, dass auf diese Weise – auch ohne die Verschärfung von V2 – in jedem Falle wenigstens eine globale Minimalstelle der Funktion $f(x)$ gefunden werden muss.

Es genügt, für die Funktionen $f_i(x)$ die extremalverdächtigen Stellen zu ermitteln und an Stelle der Untersuchung hinsichtlich Minimum oder Maximum einen Vergleich der zugehörigen Funktionswerte durchzuführen. Die Minimalstellen sind mit Sicherheit erfasst, es stellt sich möglicherweise ein etwas höherer Aufwand bei den Vergleichen der Funktionswerte ein, der aber durch den verringerten Untersuchungsaufwand – Verzicht auf das Bestimmen der zweiten Ableitungen – in der Regel mehr als kompensiert wird.

Beispiel:

$$f(x) = \begin{cases} x^2 + 2x + 3 & : \quad -2 \leq x < -1 \\ x^2 + 1 & : \quad -1 \leq x < 2 \\ x^2 - 2x + 2 & : \quad 2 \leq x \leq 4 \end{cases}$$

a) $f_1(x) = x^2 + 2x + 3$ über $[-2, -1]$:
$f_1'(x) = 2x + 2 = 0 \rightarrow x_1 = -1$: muss als Randpunkt von $[-2, -1]$ wegen V2 nicht betrachtet werden.

b) $f_2(x) = x^2 + 1$ über $[-1,2]$:
$f_2'(x) = 2x = 0 \rightarrow x_2 = 0 \in [-1,2]$, $f_2(0) = 1$

c) $f_3(x) = x^2 - 2x + 2$ über $[2,4]$:
$f_3'(x) = 2x - 2 = 0 \rightarrow x_3 = 1 \notin [2,4]$

d) Es werden nun die Funktionswerte bisher gefundener extremalverdächtiger Stellen verglichen, einmal untereinander und zum Anderen mit den Werten $f(x_i)$, $i = 1,2,3,4$:
$f(0) = f_2(0) = 1$, $f(-2) = f_1(-2) = 3$, $f(-1) = f_2(-1) = 2$,
$f(2) = f_3(2) = 2$, $f(4) = f_3(4) = 10$
Das globale Minimum liegt an der Stelle $x_{min} = 0$ mit $f(x_{min}) = 1$.

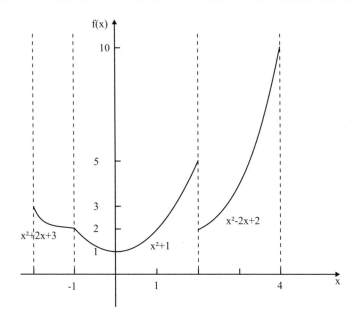

Abbildung 1.4: Stückweise differenzierbare Funktion

1.1.5   Einige geometrische Interpretationen

Anstiege:

Der Anstieg einer differenzierbaren Funktion $f(x)$ an der Stelle $x = \bar{x}$ ist genau so groß wie der Anstieg einer Tangente an die Funktion $f(x)$ im Punkt $(\bar{x}, f(\bar{x}))$. Per Definition der Ableitung einer Funktion ist dieser Anstieg zu ermitteln als $f'(\bar{x})$.

Für Funktionen $f(x)$ mit konkretem Inhalt, wie z.B. Kostenfunktionen, Gewinnfunktionen usw., werden die ersten Ableitungen $f'(x)$ auch als Grenzfunktionen, z.B. Grenzkosten, Grenzgewinn usw., bezeichnet. Deren Werte an einer konkreten Stelle $x = \bar{x}$ geben näherungsweise die Änderung der Funktion $f(x)$, ausgehend vom Wert $f(\bar{x})$, wieder, wenn $x = \bar{x}$ um eine Einheit auf $x = \bar{x} + 1$ erhöht wird. Die Genauigkeit dieser ermittelten Änderung entspricht dem Grad der Übereinstimmung von Kurve zu $f(x)$ und Tangente an die Kurve im Punkt $(\bar{x}, f(\bar{x}))$, hängt also davon ab, wie *nahe* man am Punkt $(\bar{x}, f(\bar{x}))$ bleibt. Dies beeinflusst man letztlich entweder durch eine geeignete Maßeinheit für die (praktische) Entscheidungsvariable x oder indem man den Wert $x = \bar{x}$ nur um einen Bruchteil einer Einheit erhöht und eine Funktionsänderung von dann auch nur dem gleichen Bruchteil von $f'(\bar{x})$ erwartet.

Durchschnittswerte:

Betrachtet man den Funktionswert $f(x)$ als Ergebnis einer Entscheidung für x, also z.B. $f(x)$ als Kosten einer Einkaufsmenge x, $f(x)$ als Gewinn einer Produktionsmenge x usw., dann kann zu jeder Wahl von $x = \bar{x}$ mit einem Gesamtergebnis von $f(x) = f(\bar{x})$ ein

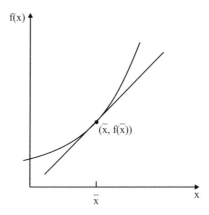

Abbildung 1.5: Anstieg einer Funktion

durchschnittliches Ergebnis pro Einheit von x angeben als $\frac{f(x)}{x}$. Geometrisch verbirgt sich hinter diesem Wert der Anstieg eines Strahles vom Koordinatenursprung durch den Punkt $(\bar{x}, f(\bar{x}))$. In verschiedenen Anwendungen spricht man hier auch vom Fahrstrahl durch $(\bar{x}, f(\bar{x}))$. Durch Verfolgung des Fahrstrahls bei sich veränderndem x kann man sehr einfach erkennen, für welchen Wert von x z.B. ein größtmöglicher Durchschnittsertrag oder analog auch ein kleinstmöglicher Wert durchschnittlicher Kosten – minimale Stückkosten – vorliegt.

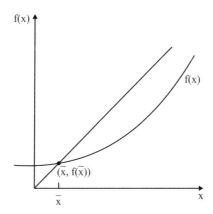

Abbildung 1.6: Durchschnittswerte

1.2 Lineare Optimierungsaufgaben

1.2.1 Aufgabenstellung der Linearen Optimierung

Im Weiteren werden Lineare Optimierungsprobleme folgender Art betrachtet, wobei die
Zielrichtung unterschiedlich gewählt werden kann. Es steht
max für Maximierung und
min für Minimierung.

$$\sum_{j=1}^{n} c_j x_j \quad \rightarrow \quad max/min$$
$$\sum_{j=1}^{n} a_{ij} x_j \quad \leq b_i \quad i = 1,...,m$$
$$x_j \quad \geq 0 \quad j = 1,...,n$$

Definition :
   Ein n-Tupel $x = (x_1, x_2,...,x_n)$ heißt zulässige Lösung der Optimierungsaufgabe
   3.1, wenn es das Ungleichungssystem

$$\sum_{j=1}^{n} a_{ij} x_j \leq b_i \quad i = 1,...,m$$
$$x_j \geq 0 \quad j = 1,...,n$$

erfüllt.

Definition :
   Eine zulässige Lösung $x^* = (x_1^*, x_2^*,...,x_n^*)$ der Aufgabe 3.1 heißt optimale Lösung
   der Optimierungsaufgabe 3.1, wenn für alle zulässigen Lösungen $x = (x_1, x_2,...,x_n)$
   der Aufgabe 3.1 gilt:

$$\sum_{j=1}^{n} c_j x_j \leq \sum_{j=1}^{n} c_j x_j^* \quad \text{bei Maximierung bzw.}$$
$$\sum_{j=1}^{n} c_j x_j \geq \sum_{j=1}^{n} c_j x_j^* \quad \text{bei Minimierung}$$

Beispiel :

$$2x_1 + x_2 \rightarrow \max$$
$$x_1 + x_2 \leq 2$$
$$x_1 - x_2 \leq 1$$
$$x_1 \geq 0, \ x_2 \geq 0$$

zulässige Lösungen: $x = (0; \ 0)$, $x = (1; \ 1)$, $x = (0; \ 1{,}5)$, $x = (1{,}2; \ 0{,}7)$ usw.
optimale Lösung: $x^* = (1{,}5; \ 0{,}5)$

1.2.2   Grafische Lösung Linearer Optimierungsprobleme

1.2.2.1   Lösbarkeitsfall

Lineare Optimierungsprobleme mit zwei Variablen können grafisch gelöst werden, da die Menge der zulässigen Lösungen in der zweidimensionalen Ebene darstellbar und die Bewertung dieser Lösungen durch die Zielfunktion mit Hilfe von Höhen- oder Niveaulinien möglich ist. Dies wird am obigen Beispiel, also für den Fall der Maximierung, demonstriert.

Eine Gleichung mit zwei Variablen, z.B. $x_1 + x_2 = 2$ beschreibt eine Gerade im zweidimensionalen Koordinatensystem, sie ist also eine Geradengleichung. Hat man zwei davon, also zusätzlich $x_1 - x_2 = 1$, und sind diese nicht zufällig parallel, so schneiden sich die beiden in einem Punkt. Dieser Schnittpunkt erfüllt also beide Geradengleichungen gleichzeitig, er ist also nichts anderes als die Lösung des zugehörigen linearen Gleichungssystems mit zwei Variablen:

$$
\begin{aligned}
x_1 + x_2 &= 2 \\
x_1 - x_2 &= 1.
\end{aligned}
$$

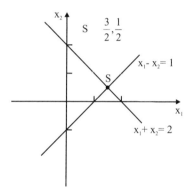

Abbildung 1.7: Lösung eines Gleichungssystems

Eine Ungleichung beschreibt eine Halbebene. Dazu wird z.B. die Ungleichung $x_1 + x_2 \leq 2$ in die Gleichung $x_1 + x_2 = 2$ überführt. Diese Gleichung beschreibt in der Ebene, also im zweidimensionalen Koordinatensystem, eine Gerade, die eingezeichnet werden kann. Alle Punkte $x = (x_1; x_2)$, die die Ungleichung erfüllen, liegen auf der gleichen Seite der Geraden bzw. auf ihr. Um heraus zu finden, welche Seite dies ist, gibt es mehrere Möglichkeiten:
(1) Ein konkreten Punkt, der nicht auf der Geraden liegt, wird in die Ungleichung eingesetzt. Erfüllt er die Ungleichung, so ist die Seite, in der er liegt, die gesuchte Halbebene, andernfalls ist es die andere. Es empfiehlt sich, wenn immer es möglich ist, den Punkt $(0; 0)$ dazu zu verwenden.
(2) Die Ungleichung wird nach x_2 aufgelöst. Ergibt sich dabei $x_2 \leq ...$, dann ist die

untere Halbebene die gesuchte; ergibt sich dagegen $x_2 \geq$ ...., dann ist es die obere.
(3) Die Ungleichung wird nach x_1 aufgelöst. Ergibt sich dabei $x_1 \leq$ ..., dann ist die linke
Halbebene die gesuchte; ergibt sich dagegen $x_1 \geq$ ...., dann ist es die rechte.
Für den wenig geübten Anwender empfiehlt sich Variante (1).

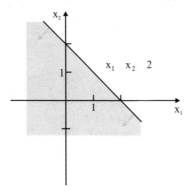

Abbildung 1.8: Darstellung von Ungleichungen

Der zulässige Bereich einer Aufgabe vom Typ 3.1 entsteht, wenn alle Ungleichungen auf
die geschilderte Weise behandelt und nur die Punkte kennzeichnet werden, die gleichzeitig in allen Halbebenen liegen. Diese Menge ist aus der Mengenlehre als Durchschnitt
aller Halbebenen bekannt.

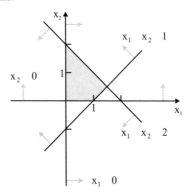

Abbildung 1.9: Zulässiger Bereich

Nun sind die zulässigen Lösungen zu bewerten. Dazu wird zu jedem Punkt $x = (x_1;\ x_2)$
ein Funktions- oder Fitness-Wert mit Hilfe der Zielfunktion (auch Fitness-Funktion)
berechnet. Analog zu Wanderkarten werden die Punkte gleicher Höhe, hier die Punkte
mit gleichem Funktionswert, mit einander verbunden. Analog zu den Höhenlinien der
Wanderkarte entstehen dabei Niveaulinien. Eine konkrete Niveaulinie wird bestimmt,

indem die Zielfunktion einem selbst zu wählenden Niveau, z.B. $2x_1 + x_2 = 4$, gleich gesetzt und die so entstehende Gerade in das Koordinatensystem eingezeichnet wird.

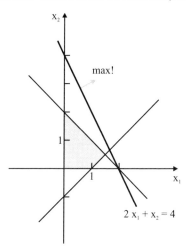

Abbildung 1.10: Zielfunktion einer Linearen Optimierungsausfgabe

Aufgrund der Linearität der Zielfunktion ist jede Höhenlinie eine Gerade. Alle diese Linien, die man durch Variieren des Niveaus erhält, sind zueinander parallel, da sich die Koeffizienten der Geradengleichungen nicht verändern. Das Niveau kann prinzipiell beliebig gewählt werden, aber auch hier empfiehlt es sich, aus Sicht des Arbeitsaufwandes
- ein streng positives (ungleich Null) Niveau zu verwenden und
- das Niveau als kleinstes gemeinsames Vielfache der Beträge der Koeffizienten bei x_1 und x_2 oder ein Vielfaches davon zu wählen.

Der Vektor der Koeffizienten, im Beispiel (2; 1), ist der Normalenvektor der Niveaulinie. Trägt man ihn an einen beliebigen Punkt der Niveaulinie an, so zeigt er stets in die Richtung, in der andere Niveaulinien mit größerem Niveau als das der aktuellen Linie liegen. Er gibt also die Maximierungsrichtung an.

Die Aufgabe besteht nun darin, einen Punkt des markierten zulässigen Bereiches zu finden, der auf einer Niveaulinie liegt, die so weit wie möglich in der Richtung liegt, die der Maximierung entspricht. Wegen der Parallelität der Niveaulinien bedeutet dies, dass eine (beliebige) Niveaulinie so weit parallel verschoben werden muss, dass sie einerseits noch den zulässigen Bereich in wenigstens einem Punkt berührt, aber andererseits keine weitere Niveaulinie in der Maximierungsrichtung existiert, die das Gleiche tut. Damit berührt die zu findende Niveaulinie den Rand und keinen inneren Punkt des zulässigen Bereiches. Der Normalenvektor der Niveaulinie, angesetzt an die Niveaulinie in einem beliebigen Punkt, zeigt dann niemals in das Innere des zulässigen Bereiches.

Jeder Punkt – es muss ja nicht nur einen geben (!) – der auf der so gefundenen Niveaulinie und zugleich im zulässigen Bereich der betrachteten Aufgabe liegt, ist eine optimale Lösung. Wer sich in der Theorie der Linearen Optimierung auskennt, weiß, dass sich

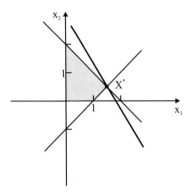

Abbildung 1.11: Optimale Lösung einer Linearen Optimierungsaufgabe

unter diesen Lösungen auch stets ein Eckpunkt des zulässigen Bereiches befindet, vorausgesetzt, für alle Variablen steht die Bedingung $x_j \geq 0$.

Wurde sehr exakt gezeichnet, kann eine oder die eine optimale Lösung unmittelbar abgelesen werden. Ist das aber nicht möglich, so muss die Lösung berechnet werden. Für das Berechnen einer optimalen Ecke des zulässigen Bereiches werden die Geraden bestimmt, deren Schnittpunkt gerade diese Lösung ist. Dazu erinnert man sich, dass diese Geraden aus den Ungleichungen der Ausgangsaufgabe durch Überführen in Gleichungen entstanden waren. Um die richtigen auszuwählen – bei größeren Aufgaben kann es viele Geraden geben, die nicht am gesuchten Schnittpunkt beteiligt sind – sollten die Bedingungen in der Ausgangsaufgabe nummeriert und die Geraden im Koordinatensystem mit dieser Nummer gekennzeichnet werden. Das auf diese Weise entstandene einfache Gleichungssystem ist zu lösen. Für obiges Beispiel ist dies

$$\begin{aligned} x_1 + x_2 &= 2 \\ x_1 - x_2 &= 1 \end{aligned}$$

Die Lösung dieses System und damit die optimale Lösung des Optimierungsproblems ist $x^* = (1,5;\ 0,5)$. Zur vollständigen Lösungsangabe gehört natürlich auch der durch diese Lösung erreichte Ziel- oder Fitnesswert z^*, der durch Einsetzen der optimalen Lösung – hier $x^* = (1,5;\ 0,5)$ – in die Zielfunktion – hier $2x_1 + x_2$ – erhalten wird, also $2 \cdot 1,5 + 0,5 = 2$. Damit ist die Lösung komplett:

$$x^* = (1,5;\ 0,5) \text{ und } z^* = 2.$$

1.2.2.2 Unlösbarkeitsfälle

Nicht in jedem Falle ist der beschriebene Weg bis zum Ende beschreitbar. Es ist denkbar, dass beim Versuch, den zulässigen Bereich der Aufgabe zu kennzeichnen, festgestellt werden muss, dass es gar keine Punkte gibt, die in allen Halbebenen zugleich liegen. Dies ist z.B. hier der Fall:

$$
\begin{array}{ccc}
x_1 + x_2 &\leq& 2 \\
x_1 - x_2 &\leq& 1 \\
x_2 &\geq& 2
\end{array}
$$

In diesem Falle ist die Aufgabe unlösbar, sie wird unzulässig genannt. In der Praxis bedeutet dies, dass es nicht möglich ist, alle Forderungen gleichzeitig zu erfüllen und darüber nachgedacht werden muss, an welchen Forderungen festgehalten werden soll und bei welchen nachgelassen werden kann.

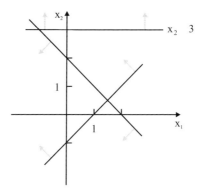

Abbildung 1.12: Keine zulässige Lösung

Tritt dieser Fall der Unlösbarkeit nicht ein, gibt es trotzdem noch keine Gewähr dafür, eine optimale Lösung zu finden. Dies illustriert das folgende Beispiel:

$$
2x_1 + x_2 \rightarrow \max \\
x_1 - x_2 \leq 1 \\
x_1 \geq 0,\ x_2 \geq 0.
$$

Hier kann zwar ein nichtleerer zulässiger Bereich angegeben werden – er ist nach rechts oben unbeschränkt – aber beim Verschieben der Zielfunktionsniveaulinie kann nicht der Rand dieses Bereiches erreicht werden, faktisch gibt es kein Ende des Parallelverschiebens. Dies ist der Fall der Unbeschränktheit einer Aufgabe, ihr Optimum liegt im Unendlichen.

Es ist zu beachten, dass eine Aufgabe nicht automatisch unbeschränkt ist, wenn ihr zulässiger Bereich in einer Richtung unbeschränkt ist. Erst, wenn die Unbeschränktheit in einer Richtung mit der Optimierungsrichtung übereinstimmt, ist dies der Fall.

In der Wirtschaftspraxis deutet der Unbeschränktheitsfall meist auf Modellierungsfehler beim Aufstellen der Aufgabe hin, da z.B. ein unbeschränkter Nutzen in endlicher Zeit aus endlichen Ressourcen nicht erzielt werden kann.

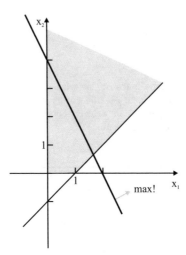

Abbildung 1.13: Unbeschränkte Zielfunktion

1.2.3   Simplexmethode zum Lösen Linearer Optimierungsaufgaben

1.2.3.1   Aufgabe in kanonischer Form

Im Weiteren soll die primale Simplexmethode in modifizierter Form für eine Aufgabe in kanonischer Form beschrieben werden. In den nachfolgenden Betrachtungen wird gezeigt, wie aus einer allgemeinen Linearen Optimierungsaufgabe eine in dieser kanonischen Form gewonnen werden kann.

Wie es der Name „Primale Simplexmethode" schon andeutet, gibt es auch eine duale und sogar eine primal-duale Simplexmethode, auf die hier nicht eingegangen werden soll. Die Methode kann auch, neben der hier verwendeten modifizierten Form, in einer revidierten Form bzw. Tabelle realisiert werden. Diese kommt zwar mit weniger Information beim Rechnen aus – deshalb basieren Software-Realisierungen auf dieser Form – aber es bedarf eines größeren Aufwandes zur Einführung als bei der modifizierten Form.

Im Weiteren werden Kenntnisse zum Lösen Linearer Gleichungssysteme, also zu den Verfahren von Gauss bzw. Gauss/Seidel, vorausgesetzt.

Eine Normalform, die Ungleichungsform, der Aufgabe der Linearen Optimierung in der Matrix-Schreibweise lautet

$$c'x \rightarrow max$$
$$Ax \leq b$$
$$x \geq 0$$

mit: $c, x \in R^n$, $b \in R^m$, $b \geq 0$, A ist eine Matrix vom Typ mxn.

In Koeffizienten-Schreibweise entspricht diese der folgenden Formulierung:

$$\sum_{j=1}^{n} c_j x_j \rightarrow max$$

$$\sum_{j=1}^{n} a_{ij} x_j \leq b_i$$

$$x_j \geq 0, \forall j = 1,...,n$$

Beispiel:

$$
\begin{array}{ccccccc}
2x_1 & + & x_2 & + & x_3 & \rightarrow & max \\
x_1 & + & x_2 & + & x_3 & \leq & 6 \\
2x_1 & + & 3x_2 & + & x_3 & \leq & 6 \\
x_1 & - & 2x_2 & + & x_3 & \leq & 4 \\
x_1, & & x_2, & & x_3 & \geq & 0
\end{array}
$$

Das Einführen sogenannter Schlupfvariablen $y_i \geq 0$ überführt die Aufgabe in die kanonische Form, für die unmittelbar eine zulässige Lösung angegeben werden kann: $x = 0$ und $y = b$.

Beispiel:

$$
\begin{array}{ccccccccccc}
 & & & 2x_1 & + & x_2 & + & x_3 & \rightarrow & max & \\
x_1 & + & x_2 & + & x_3 & + & y_1 & & & = & 6 \\
2x_1 & + & 3x_2 & + & x_3 & & & + & y_2 & = & 6 \\
x_1 & - & 2x_2 & + & x_3 & & & & + y_3 & = & 4 \\
x_1, & & x_2, & & x_3 & \geq & 0, & y_1, & y_2, & y_3 & \geq & 0,
\end{array}
$$

Die zulässige Lösung für dieses Beispiel ist:

$$x_1 = x_2 = x_3 = 0, \ y_1 = 6, \ y_2 = 6, \ y_3 = 4.$$

Mit einer Variablen Z für den Wert der Zielfunktion entsteht

$$Z = 2x_1 + x_2 + x_3$$

bzw.

$$Z - 2x_1 - x_2 - x_3 = 0$$

.

Diese Daten werden nun komplett in die modifizierte Tabelle übertragen, wobei nur die Koeffizienten, nicht aber die Variablen aufgelistet werden, außerdem Z nicht explizit berücksichtigt wird. Für obiges Beispiel ergibt sich damit:

Matrixkoeffizienten						Rechte Seite
1	1	2	1	0	0	6
2	3	1	0	1	0	6
1	-2	1	0	0	1	4
-2	-1	-1	0	0	0	0

Das Gleichungssystem ist damit nach den Variablen y_1, y_2 und y_3 aufgelöst. Diese heißen sie auch Basisvariable. Das Auflösen wird durch die Einheitsmatrix, die sich über die Spalten 4, 5 und 6 und die Zeilen 1 bis 3 erstreckt, verdeutlicht. Im Weiteren werden die Variablen, nach denen das Gleichungssystem nicht aufgelöst ist, Nichtbasisvariable genannt und sie erhalten grundsätzlich den Wert 0.

Das Ziel besteht nun darin, den Wert von Z möglichst groß zu gestalten. Dies kann dadurch erreicht werden, vgl. 1.2.3.1, dass der Wert der Variablen x_1 erhöht wird, z.B. auf 3, da dann parallel dazu Z um $2x_1$, also um den Wert 6, anwächst. Es könnte auch die Variable x_2 erhöht werden, auch x_3 ist möglich, um damit den Wert von Z verbessern. Entscheidend dafür, dass die Veränderung einer x-Variablen mit einer Wertverbesserung von Z einher geht, ist ein negativer Koeffizient in der Gleichung 1.2.3.1 bzw. in der vierten Zeile obiger Tabelle. Die Variable x_1 bringt bei einer Erhöhung um den Wert 1 aufgrund des Koeffizientes -2 gegenüber den Variablen x_2 und x_3 mit den Koeffizienten von jeweils -1 die doppelte Erhöhung von Z. Generell wird deshalb eine Variable zur Veränderung ausgewählt, die in der letzten Zeile einen negativen und betragsmäßig möglichst großen Koeffizienten aufweist.

Im Regelfall kann nun der Wert einer Variablen, die zur Verbesserung des Zielwertes beiträgt, nicht unbeschränkt erhöht werden. Da die vorliegenden Gleichungen unter Beachtung der Nichtnegativitätsforderung an die Variablen eingehalten werden müssen, ergeben sich maximal mögliche Veränderungen dieser Variablen. Im vorliegenden Beispiel sind dies unter Beachtung, dass $x_2 = x_3 = 0$ gilt und bleibt, folgende Begrenzungen:

$$\begin{array}{llllll}
x_1 & + & y_1 & & & = & 6, & \text{wegen } y_1 \geq 0: x_1 \leq 6 \\
2x_1 & & & + & y_2 & = & 6, & \text{wegen } y_2 \geq 0: x_1 \leq 3 \\
x_1 & & & & + y_3 & = & 4, & \text{wegen } y_3 \geq 0: x_1 \leq 4
\end{array}$$

Die Begrenzungen für die zu vergrößernde Variable ergeben sich jeweils als Quotient des Wertes der Spalte „Rechte Seite" und des Koeffizienten in der Spalte (Leitspalte) der zu vergrößernden Variablen, also hier der Spalte 1 zur Variablen x_1. Da alle Schranken eingehalten werden müssen, ist die kleinste davon zugleich der neue Wert der ausgewählten Variablen, im Beispiel also $x_1 = 3$. Im Gegenzug nimmt die Variable, nach der die Gleichung (Leitzeile) aufgelöst ist, die die Schranke letztlich festlegte, den Wert 0 an, im Beispiel also $y_2 = 0$. Formal bedeutet das, dass das Gleichungssystem nach der neuen Variablen aufzulösen ist, also im obigen Beispiel durch geeignete Transformationsschritte die Koeffizientenspalte, die bisher bei y_2 vorlag, jetzt bei x_1 erzeugen werden muss.

Dies wird erreicht, indem die Leitzeile durch den Wert des Koeffizienten, der in eben dieser Zeile und zugleich in der Leitspalte steht, dividiert wird. Im vorliegenden Beispiel ist dies der Koeffizient 2, so dass als neues System entsteht:

Matrixkoeffizienten						Rechte Seite
1	1	2	1	0	0	6
1	$\frac{3}{2}$	$\frac{1}{2}$	0	$\frac{1}{2}$	0	3
1	-2	1	0	0	1	4
-2	-1	-1	0	0	0	0

Diese umgerechnete Leitzeile wird nun mit einem geeigneten Faktor multipliziert und von jeder anderen Zeile subtrahiert. Wird dieser Faktor für jede Zeile gesondert als der Wert gewählt, der in dieser Zeile in der Leitspalte steht, so ergeben sich in der umgerechneten Leitspalte alle weiteren Koeffizienten zu 0. Die Transformation hat damit das Ziel erreicht.

Im Beispiel ergibt sich:

Matrixkoeffizienten						Rechte Seite
0	$-\frac{1}{2}$	$\frac{3}{2}$	1	$-\frac{1}{2}$	0	3
1	$\frac{3}{2}$	$\frac{1}{2}$	0	$\frac{1}{2}$	0	3
0	$-\frac{7}{2}$	$\frac{1}{2}$	0	$-\frac{1}{2}$	1	1
0	2	0	0	1	0	6

Diese Transformationen wird wiederholt, wenn in der letzten Zeile (Zielfunktionszeile) noch negative Koeffizienten auftreten, die auf die Möglichkeit der Verbesserung des Zielwertes Z hindeuten. Sind dagegen alle diese Koeffizienten nichtnegativ, so kann der Wert von Z nicht mehr erhöht werden, ohne dass eine der ursprünglichen Bedingungen verletzt wird. Dann also ist die gefundene Lösung optimal. Dies ist im gewählten Beispiel bereits der Fall. Die Lösung liest man ab in der Spalte „Rechte Seite", den erreichten Zielwert insbesondere dort in der letzten Zeile.

Konkret:
> Zeile 1 ist nach y_1 aufgelöst, also ist $y_1 = 3$.
> Zeile 2 ist nach x_1 aufgelöst, also ist $x_1 = 3$.
> Zeile 3 ist nach y_3 aufgelöst, also ist $y_3 = 1$.
> Alle anderen Variablen haben den Wert 0, also $x_2 = x_3 = y_2 = 0$.
> Der Zielwert ist 6.

1.2.3.2   Aufgaben in allgemeiner Form

Die möglichen Abweichungen der Variablenbeschränkungen von der Form $x_j \geq 0$ sollen hier nicht behandelt werden. Letztlich können solche auch als allgemeine Nebenbedingungen betrachtet werden. Für Nebenbedingungen sind prinzipiell vier Formen denkbar:

$$\sum_{j=1}^{n} a_{ij} x_j = b_i$$
$$\sum_{j=1}^{n} a_{ij} x_j \leq b_i$$
$$\sum_{j=1}^{n} a_{ij} x_j \geq b_i$$
$$b_i^u \leq \sum_{j=1}^{n} a_{ij} x_j \leq b_i^o$$

Dabei wird $b_i \geq 0$ vorausgesetzt, andernfalls ist die Ungleichung bzw. Gleichung mit -1 zu multiplizieren.

Zunächst werden nun in allen Ungleichungen Schlupfvariable $y_i \geq 0$, vgl. Abschnitt 1.2.3.1, eingeführt. Die zweiseitige Ungleichung

$$b_i^u \leq \sum_{j=1}^{n} a_{ij} x_j \leq b_i^o$$

wird in zwei getrennte Ungleichungen zerlegt. Wenn die zusätzlich entstehenden Gleichungen neu nummeriert werden (Zeilenindex i!), entsteht dabei ein System folgender Art:

$$\sum_{j=1}^{n} a_{ij}x_j = b_i$$
$$\sum_{j=1}^{n} a_{ij}x_j + y_i = b_i$$
$$\sum_{j=1}^{n} a_{ij}x_j - y_i = b_i$$
$$\sum_{j=1}^{n} a_{ij}x_j + y_1^1 = b_i^o$$
$$\sum_{j=1}^{n} a_{ij}x_j - y_1^2 = b_i^u$$

Damit liegen generell Gleichungen als Restriktionen vor. Führt man nun in jeder Gleichung i eine weitere „künstliche Variable" $z_i \geq 0$ ein, so liegt die in Abschnitt 1.2.3.1 beschriebene kanonische Form vor, d.h., das Gleichungssystem ist praktisch nach den Variablen z_i aufgelöst.

$$\sum_{j=1}^{n} a_{ij}x_j \qquad +z_i = b_i$$
$$\sum_{j=1}^{n} a_{ij}x_j + y_i \quad +z_i = b_i$$
$$\sum_{j=1}^{n} a_{ij}x_j - y_i \quad +z_i = b_i$$
$$\sum_{j=1}^{n} a_{ij}x_j + y_1^1 \quad +z_i = b_i^o$$
$$\sum_{j=1}^{n} a_{ij}x_j - y_1^2 \quad +z_i = b_i^u$$

Schließlich kann in einem Optimierungsproblem die Aufgabe in der Minimierung einer Entscheidungsgröße bestehen:

$$\sum_{j=1}^{n} c_j x_j \rightarrow min$$

Eine Multiplikation der gesamten Zielfunktion mit -1 führt zur gewünschten Zielrichtung, der Maximierung:

$$\sum_{j=1}^{n} (-c_j)x_j \rightarrow max \ ,$$

wobei zu beachten ist, dass nach dem Lösen der Aufgabe der Zielwert der optimalen Lösung letztlich wiederum mit -1 multipliziert werden muss, um den praktisch relevanten Wert zu erhalten.

Kapitel 2

Grundlagen der Produktionswirtschaft

2.1 Einführung

Anliegen dieses Kapitels ist es, Verständnis für das betriebswirtschaftliche Phänomen *Produktion* zu entwickeln. Nicht allein die materielle Produktion soll betrachtet werden, vielmehr geht es um einen Transformationsprozess von niederwertigen in höherwertige materielle oder nichtmaterielle Güter oder Dienstleistungen. Zwar wird im Hintergrund aller Überlegungen stets der typische mittelständische Betrieb stehen, die Aussagen aber erheben Anspruch auf Allgemeingültigkeit.

Neben dem Verständnis für den Transformationsprozess sollen ausgewählte formale Abläufe in der Produktion so weit behandelt werden, dass eine Bewertung von Alternativen möglich wird und damit Grundlagen zu einer Entscheidungsunterstützung im Produktionsprozess gelegt werden. Diese Problemstellungen werden vertiefend und umfassender in den Folgekapiteln bearbeitet.

Zuletzt werden typische Erscheinungsformen von Produktionssystemen aufgelistet. Die Einteilung erfolgt nach den einen Produktionsprozess wertmäßig dominierenden Elementen.

Literaturverweise sollen im Kapitel 2, das die Grundvorlesung beinhaltet, möglichst sparsam erfolgen und auf wenige unterschiedliche Quellen beschränkt werden, um weitergehende Studien mit möglichst wenig Aufwand an Literaturbeschaffung betreiben zu können. Die wesentlichen Verweise erfolgen auf die Literatur von *Günther* und *Tempelmeier*[1], auf *Dyckhoff*[2] und *Bloech* et al.[3].

Der letzte Abschnitt gibt einen Überblick über weitere wesentliche Literaturstellen, der aber trotzdem nicht den Anspruch auf Vollständigkeit erhebt.

---

[1] Siehe dazu [Gün03].
[2] Siehe dazu [Dyc03].
[3] Siehe dazu [Blo04].

2.2 Produktion und Wertschöpfung

Wenn es auch das Ziel ist, den Produktionsprozess so allgemein wie möglich zu erklären, so ist es doch gleichzeitig erforderlich, ein möglichst dominierendes Merkmal zur Abgrenzung von anderen Prozessen heranzuziehen. Im Regelfall sind Unternehmungen an einer möglichst hohen Gewinnerwirtschaftung interessiert. Dies lässt sich auf Dauer nur realisieren, wenn materielle oder nichtmaterielle Objekte in höherwertige Objekte umgewandelt (transformiert) werden, wobei sich die Wertsteigerung durch Marktakzeptanz letztlich, wenn auch nicht in jedem Einzelfall, in erzielbaren höheren Preisen niederschlagen muss.

Es macht deshalb Sinn, den Produktionsprozess als einen Wertschöpfungsprozess zu erklären, der die Grundlage einer langfristigen Existenz von Unternehmungen in Industrie, Handwerk, Dienstleistung, Landwirtschaft usw. und damit die Grundlage einer Volkswirtschaft oder letztlich der Weltwirtschaft überhaupt darstellt.

Um dauerhaft Wertschöpfung erzielen zu können, müssen Unternehmen folgende allgemeine Anforderungen erfüllen[4]:

- *Beherrschung der Zeit.* Die erforderliche Zeit von der Anfrage eines Kunden bis zur Übergabe des angefragten Objektes an den Kunden wird immer mehr zu einem bedeutenden Wettbewerbsfaktor in einer entwickelten Wirtschaft. Dieser Zeitraum wird in drei Zeitblöcke unterteilt.

  In einem ersten Schritt sind alle Objekte zur Realisierung des Kundenwunsches bereitzustellen - Beschaffung.

  Danach und zum Teil auch schon parallel erfolgt die Transformation dieser Objekte in die vom Kunden gewünschten Zustände - Produktion. Und, sofern diese Transformation nicht am oder beim Kunden direkt erfolgt[5], sind letztlich die erzeugten Objekte dem Kunden zuzuführen - Distribution.

  Mit der Einflussnahme auf die Zeiten für Beschaffung und Distribution beschäftigen sich insbesondere neuere Arbeiten zum Supply Chain Management, indem die Beziehungen zwischen Lieferanten und Empfängern transparent gestaltet und damit modernen Steuerungsmethoden zugänglich gemacht werden können.

  Ein Ziel bei der Gestaltung des Produktionsprozesses besteht gemeinhin in der Minimierung der (Auftrags-)Durchlaufzeit, also des Zeitraums der eigentlichen Wertschöpfung. In der materiellen Produktion wird er z.B. als zeitlicher Abstand von der ersten Materialentnahme am Materiallager bis zur Einstellung des Erzeugnisses im Fertigwarenlager gemessen. Letztlich mündet dies bei vorhandener, aber zu gestaltender Infrastruktur des Unternehmens in der Forderung nach effizienter[6] Produktionsplanung und -steuerung.

- *Beherrschung der Qualität.* Kundenzufriedenheit basiert auf Pünktlichkeit, Preisgünstigkeit und immer stärker auch auf angemessener Qualität. Aufgabe des Qualitätsmanagements ist es, Qualität der zu erzeugenden Objekte und der dazu erforderlichen Prozesse wirtschaftlich zu gestalten.

---

[4]   Vgl. dazu [Gün03, S. 3 ff.].
[5]   Vgl. dazu das Schrifttum zur Dienstleistungswirtschaft.
[6]   Der Effizienzbegriff wird im Abschnitt 2.4.1 definiert.

- *Realisierung der Wirtschaftlichkeit.* Für eine kurzfristige wertmäßige Betrachtung des Produktionsprozesses kann die Forderung nach größtmöglicher Wertschöpfung durch das Wirtschaftlichkeitsprinzip in zwei alternativen Formulierungen erfasst werden:

  Maximumprinzip: Aus einem gegebenen Wert von zu transformierenden Objekten ist ein maximales wertmäßiges Produktionsergebnis zu erzielen.

  Minimumprinzip: Ein vorgegebenes wertmäßiges Produktionsergebnis ist mit einem minimalen Wert von zu transformierenden Objekten zu erzielen.

  Die ganzheitliche praktische Umsetzung dieser Prinzipien scheitert oft an einer nicht möglichen Zuordnung von Objekten des Aufwandes zu Objekten des Ergebnisses[7] oder an fehlenden oder strittigen Bewertungsverfahren für diese Objekte. Die immer umfassender werdende Theorie der Kostenrechnung mit dem Ziel einer immer besseren verursachungsgerechten Zurechnung der Kosten ist überzeugender Ausdruck für diese Situation.

- *Sicherung der Flexibilität.* Die sich ständig verändernde Umwelt jeder Unternehmung erfordert ein Anpassen an diese Veränderungen. Dies zu leisten bedeutet Flexibilität und wird beschrieben durch den möglichen Anpassungsumfang und die dazu erforderliche Zeit. Bei immer kürzer werdenden Lebenszyklen moderner Produkte hängt hiervon das langfristige Überleben der Unternehmen ab.

2.2.1 Das Produktionssystem in seiner Umwelt

Im Weiteren soll unter einem Produktionssystem ganz allgemein ein abstraktes, nicht materiell behaftetes Input-Output-System verstanden werden:

Abbildung 2.1: Das abstrakte Produktionssystem

Dabei soll Input *alle* für den Produktions- bzw. Transformationsprozess erforderlichen Objekte enthalten, Output umfasst entsprechend alle Ergebnisobjekte dieses Prozesses, sowohl die eigentlich beabsichtigten als auch alle nicht- oder nur teilweise verbrauchte Inputobjekte. Um diese Objekte sachlich und mengenmäßig identifizieren zu können, ist die Betrachtung des Prozesses in einem vorzugebenden Zeitraum, im Weiteren Planzeitraum genannt, erforderlich. Wird nun ein Unternehmen des Maschinenbaus im Verlaufe eines Jahres betrachtet, so kann zum Input eine (vorhandene) Drehmaschine gehören, die sich dann, ein Jahr gealtert, auch im Output wieder findet. Das gilt analog auch für alle Gebäude, Fahrzeuge usw., natürlich auch für die Arbeitskräfte. Andere Objekte, z.B. das zum Input gehörige Material, ist möglicherweise teilweise als Restbestand im Output enthalten, typischerweise aber ist es in veränderter Form Bestandteil im eigentlichen Ergebnis der Produktion, den Produkten.

---

[7]   Z.B. Pförtnerdienste zu welchem Endprodukt.

Produktionssysteme können nicht isoliert betrachtet werden. Sie produzieren nicht zum Selbstzweck, sondern um einen Absatzmarkt zu bedienen und Kundenwünsche zu befriedigen. Absatzmärkte aber sind in politische Systeme mit möglicherweise sehr unterschiedlichen Rechtssystemen und Kulturen (sozio-kulturelle Umwelt) und folglich auch Bedürfnissen eingebunden. Produkte und Produktionsprozesse unterliegen somit rechtlichen Bestimmungen der entsprechenden Länder (politische Umwelt)[8]. Kundenwünsche werden auch durch den weltweiten technischen Fortschritt - Innovationen - initiiert (technologische Umwelt). Um die Kunden bzw. Märkte konkurrieren im Regelfall mehrere Anbieter. Für die Weiterentwicklung des Systems, z.B. Anpassung an den technischen Höchststand, wird Kapital benötigt, das auf dem Kapitalmarkt beschafft werden muss. Die Fähigkeit, konkrete Erzeugnisse in vorgegebener Qualität mit niedrigen Kosten zu produzieren, hängt ab vom Stand der Technik und der Möglichkeit, sich diesen Stand zu eigen zu machen und zu beherrschen. Letztlich muss sich das Produktionssystem versorgen mit der erforderlichen Technik, mit Arbeitskräften, mit Dienstleistungen, mit Material usw., also auf den entsprechenden Beschaffungsmärkten aggieren, auf denen ebenfalls Anbieter konkurrieren (wirtschaftliche Umwelt). Rohstoffe werden der Natur entnommen und sind möglicherweise beschränkt, Abfälle werden der Natur wieder zugeführt und haben damit Einfluss auf Flora und Fauna.

Nachfolgende Abbildung[9] verdeutlicht diesen Zusammenhang.

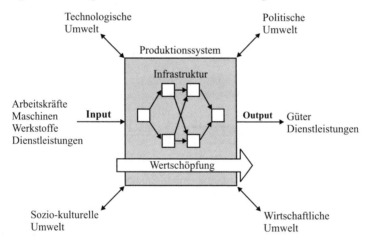

Abbildung 2.2: Das Produktionssystem in seiner Umwelt

Soll nun das Verhalten von Produktionssystemen in Folge von Umwelteinflüssen jeglicher Art, wie Auftragserteilung, Gesetzesänderung, Erfindungen usw., untersucht werden, ist es sinnvoll, nicht das Produktionssystem in seiner vollen Komplexität zu betrachten, sondern sich auf die sich im Betrachtungszeitraum verändernden und bei dieser Veränderung zu beeinflussenden Objekte zu beschränken. Fragt also ein Kunde an, ob innerhalb eines gewissen Zeitraums ein konkreter Auftrag erfüllt werden kann, so ist es wenig sinnvoll,

---

[8]   Vgl. dazu auch die Themen Produkthaftung, Schadstoffemmissionen, usw.
[9]   Vgl. dazu auch [Gün03, S. 2].

im Input die vorhandenen Gebäude, Maschinen, Fahrzeuge o.ä. zu betrachten, da sie im Output natürlich wieder erscheinen. Ihr Verschleiß (Verbrauch) ist meist gar nicht exakt messbar, sondern wird vielmehr durch geeignete Regelwerke, wie Abschreibungen o.ä., festgelegt. Eine Veränderung dieses Objektbestandes (Neubau, Investition) ist innerhalb solchen angefragter Zeiten in der Regel nicht möglich. Somit können diese physischen Gegebenheiten des Produktionssystems bei einer Reihe von Entscheidungen als gegeben vorausgesetzt werden. Sie werden deshalb unter dem Begriff der Infrastruktur[10] zusammengefasst.

Diese Infrastruktur hat wesentlichen Einfluss auf die Wirtschaftlichkeit von Unternehmen, weil sie die Transformation von Objekten erst ermöglicht. Die Gestaltung der Infrastruktur zur Verbesserung der Reaktionsfähigkeit des Systems stellt damit eine bedeutende Aufgabe zur Sicherung des langfristigen Überlebens des Unternehmens dar. Diese Untersuchungen können ebenfalls an dem oben eingeführten abstrakten Input-Output-Modell erfolgen, indem die künftigen Mengen an den eigentlichen Produkten (Teil des Outputs) prognostiziert, die erforderlichen Inputmengen an Material grob dazu geplant, beide Mengenarten für einen in der Regel längeren Zeitraum fixiert und die Infrastruktur variiert werden mit dem Ziel, sie unter den gegebenen Umweltbedingungen letztendlich nach wirtschaftlichen Gesichtspunkten zu optimieren.

In analoger Weise sind aus dem allgemeinen Input-Output-Modell durch Fixierung geeigneter Größen sämtliche (typischen) Planungsmodelle im Wertschöpfungsprozess ableitbar.

Dyckhoff[11] spezifiziert obige Abbildung und arbeitet zwei Subsysteme heraus, indem er den Managementprozess vom eigentlichen Wertschöpfungsprozess trennt, die Prozesse entsprechenden Systemen zuordnet und Beziehungen untereinander und von und nach außen charakterisiert und dies in nachfolgender Abbildung 2.3 darstellt.

Dem Führungssystem als Entscheidungsträger im Produktionssystem wird Planung, Kontrolle, Informationsversorgung, Organisation und Personaleinsatz als Aufgabe zugewiesen. Dessen Vorgaben bilden die Stellgrößen für die Steuerung des Wertschöpfungsprozesses, aus dem nach Vollzug die tatsächlich realisierten Werte in Form von Mengen-, Termin- oder Qualitätsangaben dem Führungssystem zwecks Kontrolle und möglicherweise nachfolgender Plankorrektur verfügbar gemacht werden.

2.2.2 Grundbegriffe

Nachfolgende Begriffe werden in Anlehnung an *Günther/Tempelmeier*[12] definiert.

Produktion aus Sicht der Wertschöpfung ist ein Prozess, bei dem niederwertige Objekte, wie Sachgüter, Dienstleistungen, Informationen usw., in höherwertige Objekte transformiert werden. Wie die Wertermittlung erfolgen soll, wird bewusst offen gehalten; für den praktischen Fall ist es letztendlich nur wichtig, dass die so ermittelten Werte realisierbar sind. Damit wären im einfachsten Falle beispielsweise Marktpreise zur Bewertung geeignet.

---

[10]   Vgl. dazu auch [Gün03, S. 5 ff.].
[11]   Vgl. dazu auch [Dyc03, S. 6 ff.].
[12]   Vgl. dazu auch [Gün03, S. 6 ff.].

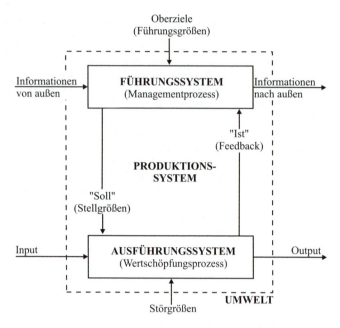

Abbildung 2.3: Management-Subsysteme

Aus der Sicht der beteiligten Objekte ist Produktion ein Prozess, bei dem materielle und/oder nichtmaterielle Einsatzobjekte (Produktionsfaktoren) in materielle
und/oder nichtmaterielle Ausbringungsobjekte (Produkte) transformiert werden.

Arbeitssystem ist eine selbständig arbeitsfähige organisatorische Einheit der Produktion,
in der sich ein bestimmter abgrenzbarer Teilprozess der Produktion vollzieht. Es
ist zu beachten, dass *Günther/Tempelmeier*[13] das Arbeitssystem als *kleinste* solche
Einheit definieren, wozu aber kein zwingender Grund vorliegt und was außerdem
den Betrachtungsspielraum unnötigerweise einschränkt.

Ein *Arbeitssystem* lässt sich durch folgende Elemente beschreiben:
Es stellt selbst eine geordnete Menge von Objekten aus dem Input des allgemeinen Input-Output-Systems der Produktion dar, die sich innerhalb eines zugrunde
liegenden Betrachtungszeitraumes in der Regel nicht verbrauchen. Dazu gehören
Gebäude, Maschinen, Fahrzeuge, Menschen (Arbeitskräfte) usw. Diesem System
werden weitere Objekte des Inputs zum Zwecke der Transformation (Veränderung)
zugeführt, die als Input des Arbeitssystems bezeichnet werden. Nach der Transformation verlassen neue oder nicht verbrauchte Objekte dieses System. Diese bilden
den Output des Arbeitssystems.

---

[13]   Siehe auch [Gün03, S. 7].

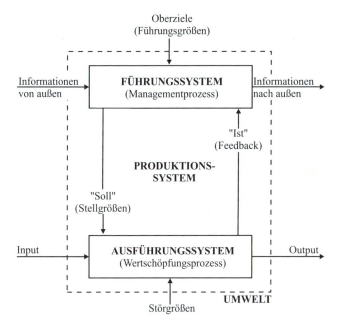

Abbildung 2.4: Das Arbeitssystem

Input umfasst alle Objekte, die zur Durchführung des entsprechenden Teilprozesses der Produktion erforderlich sind und sich in der Regel dabei verbrauchen. Dazu gehören die zu bearbeitenden Objekte (Arbeitsobjekte, z.B. Rohstoffe, Zwischenprodukte, Verbrauchsstoffe usw.), die zur Bearbeitung erforderlichen Kapazitätseinheiten (Zeitdauer der Nutzung) der vorhandenen Menschen und Maschinen mit den zugehörigen Gebäudeteilen, die zur Planung und Steuerung der Prozesse erforderlichen Kapazitätseinheiten an vorhandenen Menschen mit zugehöriger Technik, sowie die erforderlichen Informationen in Form von Grunddaten zum konstruktiven Aufbau der Produkte und zur Ausführung der Produktion bzw. Planungsdaten zu erforderlichen Mengen und zu realisierenden Terminen.

Output umfasst alle Objekte, die das Arbeitssystem nach der vollzogenen Transformation verlassen bzw. übrig bleiben. Dazu gehören die eigentlichen Produkte als Ziel der Produktion, das nicht verarbeitete Material, aber auch Abprodukte, wie Abfälle, Ausschuss, Abgase, Abwässer usw., oder Informationen zum Vollzug der Produktion, wie Aussagen zu erreichten Mengen, Terminen, Qualität usw.

Betrieblicher Leistungsprozess umfasst ein System mit einander verbundener geeignet definierter Arbeitssysteme, wobei die zur Beschaffungs- und Absatzseite bestehenden Material- und Ausbringungsflüsse einzuschließen sind.

Logistik **(für den Produktionsbereich)** ist eine ganzheitliche unternehmensübergreifende Betrachtungsweise der materiellen und Informationsflüssen in Arbeitssystemen (Abteilungen, Unternehmen, Lieferketten, Unternehmensnetzen) mit dem Ziel, diese nach einem oder mehreren Kriterien zu optimieren.

Damit bilden *Produktion* und *Logistik* eine Einheit, ebenso wie Beschaffung und Logistik oder Distribution und Logistik. Ziel der weiteren Darlegung wird es deshalb auch sein, diese Einheit wenigstens exemplarisch zu belegen.

2.2.3   Produktionsfaktoren

Bei der Betrachtung des Produktionssystems als Input-Output-Modell ist es offensichtlich geworden, dass sich sowohl im Input als auch im Output sehr unterschiedliche Objekte befinden. Da gibt es Objekte, die verbraucht werden, ohne dass sie gesondert berücksichtigt werden, z.B. Sauerstoff bei der Verbrennung, oder Objekte, die entstehen, ohne dass sie eigentlich gewollt sind, z.B. Späne, Abgase usw. Damit liegt es nahe, die Objekte näher zu klassifizieren.

Aus ökologischer Sicht können die Objekte des Transformationsprozesses, des Produktionsprozesses, der Wertschöpfung eingeteilt werden in: Güter, Übel und neutrale Objekte[14].

Gut: Mittel zur Bedürfnisbefriedigung; damit das eigentliche Ziel des Transformationsprozesses auf der Outputseite bzw. ein unmittelbares Erfordernis auf der Inputseite. Typischerweise erzielen sie im Output Erlöse und verursachen im Input Kosten.

Übel: Objekt, das nicht gewollt ist bzw. das aus einem Verantwortungsbereich zu entfernen ist; outputseitig geht es um das Entfernen, inputseitig um das Beseitigen oder Verwenden solcher Objekte. Typischerweise erzielen sie im Input Erlöse und verursachen dagegen im Output Kosten.

neutrale Objekte: Objekte mit indifferentem Verhalten gegenüber Wertbetrachtungen; sie werden oft als wertlos angesehen, sie stiften outputseitig keinen Nutzen und verursachen inputseitig keinen kostenrelevanten Aufwand.

Die Unterscheidung der Objekte in Güter, Übel und neutrale Objekte wird insbesondere dann erforderlich, wenn ökologische Betrachtungen in die schon fast klassische Produktionstheorie einbezogen werden sollen[15]. Im Weiteren soll diese Unterscheidung jedoch nur eine untergeordnete Rolle spielen, da der zeitliche Umfang der Betrachtung begrenzt[16] ist und eine Beschränkung auf Güter - materieller und immaterieller Natur - einerseits zum Verständnis des Sachverhaltes ausreichen sollte und andererseits eine Erweiterung der Untersuchung auf Übel problemlos möglich ist[17], was dem Leser selbst überlassen wird.

Materielle und immaterielle Güter sind im Produktionsprozess sowohl input- als auch outputseitig zu finden. Für die Objekte des Inputs gibt es einen weiteren Begriff.

---

[14]   Vgl. dazu auch [Dyc03, S. 120 ff.].
[15]   Vgl. dazu auch [Dyc03].
[16]   Gemeint ist der Vorlesungsumfang.
[17]   Vgl. dazu auch [Dyc03].

Produktionsfaktoren: Alle materiellen und immateriellen Güter, die zur Realisierung der Produktion - des Transformationsprozesses - erforderlich[18] sind, werden Produktionsfaktoren genannt. Sie sind in ihrer Gesamtheit mit dem Input in Abb. 2.1 gleichzusetzen.

Produkte: Alle materiellen und immateriellen Güter, die gezielt im Ergebnis des Produktionsprozesses - der Transformation - entstehen, heißen Produkte. Dabei wird weiter unterschieden nach *Endprodukten* , die für den Kunden gefertigt werden, und nach *Zwischenprodukten* (Halbfabrikate, Vorprodukte), die in nachfolgenden Prozessen einer weiteren Transformation unterzogen werden. Hier finden auch die Begriffe *Erzeugnisse* bzw. *Ausbringung* Verwendung.

Nach Art der Beteiligung am Produktionsprozess können die Produktionsfaktoren weiter klassifiziert werden. Dazu bietet die Literatur sehr unterschiedliche Ansätze[19]. Je nach Zielsetzung der Betrachtung dieser Faktoren ist jede dieser Klassifikationen einmal mehr oder weniger geeignet. Im Weiteren werden zwei Möglichkeiten genannt.

a) Im Hinblick auf den Verbrauch von Faktoren im Produktionsprozess wird folgende Einteilung vorgenommen:

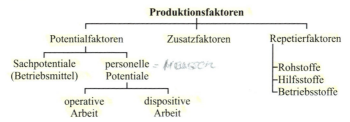

Abbildung 2.5: Klassifikation der Produktionsfaktoren

Dabei bezeichnen:
Sachpotenziale: Maschinen, Werkzeuge, Gebäude, Grundstücke usw. (manchmal auch als Betriebsmittel bezeichnet)[20],
Operative Arbeit: unmittelbar im Prozess ausführende bzw. objektbezogene Arbeit,
Dispositive Arbeit: Geschäfts- und Betriebsleitung mit den Bereichen Planung, Organisation und Kontrolle,
Rohstoffe: natürliche Rohstoffe,
Vorprodukte: Produkte anderer Unternehmen, auch Vorprodukte,
Hilfsstoffe: nicht unmittelbar produktbeeinflussende Stoffe, wie Schutzanstriche u.ä.,
Betriebsstoffe: Energie, Schmier- oder Kühlmittel usw. sowie
Zusatzfaktoren: Gesetzliche Grundlagen, Finanzierungsbedingungen u.ä.

Potenzialfaktoren sind also alle diejenigen Faktoren, die nicht unmittelbar in ein Produkt eingehen, die dort nicht wieder gefunden werden und die sich zumindest bei

---

[18]   Auch aus rein juristischer Sicht.
[19]   Vgl. dazu auch [Blo04, S.7].
[20]   Vgl. dazu auch [Fan96, S. 34 ff.].

kurzfristigen Betrachtungen nahezu nicht verbrauchen. Es ist deshalb besonders schwierig, den Verbrauch solcher Faktoren, der ja zweifellos stattfindet, exakt konkreten Produkten und deren Mengen zuzurechnen.

Repetierfaktoren sind dagegen alle die Faktoren, die entweder direkt in das Produkt eingehen (wo sie gegebenenfalls sogar wieder gefunden werden können), wie Rohstoffe und Vorprodukte, oder die in recht genau zu ermittelnden Mengen im Prozess verbraucht werden, wie Energie, Schmiermittel, Kühlmittel u.ä. Oft wird hier auch der Begriff Material verwendet.

b) Aus der Sicht des Managements der Transformationsprozesse erscheint eine Klassifizierung nach *Gutenberg*[21] geeigneter, da er gerade dem dispositiven Faktor (dispositive Arbeit) eine besondere Rolle beimisst:

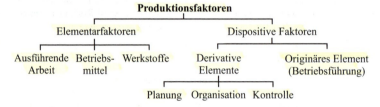

Abbildung 2.6: Klassifikation der Produktionsfaktoren nach Gutenberg

Dabei sind im Sinne der ersten Klassifizierung:
- Ausführende Arbeit: operative Arbeit,
- Betriebsmittel: Sachpotenziale und Betriebsstoffe,
- Werkstoffe: Rohstoffe, Vorprodukte, Hilfsstoffe.

2.3   Produktion als Input-Throughput-Output-System

2.3.1   Produktion als periodenbezogener Transformationsprozess

Im Weiteren wird vorausgesetzt, dass sich innerhalb einer zu betrachtenden Periode (Planperiode) das Produktionssystem als Gesamtheit vorhandener Arbeitssysteme nicht oder nur unwesentlich verändert. Dies ist durchaus sinnvoll bei kurzen Zeiträumen, bei längeren (z.B. Jahresplänen) dagegen nur mit Einschränkung. Verbräuche bzw. Wertverluste an solchen Systemen werden in der Regel nicht gemessen (weil sie meist gar nicht messbar sind), sondern möglichst sinnvoll definiert, z.B. durch die Methoden der Abschreibung. Damit reduzieren sich die bisher eingeführten Begriffe, wie schon bei Einführung des Begriffes des Arbeitssystems erwähnt, auf

Input: Dem System von außen zugeführte Objekte, die in der Regel die Durchführung des Prozesses erst ermöglichen.

---

[21]   Vgl. dazu auch [Gut83, S. 3ff.].

Output: Vom System nach außen abgegebene Objekte.

Außerdem ist es prinzipiell erforderlich, Prozesseinflüsse, die aus den Eigenschaften des Systems selbst oder aus Einwirkungen der Umwelt auf das System resultieren, zu betrachten:

Throughput: [22] Sonstige auf den Transformationsprozess einwirkende Bedingungen und Eigenschaften des Produktionssystems.

Beispiele für Produktionsprozesse:

- stoffliche Veränderung zur *Herstellung* von Produkten (oder Dienstleistungen),

- stoffliche Veränderung zur *Vernichtung* von Objekten (Übel!),

- reine Bearbeitung im Sinne von Formveränderung von Objekten usw.

Mit der Bemerkung einer prinzipiell möglichen Erweiterung aller Untersuchungen auch auf Übel und neutrale Objekte wurden im Abschnitt 2.2.3 die Sachgüter in den Mittelpunkt der Aufmerksamkeit gerückt. Mit der stetig wachsenden Forderung nach Rücknahme gebrauchter, nicht mehr nutzbarer, aber nicht verbrauchter Produkte ist es erforderlich, den Produktionsprozess als einen Teilprozess des *industriellen Stoffkreislaufes* zu verstehen und zu gestalten. Insbesondere dürfen wertmäßige Betrachtungen[23] nicht mit dem Ergebnis der Produktion abschließen. Sie müssen dessen künftige Rücknahme und Aufbereitung bereits mit beinhalten.

industrieller Stoffkreislauf:

Produktion → Distribution → Konsumtion → Kollektion → Reduktion → Produktion

Dabei sind die genannten Begriffe wie folgt zu verstehen:

Distribution: Verteilung; Entscheidungen/Handlungen im Zusammenhang mit dem Weg eines Produktes vom Hersteller bis zum Endabnehmer bzw. Endkunden

Konsumtion: Verbrauch/Nutzung materieller und immaterieller Güter durch Letztverwender bzw. Kunden.

Kollektion: Zusammenfassen, Erfassen von nach dem Verbrauch oder der Nutzung verbleibenden Objekten.

Reduktion: Recycling, Aufbereiten von Objekten für die erneute Zuführung zum Produktionsprozess, Vernichtung von Schadstoffen.

---

[22]   Vgl. dazu auch [Dyc03, S. 42].
[23]   Vgl. die folgenden Abschnitte.

2.3.2 Struktur einer Produktions- und Kostentheorie

Nachfolgend soll eine Theorie der Produktionsprozesse, wenn auch nur in den Kern-
inhalten, abgehandelt werden. Diese wird mit Mengenbetrachtungen beginnen, muss
aber letztlich in einer wertmäßigen Betrachtung enden, wenn der Produktionsprozess
einer wirtschaftlichen Betrachtung unterzogen werden soll. Dafür ist in der Literatur
der Begriff *Produktions- und Kostentheorie* zu finden. Dieser Begriff ist nicht unbedingt
ideal, da Kosten nur eine wertmäßige Betrachtung des Inputs darstellen. Daraus allein
lässt sich aber nicht der Erfolg eines Unternehmens ableiten. Es bedarf dazu auch der
Bewertung des Outputs. Die Differenz aus beiden Bewertungen ist dann ein möglicher
Ausdruck für die vollzogene Wertschöpfung. Zu bemerken ist, dass eine Bewertung nicht
nur durch Preise in Form marktüblicher Preise, sondern auch durch andere Nutzensbe-
wertungen erfolgen kann. Entscheidend ist, in welcher Form der Erfolg des Unternehmens
gemessen werden soll[24]. Damit wäre der Begriff einer Erfolgstheorie zwar angebrachter,
er hat sich aber bislang nicht durchgesetzt.

Was soll eine solche Theorie enthalten, wie ist vorzugehen:

Es müssen technikunabhängig Input-Output-Systeme durch Modelle beschrieben werden können, die generell in Produktionsprozessen zur Anwendung kommen können. Auf
dieser Basis erfolgt eine theoretische Beschreibung möglicher Transformationen, ebenso
unabhängig von Technik oder Technologie im ingenieurwissenschaftlichen Sinne. Dazu
sind Input und Output nach Objektart und -menge zu erfassen. Die möglichen Transformationen müssen mit einander vergleichbar sein. Dazu werden Vergleichsoperationen
eingeführt, die zu dem Begriff der Dominanz führen, der letztlich eine besondere Form
des *Besser-Seins* widerspiegelt. Ein Vergleich auf der Basis von Mengenbetrachtungen
hat den Vorteil, dass die Eigenschaft des Besser-Seins, also der Dominanz, unabhängig
von schwankenden Preisen oder individuellen Nutzensbetrachtungen ist. Sie hat aber
auch den Nachteil, dass in der Regel viele Transformationen in den Genuss des *Am-
Besten-Seins* - im Weiteren mit dem Begriff Effizienz belegt - kommen und damit weitere
Schritte in Richtung Entscheidungsfindung, also des Auswählens einer einzigen Transformation, gegangen werden müssen.

schwaches Erfolgsprinzip: Auswahl effizienter Transformationen.

Kann der mengenmäßige Zusammenhang zwischen Input und Output in einer effizienten
Transformation wenigstens für ausgewählte Objekte beschrieben werden, so wird dieser
Zusammenhang mit dem Begriff der Produktionsfunktion belegt, für deren Darstellung
neben mathematischen Funktionen vor allem praxisrelevante Tabellen nutzbar sind.

Die Ursache für die Existenz mehrerer effizienter Transformationen liegt letztlich in
der Vielzahl unterschiedlicher und gleichzeitig zu betrachtender Objekte, wodurch ein
Mengenvergleich meist nicht mehr stattfinden kann (was ist mehr: [zwei Tüten Mehl
und eine Tüte Zucker] oder [eine Tüte Mehl und zwei Tüten Zucker]?). Um zu einer
eindeutigen Entscheidung im Sinne einer besten Transformation zu gelangen, wird wie
üblich die Vielfalt bzw. Dimension in Input und Output reduziert, indem für jedes
betrachtete Objekt eine Bewertung durchgeführt und konkret ein Zahlenwert im Sinne
von Wert pro Mengeneinheit angegeben wird, der den mit dem Objekt verbundenen

---

[24]   Vgl. dazu auch [Dyc03, S. 190 ff.].

(positiven oder negativen) Nutzen widerspiegeln soll. Der Marktpreis ist ein solcher möglicher Wert, aber eben nur einer.

Der bewertete Input einer Transformation wird Kosten (auch bewerteter Aufwand) genannt, der entsprechend von einer variablen Outputmenge abhängige Wert Kostenfunktion. Da zur Darstellung dieser Abhängigkeit die Produktionsfunktion genutzt wird, wird hier auch vom Mengengerüst der Kosten gesprochen, bei den bewerteten Objekten von ihrem Wertgerüst.

Für den bewerteten Output einer Transformation gibt es analog den Begriff des Erlöses (oder der bewerteten Leistung) bzw. der Erlösfunktion.

Werden nun Kosten und Erlös sinnvoll gegenüber gestellt, so ergibt sich die Möglichkeit einer Erfolgsmessung. Kosten und Erlös müssen einander zurechenbar sein, d.h. über die Produktionsfunktion mengenmäßig zusammenhängen. Werden für In- und Output inhaltlich gleiche Bewertungen vorgenommen, so kann die Differenz aus Erlös- und Kostenfunktion ermittelt und als Erfolgsfunktion definiert werden. Damit ist aus der Menge der effizienten Transformationen eine erfolgsmaximale auswählbar.

starkes Erfolgsprinzip: Auswahl einer erfolgsmaximalen Transformation.

Zu bemerken ist hierzu erneut, dass diese Eigenschaft von der Bewertung abhängt und damit in der Zeit veränderlich und personenabhängig im Sinne individueller Nutzensfunktionen ist.

Das schwache Erfolgsprinzip wird auch schwaches Wirtschaftlichkeitsprinzip genannt. Werden zur Bildung von Kosten- und Erlösfunktion rein ökonomische Bewertungen von In- und Output eingesetzt, so wird vom starken Wirtschaftlichkeitsprinzip gesprochen.

Da nun zwei Erfolgsprinzipien vorliegen, muss gesichert werden, dass sie sinnvoll definiert sind, d.h. in einem nachvollziehbaren Zusammenhang stehen. Damit ist die Frage zu beantworten, unter welchen Bedingungen eine effiziente Produktion auch erfolgsmaximal bzw. eine erfolgsmaximale auch effizient ist.

Damit ist der Inhalt der nachfolgenden Kapitel umrissen.

2.3.3 Input- und Outputdarstellung

Ein Produktionssystem - Menge von Arbeitssystemen - realisiert die Transformation eines Inputs $r = (r_1, r_2, ..., r_m)$ in ein Output $x = (x_1, x_2, ..., x_p)$[25]. Dabei ist

r_i - Mengenangabe des Inputfaktors i (Stück, Masse, andere Maße),
x_j - Mengenangabe des Outputfaktors j (Stück, Masse, andere Maße),
m - Anzahl der betrachteten Inputfaktoren (Produktionsfaktoren),
p - Anzahl der betrachteten Outputfaktoren (Produkte).

Dabei können in Input und Output gleiche Faktoren enthalten sein, z.B. in der Landwirtschaft - Getreideanbau - oder bei Fremdfertigung eines Teils einer zu erstellenden Lieferung. Die Einschränkung auf ausgewählte Faktoren wurde bereits begründet und resultiert entweder aus dem Unvermögen, Mengen (insbesondere im Potenzialbereich) einander zuordnen zu können, oder einer verschwindend kleinen und damit nicht entschei-

---

[25] Vgl. dazu auch, aber mit anderen Bezeichnungen [Dyc03, S. 26 ff.].

dungsrelevanten Faktormenge (insbesondere bei Potenzialfaktoren in kleinen Zeiträumen). In manchen Fällen sind auch gewisse Faktormengen nicht zu beeinflussen, so dass
sie aus der Untersuchung ausscheiden können.

Definition: Ein Input/Output-Paar [r,x] heißt *zulässig* für ein Produktionssystem, wenn
es möglich (in diesem System technisch möglich) ist, in dem gegebenen Planzeitraum den Input r in den Output x zu transformieren.

Schreibweise: $(r_1, r_2, ..., r_m \; ; \; x_1, x_2, ..., x_p)$

Definition: Ein zulässiges Input/Output-Paar [r,x] heißt Aktivitätsvektor oder auch
Prozess für ein Produktionssystem.

Definition: Die Menge aller Aktivitätsvektoren eines Produktionssystems heißt Technologie oder Technologiemenge oder technologische Menge T.

Praktische Anwendungen beschränken sich häufig nur auf die aus einer Entscheidungssituation heraus interessierenden Objekte. Hier besteht die Gefahr, unbewusst entschei-
dungsrelevante Faktoren, deren Einfluss nicht oder nur ungenügend bekannt ist, aus der
Betrachtung auszuklammern und Erfolge zu errechnen, die sich nicht realisieren.

Beispiele für Aktivitäten:

(1) Tischmontage:
Tischbeine werden mit Schrauben an die Platte angeschraubt. Weitere erforderliche
Produktionsfaktoren sollen bewusst nicht betrachtet werden.
$r = (r_1, r_2, r_3)$: r_1 - Menge an Tischbeinen, r_2 - Menge an Tischplatten, r_3 - Menge an
Schrauben (alle Werte gemessen in Stück)
$x = (x_1)$: x_1 - Anzahl fertiger Tische
Dann ist (bei Null-Fehler-Produktion):
$$T = \{(r_1, r_2, r_3; \; x_1) : r_1, r_2, r_3, x_1 \geq 0, x_1 \leq min\{\tfrac{1}{4}r_1, r_2, \tfrac{1}{4}r_3\}, x_1 \text{ ganzzahlig } \}$$

(2) Rohrzuschnitt:
Ein Rohr der Länge r_1 wird zerschnitten in ein Stück der Länge x_1, ein Stück der Länge
x_2 und es verbleibt ein Rest der Länge x_3. Dann ist $(r_1; \; x_1, x_2, x_3)$ eine Aktivität, z.B.:
(10; 5,4,1) und
$$T = \{(r_1; \; x_1, x_2, x_3) : x_1 + x_2 + x_3 = r_1, x_1, x_2, x_3 \geq 0\}.$$

Für die Handhabbarkeit der obigen Definitionen werden folgende Annahmen bzw. Ver-
einbarungen getroffen:

Da gewisse Inputs auch Outputs sein können (z. B. Saatgut, aber auch nicht verbrauchtes
Material usw.), werden Input- und Outputvektor um die Objekte erweitert, die jeweils
im Output und noch nicht im Input bzw. im Input und noch nicht im Output sind. Damit sind dann beide Vektoren von gleicher Dimension, ihre Komponenten von gleichem
Inhalt.

Die bisher gewählte Darstellung von Aktivitäten wird als *Brutto-Darstellung einer Aktivität* bezeichnet:
$$t = (r_1, r_2 ..., r_n \; ; \; x_1, x_2, ..., x_n)$$
oder

$$\text{Input: } r = (r_1, r_2 \ldots, r_n)\ ,$$
$$\text{Output: } x = (x_1, x_2, \ldots, x_n)\ .$$

Dabei ist n die Anzahl aller im Transformationsprozess (Input und Output) zu betrachtenden unterschiedlichen Objekte.

Beispiel Tischmontage:
$$t = (4,1,4,0;\ 0,0,0,1) \text{ oder aber auch } t = (7,2,5,0;\ 3,1,1,1).$$

In dieser Darstellung werden genau die Flüsse beschrieben, die in das Produktions- oder Arbeitssystem hinein- und herausfließen. Eine eigene Leistung geht daraus nicht unmittelbar hervor.

Beispiel Tischmontage:
$$t = (4,1,4,19;\ 0,0,0,20)$$

Zwar verlassen 20 Tische das Produktionssystem, aber lediglich einer wurde produziert, die restlichen 19 offenbar zugekauft.

Um nun die eigentliche Leistung eines Produktionssystems zu beschreiben, wird die *Netto-Darstellung einer Aktivität* gewählt. Wegen der nunmehr inhaltlichen Übereinstimmung ihrer Komponenten kann die Differenz aus beiden Vektoren Output x und Input r betrachtet werden:

$$z = x - r = (x_1 - r_1, x_2 - r_2, ..., x_n - r_n) = (z_1, z_2, ..., z_n)$$

Beispiel Tischmontage
$$z = (0,0,0,20) - (4,1,4,19) = (-4, -1, -4, 1)$$

Der reale Zu- und Abfluss für das Produktionssystem ist nicht mehr erkennbar, dafür aber unmittelbar die mengenmäßig abgelaufenen Vorgänge. Es wurden verbraucht: 4 Tischbeine, 1 Tischplatte und 4 Schrauben; es wurde erzeugt: 1 Tisch.

Diese Darstellungsformen von Technologien werden Brutto- oder Netto-Darstellung genannt. In der Bruttoversion finden sich ausschließlich nichtnegative Werte, in der Nettoversion dagegen sind auch negative Werte möglich und sogar erforderlich:
- positive Komponenten sind vorwiegend Output,
- negative Komponenten sind vorwiegend Input.
Dabei bedeutet *vorwiegend Output*, dass es sich bei einem Objekt um eine größere Menge im Output als im Input handelt, analog *vorwiegend Input*.

In einem Ein-Produkt-Unternehmen werden Aktivitäten in der Bruttoversion häufig vereinfacht dargestellt, indem nur die Mengen an Inputfaktoren angegeben werden, die zur Erzeugung genau einer Mengeneinheit des Produktes erforderlich sind, und auf die Mengenangabe für das Produkt verzichtet wird:

$$t = (r_1, r_2, \ldots, r_m)\ .$$

Beispiel Tischmontage:
$t = (4,1,4,0;\ 0,0,0,1)$ vereinfacht sich zu $t = (4,1,4)$.

Zur Verdeutlichung von Zusammenhängen empfehlen sich in vielen Fällen grafische Darstellungen. Diese sind in zwei Sonderfällen auch hier möglich.

Sonderfall 1: n = 2 bzw. m = p = 1, d.h. nur ein Produktionsfaktor und ein Produkt werden betrachtet[26].

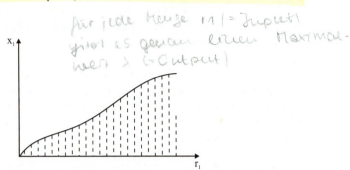

Abbildung 2.7: Darstellung „Ein Produkt" und „Ein Faktor"

Sonderfall 2: m = 2, p = 1, d.h. genau zwei Produktionsfaktoren bei einem Produkt werden betrachtet[27].
In diesem Zusammenhang soll auf das Faktordiagramm, die grafische Darstellung von Aktivitäten, auf den Faktorstrahl als Darstellung linearer Produktionen und auf die Isoquante verwiesen werden.

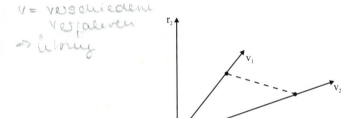

Abbildung 2.8: Das Faktordiagramm

Ein Input-Vektor $r = (r_1, r_2, ..., r_m)$ mit konkreten Werten r_i heißt auch Faktorkombination. Mit Hilfe dieses Begriffes kann der Produktionsprozess auch definiert werden als eine (im Hinblick auf ein zu erzielendes Output) geeignete Faktorkombination. Dabei ist es aber erforderlich, auf tatsächlich alle Faktoren zurückzugreifen und sich nicht auf unmittelbar interessierende Faktoren oder auf das Material schlechthin zu beschränken.

Für die im Weiteren zu betrachtenden Technologien sollten aus produktionswirtschaftlicher Sicht bestimmte Eigenschaften gelten, die deshalb hier postuliert werden[28]:

---

[26]   Vgl. dazu auch [Blo04, S. 34].
[27]   Vgl. dazu auch [Blo04, S. 35 ff.].
[28]   Vgl. dazu auch [Dyc03, S. 132 ff.].

(1) Kein Ertrag ohne Aufwand!

(2) Irreversibilität der Produktion.

(3) Möglichkeit ertragreicher Produktion.

(4) Abgeschlossenheit.

(5) Möglichkeit der Ertragserzielung mit höherem Aufwand.

Dabei sind wiederum alle Objekte in In- und Output zu betrachten, unabhängig davon, ob sie wertmäßig relevant sind oder nicht.

Diese Eigenschaften bedürfen einer Erläuterung:

Zu (1): Es gibt nur einen Prozess, der keinen Aufwand verursacht. Dies ist der Stillstand. Dabei wird auch kein Ertrag generiert. Wird aber ein Ertrag - ein Outputobjekt in positiver Menge - erzeugt, so ist dazu ein positiver Aufwand erforderlich. Das Schlaraffenland wird damit ausgeschlossen. Diese Eigenschaft ist auch als die Nichtexistenz des Füllhorns bekannt.

Zu (2) Kein Prozess lässt sich vollständig umkehren. Auch die Demontage stellt nicht den Umkehrvorgang zur Montage dar, da z.B. die zur Montage benötigte Zeit nicht wiedergewonnen wird.

Zu (3): Hierdurch sollen lediglich uninteressante Fälle ausgeschlossen werden.

Zu (4): Wird die Technologie als Menge aller Aktivitäten betrachtet, dann soll der Rand dieser Menge zur Menge selbst gehören. Das sichert, dass zu einem vorzugebenden Kriterium auch tatsächlich eine beste Aktivität gefunden werden kann - vgl. dazu die Theorie der Extremalaufgaben, einfachster Fall: Maximum bzw. Minimum einer Funktion einer Variablen über einem Intervall.

Zu (5): Dies soll deutlich machen, dass ausgehend von einem realisierbaren Prozess ein gleicher Ertrag auch mit größerem Aufwand (oder analog bei gleichem Aufwand einen geringerer Ertrag) erzielt werden kann.

2.4 Die Produktionsfunktion

Bisher wurde der Produktionsprozess mengenmäßig erfasst und in der Brutto- oder Nettoversion dargestellt. Um Wirtschaftlichkeitsbetrachtungen durchführen zu können, werden Vergleichsoperationen benötigt. Um diese praxisnah zu entwickeln, erfolgt eine Orientierung an den natürlichen Präferenzen der Produzenten.

2.4.1 Präferenzen der Produzenten

Gesichtspunkte, unter denen ein Produzent Input und Output bewertet, wenn die Objektarten selbst nicht veränderlich sind, sondern nur deren Mengenverhältnis zu einander variierbar ist, sind:

Wirtschaftlichkeit im weiteren Sinne:

- Ebene der Sparsamkeit und maximalen Anstrengung - das sind mengenmäßige Betrachtungen,
- Ebene der Bewertung durch Preise - dies sind wertmäßige Betrachtungen.

Sparsamkeit bedeutet Zielerreichung (vorgegebener Output) mit möglichst geringem Aufwand (Faktoreinsatz), maximale Anstrengung dagegen die Erreichung eines möglichst großen Ertrages bei vorgegebenem Aufwand (Input). Ersteres ist ein sinnvolles Ziel z.B. bei Montageprozessen, letzteres eher beim Ausschmelzen von Erzen. Bei der Bewertung werden Aufwand und Ertrag nicht in den entsprechenden Mengen, sondern in bewerteten Mengen, also im einfachsten Fall Mengen mit Preisen multipliziert, gemessen.

Aus ökologischer Sichtweise kann die *Erwünschtheit*[29] der beteiligten Objektarten unterschieden und mit passenden Begriffen belegt werden:

	Input	Output	
erwünscht	Redukt[2]	Produkt[1]	→ max.
unerwünscht	Faktor[1]	Abprodukt[2]	→ min.
gleichgültig	Beifaktor[3]	Beiprodukt[3]	

[1] Gut   [2] Übel   [3] Neutrum

Die Erwünschtheit wird stark beeinflusst vom Ökologiebewusstsein des Marktes, von der Gesetzgebung hinsichtlich Umweltschutz oder auch von den Kosten zur Beseitigung z.B. von Abfällen. Im Weiteren werden sowohl im Input als auch im Output nur Güter betrachtet, wodurch die Definitionen und Aussagen übersichtlicher werden. In konkreten Anwendungsfällen sind die Untersuchungen bei Bedarf insbesondere durch vorhandene Übel zu erweitern.

Für eine vorzuschlagende Vergleichsoperation kann auf die Theorie der mehrkriteriellen Optimierung zurückgegiffen werden, da für jedes Objekt als Ziel entweder das Erreichen großer oder kleiner Mengen vorgegeben werden kann. Die Vergleichsoperation wird deshalb auch für beide Zielrichtungen definiert.

Definition Dominanz: (Ziele: → max)
Ein Vektor $v = (v_1, v_2, ..., v_n)$, bestehend aus n reellwertigen Zielwerten v_i, i=1,2,...,n, dominiert einen Vektor $w = (w_1, w_2, ..., w_n)$ mit den Werten w_i, i=1,2,...,n, zu den inhaltlich gleichen Zielen, wenn $v_i \geq w_i$ $\forall i$ und für wenigstens einen konkreten Index i_o $v_{i_o} > w_{i_o}$ gilt.

Definition Dominanz: (Ziele: → min)
Ein Vektor $v = (v_1, v_2, ..., v_n)$, bestehend aus n reellwertigen Zielwerten v_i, i=1,2,...,n, dominiert einen Vektor $w = (w_1, w_2, ..., w_n)$ mit den Werten w_i, i=1,2,...,n, zu den inhaltlich gleichen Zielen, wenn $v_i \leq w_i$ $\forall i$ und für wenigstens einen konkreten Index i_o $v_{i_o} < w_{i_o}$ gilt.

Zu diesen Definitionen ist zu bemerken, dass bei Vorhandensein zweier verschiedener Vektoren nicht notwendigerweise auch eine Dominanz vorliegen muss. Liegt aber Dominanz vor, so gibt es wirtschaftlich betrachtet keinen Grund, die Aktivität, die dominiert wird, weiter zu untersuchen oder überhaupt zu berücksichtigen. Sie ist per Definition mengenmäßig nicht mehr interessant und bei der Unterstellung positiver Bewertungen (z.B. Preise) auch wertmäßig nicht. Deshalb wird sie von weiteren Betrachtungen ausgeschlossen. Für die verbleibenden Aktivitäten wird nunmehr folgender Begriff geprägt.

---

[29]   Vgl. dazu auch [Dyc03, S. 122 ff.].

Definition Effizienz: (allgemein)

Ein Vektor $v = (v_1, v_2, ..., v_n) \in V$, bestehend aus n reellwertigen Zielwerten v_i, i=1,2,...,n, heißt effizient in einer Menge V, wenn er durch keinen anderen Vektor aus dieser Menge dominiert wird.

Diese Definition kann auf Aktivitäten angewandt werden:

a) Input r sei fest vorgegeben, verschiedene Output-Kombinationen x seien möglich. $[r, \hat{x}]$ dominiert (ist besser als) $[r, \tilde{x}]$, wenn der Output-Vektor $\hat{x}$ den Output-Vektor $\tilde{x}$ im Sinne der Maximierung dominiert.

b) Output x sei fest vorgegeben, verschiedene Input-Kombinationen r seien möglich. $[\hat{r}, x]$ dominiert (ist besser als) $[\tilde{r}, x]$, wenn der Input-Vektor $\hat{r}$ den Input-Vektor $\tilde{r}$ im Sinne der Minimierung dominiert.

c) Allgemein:
$[\hat{r}, \hat{x}]$ dominiert (ist besser als) $[\tilde{r}, \tilde{x}]$, wenn in der Netto-Darstellung der jeweils zugehörige Vektor $\hat{z} = \hat{x} - \hat{r}$ den Vektor $\tilde{z} = \tilde{x} - \tilde{r}$ im Sinne der Maximierung dominiert.

Bemerkung: Wird in In- und Output die Unterscheidung nach Gut, Übel und Neutrum wieder aufgenommen, so ist es erforderlich, einen Ökologie-Koeffizienten für jedes Objekt i=1,2,...,n einzuführen, der im Falle eines Gutes den Wert +1, im Falle eines Übels den Wert -1 und im Falle eines neutralen Objektes den Wert 0 annimmt:

Definition Ökologische Bewertung :

$b = (b_1, \ldots, b_n)$ heißt ökologischer Bewertungsvektor und wird wie folgt definiert:

$$b_i = \begin{cases} +1, & \text{wenn Objektart i } \textit{Gut} \\ -1, & \text{wenn Objektart i } \textit{Übel} \\ 0, & \text{wenn Objektart i } \textit{Neutrum} \end{cases}$$

Wird jede Komponente z_i des Aktivitätsvektors z (Nettodarstellung) mit dem i-ten Ökologie-Koeffizienten multipliziert, so kann nachfolgend die unter c) genannte Dominanzuntersuchung mit den ökologisch bewerteten Aktivitäten ohne weitere Einschränkung durchgeführt werden:

$$\tilde{z} = (b_1 z_1, b_2 z_2, \ldots, b_n z_n)$$

Beispiel Tischproduktion:

Für die bereits betrachtete Tischproduktion sind mögliche (zulässige) Aktivitäten in der Nettodarstellung:

$$z^1 = (-40, -10, -40, 10)$$
$$z^2 = (-80, -20, -80, 20)$$
$$z^3 = (-40, -10, -50, 10)$$
$$z^4 = (-40, -12, -40, 10)$$
$$z^5 = (-43, -11, -77, 10)$$

Offensichtlich dominiert die Aktivität z^1 die Aktivitäten z^3, z^4 und z^5,

z^1 und z^2 sind nicht vergleichbar,

z^1 und z^2 sind also beide effizient.

Das Beispiel verdeutlicht, dass es wenig sinnvoll ist, Aktivitäten vergleichen zu wollen, die sowohl im Input als auch im Output nicht übereinstimmen. Im vorliegenden Fall sind z^1 und z^2 nicht vergleichbar, sie gelten als zwei effiziente Varianten, obwohl sie letztlich beide die gleiche Transformation beschreiben. Die oben formulierten Herangehensweisen a) und b) für die Dominanzbetrachtungen liefern dagegen brauchbare Ergebnisse.

2.4.2   Der effiziente Rand der Technologie-Menge

Die Begriffe Technologie, Technologiemenge, Menge von Aktivitäten, Menge möglicher Transformationen, Menge möglicher Produktionen werden synonym benutzt. Diese Menge kann im Fall r=m=1 - ein Produktionsfaktor, ein Outputobjekt - grafisch dargestellt werden (Abbildung 2.9).

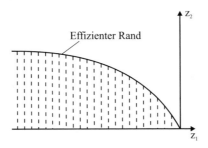

Abbildung 2.9: Der effiziente Rand der technologischen Menge

Es wird deutlich, dass in vorliegender Abbildung die effizienten Aktivitäten auf dem Rand von T liegen. Dazu wird ein Input-Wert fixiert und dazu der maximale Output-Wert bestimmt. Wenn die Technologiemenge die geforderten Eigenschaften (1) bis (5) erfüllt, kann leicht gezeigt werden[30], dass effiziente Aktivitäten grundsätzlich auf dem Rand der Technologiemenge liegen müssen. Erfüllt die Technologiemenge außerdem noch weitere Bedingungen - die sämtliche praxistypisch sind - kann sogar nachgewiesen werden, dass jeder Randpunkt der Technologiemenge einer effizienten Aktivität entspricht. Der Rand der Technologiemenge lässt sich folglich mit einer (in diesem Falle mathematischen) Funktion[31] beschreiben.

Formal gibt es dazu drei prinzipielle Möglichkeiten:
$$f_1\ (r,x)\ =\ 0, \quad r\ =\ f_2\ (x), \quad x\ =\ f_3\ (r)$$
Im Falle f_1 handelt es sich um eine implizite Darstellung dieser Funktion, im Falle von f_2 oder f_3 um explizite Darstellungen. Die implizite Form ist für praktische Anwendungen weniger interessant.

---

[30]   Vgl. dazu auch [Dyc03, S. 139 ff.].

[31]   Zur Erinnerung: Eine Funktion ist eine eindeutige Abbildung von Input- zu Output-Mengen oder umgekehrt.

Definition: Eine Funktion, die (irgendwie) den Zusammenhang zwischen Input und
   Output effizienter Aktivitäten einer gegebenen technologischen Menge beschreibt,
   heißt Produktionsfunktion.

Bemerkung: Es muss sich dabei nicht um einen mathematischen Formelausdruck handeln, auch Tabellen, Rezepturen u.ä. sind denkbar.

Darstellungsformen: a) $r_i = f_{1i}(x)$, $i = 1, \ldots, m$. Diese Form wird auch als Aufwandsfunktion (errechne Aufwand (Input) aus vorgegebenem Output) bezeichnet.
   b) $x_j = f_{2j}(r)$, $j = 1, \ldots, p$. Diese Form wird auch Ertragsfunktion (errechne
   Ertrag (Ouput) aus vorgegebenem Input) genannt.

Bemerkungen: Typischerweise wird bei Montageprozessen, bei der Anwendung von Rezepturen usw. mit der Aufwandsfunktion gearbeitet, d.h. aus einer vorgegebenen
   Endproduktmenge werden die erforderlichen Materialmengen und Zeitaufwendun-
   gen berechnet.
   Bei der Verarbeitung von gegebenen Mengen an Erdöl oder in der Landwirtschaft
   bei gegebenen Mengen an Saatgut wird der Ertrag als Funktion der Input-Menge
   dargestellt werden.
   Die Aufwandsfunktion wird in der Literatur auch als Verbrauchsfunktion bezeichnet.

Die Produktionsfunktion für das *Beispiel der Tischproduktion* ergibt sich zu:

- x_1 - die Anzahl der Tische sei vorgegeben. Dann ist

    - $r_1 = 4x_1$, $r_2 = x_1$, $r_3 = 4x_1$ - explizite Produktionsfunktion.
    - $(r_1 - 4x_1)^2 + (r_2 - x_1)^2 + (r_3 - 4x_1)^2 = 0$ - implizite Produktionsfunktion
      (praktisch nicht relevant).

- Die Ertragsfunktion könnte hier auch so formuliert werden:
    $$x_1 = max\{x_1, \text{ganzzahlig}, x_1 \le min\{\tfrac{1}{4}r_1, r_2, \tfrac{1}{4}r_3\}\} \,,$$
    aber die Unhandlichkeit dieser Darstellungsform für den beschriebenen Montage-
    prozess ist sofort erkennbar.

2.4.3   Eigenschaften von Produktionsfunktionen

Folgende Produktionsfunktion sei gegeben und ihre Werte zu verschiedenen Inputmengen sind:
$$x = 3\,r_1\,\sqrt{r_2} \quad \begin{aligned} &\text{für } r_1 = r_2 = 1 \;:\; x = 3 \\ &\text{für } r_1 = \tfrac{1}{2}, r_2 = 4 \;:\; x = 3 \end{aligned}$$

Verschiedene Inputmengen führen hier zu gleichen Outputmengen. Wenn diese Eigenschaft nicht ausschließlich der mathematischen Formel geschuldet ist, sondern sich auch
tatsächlich technisch realisieren lässt, wird sie genannt:

- *Substitutionalität:*
    Der Austausch von Input-Objekten führt zu gleichem Output. Ist der Austausch

nur beschränkt möglich, wird von teilweiser Austauschbarkeit oder partieller Substitutionalität gesprochen. Ist der Austausch sogar vollständig möglich, kann also ein Faktor vollständig durch einen oder mehrere andere ersetzt werden, wird die Bezeichnung vollständiger Austauschbarkeit oder totale Substitutionalität benutzt.

Bemerkungen:
Entscheidend ist aber nicht die Gestalt der Produktionsfunktion, sondern die technische Realisierbarkeit. Auch ist klar zu stellen, was unter gleichem Output zu verstehen ist. Ist es nur das Produkt als eigentliches Ziel der Produktion nach Menge und Qualität, oder umfasst es auch die möglichen Abprodukte. Je nach Festlegung liegt dann die Eigenschaft der Substitutionalität vor oder eben möglicherweise nicht.
Bezieht sich die Austauschbarkeit in erster Linie auf Potenzialfaktoren, wird häufig von Verfahrenssubstitution gesprochen. So kann z.b. eine feine Oberfläche auf einer Welle durch Feindrehen oder durch Feinschleifen erzeugt werden.
Austauschbarkeit liefert damit Ansatzpunkte zur Entscheidungsoptimierung.

Beispiele:
a) Heizung: Als Output werde nur die erzeugte Wärmemenge betrachtet und Asche und Abgase vernachlässigt. Dann kann die gleiche Wärmemenge durch unterschiedliche Mengen an Papier, Holz, Kohle (in verschiedensten Formen), Öl, Gas usw. erzeugt werden. Die genannten Faktoren sind dabei vollständig austauschbar.
b) Intensität (Geschwindigkeit) und Zeit: wird die Geschwindigkeit eines Fahrzeugs erhöht, so wird für eine vorgesehene Strecke Fahrzeit eingespart, aber möglicherweise wird Kraftstoff zugesetzt; damit wird das Ziel mit geringerem Zeitaufwand, dafür aber höherem Kraftstoffeinsatz erreicht. Hier liegt nur teilweise Austauschbarkeit vor, da die Fahrzeit nicht auf Null reduziert werden kann.
c) Futtermittel: unterschiedliche Futtermittelmischungen führen zum Erhalt des Lebens, wobei sie möglicherweise sogar gleiche Nährstoffanteile aufweisen können.

Liegt die Eigenschaft der Substitutionalität nicht vor, so spricht man von:

- *Limitationalität:*
Jedem Output x entspricht genau eine erforderliche Inputkombination r.

Bemerkungen:
In der Literatur wird häufig unterschieden nach inputlimitational und outputlimitational, d.h. nach dem Richtungssinn der eindeutigen Zuordnung der Input- und Ouput-Mengen[32].

Beispiel:
Diese Eigenschaft beschreibt typischerweise Montageprozesse: Autoindustrie, Maschinenbau usw. aus der Sicht des Materials.

Eine weitere Eigenschaft, die in der früheren Literatur eher als Ausnahme, heute aber - wenn man den Input-Output-Prozess in seiner Vollständigkeit untersucht - als typisch für jede Art Produktion gilt, ist die

- *Kuppelproduktion:*
Dabei handelt es sich um eine technologisch verbundene Produktion; es existieren

---

[32]   Vgl. dazu auch [Dyc03, S. 147 ff.].

formal Beziehungen zwischen den Mengen einzelner, möglicherweise auch nur ausgewählter Output-Komponenten x_i, z.B. im Extremfall sogar exakt beschreibbar: $x_2 = 2x_1$. Dies gilt sehr häufig für unerwünschte Abprodukte (Abfälle, Schadstoffe usw.) Damit werden die zulässigen Output-Kombinationen eingeschränkt.

Insofern in jedem Produktionsprozess Menschen eingezogen werden, entstehen zwangsläufig Abwässer. Damit liegt hier genau diese Eigenschaft vor.

Beispiel:
Beim Hochofenprozess (Eisenschmelze) entsteht neben dem Roheisen Schlacke, Gas usw., deren Mengen in Abhängigkeit von der Erzqualität und der Leistungsfähigkeit des Hochofens mit einander in Beziehung stehen.

Definition: Für den Fall der Substitutionalität sei die Produktionsfunktion - ein Produkt, zwei Faktoren - mit $x = f(r_1, r_2)$ gegeben. Für ein fixiertes Niveau des Output $\bar{x}$ sei $r_1 = g(r_2)$. Dann heißt
$$\frac{dr_1}{dr_2} = g'(r_2)$$
Substitutionsrate des Faktors r_1 bzgl. r_2.

Beispiel :
Es wird die Produktionsfunktion $x = 2r_1r_2$ an der Stelle $r_1 = 1$, $r_2 = 2$ betrachtet. Es ergibt sich eine Ausbringung von $x = 4$. Folglich ist die entsprechende Isoquante $2r_1r_2 = 4$ bzw. $r_1 = \frac{2}{r_2}$. Die entsprechende erste Ableitung ist dann $r_1' = -\frac{2}{r_2^2} = -\frac{2}{2^2} = -\frac{1}{2}$ für $r_2 = 2$, d.h. wird die Faktormenge r_2 um einen kleinen Wert $\epsilon > 0$ erhöht, so muss die Faktormenge r_1 näherungsweise um $\frac{1}{2}\epsilon$ gesenkt werden, um die Ausbringung bei $x = 4$ konstant zu halten. $-\frac{1}{2}$ ist also die Substitutionsrate für r_1 bezüglich r_2 im Zustand $r = (1,2)$.

Verallgemeinerung :
Es seien $x_j = f_j(r_1, \ldots, r_m)$, $\bar{x}_j$ fixiert für alle j, es seien r_i fixiert für alle $i > 2$. Wenn dann zwischen den Faktoreinsatzmengen r_1 und r_2 eine Beziehung existiert:
$$r_1 = g(r_2),$$
so dass:
$$\bar{x}_j = f_j(g(r_2), r_2, \bar{r}_3, \ldots, \bar{r}_m) \quad \forall_j,$$
so heißt
$$\frac{dr_1}{dr_2} = g'(r_2)$$
Substitutionsrate des Faktors r_1 bzgl. r_2.

Im Falle linearer Produktionsfunktionen ergeben sich konstante, also von der aktuellen Ausbringungsmenge unabhängige Substitutionsraten. Prinzipiell aber hängt die Substitutionsrate ab von der Ausbringungsmenge, bei der substituiert werden soll, und von den Faktoreinsätzen, bei denen diese Ausbringung erzielt wird[33].

Definition: Die Menge aller effizienten Faktorkombinationen, die zum gleichen Output in Menge und Qualität führen, heißt Isoquante.

Dazu ist wiederum auf die Erläuterung des *gleichen Outputs* im Nachgang zur Definition der Substitutionalität zu verweisen.

---

[33]   Als typisches Beispiel dazu kann das Gesetz der abnehmenden Grenzerträge genannt werden.

Im Falle von zwei betrachteten Faktoren und einem Outputobjekt kann die Substituierbarkeit z.B. durch Isoquanten in der von den Faktoren aufgespannten Ebene und den Ertrag in der dritten Dimension als sogenanntes Ertragsgebirge dargestellt werden.[34] An dieser Stelle soll jedoch auf Ausführungen dazu verzichtet werden.

2.4.4 Verläufe von Produktionsfunktionen

Wenn es auch in der unternehmerischen Praxis nahezu unmöglich ist, eine Produktionsfunktion vollständig anzugeben, ist es doch unerlässlich, wenigstens Kenntnisse über ihren prinzipiellen Verlauf zu besitzen, um dem Anspruch näherungsweiser optimaler Entscheidungen wenigstens annähernd gerecht werden zu können.

Zunächst werden Produktionsfunktionen in der Form von Ertragsfunktionen $x = f(r)$ betrachtet. Typische Verläufe sind hier:

(affin) linear : $f(r) = ar + b$
  Bis auf eine mengenunabhängige Konstante ist der Ertrag dem Aufwand proportional.

konvex: $f''(r) > 0$
  Die Ertragsfunktion hat einen U-förmigen Verlauf.

konkav: $f''(r) < 0$
  Die Ertragsfunktion hat einen zum U-förmigen spiegelbildlichen Verlauf.

progressiv: $f'(r) > 0$, $f''(r) > 0$
  Die Ertragsfunktion hat einen Verlauf, der dem Teil der gezeigten konvexen Funktion entspricht, bei dem Wachstum vorliegt. D.h. der Ertrag wächst mit wachsendem Input immer schneller (überproportional).

degressiv: $f'(r) > 0$, $f''(r) < 0$
  Die Ertragsfunktion hat einen Verlauf, der dem Teil der konkaven Funktion entspricht, bei dem Wachstum vorliegt. D.h. der Ertrag wächst mit wachsendem Input immer langsamer (unterproportional).

regressiv: $f'(r) < 0$
  Der Ertrag nimmt mit wachsender Einsatzmenge ab.

homogen (vom Grade 1): $f(\lambda r) = \lambda f(r)$
  Der Ertrag ist zur eingesetzten Faktormenge proportional. Ein λ-facher Input führt zu einem λ-fachen Output.

Für die Produktionsfunktion als Aufwandsfunktion $r = f(x)$ ergeben sich völlig analoge Verläufe:

(affin) linear : $f(x) = ax + b$
  Bis auf eine mengenunabhängige Konstante ist der Aufwand dem Ertrag proportional.

---

[34]   Vgl. dazu auch [Blo04, S. 34 ff.].

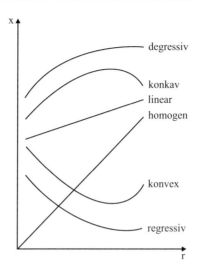

Abbildung 2.10: Mögliche Verläufe der Ertragsfunktion

konvex : $f''(x) > 0$
Die Aufwandsfunktion hat einen U-förmigen Verlauf.

konkav : $f''(x) < 0$
Die Aufwandsfunktion hat einen zum U-förmigen spiegelbildlichen Verlauf.

progressiv : $f'(x) > 0$, $f''(x) > 0$
Die Aufwandsfunktion hat einen Verlauf, der dem Teil der konvexen Funktion entspricht, bei dem Wachstum vorliegt. D.h. der erforderliche Aufwand wächst mit wachsendem Output immer schneller (überproportional).

degressiv : $f'(x) > 0$, $f''(x) < 0$
Die Aufwandsfunktion hat einen Verlauf, der dem Teil der konkaven Funktion entspricht, bei dem Wachstum vorliegt. D.h. der erforderliche Aufwand wächst mit wachsendem Output immer langsamer (unterproportional).

regressiv : $f'(x) < 0$
Der Aufwand nimmt mit wachsender Ausbringungsmenge ab.

homogen (vom Grade 1): $f(\lambda x) = \lambda f(x)$
Der Aufwand ist zur vorgesehenen Ausbringungsmenge proportional. Ein λ-facher Output erfordert einen λ-fachen Faktoreinsatz.

Bemerkungen:

- Produktionsfunktionen können sich auch aus Stücken zusammensetzen, von denen jedes eine (möglicherweise andere) der oben genannten Eigenschaften aufweist.

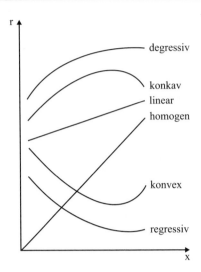

Abbildung 2.11: Mögliche Verläufe der Aufwandsfunktion

- Produktionsfunktionen in der Praxis liegen in der Regel nicht fertig vor. Sie müssen mit oft aufwendigen Verfahren erst ermittelt werden. Häufig ist der Zusammenhang nicht analytisch zu erfassen, sondern entsteht im Ergebnis einer Optimierung (Minimierung) des Faktoreinsatzes für unterschiedliche Output-Werte. Damit kann dann diese Funktion oft nur punktweise ermittelt werden.
  Mit Hilfe z.B. einer Regressionsanalyse[35] ist es danach möglich, einen analytischen Ausdruck zu finden, der dem punktweise gegebenem Verlauf möglichst gut entspricht.

2.4.5   Beispiele für Produktionsfunktionen

In den meisten Lehrbüchern zur Produktions- und Kostentheorie finden sich Typen von Produktionsfunktionen aufgelistet, die mit Namen, wie Turgot, Gutenberg oder Leontiev, oder mit den Buchstaben A,B,C,... versehen sind. An dieser Stelle sollen drei davon näher betrachtet werden.

(1) Ertragsgesetz
(auch Produktionsfunktion nach Turgot, Produktionsfunktion vom Typ A oder Gesetz vom abnehmenden Bodenertrag genannt[36].)

Zugrunde liegt die Ertragsfunktion für den Fall eines Produktes $x = f(r_1, r_2, ..., r_m)$. Bis auf eine Faktorart i_o werden alle Faktormengen fixiert $r_i = \bar{r}_i \; \forall i \neq i_o$ und es ergibt sich

---

[35]   Vgl. hierzu Literatur der Mathematischen Statistik.
[36]   Siehe auch [Blo04, S. 22 ff.].

damit die Abhängigkeit des Ertrages von nur einer Inputfaktormenge

$$x = f(\bar{r}_1,...,r_{i_o-1},r_{i_o},r_{i_o+1},...,\bar{r}_m) = \tilde{f}(r_{i_o})^{37}.$$

Abbildung 2.12 zeigt den Verlauf dieser Funktion sowie weiterer daraus abgeleiteten Funktionen[38].

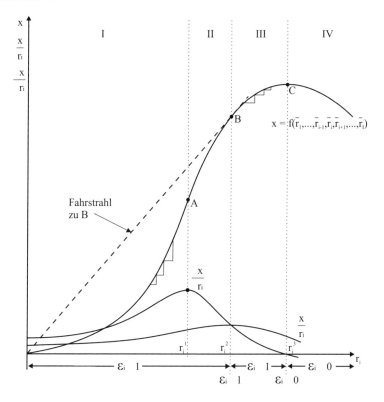

Abbildung 2.12: Das Ertragsgesetz

Werden nun entlang dieses Kurvenverlaufes Kennziffern, wie Gesamtertrag, Durchschnittsertrag und Grenzertrag, betrachtet, so lassen sich vier typische Phasen dieser Funktion erkennen.[39] Unter Hinzunahme von Bewertungen lassen sich Kostenbetrachtungen anschließen.[40]

Produktionsfunktion nach Cobb-Douglas
(beschreibt etwa den Wachstumsanteil der Ertragsfunktion, also konstante oder abneh-

---

[37]   Vgl. dazu auch [Som01, S. 23 ff.].
[38]   Vgl. dazu ebenfalls [Som01, S. 23 ff.].
[39]   Vgl. dazu auch [Blo04, S. 24 ff.].
[40]   Vgl. dazu auch [Blo04, S. 27 ff.].

mende Ertragszuwächse/Skalenerträge)[41]

$$x = a_0 r_1^{a_1} r_2^{a_2} ... r_m^{a_m} = a_0 \prod_{i=1}^{m} r_i^{a_i} \text{ mit } \sum_{i=1}^{m} a_i = \bar{a} \leq 1$$

Es ergibt sich hier für den λ-fachen Faktoreinsatz

$$x(\lambda r_1, \lambda r_2, ..., \lambda r_m) = a_0 (\lambda * r_1)^{a_1} (\lambda * r_2)^{a_2} ... (\lambda * r_m)^{a_m} = a_0 \lambda^{\bar{a}} \prod_{i=1}^{m} r_i^{a_i} = \lambda^{\bar{a}} x(r_1, r_2, ..., r_m)$$

Für $\bar{a} = 1$ ist die Funktion also homogen (vom Grade 1), es liegen konstante Ertragszuwächse bzw. konstante Skalenerträge vor. Für $\bar{a} < 1$ ist die Funktion auch homogen, aber vom Grade $\bar{a} < 1$, d.h. es liegen abnehmende Ertragszuwächse bzw. abnehmende Skalenerträge vor.

(2) Produktionsfunktion nach Gutenberg
(auch Produktionsfunktion vom Typ B genannt)[42]

Voraussetzungen [43]:
  - Es liegt der Ein-Produkt-Fall vor, die Anzahl der betrachteten Outputobjekte ist 1.
  - Es wird die Limitationalität aller Produktionsfaktoren angenommen.
  - Der Faktorverbrauch pro Einheit Ausbringung kann von einer Intensität d (Menge pro Zeiteinheit) abhängen.

Bemerkungen :

• Hier ist sofort zu bemerken, dass sich die Voraussetzungen widersprechen. Offenbar sind im Falle intensitätsabhängiger Faktorverbräuche aufgewendete Zeit und Faktormenge substituierbar. Ein typisches Beispiel ist das Fahren mit einem PKW. Sei bei einer Intensität (Geschwindigkeit) von 120 km/h der geringsten Kraftstoffverbrauch pro 100 km Fahrstecke gegeben, so kann durch eine Intensitätserhöhung, die mit der Erhöhung des Kraftstoffverbrauches einhergeht, die pro 100 km einzusetzende Zeit verringert, also Zeit gegen Kraftstoff substituiert werden. Damit gilt die Eigenschaft der Limitationalität nicht für das Verhältnis von Zeitaufwand (für Potenzialfaktoren) zu Faktoren, deren Verbrauch intensitätsabhängig ist.

• Im Regelfall kann an jedem Arbeitssystem (Anlage, Maschine) eine andere Intensität - Produktionsgeschwindigkeit, gemessen z.B. in Stück pro Minute - zum Einsatz kommen.

In Anlehnung an die bisher verwendete Symbolik wird weiter bezeichnet:
r_{ik} -   Menge des einzusetzenden Faktors i an der Anlage k,
$f_{ik}(d_k)$ -   Verbrauchsfunktion für den Faktor i an der Anlage k
              in Abhängigkeit von der dort gewählten Intensität d_k und
              bei der Herstellung einer Einheit des Endproduktes,
x -   Menge am Endprodukt (Output).

---

[41]   Vgl. dazu auch [Dyc03, S. 142 ff.].
[42]   Vgl. dazu auch [Blo04, S. 51 ff.].
[43]   Vgl. dazu auch [Som01, S. 67 ff.].

Damit ergibt sich:

$$r_{ik} = f_{ik}(d_k)x$$

mit r_i als Verbrauch des Faktors i insgesamt. Dieser errechnet sich aus dem Verbrauch an allen Anlagen insgesamt

$$r_i = \sum_k r_{ik} = \sum_k f_{ik}(d_k)x.$$

Ist dieser Zusammenhang bekannt, so besteht die Möglichkeit, über die Wahl der Intensitäten gezielt auf Faktorverbräuche sowohl mengenmäßig als auch wertmäßig Einfluss zu nehmen. Allerdings kann die verbrauchsminimale Intensität für jeden Produktionsfaktor anders ausfallen, so dass letztendlich ein Kompromiss je nach Bedeutung der Faktoren zwischen all diesen Werten gefunden werden muss.

Sinnvolle Anwendungen sind z.B. im Bereich von erforderlichen Antriebsenergiemengen bei unterschiedlichen Motorleistungen, bei erforderlichen Mengen an Schmier- oder Kühlmitteln in Abhängigkeit von der Arbeitsgeschwindigkeit oder bei der Abnutzung von Werkzeugen (Bohrer, Drehmeißel, Säge,...) in Abhängigkeit von der Arbeitsgeschwindigkeit entsprechender Maschinen zu finden. Auch die Fehler-, Ausschuss- und damit Nacharbeitsquote kann von der Bearbeitungsintensität abhängen, was im Qualitätsmanagement zu berücksichtigen ist.

(3) Produktionsfunktion nach Leontief:
(gilt auch als Spezialfall der Gutenbergschen Produktionsfunktion)[44]

Voraussetzungen[45]:
a) Es wird die Limitationalität aller Produktionsfaktoren angenommen.
b) Der Faktorverbrauch pro Einheit Ausbringung hängt nicht von der Intensität d
   der Produktion (Menge pro Zeiteinheit) ab[46].

Die Verbrauchsfunktion für den Faktor i an der Anlage k $f_{ik}(d_k)$ reduziert sich folglich auf den konstanten Faktor f_{ik}. Damit ergibt sich:

$$r_{ik} = f_{ik}x \text{ und } r_i = \sum_k r_{ik} = \sum_k f_{ik}x \ .$$

Mit der Bezeichnung $a_i = \sum_k f_{ik}$ vereinfacht sich die Darstellung dieses Zusammenhangs zu

$$r_i = a_i x, \ i = 1,...,m \ .$$

Werden nun p verschiedene Endprodukte zugelassen, die zugehörigen Output-Mengen mit x_j, j=1,2,...,p, und der produktabhängige Faktorverbrauch mit a_{ij} (a_{ij} - benötigte Menge des Faktors i zur Herstellung einer Einheit des Produktes j) bezeichnet, so ergibt sich

$$r_i = \sum_{j=1}^{p} a_{ij}x_j, \ i = 1,...,m.$$

---

[44]   Vgl. dazu auch [Blo04, S. 49 ff.].
[45]   Vgl. dazu auch [Som01, S. 69 ff.].
[46]   Vgl. dazu auch [Blo04, S. 52 ff.].

Damit können z.b. Faktormengenberechnungen für Montageprozesse, für das Umsetzen von Rezepturen usw. vor allem im Bereich der Repetierfaktoren (Material, Zutaten,...) vorgenommen werden.

Diese Produktionsfunktion lässt mit wenig Aufwand auch die Betrachtung gleicher Objekte in In- und Output zu, also den *Eigenverbrauch* an Produkten. Damit unterscheiden sich Output in Brutto- und Nettodarstellung. Die Frage nach dem Faktoraufwand für eine Einheit eines Produktes in einer Brutto- oder einer Nettoproduktion drängt sich auf.

Entsprechend der Netto-Darstellung der Aktivitäten werden die Vektoren r und x auf die gleiche Dimension n erweitert, so dass in beiden Vektoren an der i-ten Stelle, i=1,2,...,n, Mengenangaben zu finden sind, die sich auf das gleiche Objekt beziehen. So ergibt sich

$$r_i = \sum_{j=1}^{n} a_{ij} x_j, \ i = 1,...,n \ .$$

Dann ist die Nettodarstellung

$$z_i = x_i - r_i = x_i - \sum_{j=1}^{n} a_{ij} x_j \ i = 1,...,n$$

oder mit $A = \{a_{ij}\}$ als Verbrauchsmatrix in vektorieller Schreibweise

$$z = x - Ax = (E - A)x$$

bzw.

$$x = (E - A)^{-1} z.$$

Dabei wird die Matrix A als Direktverbrauchsmatrix bezeichnet. Ihre Koeffizienten a_{ij} geben an, welche Mengen an Faktoren i zur unmittelbaren Herstellung einer Einheit des Produktes j benötigt werden.

Die Matrix $G = (E - A)^{-1}$ heißt Gesamtverbrauchsmatrix. Ihre Koeffizienten g_{ij} geben an, welche Mengen an Faktoren i zur Herstellung einer an die Umwelt abzugebenden Einheit des Produktes j benötigt werden. Sie sind, sofern im Unternehmen ein Eigenverbrauch an Endprodukten stattfindet, in der Regel größer als die Koeffizienten a_{ij} der Direktverbrauchsmatrix, sofern Objekt i vorwiegend Input, Objekt j vorwiegend Output ist.

2.4.6 Weitere Begriffe der Produktionstheorie

Die Produktionstheorie eröffnet ein weites Feld theoretischer Untersuchungen von Zusammenhängen zwischen Input und Output, zwischen Produktionsfaktoren, zwischen Outputobjekten usw. Die Literatur bietet dazu ein breites Schrifttum[47]. Diese Untersuchungen sind dem grundsätzlichen Verständnis der Produktion sehr förderlich. Trotzdem wird im Weiteren aus Zeitgründen auf eine breite Darlegung dieser Zusammenhänge verzichtet. Ein entsprechendes Literaturstudium wird aber jedem nahe gelegt.

An dieser Stelle werden lediglich noch einige wesentliche Begriffe, die oftmals in der Literatur unterschiedlich definiert werden, klar gestellt.

Es sei x_j die erreichte Ausbringungsmenge am Produkt j, r_i die insgesamt dazu erforderliche Menge am Faktor i.

---

[47]   Vgl. dazu auch [Blo04, S. 13-114].

Durchschnittsertrag/Durchschnittsproduktivität :

$$\overline{x}_j = \frac{x_j}{r_i} \quad \text{für } j = 1, \ldots, p, \, i = 1, \ldots, m \, .$$

Dieser Wert gibt an, welche Menge vom Endprodukt j im Durchschnitt aus einer Einheit des Faktors i erzeugt wurde.

Produktionskoeffizient :

$$a_{ij} = \frac{r_i}{x_j} \quad \text{für } j = 1, \ldots, p, \, i = 1, \ldots, m \, .$$

Dieser Wert gibt an, welche Menge am Faktor i im Durchschnitt für die Herstellung einer Einheit des Produktes j erforderlich war.

Grenzproduktivität :

$$(x_j)'_{r_i} = \frac{\delta x_j}{\delta r_i} \quad \text{für } j = 1, \ldots, p, \, i = 1, \ldots, m \, .$$

Aus diesem Wert wird die Steigung der Ertragskurve in der Änderungsrichtung r_i abgelesen. Für eine kleine Veränderung Δr_i kann näherungsweise eine Ertragsänderung von $\frac{\delta x_j}{\delta r_i}\Delta r_i$ erwartet werden. Dieser Wert ist um so genauer, je kleiner $|\Delta r_i|$ ist. Sehr häufig wird die Grenzproduktivität benutzt, um die Ertragsänderung für die nächste einzusetzende Einheit am Faktor i (näherungsweise) zu beschreiben. Diese ergibt sich aus obiger Formel bei $\Delta r_i = 1$ und ist um so genauer, je geringer die Krümmung der Produktionsfunktion an der betrachteten Stelle ist.

Grenzertrag :

$$dx_j = \frac{\delta x_j}{\delta r_i} dr_i.$$

Der Grenzertrag zeigt die Outputänderung bei einer infinitesimal kleinen Inputänderung dr_i an und berechnet sich als Differential der Ertragsfunktion. Die Begriffe Grenzproduktivität und Grenzertrag werden oft nicht scharf getrennt, weil das eine genutzt wird, um das andere näherungsweise - wie weiter oben beschrieben - zu ermitteln.

2.4.7 Übungsaufgaben

Aufgabe 1

Zur Herstellung von Mikrochips werden dünne Siliziumplättchen, sogenannte wafer, von einer Spezialtrennmaschine in kleine Rechtecke zersägt. Eine feine Diamantsäge nutzt sich dabei in Abhängigkeit von der Leistungsintensität (Anzahl der zertrennten wafer pro Stunde) ab. Weiterhin wird beim Trennvorgang ein Kühlmittel benötigt, dessen Verbrauch ebenfalls von der Leistungsintensität abhängt.

Es lassen sich folgende Verbrauchsfunktionen aufstellen:

- Verschleiß an der Säge: $a_1 = 2d^2 - 16d + 40$ [µm/wafer]

- Verbrauch an Kühlmittel: $a_2 = 2{,}5d^2 - 28d + 80$ [Liter/wafer]

Der Abrieb am Sägeblatt wird mit 3 €/µm belegt. Das Kühlmittel kostet 4 €/Liter. Die maximale Intensität der Trennmaschine beträgt 20 wafer/Stunde.

1. Um wieviele μm nutzt sich das Sägeblatt täglich ab, wenn die Trennmaschine mit verschleißminimaler Intensität läuft und 8 Stunden in Betrieb ist?

2. Geben Sie die Funktion der gesamten variablen Kosten in Abhängigkeit von der Menge der zersägten wafer für die Ausbringungsmenge an, für die eine zeitliche Anpassung kostenoptimal ist. (Max. tägliche Arbeitszeit: 8 Stunden)

3. Geben Sie die Funktion der gesamten variablen Kosten in Abhängigkeit von der Menge der zersägten wafer für die Ausbringungsmenge an, für die eine intensitätsmäßige Anpassung kostenoptimal ist. (Max. tägliche Arbeitszeit: 8 Stunden)

Lösung zu Aufgabe 1

1. Gesucht ist der Tagesverschleiß der Säge:

$$a_1(d_{opt}) \cdot x = (2 \cdot d_{opt}^2 - 16 \cdot d_{opt} + 40) \cdot x \, \mu m/\text{Stück}$$

- Ermittlung von d_{opt}:

  $a_1'(d) = 4 \cdot d - 16 = 0$

  $\underline{\underline{d_{opt} = 4 \text{ Stück/Stunde}}}$ (verschleißoptimal)

- Ermittlung von x bei $t = 8$ Stunden und $d_{opt} = 4$:

  $x = t \cdot d_{opt} = 8 \cdot 4$

  $\underline{\underline{x = 32 \text{ Stück}}}$

- Ermittlung des Verschleißes je Stück bei $d = 4$:

  $a_1(4) = 2 \cdot 4^2 - 16 \cdot 4 + 40$

  $\underline{\underline{a_1(4) = 8 \ \mu m/\text{Stück}}}$

2. - Ermittlung der Stückkostenfunktion $k(d)$

  Um Abrieb und Kühlmittelverbrauch addierbar zu machen, erfolgt eine Umrechnung in Kosten.

  Säge:

  $k(d)_1 = a(d)_1 \cdot p_1 = (2 \cdot d^2 - 16 \cdot d + 40) \cdot 3$

  $\underline{\underline{k(d)_1 = 6 \cdot d^2 - 48 \cdot d + 120}}$

  Kühlmittel:

  $k(d)_2 = a(d)_2 \cdot p_2 = (2{,}5 \cdot d^2 - 28 \cdot d + 80) \cdot 4$

  $\underline{\underline{k(d)_2 = 10 \cdot d^2 - 112 \cdot d + 320}}$

  Gesamt-Stückkostenfunktion:

  $k(d) = k(d)_1 + k(d)_2$

  $\underline{\underline{k(d) = 16 \cdot d^2 - 160 \cdot d + 440}}$

  Ermittlung von d_{opt}

  $k'(d) = 32 \cdot d_{opt} - 160 = 0$

  $\underline{\underline{d_{opt} = 5 \text{ Stück/Stunde}}}$ (gesamtkostenoptimal)

  Hinweis: Die optimale Intensität ist stets exakt zu benennen! Während es sich in Aufgbe 1. um eine verschleißoptimale Intensität ($d_{opt} = 4$ Stück/Stunde) handelte, geht es in Aufgabe 2 um eine gesamtkostenoptimale Intensität ($d_{opt} = 5$ Stück/Stunde).

Zeitliche Anpassung (mit d_{opt})

$K(x) = k(d_{opt}) \cdot x$

$K(x) = (16 \cdot 5^2 - 160 \cdot 5 + 440) \cdot x$

$\underline{\underline{K(x) = 40 \cdot x \ €}}$

$\underline{t(x) = x/d_{opt}}$ z.B. $t(30) = 30/5 = 6$ Stunden

3. $d_{opt} \cdot t_{max} \leq x \leq d_{max} \cdot t_{max}$

   $5 \cdot 8 \leq 20 \cdot 8 \rightarrow 40 \leq x \leq 160$

   Für diesen Bereich von x ist eine intensitätsmäßige Anpassung erforderlich.

   $K(x) = k(d) \cdot x \rightarrow$ mit $k(d) = 16 \cdot d^2 - 160 \cdot d + 440$

   mit $d = \frac{x}{t_{max}}$ erhalten wir

   $K(x) = (16 \cdot \frac{x^2}{8^2} - 160 \cdot \frac{x}{8} + 440) \cdot x$

   $\underline{\underline{K(x) = 0{,}25 \cdot x^3 - 20 \cdot x^2 + 440 \cdot x}}$

Aufgabe 2

Ein Betrieb verfügt über drei Herstellungsverfahren, um ein Produkt erzeugen zu können. Alle Verfahren können beliebig miteinander kombiniert werden. Zur Herstellung des Produktes werden die Faktoren R_1 und R_2 eingesetzt.

$$\mathbf{A} = \begin{array}{c} \\ \\ \end{array} \begin{array}{ccc} V_1 & V_2 & V_3 \\ \left[\begin{array}{ccc} 4 & 2 & 1 \\ 1 & 2 & 3 \end{array} \right] & & \end{array} \begin{array}{c} R_1 \\ R_2 \end{array}$$

Es gelten folgende Preise: $p_1 = 1 \ €/\text{ME}$ und $p_2 = 4 \ €/\text{ME}$. Es gelten folgende Faktormengenbeschränkungen: $r_1 \leq 8$ ME und $r_2 \leq 12$ ME.

1. Zeichnen Sie unter Verwendung der effizienten Basisverfahren die Prozessstrahlen in ein Faktordiagramm ein.

2. Zeichnen Sie die Produktisoquante für $x = 2$ in das Faktordiagramm ein.

3. Zeichnen Sie den Expansionspfad in das Faktordiagramm ein.

4. Es soll diejenige Ausbringungsmenge hergestellt werden, die unter den gegebenen Bedingungen keinesfalls überschritten werden kann.

   (a) Zeichnen Sie den zugehörigen Produktionspunkt ein.

   (b) Zeichnen Sie den zugehörigen Prozessstrahl ein.

   (c) Lesen Sie aus der graphischen Darstellung die Produktionskoeffizienten für den zugehörigen Mischprozess ab.

   (d) Geben Sie die zugehörige Ausbringungsmenge an.

(e) Geben Sie das zugehörige Mischungsverhältnis an.

(f) Geben Sie die zugehörigen Stückkosten an.

5. Geben Sie die Kostenfunktion für den gesamten Bereich der möglichen Ausbringungsmengen an.

Lösung zu Aufgabe 2

1.

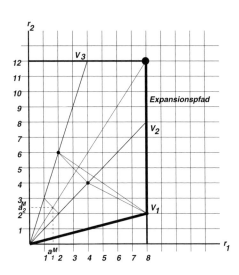

2. Siehe Faktordiagramm.

3. Siehe Faktordiagramm.

$$k_1 = 1 \cdot 4 + 4 \cdot 1 = 8 \quad k_2 = 1 \cdot 2 + 4 \cdot 2 = 10 \quad k_3 = 1 \cdot 1 + 4 \cdot 3 = 13$$

4. (a) Siehe Faktordiagramm.

   (b) Siehe Faktordiagramm.

   (c) Siehe Faktordiagramm.

   $$\underline{a_1^M = 1{,}6 \qquad a_2^M = 2{,}4}$$

   (d) Aus Effizienzgründen kommt nur die Kombination V_2/V_3 in Betracht.

   $$8 = 2 \cdot x_2 + 1 \cdot x_3$$
   $$12 = 2 \cdot x_2 + 3 \cdot x_3$$
   $$x_2 = 3 \qquad x_3 = 2 \qquad x = 5$$
   $$\underline{\underline{x_{max}^{abs} = 5}}$$

   (e) $\lambda = \frac{x_2}{x} = \frac{3}{5} = 0{,}6$

   (f) $\underline{\underline{k^M = \lambda \cdot k_2 + (1 - \lambda) \cdot k_3 = 0{,}6 \cdot 10 + 0{,}4 \cdot 13 = 11{,}20 \text{ €}}}$

5. Aus 3. bekannt: $k_1 = 8$; $k_2 = 10$; $k_3 = 13$

   Aus 4 (d) bekannt: $x_2 = 3$; $x_3 = 2$; $x_{max}^{abs} = 5$

   Weiterhin werden benötigt:

   $x_{max}^{V_1} = min\{\frac{8}{4}; \frac{12}{1}\} = 2$

   $x_{max}^{V_2} = min\{\frac{8}{2}; \frac{12}{2}\} = 4$

   $x_{max}^{V_3} = min\{\frac{8}{1}; \frac{12}{3}\} = 4$

   Deshalb wird kostengünstig im Bereich $0 \leq x \leq 2$ nur mit V_1, im Bereich $2 \leq x \leq 4$ mit der Kombination V_1/V_2 und im Bereich $4 \leq x \leq 5$ mit der Kombination V_2/V_3 produziert.

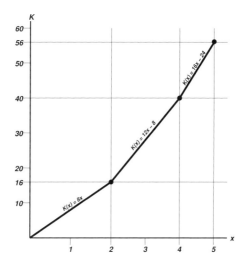

Aufgabe 3

Zur Herstellung eines Produktes auf einer Maschine werden zwei Einsatzfaktoren benötigt. Der Verbrauch dieser Faktoren hängt von der Intensität d dieser Maschine ab, die in Stück pro Minute gemessen wird.

Für die Faktoren sind folgende Verbrauchsfunktionen bekannt:

$$\text{Faktor 1:} \quad a_1(d) = d^2 - 8d + 20 \quad \text{(Einheiten je Stück Endprodukt)}$$
$$\text{Faktor 2:} \quad a_2(d) = 5d^2 - 56d + 160 \quad \text{(Einheiten je Stück Endprodukt)}$$

Die Kosten p_j je Einheit des Faktors j belaufen sich auf $p_1 = 6 \, €$ und $p_2 = 2 \, €$.

Die maximale Intensität der Maschine beträgt 20 Stück pro Minute.

1. Wie hoch ist der Verbrauch des Faktors 1 an einem Arbeitstag (8 Stunden), wenn die Maschine mit der Intensität läuft, die den minimalen Verbrauch des Faktors 1 pro Stück Endprodukt sichert?

2. Wieviel Stück des Produktes können höchstens hergestellt werden, wenn von Faktor 2 maximal 10752 Mengeneinheiten zur Verfügung stehen? Wieviel Zeit (in Stunden) wird zur Herstellung dieser maximalen Produktionsmenge benötigt? Wie hoch ist der Faktorverbrauch in einer Stunde?

3. Geben Sie die Funktion der gesamten variablen Kosten in Abhängigkeit von der Menge der an einem Arbeitstag erzeugten Produkte an, wenn sowohl eine zeitliche als auch eine intensitätsmäßige Anpassung zu berücksichtigen ist und die tägliche Betriebszeit 8 Stunden beträgt.

Lösung zu Aufgabe 3

1. Optimale Intensität: $a_1'(d) = 2d - 8 = 0 \rightarrow \underline{d_{opt}^{a_1} = 4 \left[\frac{\text{Stück}}{\text{Minute}}\right]}$

   Verbrauch je Stück bei $d_{opt}^{a_1}$: $a_1(4) = 4^2 + 8 \cdot 4 + 20 = 4 \left[\frac{\text{ME}}{\text{Stück}}\right]$

   Maximale Stückzahl an einem Tag: $4 \left[\frac{\text{Stück}}{\text{Min.}}\right] \cdot 60 \left[\frac{\text{Min.}}{\text{Std.}}\right] \cdot 8 \left[\frac{\text{Std.}}{\text{Tag}}\right] = 1920 \left[\frac{\text{Stück}}{\text{Tag}}\right]$

   Faktorverbrauch an einem Tag: $1920 \left[\frac{\text{Stück}}{\text{Tag}}\right] \cdot 4 \left[\frac{\text{ME}}{\text{Stück}}\right] = 7680 \left[\frac{\text{ME}}{\text{Tag}}\right]$

2. Faktor 2 ist Engpass. Dieser Engpass ist „bestmöglich" auszunutzen. Deshalb ist mit derjenigen Intensität zu arbeiten, bei der unter Beachtung des Engpasses die größte Ausbringungsmenge erzeugt werden kann.

   Optimale Intensität: $a_2'(d) = 10d - 56 = 0 \rightarrow \underline{d_{opt}^{a_2} = 5{,}6 \left[\frac{\text{Stück}}{\text{Minute}}\right]}$

   Verbrauch je Stück bei $d_{opt}^{a_2}$: $a_2(5{,}6) = 5 \cdot 5{,}6^2 - 56 \cdot 5{,}6 + 160 = 3{,}2 \left[\frac{\text{ME}}{\text{Stück}}\right]$

   Maximale Stückzahl bei Verbrauch von Faktor 2: $\frac{10752 \, [\text{ME}]}{3{,}2 \left[\frac{\text{ME}}{\text{Stück}}\right]} = 3360 \, [Stück]$

   Zeitbedarf für 3360 Stück: $\frac{3360 \, [\text{Stück}]}{5{,}6 \left[\frac{\text{Stück}}{\text{Min.}}\right] \cdot 60 \left[\frac{\text{Min.}}{\text{Std.}}\right]} = 10 \, [\text{Std.}]$

   Faktorverbrauch je Stunde: $\frac{10752 \, [\text{ME}]}{10 \, [\text{Std.}]} = 1075{,}2 \left[\frac{ME}{Std.}\right]$

   oder: $a_2(d_{opt}^{a_2}) \cdot d_{opt}^{a_2} = 3{,}2 \left[\frac{\text{ME}}{\text{Stück}}\right] \cdot 5{,}6 \left[\frac{\text{Stück}}{\text{Min.}}\right] \cdot 60 \left[\frac{\text{Min.}}{\text{Std.}}\right] = 17{,}92 \left[\frac{\text{ME}}{\text{Min.}}\right] \cdot 60 \left[\frac{\text{Min.}}{\text{Std.}}\right]$

   $= 1075{,}2 \left[\frac{\text{ME}}{\text{Std.}}\right]$

3. $k(d) = k(a_1) + k(a_2)$ und $t = 8$

   $k(d) = (d^2 - 8d + 20) \cdot 6 + (5d^2 - 56d + 160) \cdot 2$

   $k(d) = 16d^2 - 160d + 440 \rightarrow k'(d) = 32d - 160 = 0$

   $\underline{d_{opt} = 5 \left[\frac{\text{Stück}}{\text{Minute}}\right]}$

   $k(d = 5) = 16 \cdot 5^2 - 160 \cdot 5 + 440 = 40 \, [\text{€/Stück}]$

   - Zeitliche Anpassung:

     Bei der zeitlichen Anpassung der Bedingungen an die Produktionsmenge wird davon ausgegangen, dass mit der optimalen Intensität gearbeitet wird. Die hierbei höchstens zu erreichende Produktion ergibt sich aus $d_{opt} \cdot t_{max}$.

     Unser Beispiel:

     $0 \leq x \leq 5 \left[\frac{\text{Stück}}{\text{Minute}}\right] \cdot 60 \left[\frac{\text{Minuten}}{\text{Stunde}}\right] \cdot 8 \left[\frac{\text{Stunden}}{\text{Tag}}\right] = 2400 \left[\frac{\text{Stück}}{\text{Tag}}\right]$

Für den Ausbringungsbereich $0 \leq x \leq 2400$ der zeitlichen Anpassung lautet die Gesamtkostenfunktion:

$$\underline{\underline{K(x) = 40x}}$$

- Intensitätsmäßige Anpassung:

  Bei der intensitätsmäßigen Anpassung der Bedingungen an die Produktionsmenge wird davon ausgegangen, dass die maximale Zeit in Anspruch genommen wird. Es wird mit der erforderlichen Intensität gearbeitet. Die hierbei höchstens zu erreichende Produktion ergibt sich aus $d_{max} \cdot t_{max}$.

  Unser Beispiel:

  $2400 \leq x \leq 20 \left[\frac{\text{Stück}}{\text{Minute}}\right] \cdot 60 \left[\frac{\text{Minuten}}{\text{Stunde}}\right] \cdot 8 \left[\frac{\text{Stunden}}{\text{Tag}}\right] = 9600 \left[\frac{\text{Stück}}{\text{Tag}}\right]$

  Mit $d = \frac{x}{t_{max}}$ erhalten wir: $k(d) = 16 \cdot \frac{x^2}{480^2} - 160 \cdot \frac{x}{480} + 440$

  $k(d) = \frac{x^2}{14400} - \frac{x}{3} + 440$

  $K(x) = k(d) \cdot x$

  Für den Ausbringungsbereich $2400 \leq x \leq 9600$ der intensitätsmäßigen Anpassung lautet die Gesamtkostenfunktion:

  $$\underline{\underline{K(x) = \frac{x^3}{14400} - \frac{x^2}{3} + 440x}}$$

2.5 Kosten-, Erlös- und Erfolgsfunktion

Es liegen nach den Dominanzuntersuchungen in der Regel mehrere effiziente Produktionen (oder Transformationen oder Aktivitäten) vor. Entsprechend der gewählten Vorgehensweise ist es nun erforderlich, eine wertmäßige Betrachtung anzuschließen, um diese Produktionen weiter zu unterscheiden und letztlich zu einer Auswahlentscheidung zu kommen. Dazu wird einerseits eine wertmäßige Erfassung der Produktionsfaktoren (Input) und andererseits eine der Produkte (Output)benötigt. Dabei ist zu beachten, dass bei veränderten Bewertungen der Objekte auch eine andere Auswahlentscheidung getroffen werden muss. Diesem Einfluss unterliegt eine auf reiner Mengenbetrachtung basierende Auswahlentscheidung nicht.

Mit Hilfe einer Wertbetrachtung wird jedem Objekt die gleiche Maßeinheit zugeordnet; aus den unterschiedlichen Mengeneinheiten (z.B. Stück, Meter, Gramm,...) entsteht durch Multiplikation mit [Wert pro Mengeneinheit] (z.B. € pro Stück, € pro Meter, € pro Gramm,...) eine für alle Objekte gleiche Maßeinheit (z.B. €). Damit können diese Objektmengen verglichen oder auch addiert werden.[48]

2.5.1 Die Kostenfunktion

Der Begriff der Kosten ist ein allen geläufiger Begriff, der aber in unterschiedlichen Situationen inhaltlich völlig unterschiedlich zur Anwendung kommt. So können unter Kosten die in einem Zeitraum beobachteten Geldausgaben verstanden werden, aber auch

---

[48] Dieses Prinzip der Reduzierung hoher Dimensionen auf eine einzige findet sich in vielen unterschiedlichen Bewertungsverfahren der Betriebswirtschaftslehre wieder.

der mit Preisen bewertete Verzehr von Objekten während einer Abrechnungsperiode oder aber kalkulatorische Kosten, die meist als eine Vergleichsgrundlage im weitesten Sinne herangezogen werden und Aussagen zu Kosten machen, die entstehen würden, wenn irgendein Ereignis eintreten würde oder eine Entscheidung vollzogen worden wäre.

Im Weiteren soll der Kostenbegriff im Zusammenhang mit dem Faktoreinsatz stehen, also eine Bewertung des Inputs vornehmen. Damit sind die Kosten abhängig von der ermittelten zugrunde liegenden effizienten Aktivität. Deshalb ist es für die weitere Betrachtung notwendig, die Produktionsfunktion zu kennen. Sie kann als eine Vektorfunktion $r = f(x)$ bzw. als m separate Funktionen $r_i = f_i(x), i = 1, 2, \ldots, m$ vorliegen.[49]

Im Sinne einer Nutzenbewertung sind die Produktionsfaktoren mit Preisen zu belegen. Der Begriff *Preise* darf nicht dazu verführen, generell nur die Marktpreise unter dieser Bewertung zu verstehen. Selbstverständlich sind diese als Bewertung auch denkbar - und zum besseren Verständnis wird oft darauf Bezug genommen - aber es gibt auch andere Zielsetzungen als einen minimalen Einkaufspreis, z.B. Qualität, mit den daraus abgeleiteten Bewertungen der Faktoren, oder wegen der Rücknahmepflicht von Produkten die Recyclingsfähigkeit und die daraus resultierende Faktorbewertung u.ä.

Die Bewertung der Faktoren mündet in sogenannte *Faktorpreise:*

$$p = (p_1, p_2, \ldots, p_m) \,.$$

Für die weiteren grundlegenden Betrachtungen an dieser Stelle werden konstante Faktorpreise unterstellt. Preisänderungen innerhalb eines Betrachtungszeitraumes werden ebensowenig berücksichtigt wie Mengenrabatte u.ä. Faktorpreise für Güter werden als nichtnegativ angenommen, für eine Übel-Betrachtung dagegen würden negative Preise in Betracht gezogen werden müssen.

Damit ergibt sich der bewertete Faktoreinsatz bei gegebenen Faktormengen r_i:

$$\sum_{i=1}^{m} p_i \, r_i$$

und, wenn r_i die Faktormenge zu einem vorgegebenen Output x darstellt, daraus unmittelbar die sogenannte Kostenfunktion

$$K(x) = \sum_{i=1}^{m} p_i \, r_i = \sum_{i=1}^{m} p_i \, f_i(x).$$

Insofern also die Faktormengen r_i über die Produktionsfunktion von den geforderten Outputmengen x_j abhängen, ergibt sich eine von x_j, j=1,...,p, abhängige Kostenfunktion $K(x)$, die auch mit $K(x_1, x_2, ..., x_p)$ bezeichnet werden kann.

Werden zur Bewertung die Einkaufspreise der Produktionsfaktoren verwendet, so ergeben sich als Kosten Beträge, die letztlich auf Zahlungsvorgängen beruhen, also pagatorische Kosten.

Leider gibt es eine Reihe von Problemen, sollen auf diese beschriebene Weise Kosten oder Kostenfunktionen ermittelt werden. Abgesehen von der angenommenen Preiskonstanz ist die Frage zu beantworten: In welcher Menge gehen welche Produktionsfaktoren

---

[49]   Es wurde bereits darauf verwiesen, dass in der Praxis nicht für alle Produktionsfaktoren eine Verbrauchsfunktion in Abhängigkeit von Outputmengen angebbar ist. Folglich wird die folgende Betrachtung nicht in vollem Umfang umsetzbar sein. Das wiederum führt dazu, dass es weiterer Verfahren, komplizierterer Denkansätze usw. bedarf, um Kosten zu ermitteln. Dies geschieht in den unterschiedlichen Ansätzen der Kostenrechnung.

in ein konkretes Produkt ein, d.h. wie sieht die Aufwandsfunktion für jeden einzelnen Produktionsfaktor aus?

Diese Frage ist für Repetierfaktoren und für den Anteil operativer Arbeit meist beantwortbar, bei den Potenzialfaktoren (Gebäude, Anlagen, Geschäftsführung usw.) ist dies schwieriger oder sogar unmöglich. Dies ist auch ein Grund dafür, dass es einer wesentlich komplizierteren Theorie der Kostenrechnung bedarf als hier unter den vereinfachenden Annahmen vorgestellt.

Um die Problematik der Mengenrabatte, auf deren ausführliche Darstellung hier verzichtet wird, in ihrer Tragweite zu erfassen, wird folgende Situation betrachtet:

Relevant sei ein Produkt und ein Faktor. Der Faktorpreis sei mengenabhängig

$$p = \begin{cases} 2 & \text{für} \quad r < 20 \\ 1{,}5 & \text{für} \quad r \geq 20 \end{cases}$$

Bei der Produktionsfunktion $r = 4x$ ergibt sich damit die Kostenfunktion zu

$$K(x) = p \cdot 4\,x = \begin{cases} 8x & \text{für} \quad x < 5 \\ 6x & \text{für} \quad x \geq 5 \end{cases}$$

Im Kostenverlauf ist an der Stelle $x = 5$ ein Sprung, eine Unstetigkeit, erkennbar. Noch problematischer als dieser aber ist, dass die Kosten für $x = 4$ bei $K(4) = 8*4 = 32$ liegen, für $x = 5$ aber nur bei $K(5) = 6*5 = 30$, d.h. eine größere Ausbringung kann geringere Kosten verursachen bzw. es liegt keine durchgängige Proportionalität zwischen Ausbringung und Kosten vor, ja, die Kostenfunktion ist nicht einmal monoton. Dies erschwert die Untersuchungen und ebenso plausible Überlegungen erheblich.[50]

Aufgrund obiger allgemeiner Kostenfunktion werden die Kosten bestimmt durch die für die Generierung einer vorgegebenen Ausbringungsmenge erforderlichen Mengen an Produktionsfaktoren und deren Bewertung. Einige dieser Faktoren haben aber die unangenehme Eigenschaft, dass sie mengenmäßig nicht in jedem betrachteten Zeitabschnitt effizient an die Ausbringung angepasst werden können. Dies betrifft z.B. das Gebäude, größere Maschinen und Anlagen, aber auch das Personal, bedingt durch Arbeits- und Tarifverträge. Dadurch entstehen Kosten, die sich kurzfristig nur in sehr geringem Maße beeinflussen lassen. Solche Kostenbestandteile werden im Weiteren nicht gesondert ausgewiesen und behandelt. Klarheit über mögliche Kosteneinflussgrößen ist aber unbedingt erforderlich.

Kosteneinflussgrößen: Betriebsgröße, Produktprogramm, Produktionsprogramm, Fertigungstiefe, Fertigungsorganisation, Faktorqualität, Umfang und Qualität dispositiver Faktoren, Beschäftigungsgrad, langfristig gebundene Faktorpreise u.ä.[51]

Bemerkung: Unbedingt gewarnt werden muss vor oberflächlichen Betrachtungen von Zusammenhängen! Wird beispielsweise durch Unternehmenswachstum eine Kostenreduzierung registriert, kann nicht daraus gefolgert werden, das dieses Wachstum generell zur Kostensenkung führt. Es muss damit gerechnet werden, dass z.B. ein U-förmiger Kostenverlauf vorliegt, d.h. dass nach Überschreiten einer optimalen

---

[50] Im Band 2 wird diese Frage wieder aufgegriffen.
[51] Zur Begriffsklärung: in Lexika nachlesen!

Betriebsgröße mit weiterem Wachstum wieder eine Kostenzunahme zu verzeichnen ist.

Verläufe von Kostenfunktionen: Unter der Annahme konstanter (mengenunabhängiger) Faktorbewertungen haben die Kostenfunktionen prinzipiell die gleichen Verläufe wie die zugrunde liegenden Produktionsfunktionen[52]. Folglich werden auch die gleichen Begriffe zur Bezeichnung ihres Verlaufes verwendet.

Im Zusammenhang mit der Einführung einer Faktorbewertung und damit dem Kostenbegriff entwickelte sich in der Produktions- und Kostentheorie eine Reihe weiterer Begriffe, von denen hier einige aufgeführt bzw. wiederholt werden sollen.

Minimalkostenkombination: Es sei ein konkreter Output x in einer vorgegebenen Menge mit unterschiedlichen Faktorkombinationen r herstellbar[53]. Mit einem festen Preisvektor p können diese alle bewertet und die Kosten jeder Faktorkombination ermittelt werden. Die Kombination mit den geringsten Kosten heißt dann Minimalkostenkombination.

Faktordiagramm: Der Faktorverbrauch bei genau zwei zu betrachtenden Input-Faktoren und einem Produkt kann in einem zweidimensionalen Koordinatensystem, Faktordiagramm genannt, dargestellt werden[54].

Die nachfolgend erläuterten Begriffe beziehen sich wegen der Darstellbarkeit auf den Fall von Faktordiagrammen, sie lassen sich aber auch auf den allgemeinen Fall von Produktionen sinngemäß übertragen.

Faktorstrahl: Es werde eine Transformation (Produktion) zweier Produktionsfaktoren in ein Produkt mit einer zugehörigen Produktionsfunktion, die homogen vom Grade 1 ist, betrachtet, d.h. eine Vervielfachung des Inputs um den Faktor λ führt stets zu einer Vervielfachung des Outputs ebenfalls um diesen Faktor λ. Wird die zu einem konkreten Output zugehörige Faktorkombination r als Punkt im Faktordiagramm eingetragen, so bildet die Menge $\{\lambda \cdot r, \lambda \geq 0\}$ den sogenannten Faktorstrahl und beschreibt die Menge aller in diesem Verfahren möglichen Faktorkombinationen[55].

Isoquante: Die Menge aller effizienten Faktorkombinationen zu einem gegebenen Output x heißt Isoquante[56].

Expansionspfad: Wird zu jedem konkreten Output die bzw. eine Minimalkostenkombination bestimmt, so bildet die Menge aller Minimalkostenkombinationen, die durch Variation der Ausbringungsmenge x entsteht, den Expansionspfad[57].

---

[52] Vgl. Abb. 2.10 oder Abb. 2.11.
[53] Vgl. den Begriff der Substitutionalität.
[54] Vgl. dazu auch [Blo04, S. 41 ff.].
[55] Nicht jeder Produktionsfaktor verhält sich so. Die Verdopplung einer herzustellenden Kuchenmenge erfordert zwar die doppelte Menge an Backzutaten, nicht aber auch die doppelte Backzeit.
[56] Vgl. dazu auch [Dyc03, S. 145 ff.].
[57] Vgl. dazu auch [Dyc03, S. 250 ff.].

Der Name *Pfad* ist nicht glücklich gewählt, impliziert er in gewisser Weise doch die Möglichkeit des Voranschreitens auf diesem Pfad. Dem Voranschreiten entspräche das Anwachsen von x, die zugehörige Koordinatenänderung des Punktes auf dem Pfad die Beschreibung der für die Outputvergrößerung notwendigen zusätzlichen Faktormengen. Genau dies ist aber nicht der Fall, es kann lediglich zu einer Outputmenge die zugehörige Minimalkostenkombination abgelesen werden, nicht aber generell ihre Änderung im Sinne des Faktoreinsatzes.

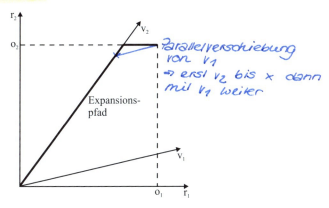

o₁ - maximale Menge Faktor 1
o₂ - maximale Menge Faktor 2
v₂ - repräsentiert bei kleinen Ausbringungsmengen
    die Minimalkostenkombination

Abbildung 2.13: Faktordiagramm bei beschränkten Faktormengen

Im Falle unbeschränkter Ressourcen/Faktor-Mengen, endlich vieler Verfahren (technisch realisierbare Transformationen), die mögliche Verfahrenssubstitutionen beschreiben, und homogener (vom Grade 1) Produktionsfunktion fällt der Expansionspfad mit einem Faktorstrahl zusammen. Interessante Betrachtungen ergeben sich folglich erst bei beschränkten Faktormengen. Solche Beschränkungen sind aber für den praktischen Produktionsprozess typisch.

2.5.2 Verschiedene Kostenbetrachtungen

An dieser Stelle sollen einige grundlegende Begriffe und deren Zusammenhänge geklärt werden.

Fixe und variable Kosten :

$K(x) = \sum_{j=1}^{m} p_j r_j$ bedeutet, dass Kosten nur entstehen, wenn Input vorhanden ist. Dies gilt aber nur, wenn *alle* Produktionsfaktoren in die Betrachtung einbezogen werden. Da dies, wie schon mehrfach betont, besonders im kurzfristigen Bereich

Schwierigkeiten macht, wird sich häufig auf ausgewählte Faktoren beschränkt. Die
Faktormengen bei z.B. Gebäuden und Maschinen sind kurzfristig nicht variierbar,
damit ist auch deren Wertänderung in kurzen Zeiträumen oft eine feste Größe, die
deshalb gern zu einem fixierten Bestandteil der Kosten, zu den *Fixkosten* zusammengefasst wird: Miete, Steuern, Versicherungen, elektrischer Strom, . . .

$$K(x) = K_f + K_v(x).$$

Dabei sind

K_f - Fixkosten,
$K_v(x)$ - variable, von der Ausbringungsmenge abhängige Kosten.

Bemerkungen :

- Damit ergibt sich, dass bei kurzfristiger Betrachtung und einer Ausbringungsmenge von 0, die im effizienten Fall natürlich keine Produktionsfaktoren erfordert, trotzdem Kosten in Höhe von K_f entstehen.
- Die Kostentheorie unterteilt wesentlich feiner!

Durchschnittskosten (Stückkosten) :

Ein Kostenvergleich in unterschiedlichen Situationen im Sinne einer Bewertung
eines kompletten Inputs liefert oft keine sinnvolle Aussage, deshalb werden gern
Durchschnittswerte oder auf Einheiten bezogene Werte verwendet. Bei Kostenbetrachtungen sind dies Durchschnitts- oder auch Stückkosten, also die Kosten pro
Einheit Output (Ausbringung).

$$\overline{k}(x) = \frac{K(x)}{x} = \frac{K_f}{x} + \frac{K_v(x)}{x} .$$

Werden linear von der Ausbringungsmenge abhängige variable Kosten unterstellt,
so wird der zweite Summand zu einer Konstanten, der erste dagegen fällt als eine
Hyperbel mit zunehmender Ausbringungsmenge x. Damit ist der Kostendegressi-
onseffekt[58] erklärt.

Grenzkosten :

Der Einfachheit halber sei der Output-Vektor x eindimensional, d.h. es wird der
Ein-Produkt-Fall betrachtet. Die zugehörige Kostenfunktion sei $K(x)$.
Ist diese Kostenfunktion $K(x)$ differenzierbar, so heißt die Ableitung $K'(x)$ Grenz-
kostenfunktion.

Dazu sind zwei Dinge anzumerken:

- Falls die Funktion $K(x)$ nicht differenzierbar ist, kann auch auf die Richtungsdif-
  ferenzierbarkeit zurück gegriffen werden.
- Falls x mehrdimensional ist, d.h. im Mehr-Produkt-Fall, müssen die partiellen
  Ableitungen nach x_j zu analogen Aussagen verwendet werden.

---

[58]   Vgl. dazu auch [Dyc03, S. 195 ff.].

$K'(x)$ ist der Anstieg der Kostenkurve im Punkt x bzw. der Anstieg der Tangente an die Kostenkurve im Punkt $[x, K(x)]$.

Eine *kleine* Veränderung von x kann exakt nachvollzogen werden an der Kostenkurve $K(x)$ oder aber näherungsweise an der Tangente. Die Ungenauigkeit wächst dabei mit zunehmender Veränderung von x. Damit kann mit Hilfe der Grenzkosten $K'(x)$ einer Output-Menge x die Kostenänderung bei einer infinitesimal kleinen Änderung $\triangle x$ des Outputs berechnet werden:

$$K'(x) \cdot \triangle x .$$

Vergleich von Stückkosten $\frac{K(x)}{x}$ und Grenzkosten $K'(x)$:

Hier sind, vom praktisch nicht exakt auftretenden Gleichheitsfall abgesehen, zwei Fälle denkbar:

- $K'(x) < \frac{K(x)}{x}$: In diesem Falle fallen die Stückkosten $\frac{K(x)}{x}$ bei wachsendem x, also mit zunehmender Stückzahl.

- $K'(x) > \frac{K(x)}{x}$: In diesem Falle wachsen die Stückkosten $\frac{K(x)}{x}$ bei zunehmendem x, also mit wachsender Stückzahl.

Folglich werden minimale Stückkosten dann erreicht, wenn $K'(x) = \frac{K(x)}{x}$ gilt. Dies lässt sich leicht zeigen. Es ist die Stückkostenfunktion $F(x) := \frac{K(x)}{x}$ zu minimieren. Die notwendige Bedingung für ein (lokales) Minimum ist

$$F'(x) = \frac{K'(x)x - K(x)}{x^2} = 0.$$

Daraus folgt, dass $K'(x) \cdot x = K(x)$ bzw. $K'(x) = \frac{K(x)}{x}$.

Bei einem U-förmigen Kostenverlauf ist damit die zum Stückkostenminimum gehörige Stückzahl gefunden. Andernfalls sind die hinreichenden Bedingungen für ein Minimum zu überprüfen.

Es stellt sich oftmals heraus, dass der beschriebene Zusammenhang zwischen Grenz- und Stückkosten für viele Studierende nur schwer nachzuvollziehen ist. Eine Erinnerung an die Schulzeit mag hier helfen. Statt der Stückkosten (=Durchschnittskosten) wird die Durchschnittsnote in einem Lehrfach betrachtet, die Grenzkosten entsprechen dann der neu hinzu kommenden Note. Ist diese größer als der bisherige Durchschnitt, so wird der Durchschnitt nunmehr größer, ist sie dagegen kleiner, so wird er kleiner.

2.5.3   Die Erlösfunktion

Analog zu den Faktorbewertungen (Faktorpreisen) kann nun eine Bewertung der Outputobjekte mit Preisen p_j vorgenommen werden. (Der aufmerksame Leser wird erkennen, dass diese Bezeichnung p_j eigentlich schon für die Faktorbewertung vergeben wurde. Für eine Bewertung von Aktivitäten auf der Basis von Bruttodarstellungen bieten sich tatsächlich auch unterschiedliche Bezeichnungen an, jedoch für die Nettodarstellung ist die Verwendung des gleichen Symbols für die weitere Darlegung nützlich.)

Bei wiederum konstanten Bewertungen (mengenunabhängigen Preisen) ergibt sich damit, völlig analog zur Kostenfunktion, die *Erlösfunktion* zu

$$E(x) = \sum_{j=1}^{p} p_j x_j,$$

bzw. der Erlös eines Objektes j

$$E_j(x_j) = p_j x_j.$$

Hängt der realisierbare Preis p_j jedoch von der Menge x_j ab, so muss eine sogenannte Preis-Absatz-Funktion $p_j = p_j(x_j)$ bzw. $x_j = g_j(p_j)$ betrachtet werden, woraus sich dann die Erlösfunktion ableitet

$$E(x) = \sum_{j=1}^{p} p_j(x_j) x_j.$$

Eine solche Preis-Absatz-Funktion zu vernachlässigen, erscheint für die Realität problematisch, ist doch x_j die Bezeichnung für eine absetzbare Menge eines Produktes j. Und diese wird auch durch den Preis bestimmt. Erfolgt also die Bewertung der Produkte mit dem Marktpreis, kann eigentlich auf diese Funktion nicht verzichtet werden, es sei denn, die vorhandene beschränkte Kapazität - vorhandene bzw. beschaffbare Mengen an Produktionsfaktoren - verhindert, diese absetzbaren Mengen überhaupt zu erreichen.

Deswegen seien hier kurz einige übliche Begriffe dazu eingeführt, die aber nur bei mengenabhängigen Preisen sinnvoll sind.

Durchschnittserlös je Objekt j :

Der Wert $\overline{e}_j = \frac{E_j(x_j)}{x_j}$ beschreibt den durchschnittlichen Erlös je Einheit des Produktes j, was sinnvoll ist, wenn der Erlös durch Realisierung verschiedener Preise erzielt wird. Anderenfalls stimmt der Durchschnittserlös natürlich mit dem Preis p_j überein. Bei variierenden Preisen gilt aber die obige Beziehung $E_j(x_j) = p_j x_j$ nicht.

Grenzerlös eines Objektes j :

Die erste Ableitung des Erlöses $E_j'(x_j) = p_j(x_j) + x_j \frac{dp_j(x_j)}{dx_j}$ wird als Grenzerlös bezeichnet. Auch diese Betrachtung ist wiederum nur dann sinnvoll, wenn der Erlös bei unterschiedlichen, mengenabhängigen Preisen für ein Objekt erzielt wird.

Preiselastizität :

Mit dem Wert

$$\eta_{x_j, p_j} = \frac{dx_j}{dp_j(x_j)} \frac{p_j(x_j)}{x_j} = \frac{\frac{dx_j}{x_j}}{\frac{dp_j(x_j)}{p_j(x_j)}}$$

ist das Verhältnis einer relativen Änderung der Outputmenge = Nachfragemenge zu einer relativen Preisänderung des Outputobjektes = Gutes definiert.

Aus der Sicht verschiedener Preismöglichkeiten ergeben sich

Typen von Erlösfunktionen :

Der einfachste Fall liegt vor, wenn die vorgenommene Bewertung, also z.B. der Absatzpreis, p_j mengenunabhängig ist:

$$E(x) = \sum_{j=1}^{p} p_j x_j.$$

Ist die Bewertung p_j mengenabhängig, so ergibt sich im Falle einer linearen Preis-Absatzfunktion $p_j(x_j) = a_j - b_j x_j$:

$$E(x) = \sum_{j=1}^{p} (a_j - b_j x_j) x_j = \sum_{j=1}^{p} (a_j x_j - b_j x_j^2).$$

2.5.4 Erfolgsfunktionen

Kosten und Erlöse einzeln widerspiegeln den Erfolg eines Unternehmens nur unvollkommen bis überhaupt nicht. Nicht ihre absoluten Größen, sondern ihr Verhältnis zu einander ist für eine Beurteilung des Erfolges entscheidend[59].

Was aber muss verglichen werden? Kosten und Erlöse, bezogen auf einen konkreten Zeitraum, sind in der Regel nicht aussagekräftig, weil sie inhaltlich, aus der Sicht der Produktion, nicht mit einander in Zusammenhang stehen. Ein inhaltlicher Zusammenhang wird geliefert über die effiziente Aktivität, die realisiert wurde. Das bedeutet, dass der bewertete Input mit dem bewerteten Output einer Transformation verglichen werden muss. Auf Preisbasis können dies Materialbeschaffungskosten aus den Vormonaten, Personalkosten aus dem laufenden Monat und realisierte Erlöse aus dem laufenden und dem kommenden Monat sein, die zu einander ins Verhältnis gesetzt werden müssen.

Deshalb wird zur Erfolgsbewertung ein Vergleich der Kosten mit den zurechenbaren (Umsatz-) Erlösen (= Erträge aus abgesetzten Objekten) bzw. ein Vergleich der Erlöse mit den zurechenbaren Kosten herangezogen. Werden als Bewertung z.B. realisierte Marktpreise verwendet und liegen zwischen den Zeitpunkten des Erwerbs von Produktionsfaktoren und des Verkaufs von Produkten finanzwirtschaftlich relevante Zeiträume, so sind die Preise auf einen gemeinsamen Zeitpunkt umzurechnen - auf- bzw. abzuzinsen. Dies soll jedoch bei den weiteren Betrachtungen der Einfachheit wegen vernachlässigt werden.

Zur Erinnerung: Kosten entstehen allgemein - bei vollständiger Betrachtung aller Objekte - durch:
- Kauf von Faktoren,
- Verkauf von Übeln: $\hat{=}$ negativer Ertrag.
Analog ergeben sich Erlöse durch
- Verkauf von Produkten,
- Kauf von Übeln: $\hat{=}$ negative Kosten.

Definition : Unter Erfolg einer Transformation wird die Differenz aus Erlös und Kosten unter der Bedingung der Zurechenbarkeit verstanden.

Damit berechnet sich formal

$$\text{Erfolg} = \text{zurechenbare Erlöse - Kosten (typisch für Ertragsfunktionen)},$$

oder

$$\text{Erfolg} = \text{Erlös - zurechenbare Kosten (typisch für Aufwandsfunktionen)}.$$

Der Erfolg $w(z)$ einer Aktivität $z = (z_1, \ldots, z_n)$ (Nettodarstellung) ist damit darstellbar als

$$w(z) = \sum_{i=1}^{n} p_i \, z_i$$

mit $p = (p_1, p_2, \ldots, p_n) \geq 0$ als Bewertung (Preise) für die Objekte $i = 1, \ldots, n$.

Unter Ökologieaspekten und mit dem eingeführten Ökologiekoeffizienten b_i lässt sich diese Erfolgsfunktion für den Fall von zusätzlichen Übeln in In- und Output konkretisieren

---

[59] Vgl. dazu auch [Dyc03, S. 191 ff.].

$$w(z) = \sum_{i=1}^{n} p_i \, b_i \, z_i$$

$$= \sum_{i \in I_1} p_i z_i + \sum_{i \in I_2} p_i(-z_i) - \sum_{i \in I_3} p_i(z_i) - \sum_{i \in I_4} p_i(-z_i)$$

Verkauf von   Kauf von   Verkauf von   Kauf von
Produkten   AbProdukten   Abprodukten   Faktoren

Dabei sind die Indexmengen wie folgt zu verstehen:

$$I_1 \; : \; z_i > 0, \, b_i = +1$$
$$I_2 \; : \; z_i < 0, \, b_i = -1$$
$$I_3 \; : \; z_i > 0, \, b_i = -1$$
$$I_4 \; : \; z_i < 0, \, b_i = +1 \, .$$

Mit Hilfe der Erfolgsfunktion kann das sogenannte starke Wirtschaftlichkeitsprinzip als erfolgsmaximale Produktion in folgende Aufgabe gefasst werden:

$$w(z) \to \max.$$
$$z \in T,$$

wobei T die Menge aller technisch realisierbaren Aktivitäten darstellt.

Diese Aufgabe ist theoretisch stets lösbar, da es stets realisierbare Aktivitäten gibt (z.B. die Ruhe) und da der Erfolg in endlichen Zeiträumen offensichtlich nicht unendlich groß werden kann.

Mit Zeiträumen wurde aber ein Stichwort genannt, dass der eben so klar dargestellten Aufgabenformulierung ein arges Problem bereitet: Auf welche Zeiträume soll sich der Erfolg beziehen? Es geht also um ein in irgendeinem Sinne ausgewogenes Verhältnis von kurzfristigem und langfristigem Erfolg. Wichtig ist, dass das Unternehmen auf dem Weg zu einem gesteckten Erfolgsziel am Leben bleibt, also ein längerfristiger Erfolg nicht auf Kosten eines zu großen kurzfristigen Misserfolges realisiert werden soll. Dieser Frage wird aber in der weiteren Betrachtung keine Aufmerksamkeit geschenkt werden, letztlich steht der Entscheidungsträger vor einem mehrkriteriellem Problem, nämlich der Maximierung des Erfolges in jedem sinnvollen Planungszeitraum.

2.5.5   Effizienz versus Erfolgsoptimalität

Wenn schon zwei Wirtschaftlichkeitskriterien betrachtet werden, die inhaltlich aufeinander aufbauen, ist es notwendig zu sichern, dass sie in der Anwendung sich nicht gegenseitig ausschließen bzw. sich ergänzen. Es muss also die Frage geklärt werden, wie beide Begriffe inhaltlich zusammenhängen[60].

Konkret sind damit zwei Fragen zu beantworten:

- Ist eine erfolgsmaximale Aktivität auch effizient?

- Ist eine effiziente Aktivität auch erfolgsmaximal?

---

[60]   Vgl. dazu auch [Dyc03, S. 213 ff.].

Satz 1 :

Jede erfolgsmaximale Aktivität ist auch effizient, wenn

$$p_i > 0 \quad \forall i \quad \text{zu Gut oder Übel}$$
$$p_i \geq 0 \quad \text{sonst.}$$

(Preise $= 0$ sind nur für neutrale Objekte erlaubt.)

Beweis: (indirekt)

Annahme:

z^* sei erfolgsmaximal, d. h., $w(z^*) \geq w(z) \; \forall z \in T$ und

z^* sei nicht effizient, d.h., es existiert ein $z' \in T$ mit $b_i z_i' \geq b_i z_i^* \; \forall i$ und

$$b_{i_o} z_{i_o}' > b_{i_o} z_{i_o}^* \quad \text{für ein } i_o \text{ (oder mehr)}$$

Dann ist:

$$w(z') = \sum_{i=1}^{n} p_i b_i z_i' = \underbrace{\sum_{i=1, i \neq i_o}^{n} p_i b_i z_i'}_{} + p_{i_o} b_{i_o} z_{i_o}'$$

$$\geq \underbrace{\sum_{i \neq i_o} p_i b_i z_i^*}, \text{ da } p_i \geq 0, b_i z_i' \geq b_i z_i^*$$

$$\geq \sum_{i \neq i_o} p_i b_i z_i^* + \underbrace{p_{i_o} b_{i_o} z_{i_o'}'}_{}$$

$$> p_{i_o} b_{i_o} z_{i_o}^*, \text{ da } p_{i_o} > 0, b_{i_o} z_{i_o}' > b_{i_o} z_{i_o}^*$$

$$> w(z^*)$$

d. h., wäre z^* nicht effizient, so wäre die Aktivität auch nicht erfolgsmaximal.
Die Aussage des Satzes ist damit bewiesen.

Bei genauer Betrachtung des Beweises ist erkennbar, dass die Voraussetzung bzgl. der Preise für die Aussage wichtig ist, für Marktpreise aber im Regelfall auch gilt.

Satz 2: (Preistheorem)

Es sei T eine konvexe Technologie, $z^* \in T$ eine effiziente Aktivität. Dann existiert ein Preissystem $p = (p_1, \ldots, p_n)$ mit der gleichen Eigenschaft wie in Satz 1, für das z^* auch erfolgsmaximal ist.

Beweisidee zum Satz 2:

Ist z^* eine effiziente Aktivität, so liegt z^* auf Rand von T. Da T eine konvexe Menge ist, kann eine Tangente an T im Punkt z^* ermittelt werden. Diese hat die Gestalt $a_1 z_1 + a_2 z_2 + \ldots = b$. Werden nun die Preise entsprechend $p_i^* = abs(a_i)$ gewählt, so liegen Preise im Sinne des Satzes vor, die gleichzeitig die vorliegende effiziente Aktivität zur Optimalität führen.

Folgerung : Ökologisch präferierte effiziente Aktivitäten, die dadurch gekennzeichnet sind, dass Mengen von bestimmten Objekten möglichst klein oder möglichst groß sein sollen, können durch eine geeignete Preisgestaltung erfolgsmaximal werden. Eine Anwendung dazu ist die Öko-Steuer. Dabei ist aber zu beachten, dass die Aussage des Preistheorems eben nur dann gilt, wenn keine Aktivitäten außerhalb des

Gültigkeitsbereiches dieses Preissystems gewählt werden können. Ist es möglich,
durch eine geeignete Standortwahl in anderen Ländern sich diesen Preisen zu entziehen, so bleibt die Preisfestlegung ohne Einfluss auf die Wahl von Aktivitäten,
z.B. hohe Benzinpreise, Wohnort an einer Landesgrenze, niedrige Preise jenseits
der Grenze.

2.5.6   Veränderungen des Outputs und Kostenverläufe

Gut-Output (bzw. Übel-Input) wird für ein gegebenes Produktionssystem im Sinne der
Absetzbarkeit mengenmäßig von der Umwelt vorgegeben. Die Anforderungen der Umwelt, d.h. die Aufnahmefähigkeit des Marktes, sind in der Zeit veränderlich, oft sogar
kurzfristig. Die Auswahl einer zugehörigen effizienten Transformation würde möglicherweise Veränderungen im Maschinenpark, in der Betriebsgröße, in der Gebäudestruktur,
im Personalbestand usw. bedeuten, also Änderungen, die meist kurzfristig gar nicht
möglich sind. Ein Unternehmen kann, sollte oder muss aber auf solche Änderungen der
Anforderungen reagieren. Diese Reaktion wird *Anpassen* an veränderte Umweltbedingungen genannt und kann verstanden werden als die Auswahl der Transformation, die
einer effizienten am nächsten kommt. Auch hier wird des leichteren Verständnisses wegen
auf die Betrachtung von Übeln wieder verzichtet. Die nachfolgende Auflistung erhebt
keinen Anspruch auf Vollständigkeit[61].

2.5.6.1   Reine Anpassungsarten

Quantitative Anpassung :

Wird auf Marktvergrößerung durch Variation der Anzahl der eingesetzten Betriebsmittel reagiert, entweder durch zusätzlichen Einsatz oder durch Neuerwerb,
verbunden mit Personalbereitstellung, so wird von quantitativer Anpassung gesprochen.

Der zusätzliche Einsatz oder ein Neuerwerb ist in der Regel mit einem Kosten-
sprung, verursacht durch Fixkosten des Betriebsmittels (z.B. Rüstkosten), verbunden. Damit erhält die Kostenfunktion prinzipiell den in folgender Abbildung
dargestellten Verlauf.

Wird nun ein Punkt auf der Kostenfunktion bei wachsendem x verfolgt, der dazu-
gehörige Strahl vom Nullpunkt aus durch diesen sich verändernden Punkt gezeichnet, so wird eine ständige Veränderung des Anstiegs dieses Strahls, auch Fahrstrahl
genannt, wahrgenommen. Dieser Anstieg widerspiegelt die Durchschnittskosten
bzw. Stückkosten. Schon daran kann abgelesen werden, dass die quantitative Anpassung nur dann sinnvoll ist, wenn eine genügend große Menge am betrachteten
Produkt über die Menge an der Sprungstelle hinaus produziert werden kann, damit
es nicht zur Erhöhung der Stückkosten kommt.

Zeitliche Anpassung :

Wird auf Marktveränderungen durch Variation der Arbeitszeit reagiert, so wird
von zeitlicher Anpassung gesprochen. Geht man von höherer Faktorkosten bei
verlängerter Nutzungsdauer der Faktoren aus (z.B. Überstundenzuschläge für

---

[61]   Vgl. dazu auch [Blo04, S. 293 ff.].

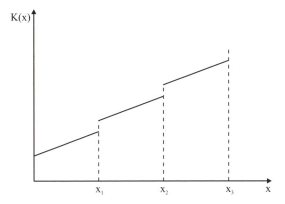

Abbildung 2.14: Kostenverlauf bei quantitativer Anpassung

operative Arbeit, andere Fixkostenumlagen o.ä.), so ergibt sich folgender Verlauf von Kostenfunktionen:

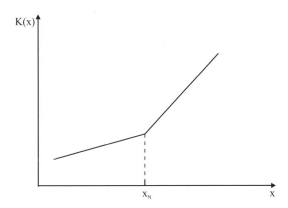

Abbildung 2.15: Kostenverlauf bei zeitlicher Anpassung

Bei diesen Betrachtungen ergeben sich mit zunehmender Menge an Überstunden auch sich stetig erhöhende Stückkosten, was wiederum am Fahrstrahl ablesbar ist. Wenn jedoch das gesamte Unternehmen oder in sich abgeschlossenen Bereiche an diesen Überstunden teil haben und wenn darüber hinaus Arbeitszeitkonten eingerichtet werden und damit Überstundenzuschläge entfallen, ist möglicherweise der Knick in der Kostenkurve beseitigt, die Stückkosten bleiben etwa konstant. Die Form der zeitlichen Anpassung ist dann sehr attraktiv.

Intensitätsmäßige Anpassung :

Es kann, um auf die Outputmenge in einem Planzeitraum Einfluss zu nehmen, die Intensität, also die Ausbringungsmenge pro Zeiteinheit variiert werden. Das ist in der Regel allerdings nicht an allen Anlagen und selbst dann nur beschränkt möglich. Dies wird dann als intensitätsmäßige Anpassung bezeichnet. Sie hat Auswirkung auf die Stückkosten- und damit auf die Gesamtkostenfunktion:

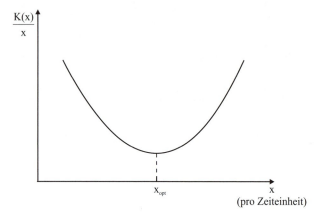

Abbildung 2.16: Kostenverlauf bei intensitätsmäßiger Anpassung

Wird ein U-förmiger Stückkostenverlauf in Abhängigkeit von der Intensität unterstellt und ist der ursprüngliche Plan anhand des dortigen Kostenoptimums entstanden, so ist auch diese Anpassung mit einer Stückkostenerhöhung verbunden.

2.5.6.2 Kombinierte Anpassung (Auswahl)

Prinzipiell können alle möglichen Anpassungsarten miteinander kombiniert werden. Besonders interessant aus theoretischer Sicht ist die Kombination von zeitlicher und intensitätsmäßiger Anpassung[62]. Dabei wird eine nach einem vorzugebenden Kriterium optimale Intensität d_{opt} ermittelt, die z.B. minimale Stückkosten realisiert. Kann mit dieser Intensität der gewünschten Outputumfang in einer zulässigen Zeit, die zu keiner Stückkostenänderung führt, realisiert werden, so kann diese Zeit als Produktionsdauer gewählt werden - zeitliche Anpassung. Ist der gewünschte Outputumfang zu groß, um ihn mit zeitlicher Anpassung bei optimaler Intensität zu realisieren, so wird auf die intensitätsmäßige Anpassung zurück gegriffen, also die Ausbringungsintensität erhöht, zumindest solange dies vorteilhaft ist. Dann steigen zwar die Stückkosten, aber eben schwächer als z.B. bei einer weiteren zeitlichen Anpassung.

Hier ergibt sich die in folgender Abbildung dargestellte Stückkostenkurve.

Denkbar ist, dass bei einer zu großen Veränderung der Intensität die Zunahme der Stückkosten wieder die bei einer zeitlichen Anpassung auftretende Zunahme übertrifft.

---

[62]   Vgl. dazu auch [Blo04, S. 87 ff.].

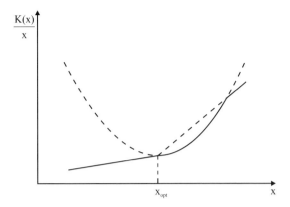

Abbildung 2.17: Kostenverlauf bei kombinierter Anpassung

Diese Betrachtungen können weiter entwickelt werden. Denkbar wäre auch ein sogenanntes Intensitätssplitting, d.h. der Einsatz verschiedener Intensitäten[63].

2.6 Praktische Aufgaben des Produktionsmanagements

Innerhalb der Grundvorlesung soll exemplarisch auf verschiedene, aber sehr typische
Aufgabenstellungen der betrieblichen Praxis eingegangen werden und dabei Entschei-
dungshilfen unter Effizienz- oder Erfolgsgesichtspunkten entwickelt werden. Vertiefungen
erfährt dieser Teil in den folgenden Kapiteln[64].

2.6.1 Beschaffung und Logistik

Der betriebliche Leistungsprozess wird häufig in die drei Schritte *Beschaffung*, *Produktion* und *Absatz* unterteilt. Der erste Schritt ist innerhalb dieses Abschnittes von Interesse.

2.6.1.1 Grundlagen

Im Weiteren wird unter Beschaffung die Erlangung von Verfügungsgewalt über Objekte,
die in den Produktionsprozess eingehen, verstanden. Zu diesen Objekten, in verschiedenen Kategorien der Produktionsfaktoren wieder zu finden, gehören Personal, Kapital,
Leistungen, Informationen und insbesondere auch Material, das wiederum unterteilt
wird in Rohstoffe, Vorprodukte, Teile, Fertigwaren, Hilfsstoffe, Betriebsstoffe (Energie)
oder Handelswaren.

An dieser Stelle seien einige in diesem Zusammenhang häufig auftretende Begriffe kurz
näher erläutert:

---

[63]   Vgl. dazu auch [Blo04, S. 66 ff.].
[64]   Von diesen folgt ein Teil erst in einem zweiten Band dieser Lehrbuchreihe.

Materialwirtschaft: erfasst im Unternehmen die materialbezogenen Aufgaben der Beschaffung, wie die Festlegung von Mengen und Beschaffungsterminen, von Qualitätseigenschaften, eventuell auch die Entscheidungen zur Art des Materials und letztlich die Auswahl der Lieferanten.

Logistik (aus Sicht der Beschaffung): erfasst alle Aktivitäten zur physischen Raum- und Zeitüberbrückung von Personen, Gütern und Informationen, wie z.B. Probleme beim Transport (Auswahl von Strecken) oder bei der Lagerung (Festlegung der einzulagernden Mengen oder Auswahl der Lagerorte).

Beschaffungspolitische Instrumentarien: Dazu gehören insbesondere - ohne an dieser Stelle näher darauf einzugehen (letztlich ist auf die Literatur zum Beschaffungsmarketing zu verweisen)[65].

- Beschaffungsprogramm: Make or Buy, Qualität, Kauf im Verbund, Vorratshaltung,...

- Beschaffungskonditionen,

- Kommunikationsinhalte, -träger und -wege.

Logistik-Entscheidungen:

- Entscheidungen zu Mengen (Liefermengen, Produktionsmengen, Lagermengen, Losgrößen usw.)

- Entscheidungen zu Terminen (Liefertermine, Produktionstermine, Transporttermine usw.),

- Entscheidungen zu den Instrumenten (Lagertyp, Fahrzeugtyp usw.),

- Entscheidungen zu auszuwählenden Orten und/oder Wegen (Standorte, Strecken, Touren usw.),

- Entscheidungen für einen Logistik-Dienstleister.

Prinzipien der Lagerung: Generell können Lager sehr unterschiedlichen Zwecken dienen, z.B. als

- Ausgleichslager,

- Vorsichtslager,

- Spekulationslager.

Letzteres ist hier nicht von Bedeutung. Ein Ausgleichslager soll schwankende Bedarfe bzw. Kundenanforderungen ausgleichen. Das Vorsichtslager dient zur Überbrückung von Störungen in Abläufen oder zur Realisierung kurzfristiger nichtvorhersehbarer Kundenwünsche.

Prinzipien des Transports:

- Bring- (Push-) Prinzip: hier ist derjenige für den Transport entsprechender Objekte verantwortlich, bei dem sie sich aktuell befinden,

---

[65]   Vgl. dazu auch [Kop00].

- Hol- (Pull-) Prinzip: hier ist derjenige für den Transport entsprechender Objekte verantwortlich, der sie benötigt,

- zentrales Steuerungs-Prinzip: eine zentrale Stelle koordiniert den gesamten Transport im Verantwortungsbereich des Unternehmens.

Lösungsprinzipien der gesamtbetrieblichen Logistik:

- MRP (Material Requirement Planning),

- MRP I (Manufacturing Resource Planning),

- MRP II (Management Resource Planning),

- Kanban-Logistik,

- Just-in-Time-Logistik.[66]

Der Bereich der Beschaffung und Logistik benötigt für seine Entscheidungen zu Mengen, Terminen, Wegen usw. Informationen über Bedarfe in einzelnen Planperioden. Diese kann er erhalten aus einer:

programmorientierten Prognose: Die künftigen Bedarfe werden aus den bereits ermittelten zukünftigen Produktionsprogrammen berechnet[67].

verbrauchsorientierten Prognose: Hier werden die künftigen Bedarfe an Objekten aus den Verbräuchen der Vergangenheit abgeleitet, in dem nach Regelmäßigkeiten in den periodenbezogenen Verbrauchszahlen gesucht wird[68].

Alle Entscheidungen unterliegen wenigstens einem Kriterium, anhand dessen Entscheidungen hinsichtlich ihrer Güte beurteilt werden. Nach der dargelegten Theorie wäre ein einziges Kriterium nur dann denkbar, wenn es sich um „das Erfolgskriterium" schlechthin handeln würde. Dieses ist - wie bekannt - in der Regel nicht bestimmbar, so dass hilfsweise auf mehrere Kriterien - Ersatzkriterien - zurückgegriffen werden muss. Solche Kriterien oder zu verfolgenden Ziele in Beschaffung und Logistik sind die typischerweise konkurrierende Ziele wie z.B.:

$$\text{Kostenminimierung} \quad \leftrightarrow \quad \text{Servicegradmaximierung} .$$

Der Einfluss des Servicegrades als Ausdruck der "Lieferfähigkeit" im Bedarfsfall auf die Kosten, insbesondere auf die Opportunitätskosten (z.B. Kosten für einmal entgangene und später nicht mehr nachgefragte Aufträge), ist nur qualitativ bekannt.

2.6.1.2   ABC-Analyse

Die Ermittlung von möglichst sicheren Bedarfsgrößen erfordert je nach Genauigkeitsanforderungen sehr unterschiedlichen Aufwand und damit selbst wieder Kosten. Aus Effizienzgründen muss deshalb geprüft werden, für welche Produktionsfaktoren ein hoher

---

[66]   Diese Prinzipien werden im Kapitel 4 ausführlich erläutert.

[67]   Zukünftige Produktionsprogramme - gemeint ist die Festlegung von Produktionsmengen - werden entweder bestimmt durch Kundenaufträge - kundenorientiert - oder aus Marktprognosen - marktorientiert.

[68]   Der Band 2 dieser Lehrbuchreihe widmet sich dieser Problematik ausführlich.

und für welche nur ein geringerer Aufwand zur Ermittlung der Bedarfsgrößen gerechtfertigt ist.
Daraus resultieren unterschiedliche Bedarfsermittlungsverfahren und damit auch Beschaffungsstrategien für verschiedene Faktoren, z.B. für kostenaufwändige Sonder-Bauteile oder preiswerte standardisierte Normteile.

Zur Unterstützung der Entscheidung hinsichtlich des zu betreibenden Rechenaufwandes wird eine Analyse der mengen- und wertmäßigen Bedarfsstruktur des Einsatzmaterials empfohlen. Aus der mathematischen Statistik ist hierzu das Lorenzsche Konzentrationsmaß bekannt. Mit dessen Hilfe wird die Konzentration einer Merkmalsausprägung auf Objekte gemessen. Im vorliegenden Fall sind die Objekte gerade die Materialpositionen, die sich auf diese konzentrierende Eigenschaft ist der Wertgehalt dieser Positionen.

Vorgehensweise:
(1) Erfassen aller Materialpositionen nach Menge und Wert,
(2) Ordnen der Materialpositionen nach fallendem Wert,
(3) Berechnen der prozentualen Anteile jeder Materialposition an Gesamtzahl der Positionen und am Gesamtwert,
(4) Berechnen der kumulativen Anteile an Gesamtmenge und Gesamtwert.

Diese Vorgehensweise wird sofort verständlich, wenn sie an einem Beispiel nachvollzogen wird.

Beispiel:

(1) Aufstellung aller Materialpositionen: Menge, Wert:

Nr. der Materialart	Verbrauchs-menge	Stückpreis	Wert der Position
1	120	280,00	33.600
2	15000	1,70	25.500
3	1000	2,70	2700
4	4000	1,80	7200
5	600	5,80	3480
6	30000	0,08	2400
7	18000	0,05	900
8	20000	0,08	1600
9	500	8,50	4200
10	100	23,00	2300

(2)-(4) Ordnung der Materialpositionen nach fallendem Wert, Berechnung der prozentualen Anteile jeder Materialposition an Gesamtmenge und Gesamtwert und Berechnung kumulativer Anteile an Gesamtmenge und Gesamtwert:

Nr. der Materialart	Ver- brauch	kum. Menge	Preis	Wert	Wert (%)	kum. Wert
1	120	10 %	280,00	33.600	40,00%	40,00%
2	15000	20 %	1,70	25.500	30,40%	70,40%
4	4000	30 %	1,80	7200	8,60%	79,00%
9	500	40 %	8,50	4200	5,10%	84,10%
5	600	50 %	5,80	3480	4,10%	88,20%
3	1000	60 %	2,70	2700	3,20%	91,40%
6	30000	70 %	0,08	2400	2,90%	94,30%
10	100	80 %	23,00	2300	2,70%	97,00%
8	20000	90 %	0,08	1600	1,90%	98,90%
7	18000	100 %	0,05	900	1,10%	100%
				83930	100 %	

Dieses Ergebnis lässt sich graphisch gut veranschaulichen:

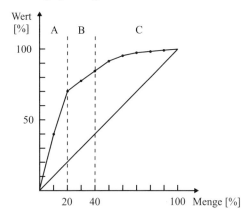

Abbildung 2.18: Die Konzentrationskurve der ABC-Analyse

Anliegen der Analyse ist es nun, Gruppen von Materialarten (Positionen) nach ihrem Wertgehalt zu bilden. Die Einordnung der Materialarten in solche Gruppen erfolgt nach

A: geringe Anzahl von Positionen, aber hoher Wertanteil,
B: mittlere Anzahl von Positionen, mittlerer Wertanteil,
C: große Anzahl von Positionen, aber nur geringer Wertanteil

und ist nicht unproblematisch. Es wird gern eine Faustregel verwendet:

A: ca. 20% der Materialarten beinhalten 70%-80% des Gesamtverbrauchswertes,
C: ca. 40%-50% der Materialarten beinhalten 5%-15% des Gesamtverbrauchswertes.

Nicht sonderlich sinnvoll und erst recht nicht betriebsbezogen ist eine Einteilung nach dieser Faustregel. Besser wäre es wohl, in der Gruppe A die Positionen zu erfassen, die einen deutlich überdurchschnittlichen Wertanteil aufweisen, in der Gruppe C die mit deutlich unterdurchschnittlichem Anteil und in der Gruppe B die mit etwa dem durchschnittlichen Anteil. Zwar ist auch diese Empfehlung nicht eindeutig, aber sie ist sinnvoller als die unkritische Anwendung der Faustregel.

Die Vorgehensweise nach dem Lorenzschen Konzentrationsmaß sichert, dass die sogenannte Konzentrationskurve in obiger Abbildung monoton wachsend und konkav ist. Die Anstiege der Geradenstücke der Kurve nehmen ab. Der Anteil einer Position am Gesamtwert wird aber gerade durch den Anstieg sichtbar gemacht. Deshalb finden sich in der obigen Abbildung die Materialarten der gleichen Gruppe nebeneinander wieder.

Damit kann folgende Empfehlung formuliert werden:

A: Anstieg der Konzentrationskurve deutlich steiler als 1 (steiler als $45°$);
C: Anstieg der Konzentrationskurve deutlich flacher als 1.

Ein Wechsel zwischen den Gruppen A, B und C sollte an den Stellen der Konzentrationskurve erfolgen, an denen diese einen deutlichen Knick aufweist.

Aus der Sicht der Kapitalbindung - und den damit verbundenen Kosten - insbesondere in nichtwertschöpfenden Prozessen, wie es z.B. die Transporte, die Lagerprozesse oder auch das Warten auf Bearbeitung darstellen, ist ein unterschiedlicher Planungsaufwand in diesen Gruppen mit dem Ziel der Reduzierung der Kapitalbindungskosten gerechtfertigt. Die Gruppe A bietet pro Position große Sparpotenziale, ein hoher Planungsaufwand scheint deshalb gerechtfertigt. Umgekehrt ist aus dieser Sicht eine exakte Planung bei Materialpositionen der Gruppe C wegen nur geringer Sparpotenziale nicht zu rechtfertigen.

Schlussfolgerung:
Es wird ein unterschiedlicher Planungsaufwand in den Gruppen realisiert:
A − > programmorientierte Materialplanung (Bedarfsprognose),
B − > verbrauchsorientierte Materialplanung (Bedarfsprognose),
C − > einfache heuristische Regeln.

Daraus darf nun aber nicht abgeleitet werden, dass der Gruppe C keine Aufmerksamkeit geschenkt werden muss. Untersuchungen in der Praxis haben mehrfach bewiesen, dass die Handlingskosten für Materialarten dieser Gruppe oft den Beschaffungspreis weit überschreiten. Diese Kosten entstehen z.B. durch Bestellauslösung, Warenannahme, Kontrolle, Auspacken, Rechnungsprüfung, Buchungen, innerbetrieblicher Transport usw. Deshalb widmet sich ein spezielles C-Teile-Management[69] gerade diesem innerbetrieblichen Handling, nicht aber den Mengenentscheidungen[70].

Es besteht nun durchaus die Möglichkeit, die Materialarten in nur zwei Gruppen zu unterteilen (z.B. A und C) und auf die Gruppe B gänzlich zu verzichten. Dies ist abhängig von der Verteilung des Wertes über die Positionen und vom Zweck der Analyse. In wenigen Unternehmen findet man sogar vier Gruppen A, B, C und D.

Darüberhinaus ist eine Vorgehensweise bekannt, die den Mengen nicht die *Stückzahl der Positionen*, sondern tatsächlich die Anzahl der Mengeneinheiten je Position zugrunde legt. Damit würde im oben aufgeführten Beispiel die Position 1 aus 120 Mengeneinheiten bestehen, was bei insgesamt 89320 Mengeneinheiten (Summe über alle Positionen) einen Mengenanteil von 0,1% ergäbe. Werden die Materialarten trotzdem nach dem Wert der Positionen geordnet, entstünde eine entsprechende Konzentrationskurve, die

---

[69]   Vgl. dazu auch [Sac01].
[70]   Vgl. auch hierzu Band 2 dieser Lehrbuchreihe.

keine Konkavitätseigenschaft aufweist. Die Materialarten einer Gruppe müssen damit in obiger Abbildung nicht mehr nebeneinander zu finden sein, was die Übersichtlichkeit der Abbildung wesentlich mindert. Dieser Nachteil kann behoben werden, indem eine Reihung der Materialarten nach dem Preis pro Mengeneinheit (Stückpreis) erfolgt. Es ist offensichtlich, dass die Wahl der Maßeinheiten die Anzahl der Mengeneinheiten und damit das Analyseergebnis beeinflusst. Auch die Summen- und Anteilsbildung über die Mengeneinheiten erscheint bedenklich. Mit einem Motor und einer Schraube liegen nach dieser Betrachtung insgesamt „zwei Stück" vor, jeweils mit einem Anteil von 50% an der Gesamtmenge.

2.6.1.3   Einfache Regelgesteuerte Verfahren

Für Material, das in gewisser Regelmäßigkeit, oft in relativ großen Mengen, benötigt wird, und bei dem eine relativ geringe Kapitalbindung zu verzeichnen ist, bieten sich einfache, auf sinnvollen Regeln basierende Verfahren an (meist in Gruppe B und C):

(t,S)-Politik: (bezogen auf eine Materialart)
   Nach jeweils t Zeiteinheiten wird der Lagerbestand stets auf S Einheiten aufgefüllt.

(s,Q)-Politik :
   Sinkt der Lagerbestand unter s Einheiten, so werden Q Einheiten neu beschafft (Lagerauffüllung um Q Einheiten).

(s,S)-Politik :
   Sinkt der Lagerbestand unter s Einheiten, so wird er auf S Einheiten aufgefüllt.

Zur Festlegung der Werte s,t,S und Q sind die Kosten, die durch diese Größen beeinflusst werden, zu berücksichtigen. Dies können Beschaffungskosten oder Lagerkosten sein, eventuell auch Mengenrabatte. Die Größe der Lagerflächen ist ebenfalls zu beachten. Der wesentliche Einfluss auf die Gestaltung dieser Werte wird aber von der Handhabbarkeit entsprechender Mengen (typische Verpackungsmengen, Häufigkeit des Zugriffs usw.) ausgeübt, eben weil in der Gruppe C die (Kapitalbindungs-)Kosten relativ gering sind.

Bemerkung: Aus der Mathematischen Statistik sind weitere Verfahren, sogenannte Prognosemethoden bekannt, wie z.B. die Exponentielle Glättung (Glättungsfaktor 0,3 ... 0,4), die Regressionsanalyse oder auch die Zeitreihenanalyse (bei Trend- und/oder Saisonanteilen)[71].

Auf die Berechnung von Bedarfsgrößen und deren Terminen aus dem Produktionsprogramm, die programmorientierte Bedarfsprognose, wird an dieser Stelle ebenfalls verzichtet[72].

---

[71]   Vgl. auch dazu Band 2 dieser Lehrbuchreihe.
[72]   Vgl. dazu ebenfalls Band 2 dieser Lehrbuchreihe.

2.6.1.4   Optimale Bestellmenge - Grundmodell

Das Vorliegen eines Bedarfes zu einem konkreten Zeitpunkt muss nicht automatisch zu einer Bestellung für diesen Zeitpunkt führen. Zu sichern ist, dass die ermittelte Bedarfsmenge zu diesem Zeitpunkt mit hinreichender Wahrscheinlichkeit *verfügbar* ist. Beschafft werden kann sie durchaus früher, insbesondere dann, wenn dies wirtschaftlich sinnvoll ist. Damit entsteht ein neues Entscheidungsproblem: „Für wann ist welche Menge eines Gutes zu bestellen?" Dabei muss natürlich rechtzeitig bestellt werden - Lieferfristen sind zu beachten - und der Beitrag der Bestellstrategie zum Unternehmenserfolg sollte bei deren Auswahl ausschlaggebend sein.

Zur Vereinfachung des Problems werden folgende Annahmen für den Bedarf an dem zu beschaffenden Gut getroffen:
a) Der Bedarf ist gleichmäßig über die betrachtete Periode (z.B. ein Jahr, ein Quartal) verteilt.
b) Jede Lieferung/Einlagerung erfolgt ohne Zeitverbrauch in jeweils gleichen Mengen.

Die zweite Annahme schließt den Fall, dass die erforderliche Menge über einen längeren, nicht zu vernachlässigenden Zeitraum hinweg produziert wird, aus. Für solche Fälle existieren ebenfalls Modelle[73]. Die Liefermenge soll insgesamt zum gleichen Zeitpunkt verfügbar sein.

Mit Hilfe eines mathematischen Modells kann das Problem der Bestellmengenentscheidung und damit auch das der Bestellhäufigkeit gelöst werden. Die zu dieser Thematik üblichen Bezeichnungen sind:

d -   Periodenbedarf von d Einheiten (d - demand),
s -   Fixe Kosten pro Lieferung (s - set-up costs),
h -   Lagerhaltungskosten h pro Mengeneinheit und pro Periode (h - holding costs).
x -   sich immer wiederholende gleiche Liefermenge

Unter den getroffenen Annahmen ergibt sich folgende Lagerbestandskurve:

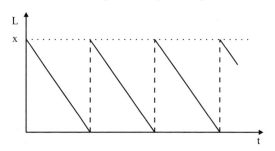

Abbildung 2.19: Der Lagerbestandsverlauf

Zur Entscheidung für eine Bestellmenge x sind Kenntnisse zu deren Erfolgsbeitrag notwendig. Da Erlöse unbeeinflusst bleiben, reduziert sich die Frage auf die von x *beeinflussbaren* Kosten. Es geht also nicht um die mit der Bestell- bzw. Lagermenge im Zusammenhang stehenden Kosten, die bei einer Veränderung von x in gleicher Höhe weiter

---

[73]   Vgl. dazu ebenfalls Band 2 dieser Lehrbuchreihe.

anfallen, wie z.B. Lagermiete, Heizungskosten für das Lager, Personalkosten im Lager usw. Typischerweise werden beeinflusst:

Bestellfixe Kosten: Kosten des Transportes, Kosten einer Bestellauslösung, Kosten der Einlagerung, Kosten für das Verbuchen usw. Sie treten bei jeder Bestellung/Lieferung in gleicher Höhe, (nahezu) unabhängig von x auf. Damit ergibt sich die Anzahl der erforderlichen Bestellungen/Lieferungen pro Periode aus $\frac{d}{x}$ und folglich die damit verbundenen Kosten, ebenfalls pro Planperiode, aus $K_F(x) = \frac{d}{x}s$. Dass die so berechnete Bestellhäufigkeit möglicherweise eine gebrochene Zahl ergibt und damit eigentlich nicht realisierbar ist, kann mit dem Verweis auf die Fortsetzung des Bedarfsverlaufes und der Bestellstrategie in der folgenden Planperiode und einer entsprechenden Verrechnung entkräftet werden.

Lagerkosten: In jedem Falle handelt es sich um Kapitalbindungskosten, möglicherweise auch um andere. Der Lagerbestand schwankt gleichmäßig zwischen 0 und x. Folglich ist im Durchschnitt am Lager ein Bestand in Höhe von $\frac{x}{2}$ vorzufinden. Die Eigenschaft des Durchschnittes - des arithmetischen Mittels - erlaubt nun, die Kosten, die durch den tatsächlichen, sich verändernden Lagerbestand verursacht werden, mit denen, die durch einen konstanten Lagerbestand in Höhe dieses Durchschnittes verursacht würden, gleich zu setzen. Damit ergeben sich die Lagerkosten aus $K_L(x) = \frac{x}{2}h$.

Wird die Bestellmenge x klein gewählt, ist in einer Planperiode häufig zu bestellen. Entsprechend oft treten die bestellfixen Kosten auf, $K_B(x)$ erreicht damit große Werte. Aus dieser Sicht wären folglich große Bestellmengen sinnvoll.

Große Bestellmengen ziehen aber zugleich große Mengen im Lager nach sich, damit also eine hohe Kapitalbindung bzw. hohe Lagerkosten $K_L(x)$. Aus dieser Sicht wären dann kleine Bestellmengen vorzuziehen.

Es handelt sich also hier - wie so oft in der Betriebswirtschaft - um einen Zielkonflikt zwischen zwei Kriterien. Trotzdem ist dies noch der einfache Fall, bei dem beide Ziele als Kostenziele in der gleichen Maßeinheit gemessen werden und folglich addiert werden können.

Berechnung der Gesamtkosten:

$$K(x) = \frac{d}{x} \cdot s \ + \ \frac{x}{2} \cdot h$$

Die Gesamtkosten ergeben sich also aus der Summe von Bestellkosten und Lagerkosten.

Die Zielsetzung bzw. der Beitrag zum Unternehmenserfolg liegt hier offensichtlich in der Minimierung der Gesamtkosten. Das Bild der Kostenfunktion $K(x)$ setzt sich zusammen aus einer konvexen Hyperbel, dem Bild der Funktion $K_B(x)$, und einer Geraden, dem Bild von $K_L(x)$. Folglich ist $K(x)$ konvex. $K(x)$ ist auch differenzierbar, so dass aus ihrer ersten Ableitung das globale Minimum ermittelt wird[74].

$$K'(x) = -\frac{ds}{x^2} + \frac{h}{2} = 0 \ .$$

---

[74]   Vgl. dazu auch Kapitel 1.

Die Lösung dieser Gleichung, also die optimale Bestellmenge, ist leicht zu bestimmen. Sie ergibt sich zu:

$$x^* = \sqrt{\tfrac{2sd}{h}}.$$

Diese optimale Lösung heißt auch *optimale Losgröße* und wurde erstmals von Andler ermittelt. Deshalb ist sie auch als *Andlersche Losgröße* bekannt.

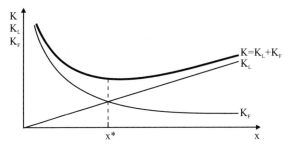

Abbildung 2.20: Die beteiligten Kostenfunktionen

Die zugehörigen optimalen (minimalen) Gesamtkosten werden durch Einsetzen der erhaltenen Lösung in die Kostenfunktion errechnet: $K(x^*) = \ldots$. Dabei kann leicht festgestellt werden, dass im Falle der optimalen Losgröße die Bestellfixen Kosten und Lagerkosten gleich sind[75] und sich damit die Kosten zu $K(x^*) = hx^*$ ergeben.

Die ebenso zugehörige optimale Anzahl an Bestellungen/Lieferungen wird aus dem Ansatz der Kostenfunktion $K_B(x)$ gewonnen: $n^* = \frac{d}{x^*} = \ldots$

Und schließlich ergibt sich der Bestell-/Lieferabstand aus dem Quotienten von Länge der Planperiode und Bestellhäufigkeit.

Beim Literaturstudium ist zu beachten, dass bei einigen Autoren die Lagerkosten h ersetzt werden durch einen Lagerhaltungskostensatz multipliziert mit dem Einstandspreis pro Einheit des zu beschaffenden Gutes. Dahinter verbirgt sich die Überlegung, dass die durch die Losgröße beeinflussbaren Lagerkosten eben im Wesentlichen durch die Kapitalbindungskosten beschrieben werden. Lagerflächenkosten erweisen sich für die Losgrößenbetrachtung oftmals als ungeeignet, weil sie bei Nichtnutzung meist nicht reduziert werden können, z.B. Heizung, Miete, Versicherung usw.

Eine wesentlich ausführlichere Diskussion des Ansatzes erfolgt im Kapitel zur Materialdisposition[76].

Beispiel:
Wie hoch ist die optimale Bestellmenge von benötigten Teilen, wenn folgende Daten vorliegen:

    d = 3000 (Stück pro Jahr), s = 15 (€ pro Lieferung),
    h = 1 (€ pro Stück und pro Jahr)?

---

[75]   Nachweis selbst führen!
[76]   Vgl. Band 2 der Lehrbuchreihe.

Der Lagerraum soll nur zur Lagerung von 300 Stück dieses Teils ausreicht.
Ab welcher Mieteinnahmenhöhe würde das Vermieten einer Lagerfläche, die für 100 Stück dieses Teils ausreicht, wirtschaftlich sein?

Lösung: Zuerst wird die optimale Bestellmenge ohne Rücksicht auf die vorhandene Lagerfläche berechnet.

$$x^* = \sqrt{\frac{2sd}{h}} = \sqrt{\frac{2*3000*15}{1}} = 300$$

Da die Lagerfläche für diese Bestellmenge ausreichend groß ist, also keine echte Beschränkung darstellt, liegt damit bereits die Lösung vor. Wäre sie kleiner gewesen als oben genannt, hätte die maximal einzulagernde Menge gewählt werden müssen (denn die Kostenfunktion ist konvex!).

Die zugehörigen Kosten ergeben sich zu
$$K(300) = \frac{3000}{300} * 15 + \frac{300}{2} * 1 = 150 + 150 = 300 \ (\text{€}).$$

Der Vergleich mit obiger Abbildung zeigt, dass im Falle der optimalen Losgröße (und nur für diese!) Lager- und Bestellkosten gleich groß sind.

Würde die genannte Lagerfläche vermietet werden, so wäre als kostenoptimale Beschaffungsmenge $x = 200$ zu wählen, nunmehr unter der Beschränkung der vorgegebenen Lagerfläche. Die entstehenden Kosten ergeben sich zu
$$K(200) = \frac{3000}{200} * 15 + \frac{200}{2} * 1 = 225 + 100 = 325 \ (\text{€}),$$

die Mehrkosten also zu 25 (€). Die Mieteinnahme muss demnach mindestens 25 (€) betragen.

2.6.1.5 Materialbedarfsplanung

Im Weiteren werden Produkte betrachtet, die z.B. durch Montage von Einzelteilen zu Baugruppen und weiter zu Endprodukten entstehen. Für einen Planzeitraum sei das Produktionsprogramm vorgegeben. Damit sind die zu produzierenden Mengen an Endprodukten bekannt. Zur Gestaltung von Produktion und Einkauf bedarf es nun weiterer Informationen. Für die Produktionsplanung sind die erforderlichen Mengen an zu montierenden Baugruppen zu ermitteln, für den Einkauf die erforderlichen Mengen an Einzelteilen. Dabei wird hier auf die Bedarfsterminierung, die aus den Fertigungszeiten und den Endterminen resultiert, verzichtet und der Bedarf nur planperiodenbezogen bestimmt.[77]

Es mögen nunmehr folgende Voraussetzungen erfüllt sein:
Das Produktionsprogramm sei bekannt (durch Aufträge oder über Bedarfsprognosen).
Die Erzeugnisstrukturen aller Produkte liegen vor, d.h. die erforderlichen Mengen an den wesentlichen Repetierfaktoren zur Herstellung einer Einheit der Endprodukte sind auswertbar beschrieben.
Vorhandene, nicht reservierte Lagerbestände seien ebenfalls bekannt.

Die Kenntnis der Erzeugnisstruktur ist die Voraussetzung dafür, aus den zu produzierenden Mengen an Endprodukten, dem sogenannten Primärbedarf, die Bedarfe (Sekundärbedarfe) an Baugruppen und Einzelteilen abzuleiten. Zur Darstellung solcher

---

[77]   Vgl. dazu dazu auch Band 2 dieser Lehrbuchreihe.

Strukturen gibt es verschiedene Möglichkeiten, von denen hier einige kurz angelistet werden sollen. Folgende Bezeichnungen werden gewählt:

Enderzeugnisse/Produkte: P_1, P_2,...
Baugruppen: B_1, B_2,...
Einzelteile: E_1, E_2,...

Gozinto-Graph:

Schon der Name dieser Struktur verweist auf ihren Ursprung, der Graphentheorie. Ohne jedoch näher auf diese Theorie einzugehen, sei die Darstellungsweise kurz beschrieben. Verwendet werden
Knoten (Kreise): Darstellung der Produkte, Baugruppen und Einzelteile;
Kanten/Pfeile (Verbindungen zwischen den Knoten): Darstellung direkter technologischer Beziehung zwischen den „Knoten";
Kantenbewertung: Wert des Direktbedarfskoeffizient zwischen den Erzeugnissen.
Die Pfeile verlaufen von einem untergeordneten zu einem übergeordneten Knoten. Dies beschreibt, dass das Einzelteil bzw. die Baugruppe, zum untergeordneten Knoten gehörig, in der Menge der Kantenbewertung in jeweils eine Baugruppe bzw. ein Endprodukt, zum übergeordneten Knoten gehörig, eingeht. Jedes konkrete Objekt erscheint in dieser Darstellung genau einmal.

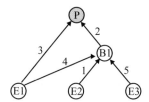

Abbildung 2.21: Der Gozinto-Graph

Diese Darstellung ist redundanzfrei, d.h., sie enthält keine überflüssigen Informationen. Bei realen Produkten, z.B. Maschinen, Autos, ..., leidet aber die Übersichtlichkeit durch sich zwangsläufig kreuzende Kanten, da die Knotenanzahl weit über 10.000 hinaus geht.

Durch Rückwärtsrechnen - in Gegenrichtung zu den Pfeilen - kann aus dem vorgegebenen Primärbedarf (Menge an zu produzierenden/liefernden Erzeugnissen) der Sekundärbedarf (Menge an zu beschaffenden oder selbst zu fertigenden Baugruppen, Einzelteilen und Rohstoffen) berechnet werden. Es erfolgt also ein „Überwälzen" eines bekannten Bruttobedarfes auf untergeordnete Produkte/Baugruppen/Einzelteile. Dabei ist zu sichern, dass jeweils nur solche Knoten zum Ausgangspunkt des Überwälzens werden, für die der Bedarf endgültig bekannt ist. Nachfolgendes Verfahren, das *Gozinto-Verfahren*, beschreibt das Vorgehen.

Gozinto-Verfahren:

- Der *Pfeilzähler* PFEILE $_k$ für jeden Knoten erfasst die aktuelle Anzahl der aus dem Knoten herausführenden, noch nicht abgearbeiteten Pfeile.
- Es erfolgt die Bedarfsableitung aus einem übergeordneten Knoten mit vollständig

bekanntem Bedarf auf jeden untergeordneten Knoten und dabei die Verringerung des Pfeilzählers um 1.

- Ist der Pfeilzähler = 0, so ist der Bruttobedarf des betreffenden Produktes vollständig bekannt.

SCHRITT 0:

Ermittle für jeden Knoten k des Gozintographen die Anzahl der ausgehenden Pfeile, PFEILE_k, und die Indexmenge der Vorgänger V_k.

Für alle k=1, 2, ..., K:

$r_k = d_k$ Primärbedarf

SCHRITT k:

Wähle ein Erzeugnis k (einen Knoten) mit einem Pfeilzähler PFEILE_k=0, dessen Vorgängerindexmenge V_k nicht leer ist. Gibt es kein solches Erzeugnis, STOP;

anderenfalls, für alle $j \in V_k$:

$r_j = r_j + a_{jk} * r_k$ Bedarfsmenge
$\text{PFEILE}_j = \text{PFEILE}_j - 1$ Pfeilzähler
$V_k = V_k - \{j\}$ Vorgängerindexmenge
Wiederhole Schritt k.

Ein Nachteil des Gozintographen, die schlechte Nachvollziehbarkeit der tatsächlichen Montageprozesse, wird durch eine andere Darstellungsform behoben, der die Fertigungsstufen (oder auch Dispositionsstufen) berücksichtigt.

Erzeugnisbaum:

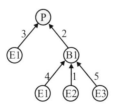

Abbildung 2.22: Der Erzeugnisbaum

Aus dieser Darstellung ist der fertigungstechnische Ablauf erkennbar. Aber da viele Objekte mehrfach - Standardteile, wie Schrauben durchaus zehn- bis einhundertmal - auftreten, nimmt diese Darstellung bei realen Produkten übermäßig große Dimensionen an.

Bei den Erzeugnisbäumen wird häufig unterschieden nach dispositionsstufen- oder fertigungsstufenbezogenen Bäumen. Obige Darstellung ist die fertigungsstufenbezogene, da jeder Knoten in *der Höhe* seiner Bearbeitung gezeichnet ist. In der dispositionsstufenbezogenen Form werden Knoten gleichen Inhaltes alle in der gleichen *Höhe* angeordnet, also in obiger Darstellung höherstehende auf das niedrigst vorkommende Niveau herabgesetzt. Dieses Niveau widerspiegelt damit quasi den Zeitpunkt, zu dem das zu den verschiedenen Knoten gleichen Inhaltes gehörende Objekt disponiert werden muss.

Stücklisten bzw. *Teileverwendungsnachweise*[78]:

Stücklisten sind mengenmäßige Verzeichnisse in Listen- bzw. Tabellenform der in ein Endprodukt oder Zwischenprodukt eingehenden Baugruppen und/oder Einzelteile.

Hier werden verschiedene Arten unterschieden. Die wichtigsten sind:

Strukturstücklisten :

Es erfolgt ein strukturorientierte Auflistung der Bestandteile eines Erzeugnisses.

Erzeugnis P_1

Fertigungsstufe	Sachnummer	Menge	Bezeichnung
1	E1	3	Einzelteil 1
1	B1	2	Baugruppe 1
*2	E1	4	Einzelteil 1
*2	E2	1	Einzelteil 2
*2	E3	5	Einzelteil 3
.....	...	..	.....

Dabei können Baugruppen und/oder Einzelteile mehrfach erscheinen, je nachdem, in welcher Fertigungsstufe sie benötigt werden. Die Verwandtschaft zum fertigungsstufenbezogenen Erzeugnisbaum ist unverkennbar.

Mengenübersichtsstücklisten :

Die Bestandteile eines Erzeugnisses werden genau einmal mit zugehörigen Mengenangaben aufgelistet. Im Regelfall hängt die Reihenfolge nicht mit dem Montageprozess zusammen.

Erzeugnis P_1:

Sachnummer	Menge	Bezeichnung
E1	11	Einzelteil 1
B1	2	Baugruppe 1
E2	2	Einzelteil 2
E3	10	Einzelteil 3
...	..	.....

Diese Darstellung liefert einen schnellen Überblick über den Bedarf an Baugruppen und Einzelteilen. In der Praxis finden sich dabei Varianten, die sowohl Baugruppen als auch Einzelteile beinhalten, aber auch solche, die nur auf (zu beschaffende) Einzelteile reflektieren.

---

[78] Vgl. dazu auch [Tem03, S. 108 ff.].

Baukastenstücklisten :

Hier handelt es sich um eine Mengenstückliste, die nur Baugruppen oder Einzelteile enthält, die *direkt* in ein Erzeugnis eingehen. Sie ist damit eine einstufige Liste. Bezogen auf den Erzeugnisbaum beschreibt die Baukastenstückliste also nur die in einen Knoten eingehenden Pfeile, zusammen mit deren Ausgangsknoten und der Kantenbewertung. Die vollständige Beschreibung eines Produktes erfolgt folglich durch mehrere Baukastenstücklisten. Diese entsprechen in vielen Fällen den technischen Zeichnungen.

Erzeugnis P_1

Position	Sachnummer	Menge	Bezeichnung
1	E1	3	Einzelteil 1
2	B1	2	Baugruppe 1

Erzeugnis B_1

Position	Sachnummer	Menge	Bezeichnung
1	E1	4	Einzelteil 2
2	E2	1	Einzelteil 2
3	E3	5	Einzelteil 3

Die hier dargestellten Formen - Graphen und Tabellen - sind, mit Ausnahme der Mengenstückliste, ineinander überführbar. Die Daten - Kantenbewertungen - lassen sich zu Matrizen zusammenfassen. Das erlaubt, die Berechnung von Bedarfen durch Matrizenmultiplikation oder in komplizierteren Fällen durch Lösen linearer Gleichungssysteme zu realisieren und damit automatisierbar zu machen[79].

Gegeben: x_j - Primärbedarf am Produkt j, $\forall j$

Gesucht: r_i - Sekundärbedarf am Einzelteil i, $\forall i$

Die Einzelteile sind die Enden des Erzeugnisbaumes. Bekannt sind die Kantenbewertungen a_{ij}, die die Menge am Einzelteil i, die direkt in eine Einheit des übergeordneten Objektes (Produkt/Baugruppe) j eingeht. Dies sind die sogenannten Direktbedarfskoeffizienten.

Dann ist

$$r_i = \sum_j a_{ij} x_j, \forall i \ .$$

Es kann nun zusätzlich zu diesem Sekundärbedarf auch ein Primärbedarf an Einzelteilen i vorliegen, die z.B. als Ersatzteile an Werkstätten auszuliefern sind. Dann ergibt sich der Gesamtbedarf als Summe von Primär- und Sekundärbedarf.

Ermittlung der Bestell-/Beschaffungsmengen :

Die Aufgabe der Beschaffung besteht darin, dafür zu sorgen, dass zu jedem Zeitpunkt eine ausreichende Menge z.B. an Material (Einzelteilen) vorliegt. Daraus

---

[79] Vgl. dazu auch Band 2 dieser Lehrbuchreihe.

resultiert die folgende Mengenbetrachtung.[80] Zugrunde gelegt werde eine Planperiode, deren Länge produktabhängig sinnvoll zu wählen ist.

(1) Berechnung:
Sekundärbedarf aus Primärbedarf

(2) Berechnung:
Bruttobedarf = Primärbedarf (direkt für den Absatz bestimmt)
                     + Sekundärbedarf
                     + Zusatzbedarf

(3) Berechnung:
Nettobedarf = Bruttobedarf - disponibler Lagerbestand

(4) Entscheidung zur Bestellmenge:
Bestellmenge $\geq$ Nettobedarf

Erfordert die Produktion einer Produkteinheit längere Zeiträume, so ist, ausgehend von Endterminen, über Vorlaufterminierung jeder Bedarf mit einem Termin zu versehen und obige Rechnung terminbezogen durchzuführen[81].

Dabei ist
Bruttobedarf der periodenbezogene Bedarf an einem Objekt, ohne die vorhandenen Lagerbestände zu berücksichtigen,
Zusatzbedarf die Bedarfsmenge, die sich aus anderen Sachverhalten begründet, z.B. aus fehlerhaften Teilen in üblicher Menge u.ä.,
Nettobedarf der um den disponiblen Lagerbestand und um bereits getätigte, aber noch offene Aufträge reduzierte Bruttobedarf,
disponibler Lagerbestand der um die Sicherheitsreserve (Sicherheitsbestand) reduzierte Lagerbestand.

Die Bestellmenge muss nun mindestens so groß sein wie der Nettobedarf es ausweist. Sie soll größer sein, wenn Wirtschaftlichkeitsgesichtspunkte - Kostenbetrachtungen, Mindestmengen, Mengenrabatte u.ä. - dies erfordern.

2.6.1.6   Übungsaufgaben

 **Aufgabe 1**
Gegeben seien folgende Größen:

- Periodenbedarf: 60000 Stück

- Zinssatz für Lagerung: 24 % (bezogen auf den Preis)

- Stückpreis: 10 €/Stück

- Fixe Bestellkosten: 80 €

---

1. Stellen Sie die Kostenfunktionen graphisch dar, aus denen die optimale Bestellmenge ermittelt werden soll. Lesen Sie aus der Graphik die optimale Bestellmenge ab.

2. Berechnen Sie die optimale Bestellmenge.

3. Geben Sie die Optimalwerte für den Bestellabstand und die Bestellhäufigkeit an.

Lösung zu Aufgabe 1

1.

x	K_L	$K_{B_{best}}$	K_{rel}
1000	1200	4800	6000
2000	2400	2400	4800
3000	3600	1600	5200
4000	4800	1200	6000
5000	6000	960	6960

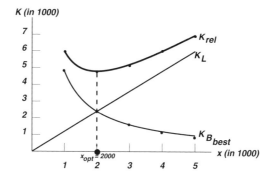

2. Die optimale Losgröße ist nach dem klassischen Modell derjenige Wert von x, bei dem die Lagerkosten mit den Bestellkosten übereinstimmen.

$$K_{rel} = \frac{d}{x}\cdot s + \frac{x}{2}\cdot h \to \min \qquad\qquad \frac{d}{x}\cdot s = \frac{x}{2}\cdot h$$

$$K'_{rel} = -\frac{d}{x^2}\cdot s + \frac{h}{2} = 0$$

$$x^2 = \frac{2\cdot d\cdot s}{h} \qquad\qquad\qquad\qquad x^2 = \frac{2\cdot d\cdot s}{h}$$

$$x = \sqrt{\frac{2\cdot d\cdot s}{h}} \qquad\qquad\qquad\qquad x = \sqrt{\frac{2\cdot d\cdot s}{h}}$$

$$x = \sqrt{\frac{2\cdot 60000\cdot 80}{10\cdot 0{,}24}} \to x_{opt} = 2000$$

Die optimale Bestellmenge beträgt somit 2000 ME, wenn keine sonstigen Besonderheiten vorliegen.

3. $n_{opt} = \frac{d}{x_{opt}} = \frac{60000}{2000} = 30$

Es wird 30mal bestellt. Jede Bestellung umfaßt 2000 Stück.

$t_{opt} = \frac{T}{n_{opt}} = \frac{360}{30} = 12$

Die Bestellungen treffen im Abstand von 12 Tagen ein.

Aufgabe 2

Bestimmen Sie die optimale Bestellmenge für den Fall, daß der Verbrauch über das ganze Jahr hinweg konstant ist.

Folgende Größen sind gegeben:

- Jahresbedarf: 600 ME

- fixe Bestellkosten: 30 €

- Zinssatz für Lagerung: 0,1 (bezogen auf den Preis)

- Preis: 100 €/ME

1. Zeichnen Sie die Kostenkurven. aus denen Sie anschließend die optimale Bestellmenge herleiten.

2. Ermitteln Sie rechnerisch die optimale Bestellmenge.

3. Geben Sie die optimale Anzahl der Bestellungen und den optimalen Bestellabstand an, wenn das Jahr mit 360 Tagen angesetzt wird.

Lösung zu Aufgabe 2

1.

Menge x	10	20	30	40	50	60	70	80	90	100	150	200
KBbest	1800	900	600	450	360	300	257	225	200	180	120	90
KL	50	100	150	200	250	300	350	400	450	500	750	1000
Krel	1850	1000	750	650	610	600	607	625	650	680	870	1090

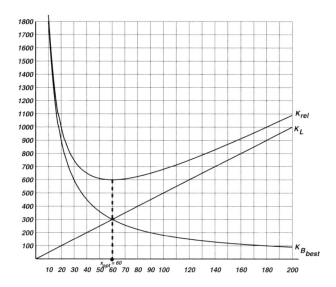

2. Möglichkeit 1: Kurvendiskussion für K_{rel}

$K_{rel} = \frac{18000}{x} + 5x$

$K'_{rel} = -\frac{18000}{x^2} + 5 = 0$

$x_{opt} = \sqrt{3600}$

$\underline{\underline{x_{opt} = 60}}$

$K'' = \frac{36000}{x^3} > 0 \rightarrow$ Minimum

Möglichkeit 2: Verwendung der Formel nach Andler/Harris

$x_{opt} = \sqrt{\frac{2 \cdot d \cdot s}{h}} = \sqrt{\frac{2 \cdot d \cdot s}{p \cdot z}}$

$x_{opt} = \sqrt{\frac{2 \cdot 600 \cdot 30}{100 \cdot 0,1}} = \sqrt{3600}$

$\underline{\underline{x_{opt} = 60}}$

3. $n_{opt} = \frac{T}{x_{opt}} \rightarrow n_{opt} = \frac{600}{60} = \underline{\underline{10}}$

$t_{opt} = \frac{d}{x_{opt}} \rightarrow t_{opt} = \frac{360}{10} = \underline{\underline{36 \text{ Tage}}}$

Aufgabe 3

Ein Produkt P wird aus drei Baugruppen (B) und vier Einzelteilen (E) hergestellt.

Gegeben sind folgende Werte des direkten Aufwandes:

Kompo- nenten	direkte Aufwendungen
P	$2B_1, 1B_2, 2B_3$
B_1	$2E_1, 1B_2, 3E_2$
E_1	
B_2	$1E_2, 3E_3$
E_2	
B_3	$1B_2, 2E_3, 5E_4$
E_3	
E_4	

1. Stellen Sie die Erzeugnisstruktur als Gozinto-Graph dar.

2. Tragen Sie die Elemente a_{ij} der Direktbedarfsmatrix A in ein entsprechendes Tableau ein.

3. Ermitteln Sie die Elemente g_{ij} der Gesamtbedarfsmatrix G und tragen Sie diese in ein entsprechendes Tableau ein.

4. Geben Sie die Mengenübersichtsstückliste an.

5. Wieviele Mengeneinheiten von E_3 werden insgesamt zur Herstellung einer Mengeneinheit B_3 benötigt?

6. Wieviele Mengeneinheiten von E_2 werden insgesamt zur Herstellung einer Mengeneinheit P benötigt?

Lösung zu Aufgabe 3

1.

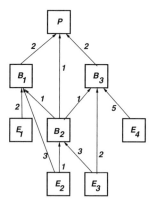

2. Siehe Diagramm.

3.

j→	1	2	3	4	5	6	7	8	1	2	3	4	5	6	7	8
i↓	P	B_1	B_3	B_2	E_1	E_4	E_2	E_3	P	B_1	B_3	B_2	E_1	E_4	E_2	E_3
1 P	0	2	2	1					1	2	2	5	4	10	11	19
2 B_1		0		1	2		3			1		1	2		4	3
3 B_3			0	1		5		2			1	1		5	1	5
4 B_2				0			1	3				1			1	3
5 E_1					0								1			
6 E_4						0								1		
7 E_2							0								1	
8 E_3								0								1
			Direktbedarfsmatrix A								Gesamtbedarfsmatrix G					

4.

Komponente	Berechnung		Menge
B_1	$2 \cdot 1$	$=$	2
B_2	$1 + 1 \cdot 2 + 1 \cdot 2$	$=$	5
B_3	$2 \cdot 1$	$=$	2
E_1	$2 \cdot 2$	$=$	4
E_2	$1 \cdot 1 + 3 \cdot 2 + 1 \cdot 1 \cdot 2 + 1 \cdot 1 \cdot 2$	$=$	11
E_3	$3 \cdot 1 + 2 \cdot 2 + 3 \cdot 1 \cdot 2 + 3 \cdot 1 \cdot 2$	$=$	19
E_4	$5 \cdot 2$	$=$	10

5. $E_3 \rightarrow B_3 : 2 + 3 \cdot 1 = 5$

6. $E_2 \rightarrow P : 1 \cdot 1 + 3 \cdot 2 + 1 \cdot 1 \cdot 2 + 1 \cdot 1 \cdot 2 = 11$

Aufgabe 4

Mit nachfolgenden Baukastenstücklisten sei die Erzeugnisstruktur eines Endproduktes P beschrieben. Mit B_i werden dabei Baugruppen bezeichnet, mit E_j Einzelteile.

Produkt P	
Teilebezeichnung	Menge
B_1	2
B_2	1
B_3	2
B_4	5

Baugruppe B_1	
Teilebezeichnung	Menge
B_2	1
E_1	3

Baugruppe B_2	
Teilebezeichnung	Menge
E_1	1
E_2	2

Baugruppe B_3	
Teilebezeichnung	Menge
B_2	1
E_2	2

1. Geben Sie den zugehörigen Graphen für die Erzeugnisstruktur und die zugehörige Mengenstückliste an!

2. Zeichnen Sie die Struktur des Endproduktes P nach Dispositionsstufen und nach Fertigungsstufen gegliedert auf!

3. Wieviele Teile E_3 müssen beschafft werden, damit vom Endprodukt P 150 Mengeneinheiten hergestellt werden können? Folgende Lagerbestände liegen vor:

Lagerbestand B_1 : 50
Lagerbestand B_2 : 200
Lagerbestand B_3 : 300
Lagerbestand B_4 : 100

4. Warum kann eine bedarfsgebundene Materialbedarfsplanung für gewöhnlich nicht auf der Basis von Mengenstücklisten vorgenommen werden.

Lösung zu Aufgabe 4

1.

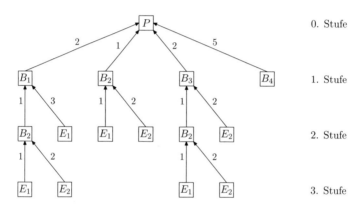

Name	Menge
B_1	2
B_2	5
B_3	2
B_4	5
E_1	11
E_2	14

2.

Komponente	Unmittelbarer Nachfolger	Dispositionstufe
P	–	0
B_1	P	1
B_2	P, B_1, B_3	2
B_3	P	1
B_4	P	1
E_1	B_1, B_2	3
E_2	B_1, B_2	3

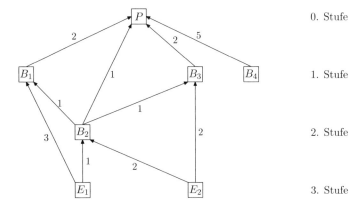

0. Stufe

1. Stufe

2. Stufe

3. Stufe

3. $P : 150$
   $B_1 : 2 \cdot 150 - 50 = 250$
   $B_2 : 1 \cdot 150 + 1 \cdot 0 + 1 \cdot 250 - 200 = 200$
   $B_3 : 2 \cdot 150 - 300 = 0$
   $B_4 : 5 \cdot 150 - 100 = 650$
   $E_3 :$ ist nicht in P enthalten, also keine!
   $E_1 : 3 \cdot 250 + 1 \cdot 200 = 950$
   $E_2 : 2 \cdot 200 = 400$

4. Bedarfszeiten unbekannt, Lagerbestände von Baugruppen beeinflussen Bedarfsmenge

2.6.2 Programmplanung

2.6.2.1 Produktprogrammplanung

Das Produktprogramm umfasst typischerweise die Menge an unterschiedlichen, prinzipiell technologisch herstellbaren Produkten (oder die verfügbaren Technologien). Für viele Unternehmen ist ein Produktkatalog eine mögliche Form der Darstellung.

Das Produktprogramm unterliegt regelmäßig Veränderungen, wie

- Produktneuentwicklung,

- Produktelimination,

- Produktvariation (Änderung von Eigenschaften),

- Produktdifferenzierung (verschiedene Varianten).

Anstöße dazu gibt das Marketing/Absatz durch Auswertung der Kundenbedürfnisse, der Auftragslage, der Marktziele, der Konkurrenzanalyse, bzw. Forschung und Entwicklung durch Auswertung technischer und technologischer Möglichkeiten oder das Controlling durch Kostenvergleiche.

2.6.2.2 Produktionsprogrammplanung

Das mittelfristige Produktionsprogramm umfasst Angaben zu den Mengen der im vorgegebenen Planzeitraum zu produzierenden Produkte, gegebenenfalls auch ortsbezogen, d.h. aufgeteilt nach betrieblichen Standorten oder nach Anlagen. Beim kurzfristigen Programm werden diese Mengen zusätzlich noch terminiert.

Die Vorgehensweise der Produktionsprogrammplanung wird bestimmt durch die Orientierung der Produktion. Dabei wird unterschieden:

kundenorientierte Produktion :

> Hier bestimmen Aufträge das Absatz- und damit das Produktionsprogramm. Der Produktionsbereich hat folglich keinen (unmittelbaren) Einfluss auf Erlöse, folglich besteht das Planungsziel in der Minimierung der Produktionskosten. Diese entstehen durch die Auswahl der Produktionsfaktoren. Wiederum hat der der Produktionsbereich dabei keinen (unmittelbaren) Einfluss auf die Auswahl der Repetierfaktoren, so dass sich letztlich alles auf die wirtschaftliche Inanspruchnahme der Potenzialfaktoren konzentriert[82].

marktorientierte Produktion :

> Die Aufnahmefähigkeit des Marktes wird prognostiziert. Damit liegen typischerweise für jedes Produkt Absatzunter- und -obergrenzen vor. Die Obergrenzen beschreiben maximal absetzbare Mengen, die Untergrenzen mögliche Lieferzusagen, wirtschaftliche Mindestmengen o.ä. Der Produktionsbereich hat damit die Möglichkeit, innderhalb der vorgegebenen Grenzen die Produktmengen erfolgsorientiert festzulegen, d.h., das Planungsziel besteht in der Maximierung des Erfolges (Gewinn, Deckungsbeitrag,...).

Die Rahmenbedingungen für die Planung resultieren zum Einen aus den Bedingungen des Produktionsbereiches:

- Produktionsverfahren (Produktionskoeffizienten),

- verfügbare Kapazitäten (bezogen auf Sach- und personelle Potenziale),

---

[82]   Vgl. dazu auch Reihenfolgeplanung, Ablaufplanung usw.

- Ressourcen (Lagerbestände,...)

und zum Anderen aus den Bedingungen des Absatzbereiches:

- Absatzober- und -untergrenzen (die möglicherweise gleich sein können),

- Absatzpreise, die Einfluss auf Erfolgsbetrachtungen haben;

- Liefertermine, die auf zeitliche Abfolgen wirken.

Das typische und in vielen Fällen mit Erfolg eingesetzte Entscheidungsmodell (für die mittelfristige Planung) ist das Lineare Optimierungsmodell als einfachstes Planungsmodell[83].

Folgende Bezeichnungen werden vereinbart:

x_j - Produktions- und Absatzmenge vom Erzeugnis j,

p_j - Absatzpreis für eine Einheit des Erzeugnisses j,

k_j - variable Kosten für eine Einheit des Erzeugnisses j,

d_j - Deckungsbeitragsspanne (Stück-Deckungsbeitrag)...,

a_{ij} - Inanspruchnahme eines Faktors i durch eine Einheit des Erzeugnisses j,

u_j - Absatzuntergrenze für das Erzeugnis j,

o_j - Absatzobergrenze für das Erzeugnis j,

q_i - vorhandene Menge eines Faktors i (z.B. Kapazität).

Damit lässt sich das *Modell* formulieren:

$$\sum_{j=1}^{p}(p_j - k_j)x_j = \sum_{j=1}^{p} d_j x_j \to max$$
$$\sum_{j=1}^{p} a_{ij}x_j \leq q_i \ \forall i = 1,...,m$$
$$u_j \leq x_j \leq o_j \ \forall j$$

Einfache Probleme, nämlich solche mit nur zwei Variablen (zwei Endprodukten), können geometrisch gelöst werden[84].

Dazu ein Beispiel mit zwei Produkten und zwei Engpässen:

Produkt:	A (j=1)	B (j=2)	Kapazität
d_j	1	1	
Produktionskoeffizient 1. Engpass	2	3	12
Produktionskoeffizient 2. Engpass	2	1	6
Absatzuntergrenze u_j	1	1	
Absatzobergrenze o_j	2,5	3,5	

Mit x_1 als zu produzierende Menge vom Produkt A und x_2 als zu produzierende Menge vom Produkt B ergibt sich aus dem obigen Modell folgende zweidimensionale Lineare Optimierungsaufgabe:

---

[83]   Vgl. dazu auch Kapitel 3.

[84]   Vgl. dazu auch Kapitel 1.

$$x_1 + x_2 \to max$$
$$2x_1 + 3x_2 \leq 12$$
$$2x_1 + x_2 \leq 6$$
$$1 \leq x_1 \leq 2{,}5$$
$$1 \leq x_2 \leq 3{,}5$$

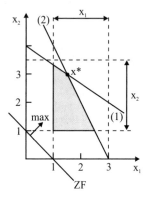

Abbildung 2.23: Geometrische Lösung

Die Lösung ist ablesbar:

$$x^* = (1{,}25;\ 3{,}5)$$

mit einem Zielfunktionswert, der sich durch das Einsetzen der gefundenen Lösung in die Zielfunktion ergibt, von

$$z^* = 4{,}75\ .$$

Für betriebliche Anwendungen entstehen heute Optimierungsprobleme mit vielen Tausend Variablen und Restriktionen. Zu deren Lösung gibt es rechnerbezogen sehr unterschiedliche Software, wie z.B. LINDO oder LINGO bzw. MOPS oder CPLEX.

Probleme mit nur einem echten Engpass können ebenfalls mit weniger Aufwand bearbeitet werden. Hier handelt es sich um sogenannte Knapsack- oder Rucksackprobleme[85].

2.6.2.3 Kapazitätsplanung

An dieser Stelle seien kurz mögliche Aufgabenbereiche der Kapazitätsplanung - der Festlegung von Mengen im Bereich der Sachpotenziale, z.T. in Verbindung mit personellen Potenzialen - für einen vorzugebenden Planzeitraum genannt, die nachfolgend kurz erläutert werden. Auf die langfristige (strategische) Planung, also die Auswahl von Technologien und Technik und deren Dimensionierung wird hier bewusst verzichtet. Damit verbleiben:

---

[85]   Vgl. dazu auch das Kapitel 3.

taktische Planungsebene :

- Kapazitätsbedarfsplanung,
- Kapazitätsbeschaffungsplanung,
- Kapazitätserhaltungsplanung,

operative Planungsebene :

- Kapazitätseinsatzplanung.

Auch für die Kapazitätsplanung werden Rahmenbedingungen gesetzt, die, je nach Fristigkeit der Planung, wiederum resultieren aus

- dem gegebenen Produktionsprogramm und

- dem vorhandenen Produktionssystem.

Ein paar Bemerkungen zum Begriff der *Kapazität* (auch Leistungsvermögen) sind notwendig. Kapazität kann unter zweierlei Gesichtspunkten betrachtet werden:

a) qualitativ:

- Anzahl unterschiedlicher Funktionen eines Betriebsmittels,

- Anzahl unterschiedlicher Operationsbedingungen eines Betriebsmittels.

b) quantitativ:

- verfügbare Einsatzzeit eines Potenzialfaktors.

In den weiteren Betrachtungen soll die quantitative Seite des Kapazitätsbegriffes im Vordergrund stehen.

Kapazitätsbedarfsplanung:

Ausgehend vom Produktionsprogramm, das je Produktart eine konkrete Menge für den Planzeitraum vorschreibt, soll auf den Kapazitätsbedarf geschlossen werden, sofern dieses Programm nicht bereits unter der Berücksichtigung vorhandener Kapazitäten, z.B. mittels Linearer Optimierung, ermittelt wurde.
Dazu wird das Produktionsprogramm in Produktionsaufgaben zerlegt, wobei jede Aufgabe genau einer Kapazitätseinheit zugeordnet werden kann. Eine Kapazitätseinheit ist ein Arbeitssystem im Weiteren Sinne, also z.B. eine Anlage, eine Gruppe gleichartiger Maschinen usw.

Auf dieser Grundlage kann der aufgabenbezogene Kapazitätsbedarf bestimmt werden:

- qualitativ: nach Personalqualifikation, nach technischen Anforderungen und

- quantitativ: als Zeitbedarf für die Aufgabenerfüllung.

Das Ergebnis ist der programmbezogene Kapazitätsbedarf.

Die Schätzung des Kapazitätsbedarfs je Aufgabe erfordert die Kenntnis von Bearbeitungszeiten. Diese können z.b. auf der Grundlage langfristiger Datenerhebungen ermittelt werden. Dazu gibt es reichlich statistische Verfahren, auch Prognoseverfahren. Neben der reinen Durchführungszeit einer Aufgabe sind zusätzliche Zeiten - Störungen, Pausen, Einspannen, Abkühlen, Wartezeiten, Transportzeiten usw., z.B. als Prozentangaben der Durchführungszeit, mit zu berücksichtigen[86].

Kapazitätsbeschaffungsplanung :

Ein Vergleich des ermittelten Kapazitätsbedarfs mit dem tatsächlichen Kapazitätsangebot liefert zwei denkbare Fälle.

(1) Kapazitätsbedarf > vorhandene Kapazität:
Ist diese Eigenschaft von Dauer, so stehen Investitionsentscheidungen an, die mit Hilfe der Investitionsrechnung unterstützt werden können. Im Falle von Investitionen liegt „quantitative Anpassung" vor.

Im kurzfristigen Planungsbereich und bei einer gewissen Einmaligkeit eines zu hohen Kapazitätsbedarfs kann eine zeitliche Anpassung, z.B. durch Überstunden, Zusatzschichten usw., vorgenommen werden.

Selbstverständlich ist auch prinzipiell eine Erhöhung der Arbeitsgeschwindigkeit, also eine intensitätsmäßige Anpassung, denkbar, aber doch weitgehend von Anlageneigenschaften abhängig.

Möglich ist auch die Fremdvergabe von Aufträgen oder Teilen von Aufträgen.

(2) Kapazitätsbedarf ≤ vorhandene Kapazität:
Je nach Größe der Unterschreitung wird entweder nichts unternommen, oder Überstunden oder vorhandene zweite Schichten können abgebaut werden, Kurzarbeit kann angeordnet oder es können sogar Arbeitsplätze reduziert werden. Dies läuft auf zeitliche und quantitative Anpassung hinaus.

Grundsätzlich sollen diese Anpassungsentscheidungen auf der Grundlage des Unternehmenserfolges getroffen werden, was im Wesentlichen auf Kostenbetrachtungen und Vergleiche mit zu erwartenden Erlösen führen wird. Gerade aber auch im zweiten Fall ist die vorgeschlagene Reaktion unbefriedigend. Der Ausgleich zwischen Kapazitätsbedarf und vorhandener Kapazität kann auch durch Erhöhung des Kapazitätsbedarfes erfolgen, was durch verstärkte Marketing-Aktivitäten, durch neue oder veränderte Produkte oder auch durch Kosten- und damit Preissenkung erfolgen kann und deshalb hier nicht zum Gegenstand erhoben wird.

Kapazitätserhaltungsplanung :

Hier sind zwei generelle Prinzipien zu finden:
- regelmäßige Wartung und vorbeugende Reparaturen und
- Wartung/Reparatur bei Bedarf.
Für regelmäßige Wartung und vorbeugende Reparaturen gibt es eine unterstützende Theorie, die Zuverlässigkeitstheorie. Mit ihrer Hilfe können entsprechende Zeitintervalle, die eine vorgegebene Ausfallwahrscheinlichkeit realisieren, berechnet werden. Diese Variante kommt vor allem dort in Betracht, wo Ausfälle zu technologischen Problemen oder zu enormen Kosten führen.

---

[86]   Vgl. dazu Kapitel 4.

Kapazitätseinsatzplanung :

Vorhandene Kapazitäten den entsprechenden Produktionsaufgaben zuzuordnen, ist Aufgabe der Kapazitätseinsatzplanung. Einige ausgewählte typische Problemstellungen werden in den folgenden Abschnitten behandelt.

2.6.2.4 Übungsaufgaben

Aufgabe 1

Ein Betrieb kann 5 Produkte zu vorgegebenen Preisen mit bekannten Absatzhöchstmengen absetzen. Alle Produkte müssen auf einer Engpassmaschine bearbeitet werden.

Die folgende Tabelle enthält alle erforderlichen Daten:

Produkt Kenngröße	A	B	C	D	E
Preis	10	8	9	7	5
Variable Stückkosten	7	6	6	5	4
Produktionskoeffizient	3	2	1	1	0,25
Absatzhöchstmenge	100	100	100	200	200

Die Kapazität der Maschine beträgt für die entsprechende Planperiode 200 Zeiteinheiten. Die Fixkosten belaufen sich auf 200 €.

1. Bestimmen Sie das gewinnmaximale Produktionsprogramm. Geben Sie den damit erzielbaren Gewinn an.

2. Inwieweit ändert sich das gewinnmaximale Produktionsprogramm, wenn das Produkt A aus dem Absatzprogramm entfernt wird?

3. Inwieweit ändert sich das gewinnmaximale Produktionsprogramm, wenn das Produkt E aus dem Absatzprogramm entfernt wird?

Lösung zu Aufgabe 1

1. $G = \sum_{i=1}^{n} (p_j - k_{v_j}) \cdot x_j - K_{fix} \rightarrow \max$

   Da die Fixkostensumme K_{fix} auf das Ergebnis der Optimierung keinen Einfluß besitzt, erhalten wir für die Gewinnmaximierung das gleiche Ergebnis hinsichtlich der zu produzierenden Mengen wie bei Maximierung des Deckungsbeitrages.

   Bestimmung der Einplanungsreihenfolge:

   d_j ... Stückdeckungsbeitrag (absolut)

   a^* ... Produktionskoeffizient der Engpassmaschine

   d'_j ... Relativer Deckungsbeitrag

	A	B	C	D	E
d_j	3	2	3	2	1
a^*	3	2	1	1	0,25
d_j'	1	1	3	2	4
Priorität	4./5.	4./5.	2.	3.	1.

Die Einplanung erfolgt nach fallenden d_j'!

Einplanungsreihenfolge: $E - C - D - A - B$

Einplanung E:

- $200/0{,}25 \rightarrow 800$
- $o_E - u_E = 200 - 0 = 200$
- $x_E = 200$
- Restkapazität: $200 - 200 \cdot 0{,}25 = 150$

Einplanung C:

- $150/1 = 150$
- $o_C - u_C = 100 - 0 = 100$
- $x_C = 100$
- Restkapazität: $150 - 100 \cdot 1 = 50$

Einplanung D:

- $50/1 = 50$
- $o_D - u_D = 200 - 0 = 200$
- $x_D = 50$
- Restkapazität: $50 - 50 \cdot 1 = 0$ ENDE!

DB-optimales Produktionsprogramm:

$$\underline{\underline{x_E = 200; \quad x_C = 100; \quad x_D = 50}}$$

ZF-Wert: $200 \cdot 1 + 100 \cdot 3 + 50 \cdot 2 = 600$

Betriebsergebnis (Gewinn): $600 - 200 = 400$

2. Da A nicht im Produktionsprogramm enthalten ist, ändert sich nichts.

3. Einplanungsreihenfolge: $C - D - A - B$

   Einplanung C:

   - $200/1 = 200$

- $o_C - u_C = 100 - 0 = 100$
- $x_C = 100$
- Restkapazität: $200 - 100 \cdot 1 = 100$

Einplanung D:

- $100/1 = 100$
- $o_D - u_D = 200 - 0 = 200$
- $x_D = 100$
- Restkapazität: $100 - 100 \cdot 1 = 0$ ENDE!

DB-optimales Produktionsprogramm:

$$\underline{x_C = 100; \quad x_D = 100}$$

ZF-Wert: $100 \cdot 3 + 100 \cdot 2 = 500$

Betriebsergebnis (Gewinn): $500 - 200 = 300$

Aufgabe 2

Ein Betrieb stellt auf 3 Maschinen (M_1, M_2, M_3) 2 Produkte (P_1, P_2) her. Folgende Planungsdaten stehen zur Verfügung:

- Bearbeitungszeiten der Produkte auf den Maschinen

P_i	M_1	M_2	M_3
P_1	300	100	250
P_2	150	300	250
Kap.	2400	2400	2250

- Absatzgrenzen

P_i	Obergrenze	Untergrenze
P_1	16	2
P_2	20	4

- Variable Kosten und Preise

	P_1	P_2
Var. Kosten	1450	325
Preise	1850	475

1. Formulieren Sie das Modell der Linearen Optimierung für das Ziel „Maximaler Deckungsbeitrag".

2. Ermitteln Sie auf graphischem Wege ein Produktionsprogramm, das hinsichtlich des Deckungsbeitrages optimal ist.

3. Geben Sie das optimale Produktionsprogramm und den zugehörigen Zielfunktionswert zu Teilaufgabe 2. an.

4. Maschine M_3 ist störanfällig. Deshalb soll ein alternatives Produktionsprogramm unter der Annahme ermittelt werden, daß die Kapazität von M_3 mit 4000 Zeiteinheiten angenommen wird. Alle anderen Daten bleiben unverändert. Ermitteln Sie unter den neuen Bedingungen ein optimales Produktionsprogramm.

5. Formulieren Sie das Modell der Linearen Optimierung für das Ziel „Maximale Kapazitätsauslastung". Lösen Sie für diesen Fall die Teilaufgaben 2., 3. und 4. sinngemäß.

Lösung zu Aufgabe 2

1. • Deckungsbeiträge:

   P1: $1850 - 1450 = 400$
   P2: $475 - 325 = 150$

   • Zielfunktion:

   $400x_1 + 150x_2 \rightarrow \max$

   • Nebenbedingungen (Maschinen):

   NB1: $300x_1 + 150x_2 \leq 2400$
   NB2: $100x_1 + 300x_2 \leq 2400$
   NB3: $250x_1 + 250x_2 \leq 2250$

   • Nebenbedingungen (Produkte):

   NB4: $x_1 \geq 2$
   NB5: $0 \leq x_1 \leq 16$
   NB6: $x_2 \geq 4$
   NB7: $0 \leq x_2 \leq 20$

2.

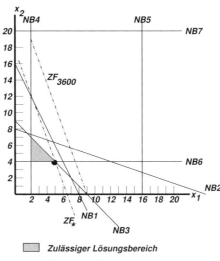

$\square$ **Zulässiger Lösungsbereich**

● **Optimalpunkt**

3. Deckungsbeitragsoptimales Produktionsprogramm:

$$x_1^{opt} = 5 \qquad x_2^{opt} = 4$$

Zielfunktionswert: $400 \cdot 5 + 150 \cdot 4 = 2600$

Die Nebenbedingungen NB1, NB2, NB5 und NB7 sind re-dundant, da sie keinen Beitrag zur Gestaltung des zulässigen Lösungsbereiches leisten.

4. Die $NB3$ ist durch die $NB3^*$ zu ersetzen.

$$NB3^* : 250x_1 + 250x_2 \leq 4000$$

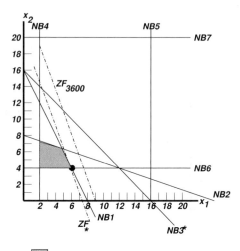

Zulässiger Lösungsbereich

● **Optimalpunkt**

Deckungsbeitragsoptimales Produktionsprogramm:

$$x_1^{opt} = 6 \qquad x_2^{opt} = 4$$

Zielfunktionswert: $400 \cdot 6 + 150 \cdot 4 = 3000$

Die Nebenbedingungen $NB3^*$, NB5 und NB7 sind redundant, da sie keinen Beitrag zur Gestaltung des zulässigen Lösungsbereiches leisten.

5. (a) ● Maschinenauslastungsbeiträge:
P1: $300 + 100 + 250 = 650$
P2: $150 + 300 + 250 = 700$

● Zielfunktion:
$650x_1 + 700x_2 \rightarrow \max$

● Nebenbedingungen (Maschinen): Wie in Aufgabe (1).
NB1: $300x_1 + 150x_2 \leq 2400$
NB2: $100x_1 + 300x_2 \leq 2400$
NB3: $250x_1 + 250x_2 \leq 2250$

● Nebenbedingungen (Produkte):
Die Nebenbedingungen aus Aufgabe (1) bleiben erhalten.
NB4: $x_1 \geq 2$
NB5: $0 \leq x_1 \leq 16$
NB6: $x_2 \geq 4$
NB7: $0 \leq x_2 \leq 20$

(b)

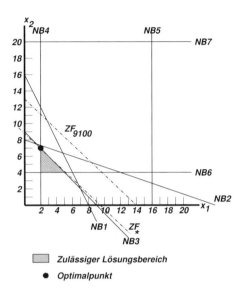

Zulässiger Lösungsbereich

● Optimalpunkt

(c) Kapazitätsauslastungsoptimales Produktionsprogramm:

$$x_1^{opt} = 2$$
$$x_2^{opt} = 7$$

Zielfunktionswert:

$$650 \cdot 2 + 700 \cdot 7 = 6200$$

Die Nebenbedingungen NB1, NB2, NB5 und NB7 sind redundant, da sie keinen Beitrag zur Gestaltung des zulässigen Lösungsbereiches leisten.

(d) Die $NB3$ ist durch die $NB3^*$ zu ersetzen.

$$NB3^*: 250x_1 + 250x_2 \leq 4000$$

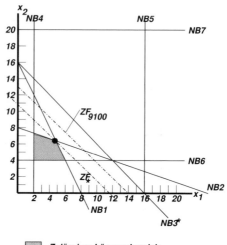

Zulässiger Lösungsbereich

● Optimalpunkt

Kapazitätsauslastungsoptimales Produktionsprogramm:

$x_1^{opt} = 4,8$ $x_2^{opt} = 6,4$

Zielfunktionswert: $650 \cdot 4,8 + 700 \cdot 6,4 = 7600$

Die Nebenbedingungen $NB3^*$, NB5 und NB7 sind redundant, da sie keinen Beitrag zur Gestaltung des zulässigen Lösungsbereiches leisten.

Aufgabe 3

Auf zwei Maschinen werden zwei Produkte hergestellt. Gegeben sind folgende Daten:

- Produktionskoeffizienten (ZE/ME):

  P1: 4 ZE auf M1 und 4 ZE auf M2

  P2: 2 ZE auf M1 und 6 ZE auf M2

- Maschinenkapazitäten: M1: 200 ZE und M2: 360 ZE

- Absatzobergrenzen: P1: 40 ME und P2: 45 ME

- Absatzuntergrenzen: P1: 20 ME und P2: 10 ME

1. Stellen Sie das Problem mathematisch als lineares Optimierungsproblem für das Ziel "Maximale Kapazitätsauslastung des Maschinenparks" dar.

2. Stellen Sie den Sachverhalt graphisch dar.

3. Ermitteln Sie graphisch das auslastungsoptimale Produktionsprogramm.

4. Geben Sie den Zielfunktionswert an.

5. Geben Sie die Auslastung der beiden Maschinen in Prozent an. Geben Sie die Engpassmaschine an.

Lösung zu Aufgabe 3

1. ZF: $8x_1 + 8x_2 \rightarrow \max$

    NB 1: $4x_1 + 2x_2 \leq 200$
    NB 2: $4x_1 + 6x_2 \leq 360$

    NB 3: $4x_1 \leq 40$
    NB 4: $x_1 \geq 20$
    NB 5: $0 \leq x_2 \leq 45$
    NB 6: $x_2 \geq 10$

2. Siehe Diagramm.

3. Siehe Diagramm.

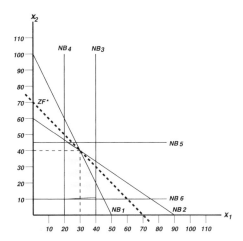

4. $x_1^{opt} = 30 \qquad x_2^{opt} = 40$

    ZF-Wert: $30 \cdot 8 + 40 \cdot 8 = 560$

5. M1: $4 \cdot x_1 + 2 \cdot x_2 = 4 \cdot 30 + 2 \cdot 40 = 200$ (100 % Auslastung)

    M2: $4 \cdot x_1 + 6 \cdot x_2 = 4 \cdot 30 + 6 \cdot 40 = 360$ (100 % Auslastung)

    Beide Maschinen sind Engpass.

2.6.3   Ablaufplanung

Die Ablaufplanung entscheidet über die Produktionsfaktoren *Sachpotenziale* im Sinne von Maschinenzeit und operative menschliche Arbeit, gemessen z.B. in Arbeitsstunden. Ein einfaches Beispiel verdeutlicht die Problematik. Es mögen zwei Aufträge vorliegen, die nacheinander zuerst auf einer Maschine M1, danach auf einer Maschine M2 bearbeitet werden sollen. Der Auftrag A1 benötige auf M1 4 Stunden und auf M2 3 Stunden, der Auftrag A2 auf M1 3 Stunden und auf M2 4 Stunden. Damit liegt ein Kapazitätsbedarf von je 7 Stunden vor, was auf den ersten Blick suggeriert, dass beide Aufträge innerhalb einer achtstündigen Schicht erledigt werden können. Ein Ablaufplan, z.B. in Form eines Gantt-Diagrammes zeigt aber, dass sich ein Zeitbedarf von 11 Stunden für die Auftragsbearbeitung bei einer Reihenfolge A1 - A2 ergibt:

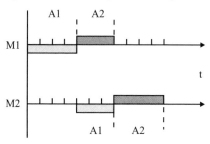

Abbildung 2.24: Maschinenbelegung bei der Reihenfolge A1 - A2

Und besonders interessant ist, dass eine Vertauschung der Reihenfolge der Aufträge zu einer Verkürzung der Gesamtbearbeitungszeit, auch Zykluszeit genannt, von einer Stunde führt:

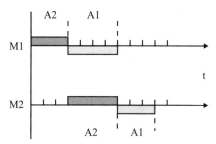

Abbildung 2.25: Maschinenbelegung bei der Reihenfolge A2 - A1

Damit wird ersichtlich, dass auf einzusetzende Mengen an Produktionsfaktoren außerhalb des Materialbereiches, also Maschinenzeit, Transportzeit, Zeit operativer Arbeit usw. über die Abläufe Einfluss genommen werden kann. Damit wird die Ablaufplanung zu einem wichtigen Erfolgsfaktor, da sie zwar nicht auf die Erlöse, aber wesentlich auf die Kosten einwirkt.

2.6.3.1 Maschinenbelegung

An dieser Stelle soll nur der einfachste Fall, das „Zwei-Maschinen-Problem", näher betrachtet werden. Verallgemeinerungen dieser Aufgabenstellung auf mehr Maschinen sind möglich, der Einsatz exakter Lösungsverfahren aber aufgrund der explosionsartig wachsenden Komplexität zweifelhaft[87].

Problembeschreibung:

Gegeben seien n Aufträge, jeder Auftrag werde zuerst auf einer Maschine 1 und danach auf einer Maschine 2 bearbeitet.

Zu ermitteln ist eine Reihenfolge der Aufträge, die auf beiden Maschinen anzuwenden ist und bei der die Zykluszeit (Durchlaufzeit des gesamten Auftragskomplexes) minimal wird. Dabei bezeichnet die Zykluszeit die Zeit vom Start des ersten Auftrages auf der ersten Maschine/Anlage bis zur Fertigstellung des letzten Auftrages des Auftragskomplexes auf der letzten - hier auf der zweiten - Maschine/Anlage.

Beispiel:

Auftrags-Nr.	Bearb.zeit Maschine 1	Bearb.zeit Maschine 2
1	8	4
2	3	5
3	2	6
4	1	3
5	3	2
6	5	2

Die Lösungsidee lässt sich kurz charakterisieren:

Die Zykluszeit ist abschätzbar. Die Summe aller Bearbeitungszeiten der zweiten Maschine beträgt im Beispiel 22 Zeiteinheiten. Bis zum Einsatz der Maschine 2 vergeht noch so viel Zeit, wie der in der Reihenfolge erste Auftrag auf der Maschine 1 benötigt. Damit wird es sinnvoll, mit einem Auftrag zu beginnen, der auf der ersten Maschine nur eine kurze Bearbeitungszeit aufweist, im Beispiel also der Auftrag 4. Somit ergibt sich für die Zykluszeit eine untere Schranke von 23 Zeiteinheiten.

Andererseits ist die Summe der Bearbeitungszeiten auf der ersten Maschine gleich 22 Zeiteinheiten. Wenn der letzte Auftrag in der Folge fertig ist - also nach 22 Zeiteinheiten - muss dieser noch auf der zweiten Maschine bearbeitet werden. Es ist also sinnvoll, zuletzt einen Auftrag mit einer kurzen Bearbeitungszeit auf Maschine 2 einzuordnen, im Beispiel also Auftrag 5 oder 6. Hier ergibt sich nun als untere Schranke für die Zykluszeit ein Wert von 22 Zeiteinheiten.

Aus diesem Vorgehen lässt sich ein Algorithmus ableiten.

Lösungsalgorithmus „Johnson-Algorithmus":

(1) Suche die kürzeste Bearbeitungszeit eines Auftrages auf irgendeiner Maschine
 → Auftrag i, Maschine j
(2) Falls j=1: Auftrag i so weit vorn wie möglich einordnen;
 Falls j=2: Auftrag i so weit hinten wie möglich einordnen;
(3) Auftrag i aus der Auftragsliste streichen
(4) Falls alle Aufträge eingeordnet: ENDE, sonst weiter bei (1)

---

[87] Weitere Ausführungen dazu erfolgen im Kapitel 4.

Im Beispiel ergibt sich folgende Reihenfolge:

       Auftrag4 - Auftrag3 - Auftrag2 - Auftrag1 - Auftrag5 - Auftrag6

Im Falle mehrerer gleicher kürzester Bearbeitungszeiten lässt der Algorithmus offen, welche zu wählen ist. In der Tat hat die Auswahl auch keinen Einfluss auf die Güte der Lösung, d.h. auf die Zykluszeit, wohl aber auf die Reihenfolge und damit möglicherweise auch auf die Durchlaufzeit der einzelnen Aufträge. Letztere ist aber für das gegebene Problem kein Kriterium.

Satz :

       Für zwei Maschinen führt der Algorithmus von Johnson stets zu einer Lösung mit minimaler Zykluszeit.

Gantt-Diagramm :

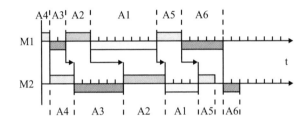

Abbildung 2.26: Das Gantt-Diagramm

Aus dem Gantt-Diagramm sind weiter folgende für die Planung interessante Zeiten ablesbar:

Stillstandszeiten :

       Zeiten, in denen eine Maschine keine Aufträge hat.

Wartezeiten/Liegezeiten :

       Zeiten, die ein Auftrag an einer Maschine auf die Bearbeitung warten muss.

Es ist leicht nachprüfbar, dass bei der Minimierung der Zykluszeit zugleich die Stillstandszeiten der Maschinen minimiert bzw. deren Auslastung maximiert wird. Sollen jedoch die Durchlaufzeiten der einzelnen Aufträge, also die Zeit zwischen Beginn der Bearbeitung eines Auftrages auf Maschine 1 bis zum Ende der Bearbeitung des gleichen Auftrages auf Maschine 2, minimiert werden, kann das insbesondere auf Kosten wachsender Stillstandszeiten und damit einer geringeren Auslastung der Maschinen erreicht werden.

Gantt-Diagramm:

Dieses konträre Verhalten der beiden Ziele *Auftragsdurchlaufzeit* und *Kapazitätsauslastung*, die negative Beeinflussung der Reihenfolgen hinsichtlich des einen Zieles durch intensives Verfolgen des anderen Zieles, heißt *Dilemma der Ablaufplanung*.

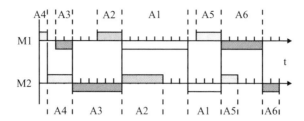

Abbildung 2.27: Das Gantt-Diagramm

Für mehr als zwei Maschinen gibt es heuristische Algorithmen, die auf der gleichen Idee aufbauen, die aber nicht zur optimalen Lösung führen müssen.

2.6.3.2 Reihenfolgeplanung

Im Weiteren werde nur eine Maschine/ein Maschinensystem betrachtet.

Es möge eine Reihe von Aufträgen vorliegen, die alle mit einem Termin versehen sind. Wesentliche Kosten sollen durch Überschreitung dieser Termine entstehen. Damit ist ein möglicher Erfolgsbeitrag durch eine Reihenfolge der Aufträge zu erreichen, bei der möglichst viele Aufträge termingerecht fertiggestellt werden können. Wenn aber einmal ein Termin überschritten ist, so soll die Größe der Zeitüberschreitung keinen wesentlichen Kosteneinfluss mehr ausüben.

Gegeben seien also n Aufträge mit Terminen t_i und Bearbeitungsdauern d_i, $i = 1,...,n$. Gesucht ist eine Bearbeitungsreihenfolge der Aufträge, bei der möglichst wenige ihren Termin nicht einhalten.

Algorithmus:
(0) Aktuelle Stelle: 0
(1) Wähle den Auftrag mit dem frühesten Termin.
(2) Setze diesen an die nächste Stelle und berechne den Fertigstellungstermin.
(3) Falls: Fertigstellungstermin ≤ Plan-Termin,
     dann streiche den Auftrag und gehe zu (1).
(4) Suche in der bisherigen Folge der Aufträge den mit der längsten
     Bearbeitungszeit und setze ihn an das Ende der Reihenfolge.
     Ordne alle danach eingeordneten Aufträge, außer denen, die bereits am Ende
     eingeordnet wurden, wieder den noch nicht eingeordneten zu und beginne an
     dieser Stelle wieder mit Schritt (1).

Dieser Algorithmus liefert eine Reihenfolge der Aufträge, bei der die größtmögliche Anzahl von Aufträgen pünktlich fertiggestellt wird. Dies ist offensichtlich, werden doch grundsätzlich die Aufträge mit den längsten Bearbeitungsdauern als die verspätet zu fertigenden festgelegt und damit für die verbleibenden größtmögliche Zeiträume zur pünktlichen Bearbeitung bereitgestellt.
Auf die Summe der Verspätungsdauern wird dabei kein Einfluss genommen.

Eine weitere Möglichkeit, Einfluss auf Zeiten und damit auf die Kosten zu nehmen, besteht in der Reihenfolgeplanung nach minimalen *Umrüstzeiten*. Dies ist vor allem dann interessant, wenn die Umrüstzeiten einer Maschine von Auftrag zu Auftrag stark variieren und sehr groß sind. Hier sei z.B. auf die Behälterfertigung für Sprayprodukte verwiesen, bei der das vollständige Umrüsten einer komplexen Anlage eine Zeit benötigt, in der ca. 300.000 Behälter gefertigt werden könnten.

Dieser Sachverhalt sei allgemein wie folgt beschrieben.

Gegeben seien n Aufträge i, $i = 1,2,...,n$, mit Zeiten t_{ij}, die angeben, welcher Zeitraum für die Umrüstung der Maschine erforderlich ist, wenn nach dem Auftrag i der Auftrag j bearbeitet wird, $i,j = 1,...,n$, $j \neq i$.

Gesucht ist eine Bearbeitungsreihenfolge der Aufträge, bei der wiederum die Gesamtdurchlaufzeit möglichst klein ist. Da aber die Bearbeitungszeiten durch die Reihenfolge nicht beeinflusst werden, muss also die Summe der Umrüstzeiten möglichst klein werden. Dabei kann unterschieden werden, ob nach dem letzten Auftrag wieder auf den ersten Auftrag umzurüsten ist (regelmäßige Produktionszyklen) oder nicht (einmalige Auftragsfolge).

Beispiel: n=6, Tabelle der Umrüstzeiten

	1	2	3	4	5	6
1	-	5	4	8	3	7
2	2	-	3	5	4	9
3	3	3	-	7	8	3
4	4	3	4	-	7	7
5	3	5	3	4	-	8
6	6	4	3	8	5	-

Zur Lösung solcher Probleme gibt es die Enumerationsverfahren, die letztlich alle möglichen Reihenfolgen untersuchen bzw. gezielt Gruppen von Reihenfolgen, die nicht optimal sein können, aus der Betrachtung ausschließen. In praktischen Anwendungen sind diese aber hilflos, da die erforderliche Rechenzeit jeden Planzeitraum sprengt. Der Ausweg wird deshalb in Heuristiken gesucht, die mehr oder weniger erfolgreich nach „guten Näherungslösungen" suchen. Hier sei eine der einfachsten - und damit auch nicht übermäßig wirkungsvolle - kurz dargestellt.

Algorithmus (Heuristik: bester Nachfolger):
(1)   Starte mit irgendeinem Auftrag i.
(2)   Wähle in der Umrüstzeitmatrix in der Zeile i das Feld j mit minimalem Wert (Auftrag j wird nach Auftrag i bearbeitet).
(3)   Streiche die Zeile i und die Spalte i aus der Matrix.
(4)   Falls alle Zeilen gestrichen sind → (6).
(5)   i:=j, → (2).
(6)   Lösung: Bilde einen „Kreis" aus erstem, zweitem,..., n-tem und wieder erstem Auftrag. Falls das Rückrüsten auf ersten Auftrag erforderlich ist: ENDE.
       Falls kein Rückrüsten erforderlich ist: Aufspaltung des Kreises an der größten Umrüstzeit.

obiges Beispiel :

        Start: Auftrag 1 → bester Nachfolger: 5
        Auftrag 1 streichen
        Auftrag 5 → bester Nachfolger: 3

Auftrag 5 streichen
Auftrag 3 → bester Nachfolger: 6
Auftrag 3 streichen
Auftrag 6 → bester Nachfolger: 2
Auftrag 6 streichen
Auftrag 2 → bester Nachfolger: 4
Auftrag 2 streichen
Auftrag 4 → kein Nachfolger mehr
Damit ist der Kreis zu schließen → Auftrag 1.

Damit ist die Reihenfolge: $1 \to^3 5 \to^3 3 \to^3 6 \to^4 2 \to^5 4 \to^4 1$

Lösung (bei Rückrüsten):
$1 \to 5 \to 3 \to 6 \to 2 \to 4 \to 1$
Hier ist nun der Start mit einem beliebigen Auftrag möglich. Die Gesamt-Umrüstzeit beträgt 22 Zeiteinheiten.

Lösung (ohne Rückrüsten):
Die größte Umrüstzeit im Kreis ist 5. An dieser Stelle ist der Kreis aufzuspalten:
$4 \to 1 \to 5 \to 3 \to 6 \to 2$
Die Gesamt-Umrüstzeit beträgt 17 Zeiteinheiten.

Zu diesem Algorithmus sind zwei *Bemerkungen* erforderlich.

- Der Algorithmus liefert nur eine näherungsweise optimale Lösung, wobei über die Güte keine Aussage möglich ist. Eine Verbesserung ist bereits dadurch möglich, dass der beschriebene Algorithmus mit jedem Auftrag als Start-Auftrag einmal durchgerechnet und von allen n Lösungen die beste ausgewählt wird.

- Es gibt weitere, auch einfache Verfahren, die in Lehrbüchern des „Operations Research" beschrieben werden.

2.6.3.3 Übungsaufgaben

Aufgabe 1

Gegeben seien die Umrüstzeiten einer Maschine für den Fall, daß auf den Auftrag i der Auftrag j folgt.

$\to j$ $\downarrow i$	1	2	3	4	5
1	–	23	66	4	23
2	54	–	3	58	31
3	37	24	–	10	72
4	46	52	15	–	89
5	93	96	66	7	–

1. Ermitteln Sie für das angegebene Beispiel die umrüstzeit-optimale Auftragsfolge unter Verwendung einer Heuristik.

2. Geben Sie die zugehörige Umrüstzeit an. Ist diese optimal?

Lösung zu Aufgabe 1

1. • Lösung mit Heuristik:

    – Ohne Backtracking:

      Heuristik 1: Länge: 167   Rundreise: 1-4-3-2-5-1

      Heuristik 2: Länge: 151   Rundreise: 1-2-3-5-4-1

    – Mit Backtracking:

      Heuristik 1: Länge: 167   Rundreise: 1-4-3-2-5-1

      Heuristik 2: Länge: 151   Rundreise: 1-2-3-5-4-1

  • Lösung mit vollständiger Enumeration:

    – Konstanter Anfangsort:

      Beste Lösung: Länge = 113   6. Permutation: 1-2-5-4-3-1

    – Variabler Anfangsort:

      Beste Lösung: Länge = 113

      6. Permutation: 1-2-5-4-3-1

      48. Permutation: 2-5-4-3-1-2

      50. Permutation: 3-1-2-5-4-3

      85. Permutation: 4-3-1-2-5-4

      119. Permutation: 5-4-3-1-2-5

2. Die Umrüstzeit beträgt 167 ZE. Da es sich bei dem angewendeten Verfahren um eine Heuristik handelt, kann über die Optimalität des Ergebnisses keine Aussage gemacht werden.

Aufgabe 2

Gegeben seien die Umrüstzeiten einer Maschine für den Fall, daß auf den Auftrag i der Auftrag j folgt.

$\rightarrow j$ $\downarrow i$	1	2	3	4	5	6	7
1	–	98	25	35	22	63	86
2	49	–	64	69	49	38	14
3	24	39	–	47	22	14	63
4	96	31	88	–	16	50	39
5	5	93	42	6	–	90	69
6	53	36	46	22	19	–	27
7	53	86	51	96	23	66	–

1. Ermitteln Sie für das angegebene Beispiel eine näherungsweise umrüstzeit-optimale Auftragsfolge unter Verwendung des Verfahrens des besten Nachfolgers.

2. Geben Sie die zugehörige Umrüstzeit für den Fall an, daß auf den ersten Auftrag zurückgerüstet werden muss.

3. Geben Sie die zugehörige Umrüstzeit für den Fall an, daß nicht auf den ersten Auftrag zurückgerüstet werden muss. Wie sieht dann die Auftragsfolge aus?

Lösung zu Aufgabe 2

1. • Lösung mit Heuristik:
   – Ohne Backtracking:
   Heuristik 1: Länge: 191   Rundreise: 1-5-4-2-7-3-6-1
   Heuristik 2: Länge: 162   Rundreise: 1-3-6-5-4-2-7-1
   – Mit Backtracking:
   Heuristik 1: Länge: 191   Rundreise: 1-5-4-2-7-3-6-1
   Heuristik 2: Länge: 162   Rundreise: 1-3-6-5-4-2-7-1

   • Lösung mit vollständiger Enumeration:
   – Konstanter Anfangsort:
   Beste Lösung: Länge = 134   200. Permutation: 1-3-6-4-2-7-5-1
   – Variabler Anfangsort:
   Beste Lösung: Länge = 134
   200. Permutation: 1-3-6-4-2-7-5-1
   1394. Permutation: 2-7-5-1-3-6-4-2
   1980. Permutation: 3-6-4-2-7-5-1-3
   2389. Permutation: 4-2-7-5-1-3-6-4
   2919. Permutation: 5-1-3-6-4-2-7-5
   4007. Permutation: 6-4-2-7-5-1-3-6
   4812. Permutation: 7-5-1-3-6-4-2-7

2. Die Umrüstzeit beträgt 191 ZE.

3. Die Umrüstzeit beträgt dann 138 ZE.

   Die zugehörige Auftragsfolge lautet: 1-5-4-2-7-3-6

Aufgabe 3

Neun Aufträge sollen auf zwei Arbeitsplätzen bearbeitet werden. Dabei soll gelten, daß jeder Auftrag zuerst auf Arbeitsplatz 1 und dann auf Arbeitsplatz 2 bearbeitet wird. Die folgende Matrix T enthält die Bearbeitungsdauern der einzelnen Aufträge auf den Arbeitsplätzen. Die erste Zeile der Matrix sei dem Arbeitsplatz 1 und die zweite Zeile dem Arbeitsplatz 2 zugeordnet. Analog entsprechen die Spalten den Aufträgen.

$$T = \begin{pmatrix} 24 & 9 & 20 & 21 & 8 & 1 & 16 & 14 & 2 \\ 2 & 18 & 18 & 4 & 15 & 25 & 15 & 20 & 19 \end{pmatrix}$$

1. Geben Sie an, in welcher Reihenfolge die Aufträge zu bearbeiten sind, damit die Zykluszeit (Gesamtprozessdauer) minimal wird. Geben Sie die zugehörige Zykluszeit an.

2. Welche Liegezeiten für die einzelnen Aufträge ergeben sich bei optimaler Auftragsfolge?

3. Welche Stillstandszeiten für die einzelnen Maschinen muss man bei optimaler Auftragsfolge in Kauf nehmen?

Lösung zu Aufgabe 3

1.

$$\mathbf{T} = \begin{pmatrix} 24 & 9 & 20 & 21 & 8 & 1 & 16 & 14 & 2 \\ 2 & 18 & 18 & 4 & 15 & 25 & 15 & 20 & 19 \end{pmatrix}$$

Die zykluszeitoptimale Bearbeitungsreihenfolge lautet:
A6 - A9 - A5 - A2 - A8 - A3 - A7 - A4 - A1.

$$\mathbf{T} = \begin{pmatrix} 1 & 2 & 8 & 9 & 14 & 20 & 16 & 21 & 24 \\ 25 & 19 & 15 & 18 & 20 & 18 & 15 & 4 & 2 \end{pmatrix}$$

$$\mathbf{D} = \begin{pmatrix} 1 & 3 & 11 & 20 & 34 & 54 & 70 & 91 & 115 \\ 26 & 45 & 60 & 78 & 98 & 116 & 131 & 135 & 137 \end{pmatrix}$$

Die Zykluszeit der optimalen Bearbeitungsreihenfolge beträgt 137 Zeiteinheiten.

2.

A1: 20 ZE   A2: 40 ZE   A3: 44 ZE   A4: 40 ZE   A5: 34 ZE
A6: 0 ZE   A7: 46 ZE   A8: 44 ZE   A9: 23 ZE

3. Maschine 1: 0 ZE
   Maschine 2: 0 ZE

Aufgabe 4

In einer Werkstatt stehen die in der folgenden Tabelle angegebenen Aufträge zur Bearbeitung an. Alle Aufträge sind zum gleichen Zeitpunkt 0 für die Produktion auf der Maschine freigegeben worden. Jeder Auftrag wird unmittelbar nach seiner Bearbeitung an die nächste Produktionsstufe weitergegeben.

Auftrag	Bearbeitungszeit	Liefertermin
a	12	15
b	6	24
c	14	20
d	3	8
e	7	6

1. Bestimmen Sie eine Auftragsfolge mit minimaler Anzahl verspäteter Aufträge.

2. Bestimmen Sie die Bearbeitungsreihenfolgen der Aufträge an der Maschine nach den Prioritätsregeln „Kürzeste-Operationszeit-Regel" und „Liefertermin-Regel". Berechnen sie die mittlere Durchlaufzeit und die mittlere Verspätungszeit eines Auftrages für beide Prioritätsregeln.

3. Bestimmen Sie die Zykluszeit des Auftragsbestandes. Warum ist die Zykluszeit bei reihenfolgeunabhängigen Bearbeitungszeiten für beide Prioritätsregeln identisch?

Lösung zu Aufgabe 4

1.

Platz	1	2	3	4	5
Auftrag	d	a	b	e	c
FT_i	3	15	21	28	42
WT_i	8	15	24	6	20
Verspätung	0	0	0	22	22

Algorithmus:
(0) Aktuelle Stelle: 0
(1) Wähle Auftrag mit frühestem Termin.
(2) Setze diesen an die nächste Stelle und berechne den Fertigstellungstermin.
(3) Falls: Fertigstellungstermin ≤ Plan-Termin, dann streiche den Auftrag und gehe zu (1)
(4) Suche in der bisherigen Folge der Aufträge den mit der längsten Bearbeitungszeit und setze ihn an das Ende der Reihenfolge.
Ordne alle danach eingeordneten Aufträge, außer denen, die bereits am Ende eingeordnet wurden, wieder den noch nicht eingeordneten zu und beginne an dieser Stelle mit (1)

2. *KOZ-Regel:*

- Sortierung der Aufträge nach Operationszeit
- kleinste Bearbeitungszeit nach vorn
- Ziel: Minimierung der mittleren Wartezeit

Liefertermin-Regel:

- Sortierung der Aufträge nach Liefertermin
- frühe Liefertermine nach vorn
- Ziel: mittlere Verspätungszeit minimieren

Mittlere Durchlaufzeit

$$\frac{1}{p}\sum_{i=1}^{p}(FT_i - VT_i)$$

Mittlere Verspätung

$$\frac{1}{p}\sum_{i=1}^{p}(\max(0;\ FT_i - WT_i))$$

p -   Anzahl Aufträge
FT_i -   tatsächlicher Fertigstellungstermin des Auftrages i
VT_i -   Verfügbarkeitstermin des Auftrages i am Arbeitssystem
WT_i -   Wunschtermin (Liefertermin)

Berechnung mittels KOZ-Regel: $(DLZ = FT_i - VT_i)$

Auftrag	Bearbeitungs-zeit	Start	Ende	Verspätung $\max(0;\ FT_i - WT_i)$
d	3	0	3	0
b	6	3	9	0
e	7	9	16	10
a	12	16	28	13
c	14	28	**42**	22
			98	45

Mittlere DLZ: $\frac{98}{5} = \underline{\underline{19{,}6}}$

Mittlere Verspätung: $\frac{45}{5} = \underline{\underline{9}}$

Berechnung mittels Liefertermin-Regel: $(DLZ = FT_i - VT_i)$

Auftrag	Bearbeitungs-zeit	Start	Ende	Verspätung $\max(0;\ FT_i - WT_i)$
e	7	0	7	1
d	3	7	10	2
a	12	10	22	7
c	14	22	36	16
b	6	36	**42**	18
			117	44

Mittlere DLZ: $\frac{117}{5} = \underline{\underline{23{,}4}}$

Mittlere Verspätung: $\frac{44}{5} = \underline{\underline{8{,}8}}$

3. Zykluszeit bei KOZ/Liefertermin-Regel: 42 ZE.

   Bei reihenfolgeunabhängigen Bearbeitungszeiten ist die Zykluszeit identisch, weil die unabhängige Bearbeitung der Aufträge ein unmittelbares Aneinanderreihen (ohne Wartezeit) erlaubt.

2.7   Grundbegriffe der industriellen Produktion

Nachdem theoretische Grundlagen und einige spezielle Aufgabenstellungen der Produktion behandelt wurden, ist es sinnvoll, auch Begriffe aus der industriellen Produktion zusammen zu tragen, wie sie auch in der Praxis Anwendung finden[88].

---

[88]   Vgl. dazu im gesamten Abschnitt auch [Ada97].

2.7.1 Hauptfunktionen des Unternehmens

Die Hauptfunktionen entsprechend dem Leistungsprozess sind: Beschaffung, Produktion und Absatz. Zur Beschaffung im weitesten Sinne gehört das Verfügbarmachen aller erforderlichen Produktionsfaktoren, also der Sachanlagen, des Personals, des Materials, von Know How usw. Im Unternehmen wird aufgrund der Unterschiedlichkeit dieser Faktoren, ihrer Lebensdauer und der besonderen Rolle des Menschen die Beschaffung in Bereiche, wie Personalwesen, Investition oder die Materialbeschaffung bzw. Einkauf, aufgeteilt. Produktion ist der Transformationsprozess von niederwertigem Input zu höherwertigerem Output. Dabei geht es um Entscheidungen zum Produktionsprogramm, zum Produktionsablauf, zur Lagerhaltung, zum Personaleinsatz, zur Qualitätssicherung, zur Instandhaltung, zum Transport usw. Der Absatz hat durch Vorgaben dafür zu sorgen, dass das Ergebnis der Transformation am Markt realisiert werden kann. Aus Marktanalysen oder direkt aus Kundenaufträgen wird das Marktvolumen ermittelt, das als Ausgangspunkt der Produktionsprogrammplanung dient. Hier sind Fragen zur Absatzplanung, zur Absatzüberwachung, zur Absatzpolitik, zu den Distributionswegen usw. zu klären.

Der betriebliche Leistungsprozess ist also auch dadurch gekennzeichnet, dass ständig Entscheidungen über den Einsatz von Produktionsfaktoren (Mengen, Ort, Reihenfolge,...) zu treffen sind. Effizientes Verhalten bedeutet dabei, dass diese gerade in der notwendigen Menge vorliegen, d.h. nicht bei allen denkbaren Entscheidungen tatsächlich ausreichen. Folglich ist es natürlich, mit Knappheiten an solchen Faktoren umzugehen. Das Entscheiden über knappe Güter wird *Wirtschaften* genannt. Gibt es keine knappen Güter, sind Wirtschaftlichkeitskriterien verletzt.

Entscheiden bedeutet dabei, dass eine Situation vorliegt, die einer Handlung im weitesten Sinne bedarf. Für die Handlung gibt es mehrere Alternativen. Der Entscheidungsträger wählt bewusst nach einem (u.U. individuellen) Nutzenskriterium eine Alternative aus. Hauptziel eines Unternehmens und damit der Nutzen besteht im langfristigen Überleben des Unternehmens, also im dauerhaften erfolgreichen Agieren am Markt. Dieses allgemeine und in konkreten Situationen wenig anwendungsfreundliche Ziel wird deshalb untersetzt durch Teilziele, deren Verfolgung sich in der Regel auch auf das Hauptziel förderlich auswirken sollte. Diese Ziele sind z.B. Leistungsziele, wie ein maximales Absatz- oder Produktionsprogramm oder das Erreichen einer maximalen Rentabilität, Erfolgsziele, wie möglichst große Gewinne, Dividenden oder möglichst geringe Kosten, und Finanzziele, wie Zahlungsfähigkeit, finanzielle Strukturen usw.

Ohne an dieser Stelle näher darauf einzugehen, soll nicht vergessen werden, dass jede betriebliche Entscheidung neben dem Ausmaß der engeren Zielerreichung mit weiteren Entscheidungswirkungen verknüpft ist. Dazu gehören soziale Wirkungen, wie Arbeitsplatzsicherheit oder Arbeitszufriedenheit, ökologische Wirkungen, wie Rohstoffschonung oder Erhalt von Lebensräumen, und politische/soziokulturelle Wirkungen, wie Einhaltung von Bestimmungen und Gesetzen, Lobbying, Subkulturen als Kunden oder Wertewandel.

Nach der Bedeutung für das Unternehmen, nach der Fristigkeit der Realisierung und der Erfolgswirkung, nach den Korrekturmöglichkeiten werden verschiedene Ebenen des betrieblichen Entscheidungsprozesses erkannt. Bei strategischen Entscheidungen handelt es sich um für das Unternehmen grundlegende längerfristige Entscheidungen, wie Ziele

und Märkte festlegen, eine Unternehmensphilosophie erarbeiten, sich auf Standorte festlegen usw. Fehlerhafte Entscheidungen führen hier häufig zur existenziellen Bedrohung
des Unternehmens. Taktische Entscheidungen sind eher mittelfristige Entscheidungen,
die die Umsetzung der strategischen Zielsetzung verfolgen, wie das Festlegen der Lei-
stungsfelder, der Potenziale, der Organisation usw. Korrekturen sind meist möglich,
einzelne Fehler sind verkraftbar. Operative Entscheidungen befassen sich mit dem kurzfristigen Umsetzen aufgestellter Pläne, wie Produktionsplan, Ablaufplan usw., mit der
Ausschöpfung der vorhandenen Potenziale zu einem konkreten Zeitpunkt, mit Material-
und Personaleinsatz, mit Reaktionen auf Störungen usw. Hier ist davon auszugehen,
dass streng genommen keine optimalen Entscheidungen getroffen werden (können), da
sie oft in der erforderlichen Kürze der Zeit nicht ermittelbar sind.

2.7.2   Merkmale industrieller Produktion

Gutenberg versteht unter Produktion die geeignete Kombination der Elementarfaktoren
Arbeit, Material und Maschinen durch die derivativen Faktoren Planung und Organisation zum Zwecke der Leistungserstellung[89]. Industrielle Produktion ist eigentlich gekennzeichnet durch Arbeitsteilung und Mechanisierung bzw. Automation und unterscheidet
sich damit vom Handwerk. Formal werden aber vom Gesetzgeber Handwerksbetriebe
und Industriebetriebe einfach dadurch unterschieden, dass der eine in der Handwerks-
rolle eingeschrieben ist, der andere zur IHK gehört.

Dabei bedeutet Arbeitsteilung, dass die zur Produktion eines Erzeugnisses erforderlichen Arbeitsoperationen auf mehrere Arbeitskräfte aufgeteilt werden. Dabei können
zwei Varianten unterschieden werden, einmal die Arbeitsteilung bei fester Zuweisung,
z.B. Taylorismus, und zum anderen die Arbeitsteilung ohne feste Zuweisung, z.B. auto-
nome Gruppenarbeit oder Teamarbeit.

Von Mechanisierung wird gesprochen, wenn die Arbeitsprozesse ausschließlich durch den
Menschen gesteuert und kontrolliert werden, die eigentliche Durch- bzw. Ausführung
obliegt Maschinen.

Schließlich übernimmt bei der Automation die Maschine auch verschiedene Steuerungs-
und Kontrollfunktionen. Wiederum werden zwei Prinzipien unterschieden, einmal die
Einfunktionsautomatik, bei der Maschinen nur eine Bearbeitungsfunktion ausüben
können, und die Mehrfunktionsautomatik, bei der ein Bearbeitungsautomat auf unterschiedliche Werkzeuge zugreifen und damit unterschiedliche Bearbeitungsfunktionen,
wie z.B. Trennen, Drehen, Bohren, Gewindeschneiden, Schleifen usw., ausführen kann.
Entscheidungen für eins dieser Prinzipien werden stark vom künftigen Produktionsvolu-
men bestimmt. Fehlentscheidungen werden deutlich, wenn Einfunktionsautomaten trotz
guter Auftragslage nicht ausgelastet werden können oder Mehrfunktionsautomaten im
Wesentlichen nur eine oder wenige Bearbeitungsfunktionen ausüben.

Die Entscheidungen haben auch Rückwirkungen auf die Anzahl der erforderlichen Fertigungsstufen (Wertsteigerungsstufen), auf die Störanfälligkeit der Produktionsprozesse
und -abläufe, auf die Komplexität der Planungsaufgaben usw.

---

[89]   Vgl. dazu auch Abschnitt 1.2.3.

2.7.3   Planungsaufgaben im Industrieunternehmen

Bezogen auf die Produktion findet man Planungen für kürzere oder längere Zeiträume, letztere oftmals sehr grob und mit aggregierten Daten. Diese Pläne sind aufzusplitten nach Produktionsstandorten (Betriebe, Anlagen, Maschinen) oder auf kürzere Zeiträume (Jahresplan, Quartalsplan, Monatsplan, Wochenplan und Tagesplan). Es sind Reihenfolgen oder Losgrößen festzulegen, Aufträge konkreten Menschen und Maschinen zuzuweisen usw.

2.7.4   Arten von Produktionsprozessen

Oft werden folgende fünf Merkmalsgruppen bzw. Dimensionen zur Unterscheidung realer Produktionsprozesse herangezogen:

- Produkt- und marktbezogene Merkmale,

- Produktionsprozessbezogene Merkmale (Arbeitsteilung/Automation),

- Materialflussbezogene Merkmale,

- Organisationsformen der Produktion und

- Fertigungstypbezogene Merkmale.

2.7.4.1   Produkt- und marktbezogene Merkmale

Nach der Anzahl produzierter Produktarten werden die Einproduktfertigung und die Mehrproduktfertigung unterschieden. Die Einproduktfertigung ist untypisch für die Praxis, aber dafür sehr gut für theoretische Untersuchungen geeignet, auch und insbesondere zum Studium des Phänomens „Produktion".

Nach dem auslösenden Moment für einen konkreten Produktionsprozess kann die Produktion in Auftragsproduktion (Kundenproduktion) und Marktproduktion unterteilt werden. Bei der Auftragsproduktion definiert der Kunde sein Produkt und den Liefertermin selbst, wobei je nach Wiederholungsgrad nach Einzel-, Kleinserien-, Serien- oder Variantenfertigung unterschieden werden kann. Es wird genau das produziert, was der Kunde (vertraglich) festlegt. Als typisch sind hier Investitionsgüter zu nennen. Bei der Marktproduktion erfolgt die Festlegung von Art, Menge und zeitlicher Verteilung der Produktion aufgrund von Erwartungen über den Absatz. Die Produktion eilt damit dem Absatz voraus, der Verkauf erfolgt in der Regel vom Fertigproduktelager. Diese Art von Produktion ist typisch für Konsumgüter und insbesondere auch Nahrungsmittel.

Bei saisonalen Absatzschwankungen, sowohl in der Kunden- als auch in der Marktproduktion, kann auf verschiedene Weise reagiert werden. Prinzipiell stehen die Methoden der früher genannten Anpassungen zur Verfügung, um den Produktionsausstoß den Marktanforderungen anzupassen (Synchronisation). Es besteht aber auch die Möglichkeit, durch zeitliches Vorziehen der Produktion gegenüber dem erwarteten Absatz und einer Vorratshaltung auf Lager den Schwankungen zu begegnen (Emanzipation). Bei letzterem ist auf das Risiko einerseits und die Kapitalbindung in den Fertigprodukten andererseits hinzuweisen.

2.7.4.2 Produktionsprozessbezogene Merkmale

Produktionsprozesse werden unterschieden nach dem Grad der Entlastung des Menschen durch Maschinen. Hier sind zu finden:

- die rein manuelle, handwerkliche Produktion,

- die mechanische oder mechanisierte Produktion,

- die automatische oder teilautomatisierte Fertigung und

- die vollautomatische Produktion (CNC-Maschinen, DNC-Maschinen).

Weiterhin wird die Anzahl der Fertigungsstufen (Fertigungstiefe) als Unterscheidungsmerkmal herangezogen. Diese hängt aber oft auch von der Wahl der einzusetzenden Potenziale ab, z.B. eben Ein- oder Mehrfunktionsautomaten.

2.7.4.3 Matrialflussbezogene Merkmale

Vier Teilaspekte spielen bei der Unterscheidung der Produktionsprozesse nach dem Materialfluss eine Rolle:

- die Beziehung zwischen Materialinput und -output,

- die Kontinuität oder Diskontinuität des Materialflusses,

- die zeitliche Anordnung der Arbeitsgänge eines Auftrages und

- die Art des Materialflusses für die verschiedenen Produkte eines Programms.

Nach der Input-Output-Beziehung werden vier technologisch bedingte Arten der Produktion herausgearbeitet:

- die synthetische Produktion, (zusammenfassende, mehrteilige oder konvergente Produktion),

- die analytische Produktion, (divergierende, divergente oder zerlegende Produktion),

- die durchgängige Produktion, (einteilige, glatte oder stoffneutrale Produktion) und

- die analytisch-synthetische Produktion.

Die genaue Kenntnis des Materialsflusses nach dieser Einteilung sichert z.B. bei der Auswahl von Produktionssteuerungssystemen die Berücksichtigung wesentlicher Leistungsparameter. So ist eben bei konvergenten Prozessen eine terminliche Abstimmung aller Teilschritte erforderlich, bei einer glatten oder divergenten Produktion reicht ein Weiterreichen an den nächsten Arbeitsplatz, um die termingerechte Produktion zu sichern[90].

---

[90]   Vgl. dazu auch Kapitel 4.

Nach der zeitlichen Abstimmung des Materialflusses wird nach kontinuierlicher und diskontinuierlicher Produktion differenziert.

Wird die zeitliche Anordnung der Bearbeitungsvorgänge berücksichtigt, wird von linearer oder vernetzter Produktion gesprochen.

Auch nach der Bearbeitungsfolge (Routine) der verschiedenen Aufträge wird unterschieden. Beim *Identical Routing* durchlaufen alle Aufträge das Unternehmen in gleicher Weise/Reihenfolge, beim *Different Routing* treten dagegen unterschiedliche Abläufe auf.

2.7.4.4 Organisationsformen der Produktion

Für die Anordnung der Maschinen und Anlagen werden grob vier Prinzipien benannt[91]:

- Baustellenfertigung,

- Werkstattfertigung,

- Fließfertigung und

- Gruppenfertigung.

Bei der Baustellenfertigung werden alle erforderlichen Maschinen und Anlagen an den Ort der Produkterstellung gebracht. Bei der Anordnung nach dem Werkstattprinzip (Verrichtungsprinzip) werden gleichartige Maschinen und Anlagen organisatorisch und räumlich zusammen gefasst. Bei der Fließfertigung werden die Maschinen entsprechend dem Produktionsablauf des Erzeugnisses angeordnet. Gerade der Vergleich von Werkstatt- und Fließfertigung macht die unterschiedlichen Vor- und Nachteile beider Prinzipien deutlich, wobei deren Einsatz wesentlich vom Produktionsumfang bestimmt wird. Vorteile der Werkstattfertigung sind die hohe Flexibilität oder die einfache Layout- und Investitionsplanung, die der Fließfertigung die kurzen Transportwege, die geringen Liegezeiten, die einfache Ablaufplanung usw. Die Gruppenfertigung versucht, die Vorteile von Fließ- und Werkstattfertigung mit einander zu vereinigen, indem ähnliche Produkte zu Produktfamilien zusammen gefasst und die für deren Herstellung erforderlichen Maschinen räumlich konzentriert aufgestellt werden.

2.7.4.5 Fertigungstypbezogene Merkmale

Anhand der relativen Produktionsmenge wird die Fertigung eingeteilt in Massenfertigung, Serien- oder Sortenfertigung und Einzelfertigung. Dabei bedeutet Massenfertigung, dass homogene Produkte in großen Mengen zumeist für den anonymen Markt hergestellt werden. Mengen sind dann als groß zu verstehen, wenn ihre Herstellung die Potenziale (Maschinen) über einen sehr großen Zeitraum hinweg auslastet. Bei der Serien- oder Sortenfertigung erfolgt eine gemeinsame Fertigung unterschiedlicher Produkte. Serienwechsel zieht einen technisch notwendigen Umrüstvorgang nach sich (Motorenbau). Bei der Sortenfertigung werden die gleichen Maschinen für unterschiedliche Lose eingesetzt (Backen von Brötchen). Bei der Einzelfertigung wird ein Produkt als

---

[91] Vgl. dazu auch Kapitel 4.

Einzelstück (oder in sehr geringer Stückzahl) als Kundenauftrag produziert. Dies ist typisch für den Investitionsgüterbereich, z.B: Sondermaschinen und -anlagen.

Nach dem Grad der Verwandtschaft kann zwischen Sorten-, Chargen- und Partienfertigung unterschieden werden. Bei der Sortenproduktion entstehen zwar unterschiedliche Erzeugnisse, aber sie sind produktions- und materialverwandt. Chargenproduktion bezieht sich zwar auf das gleiche Produkt, es entsteht aber eine Verschiedenheit der Erzeugnisse, z.b. Unterschiede in der Produktqualität, weil der Produktionsprozess technisch nicht völlig deterministisch beherrscht wird oder weil von Charge zu Charge die Qualität der Einsatzstoffe und die Einsatzmengen variieren. Letzteres trifft häufig dann ein, wenn Naturprodukte als Rohstoff eingesetzt werden, z.b. Holz für Möbel. Bei der Partienfertigung entstehen dagegen Unterschiede in den Erzeugnissen durch beschaffungsbedingte Qualitätsunterschiede der Einsatzmaterialien.

2.7.5 Entscheidungsebenen in der Produktion

Auf die unterschiedlichen Bedeutungen der betrieblichen Entscheidungen wurde bereits kurz verwiesen. Insbesondere sind für den Produktionsbereich erkennbar:

- unterschiedliche zugrunde liegende Planungszeiträume,

- unterschiedliche Realisierungszeiträume der Entscheidungen,

- unterschiedliche Bedeutung der Entscheidungen für das Unternehmen,

- unterschiedlicher Aggregationsgrad der Daten für Entscheidungen und

- unterschiedliche Entscheidungsträger.

Danach kann eine Klassifizierung der Entscheidungen und eine Zuweisung zum strategischen, taktischen bzw. operativen Produktionsmanagement erfolgen.

Die Aufgabe des strategischen Produktionsmanagements ist die Schaffung langfristiger Rahmenbedingungen zur erfolgreichen Unternehmensentwicklung (Hauptprodukte, Haupttechnologien). Dazu gehören insbesondere die Bestimmung der gegenwärtigen Unternehmensposition mit Hilfe von Wettbewerbsanalysen, die Bestimmung der zukünftigen Unternehmensposition durch Leitbilder und Zielkonzeption sowie das Festlegen strategischer Geschäftsbereiche und der Maßnahmen zur Erreichung der gesteckten Ziele.

Die Aufgaben des taktischen Produktionsmanagements werden in der schrittweisen Verwirklichung der strategischen Ziele gesehen. Dazu sind die Unternehmensstrategien inhaltlich für den Produktionsbereich zu konkretisieren. Die Aufgaben münden in den Entwurf eines Produktsystems mit den typischen Fragestellungen nach Innovation, Variation und Elimination, in den Entwurf eines Produktionssystems mit Aussagen zu Umfang und Qualität von Produktiveinheiten (Arbeitskräfte, Betriebsmittel) und zur Produktionsstruktur, wozu die Menge der Produktionsaufgaben, die Menge der Produktiveinheiten, die Beziehungen zwischen Produktiveinheiten (Makrostruktur) und die Zuordnung von Produktionsaufgaben zu den Produktiveinheiten (Mikrostruktur) gehören.

Zu den Aufgaben des operativen Produktionsmanagements werden alle Maßnahmen zur unmittelbaren Ausschöpfung der geschaffenen Leistungspotenziale gerechnet. Es geht also hier um die konkrete Umsetzung, den Vollzug geplanter Prozesse und deren Steuerung (dispositive Planungsebene - Vollzugsplanung). Dazu gehören insbesondere auch die Primär-, Sekundär- und Tertiärbedarfsplanung, die Ermittlung von Bedarfszeitpunkten, Entscheidungen zur Fremdbeschaffung oder Eigenfertigung (Make or Buy), das Festlegen von Fertigungsauftragsgrößen, das (Fein-)Terminieren von Fertigungsaufträgen und Kapazitätsabgleiche.

2.7.6 Gegenwärtige Veränderungstendenzen in der industriellen Produktion

2.7.6.1 Flexibilitätsforderungen als Folge des Marktwandels

Vier eng miteinander verzahnte Entwicklungen bestimmen die Rahmenbedingungen von Entscheidungen im Produktionsprozess:

- die steigende Anzahl von Produkten bzw. Produktvarianten in der Fertigung,

- die Zunahme der Zahl in der Fertigung mengenmäßig und zeitlich zu koordinierenden Rohstoffe und Bauteile,

- der Anstieg des Komplexitätsgrades der Fertigungsabläufe und

- die Schwerpunktverlagerung bei den Zielen von einem hohen Kapazitätsauslastungsgrad hin zu einer heute konkurrenzüberlegenen Qualität, verbunden mit kurzen Lieferzeiten und einer Termintreue.

Veränderte Marktbedingungen - Befriedigung kundenindividueller Wünsche - führen zu einer steigenden Variantenzahl in den Produkten und gleichzeitig sinkenden innerbetrieblichen Auftragsgrößen bei damit einhergehender steigender Umstellungshäufigkeit der Produktion auf andere Erzeugnisse. Dies erfordert eine neue größere Flexibilität in der Fertigung. Für die Entscheidungsprobleme entstehen daraus nachteilige Konsequenzen, die insbesondere auf wachsende zeitliche Abstimmungsprobleme in der Produktion hinaus laufen. Dies führt dazu, dass die Durchlaufzeiten steigen, dass die prozentualen Anteile der Übergangszeiten an den Durchlaufzeiten der Aufträge überproportional zunehmen usw. Die Durchlaufzeit von Aufträgen außerhalb der Fließfertigung besteht heute zu 85 bis 95% aus Übergangszeiten. Außerdem ist eine erhebliche Zunahme der Streuung der Durchlaufzeiten zu beobachten. Dies erschwert die Produktionssteuerung, vor allem die Terminierung, die auf der Basis von Mittelwerten vergangener Durchläufe erfolgt. Es ist mit zunehmenden Abweichungen der Ist- von den Sollzeiten zu rechnen. Dies führt letztlich zu verstärkten Terminüberschreitungen, was unter dem Begriff des Durchlaufzeitensyndroms bekannt ist.

Um die immer wichtiger werdenden Ziele „kurze Durchlaufzeiten", „Termintreue" oder „geringe Kapitalbindung in Beständen" zu realisieren, kann ein Betrieb auf drei Klassen von Maßnahmen zurückgreifen. Dazu gehören der Einsatz flexibler Maschinenkonzepte, eine veränderte Organisation der Produktion und die Integration der Informationsbasis des Unternehmens in alle Entscheidungsprozesse, damit also der Übergang zu verbesserten Konzepten zur Koordination der Fertigung.

2.7.6.2 Neue flexible Maschinenkonzepte

Wann ist ein Maschinenkonzept flexibel? Dahinter verbergen sich einerseits Fragen, ob auf einer Anlage mehrere Bearbeitungsfunktionen durchgeführt werden können, andererseits auch Fragen, ob unterschiedliche Produkte auf einer Anlage produziert werden können. Dabei wird erwartet, dass eine flexible Maschine einen weitgehend rüstzeitfreien Wechsel der Bearbeitungsfunktionen bzw. einen Übergang auf andere Produkte ohne nennenswerte Umrüstzeit erlaubt.

Flexibilität lässt sich damit auf zwei relevante Dimensionen reduzieren, einmal auf den Grad der Anpassung an Funktions- und Produktwechselmöglichkeiten, zum anderen auf die Schnelligkeit, mit der diese Anpassungen erfolgen können. Ein Maschinenkonzept ist also dann flexibel, wenn es in kurzer Zeit an eine Vielzahl von Zuständen (Bearbeitungsfunktionen, Produkte) anpassbar ist.

Die Entwicklung hierzu ist in zwei Stufen zu beobachten. Die erste Stufe beinhaltet die Entwicklung von NC-(Numerical Control)-Maschinen und NC-Steuerungen. Bekannt sind die CNC-Maschinen (Computerized Numerical Control), die einen automatischen Werkzeugwechsel (aus einem Werkzeugmagazin) erlauben und die individuell programmierbar sind, und die DNC-Maschinen (Direct Numerical Control), die von zentraler Stelle aus programmiert werden können. In der zweiten Stufe sind die flexiblen Fertigungssysteme zu beobachten. Darunter versteht man eine Anzahl computergesteuerter Werkzeugmaschinen, die durch ein automatisches Transportsystem miteinander verbunden sind und deren auftragsbezogener Ablauf durch einen zentralen Computer gesteuert wird.

Drei wesentliche Vorteile der neuen Konzepte sind zu nennen. Die Anlagen verfügen über eine immer größer werdende Bandbreite an Bearbeitungsfunktionen und können immer mehr unterschiedliche Produkte bearbeiten. Es können gleichzeitig unterschiedliche Produkte in den einzelnen Stufen des Produktionssystems bearbeitet werden. Damit wird die immer stärker geforderte Parallelisierung von Arbeitsgängen ermöglicht, wobei und ein schneller Übergang von einer auf eine andere Funktion oder auch ein anderes Produkt realisierbar wird.

2.7.6.3 Veränderte Organisation der Produktionsabläufe

Vier Konzepte zur Veränderung der Organisation der Produktionsabläufe sind zu nennen:

- Reintegration der Arbeit,

- Parallelschaltung von Arbeitsgängen, z. B. durch vernetzte Arbeitspläne der Produkte,

- „Just in Time" (JIT)-Produktion mit sinkenden Beständen an Werkstoffen, Zwischen- und Enderzeugnissen und

- „Lean"-Produktion.

Reintegration der Arbeit bedeutet, das Ausmaß an Arbeitsteilung zu reduzieren und an einem Arbeitsplatz Arbeiten mit einer höheren Fertigungstiefe zusammenzufassen.

Parallelschaltung ist die Möglichkeit, verschiedene Arbeiten an einem Auftrag parallel ablaufen lassen zu können. Die JIT-Idee, also Bereitstellung erst zum Bedarfszeitpunkt, ist die Grundlage für einen weitgehenden Abbau innerbetrieblicher Läger für Rohstoffe, Zwischenerzeugnisse und Endprodukte. Die dazu möglichen Steuerungskonzepte sind in dezentrale Prinzipien, wie z.b. KANBAN als dezentrale Organisation des Produktionsablaufes in autonomen Regelkreisen, oder zentrale Prinzipien, wie z.B. die Retrograde Terminierung als zentrale Fertigungssteuerung, zu unterteilen. Lean bedeutet schlank und beinhaltet eine weitgehende Hierarchiearmut und eine Entscheidungskompetenz auf jeder Ebene der Produktion. Dazu gehören konsequentes Arbeiten im Team mit den in den Entscheidungsprozess involvierten Mitarbeitern und eine konsequente zwischenbetriebliche Arbeitsteilung durch Auslagerung von Entwicklung und Produktion einer oft sehr großen Zahl von Komponenten des Endproduktes auf Zulieferer.

2.7.6.4 Integration von technischen und ökonomischen Informationssystemen

Die Einführung der computergestützten betrieblichen Datenverarbeitung verlief ursprünglich in zwei verschiedene Richtungen, einmal in Richtung der Entwicklung ökonomischer Informationssysteme zum anderen in Richtung der technischen Datenverarbeitung. Heute geht es oftmals noch darum, diese Datenstrukturen für diese beiden Systeme zu vereinheitlichen und umfassende betriebliche Informationssssysteme zu schaffen. Es muss dabei das Ziel verfolgt werden, für jede technische Entscheidung die betriebswirtschaftlichen Konsequenzen aufzeigen und für jede betriebswirtschaftliche Entscheidung den technischen Hintergrund absichern zu können.

2.7.6.5 Ökologische Anforderungen an die Produktion

Jede Art der Produktion tangiert die Umwelt in zweifacher Weise. Einmal werden durch die Produktion der Umwelt Rohstoffe entnommen, zum anderen ist jede Art der Produktion als Kuppelproduktion von *gewollter* und *nicht gewollter* Ausbringung anzusehen. Die traditionelle Betriebswirtschaftslehre bezieht die Natur nur dann in die Überlegungen ein, wenn ein Ressourcenverbrauch mit Kosten verbunden ist. Der Verbrauch an Rohstoffen spielt nur über die Beschaffungspreise eine Rolle, künftige Knappheiten werden nicht beachtet und Schadstoffemissionen, sofern sie keine Kosten verursachen, gehen nicht in die Produktionsüberlegungen ein.

Zwei konkurrierende Wege zur Behebung dieses Mangels werden derzeit, leider nicht immer konsequent, verfolgt. Der eine Weg versucht, die externen Effekte über direkte Kostenwirkungen zu internalisieren, der andere Weg konzentriert sich auf Auflagen, die den Eintrag schädigender Stoffe in die Natur nach dem Stand der Technik nach oben begrenzen sollen. Beides wird nur erfolgreich sein, wenn dieses Vorgehen weltweit gemeinsam und vergleichbar geschieht.

Auflagen zur Rücknahme von gebrauchten/verbrauchten Produkten und deren Aufbereitung erfordern neue Herangehensweisen an die Produktentwicklung. *Recyclinggerechte* Konstruktion ist hier das Stichwort, sie muss bestimmten Regeln genügen:

- leichte Montagemöglichkeit und Servicefreundlichkeit,

- einfache Demontierbarkeit (Trennungsregel),

- Kennungen, die auf die technischen Eigenschaften der Stoffe schließen lassen (Kennzeichnungsregel),

- Verwendung von standardisierten Bauteilen und Materialien (Standardisierungsregel),

- der Gebrauch *unverträglicher* Werkstoffe ist zu vermeiden (Einstoff-, Werkstoff-, Störstoffregel),

- Umwelteinflüsse, die die Recyclierungsfähigkeit der Einzelbestandteile vermindern (z. B. Korrosionsregel) und

- Analyse von Verwertungsmöglichkeiten (Zusatznutzenregel).

2.7.6.6 Wirkungen veränderter Produktion auf Erfolgsfaktoren und Kostenstrukturen

Gleichzeitig mit einer Anpassung der Produktion an die Elastizitätsforderungen des Marktes durch ein verändertes Maschinenkonzept, eine veränderte Informationsbasis und ökologische Erfordernisse verlagern sich die strategischen Erfolgsfaktoren der Unternehmen. Die Gestaltung der Steuerungs- bzw. Koordinationsmechanismen wird immer wesentlicher und der direkte produktive Bereich verliert relativ an Bedeutung zugunsten des dispositiven Bereiches, d.h. die Koordination von Beschaffung, Planung, Steuerung und Lenkung sowie Organisation wird damit zum Kernfaktor des betrieblichen Erfolges[92].

Es tritt eine Verschiebung der Kostenstrukturen ein, der Anteil der direkten bzw. variablen, den einzelnen Produkten unmittelbar zurechenbaren Kosten sinkt, die Gemeinkosten und insbesondere der Anteil fixer, nicht vom Beschäftigungsniveau abhängiger Kosten steigt. Damit wird das Unternehmen empfindlich gegenüber Beschäftigungsschwankungen und das unternehmerische Risiko steigt. Ein typisches Beispiel hierzu ist das Herstellen von Musik-CDs.

Für Maßnahmen, die das beschriebene Risiko begrenzen können, sind zwei wesentliche Ansatzpunkte zu nennen. Einmal kann das Risiko durch das Schaffen relativ sicherer Erlöse abgeschwächt werden, anderseits können durch Diversifizierungsstrategien starke Schwankungen des Beschäftigungsniveaus möglicherweise wenigstens teilweise vermieden werden.

Auch die Kosteneinflussgrößen verändern sich. Die Kosten werden zum größten Teil bereits durch die Errichtung und Bereitstellung der Produktionspotenziale verursacht, unabhängig davon, ob diese Anlagen genutzt und Erzeugnisse produziert werden oder nicht. Dieser hohe Anteil fixer Kosten schränkt die Flexibilität der Unternehmen ein. Unternehmen sind an die geschaffenen Potenziale für lange Zeit gebunden. Damit aber wird die langfristige strategische Planung immer bedeutsamer für einen dauerhaften betrieblichen Erfolg.

---

[92]   Vgl. dazu auch [Gut83] zur Rolle des dispositiven Faktors.

2.8 Hinweise zu weiterer Literatur

Die Literatur zur *Produktion* ist sehr vielfältig.

Einige Autoren befassen sich unter dieser Überschrift insbesondere mit der Produktions-
und Kostentheorie. Dazu gehören – ohne vollständig sein zu wollen – *Fandel*[93], *Sommerer*[94], *Schweitzer und Küpper*[95], *Steven*[96], *Kistner*[97], *Schroer*[98], *Reetz*[99] oder auch
Ellinger und Haupt[100].

Viele Autoren verknüpfen die Produktions- und Kostentheorie mit der Behandlung von
Entscheidungsunterstützung im Managementbereich, wie z.B. Produktionsprogrammplanung, Produktionssteuerung, Bestellmengenfestlegung, Absatzplanung usw. Hierzu gehören insbesondere auch *Bloech, Bogaschewsky, Götze und Roland*[101], *Schneeweiß*[102],der sehr intensiv die Planungsprozesse bearbeitet, *Corsten*[103], der sich intensiv gerade auch der Potenzialplanung widmet, oder auch *Berndt und Cansier*[104], die
Produktion und Absatz mit einander verbinden. *Schiemenz und Schönert* behandeln
betriebswirtschaftliche Entscheidungslehre und Produktion als Einheit[105].

Produktion und Logistik ist für andere Autoren der Ansatzpunkt, sich der „Produktion"
zu nähern und dabei weitgehend auf die klassische Produktions- und Kostentheorie
zu verzichten. Hier ist neben *Günther und Tempelmeier*[106] auch *Zäpfel*[107] zu nennen.
Produktionslogistik mit PPS-Systemen bearbeiten beispielsweise *Specht und Wolter*[108].

Auch die Arbeiten von *Zäpfel* zum Operativen Produktionsmanagement[109], zum Taktischen Produktionsmanagement[110] und zum Strategischen Produktionsmanagement[111]
sollen hier als grundlegende Arbeiten nicht vergessen werden.

---

[93]   Siehe [Fan96].
[94]   Siehe [Som01].
[95]   Siehe [Sch97].
[96]   Siehe [Ste98].
[97]   Siehe [Kis93].
[98]   Siehe [Sch92b].
[99]   Siehe [Ree89].
[100] Siehe [Ell90].
[101] Siehe [Blo04].
[102] Siehe [Sch99].
[103] Siehe [Cor99].
[104] Siehe [Ber02].
[105] Siehe [Sch01].
[106] Siehe [Gün03].
[107] Siehe [Zäp01].
[108] Siehe [Spe97].
[109] Siehe [Zäp82].
[110] Siehe [Zäp89b].
[111] Siehe [Zäp89a].

Kapitel 3

Produktionsprogrammplanung

3.1 Einführung

Ausgehend vom Input-Output-System der Produktion wird im weiteren die Outputseite, bezogen auf die erwünschten Objekte, gestaltet. Output soll marktseitig realisierbar sein, das bedeutet, dass harte Vorgaben für die Mengen der Outputobjekte vorliegen. Im Rahmen dieser Vorgaben können Freiräume zur Erfolgsmaximierung genutzt werden. Darüber hinaus existieren häufig verschiedene Möglichkeiten der Durchführung des Produktionsprozesses (Transformationsprozesses), z.B. durch Zuordnung zu verschiedenen Produktionsstandorten, zu verschiedenen Maschinen oder Anlagen, aber auch Entscheidungen zur Produktion auf Vorrat usw.

Produktionsprogrammplanung, bezogen auf eine Planperiode, heißt also, konkrete Produktionsmengen für jede Produktart für diesen Planzeitraum festzulegen, möglicherweise nach Produktionsstandorten getrennt. Hier wird noch nicht entschieden, ob diese Menge in diesem Zeitraum in Form eines Loses und wann in diesem Zeitraum oder ob in zwei oder mehr Losen und dann wie über diesen Zeitraum verteilt produziert wird. Zwar kann der Planzeitraum in Perioden zerlegt werden, dort aber bleiben letztlich die gleichen Fragen offen. In diesem Sinne ist die Produktionsprogrammplanung dem taktischen Produktionsmanagement zuzuordnen.

Es muss vorausgesetzt werden, dass für den Planzeitraum verlässliche Daten zum möglichen Absatz der Produkte vorliegen. Dadurch wird gesichert, dass der in einer Programmplanung maximierte Erfolg auch tatsächlich realisierbar ist. Diese Vorgaben können in Form von konkreten Aufträgen, d.h. zu einem Termin angeforderte Mengen eines Produktes oder/und in Form von Prognosen zu einem möglichen Absatz erfolgen. Prognosen sollen als Intervallprognosen vorliegen, d.h. es gibt für jede Produktart eine untere und eine obere Grenze für die Absatzmenge[1].

3.1.1 Einperiodige einstufige Programmplanung

Einperiodig bedeutet, dass keinerlei Terminierung berechneter Mengen erfolgt. Wann diese Mengen innerhalb der Planperiode zu produzieren sind, wird separat durch andere Entscheidungsmodelle, in der Regel durch die operative Planung, entschieden.

---

[1]   Vgl. dazu auch [Thi02], [Mer94] oder [Sti01].

Einstufig bedeutet, dass eine Abfolge von Produktionsprozessen nacheinander, also z.B. Vorprodukte - Endprodukte, ausgeschlossen wird. Damit entstehen zwischen den Produktmengen keine direkten Abhängigkeiten, lediglich indirekte durch Nutzung gemeinsamer Ressourcen.

Zwei typische Gruppen von Restriktionen sind bei der Programmplanung zu berücksichtigen. Die erste Gruppe resultiert aus der Forderung, dass die Produktion absatzorientiert erfolgen muss:

• Berücksichtigung von Absatzobergrenzen,

• Berücksichtigung von Absatzuntergrenzen bzw. Mindestmengen.

Absatzobergrenzen beschreiben dabei die maximale Aufnahmefähigkeit des Marktes, Absatzuntergrenzen z. B. bereits eingegangene Lieferverpflichtungen oder Größen, mit denen ein Unternehmen generell am Markt präsent sein will. Dazu kommen für die Zielformulierung Informationen zum Deckungsbeitrag der Produkte oder zu entsprechenden Absatzpreisen, die zusammen mit den variablen Kosten Erfolgsaussagen zulassen.

Die zweite Gruppe wird durch die Bedingungen in der Produktion bestimmt. Es handelt sich dabei um die verfügbaren Mengen an Produktionsfaktoren, die innerhalb der betrachteten Planperiode nicht verändert werden, also im wesentlichen um Potenzialfaktoren, wie:

• Maschinenkapazitäten,

• Lagerkapazitäten,

• Personalkapazitäten,

• Transportkapazitäten usw.

3.1.1.1 Planung bei ausreichender Kapazität

Die Situation der „ausreichenden Kapazität" tritt ein, wenn Überkapazitäten vorhanden sind, oder aus anderer Sicht, wenn nicht genügend Aufträge vorliegen bzw. der Markt nicht entsprechend erschlossen ist. Sie ist dadurch gekennzeichnet, dass hinsichtlich der Menge der vorliegenden Produktionsfaktoren keine Effizienz vorliegt. Da diese Überkapazitäten nicht kurzfristig abgebaut werden können bzw. in der Hoffnung auf bessere Auftragslagen gar nicht abgebaut werden sollen, ist es unter den gegebenen Bedingungen wirtschaftlich, möglichst große Mengen von den Produkten zu produzieren, die einen großen Beitrag zur Deckung der fixen Kosten leisten.

Mit *Deckungsspanne* werde im weiteren die Differenz aus Absatzpreis und variablen Kosten je Mengeneinheit eines Produktes (auch Stückdeckungsbeitrag genannt) bezeichnet. Der Deckungsbeitrag eines Produktes, bezogen auf eine Planperiode, errechnet sich dann aus der Deckungsspanne multipliziert mit Absatzmenge dieses Produktes in dieser Planperiode.

Modell :

   Im Produktprogramm mögen n Produkte enthalten sein. Dazu werden folgende Variable und Koeffizienten definiert:

x_j -   Produktionsmenge = Absatzmenge der Produkte $j, j = 1, ..., n$,
p_j -   Absatzpreise je Mengeneinheit der Produkte $j, j = 1, ..., n$,
k_j -   variable Kosten der Produkte $j, j = 1, ..., n$,
d_j -   Deckungsspanne der Produkte $j, j = 1, ..., n$, $d_j = p_j - k_j, j = 1, ..., n$.

Für die Absatzgrenzen gelten trivialerweise folgende Bedingungen:

Absatzuntergrenzen: $u_j \geq 0, j = 1,...,n$

Absatzobergrenzen: $o_j \leq + \infty, j = 1,...,n$.

Das Ziel besteht nun z. B. in der Maximierung des Deckungsbeitrages des absatzseitig realisierbaren Produktionsprogrammes.

Ziel: $\sum_{j=1}^{n} d_j x_j \rightarrow max$

Restriktion: $u_j \leq x_j \leq o_j, j = 1,...,n$

Hierbei handelt es sich um ein Lineares Optimierungsproblem über einem Quader. Wenigstens eine optimale Lösung liegt[2] in einer Ecke des Quaders (Basislösung des Optimierungsproblems). Das bedeutet, dass eine Variablen x_j entweder den Wert u_j oder den Wert o_j annimmt, je nach Beitrag zum Erfolg, der hier mit dem Deckungsbeitrag zum Ausdruck gebracht wird.

Lösung:

Setze: $x_j = o_j$ wenn $d_j > 0$
$x_j = u_j$ wenn $d_j < 0$

Wähle: $u_j \leq x_j \leq o_j$ nach anderen Gesichtspunkten
(z. B. volles Sortiment), wenn $d_j = 0$

Beispiel:
Es werden vier Produkte mit folgenden Daten betrachtet:

Produkt:	1	2	3	4
Materialkosten	15	20	35	25
Lohnkosten	5	5	5	5
Fixkosten	40	20	30	50
Selbstkosten	60	45	70	80
Absatzpreis	100	75	40	60
Gewinn	40	30	-30	-20
Absatzobergrenzen	200	150	100	200
Deckungsspanne	80	50	0	30

Hier ist eine Bemerkung angebracht: Die Daten sind durch die Fixkostenanteile mit Vorsicht zu behandeln! Falls nämlich ein Produkt gar nicht produziert wird, müssen die gesamten Fixkosten, die sich ja nicht oder nur unwesentlich verändern, anders umgelegt werden. Die Fixkostenanteile können z.B. wie folgt berechnet werden:

Gesamtzeit: 2400 Minuten $\Big\}$ $\hookrightarrow$ 10 € pro Minute
Gesamt-Fixkosten: 24000 €

---

2   Vgl. dazu auch [Lud95, S. 219ff.].

Bei einer zeitlichen Inanspruchnahme der Ressourcen in Höhe einer Minute würden dann dem entsprechenden Produkt Fixkostenanteile von 10 € zugewiesen werden. Dies kann dann auf der Grundlage von Vergangenheitsdaten zur Festlegung der Fixkostenanteile umgesetzt werden.

Nach obiger Lösungsvorschrift ergibt sich:

$d_j > 0$ für $j = 1,2,4 \Rightarrow$ wähle maximale Absatzmenge für Produkte 1, 2, 4
$$x_1 = 200, \quad x_2 = 150, \quad x_4 = 200.$$

$d_3 = 0 \Rightarrow$ wähle $0 \leq x_3 \leq 100$ beliebig.

Der maximal erzielbare Deckungsbeitrag ist, unabhängig von der Wahl von x_3:
$$200{*}80 + 150{*}50 + x_3{*}0 + 200{*}30 = 29500 \ .$$

3.1.1.2 Planung bei genau einem Engpass

Die Situation *ausreichender Kapazität* ist in der Regel in der Praxis nicht vorzufinden. Im Sinne des schwachen Wirtschaftlichkeitsprinzips würde dies nämlich auf ineffiziente Produktionsprozesse deuten. Die festgelegten Mengen für Potenzialfaktoren, durch geeignete Anpassung offenbar kurzfristig nicht zu reduzieren, sind deutlich zu groß.

Aus der Sicht einer effizienten Gestaltung des Produktionsprozesses ist in der Regel zumindest ein Produktionsfaktor beschränkt, nämlich die operative Arbeit, möglicherweise verknüpft mit zugehörigen Sachpotenzialen. Es ist denkbar, diese sachpotenzialbezogenen Zeiten in einer einzigen Ressource zusammen zu fassen. Wenn dieser eine Produktionsfaktor aufgrund seiner beschränkten Verfügbarkeit eine Lösung wie in der Situation unbeschränkter Verfügbarkeit dieses Faktors nicht zulässt, spricht man von einem Engpass. Sind alle Deckungsspannen (auch Stückdeckungsbeitrag) positiv, werden folglich die möglichen Produktionsmengen auch in einer optimalen Lösung durch den Engpass echt begrenzt. Eine Vergrößerung des Engpasswertes würde dann zu einer Erhöhung der Produktionsmengen und zu einem größeren Deckungsbeitrag führen.

In der Regel führt die Beseitigung eines konkreten Engpasses dazu, dass andere Produktionsfaktoren zu einem neuen Engpass werden. Eine totale Engpassbeseitigung kann aus Wirtschaftlichkeitsgesichtspunkten nach obiger Diskussion keinesfalls das Ziel sein, mit Ausnahme des nur theoretisch eintretenden Falles, dass nachgefragte Faktormengen exakt mit dem Angebot an solchen übereinstimmen.

Neben der zeitlichen Zusammenfassung der operativen Arbeit können aber auch einzelne Engpässe separat auftreten, wie z.B. personell aufgabenbezogene, materialseitige oder kapazitive Engpässe an einer einzelnen ausgewählten Maschine/Anlage usw.

Modell :

> Das Modell baut auf die bisherigen Bezeichnungen. Weiterhin werden Daten zum wirksamen Engpass benötigt:
>
> a_j -   Produktionskoeffizient der Produkte $j, j = 1, ..., n$,
> K -   verfügbare Kapazität des Engpasses.

Der Produktionskoeffizient beschreibt die Menge des erforderlichen Engpasses je Mengeneinheit des Produktes j.

Damit ergibt sich für das bisherige Modell ein zusätzliche Bedingung:

$$\sum_{j=1}^{n} a_j\, x_j \;\leq\; K$$

Das Modell erhält dann die folgende Gestalt:

$$\sum_{j=1}^{n} d_j\, x_j \;\rightarrow\; \max$$
$$\sum_{j=1}^{n} a_j\, x_j \;\leq\; K$$
$$u_j \;\leq\; x_j \;\leq\; o_j \qquad \forall j = 1,...,n\;.$$

Damit liegt wiederum eine Lineare Optimierungsaufgabe über einem Quader, jetzt aber mit genau einer zusätzlichen Restriktion vor. Solche Probleme genießen wegen ihrer einfachen Lösbarkeit einen gewissen Vorrang in der Literatur der Linearen Optimierung oder des Operations Research. Sie werden dort Rucksack-Probleme, Knapsack-Probleme oder auch Tournister-Probleme genannt[3].

Entscheidend für die Bestimmung der Variablenwerte ist nun nicht mehr die Deckungsspanne eines Produktes, sondern vielmehr die Deckungsspanne pro Engpasseinheit, d.h. es sollte möglichst viel von dem Produkt hergestellt werden, bei dem eine hohe Deckungsspanne bei möglichst gleichzeitig geringem Engpassverbrauch auftritt. Dieses Kriterium verwirklicht sich durch Verwendung der relativen Deckungsspanne:

$$q_j \;=\; \frac{d_j}{a_j}\;.$$

Es handelt sich also um die Deckungsspanne pro Engpasseinheit und gibt an, welcher Deckungsbeitrag aus einer Einheit Engpass bei Produktion des Produktes j erwirtschaftet werden kann.

Lösung obiger Aufgabe:
Schritt 1: Keine Wahl hat man in der Behandlung der unteren Schranken u_j. Sie sind vorgegeben und damit zu realisieren. Es wird deshalb gesetzt:

$$x_j = u_j, \quad j = 1,...,n \quad \text{und} \quad K := K - \sum_{j=1}^{n} a_j\, x_j\;.$$

Schritt 2: Die Produkte werden nach den absteigenden Werten q_j geordnet und es werden entsprechende Prioritäten (Platzziffern) vergeben. Die *Restkapazität K* wird nun in der Reihenfolge der Prioritäten auf die Produkte verteilt, bis sie erschöpft ist.
Es wird aus der Menge der zu beplanenden Produkte das mit höchster Priorität ausgewählt: Produkt j. Die Produktionsmenge x_j wird, sofern die Deckungsspanne positiv ist, ausgehend vom vorliegenden Wert so weit wie möglich erhöht. Andernfalls verbleibt der Wert x_j der Menge des Produktes j an der unteren Grenze u_j. Für die Erhöhung gibt es zwei mögliche Grenzen. Einmal kann die Absatzobergrenze erreicht werden, zum anderen kann der Engpass das Erreichen der Absatzobergrenze verhindern.

$$x_j := x_j + \min\{o_j - u_j, \tfrac{K}{a_j}\}, \qquad K := K - a_j * (x_j - u_j)\;.$$

Das Produkt wird aus der Menge der zu beplanenden Produkte gestrichen und es wird mit dem Produkt der nachfolgenden Priorität fortgesetzt.
Der Schritt 2 endet, wenn $K = 0$ erreicht wird.

Einige Bemerkungen zu diesem Algorithmus sind unerlässlich:

---
[3]   Vgl. dazu auch [Dom93, S.37 ff.].

- Der Algorithmus liefert eine optimale Lösung des Modells[4].

- Falls im Schritt 1 der Wert von K negativ wird, so sind die Mindestanforderungen an die Produktion bereits zu hoch, gemessen an der vorhandenen Kapazität. Das Modell ist damit unlösbar. Um Lösbarkeit zu erreichen sind entweder die Untergrenzen geeignet herabzusetzen oder/und die Kapazität durch entsprechende Maßnahmen zu erhöhen.

- Falls im Schritt 2 der Wert $K = 0$ nicht erreicht wird, so liegt gar kein Engpass vor.

- Falls die relative Deckungsspanne eines Produktes j negativ ist, muss aus Sicht des Modells - und nur aus dieser - gesetzt werden: $x_j = u_j$.

- Falls bei der Berechnung der relativen Deckungsspannen eines Produktes j für den Koeffizient $a_j = 0$ gilt, so ergibt sich entweder $q_j = +\infty$ und damit höchste Priorität für das Produkt, wenn nur $d_j > 0$ gilt. Dann ist stets $x_j = o_j$. Bei $d_j = 0$ gelten die gleichen Aussagen wie im Planungsfall ohne Engpass.

In der Anwendung ist bei Kapazität und Produktionskoeffizient auf die Verwendung gleicher Maßeinheiten zu achten. Formal ist dies recht einfach, inhaltlich wird dies manchmal etwas komplizierter. Beschreibt z.B. der Produktionskoeffizient die erforderliche Reifezeit einer „Mischung" in Stunden, so darf bei der Kapazitätsangabe der Anlagen, in denen sich der Reifeprozess vollzieht, nicht von einer 36-Stunden-Woche, sondern es muss von einer 168 Stunden-Woche ausgegangen werden.

Beispiel:
Das bisher verwendete Beispiel wird fortgesetzt. Es sei zusätzlich die Engpass-Kapazität mit 6000 Zeiteinheiten zu veranschlagen, die Produktionskoeffizienten seien bekannt: 20, 10, 5 bzw. 5 Zeiteinheiten pro Mengeneinheit des jeweiligen Produktes $j = 1,2,3,4$. Damit errechnen sich die relativen Deckungsspannen zu:

$$q_1 = \frac{80}{20} = 4 \ , \ q_2 = \frac{50}{10} = 5 \ , \ q_3 = \frac{0}{5} = 0 \ q_4 = \frac{30}{5} = 6$$

und die Prioritäten entsprechend zu   3,   2,   4 und   1 .

Da keine Absatzuntergrenzen vorgegeben waren, werden im Schritt 1 alle Werte auf Null gesetzt:

$$x_j = u_j = 0, \quad j = 1, 2, 3, 4.$$

Es bleibt

$$K = 6000 \ .$$

Im Schritt 2 werden die Produkte j in der Reihenfolge der Prioritäten, also 4 - 2 - 1 -3, betrachtet. Es wird versucht, deren Produktionsmengen zu erhöhen, da alle Deckungsspannen positiv sind.

$x_4 \ = \ min \ \{200, \ \frac{6000}{5}\} \ = \ \underline{200} \quad$ und $\quad K \ : \ = \ 6000 \ - \ 5 \ . \ 200 \ = \ 5000$

$x_2 \ = \ min\{150, \ \frac{5000}{10}\} \ = \ \underline{150} \quad$ und $\quad K \ : \ = \ 5000 \ - \ 150 \ . \ 10 \ = \ 3500$

$x_1 \ : \ = \ min \ \{200, \ \frac{3500}{20}\} \ = \ min\{200, \ 175\} \ = \ \underline{175}$

und

$$K \ : \ = \ 3500 \ - \ 175 \ * \ 20 \ = \ 0.$$

---

[4]   Vgl dazu auch [Dom93, S.37 ff.].

Damit bleibt für die Menge am dritten Produkt $x_3 = 0$, da die Kapazität erschöpft ist. Unerlässlich ist die Angabe des Erfolgs in Form des mit diesem Produktionsprogramm erzielten Deckungsbeitrag.

$$DB = 175 * 80 + 150 * 50 + 0 * 0 + 200 * 30 = 27500 \ .$$

Aus den Daten kann man nun ableiten, was getan werden muss, um im obigen Beispiel das Produkt 3 konkurrenzfähig zu machen, d.h. im Falle seiner Herstellung keinen Verlust an Deckungsbeitrag verzeichnen zu müssen. Sein relative Deckungsspanne müsste auf mindestens 4 erhöht werden. Dazu liefert die Berechnungvorschrift drei Ansätze, die einzeln oder kombiniert zur Anwendung kommen können:

- Der Preis p_3 pro Mengeneinheit wird erhöht,

- die variablen Produktionskosten k_3 werden gesenkt und/oder

- der Aufwand a_3, bezogen auf den Engpass, wird gesenkt.

3.1.1.3 Planung bei mehreren Engpässen

Verschiedene Engpässe, die nicht zu einer Ressource aggregierbar sind, können auch gleichzeitig auftreten. Dies geschieht ein, wenn z.B. verschiedene Produkte unterschiedliche Anforderungen an die Produktionsfaktoren stellen. Das bisher betrachtete Modell kann hierfür weiter entwickelt werden. Dazu werden weitere Bezeichnungen eingeführt:

K_i - Kapazität je Engpassart i, $i = 1, ..., m$

a_{ij} - Bedarf an der Engpassart i durch je Einheit des Produkt j,
$i = 1, ..., m$, $j = 1, ..., n$.

Modell:
An Stelle der bisher einen Kapazitätsrestriktion erscheinen nun m Restriktionen folgenden analogen Typs im Modell:

$$\sum_{j=1}^{n} a_{ij} \, x_j \ \leq \ K_i \quad \forall_i \ = \ 1, ..., m$$

und das Modell ergibt sich zu:

$$\sum_{j=1}^{n} d_j \, x_j \ \longrightarrow \ max$$
$$\sum_{j=1}^{n} a_{ij} \, x_j \ \leq \ K_i \quad i = 1, ..., m$$
$$u_j \ \leq \ x_j \ \leq \ o_j \quad j = 1, ..., n$$

Solche Aufgaben gehören bereits zur allgemeinen Klasse Linearer Optimierungsaufgaben, für die es mittlerweile sehr viele Lösungsverfahren[5] gibt. In Form ausgereifter anwendungsfähiger Software soll hier auf die Simplexmethode[6] verwiesen werden. Mögliche Programme dazu sind MOPS, CPLEX oder LINDO/LINGO.

Ein einfach zu behandelnder Sonderfall liegt vor, wenn genau 2 Produkte zu beplanen sind. Dann nämlich bietet sich die Methode des geometrischen Lösens an[78].

---

[5]   Vgl. dazu auch [Lud95, S. 189ff.].
[6]   Vgl. dazu auch [Lud95, S. 220ff.].
[7]   Vgl. dazu auch [Lud95, S. 194ff.].
[8]   Vgl. dazu auch Kapitel 1.

Produkt:	A (j=1)	B (j=2)	Kapazität
d_j	1	1	
Produktionskoeffizient 1. Engpass	2	3	12
Produktionskoeffizient 2. Engpass	2	1	6
Absatzuntergrenze u_j	1	1	
Absatzobergrenze o_j	2,5	3,5	

Mit x_1 als zu produzierende Menge vom Produkt A und x_2 als zu produzierende Menge vom Produkt B ergibt sich aus dem obigen Modell folgende zweidimensionale Lineare Optimierungsaufgabe:

$$x_1 + x_2 \rightarrow max$$
$$2x_1 + 3x_2 \leq 12$$
$$2x_1 + x_2 \leq 6$$
$$1 \leq x_1 \leq 2{,}5$$
$$1 \leq x_2 \leq 3{,}5$$

Diese Aufgabe kann geometrisch gelöst werden und es ergibt sich eine optimale Lösung von $x_1 = 1{,}5$ und $x_2 = 3$ mit einem Deckungsbeitrag von $1{,}5 + 3 = \underline{4{,}5}$[9].

3.1.2 Einperiodige mehrstufige Programmplanung

Das Produkt entsteht im weiteren über mehrere Produktions- bzw. Fertigungsstufen. Abbildung 3.1 soll die hier zu behandelnde Situation verdeutlichen.

Es ist unmittelbar einsichtig, dass die Planung (Festlegung) von Mengen an Fertigprodukten Einfluss hat auf erforderliche Mengen an Vorprodukten der Stufe 2 und diese wiederum auf notwendige Mengen an Vorprodukten der Stufe 1. Damit ergibt sich das Problem der Abstimmung der Mengen der verschiedenen Stufen in Einklang mit den vorhandenen Kapazitäten.

Um ein Modell zu formulieren, dass bei Veränderung des Produktprogrammes oder Änderungen am Produkt vernünftig an neue Situationen angepasst werden kann, wird ein *Stufenindex* k benötigt. In Anlehnung an bisher verwendete Bezeichnung sei nun:

x_j^k -   Menge am Produkt j der Stufe k, $k = 1, ..., s, j = 1, ..., n_k$,

a_{ij}^k -   Bedarf an Engpassart i für Produkt j der Stufe k,

K_i^k -   Kapazität der Engpassart i der Stufe k,

b_{lj}^k -   Bedarf am Produkt l der Stufe $k-1$ für eine Einheit Produkt j der Stufe k.

Damit ergibt sich folgendes *Modell:*

$$\sum_{j=1}^{n_s} d_j\, x_j^s \longrightarrow max$$
$$\sum_{j=1}^{n_k} a_{ij}^k\, x_j^k \leq K_i^k \qquad i = 1, ..., m_k, k = 1, ..., s$$
$$x_l^{k-1} - \sum_{j=1}^{n_k} b_{lj}^k\, x_j^k = 0 \qquad l = 1, ..., n_{k-1}, k = 2, ..., s$$
$$u_j^s \leq x_j^s \leq o_j^s \qquad \forall j = 1, ..., n_s$$

---

[9]   Vgl. zur Vorgehensweise des Lösens dieser Aufgabe den Abschnitt 1.2.2. oder Abschnitt 2.6.2.2.

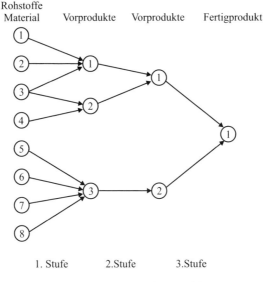

Abbildung 3.1: Mehrstufige Produktion

Wiederum sind einige Bemerkungen nötig:

- In dem vorgestellten Modell kann die Materialbedarfsplanung in Form von Vorprodukten der Stufe 0 sofort mit bearbeitet werden. Dies tritt in den Restriktionen bei $k = 1$, $k - 1 = 0$ auf.

- Die Koeffizienten b_{lj}^k sind insbesondere im Maschinenbau gerade die Stücklistenkoeffizienten.

- Der Einfachheit des Modells wegen wird angenommen, dass die Engpässe jeweils einer Produktionsstufe zugeordnet werden können, d.h. es ist nicht möglich, die gleiche Maschine für ein Vorprodukt der Stufe 2 und ebenso für ein Vorprodukt der Stufe 3 einzusetzen. Wenn aber gerade dies in einem Anwendungsfall möglich ist, muss das vorgestellte Modell einer solchen Situation angepasst werden.

3.1.3 Mehrperiodige einstufige Programmplanung

In manchen Situationen wird es erforderlich, die Planperiode in Teilperioden zu unterteilen, z.B. bei der Jahresplanung das Jahr in Monate. Das ist insbesondere dann der Fall, wenn ein konkreter Bedarf nicht schlechthin über das gesamte Jahr hinweg gedeckt werden soll, sondern sich in einer monatlichen Forderung niederschlägt. Wenn über die Perioden hinweg „keine Verbindung" existiert, so zerfällt das Planungsproblem in mehrere von einander unabhängige einperiodige Probleme.
Eine Verbindung über Perioden hinweg bedeutet, dass die Produktion einer Teilperiode

zur Bedarfsdeckung in einer anderen Teilperiode herangezogen werden kann. Dies wirkt sich in der Regel so aus, dass die Herstellung gewisser Produktmengen bereits in Perioden vor der eigentlichen Bedarfsperiode erfolgt, was zwangsläufig zur Lagerung von Produkten - bei mehrstufigen Planungen auch von Vorprodukten - führt.

Um die bisher verwendeten Bezeichnungen konsequent fortsetzen zu können, wird nun ein Periodenindex t eingeführt. Damit ergeben sich folgende Bezeichnungen:

b_j^t -   Bedarf am Produkt j in der Periode $t = 1, ..., T$,

x_j^t -   Produktionsmenge am Produkt j in der Periode t,

K_i^t -   Kapazität der i-ten Produktionsanlage in der Periode t,

a_{ij} -   Bedarf an Kapazität i je Einheit des Produktes j.

Es wird angenommen, dass ein Bedarf b_j^t bis zum Ende der Periode j zu decken ist, eine weitere Unterteilung der Perioden soll nicht erfolgen. Ist für die Teilperioden der zu deckende Bedarf fest vorgegeben - und nur dieser einfache Fall soll hier betrachtet werden - so ist die gesamte Produktionsmenge über alle T Perioden hinweg bereits festgelegt, nämlich auf die Summe aller Periodenbedarfe pro Produkt. Damit greift aber die bisherige Zielfunktion nicht mehr. Wie kann aber nun zum betrieblichen Erfolg beigetragen werden, wenn die Produktionsmengen nicht mehr variierbar sind? Offensichtlich werden durch ein vorzeitiges Produzieren Lageraufwendungen nötig, die mit Kosten verbunden sind, z.B. unmittelbar mit dem Betreiben des Lagers im Zusammenhang stehende Kosten, aber auch Kapitalbindungskosten. Damit ergäbe sich als ein neues Kriterium bzw. Ziel die Minimierung der Lagerkosten. Lagerkosten sind aber, bedingt durch den strategischen Charakter der entsprechenden Potenzialfaktoren, wie Lagergebäude, Hochregallager u.ä., nicht einfach den Produkten zurechenbar. Aus diesem Grunde wird gern als Ersatz auf die Lagermengen zurückgegriffen, wodurch im wesentlichen Kapitalbindungskosten[10] repräsentiert werden. Welche Mengen werden nun gelagert? Da pro Periode jeweils nur ein Wert pro Produkt angegeben werden kann, ist es naheliegend, die Mengen, die über den Periodenbedarf hinaus produziert werden, als Lagermengen anzusetzen und als Dauer des Lagerprozesses jeweils die Periodenlänge anzusetzen. Dies wird zwar nur im Durchschnitt so realisiert, genauere Daten stehen aber nicht zur Verfügung. Und für Planungsprobleme, z.B. über ein Jahr, ist die Genauigkeit erfahrungsgemäß trotzdem ausreichend. Die Lagermengen am Ende einer Periode 1,2,...,t,... sind dann:

$$(x_j^1 - b_j^1), (x_j^1 + x_j^2 - b_j^1 - b_j^2), ..., \sum_{t=1}^{r} x_j^t - \sum_{t=1}^{r} b_j^t, ...$$

Sollen diese minimiert werden, entsteht folgendes Modell:

$$\sum_{j=1}^{n} \sum_{r=1}^{T} (\sum_{t=1}^{r} (x_j^t - b_j^t)) \longrightarrow min$$

$$\sum_{t=1}^{r} x_j^t \geq \sum_{t=1}^{r} b_j^t \qquad r = 1, ..., T, j = 1, ..., n$$

$$\sum_{j=1}^{n} a_{ij} x_j^t \leq K_i^t \qquad i = 1, ..., m, t = 1, ..., T$$

$$x_j^t \geq 0 \qquad \forall j, t,$$

Auch zu diesem Modell sind wieder einige Bemerkungen erforderlich:

---

[10]   Vgl. dazu auch Losgrößenprobleme.

- Das Modell enthält keine Lagerbeschränkungen, es ist in dieser Form also nur anwendbar, wenn ausreichend Lagerraum verfügbar ist.

- In der Zielfunktion können alle Konstanten gestrichen werden.

- In der Zielfunktion können zusätzliche Koeffizienten als Lagerkosten eingeführt werden.

- Die Koeffizienten a_{ij} können mit dem Zeitindex t versehen werden, wenn sich dort in zeitlicher Abhängigkeit wertmäßige Veränderungen ergeben.

Um die Lagerkosten zu berücksichtigen, können für die Lagermengen eigene Variable eingeführt werden. Dies führt zwar einerseits zu einer Vergrößerung der Dimension des Modells, andererseits aber nimmt die Übersichtlichkeit sehr stark zu. Auch eine Lagerbeschränkung lässt sich damit leicht formulieren.

y_j^t -   Lagerbestand des Produktes j am Ende der Periode t,

y_j^o -   Anfangsbestand $y_j^t = y_j^{t-1} + x_j^t - b_j^t$,

K_L -   Lagerkapazität,

l_j -   anteiliger Lagerbedarf je Einheit des Produktes j,

$$\sum_{j=1}^{n} l_j \, y_j^t \leq K_L \qquad \forall \, t,$$

Ziel   :   minimale Lagerkosten,

c_j -   Lagerkosten je Einheit Produkt j,

$$\sum_{t=1}^{t} \sum_{j=1}^{n} c_j \, y_j^t \longrightarrow min \quad .$$

Hiermit ergibt sich nun folgendes Modell:

$$\sum_{t=1}^{t} \sum_{j=1}^{n} c_j \, y_j^t \longrightarrow min$$
$$\sum_{j=1}^{n} a_{ij} \, x_j^t \leq K_i^t \qquad \forall \, i, \forall \, t$$
$$\sum_{j=1}^{n} l_j \, y_j^t \leq K_L \qquad \forall \, t$$
$$y_j^{t-1} + x_j^t - y_j^t = b_j^t \qquad \forall \, j, \forall \, t$$
$$x_j^t \geq 0 \qquad \forall \, j, \forall \, t$$
$$y_j^t \geq 0 \qquad \forall \, j, \forall \, t \quad .$$

Die letzte Bedingung sichert zusammen mit der Lagerbilanzgleichung, dass der teilperiodenbezogene Bedarf stets gedeckt werden kann, sofern das Modell überhaupt lösbar ist.

Gerade im letzten Modell ist es eigentlich üblich, nicht nur die Lagerkosten zu minimieren, sondern auch die Produktionskosten einzubeziehen, die sich aus fixen Kosten, die durch das Umrüsten von Anlagen entstehen, und aus variablen Kosten, die als laufende Kosten durch Material- und Personaleinsatz entstehen, zusammensetzen.

Damit ergeben sich hier zugleich zusätzlich zum Problem der Verteilung von Produktionsmengen auf Teilperioden Losgrößenprobleme. Folgende Bezeichnungen werden zur Modellerweiterung benötigt:

f_j -   fixe Produktionskosten, wenn ein Produkt j in einer Periode produziert wird,

g_j -   variable Produktionskosten (z.B. Stückkosten).

Mit Hilfe einer Entscheidungsvariablen[11]

$$z_j^t = \begin{cases} 1, & \text{wenn das Produkt j in der Periode t produziert wird} \\ 0, & \text{sonst} \end{cases}$$

ergibt sich zur Produktionsplanung folgendes Modell:

$$\sum_{t=1}^{T} \sum_{j=1}^{n} f_j \, z_j^t \; + \; \sum_{t=1}^{T} \sum_{j=1}^{n} g_j \, x_j^t \; + \; \sum_{t=1}^{T} \sum_{j=1}^{n} c_j \, y_j^t \; \longrightarrow \; min$$

$$\sum_j a_{ij} \, x_j^t \; \leq \; K_i^t \qquad \forall \, i, \forall \, t$$

$$\sum_j l_j \, y_j^t \; \leq \; K_L \qquad \forall \, t$$

$$y_j^{t-1} \; + \; x_j^t \; - \; y_j^t \; = \; b_j^t \quad \forall \, j, \forall \, t$$

$$x_j^t \; \geq \; 0, \, y_j^t \; \geq \; 0, \qquad z_j^t \; \epsilon \; \{0,1\}$$

$$x_j^t \; \leq \; z_j^t * \frac{K}{a_j}$$

Dabei kann gewählt werden:

$$K \; = \; max\{K_i^t, i = 1,...,m, t = 1,...,T\} \qquad \text{und}$$
$$a_j \; = \; min\{a_{ij} \geq 0, i = 1,...,m\},$$

bzw. kann auch eine andere sinnvolle hinreichend große Obergrenze für x_j^t, die den Bereich der zulässigen Pläne nicht einschränkt, verwendet werden.

Um die Übersicht zu wahren, ist es sinnvoll, ein Beispiel zu betrachten:
Es sollen zwei Produkte P1 und P2 produziert werden. Die Monatsbedarfe in geeigneten Mengeneinheiten seien gegeben:

Monat	1	2	3	4	5	6	7	8	9	10	11	12
P1	4	3	0	0	0	0	0	1	4	8	16	12
P2	1	1	3	4	5	9	14	14	10	6	3	1

Der Einfachheit wegen soll es für jedes Produkt eine eigene Anlage mit folgenden Parametern geben.

Anlage für P1:   Kapazität 192 Mengeneinheiten pro Jahr
                  ↪ 16 pro Monat
                  Produktionskoeffizient ist 3
Anlage für P2:   Kapazität 192 Mengeneinheiten pro Jahr
                  ↪ 16 pro Monat
                  Produktionskoeffizient ist 2

Lagerraum soll ausreichend zur Verfügung stehen, d.h. Lagerbeschränkungen entfallen im Modell. Die Lagerkosten seien ebenfalls gegeben:
        je Einheit P1: 7 Geldeinheiten,
        je Einheit P2: 11 Geldeinheiten.

Damit wird obiges Modell zu folgender konkreter Optimierungsaufgabe:

---

[11]   Auch Boolsche Variable oder 0-1-Variable genannt.

$$7 \sum_{t=1}^{12} y_1^t \; + \; 11 \sum_{t=1}^{12} y_2^t \; \longrightarrow \; min$$

$$3 \, x_1^t \; \leq \; 16 \quad \forall \, t$$

$$2 \, x_2^t \; \leq \; 16 \quad \forall \, t$$

$$
\begin{array}{rclcrcl}
x_1^1 & - & y_1^1 & = & 4 & \qquad x_2^1 & - & y_2^1 & = & 1 \\
y_1^1 + x_1^2 & - & y_1^2 & = & 3 & \qquad y_2^1 + x_2^2 & - & y_2^2 & = & 1 \\
y_1^2 + x_1^3 & - & y_1^3 & = & 0 & \qquad y_2^2 + x_2^3 & - & y_2^3 & = & 3 \\
y_1^3 + x_1^4 & - & y_1^4 & = & 0 & \qquad y_2^3 + x_2^4 & - & y_2^4 & = & 4 \\
 & \vdots & & & & & \vdots & & & \\
y_1^{11} + x_1^{12} & - & y_1^{12} & = & 12 & \qquad y_2^{11} + x_2^{12} & - & y_2^{12} & = & 1 \\
\end{array}
$$

$$
\begin{array}{lll}
x_j^t \; \geq \; 0 & \qquad & j \; = \; 1, 2, \; t \; = \; 1, ..., 12 \\
y_j^t \; \geq \; 0 & \qquad & j \; = \; 1, 2, \; t \; = \; 1, ..., 12 \\
\end{array}
$$

3.1.4 Mehrstufige mehrperiodige Programmplanung

Die Planperiode werde wieder in Teilperioden unterteilt. Die Produkte entstehen aus Vorprodukten, die auch zu produzieren sind. Der Einfachheit des Modells wegen werde angenommen, dass Vorprodukte zu einem Produkt jeweils eine Periode vor dem Produkt, oder noch früher, gefertigt werden. Für die Produktionsstufen werde weiterhin als Bezeichnung der Index $k \; = \; 1, 2, ..., s$ und für die Perioden entsprechend der Index $t \; = \; 1, 2, ..., T$ verwandt. Damit ergeben sich nun folgende Symbole:

x_j^{kt} -   Produktionsmenge am Produkt j der Stufe k in Periode t,

a_{ij}^k -   Bedarf an der Engpassart i für eine Einheit des Produktes j der Stufe k,

$K_i^{k,t}$ -   Kapazität an der Engpassart i der Stufe k in Periode t,

b_{lj}^k -   Bedarf am Produkt l der Stufe $k-1$ für eine Einheit des Produktes j der Stufe k,

b_j^t -   Bedarf am Endprodukt j in Periode t,

y_j^{kt} -   Lagerbestand des Produktes j der Stufe k am Ende der Periode t, (t=0 - Anfangsbestand),

K_L -   Lagerkapazität,

l_j^k -   anteiliger Lagerbedarf je Einheit des Produkt j der Stufe k,

c_j^k -   Lagerkosten je Einheit des Produktes j der Stufe k.

Damit kann auf gleiche Weise wie bisher auch hier das Planungsmodell formuliert werden:

$$\sum_{k} \sum_{j=1}^{n_k} c_j^k \sum_{t=1}^{T} y_j^{kt} \longrightarrow min$$

$$\sum_{j=1}^{n_k} a_{ij}^k x_j^{kt} \leq K_i^{kt} \qquad\qquad \forall\, i,\, k,\, t$$

$$\sum_{k} \sum_{j=1}^{n_k} l_j^k y_j^{kt} \leq K_L \qquad\qquad \forall\, t$$

$$y_j^{s\,t-1} + x_j^{s\,t} - y_j^{s\,t} = b_j^t \qquad\qquad \forall\, t$$

$$y_l^{k-1,t-2} + x_l^{k-1,t-1} - y_l^{k-1,t-1} - \sum_{j=1}^{n_k} b_{lj}^k x_j^{kt} = 0 \quad \forall\, l = 1,\, ...,\, n$$

$$\forall\, t = 2,\, ...,\, T$$
$$\forall\, k = 2,\, ...,\, ss$$

$$x_j^{kt} \geq 0 \qquad\qquad\qquad\qquad \forall\, j,\, k,\, t$$
$$y_j^{kt} \geq 0 \qquad\qquad\qquad\qquad \forall\, j,\, k,\, t$$

Folgende Anmerkungen sind erforderlich:

- Es besteht natürlich im allgemeinen kein Zwang, Produkte der Stufe k-1 genau eine Periode früher zu produzieren als die der Stufe k, in die sie eingehen sollen. Dann allerdings müssen weitere Variable - Produktionsvariable für das Produkt der Stufe k-1 in anderen Perioden - in das Modell aufgenommen werden, wodurch es weiter verkompliziert wird.

- Das Modell kann weiter verfeinert werden, z.B. durch Betrachtung von Intensitäten und davon abhängigen Verbräuchen an Produktionsfaktoren, durch Betrachtung von verschiedenen alternativen Produktionsstätten u.ä.

3.2   Sensitivitätsanalyse - Einblick und Anwendung

3.2.1   Ergebnisse der Dualitätstheorie der Linearen Optimierung

Hier werden nur Ergebnisse der Dualitätstheorie vorgestellt, vertiefende Studien sind anhand der Fachliteratur möglich[12]. Das Planungsproblem wird nicht detailliert betrachtet, sondern nur in seiner prinzipiellen Gestalt.

Es sei eine Lineare Optimierungsaufgabe der Form

$$\sum_{j=1}^{n} c_j x_j \quad \rightarrow \quad \max$$
$$\sum_{j=1}^{n} a_{ij} x_j \quad \leq b_i \quad i = 1,...,m$$
$$u_j \leq x_j \quad \leq o_j \quad ,\, j = 1,...,n$$

gegeben, sie sei lösbar, eine optimale Lösung x_j^*, $j = 1,2,...,n$, liege vor. Dann existieren so genannte Dualvariable y_i^*, $i = 1,2,...,m$, die genau mit je einer Nebenbedingung des Optimierungsproblems korrespondieren. Für diese Dualvariablen gilt:

---

[12]   Vgl. dazu auch [Lud95, S. 243 ff.].

- $y_i^* * (\sum\limits_{j=1}^{n} a_{ij} x_j^* - b_i) = 0$, d.h. ist $\sum\limits_{j=1}^{n} a_{ij} x_j^* < b_i$, so muss $y_i^* = 0$ gelten, bzw. ist $y_i^* > 0$, so muss $\sum\limits_{j=1}^{n} a_{ij} x_j^* = b_i$ gelten.

- Es gilt $\sum\limits_{j=1}^{n} c_j x_j^* = \sum\limits_{i=1}^{m} b_i y_i^*$.

- Ist $y_i^* > 0$, so ist die i-te Kapazität ausgeschöpft. Eine Erweiterung dieser Kapazität um eine Einheit würde den Zielfunktionswert $\sum\limits_{j=1}^{n} c_j x_j^*$ um den Wert y_i^* verbessern. Dies gilt, da y_i^* den Wert der Richtungsableitung der Optimalwertfunktion des Ausgangsproblems angibt, und dies gilt natürlich nur innerhalb des Gültigkeitsbereiches (Stabilitätsbereiches) dieser Dualvariablen.

3.2.2   Anwendung auf die Kapazitätsplanung

Es werden verschiedene Fälle, die beim Lösen des Planungsproblems eintreten können, betrachtet.

Fall 1:
Die vorgegebenen Kapazitäten reichen nicht aus, um die Absatzforderungen zu erfüllen. Dabei seien einzelne Kapazitätsarten durchaus ausreichend, einige aber zu gering bemessen. Es soll die Möglichkeit der Kapazitätsumverteilung bestehen, z.B. einfach durch Personalaustausch. Damit besteht die Möglichkeit, einzelne Kapazitäten zugunsten anderer zu reduzieren.
Es sei nun

$$I_1 = \{i : \sum\limits_{j=1}^{n} a_{ij} u_j \leq b_i\} \qquad \text{und} \qquad I_2 = \{i : \sum\limits_{j=1}^{n} a_{ij} u_j > b_i\}.$$

I_2 beschreibt also die Nebenbedingungen, in denen die Kapazität nicht ausreicht, die vorgegebenen Untergrenzen u_j im Plan umzusetzen. Mit k_i als variable Kapazitätserweiterung bei $i \, \epsilon \, I_2$ bzw. als variable Kapazitätsreduzierung bei $i \, \epsilon \, I_1$ ergeben sich neue Restriktionen für das Planungsproblem:

$$\sum\limits_{j} a_{ij}\, x_j \; \leq \; b_i \; + \; k_i \quad i \, \epsilon \, I_2,$$
$$\sum\limits_{j} a_{ij}\, x_j \; \leq \; b_i \; - \; k_i \quad i \, \epsilon \, I_1$$

und zusätzlich die Umverteilungsbedingung

$$\sum\limits_{i \, \epsilon \, I_1} k_i \; - \; \sum\limits_{i \, \epsilon \, I_2} k_i \; = \; 0 \; .$$

Als Ziel könnte

$$\sum\limits_{i \, \epsilon \, I_1} k_i \; \to \; min$$

verwendet werden. Damit würde darauf abgezielt, überhaupt erst einmal eine zulässige Lösung, d.h. einen ausführbaren Plan, zu erhalten, der realisierbar ist und eine minimale Kapazitätsumverteilung erfordert.

Diese erforderliche Kapazitätsumverteilung ist aber keineswegs terminiert. Damit können in der Ausführung des Planes durchaus weitere Kapazitätsengpässe auftreten, was nachfolgendes Beispiel verdeutlicht: Zwei Produkte P1 und P2 sind nacheinander zuerst auf Maschine M1, danach auf Maschine M2 zu bearbeiten. Die Bearbeitungszeiten sind

	M 1	M 2
Produkt P1	4	5
Produkt P2	2	4
Kapazität	10	10

Der Zeitbedarf auf M1 ist also 6, der auf M2 9 Zeiteinheiten. Bei einem Kapazitätsangebot von je 10 Zeiteinheiten wird die Durchführung als realisierbar eingestuft. Erfolgt aber nun eine Terminierung der Aufträge, so sind beide Aufträge in 10 Zeiteinheiten nicht zu schaffen:

	M 1	M 2
Produkt P1	1-4	5-9
Produkt P2	5-6	10-13

oder

	M 1	M 2
Produkt P2	1-2	3-6
Produkt P1	3-6	7-11

Fall 2:
Die Kapazität reicht im Produktionsplanungsmodell nicht aus, auch durch Umverteilung ist das Problem nicht zu beheben. Prinzipiell gibt es zwei mögliche Entscheidungen. Entweder werden die Mindestmengen für die Produkte herabgesetzt oder es müssen Kapazitätserweiterungen vorgenommen werden.

Wenn Kapazitätserweiterungen mit zusätzlichen Aufwendungen verbunden sind, kann ein Ziel darin bestehen, diese erforderlichen Aufwendungen minimal zu halten. Damit ergibt sich mit den Bezeichnungen

k_i - variable Kapazitätserweiterung des Engpasses i,

c_i - Kosten pro Einheit Kapazitätserweiterung am Engpass i

folgendes Optimierungsproblem:

$$\sum_{i=1}^{m} c_i\, k_i \rightarrow \min$$
$$\sum_{j} a_{ij}\, x_j \; - k_i \; \leq \; b_i \; , \, i = 1,2,...,m$$
$$u_j \leq x_j \leq o_j, \, j = 1,...,n \; .$$

Wurde das Planungproblem mit der Zwei-Phasen-Methode des Simplexalgorithmus[13] gelöst und auf fehlende Kapazitäten erkannt, so beziehen sich die Dualvariablen auf das Ziel der ersten Phase, nämlich das Finden eines zulässigen Planes. Damit verweist die Dualvariable mit dem größten Wert auf die Kapazitätsrestriktion, deren Erweiterung den größten Erfolg hinsichtlich Erreichen von Zulässigkeit verspricht, aber wegen des Stabilitätsbereiches der Dualvariablen nicht unbedingt auch garantiert.

3.2.3   Auswertung von Schlupfvariablen

Schlupfvariable werden in der Anwendung, insbesondere auch in der Software als Zeilenvariablen oder logische Variable bezeichnet. In der Nebenbedingung

---

[13]   Vgl. dazu auch [Lud95, S. 238 ff.].

$$\sum_j a_{ij}\, x_j \;\le\; b_i$$

wird auf jeder aktuellen Lösung x die Differenz

$$b_i \;-\; \sum a_{ij}\, x_j$$

als Schlupf bezeichnet, bzw. dieser Schlupf der genannten Schlupfvariablen zugeordnet.

Für eine konkrete, also auch für eine optimale Lösung, gibt die Schlupfvariable von Kapazitätsrestriktionen somit die noch verfügbare nicht genutzt Kapazität an. Aus den Bemerkungen zur Dualitätstheorie wird klar, dass für jede Restriktion mindestens eine der beiden charakteristischen Variablen - Dualvariable oder Schlupfvariable - den Wert Null annehmen muss.

3.3   Zentrale versus dezentrale Produktionsplanentscheidungen

Die nachfolgenden Ausssagen sind prinzipiell auch auf andere Entscheidungsprobleme und Entscheidungssituationen zu übertragen, bei denen zwischen zentralen und dezentralen Entscheidungen gewählt werden kann.

Entscheidungsprobleme in Unternehmen zeichnen sich durch eine wachsende Komplexität aus. Dies resultiert aus den Entwicklungen:

- Zunahme der Produktvielfalt und wachsende Variantenzahl, damit verbunden eine zunehmende Zahl zu planender Teile,

- Realisierung von individuellen Kundenwünschen, damit verbunden eine größere Produktvielfalt bei sinkender Stückzahl je Variante bis hin zur Losgröße 1,

- Nischenproduktion, damit verbunden ein stärkerer Bezug auf *besondere* Kundengruppen.

Oft ist dem betrieblichen Entscheidungträgern diese Komplexität gar nicht bewusst. Praktiker, aber auch Informatiker, bauen dabei auf immer leistungsfähiger werdende Hardware und erhoffen sich damit „demnächst" ein Beherrschen der Komplexität. Aber die Leistungsfähigkeit (Rechenleistung) der Hardware verdoppelt sich nur aller 18 Monate, die Problemgröße aktueller Planungsaufgaben dagegen wächst wegen der zunehmenden Vielfalt mit deutlich größerem Exponenten. D.h. die Leistungsfähigkeit auch künftiger Rechentechnik wird im Zusammenhang mit Planungsaufgaben in der Produktion gern überschätzt. Außerdem fehlt es an Software für Planungsprobleme der vorliegenden Komplexität.

Die Konsequenz ist eigentlich, dass heutige Probleme immer weniger exakt beherrschbar sind, also nur näherungsweise gelöst werden können, dass häufig Fehlentscheidungen getroffen werden, ohne dass dies erkannt wird, was wiederum in einem Anwachsen von Beständen und Durchlaufzeiten zum Ausdruck kommt.

Den Ausweg sucht das Management - insbesondere war dies zu Beginn der neunziger Jahre der Fall - in der Dezentralisierung der Entscheidungen, die mit einem Verkleinern des Entscheidungsproblems, bzw. dem Zerlegen in viele kleine Probleme, einher geht. Dadurch wird die Komplexität reduziert und die Überschaubarkeit ist besser gewährleistet.

Was aber vielen Entscheidern nicht bewusst ist, ist die Tatsache, dass dezentralisierte Entscheidungen meist nur lokale Optima, also für die dezentrale Einheit beste Entscheidungen, liefern. Inwieweit diese zu einem Gesamtoptimum beitragen, ist in der Regel völlig unklar. Dies soll folgendes Beispiel illustrieren:

Beispiel

Es werden nur zwei Bereiche, die über zwei gemeinsame Ressourcen verfügen, betrachtet. Die Entscheidungsvariablen des ersten Bereiches seien x_1 und x_2, die des zweiten Bereiches x_3 und x_4. Das eigentliche Problem habe die Gestalt folgender linearen Optimierungsaufgabe:

$$2x_1 + 3x_2 + 3x_3 + 2x_4 \rightarrow max$$
$$x_1 + x_2 + x_3 + x_4 \leq 20$$
$$2x_1 + x_2 + 2x_3 + x_4 \leq 32$$
$$x_1 + 2x_2 \leq 15$$
$$x_3 + 2x_4 \leq 20$$
$$x_1,\, x_2,\, x_3,\, x_4 \geq 0$$

Die ersten beiden Restriktionen repräsentieren damit die gemeinsamen Ressourcen, die in den Mengen 20 bzw. 32 vorliegen. Um dieses Problem zu dezentralisieren, werden diese gemeinsamen Ressourcen aufgeteilt auf beide Bereiche, ganz gerecht, jeder erhält jeweils die Hälfte, also 10 bzw. 16 Einheiten. Damit zerfällt das Entscheidungsproblem in zwei Teilprobleme

$$2x_1 + 3x_2 \rightarrow max$$
$$x_1 + x_2 \leq 10$$
$$2x_1 + x_2 \leq 16$$
$$x_1 + 2x_2 \leq 15$$
$$x_1,\, x_2 \geq 0$$

$$3x_3 + 2x_4 \rightarrow max$$
$$x_3 + x_4 \leq 10$$
$$2x_3 + x_4 \leq 16$$
$$x_3 + 2x_4 \leq 15$$
$$x_3,\, x_4 \geq 0$$

Beide Teilprobleme sind lösbar (z.B. geometrisch lösen), die Lösungen ergeben zugleich eine zulässige Lösung für das Ausgangsproblem:

$$x_1^* = 5,\ x_2^* = 5,\ x_3^* = 6,\ x_4^* = 4 \text{ mit dem Zielwert } z^* = 51.$$

Wird das Ausgangsproblem genauer betrachtet, so ergibt sich eine bessere Lösung z.B. aus:

$$x_1^* = 5,\ x_2^* = 5,\ x_3^* = 6{,}25,\ x_4^* = 3{,}75 \text{ mit einem Zielwert } z = 51{,}25.$$

Diese Lösung aber ist aus den Teilproblemen nur generierbar, wenn die Aufteilung der gemeinsamen Ressourcen anders als hier vorgenommen erfolgt. Daraus ist zu erkennen, dass es der *richtigen* Aufteilung der Ressourcen bedarf, um durch dezentrales Lösen eine zentral beste Lösung zu errechnen. Das Bestimmen dieser „richtigen" Aufteilung aber ist wiederum ein Problem, das nicht in einem Zuge zu vollziehen ist. Der interessierte Leser wird hierzu auf die Literatur zur Dekomposition linearer Optimierungsprobleme verwiesen[14], auf die hier aber nicht eingegangen werden soll.

Ein deutlicher Ausdruck dafür, dass sich diese Erkenntnis immer mehr durchsetzt, ist das Supply Chain Management. Hier geht es darum, ganze Lieferketten im Komplex, also zentral, zu betrachten und zu optimieren, nicht mehr nur die einzelnen Kettenglieder zu gestalten, also dezentral zu entscheiden. Die Praxisberichte berichten hierzu von Erfolgen, deren Größe zwar in Erstaunen versetzt, die aber den Wissenschaftler, der sich mit dieser Thematik ernsthaft auseinander setzt, nicht überraschen sollten.

---

[14] Siehe dazu [Bee77].

Kapitel 4

Fertigungssteuerung

Eine ganze Reihe von Begriffen, die zur Beschreibung von produktionstechnischen Sachverhalten Verwendung finden, werden von Vertretern der Praxis und auch in der Literatur oft in einem unterschiedlichen Sinne benutzt. Deshalb erscheint es zunächst sinnvoll, im ersten Abschnitt die für dieses Kapitel gültige Bedeutung festzuschreiben. Darauf aufbauend erfolgt eine Betrachtung der Entwicklung der Produktion.

Auf diese Grundlagen aufbauend wird in Abschnitt zwei untersucht, wie sich die Ablaufplanung aus der Sicht der produktionswirtschaftlichen Organisation darstellt, welche Ziele verfolgt werden und welche allgemeinen Aufgaben sich daraus ableiten lassen. Anschließend wird gezeigt, wie sich die Ablaufplanung in die Produktionsplanung allgemein und innerhalb der heutigen betrieblichen Informationssysteme einordnet. Deterministische Scheduling Probleme werden formal beschrieben.

Der dritte Abschnitt beschäftigt sich mit der klassischen Durchlauf- und Kapazitätsterminierung und nimmt eine kritische Bewertung vor. Als Verfahren der Durchlaufterminierung werden die Vorwärts- und die Rückwärtsterminierung, die Überlappung und das Splitten von Arbeitsvorgängen vorgestellt. Im Rahmen der Kapazitätsterminierung erfolgt die Besprechung von Belastungsrechnung, Kapazitätsanpassung und -abgleich.

Die Fertigungssteuerungsprinzipien bilden im Anschluss daran im Abschnitt vier die Grundlage für den Bereich der klassischen operativen Planung. Verfahren wie Prioritätsregeln, Belastungsorientierte Auftragsfreigabe, Retrograde Terminierung, Kanban und Fortschrittszahlenkonzept zeigen die Möglichkeiten aber auch die Grenzen klassischer Verfahren auf.

Im letzten Abschnitt wird der Stand der Forschung im Bereich der Fertigungssteuerung beschrieben. Der Einstieg erfolgt über eine allgemeine Gliederung von Heuristiken und leitet über zu Verfahren wie Genetische Algorithmen und Ant Colony Optimierung.

4.1   Grundlagen

Eine ganze Reihe von Begriffen, die zur Beschreibung von produktionstechnischen Sachverhalten Verwendung finden, werden von Vertretern der Praxis und auch in der Literatur oft in einem unterschiedlichen Sinne benutzt. Deshalb erscheint es an dieser Stelle sinnvoll, die für dieses Kapitel gültige Bedeutung festzuschreiben. Anschließend erfolgt ein Abríss der Entwicklung der Fertigungssteuerung.

4.1.1 Grundbegriffe

Produktionsplanung: Wird unterstellt, dass das kurzfristige Produktionsprogramm bereits festgelegt wurde, unterteilt sich die Produktionsplanung in die Bereiche Ablaufplanung (Losgrößenbestimmung, Arbeitsfolgeplanung, Termingrobplanung) und Bedarfsplanung (Personal-, Betriebsmittel- und Materialbedarfsplanung)[1]. Die Ergebnisse der Produktionsplanung werden innerhalb der ↑*Fertigungssteuerung* aufgegriffen, um im kurzfristigen Planungshorizont und auf der untersten Ebene der Fertigung Entscheidungen für den jeweiligen Arbeitszeitabschnitt ableiten zu können.

Fertigungssteuerung: Zur Definition des Begriffes soll zunächst die Stellung der Fertigungssteuerung im Rahmen der Geschäftsprozesse eines Unternehmens dargestellt werden. Interessant für dieses Kapitel ist dabei nur die Abgrenzung der Fertigungssteuerung innerhalb des Hauptprozesses Auftragsbearbeitung. Die betriebswirtschaftliche Literatur ist nur wenig geeignet, eine klare Abgrenzung der Fertigungssteuerung von anderen Funktionen im Prozess der Auftragsbearbeitung herauszuarbeiten. In Abbildung 4.1 wurde daher eine Darstellung der zeitlichen Abfolge der Tätigkeiten bei der Bearbeitung von Kundenaufträgen gewählt, die der Realität in vielen Unternehmen entspricht.

Die Auftragsfreigabe wird nicht als Teil der Fertigungssteuerung betrachtet, obwohl manche Autoren eine andere Auffassung vertreten[2]. Dafür gibt es verschiedene Gründe. Zum einen wird die Freigabe von Fertigungsaufträgen in vielen Unternehmen von einer anderen Stelle durchgeführt als der mit der Fertigungssteuerung betrauten. Zum anderen kann die Freigabe durchaus als Anlage eines Arbeitsvorrates vor der Fertigung betrachtet werden, der als Grundlage der Feinterminierung dient.

Ähnliches gilt für die Durchlaufterminierung, die in der Regel von PPS-Systemen mit lediglich impliziter Berücksichtigung der Kapazitäten durchgeführt wird und hauptsächlich der Verifizierung eines möglichen Liefertermins dient. Die so errechneten Starttermine sind ebenso wie die Liefertermine Eckdaten für die Fertigungssteuerung, zu deren Aufgabenbereich diese Berechnung nicht gezählt werden kann.

Unter dem Begriff Fertigungssteuerung sind alle Maßnahmen zur Bereitstellung der erforderlichen Güter (einschließlich Werkstattvorbereitung) sowie die Maßnahmen zur Lenkung der Fertigung (Terminsteuerung, Arbeitsverteilung, Fertigungsüberwachung) zu verstehen[3].

Feinterminierung: [4] Auf der Basis der in der Produktionsplanung ermittelten Ecktermine der einzelnen Aufträge werden in der Feinterminierung die endgültigen Beginn-

---

[1]   Siehe [Sch92c, S. 637 ff.], [Gü94a, S. 276 ff.].
[2]   Vgl. [Wie87].
[3]   Vgl. [Sch92c, S. 653 ff.].
[4]   Dieser Begriff wird auch häufig als Feinplanung bezeichnet. Vgl. [Gü94a, S. 225 ff.].

Funktion   **Weitergegebene Informationen**

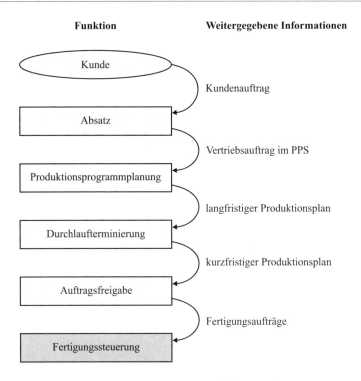

Abbildung 4.1: Hauptprozess der Auftragsbearbeitung

und Endtermine der Arbeitsvorgänge an jedem Arbeitsplatz ermittelt. Als Ergebnis liegt ein Maschinenbelegungsplan vor, in welchem zeitlich detailliert die Betriebsmittelzuordnung für jeden Arbeitsgang determiniert ist. Ziel der Feinterminierung ist in der Regel die Minimierung der Zykluszeit bei gleichzeitiger Beachtung der entstehenden Rüstkosten. Obwohl die Losgrößenproblematik bereits in der Produktionsplanung Beachtung findet, kommt ihr auch in der Feinterminierung eine wichtige Rolle zu. Minimale Durchlaufzeiten können unter anderem durch Losaufteilung (Splittung oder Überlappung) oder Loszusammenfassung erzielt werden.

Losgrößenbildung: Eine Losgröße[5] ist die Menge einer Produktart, die in Form einer vorher geplanten und somit festgelegten Mengengröße als geschlossene Einheit von außen bezogen oder vom Unternehmen selbst gefertigt wird[6]. In diesem Kapitel wird der Begriff Losgröße[7] nur im Zusammenhang mit der Fertigung benutzt.

---

[5] Siehe zum Begriff [Ada75, Sp. 2549 ff.], [Gut58, Sp. 4897], [Zwe79, Sp. 1163 ff.].

[6] Vgl. hierzu [Fan94, S. 156], [Hec91, S. 15].

[7] In der Literatur sind für den Begriff Losgröße die Synonyma Serie, Partie, Auflage usw. bekannt (siehe u. a. [Kil73, S. 383]).

Das Ziel der Bildung von Lösgrößen besteht in der Bestimmung wirtschaftlicher Mengengrößen, bei der die Kosten je Erzeugniseinheit am geringsten sind, d. h. die gegenläufigen Kosten von Rüsten, Fehlmengen und Lagerung sind so abzugleichen, dass die Gesamtkosten über die betrachtete Periode minimal werden.

Reihenfolgeplanung: Reihenfolgeprobleme verfolgen das Ziel, die Elemente einer endlichen Menge so zu ordnen, dass die Restriktionen erfüllt werden und eine festgelegte Zielfunktion einen maximalen bzw. minimalen Wert annimmt[8]. In der Feinterminierung geht dieser Reihenfolgeplanung in der Regel eine ↑*Belegungsplanung* voraus, die eine paarweise Relation zwischen den Elementen zweier Mengen (Menge der Maschinen und Menge der Arbeitsvorgänge) herstellt. Deshalb wird in der Produktionswirtschaft allgemein von einem Reihenfolgeproblem gesprochen, wenn die Elemente einer Menge in Bezug auf die Elemente einer anderen Menge unter Beachtung von Restriktionen in eine zielorientierte Ordnung zu bringen sind[9].

Aus betriebswirtschaftlicher Sicht erfährt das Reihenfolgeproblem insbesondere Beachtung als Ablaufplanungsproblem. Anstelle der Begriffe Reihenfolgeplanung und Ablaufplanung werden in der Literatur auch die Begriffe Werkstattbelegungsplanung, Fertigungsablaufplanung oder Maschinenbelegungsplanung benutzt[10]. In diesem Kapitel werden die Begriffe Maschinenbelegungsplanung und Reihenfolgeplanung synonym benutzt und als Kernproblem der Planung des Produktionsprozesses verstanden[11].

Belegungsplanung: Dieser Begriff steht für ein Teilproblem, welches zwar in der praktischen Fertigungssteuerung durchaus eine Rolle spielt, dem aber in der Literatur nur untergeordnete oder keine Bedeutung beigemessen wird. Es handelt sich um die Frage, auf welchem oder welchen von mehreren alternativen Betriebsmitteln ein Arbeitsvorgang auszuführen ist. Wie bereits erwähnt, setzt die Reihenfolgeplanung eine vorherige Vergabe der Fertigungsaufträge an die mit der Bearbeitung zu betrauenden Arbeitplätze (oder Maschinen) voraus. PPS-Systeme lösen dieses Problem anhand der im Arbeitsplan enthaltenen Daten. Die dort angegebenen Zuordnungen sind jedoch meist nicht die einzig möglichen. Vielmehr planen die Meister die Aufträge oft selbstständig auf einem alternativen Betriebsmittel ein, wenn die aktuelle Kapazitätssituation dies günstiger erscheinen lässt. Dieser Planungsvorgang soll als Belegungsplanung bezeichnet werden.

Die Abbildung 4.2 illustriert den Zusammenhang der genannten Begriffe.

4.1.2 Historische Entwicklung

Veränderungen in der Produktion vollziehen sich zum einen bedingt durch technologische Weiterentwicklungen von Verfahren und Maschinen und zum anderen durch ökonomische Zwänge. Auf diese Weise entstehen immer neue Konzepte für die Aufbau- (z.B.

---

[8]   Siehe u. a. [Ric88, S. 54].

[9]   Vgl. [Con67, S. 1], [Mül70, S. 1], [Reh79, S. 28].

[10]   Vgl. z. B. [Reh79, S.29], [Zäp82, S. 247 ff.], [Pau84, S. 9], [Zim92, S. 161 ff.].

[11]   Siehe u. a. [Gut83, S. 199-201].

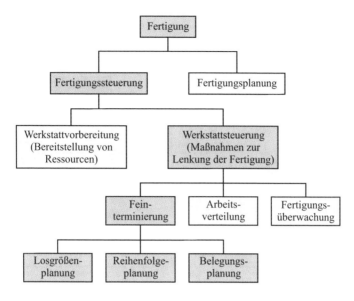

Abbildung 4.2: Einordnung der Fertigungssteuerung

Fabrikkonzepte) und Ablauforganisation (z.B. Fertigungssteuerungsprinzipien) von Unternehmen. Abbildung 4.3 zeigt diese Entwicklung für den Zeitraum von 1960 bis heute[12].

In den letzten Jahren vollzog sich ein Wandel vom ungesättigten Verkäufer- zu einem gesättigten Käufermarkt. Dieser Wandel begann bereits in den 60er Jahren und beschäftigte zunächst nur den Bereich Marketing. Vorherrschend bis zu diesem Zeitpunkt war eine Massenfertigung gleichartiger Produkte für den anonymen Markt in wenigen Varianten. Kundenspezifische Wünsche fanden geringe Berücksichtigung. Massendegressionseffekte (economoy of scale) auf der Basis eines hohen Grades an Spezialisierung definierten das dominierende wirtschaftliche Ziel dieser Zeit.

Mit einer beginnenden Sättigung des Marktes erwachte der zusätzliche Wunsch des Kunden nach Qualität der Ware. Eine allgemeine Qualitätsphilosophie (fit to standard) setzte sich durch. Die Bereiche der Qualitätssicherung und der Qualitätskontrolle etablierten sich in vielen Unternehmen. Die dadurch zusätzlich entstehenden Kosten mussten durch die *fehlerfreie Produktion* kompensiert werden.

Eine steigende Qualität brachte eine zunehmende Individualisierung der Kundenwünsche mit sich. Die Kundenorientierung (economy of scope) nahm damit an Bedeutung zu. Speziell in der Produktionswirtschaft sind die Auswirkung dieses Wandels verschärft in den letzten Jahren zu spüren. Ergebnis dieser Entwicklung waren veränderte Wettbewerbsfaktoren, wie z. B. die Forderung nach verkürzten Durchlaufzeiten und niedrigen

---

[12]   Siehe [Zah94, S. 244 ff.].

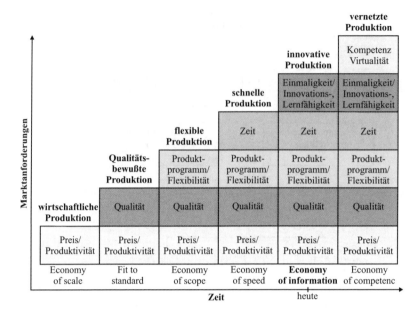

Abbildung 4.3: Entwicklung der Produktion

Beständen, hohe Termintreue und Flexibilität[13]. Gleichzeitig vergrößerte sich der Variantenreichtum der hergestellten Produkte explosionsartig. Das Schlagwort dieser Zeit war die flexible Produktion.

Skalen- und Erfahrungskurveneffekte sowie Flexibilität lassen sich jedoch nicht ins Unermessliche steigern. Spätestens seit den 90er Jahren des letzten Jahrhunderts begann die Produktionsgeschwindigkeit (economy of speed) eine wichtige Rolle zu spielen. Diese Bedeutung ist bis heute erhalten geblieben, wie die Diskussion um das *Drei-Tage-Auto* zeigt.

Es wurde deutlich, dass das Prinzip des Taylorismus[14] in seiner Anwendung nicht mehr in der Lage war, die bestehenden Probleme der sich schnell verändernden betrieblichen Praxis zu lösen. Auch das soziale System in der Produktion entwickelt sich (siehe Abbildung 4.4)[15].

Ohne genauer auf die verschiedenen Stufen einzugehen, soll verdeutlicht werden, dass auch die Bereiche Soziologie und Psychologie auf die Produktion reflektieren. Insbesondere die steigenden Ansprüche bei der Ausgestaltung der Erwerbstätigkeit trugen sehr zur Humanisierung des Arbeitslebens bei. Am Ende der Zeitskala sind die Begriffe Krea-

---

[13] Vgl. [Hab92, S. 36].

[14] Darunter wird die Teilung der Arbeit in kleinste Einheiten verstanden, zu deren Ausführung keine oder geringe Denkvorgänge notwendig sind [Fre94, S. 3242].

[15] Vgl. [War94, S. 339].

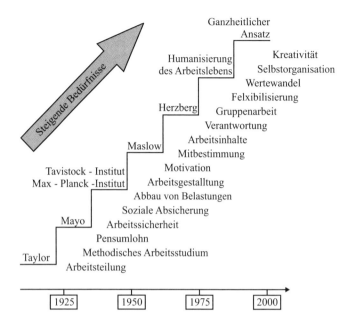

Abbildung 4.4: Entwicklung des sozialen Systems in der Produktion

tivität und Selbstorganisation eingeordnet. Jene sind der Ausgangspunkt für die letzte Stufe der Abbildung 4.3.

Die heutige Stufe der Produktion ist geprägt durch Innovation und Lernfähigkeit. In immer kürzeren Zyklen entstehen neue Produkte mit neuen Technologien. Für große Unternehmen wird es zunehmend schwieriger, diese Änderungsgeschwindigkeit durch herkömmliche Organisationsstrukturen zu kontrollieren[16]. Möglicherweise ist hierin ein Grund für die Tendenz zu neuen Unternehmensformen oder Strategien zu finden. Die Abbildung 4.5 illustriert diese Entwicklung[17].

Die nächste Stufe der Produktion[18] wird als vernetzt bezeichnet. Die Anfänge dieser Etappe liegen bereits in der Entwicklung des Supply Chain Managements der letzten Dekade. Derzeitige und zukünftige Lösungsansätze für das unternehmensübergreifende Abstimmen der Wertschöpfungskette und die zu deren Umsetzung notwendigen Methoden und Technologien stellen die Kundenorientierung, die Adaptions- und Lernfähigkeit und die Vernetzung von Unternehmen oder Unternehmensteilen in den Mittelpunkt der Konzeption. Als wichtigste Ansätze erwiesen sich die[19]:

---

[16]   Warnecke führt den Vergleich von einem schwerfälligen Schlachtschiff mit einer Flottille.
[17]   Siehe hierzu [Wir01a, S. 3 ff.].
[18]   Hierbei sei darauf hingewiesen, dass die Übergänge zwischen den Stufen fließend sind. Die Stufen selbst sind nicht eindeutig gegeneinander abgrenzbar.
[19]   Siehe [Wir01b, S. 67].

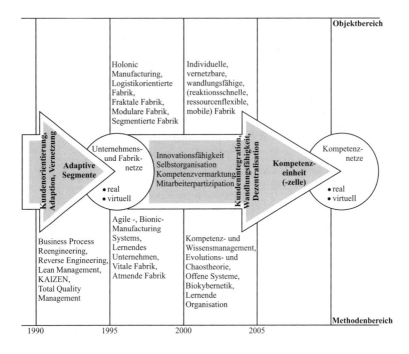

Abbildung 4.5: Entwicklung von Unternehmen

- bionischen[20], lernenden[21], vitalen[22] und atmende[23] Unternehmen,

- fraktale[24], holonische[25], modulare[26] und segmentierte[27] Fabrik,

- flexible[28] Produktionsstrukturen, robuste[29] Produktionsprozesse und

- virtuelle Unternehmen[30], wandelbare[31] und hierarchielose[32] Produktionsnetze.

---

[20]   Vgl. [Eng90].
[21]   Vgl. [Wil95].
[22]   Vgl. [AWF96].
[23]   Vgl. [Har95].
[24]   Vgl. [War92].
[25]   Vgl. [Höp94].
[26]   Vgl. [Wil94].
[27]   Vgl. [Wil95, Wir98].
[28]   Vgl. [Wes96].
[29]   Vgl. [Bla92].
[30]   Vgl. [Mer42, Sch98].
[31]   Vgl. [Wie96].
[32]   Vgl. [Wir01b, Tei01a].

Die veränderten Bedingungen erfordern eine neue Herangehensweise und herkömmliche PPS-Systeme genügen allein nicht mehr den sich daraus ergebenden Anforderungen[33]. Aus dieser Betrachtungsweise heraus ist es verwunderlich, dass Umfragen innerhalb des Managements den wachsenden Druck des Marktes auf die Produktionsstrukturen nicht reflektieren. Die folgende Statistik (Abbildung 4.6) zeigt, dass die Kostensicht dominiert. An letzter Stelle der als wichtig angesehen Kennziffern steht die Flexibilität. Diese Abbildung zeigt demnach deutlich das Missverhältnis von Planung und Realität.

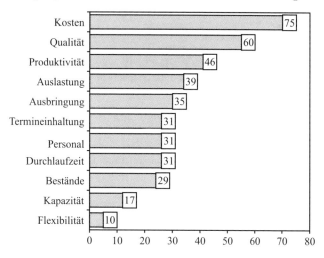

Abbildung 4.6: Kennziffern des Produktionsmanagements

Zusammenfassend erfolgt abschließend eine Aufstellung der Auswirkungen des starken Wandels der Märkte auf die Produktion und die Fertiungssteuerung.

Auswirkungen auf die Produktion

- Zunahme der Zahl der zu koordinierenden (zeitlich und mengenmäßig) Rohstoffe und Bauteile

    − wachsender Komplexitätsgrad der Fertigungsabläufe

    − lineare Abläufe → vernetzte Prozessstrukturen

    − manuell nicht mehr beherrschbar

- Wandel: Verkäufermarkt → Käufermarkt

    − Zielwandel: max. Kapazitätsauslastung → kurze Lieferzeiten, Termintreue

    − Verschlechterung der Eigenkapitalsituation: Reduzierung der Kapitalbindung im Umlaufvermögen (Abbau von Rohstoff-, Zwischen-, Endlagern) führt zu

---

[33]   Vgl. [Sim92, S. 10].

geringen Materialreichweiten, kurzen Durchlaufzeiten und zur Notwendigkeit
einer guten Abstimmung von Produktionsend- und Lieferterminen

- produktionstechnologische Veränderungen

  - bisher: geringe fertigungstechnische Elastizitäten z. B. Fließfertigung: oft nur
    ein Produkt oder Werkstattfertigung: Maschinen nur für eine Funktion

  - heute: CNC-Werkzeugmaschinen, EDV-gesteuerte Transportsysteme, flexible
    Fertigungssysteme
    $\rightarrow$ geringe Umrüstzeiten
    $\rightarrow$ kleine Losgrößen
    $\rightarrow$ Schlagworte: „Losgröße 1",„Just-in-Time"
    Höchststand: Umrüstung computergesteuert im Produktionsprozess

Auswirkung auf die Fertigungssteuerung

- Reduzierung der Komplexität:
  es existieren in sich geschlossen (gesteuerte) Produktionssubsysteme, die „lediglich" noch zu koordinieren sind

- Steuerung wird komplexer:
  Zahl der technisch möglichen Bearbeitungsgänge je Anlage wächst,
  Produktionsaufteilung auf mehrere funktionsgleiche (-ähnliche) Anlagen möglich
  oder erforderlich

4.2 Ablaufplanung

Zentralisation und Dezentralisation bilden Begriffe der Organisationslehre und beschäftigen sich mit dem Problem der Aufteilung von Aufgaben, die in aller Regel sehr komplex
sind. Selbst für kleinere Betriebe hat die Erstellung und die marktwirtschaftliche Verwertung eines Produktionsprogramms einen hinreichend komplexen Charakter. Trotzdem ist
oftmals die technokratische Einstellung des verantwortlichen Führungspersonals präsent,
die Vielzahl der Aufgaben simultan zu lösen. Diese Auffassung stößt jedoch schnell an
ihre Grenzen bezüglich des vorhandenen Wissens, der Informationsbeschaffung, der In-
formationsverarbeitung[34] und nicht zuletzt durch die begrenzte Ressource Zeit. Daraus
resultiert die Notwendigkeit, eine Aufgabe zu dekomponieren und zu distribuieren.

4.2.1 Aufbau- und Ablauforganisation

Die Realisierung eines Planes zur Lösung einer betriebswirtschaftlichen Aufgabe erfolgt
immer im Rahmen der Organisation eines Unternehmens, einer Abteilung oder einer

---

[34] Siehe hierzu u. a. Ausführungen von [Sim81, S. 30 ff.], [Kir77, S. 64 ff.], [Hei85, S. 46 ff.] und [Pic93,
     S. 103 ff.].

anderen planenden Einheit. Bezüglich des Gegenstandes der Organisation[35] wird in der Literatur[36] im Wesentlichen nach zwei Konzeptionen unterschieden.

Die *instrumentale* Konzeption versteht unter Organisation das bewusste Gestalten von Beziehungen zwischen Personen, Arbeitsmitteln und Objekten. Es wird die Existenz von organisatorischen Regeln (personenbezogene Verhaltensregeln und maschinenbezogene Funktionsregeln) unterstellt, durch welche das System seine Ordnung aufrecht erhält. Es wird auch von struktureller Organisation gesprochen.

Der instrumentalen Konzeption gegenüber steht die *institutionelle* Konzeption. Hierbei wird das System selbst als Ordnung aufgefasst mit der Unternehmung als zielgerichtetes Handlungssystem. Diese Sicht wird als verhaltenswissenschaftliche Konzeption verstanden, in welcher soziale Systeme selbst als Organisation bezeichnet werden. Gegenstand dieser Konzeption ist die Untersuchung des Verhaltens und des Handelns der in Sozialgebilden befindlichen Personen sowie der Bestimmungsgrößen ihrer Verhaltensweisen[37].

Da in der produktionswirtschaftlichen Theorie und Praxis zumeist pragmatische Probleme bearbeitet werden, richtet sich die Aufmerksamkeit von Untersuchungen auf betriebsgestaltende Regelungen. Die instrumentale Sichtweise herrscht vor[38]. Dementsprechend soll ein der instrumentalen Konzeption folgender Organisationsbegriff unterstellt werden, der sich gemäß dieser Konzeption in die beiden Teilbereiche der Aufbau- und der Ablauforganisation unterteilen lässt[39].

4.2.1.1 Aufbauorganisation

Die Organisation kann zunächst als Bestandsphänomen betrachtet werden. Im Mittelpunkt des Interesses stehen die Teilaufgaben der Aufgabenträger und die zwischen diesen existierenden Beziehungen, ohne dass daraus ein zeitlicher Bezug abgeleitet werden könnte. Es wird von einer *Aufbauorganisation* gesprochen. Sie schafft grundlegende Strukturen und legt den institutionellen Rahmen fest, der *langfristige* Entscheidungen über Art und Menge der einzusetzenden Betriebsmittel und Personen impliziert. Auch die Produktionsform lässt sich diesem Bereich zuordnen. Darüber hinaus werden die Informationsflüsse und die Art, wie diese Informationen bzw. Daten hinterlegt werden, determiniert. Im Zusammenhang mit der betrieblichen Produktion sind vor allem die Strukturen der Erzeugnisse und der Aufgaben von Bedeutung.

Durch die Erzeugnisstruktur wird dargestellt (siehe Abbildung 4.7), aus welchen Einzelteilen und Gruppen ein bestimmtes Erzeugnis besteht[40]. Mit einer zweckmäßigen Gliederung der Erzeugnisse lassen sich unterschiedliche Ziele verfolgen, z. B. Wirtschaftlichkeit der Montage und der Fertigung, Durchführbarkeit von aussagekräftiger Vor- und Nachkalkulation sowie qualitativ anspruchsvolle Planung der Liefertermine. Aus diesen verschiedenen Zielstellungen heraus kann eine Gliederung der Erzeugnisstruktur vorgenommen werden. Hierbei ist eine Gliederung nach Ebenen denkbar, z. B. als Struktur

---

[35]   Hier: Organisation als Tätigkeit oder Prozess des Ordnens von Teilen zu einem Ganzen.
[36]   Siehe hierzu [Dom93], [Kos76], [Büh89] und [Kre90].
[37]   Vgl. [Dom93, S. 24 ff.].
[38]   Vgl. [Gut83, S. 235 ff.].
[39]   Siehe u. a. [Dom93, S. 25].
[40]   Vgl. [REF91, S. 97].

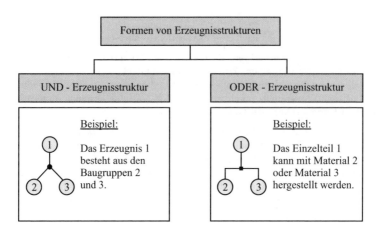

Abbildung 4.7: Formen von Erzeugnisstrukturen

nach Dispositionsstufen für die Ermittlung der verschiedenen Bedarfe oder als Struktur nach Fertigungsstufen für die Montage bzw. die Fertigung selbst. Aber auch eine Aufgliederung durch Gruppenbildung ist vorstellbar, um im Controlling wirksam die verschiedenen Arten von Kalkulationen durchführen zu können.

Die Erzeugnisstruktur ist ein wesentliches Element der Aufbauorganisation des Produktionsbereiches eines Unternehmens. Ihre Ausprägung kann vor allem in Form von Stücklisten nachvollzogen werden, die in der Regel in computergestützten Informationssystemen aufbewahrt werden. Diese Stücklisten gehören zum Bestand eines Unternehmens und sind strukturell kurzfristig nicht änderbar.

Die zweite wesentliche Struktur, die der Produktionsbereich sichern muss, ist die Aufgabenstruktur. Aus ihr ist ersichtlich, wie sich die Gesamtaufgabe in mehrere Teilaufgaben zerlegen lässt. Es entstehen Aufgabengliederungspläne, die im Rahmen der Netzplantechnik als Projektstrukturpläne bezeichnet werden. Diese Pläne bilden eine sachliche Ordnung ab, in welcher die Teilaufgaben abgearbeitet werden müssen, unabhängig von den Personen, die diese Aufgaben durchführen. Die Aufgabenstruktur (siehe Abbildung 4.8) lässt sich grundsätzlich in UND-ODER-Grundformen unterscheiden sowie nach verschiedenen Arten der Gliederung: verrichtungsorientiert, objektorientiert und funktionsorientiert[41].

Funktionsorientierte Strukturen sind solche, in denen Funktionen zusammengefasst werden, die in unterschiedlichen Teilbereichen des Unternehmens immer wieder auftreten, z. B. die Tätigkeit *Planen*. Da für die vorliegende Arbeit nur der Bereich der Fertigung relevant ist, kann auf diese Art der Gliederung verzichtet werden.

Bei der *Objektgliederung* werden die Aufgaben nach Objekten gegliedert, die bei der Durchführung der Aufgabe bearbeitet werden. Ein solches Objekt könnte beispielsweise eine Stückliste sein, die zu erstellen ist. Es spielt dabei keine Rolle, für welches Teil diese

---

[41] Vgl. [REF91, S. 98].

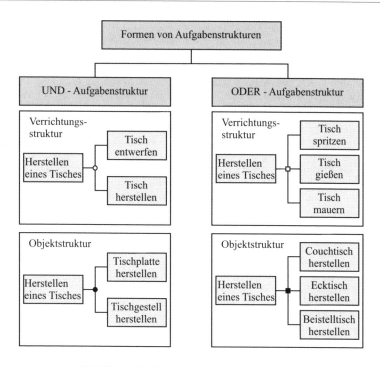

Abbildung 4.8: Formen von Aufgabenstrukturen

Stückliste angefertigt werden soll. Die objektorientierte[42] Sichtweise kann als eine Um-
kehrung der früheren funktionsorientierten Methodologie aufgefasst werden, wofür als
Beispiel in der Literatur zumeist die Methode von DeMarco[43] genannt[44] wird. Bei dieser Methode liegt der Schwerpunkt primär auf der Spezifikation und Dekomposition der
Systemfunktionalität. Dieser Ansatz erscheint als der direkteste Weg, ein gewünschtes
Ziel zu implementieren. Falls sich die Anforderungen an das System ändern, muss das
auf Funktionalität und Dekomposition basierende Modell neu strukturiert werden. Dies
erfordert in der Regel einen hohen Änderungsaufwand, und das Modell wird störanfällig.

Die objektorientierte Herangehensweise versucht zunächst, die Objekte der Anwendungsdomäne zu identifizieren. Diesen Objekten werden erst danach Handlungsweisen (Methoden) zugeordnet. Obwohl dies ein Umweg zu sein scheint, hält objektorientierte Software
wechselnden Anforderungen besser stand, da sie auf dem zugrunde liegenden Bezugs-
rahmen (der Teil der Aufbauorganisation ist) der Anwendungsdomäne selbst aufsetzt,

---

[42]   Die objektorientierte Methode ist eine Lehre, welche auf Objekten und deren Zustände, Aktivitäten
        und Kommunikation aufbaut. Im Mittelpunkt der Objektorientierung steht das Objekt, das sowohl
        die Datenstruktur als auch das Verhalten in sich vereint.
[43]   Vgl. [DeM79].
[44]   Siehe u. a. [Rum93, S. 7].

nicht auf den funktionalen Anforderungen eines einzelnen Problems[45]. Wenn sich die
Anforderungen nach und nach entwickeln, bleiben die Merkmale eines Objektes sehr
viel stabiler als die Art seiner Verwendung[46]. Da sich ein Unternehmen selbst kurzfristig
kaum zu restrukturieren vermag, aber sich die internen und externen Einflüsse auf das
Unternehmen in Art und Weise zunehmend ändern, muss sich ein Entwickler von Modellen zur Abbildung komplexer betrieblicher Vorgänge der Frage des objektorientierten
Entwurfs stellen.

Die *Gliederung nach der Verrichtung* besitzt die größte Praxisrelevanz. Es erfolgt eine
Strukturierung nach Aufgabenorientiertheit im engeren Sinne. Die Verrichtungsgliede-
rung mit UND-Verzweigung ist in (wahrscheinlich) jedem produzierenden Unternehmen
in Form von Arbeitsplänen gegenwärtig. Die verrichtungsorientierte Aufgabengliederung
ist die Schnittstelle zur Ablaufplanung, in der über die sächlichen Zusammenhänge hinaus auch die logisch-zeitlichen Reihenfolgen von Teilaufgaben betrachtet werden.

4.2.1.2   Ablauforganisation

Die Ablauforganisation befasst sich mit der *kurz- und mittelfristigen* räumlichen, zeitlichen und sachlichen Strukturierung von Arbeits- und Bewegungsvorgängen innerhalb des
Unternehmens[47]. Aufbau- und Ablauforganisation bilden zusammen das Organisations-
system einer Unternehmung oder anders ausgedrückt, dessen Konfiguration[48]. Die auf
Nordsieck[49] und Kosiol [50] zurückzuführende Unterteilung beschreibt zwei verschiedene
Betrachtungsweisen ein und desselben Gegenstandes, zwischen denen ein enges Interde-
pendenzverhältnis besteht[51]. Die von der Aufbauorganisation geschaffenen Strukturen
bilden für die Ablauforganisation einen gewissen Rahmen, innerhalb dessen ein konkreter Vollzug zu planen ist[52], welcher als Ablaufplanung (siehe Abschnitt 4.2.3) bezeichnet
wird.

4.2.1.2.1   Gegenstand der Ablauforganisation

Wie oben bereits erwähnt, lässt sich die Ablauforganisation nach drei verschiedenen
Aspekten unterteilen[53]:

Sachliche Aspekte: Hierbei werden die einzelnen Arbeitsprozesse, die Arbeitssubjekte,
    die Arbeitsobjekte, der Arbeitsraum und die Arbeitszuordnung analysiert. Nach
    dieser Analyse erfolgt die Synthese der in der Regel komplexen Arbeitsabläufe.
    Zunächst werden die Arbeitstätigkeiten in Arbeitsgangfolgen untersetzt. Hieraus

---

[45]   Vgl. [Rum93, S. 8].
[46]   Vgl. [Boo86, S. 211 ff.].
[47]   Siehe hierzu u. a. [Dom93, S. 25], [Sch92c, S. 181].
[48]   Siehe [Pug68, S. 78].
[49]   Vgl. [Nor34, S. 76].
[50]   Vgl. [Kos76, S. 32 ff.].
[51]   Siehe [Küp82].
[52]   Für die Fertigung ist der Hauptgegenstand der Ablaufplanung die Festlegung der Produktionster-
        mine der Fertigungsaufträge. Siehe hierzu [Ada90, S. 725], [Bow59, S. 621 ff.], [Chu63, S. 409 ff.],
        [Con67], [Ker67].
[53]   Siehe [Wit73, S. 24 ff.], [Ell80, S. 24 ff.], [Gai83, S. 150 ff.], [Kre90, S. 182 ff.], [Dom93, S. 25 ff.].

entstehen die Arbeitsgänge enthaltenden Arbeitspläne. Zu den sachlichen Aspekten gehört auch die Zuordnung der Arbeitsgegenstände zu den Arbeitssubjekten bei gleichzeitiger Beachtung der Frage, ob die Arbeitstätigkeiten in isolierter Form einzelnen Personen oder einer Gruppe von Entscheidungsträgern übertragen werden soll. Anschließend erfolgt die zeitliche und räumliche Koordination der einzelnen Arbeitsgänge, welche üblicherweise in Form von Arbeitsablaufdiagrammen, Netzplänen usw. dokumentiert wird.

Zeitliche Aspekte: Der zeitliche Aspekt beschäftigt sich in erster Instanz mit der Frage, wann die festgelegten Arbeitsgänge auszuführen sind. Hierbei steht vor allem die Reihenfolgeplanung im Mittelpunkt des Interesses. Im Allgemeinen werden in der Literatur folgende dominierende Aufgaben dem zeitlichen Aspekt zugeordnet:

- *Reihenfolgeplanung:* Aus betriebswirtschaftlicher Sicht erfährt das Reihenfolgeproblem[54] insbesondere Beachtung als Ablaufplanungsproblem (siehe Abschnitt 4.2.3). Die folgenden Abschnitte werden dazu benutzt, die Einbettung dieses Problems in die Produktionswirtschaft zu beschreiben und gezielt darauf hinzuleiten.

  Die Reihenfolge der Arbeitsgänge ist in der Regel durch eine bestimmte Technologie festgelegt, welche die Flussrichtung des Auftrags über bestimmte Maschinen beschreibt. Dies trifft für alle Aufträge zu, die sich im Produktionssystem befinden. Auf diese Weise ergibt sich vor jeder Maschine ein Arbeitsvorrat an Arbeitsgängen. Die Reihenfolgeplanung legt unter verschiedenen Optimierungskriterien die Abarbeitungsreihenfolge des Arbeitsvorrates auf einer bestimmten Maschine fest.

- *Bestimmung der zeitlichen Dauer der Arbeitsgänge:* Für die Berechnung von möglichen Lieferterminen für Aufträge ist es notwendig, dass die festgelegten Arbeitsgänge mit Zeiten behaftet werden. In der Praxis werden häufig nur Rüst- und Stückbearbeitungszeiten gepflegt. Diese Zeiten werden zum einen vom verantwortlichen Technologen geschätzt und bzw. oder zum anderen durch zweckmäßige Methoden wie das manuelle Begleiten eines Auftrags durch die Fertigung ermittelt. Von der Güte der Daten hängen zum Großteil die Planungsgenauigkeit und daraus resultierende Probleme ab. Das bekannteste Problem ist das *Durchlaufzeitsyndrom*, bei dem aufgrund wachsender Warteschlangen vor den Maschinen, was zu hohen Beständen und langen Durchlaufzeiten führt, eine Erhöhung der Plandurchlaufzeiten vorgenommen wird, um somit die Termintreue zu vergrößern. Das führt zu noch frühzeitigerer Auftragsfreigabe und somit noch größeren Warteschlangen[55]. Empirische Untersuchungen zeigten, dass knapp 90% der Liegezeit eines Auftrags auf Probleme der Ablaufplanung zurückzuführen sind[56].

- *Termingrobplanung:* Als Ergebnis der Planung liegen die Fertigstellungstermine der einzelnen Teilaufträge fest. Sie ergeben sich aus der simultanen Einplanung aller Arbeitsgänge auf den benötigten Maschinen unter Beachtung von Kapazitätsbeschränkungen.

---

[54]   Siehe Definition im Abschnitt 4.1.

[55]   Siehe hierzu u. a. [Wei95, S. 17 ff.], [Ket79, S. 412], [Wie87, S. 22], [Zäp88a, S. 28].

[56]   Siehe [Sto76, S. 143], [Eid86, S. 618], [Wei95, S. 19].

- *Losgrößenbildung:* Das Ziel der Bildung von Losgrößen besteht in der Bestimmung wirtschaftlicher Mengengrößen, bei der die davon abhängigen relevanten Kosten je Erzeugniseinheit am geringsten sind.

Räumliche Aspekte: Gegenstand der Ablauforganisation in räumlicher Hinsicht sind Gestaltungsmaßnahmen für den Materialfluss durch das Unternehmen, die Lösung von Standortproblemen und die Festlegung von Transporteinrichtungen. Kriterium für diese Betrachtungen sind sogenannte Raumüberbrückungskosten.

Der räumliche Fortschritt von Aufträgen in der Produktion kann am Fertigstellungsgrad gemessen werden, der den jeweiligen Bearbeitungsstand anzeigt[57]. Somit kann zu jedem Zeitpunkt über ein Produkt ausgesagt werden, wann es planmäßig die Produktion verlassen wird. Beim Erkennen von Verspätungen können gleichsam ablauforganisatorische Maßnahmen eingeleitet werden.

Im folgenden Abschnitt soll herausgearbeitet werden, welche Ziele im ablauforganisatorischen Planungsprozess von Bedeutung sind.

4.2.1.2.2   Ziele der Ablauforganisation

Nachdem in den letzten Jahrzehnten im Bereich der Produktion die technische Rationalisierung im Sinne einer Mechanisierung und Automatisierung dominierte, kommt in der heutigen Zeit der organisatorischen Rationalisierung zur Sicherung der Wettbewerbsfähigkeit eine mindestens gleichrangige Bedeutung zu. Im Rahmen der organisatorischen Rationalisierung geht es um eine effiziente Gestaltung des Produktionsablaufes durch entsprechende Planung und Steuerung. Während der Produktionsplanung werden Ziele[58] gesetzt, die bei der konkreten Ausführung von Arbeitsaufgaben im Unternehmen erreicht werden sollen. Ein Ziel gibt einen zu erreichenden Systemzustand vor und enthält für Entscheidungsträger Informationen über die Bewertung von Handlungsalternativen.

	auftragsorientiert	arbeitsträgerorientiert
Kosten	Terminüberschreitungs-, Verzögerungskosten	Rüst-, Beschleunigungs-, Leerkosten
Zeit	Durchlauf-, Zyklus-, Warte-, Terminüberschreitungszeit	Leer-, Rüst-, Belegungs-, Übergangszeit
Qualität	Mindestqualität der Produkte	Arbeitszufriedenheit, Motivation, Entscheidungsbeteiligung

Abbildung 4.9: Einteilung von produktionswirtschaftlichen Zielen

---

[57]   Siehe u. a. [Wag81, S. 11].

[58]   In der Literatur wird speziell für den Bereich der Ablaufplanung eine Vielzahl von Zielen diskutiert. Siehe u. a. [Con67], [Gra93], [Bak74], [Wei95], [Reh79], [Bru81], [Lie84], [Sie74], [Fre82].

Je nachdem, ob sich Ziele auf vorliegende Aufträge oder auf Arbeitsträger beziehen, kann nach *auftragsorientierten* und *arbeitsträgerorientierten* Zielen unterschieden werden. Eine weiter Möglichkeit der Unterteilung erfolgt nach den Kriterien *Kosten, Zeit* und *Qualität*[59] (siehe Abbildung 4.9).

In der vorliegenden Arbeit finden bei der Lösung von Problemen der Maschinenbelegungsplanung hauptsächlich Zeitgrößen Beachtung. Dies ist auch bei den in der Literatur betrachteten Modellen üblich. Zwar sind auch Kostengrößen entscheidungsrelevant, aufgrund von Bewertungsproblemen sind diese jedoch kaum zu operationalisieren[60]. Qualitative Ziele gehen in diesem Zusammenhang in der Regel nicht in die Modelle ein.

Ziele aus Sicht der Zeit

Die im Bereich der Produktion anfallenden entscheidungsrelevanten Kosten sind an Zeitgrößen gebunden, die im folgenden erläutert werden sollen.

Durchlaufzeit: ist die Zeit, die bei der Fertigung eines Teiles zwischen dem Beginn des ersten und dem Abschluss des letzten Arbeitsganges vergeht.

Zykluszeit: ist die Zeitspanne zwischen dem Produktionsbeginn eines vorgegebenen Produktionsprogramms und dessen Produktionsende und somit die Durchlaufzeit eines vollständigen Auftragskomplexes.

Wartezeit: ist die Zeit, die ein Fertigungsauftrag vor einem Arbeitssystem auf seine Bearbeitung warten muss, weil das System noch von anderen Aufträgen belegt ist. Diese Definition kann auch auf die Wartezeit auf ein derzeit belegtes Transportmittel ausgedehnt werden, wenn der innerbetriebliche Transport ebenfalls Gegenstand der Feinterminierung ist.

Liegezeit: ist die Zeit, die ein Auftrag aus technologischen Gründen zwischen zwei Arbeitssystemen liegen muss und nicht weiterbearbeitet werden kann.

Terminüberschreitungszeit: errechnet sich aus der Differenz zwischen tatsächlichem Ist-Liefertermin und geplantem Soll-Liefertermin.

Leerzeit: ist die Zeit, in der ein Betriebsmittel (zumeist ablaufbedingt) nicht genutzt werden kann. Dies kann vor Produktionsbeginn eines Auftragsprogramms, zwischen zwei Arbeitsgängen und am Ende eines Auftragsprogramms eintreten[61]. Der Begriff der *Stillstandzeit* wird häufig synonym benutzt. Solange die Existenz derartiger Leerzeiten bei gegebenem Produktionsumfang die Realisierung des Auftragsprogramms nicht gefährdet, ist die Vermeidung von Leerzeiten praktisch irrelevant.

Rüstzeit: ist die Zeit, in der ein Betriebsmittel zur Abarbeitung eines Arbeitsganges einmalig vorbereitet wird. Sie ist Teil der Belegungszeit und drückt sich im Verbrauch von sowohl Maschinen- als auch Personalkapazität aus. Die Minimierung

---

[59] Nach [Dom93, S.26 f.].

[60] Siehe [Sch92a, S. 86 ff.].

[61] Die Definition der Leerzeit ist in der Literatur keinesfalls eindeutig. *Conway* [Con67, S. 14 f.] und *Zäpfel* [Zäp82, S. 250] folgen der obigen Definition. *Seelbach* [See75, S. 34], *Paulik* [Pau84, S. 19] und *Küpper* [Küp82, S. 40] dagegen vertreten die Meinung, dass eine Leerzeit nur bis zur Beendigung eines Auftrags auftreten kann.

dieser Zeit besitzt in der Praxis große Bedeutung, da dies in der Regel allein durch die Umstellung des Maschinenbelegungsplans möglich ist.

Belegungszeit: umfasst die Rüstzeit und die zur planmäßigen Ausführung der Arbeitsaufgabe notwendige Bearbeitungszeit, die in der Regel pro zu produzierendem Stück angegeben wird und sich somit proportional zur Ausbringungsmenge verhält.

Übergangszeit: legt die Zeitspanne fest, in der ein Wechsel von einem Arbeitsgang zum nächsten erfolgen kann. Sie setzt sich aus Warte-, Transport- und Liegezeit zusammen. In der Praxis ist eine Minimierung dieser Zeit mit zum Teil erheblichen Kosten verbunden, die aus Veränderungen der logistischen Struktur des Produktionsbereichs resultieren.

Da die reihenfolgenabhängige Rüstzeit eine wesentliche Rolle innerhalb der Fertigungsssteuerung besitzt, erfolgt an dieser Stelle eine kurze Vertiefung dieser Problematik auf der Basis ausgewerteter Arbeitspläne. Zu diesem Zweck wurden Arbeitvorgänge daraufhin untersucht, wie die Losgrößen bzgl. der Werkstattaufträge durchschnittlich ausfallen und in welchem Verhältnis dabei die Rüstzeit zur Bearbeitungszeit steht.

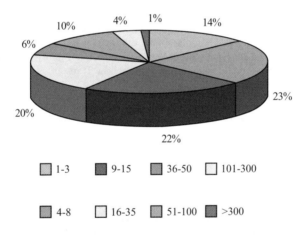

Abbildung 4.10: Stückzahlbereiche der Werkstattaufträge

Die Abbildung 4.10 zeigt, dass über 50% der Aufträge eine Stückzahl von weniger als 15 Teilen aufweisen. Damit wird das typische kundenindividuelle Produktionsprofil bei Einzel- und Kleinserienfertigung bestätigt. Ausgehend von diesen Stückzahlbereichen wird in der Abbildung 4.11 deutlich, wie die Rüstzeit bei sinkenden Stückzahlen an Bedeutung gewinnt. Zur Differenzierung der Arbeitsoperationen wurden die Werkstattaufträge in fünf typische Fertigungsarten unterteilt.

Die Abbildung 4.11 zeigt außerdem, dass für mindestens 50% der aufgelegten Teile ein Rüstzeitanteil von 10% bis 1300% zu erwarten ist. PPS-Systeme bzw. Leitstände

	1 Stück	3 Stück	15 Stück	35 Stück	50 Stück	100 Stück
Geometrisch einfache Teile	13	4,3	0,9	0,4	0,3	0,13
Verzahnteile	7	2,4	0,5	0,2	0,15	0,07
Verzahnteile hoher Genauigkeit	4,8	1,6	0,3	0,14	0,1	0,05
Fertigung hochpräziser Teile	2,5	0,8	0,17	0,07	0,05	0,02
Montage	1,5	0,5	0,1	0,04	0,03	0,01

Abbildung 4.11: Durchschnittliches Verhältnis von Rüst- zur Bearbeitungszeit

ignorieren diesen Sachverhalt fast vollständig und gehen über eine Reihenfolgeplanung mit einfachen Prioritätsregeln ohne Beachtung reihenfolgeabhängiger Rüstzeiten nicht hinaus.

In der Einzel- und Kleinserienfertigung ist nach dem Bearbeitungsende eines Loses zu entscheiden, welches Los als nächstes zu produzieren ist. Diese Entscheidung ist schwierig, wenn[62]:

- bei der Umrüstung der Betriebsmittel auf neue Fertigungslose Umrüstzeiten entstehen, die von der Reihenfolge der Lose abhängen,

- die Umrüstzeiten so groß sind, dass die Lose jeweils geschlossen die einzelnen Betriebsmittel durchlaufen sollten und

- die Varität der Produkte[63] bei relativ geringer Stückzahl so groß ist, dass bestimmte Betriebsmittel nicht die ganze Zeit mit der gleichen Produktart beschickt werden können.

Im Gegensatz zu anderen Bereichen der Reihenfolgeplanung ist das Problem der Minimierung reihenfolgeabhängiger Rüstzeiten auch bei unbegrenzter Kapazität der Betriebsmittel relevant, da durch eine günstige Reihenfolge der Arbeitsvorgänge die Umrüstkosten minimiert werden. Diese Planung ist nur simultan durchführbar.

---

[62] Vgl. [Oet94, S. 62 ff.].

[63] Die Planung der Reihenfolge ist generell nur bei Mehr-Produkt-Fertigung notwendig, da sonst die Produktionskapazität voll dem einzigen Produkt zugewiesen werden kann.

Zur Verdeutlichung der Beziehungen zwischen den einzelnen Bestandteilen des Modells, die aus maschinenorientierter Sicht Bedeutung besitzen, zeigt die Abbildung 4.12 generelle Abhängigkeiten beispielhaft für zwei Maschinen.

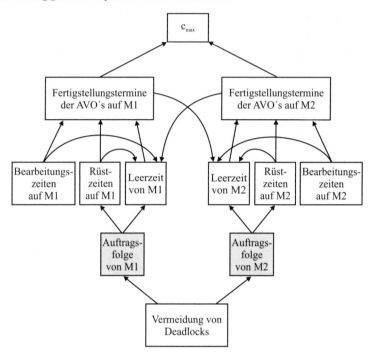

Abbildung 4.12: Abhängigkeiten zwischen Modellbestandteilen

Die Abbildung zeigt, dass bis auf die Bearbeitungszeiten[64] alle Größen von den Auftragsfolgen abhängen. Da die Unveränderbarkeit der Modellvariablen vorausgesetzt wird, kann die Zykluszeit nur über die Auftragsfolgen beeinflusst werden. Bei der separaten Ausführung von Algorithmen zur Rüstzeitoptimierung und Zykluszeitoptimierung ohne Rüstzeiten geht der Gesamtzusammenhang, wie er oben abgebildet wurde, verloren.

Ziel einer Analyse des Fertigungsauftragsdurchlaufs ist die Gewinnung von Aussagen über generelle Materialflussrichtungen bei Werkstattsteuerung und über deren Häufigkeit, da dieses Spezialwissen zur Verbesserung der Güte allgemeiner Algorithmen zur Reihenfolgeplanung bezüglich der Schnelligkeit des Findens einer möglichst guten Lösung genutzt werden soll. Des Weiteren müssen geeignete Beispiele zum Testen der Algorithmen ausgewählt werden. Ein wichtiges Maß hierfür ist die Anzahl der Arbeitsvorgänge pro Werkstattauftrag und die Größe der segmentierbaren Fertigungseinheiten.

Die Steuerung der Fertigungsaufträge durch die Werkstatt basiert auf den auftragsu-

---

[64]   Die Bearbeitungszeit kann durch Lossplittung und -überlappung beeinflusst werden.

Arbeitsgangnummer	Arbeitsplatz	Kostenstelle	Artikelnummer	Stückzeit	Rüstzeit	Lohnzeit	Übergangszeit
10	10301	1030	F0712434	0	1	0	480
20	21001	2100	F0712434	0,4	15	0,4	480
30	22104	2210	F0712434	2	45	2	1440
40	22104	2210	F0712434	1	45	1	480
50	23013	2300	F0712434	11	90	3,7	1440
60	25001	2500	F0712434	2	10	2	480
70	27002	2700	F0712434	2	30	2	480
80	25001	2500	F0712434	1	0	1	480
90	26108	2610	F0712434	5	90	5	1440
100	10301	1030	F0712434	0	1	0	480
10	10301	1030	F0712519	0	1	0	480
20	21001	2100	F0712519	0,4	15	0,4	480
30	22103	2210	F0712519	2	45	2	1440
40	22103	2210	F0712519	1	45	1	480

(a) Technologien

Kostenstelle	Arbeitsplatz	Arbeitsbeginn	Artikelnummer	Zeichnungsnummer	Werkstattauftragsnr.	Auftragsmenge	Rüstfaktor	Stückfaktor
1030	10301	971217	F0197639	829.71-4300:45-21	1057	10	0	0
1040	10401	971222	F0197639	829.71-4300:45-21	1057	10	0	0
2300	23002	971111	F3090001	SKL13-4a	1583	438	90	18
2500	25001	971117	F3090001	SKL13-4a	1583	438	15	2
2400	24008	971121	F3090001	SKL13-4a	1583	438	30	2
1030	10301	971126	F3090001	SKL13-4a	1583	438	0	0
3000	30001	971127	F3090001	SKL13-4a	1583	438	0	0
1030	10301	971202	F3090001	SKL13-4a	1583	438	0	0
2900	29002	971203	F3090001	SKL13-4a	1583	438	15	2
2620	26201	971208	F3090001	SKL13-4a	1583	438	30	4
1030	10301	971212	F3090001	SKL13-4a	1583	438	0	0
1040	10401	971215	F3090001	SKL13-4a	1583	438	0	0
2220	22203	971110	F3050612	6193 5 0223 02	2110	20	30	8
1030	10301	971114	F3050612	6193 5 0223 02	2110	20	0	0
3000	30001	971117	F3050612	6193 5 0223 02	2110	20	0	0
1030	10301	971121	F3050612	6193 5 0223 02	2110	20	0	0

(b) Produktionsplan

Artikelnummer	Artikelbezeichnung 1	Artikelbezeichnung 2	Buchungsart	Belegnummer	Belegdatum	Bewegungsmenge
F0712434	Stirnrad z=27 , m=1,5	01.372.075.02	51	1	960917	2
F0712434	Stirnrad z=27 , m=1,5	01.372.075.02	16	122642	960916	5
F0712434	Stirnrad z=27 , m=1,5	01.372.075.02	16	82424	960207	4
F0712519	Stirnrad z=19 , m=2	01.389.103.03	51	3	960930	1
F0712519	Stirnrad z=19 , m=2	01.389.103.03	16	122654	960930	3
F0712519	Stirnrad z=19 , m=2	01.389.103.03	51	1	960222	1
F0712519	Stirnrad z=19 , m=2	01.389.103.03	16	85933	960221	4
F0712440	Stirnrad z=66 , m=2	01.372.078.02	51	2	960711	3
F0712440	Stirnrad z=66 , m=2	01.372.078.02	16	112482	960709	6
F0712440	Stirnrad z=66 , m=2	01.372.078.02	16	75949	960104	5
F0712437	Stirnrad z=27 , m=1,5	01.372.076.04	51	2	960930	2
F0712437	Stirnrad z=27 , m=1,5	01.372.076.04	16	122666	960930	3
F0712437	Stirnrad z=27 , m=1,5	01.372.076.04	16	82436	960207	4

(c) Bewegungsmengen

Abbildung 4.13: Daten der Fertigung eines Maschinenbauunternehmens

nabhängigen Stammdaten und auftragsabhängigen Bewegungsdaten des PPS-Systems. Zur Analyse wurden als Stammdaten die Technologien und als Bewegungsdaten der Produktionsplan eines Jahres sowie die tatsächlich produzierten Mengen ausgewertet (siehe Abbildung 4.13).

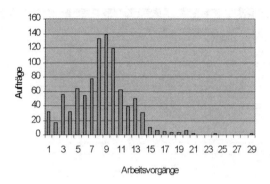

Abbildung 4.14: Anzahl Aufträge pro Anzahl Arbeitsgänge

Die Abbildung 4.14 zeigt, dass im Durchschnitt weniger als zehn Arbeitsvorgänge pro Werkstattauftrag benötigt werden. Dabei ist der erste Arbeitsvorgang ein Dummy, der kennzeichnet, dass ein Werkstattauftrag freigegeben wurde. Der letzte Arbeitsvorgang ist eine Maßnahme der Qualitätssicherung, die ebenfalls keine „echte" Arbeitstätigkeit auf einem Betriebsmittel darstellt[65].

Entscheidend für die Analyse ist jedoch nicht nur die Häufigkeit der einzelnen Arbeitsvorgänge, sondern auch die mit der Produktionsmenge gewichtete Reihenfolge, in der diese in den Technologien aufeinanderfolgend vorkommen. Dazu wurde eine quadratische Matrix mit der Dimension der Anzahl unterschiedlicher Arbeitsvorgänge angelegt. In diese Matrix wurden die Arbeitsvorgangswechsel – letztlich Maschinenwechsel – aller zur Produktion der Werkstattaufträge innerhalb eines Jahres benötigten Technologien aufgezeichnet. Die Abbildung 4.15 visualisiert die entstandene Matrix in einer komprimierten Darstellung.

In dieser Darstellung ist erkennbar, dass einige Maschinenwechsel besonders häufig vorkommen und andere Reihenfolgen praktisch ausgeschlossen bzw. vernachlässigt werden können. Zum Erkennen der segmentierbaren Abschnitte der Fertigung kann aus der obigen Abbildung ein zweidimensionales *Sankey-Diagramm* zur Darstellung der Hauptflussrichtungen der Arbeitsvorgänge der Werkstattaufträge abgeleitet und in der folgenden Weise vereinfacht illustriert werden (siehe Abbildung 4.16).

Die Analyse zeigt, dass in den untersuchten Unternehmen die Fertigung in weniger als zehn Segmente gegliedert werden kann. Diese Segmente weisen ihrerseits maximal fünf bis sechs Betriebsmittel auf. Interessant ist auch die Tatsache, dass trotz Werkstattfertigung jedes Segment deutliche Flow-Shop-Eigenschaften aufweist.

Ein häufig explizit oder implizit verwendetes Planungsziel der Feinterminierung ist eine Verkürzung der Durchlaufzeiten oder eine Minimierung der Zykluszeit für das Produktionsprogramm einer Periode. Das letztere Ziel ist komplementär[66] zur Maximierung des Umsatzes, da eine Minimierung der Zykluszeit zum maximalen Systemdurch-

---

[65]   Die Daten wurden aus der Menge der Technologien ermittelt.

[66]   Siehe Abschnitt 4.2.1.2.2.

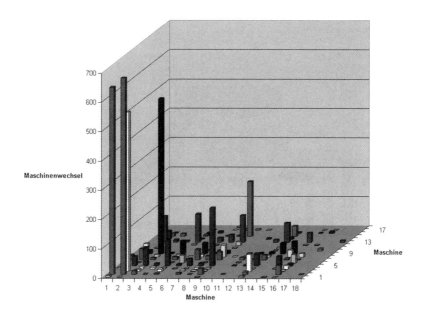

Abbildung 4.15: Maschinenwechseldiagramm

satz führt. Wohl vor allem daher wird diese Zielstellung in den meisten Heuristiken und Werkstattsteuerungsmodellen unterstellt.

Ziele aus Sicht der Kosten

An dieser Stelle werden die wichtigsten Kostenarten genannt und kurz erklärt, die aus der Minimierung der oben genannten Zeiten resultieren. Ein vorrangiges Ziel eines Unternehmens ist die Minimierung der entscheidungsrelevanten Kosten. In der Praxis erweist sich die direkte Bestimmumg dieser Kosten aufgrund der hohen Komplexität als äußerst problematisch. Deshalb erfolgt das Heranziehen von Ersatzzielen, wie sie im Abschnitt 4.2.1.2.2 erläutert wurden, da sie in einem ursächlichen Verhältnis zu den entscheidungsrelevanten Kosten stehen.

Terminüberschreitungskosten: Mit der Überschreitung von Soll-Lieferterminen können Konventionalstrafen erhoben werden. Es ergibt sich ein Liquiditätsverlust durch ausbleibende Einnahmen. Durch Imageverlust entstehen in der Folgezeit möglicherweise Kosten, die zum Zeitpunkt des Verursachens nicht quantifizierbar sind. Beispielsweise reduziert die Abwanderung von Kunden zur Konkurrenz die zu produzierende Stückzahl eines Produktes und impliziert somit eine Stückkostenprogression.

Rüstkosten: Diese entstehen bei der Vorbereitung von Betriebsmitteln für die Durchführung bestimmter Arbeitsgänge. Es wird zwischen direkten und indirekten Kosten

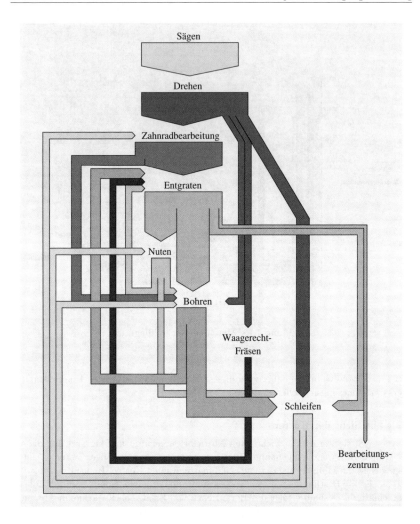

Abbildung 4.16: Hauptflussrichtung der Arbeitsvorgänge

unterschieden. Die direkten Kosten entstehen aus dem Einrichten und Umrüsten von Betriebsmitteln. Den indirekten Kosten werden u. a. Opportunitätskosten zugerechnet, die sich aus einer möglichen alternativen Nutzung des Betriebsmittels anstelle des Rüstens ergeben.

Leerkosten: Eine unzureichende Auslastung der Betriebsmittel führt zur Erhöhung des relativen Fixkostenanteils bzgl. der Ausbringungsmenge[67].

Verzögerungskosten: Diese Kosten entstehen dann, wenn der normale Ablauf der Fertigung gestört wird. Störungen können sein: Ausfall eines Betriebsmittels, Materialfluss reißt ab, Personal fällt aus, usw. Verzögerungskosten können in Terminüberschreitungskosten übergehen.

Beschleunigungskosten: Sie sind die Kosten für eine über dem normalen Niveau liegende Ausbringungsmenge. Typisch hierfür sind die verschiedenen Arten der Anpassung (zeitlich, intensitätsmäßig und quantitativ)[68].

Zielbeziehungen

Die verschiedenen Zielsetzungen des Ablaufplanungsproblems sind in der Terminologie der Entscheidungstheorie zumeist *konkurrierende* Ziele[69]. Eine bezüglich der Gesamtdurchlaufzeit optimale Lösung braucht beispielsweise nicht optimal hinsichtlich der Gesamtbelegungszeit zu sein und umgekehrt. Dabei ergibt jede Minimierung nach einem anderen Optimalitätkriterium eine andere Lösung. *Gutenberg*[70] führt den Begriff *„Dilemma der Ablaufplanung"* für die unterschiedlichen Ergebnisse bei den Zielsetzungen Maximierung der Kapazitätsauslastung und Minimierung der Durchlaufzeit ein. Grundsätzlich lassen sich folgende Zielbeziehungen unterscheiden:

komplementäre Ziele: Zwei Ziele sind zueinander komplementär, wenn mit der Verschlechterung bzw. Verbesserung des Zielerreichungsgrades des einen auch derjenige des anderen verschlechtert bzw. verbessert wird.
Beispiel: Die Minimierung der Gesamtdurchlaufzeit ist äquivalent zur Minimierung der gesamten Wartezeit aller Aufträge. Da diese Zielgrößen auf die Optimierung des Produktionsflusses abzielen, können auch die über alle Aufträge gebildeten Durchschnittsgrößen dieser Zeitziele äquivalent benutzt werden. Gilt die Komplementarität für den gesamten Wertebereich beider Ziele, dann wird auch von *Zieläquivalenz* gesprochen. Ein Beispiel hierfür ist die Minimierung der mittleren Durchlaufzeit und die Minimierung der Summe der Durchlaufzeiten.

konkurrierende Ziele: Zwei Ziele sind konkurrierend, wenn mit der Verbesserung des Zielerreichungsgrades des einen derjenige des anderen verschlechtert wird und umgekehrt.
Beispiel: Hierfür können die Zielsetzungen Maximierung der Kapazitätsauslastung und Minimierung der Durchlaufzeit genannt werden (siehe Dilemma der Ablaufplanung).

indifferente Ziele: Diese Ziele sind weder komplementär noch konkurrierend, d. h. die Maßnahmen zur Veränderung des Zielerreichungsgrades des einen beeinflussen die des anderen nicht.

---

[67] Siehe [Wil86, S. 3].
[68] Siehe hierzu [Gü94a, S. 217 f.], [Kah96, S. 46 ff.].
[69] Vgl. zu den Begriffen der Entscheidungstheorie z. B. [Din82, Abschnitt 3.1] und siehe u. a. [Brü95, S. 44].
[70] Siehe [Gut51, S. 159].

Die beschriebenen Zielbeziehungen müssen sich keinesfalls über den ganzen Wertebereich der Ziele erstrecken. Es ist ebenso möglich, dass sich die Beziehungen ändern können. Die Gewinnmaximierung im Monopol ist ein bekanntes Beispiel. Der Monopolist kann bei Ausdehnung seiner Produktion den Gesamterlös steigern bis das Erlösmaximum erreicht wird. Diese Art der Maximierung ist jedoch nicht Ziel des Monopolisten, der seinen Gewinn maximieren möchte. Dieser ist dann am größten, wenn die Differenz zwischen Gesamterlös und Gesamtkosten ihr Maximum erreicht[71]. Das bedeutet, dass die Erlössteigerung bis zu diesem Punkt als komplementär zur Gewinnmaximierung zu betrachten ist. Erst wenn der Gesamterlös über diesen Punkt hinaus gesteigert wird, verhalten sich die beiden Ziele konkurrierend zueinander.

An dieser Stelle sollen der Gegenstand und die Ziele der Ablauforganisation aus produktionswirtschaftlicher Sicht hinreichend beschrieben sein. Ablauforganisatorische Entscheidungsprobleme der Produktionsplanung sind sehr eng mit Problemen der Ablaufplanung verbunden[72]. Der Begriff Ablaufplanung ist jedoch nicht mit dem Begriff Ablauforganisation gleichzusetzen. Unter Ablaufplanung im engeren Sinne wird die Planung der räumlichen und zeitlichen Abläufe von Produktionsprozessen verstanden, meistens sogar nur die Maschinenbelegungsplanung[73]. Die Ablaufplanung im weiteren Sinne ist im Wesentlichen gleichzusetzen mit dem Begriff der Produktionsdurchführungsplanung. Ablauforganisation hingegen beschränkt sich nicht nur auf den Bereich der Produktion, sondern umfasst alle Unternehmensbereiche, insbesondere im Rahmen der operativen und der taktischen Planung.

4.2.2 Durchlaufzeit

Da der Durchlaufzeit eine enorme Bedeutung innerhalb der Fertigungssteuerung zukommt, werden an dieser Stelle einige Aspekte, die über die gewöhnliche Definition hinausreichen, gesondert betrachtet.

4.2.2.1 Beeinflussbare Bestandteile

Es bedarf zunächst einer kurzen Erläuterung, inwiefern die Ablaufplanung und die Belegungsplanung überhaupt eine Verkürzung der Durchlaufzeit bewirken können und welche der oben beschriebenen Zeitgrößen dabei beeinflussbar sind.

Abbildung 4.17 stellt, ausgehend vom REFA-Schema[74] der Durchlaufzeitgliederung, die beeinflussbaren Zeitanteile heraus. Nach REFA kann die Gesamtdurchlaufzeit in die planmäßige Durchlaufzeit und die Zusatzzeit untergliedert werden. Die *Zusatzzeit* ist die Zeit, die durch zusätzliche Verrichtungen (z. B. Nacharbeit bei Ausschuss) oder durch störungsbedingte Unterbrechungen verbraucht wird. Die *planmäßige Durchlaufzeit* untergliedert sich in die Belegungszeit und die Übergangszeit. Die *Belegungszeit* untergliedert sich weiter in Haupt- und Nebenbelegungszeit. Dabei dient erstere der Durchführung der eigentlichen Arbeiten am Werkstück und letztere jenen Arbeiten, die

---

[71]   Die Absatzmenge in diesem Punkt wird auch als *Cournotsche Menge* bezeichnet. Siehe dazu auch [Wöh90, S. 656].

[72]   Siehe [Dom93, S. 29].

[73]   Siehe [See75], [Gut83].

[74]   Vgl. [REF91, Bd. 3, S. 15 ff.].

Durchlaufzeit					
planmäßige Durchlaufzeit					Zusatz-zeit
Belegungszeit Hauptzeit | Nebenzeit		**Übergangszeit**			Zusatz-zeit
Bearbei-tungszeit	Rüstzeit	Wartezeit (ablaufbedingt)	Liegezeit (technol.)	Trans-portzeit	Zusatz-zeit
		durch die Ablauf-planung beeinflussbar			

Abbildung 4.17: Einfluss der Ablaufplanung auf die Durchlaufzeit

indirekt mit der Berarbeitung zu tun haben, z. B. dem Lesen von Zeichnungen. Da diese Unterteilung jedoch für die Fertigungssteuerung nicht unbedingt von Relevanz ist, hat sich in der betrieblichen Praxis die Unterteilung in Bearbeitungszeit und Rüstzeit durchgesetzt[75].

Die Übergangszeitzeit kann weiter unterteilt werden in die Transportzeit sowie die Warte- und die Liegezeit. In der Literatur und auch in der betrieblichen Praxis werden Warte- und Liegezeit meist synonym verwendet. In diesem Kapitel soll jedoch mit *Liegezeit* die Zeit bezeichnet werden, die ein Auftrag aus technologischen Gründen zwischen zwei Arbeitssystemen liegen muss und nicht weiterbearbeitet werden kann. Beispiele für Liegezeiten sind Zeiten für das Abkühlen eines Werkstücks nach der Wärmebehandlung oder für das Trocknen nach der Farbgebung.

Unter *Wartezeit* soll demgegenüber die Zeit verstanden werden, die ein Fertigungsauftrag vor einem Arbeitssystem auf seine Bearbeitung warten muss, weil das System noch von anderen Aufträgen belegt ist. Neben der Wartezeit ist nur der *reihenfolgeabhängige Rüstzeitanteil* durch die Feinterminierung zu beeinflussen.

Das Resultat der gewünschten Minimierung dieser Zeiten kann immer in Form der Veränderung von Kosten angegeben werden. Letztlich ist jede Art von Optimierung der Tatsache geschuldet, dass eine Unternehmung ihre planenden Aktivitäten so ausrichtet, dass mittelbar oder unmittelbar das oberste Ziel der Gewinnmaximierung verfolgt wird.

4.2.2.2 Durchlaufdiagramm

Dieser Unterabschnitt beschreibt den Zusammenhang von Durchlaufzeit, Bestand und Leistung innerhalb der Fertigung. Unter der Voraussetzung der Erfassbarkeit aller Zugänge und Abgänge eines betrachteten Arbeitssystems vermittelt die Abbildung 4.18 ein idealisiertes Durchlaufdiagramm. Planabgangs- und Planzugangskurve stellen folglich in der Einheit Arbeit gemessene Geraden über der Zeit dar.

---

[75] Beide Zeiten enthalten in der Regel sowohl Haupt- als auch Nebenbelegungszeitanteile.

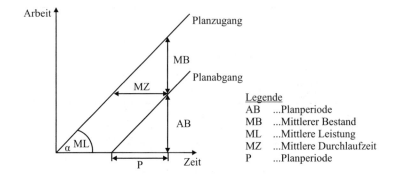

Abbildung 4.18: Durchlaufdiagramm

Bei Betrachtung einer Periode P verrichtet das Arbeitssystem eine Arbeit in Höhe des Planabganges AB. Somit ergibt sich die mittlere Leistung ML des Arbeitssystems aus dem Quotienten von Planabgang und Periodendauer. Die mittlere Durchlaufzeit MZ ist definiert als Differenz der Zeitpunkte von Abgang und Zugang einer nachgefragten Arbeit. Die Kurven für Planzu- und -abgang entstehen aus der Kumulation der zugehörigen Ereignisse, die z. B. aus Rückmeldungen resultieren[76].

Die im Arbeitssystem ankommenden Aufträge können, sofern die Ressourcen frei sind, sofort bearbeitet werden. Anderenfalls bilden diese den Bestand in Form von Warteschlangeninhalten, in der idealisierten Abbildung 4.18 den mittleren Bestand MB. Aus dieser Darstellung geht hervor, das eine Erhöhung des Bestandes (möglicherweise verursacht durch einen zu großen Einlastungsprozentsatz) proportional die mittlere Durchlaufzeit erhöht.

Derartige Durchlaufdiagramme lassen sich prinzipiell für alle Arbeitssysteme angeben. Es ist darauf zu achten, dass die Ordinate in der selben Einheit angegeben wird. Unter dieser Voraussetzung kann eine hierarchische Verdichtung von Durchlaufdiagrammen erfolgen, d.h. vom Unternehmen, über die Abteilungen bis zu den Einzelkapazitäten.

Die folgende Abbildung zeigt, wie sich Bestand und Durchlaufzeit in der Fertigung unter realen Bedingungen zueinander verhalten.

Mit zunehmendem Bestand erhöht sich die mittlere Leistung. Das erklärt sich aus der Reduzierung von Stillstandszeiten der Maschinen, sobald sich die Warteschlangen füllen. Wenn das System hinreichend mit Aufträgen belastet ist, erreicht es seine Leistungsobergrenze. Mit zunehmendem Bestand erhöht sich jedoch auch die Durchlaufzeit. Solange jedoch gleichzeitig die Leistung erhöht werden kann, ist die Bestandzunahme akzeptabel. Kurz bevor die Leistungsgrenze erreicht wird, beginnt die Durchlaufzeit überproportional zu wachsen. Der kritische Punkt der Bestandshöhe wird überschritten. Ab diesem Punkt werden Terminüberschreitungen einzelner Aufträge eintreten. Für die Praxis gilt es, den sinnvollen Bereich einer Bestandsregulierung zu bestimmen.

---

[76]   Vergleiche [Wie92b, S. 3 ff.].

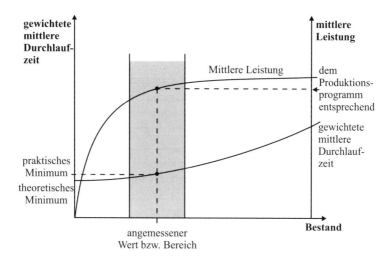

Abbildung 4.19: Zusammenhang von Durchlaufzeit, Leistung und Bestand

4.2.3 Ablaufplanung innerhalb der Produktionsplanung

Die klassischen Planungs- und Steuerungssysteme, die in der Praxis zum Einsatz kommen, besitzen in der Regel den gleichen strukturellen Aufbau[77]. Es erfolgt eine Sukzessivplanung nach hierarchischen Planungsstufen, welche sich in der Regel in die drei Ebenen[78] Produktionsprogrammplanung, Bereitstellungsplanung und Prozess- bzw. Ablaufplanung gliedern. Die Ressourcen werden mit zunehmenden Detaillierungsgrad und abnehmenden Planungshorizont von übergeordneten zu untergeordneten Stufen verplant.

Diese traditionelle Vorgehensweise in der PPS fand ihren Ursprung in den fünfziger Jahren und beinhaltete den Wandel von der verbrauchs- zur bedarfsorientierten Materialdisposition. Sie erhielt die Bezeichnung *MRP* für *Material Requirements Planning*. Darunter wird im allgemeinen[79] ein materialwirtschaftliches Planungsinstrument zur Stücklistenauflösung verstanden[80], welches eine Teilkomponente eines PPS-Systems ohne Rückkopplung zu höheren Planungsebenen darstellt.

Mitte der sechziger Jahre entstand das *MRP I*-Konzept (*Manufacturing Resources Planning*), welches erstmals auch die Produktionskapazitäten betrachtete und in die Planung einbezog. Wird die Planung zu einer Rahmenplanung erweitert, die alle für die Fertigung relevanten Ressourcen einbezieht[81] oder gar darüber hinausgeht, so wird von einem *MRP*

---

[77]   Vgl. [Bus87, S. 49].

[78]   Siehe u. a. [Gut83], [Gü94b, S. 894 ff.], [Sch95, S. 522], [Swi89, S. 3 f.], [Dom93, S. 8], [Geo95, S. 54].

[79]   Abweichende Auffassungen zählen auch den Kapazitätsausgleich hinzu [Obe91, S. 47] oder unterscheiden gar nicht zwischen *MRP* und *MRP II* [Hil92, S. 104 ff.].

[80]   Siehe [Kis90, S. 219].

[81]   Siehe [Hil92, S. 105].

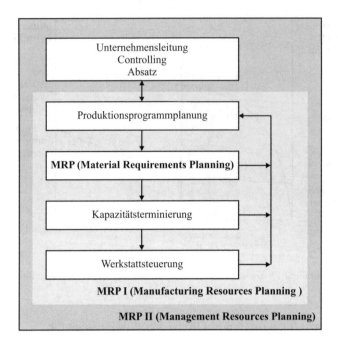

Abbildung 4.20: MRP-Konzepte

II-System gesprochen, wobei dieses MRP für *Management Resources Planning*[82] steht. Der in Abbildung 4.20 illustrierte Zusammenhang der MRP-Ebenen wurde u. a. von Scheer[83] herausgearbeitet. Bei allem Respekt gegenüber den Autoren der produktionswirtschaftlichen Fachliteratur ist es dennoch verwunderlich, dass trotz aufgeführter Originalquelle[84] nicht nur die Begriffe modifiziert übernommen wurden, sondern diese auch noch eine inhaltliche Umdeutung erfuhren. Die originäre Definition des MRP II-Konzeptes ist, wie folgt, nachzulesen:

> *„Manufacturing resource planning - MRP II. Material requirements planning evolved into the closed loop MRP system which then evolved into manufacturing resource planning. ... From a management point of view, MRP II means that the tools are being used for planning the activities of all functions of a manufacturing company.*"[85]

---

[82]   Die Abkürzung steht in der Literatur häufig auch für *Manufacturing Resources Planning*, ohne den inhaltlichen Unterschied hervorzuheben (z. B. [Zäp94, S. 733]).

[83]   Vgl. [Sch90, S. 37].

[84]   Vgl. [Wig84].

[85]   [Wig84, S. 449].

Als *closed loop MRP* wird näherungsweise das bezeichnet, was in Abbildung 4.20 als MRP I zusammengefasst wurde. Das in den achtziger Jahren entwickelte Konzept geht auf Oliver Wight zurück und bettet die Planungs- und Steuerungsproblematik in den Zusammenhang der Logistikkette ein. Im Vergleich zu MRP wird im MRP II von einer integrierten Betrachtungsweise der verschiedenen Planungsstufen ausgegangen, wobei der Informationsfluss in beide Richtungen gezielt gesteuert wird. Diese Konzeption folgt damit den Tatbeständen, wie sie auch in Deutschland seit längerer Zeit vertreten werden[86].

Im folgenden werden die drei genannten Planungsstufen kurz untersetzt, wobei der Ablaufplanung besondere Beachtung beikommt.

4.2.3.1 Produktionsprogrammplanung

Die erste Ebene der Planung beschäftigt sich hauptsächlich mit der Ermittlung der Primärbedarfe der zukünftig zu fertigenden Produkte (Endprodukte und Ersatzteile) sowie mit der Bestimmung der innerbetrieblichen Auftragsgrößen. Als Ergebnis dieser *langfristigen* Planungsstufe liegt ein Produktionsplan vor, der hinsichtlich seiner Absetzbarkeit und Realisierbarkeit abgestimmt ist und verbindlich festlegt, welche Leistungen in welchen Mengen in welchen Zeiträumen produziert werden sollen. Die Fertigung kann dabei marktanonym oder auftragsgebunden stattfinden.

Im Rahmen der Produktionsprogrammplanung lassen sich die Methoden des Operations Research, insbesondere der linearen Planungsrechnung, einsetzen. Wird ein Produktionsprozess mit einer linear-limitationalen Produktionsfunktion[87] unterstellt, so kann für m Betriebsmittel ($i = 1, ..., m$) mit den Kapazitätsbeschränkungen k_i sowie n zu produzierende Produkte x_j ($j = 1, ..., n$) mit den Deckungsbeiträgen d_j, den Faktorverbräuchen a_{ij} des Produktes j auf dem Betriebsmittel i und den Bedarfen b_j folgendes Optimierungsmodell zur Maximierung des Gesamtdeckungsbeitrages DB formuliert werden:

Zielfunktion:
$$DB(x) \;=\; \sum_{j=1}^{n} d_j \cdot x_j \;\longrightarrow\; MAX$$

Nebenbedingungen:
$$\sum_{j=1}^{n} a_{ij} \cdot x_j \;\leq\; k_i \quad \forall i = 1,...,m$$
$$x_j \;\leq\; b_j \quad \forall j = 1,...,n$$
$$x_j \;\geq\; 0 \quad \forall j = 1,...,n$$

Wird unterstellt, dass die Produkte beliebig teilbar sind, handelt es sich um ein lineares Optimierungsproblem mit reellwertigen Variablen, für das effiziente Lösungsverfahren, die in leistungsfähige Software umgesetzt wurden, existieren. Bei Unterstellung von

---

[86]   Siehe u. a. [Sch83, S. 138 ff.].
[87]   Zum Begriff siehe [Kah96, S. 14 ff.].

Ganzzahligkeit der Variablen x_j ergibt sich im allgemeinen Fall ein ungleich schwierigeres Problem[88].

4.2.3.2 Bereitstellungsplanung

Zur Realisierung des festgelegten Auftragsprogramms werden in der Bereitstellungsplanung die zur Verfügung zu stellenden Materialien, Arbeitskräfte und Betriebsmittel nach Qualität, Quantität und Zeitpunkt geplant.

Materialbedarfsplanung: Ausgehend von den Primärbedarfen werden die Sekundärbedarfe an Teilen und Rohstoffen unter Benutzung von verbrauchs- und/oder bedarfsorientierten Planungsverfahren bestimmt.

Die *verbrauchsorientierte* Planung beruht auf Verfahren, die Zeitreihen extrapolieren. Diese Zeitreihen bestehen aus Beobachtungswerten, welche in gleichen, diskreten Zeitabständen ermittelt wurden. Für ein zukünftiges Prognoseintervall werden die zu erwartenden Ereignisse vorhergesagt. Nachdem das Verhalten einer Zeitreihe analysiert wurde, werden ihre systematischen Veränderungen durch ein Modell beschrieben. Dabei wird in jedem Fall vorausgesetzt, dass die die Zeitreihe determinierenden Gesetzmäßigkeiten im Zeitablauf unveränderlich bleiben (Zeitstabilitätshypothese). Innerhalb des Modells soll ein „Prozess" ablaufen, in dessen Ergebnis die Zufallsvariablen Wertzuweisungen erhalten.

Die *bedarfsorientierte* Planung[89] leitet aus den im Produktionsprogramm festgelegten Produktionsmengen über die Erzeugnisstruktur den Sekundärbedarf ab. Die Erzeugnisstruktur wird in Form von Stücklisten abgebildet. Eine Stückliste gibt die Mengen aller Baugruppen, Teile und Rohstoffe an, die für die Fertigung eines Produktes erforderlich sind. Neben der technischen Zeichnung ist sie der wichtigste Informationsträger in einem Unternehmen und gleichzeitig Ausgangspunkt für die Erstellung der Arbeitspläne. Da Stücklisten die Grundlage für die Materialbedarfsplanung sind, besitzen sie eine große Bedeutung für PPS-Systeme. Es gibt drei Grundformen: *Mengenübersichtsstückliste*, *Strukturstückliste* und *Baukastenstückliste*.

Als Verfahren für die programmgesteuerte Materialbedarfsplanung sind das *Dispositionsstufen-* und das *Gozintoverfahren* zu nennen[90]. Programmgesteuerte Verfahren verursachen einen zum Teil erheblich größeren Aufwand bei ihrer Durchführung als verbrauchsgesteuerte, sind dafür aber exakt in den Ergebnissen. Die Entscheidung darüber, ob ein programm- oder verbrauchsgesteuertes Verfahren anzuwenden ist, wird vor allem durch die Bedeutung eines Werkstoffes im Produktionsablauf bestimmt. Diese hängt von verschiedenen Faktoren, wie monetärer Wert, zu produzierende Menge oder Wiederbeschaffbarkeit, ab. Um die Entscheidung für ein bestimmtes Verfahren rechtfertigen zu können, wird in der Praxis häufig die *ABC-Analyse* angewendet[91].

---

[88]   Siehe [Dom93, S. 11].
[89]   Häufig auch als programmgesteuerte Materialbedarfsplanung bezeichnet.
[90]   Siehe [Tem92, S. 125 ff.].
[91]   Siehe u. a. [Gü94a, S. 167 ff.].

Arbeitskräfteplanung: Sie erfolgt im Rahmen der Personalplanung und kann als mittel-
bis langfristig eingestuft werden[92]. Kurzfristige Veränderungen der Personalkapazität sind in der Regel nur durch zeitliche Anpassung (Überstunden) oder Umverteilung von Personal möglich. Alle anderen Maßnahmen liegen außerhalb der
Aufgabenstruktur des Produktionsbereiches.

Betriebsmittelplanung: Zu den Betriebsmitteln gehören alle beweglichen und unbeweg-
lichen Mittel, die der betrieblichen Leistungserstellung dienen. Hierzu können
gezählt werden: Grundstücke, Gebäude, Transportmittel, Fertigungsmittel, Lager-
mittel, Mess- und Prüfmittel sowie die Innenausstattung. Die Betriebsmittelplanung hat die Aufgabe, unter ständiger Beachtung der wirtschaftlichen Lage den
Betriebsmittelbestand mit den durchzuführenden Aufgaben abzustimmen. Diese
Planung läuft in der Regel im lang- bis mittelfristigen Zeitraum ab.

Zunächst wird der Betriebsmittelbestand festgestellt. Er beschreibt die Kapazität
an Betriebsmitteln, die qualitativ und quantitativ zur Verfügung stehen (Kapazitätsangebot). Darauffolgend wird der Kapazitätsbedarf nach Art und Anzahl
der erforderlichen Betriebsmittel sowie durch den Zeitpunkt und die Dauer des
Einsatzes ermittelt. Dieser wird in der Regel über die programmgesteuerte Materialbedarfsplanung aus dem Produktionsprogramm abgeleitet.

In der anschließenden Abstimmung von Betriebsmittelangebot und -bedarf wird
in qualitativer und quantitativer Hinsicht verglichen. Bei Ungleichheit müssen verschiedene Maßnahmen eingeleitet werden. Ist das Angebot langfristig größer als der
Bedarf, sollte eine Ausdehnung des Produktionsprogramms oder eine Reduzierung
der Betriebsmittel erfolgen. Bei kurzzeitigem Überbedarf empfehlen sich Maßnahmen der zeitlichen (Überstunden, Bedarfsverschiebung) oder der intensitätsmäßigen Anpassung (Erhöhen der Produktionsgeschwindigkeit). Ist das Kapazitätsangebot langfristig zu gering, wird dieses im Rahmen der Betriebsmittelbeschaffung
erweitert.

Im Rahmen der PPS werden innerhalb der Belegungsplanung die verfügbaren
Betriebsmittel entsprechend ihrem Leistungsvermögen termingerecht den Arbeits-
trägern zugeordnet. Über die Terminplanung mit Kapazitätsabgleich und die
Reihenfolgeplanung (Aufgaben der Prozessplanung) werden im kurzfristigen Zeit-
horizont Maßnahmen zum Abgleich zwischen Betriebsmittelangebot und -bedarf
durchgeführt. Alle anderen oben erwähnten Maßnahmen sind nicht Gegenstand
der Fertigungssteuerung.

4.2.3.3 Prozessplanung

Die Prozessplanung[93] wird ebenso als *Ablaufplanung* bezeichnet und beinhaltet im weiteren Sinne (siehe Abbildung 4.21) die Losgrößenplanung, die Terminplanung und die
Reihenfolgeplanung. Diese durchzuführenden Aufgaben werden in der Praxis aufgrund
der diesen Problemen innewohnenden Komplexität sukzessiv durchführt, obwohl eine
Simultanplanung angebracht wäre.

---

[92] Siehe [Dom93, S. 11].

[93] Synonym werden folgende Begriffe benutzt: Ablaufplanung, Durchführungsplanung, Feinplanung,
Feinterminierung.

Innerhalb dieses operativen Planungsschrittes erfolgt die zeitliche Koordination des Produktionsprozesses, insbesondere die Zuordnung von Bearbeitungsvorgängen zu Maschinen und die Bestimmung von Reihenfolgen. An dieser Stelle der Planung beziehen sich PPS-Systeme nur noch auf die Aufträge innerhalb des Produktionsprogramms, die bereits in die Fertigung gegebenen werden müssen, um die Liefertermine fristgerecht erfüllen zu können. Bei Erfüllung der Bedingung, dass alles notwendige Material für die Aufträge zur Verfügung steht, erfolgt die *Auftragsfreigabe*. Diese kann als eigentliche Schnittstelle zur Feinsteuerung angesehen werden.

Losgrößenplanung: Unter Berücksichtigung vorgegebener Zielsetzungen wird entschieden, ob eine Zusammenfassung von Losen oder die Hintereinanderausführung bestimmter Aufträge zweckmäßig ist.

Terminplanung: Die Terminplanung umfasst zwei Teilaufgaben: die Durchlauf- und die Kapazitätsterminierung.

Die *Durchlaufterminierung* ermittelt für jeden Auftrag früheste und späteste Start- und Endtermine der Arbeitsgänge sowie deren Pufferzeiten. Sie benutzt verschiedene Verfahren der Netzplantechnik (CPM, PERT)[94] und konzentriert sich dabei nur auf zeitliche Aspekte ohne Berücksichtigung der verfügbaren Kapazitäten. Zu diesem Zeitpunkt erfolgt keine Optimierung der Reihenfolge der Arbeitsgänge auf den Betriebsmitteln. Die Information über technologische Arbeitsgangreihenfolgen, die zu berücksichtigenden Zeiten und die zu produzierende Menge wird den aktuellen Arbeitsplänen entnommen.

Die *Kapazitätsterminierung* führt ausgehend von den ermittelten Ergebnissen der Durchlaufterminierung einen operativen Kapazitätsabgleich, d. h. einen Abgleich zwischen Kapazitätsangebot und -bedarf, durch. Dazu werden zuerst die Zeitanteile sämtlicher Arbeitsgänge an gleichen Betriebsmitteln periodengerecht zugeordnet und aufsummiert. Als Ergebnis ensteht für jedes Betriebsmittel ein Belastungsprofil über der Zeit.

Die Kapazitätsterminierung versucht, Bedarfsspitzen temporär auszugleichen, indem innerhalb der vorgegebenen Pufferzeiten die Arbeitsgänge zeitlich in Richtung geringerer Auslastung verschoben werden. Sind die Pufferzeiten zu klein, um eine Harmonisierung der Beschäftigung herbeizuführen, werden Kriterien wie Vertragsstrafen oder Bedeutung eines Kunden für das Unternehmen in die Betrachtung einbezogen. Diese Vorgehensweise lässt sich in der Praxis häufig nicht von der Reihenfolgeplanung unterscheiden. Ein bekanntes Verfahren ist die *Retrograde Terminierung mit Kapazitätsabgleich*.

Reihenfolgeplanung: Nach Durchführung der Auftragsfreigabe (bei praktisch gleichzeitiger Zuordnung von Arbeitsgängen zu den Betriebsmitteln durch ein PPS-System) muss festgelegt werden, in welcher Reihenfolge der Arbeitsvorrat je Betriebsmittel abzuarbeiten ist. Diese Tätigkeit wird als Ablaufplanung im engeren Sinne bezeichnet oder auch als *Klassische Ablaufplanung*. Das Festlegen der Reihenfolge ist in der betriebswirtschaftlichen Terminologie auch als *Sequencing* bekannt.

Nach Festlegung der Reihenfolge kann eine exakte zeitliche Verteilung der Arbeitsgänge auf der konkreten Maschine vorgenommen werden. Beide Tätigkeiten

---

[94] Siehe u. a. [Sch92c, S. 649 ff.].

zusammen werden auch als *Maschinenbelegungsplanung* oder *Scheduling* bezeichnet[95]. Art und Schwierigkeitsgrad der zu lösenden Probleme werden maßgeblich durch die Produktionsform(Anordnungstyp oder Repetitionstyp) beeinflusst.

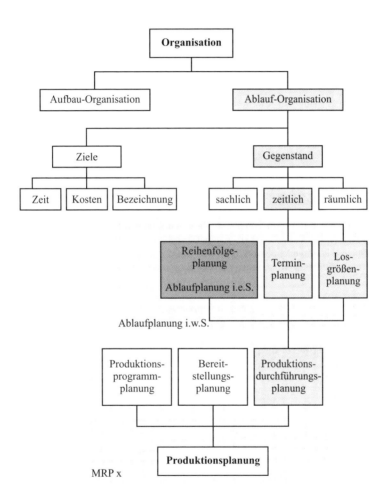

Abbildung 4.21: Verschiedene Sichten zur Ablaufplanung

---

[95]   Siehe [Dom93, S. 16 ff.].

4.2.3.4 Zusammenfassung

Im vorherigen Abschnitt wurde herausgearbeitet, welchen Platz die Ablaufplanung im
Gesamtzusammenhang der Produktionsplanung einnimmt. In der Abbildung 4.21 wurden die verschiedenen Sichtweisen der Ablaufplanung grafisch dargestellt und die wichtigsten, in diesem Kapitel definierten Begriffe in die Struktur eingeordnet[96]. Es konnte
gezeigt werden, dass bei der Realisierung der unterschiedlichen Planungsschritte innerhalb eines integrierten betrieblichen Informationssystems der Ablaufplanung eine bedeutende Rolle beim Vollzug der industriellen Fertigung zukommt.

4.2.4 Das Job Shop Scheduling Problem

Seit den fünfziger Jahren wandte sich das Operations Research verstärkt den Reihenfolgeproblemen zu. Dabei wurde der Bereich der Fertigungssteuerung, insbesondere die
Ablaufplanung i. e. S., zu dieser Zeit nur unzureichend durch algorithmische Lösungen
unterstützt. Da sich schnell die Komplexität der Problemstellungen zeigte, prägten sich
unterschiedliche Herangehensweisen zur Bewältigung dieser heraus. Auf der einen Seite
konnten Spezialprobleme extrahiert und durch exakte Verfahren gelöst werden[97]. Auf
der anderen Seite herrschte die Meinung vor, diese Probleme ganzheitlich zu behandeln und ein globales Optimum des Gesamtsystems ermitteln zu müssen. Seit dieser
Zeit wurden zahlreiche Partial- und Totalmodelle der Maschinenbelegungsplanung entwickelt, und die Literatur bietet eine nahezu unüberschaubare Fülle von Arbeiten zu
diesem Thema. Doch alle haben eines gemeinsam: Seit den Anfängen der Maschinenbelegungsplanung konnten keine Verfahren entwickelt werden, die dem Anspruch der Praxis
in hohem Maße genügen konnten. *Conway* formulierte diesen Sachverhalt treffend wie
folgt:

> „The general job-shop problem is a fascinating challenge. Although it is ea-
> sy to state, and to visualize what is required, it is extremely difficult to
> make any progress whatever toward a solution. Many proficient people
> have considered the problem, and all have come away essentially empty-
> handed. Since this frustration is not reported in the literature, the problem
> continues to attract investigators, who just cannot believe that a problem
> so simply structured can be so difficult, until they have tried it." [98]

Mit dem Einsatz von Informationssystemen in der Produktionsplanung und -steuerung
wurden neue Vorgehensweisen entwickelt, deren Zielsetzung in der praktischen Einsetzbarkeit der verwendeten Verfahren bestand, unabhängig davon, ob theoretisch fundierte
und algorithmisch umsetzbare Lösungsverfahren für auftretende Probleme bekannt waren. Vor allem in der Fertigungssteuerung wurde nach einfachen und verständlichen
Regeln gesucht, die notfalls auch ohne Computer vom Personal ausführbar waren. Auf
diese Weise entstand für die Maschinenbelegungsplanung eine Menge von (Faust)Regeln,
die das Verarbeiten großer Datenmengen von komplexen Optimierungsproblemen zuließ.

---

[96] Aus Gründen der Übersichtlichkeit wurden nur die Begriffe in diese Abbildung aufgenommen, die
      die Einordnung der Ablaufplanung in die gesamte Thematik verdeutlichen.

[97] Klassische Bedeutung erlangte der Artikel von Johnson in [Joh54, S. 61 ff].

[98] Siehe [Con67, S. 103].

Die Qualität der Lösung rückte erst in den letzten Jahren durch verschärfte Wettbewerbsbedingungen in den Mittelpunkt des Interesses.

Die rasante Entwicklung der Computertechnologie inspirierte die Wissenschaftler auf dem Gebiet der Maschinenbelegungsplanung zu neuen Ideen. Mit der Einsicht, ein hinreichend komplexes Problem aus Gründen der diesem Problem innewohnenden Komplexität nicht mit einem exakten Verfahren lösen zu können, wurden die heuristischen Verfahren zum Untersuchungsgegenstand. Die kybernetische Sichtweise, Wissen aus verschiedenen Gebieten zusammenzutragen und zu einem Ganzen zusammenzufügen, prägte seit den siebziger Jahren die Entwicklung auf dem Gebiet der Maschinenbelegungsplanung. Dem Gebiet der Physik wurde u. a. das Prinzip des *Simulated Annealing* entlehnt und der Biologie das der Genetik und der Neuronalen Netzwerke.

Der nächste Abschnitt führt wichtige Begriffe ein, die zur Modellierung des Maschinenbelegungsproblems notwendig sind und die im Modell benötigten Variablen definieren. Anschließend wird das Modell eingeführt. Es erfolgt eine Betrachtung der Komplexität der Suche nach einer optimalen Lösung.

An dieser Stelle sei auf die Kernliteratur verwiesen, auf die dieses Kapitel aufbaut[99]: der erste umfassende Sammelband von *Muth, Thompson*[100] mit Aufsätzen zum Scheduling vom Beginn der sechziger Jahre[101], das klassische Buch von *Conway, Maxwell, Miller*[102], die Ausführungen von *Baker*[103] und *French*[104], die Proceedings von *Dempster, Lenstra, Rinnooy Kan*[105], die Ausführungen über Produktionsplanung von *Graves*[106] und über NP-Vollständigkeit von *Johnson*[107] und die Diskussionen über neue Wege von *Lenstra, Rinnooy Kan*[108] und *Blazewicz*[109].

4.2.4.1 Deterministische Scheduling Probleme

Um die Planung der Maschinenbelegung untersuchen zu können, muss ein möglichst allgemeines Modell in minimal kodierter Form vorliegen. Darüber hinaus sind die zu verwendenden Begriffe abzugrenzen und eventuelle Einschränkungen gegenüber der Allgemeinheit vorzunehmen.

Werden die Eingangsgrößen eines Modells als deterministische Werte und bekannt vorausgesetzt, so liegt ein *deterministisches* Modell vor. Anderenfalls wird von einem *stochastischen* Modell gesprochen, welches nicht Gegenstand der Betrachtung sein soll[110].

---

[99]   Als Einstieg diente das Buch [Gra93].

[100]   Vgl. [Mut63].

[101]   Das Werk enthält u. a. das legendäre 10 × 10 Job Shop Scheduling Problem, welches noch heute zum Benchmarking für Verfahren zur Lösung von Maschinenbelegungsproblemen eingesetzt wird und dessen optimale Lösung erst Ende der achtziger Jahre gefunden und bewiesen wurde.

[102]   Vgl. [Con67].

[103]   Vgl. [Bak74].

[104]   Vgl. [Fre82].

[105]   Vgl. [Dem82].

[106]   Vgl. [Gra81].

[107]   Vgl. [Joh83].

[108]   Vgl. [Len84].

[109]   Vgl. [Bla87].

[110]   Stochastische Modelle ergeben sich in der Belegungsplanung u. a. durch nicht genau vorhersagbare,

Es wird angenommen, dass auf m Maschinen $\{M_i \mid i = 1,...,m\}$ insgesamt n Aufträge (Jobs) $\{J_j \mid j = 1,...,n\}$ bearbeitet werden. Ein $\uparrow Ablaufplan$ ist durchführbar, wenn sich die geplanten Durchführungszeiten der Aufträge auf ein und derselben Maschine nicht überlappen, ein Auftrag nur einmal zu einem Zeitpunkt allokiert und den Kriterien der Auftrags- und Maschinencharakteristika entsprochen wird. Ein Ablaufplan ist optimal, wenn er ein gegebenes Zielkriterium bestmöglich erfüllt. Der Problemtyp des Planungsproblems wird eindeutig durch die Maschinen, die Aufträge und die Optimalitätskriterien (siehe Abschnitte 4.2.4.1.1 bis 4.2.4.1.3) definiert. In der Literatur hat sich die Tripel-Klassifikation $\alpha \mid \beta \mid \gamma$ zur Beschreibung dieser Charakteristika durchgesetzt, die an dieser Stelle kurz erläutert wird[111].

4.2.4.1.1   Maschinencharakteristika

Die Maschinencharakteristika werden im ersten Feld $\alpha = \alpha_1\alpha_2$ spezifiziert. Das Zeichen ○ steht für das Leersymbol.

α_1:   Wenn $\alpha_1 \in \{○, P, Q, R\}$, dann besteht jeder Auftrag J_j aus genau einer Arbeitsoperation, die auf jeder Maschine M_i ausgeführt werden kann. Die Bearbeitungszeit von J_j auf M_i wird als p_{ji} bezeichnet.

$\alpha_1 = ○$:   eine Maschine; $p_{j1} = p_j$

$\alpha_1 = P$:   identisch parallele Maschinen; $p_{ji} = p_j \; \forall M_i$

$\alpha_1 = Q$:   uniforme parallele Maschinen; $p_{ji} = p_j | v_i$ für eine gegebene Arbeitsgeschwindigkeit v_i von M_i

$\alpha_1 = R$:   heterogene parallele Maschinen; $p_{ji} = p_j | v_{ji}$ für eine gegebene auftragsabhängige Geschwindigkeit v_{ji} von M_i

Wenn $\alpha_1 = O$, dann liegt ein *Open Shop* vor, wobei jeder Auftrag J_j aus einer Menge von o_j Arbeitsoperationen $\{o_{j1},...,o_{jm}\}$[112] besteht, die in nichtdeterminierter Reihenfolge auszuführen sind, d. h. es gibt weder $\uparrow Maschinenfolgen$ noch $\uparrow Arbeitsgangfolgen$.

Wenn $\alpha_1 = F$, dann liegt ein *Flow Shop* vor, wobei jeder Auftrag J_j aus einer Reihenfolge von Arbeitsoperationen $\{o_{j1},...,o_{jm}\}$[113] besteht, die ihrer Ordnung nach abzuarbeiten sind. Jeder Auftrag ist auf jeder Maschine in einer für alle Aufträge identischen Reihenfolge genau einmal abzuarbeiten.

Wenn $\alpha_1 = J$, dann liegt ein *Job Shop* vor, wobei jeder Auftrag J_j aus einer Reihenfolge von Arbeitsoperationen $\{o_{j1},...,o_{jo_j}\}$ besteht, die ihrer Ordnung nach auf den referenzierten Maschinen τ_{jk} mit $\tau_{jk} \neq \tau_{j\,k+1} \; \forall k = 1,...,o_j-1$ abzuarbeiten sind. Dabei kann jeder Auftrag einmal, mehrmals oder gar nicht auf jeder Maschine bearbeitet werden.

α_2:   Der Parameter $\alpha_2 \in \{○,m\}$ beschreibt die Anzahl der zur Verfügung stehenden Maschinen für $\alpha_1 \in \{○,P,Q,R\}$ bzw. die Anzahl der zu durchlaufenden Fertigungsstufen für $\alpha_1 \in \{O,F,J\}$.

---

vom Zufall beeinflusste Bearbeitungszeiten, die in der Beteiligung menschlicher Arbeitkräfte oder störanfälligen Prozessen begründet liegen. Vgl. [Dom93, S. 219].

[111]   Detaillierte Ausführungen zu dieser Klassifikation sind nachzulesen in [Law93, S. 450 ff.], [Gra79, S. 287 ff.] und [Con67].

[112]   Die leere Operation ist zulässig.

[113]   Die leere Opeartion ist zulässig.

$\alpha_2 = \circ$: Die Anzahl ist beliebig, d. h. der Wert spezifiziert das Problem selbst.

$\alpha_2 = m$: Die Anzahl ist konstant (m ist eine positive, ganze Zahl), d. h. der Wert m spezifiziert den Problemtyp.

$\qquad\qquad\alpha_2 = 1 \rightarrow \alpha_1 = \circ$.

4.2.4.1.2 Auftragscharakteristika

Die Auftragscharakteristika werden im zweiten Feld $\beta \subset \{\beta_1, \beta_2, ...\}$ spezifiziert. Die Anzahl der β_x variiert in der Literatur[114]. Ebenso lässt sich einem beliebigen β_x keine feste Eigenschaft (z. B. Definition der Reihenfolgebeziehung) zuordnen. Trotzdem sind die Auftragscharakteristika aufgrund der Eindeutigkeit der Bezeichner eindeutig beschreibbar.

β_1: $\beta_1 \in \{n, \circ\}$ beschreibt die Anzahl der zu bearbeitenden Aufträge J_j.

$\qquad\beta_1 = n$: Die Anzahl der zu bearbeitenden Aufträge ist konstant und besitzt den Wert n.

$\qquad\beta_1 = \circ$: Die Anzahl der Aufträge ist beliebig.

β_2: $\beta_2 \in \{pmtn, \circ\}$ beschreibt die Unterbrechbarkeit[115] (*preemption*) der Bearbeitung von Aufträgen.

$\qquad\beta_2 = pmtn$: Unterbrechung ist erlaubt. Die Bearbeitung eines Auftrags darf unterbrochen werden und wird später auf irgendeiner Maschine fortgesetzt.

$\qquad\beta_2 = \circ$: Unterbrechung nicht erlaubt.

β_3: $\beta_3 \in \{prec, tree, \circ\}$ beschreibt die Art von Reihenfolgebeziehungen zwischen Aufträgen. Bestehen die Aufträge aus mehreren Arbeitsoperationen, wird die Definition auf Beziehungen zwischen den Arbeitsoperationen verschiedener Aufträge erweitert.

$\qquad\beta_3 = prec$: Es existiert eine Reihenfolgebeziehung oder Präzedenz (*precedence relation*), die durch einen azyklischen, gerichteten Graphen G repräsentiert wird. Wenn in G ein direkter Weg von j zu k existiert, so wird dieser Weg mit $j \rightarrow k$ bezeichnet und dies erfordert, dass j vor k abgearbeitet wird.

$\qquad\beta_3 = tree$: Es werden Reihenfolgebeziehungen in Form eines gerichteten Baumes G betrachtet.

$\qquad\beta_3 = \circ$: Eine Reihenfolgebeziehung ist nicht spezifiziert bzw. die vorhandene Beziehung wird nicht betrachtet.

β_4: $\beta_4 \in \{r_j, \circ\}$ beschreibt die Zeitpunkte der Auftragsfreigabe.

$\qquad\beta_4 = r_j$: Jeder Auftrag J_j kann einen anderen Freigabezeitpunkt (*release date*) r_j besitzen.

$\qquad\beta_4 = \circ$: $r_j = 0 \ \forall j = 1,...,n$

---

[114] In [Law93, S. 451] werden vier Kriterien genannt. Hingegen werden in [Dom93, S. 256 ff.] zehn Kriterien aufgeführt. Das β_x steht für ein bestimmtes Kriterium x, wobei das x eine natürliche Zahl mit Eins beginnend repräsentiert.

[115] Preemption im Sinne von Job-Splitting.

β_5: $\beta_5 \in \{p_{ji}, p_j, \circ\}$ beschreibt mögliche Bearbeitungszeiten (*processing times*) der
       Aufträge.

    $\beta_5 = p_{ji}$:   Jede Arbeitsoperation besitzt eine einheitliche Bearbei-
               tungszeit für $\alpha_1 \in \{O, F, J\}$.

    $\beta_5 = p_j$:   Jeder Auftrag besitzt eine einheitliche Bearbeitungszeit für
               $\alpha_1 \in \{\circ, P, Q\}$.

    $\beta_5 = \circ$:   Bearbeitungszeiten sind beliebig $\rightarrow \forall i,j : p_j, p_{ji} \in \mathbf{N}$

β_6: $\beta_6 \in \{s^i_{jk}, \circ\}$ beschreibt reihenfolgeabhängige Rüstzeiten (*setup times*) der Auf-
       träge.

    $\beta_6 = s^i_{jj'}$:   Reihenfolgeabhängige Rüstzeit, wenn auf Maschine i der
               Auftrag j' dem Auftrag j folgt.

    $\beta_6 = \circ$:   Reihenfolgeabhängige Rüstzeiten werden nicht betrachtet.

Darüber hinaus werden in der Literatur noch weitere Kriterien, wie Ressourcenbe-
schränkungen, Lagerkapazitätsbeschränkungen usw. aufgeführt, die an dieser Stelle nicht
erklärt werden.

4.2.4.1.3   Optimalitätskriterien

Als Optimalitätskriterium kommen verschiedene, i. d. R. zeitorientierte Zielgrößen[116] in
Frage, die im Rahmen eines gegebenen Ablaufplans für jeden Auftrag berechenbar sind.
Um eine allgemeine Aussage über ein Problem treffen zu können, beschränken sich die
meisten Autoren auf Zielfunktionen, die folgendem Kriterium genügen[117]:

Definition: Reguläre Zielfunktion
    Es sei s die zulässige Lösung eines Belegungsproblems (*schedule*) mit den Auftrags-
    fertigstellungszeiten C_j der Aufträge J_j, S die Menge der zulässigen Lösungen
    und $f(s)$ eine Bewertungsfunktion für s. Eine Zielfunktion $f : S \rightarrow R^1$ heißt
    regulär, wenn für zwei Lösungen s mit $(C_1,...,C_n)$ und s' mit $(C'_1,...,C'_n)$ gilt:
    $f(s) < f(s')$ wenn $C_j < C'_j$ für mindestens ein $j \in \{1,...,n\}$.

Der Wert dieser Zielfunktion hängt von der jeweils letzten Arbeitsoperation der Aufträge
ab und stellt somit deren Praxistauglichkeit in Frage, denn alle anderen Operationen
können unter Beachtung von $\beta_3 = prec$ ohne Beeinflussung der Zielfunktion im Belegungsplan frei verschoben werden. Reguläre Zielfunktionen werden in drei Klassen
eingeteilt[118]:

1. *Criteria based on completion times*
    Ausgehend von den Fertigstellungszeiten der Aufträge können für einen Belegungs-
    plan Durchlaufzeiten der einzelnen Aufträge, die Zykluszeit und Wartezeiten er-
    mittelt werden.

---

[116]   Siehe Abschnitt 4.9.
[117]   Siehe [Geo95, S. 21].
[118]   Siehe u. a. [Bak74, S. 12 ff.] und [Fre82, S. 9 ff.].

Fertigstellungszeit C_j: Der Zeitpunkt, zu dem der Auftrag J_j beendet wird (*completion time*). Als Summe, Durchschnitt und gewogener Durchschnitt[119] der Fertigstellungszeiten ergeben sich die folgenden Berechnungsvorschriften.

$$\sum C = \sum_{j=1}^{n} C_j \qquad \overline{C} = \frac{1}{n} \sum_{j=1}^{n} C_j \qquad C^{\omega} = \sum_{j=1}^{n} (\omega_j C_j)$$

Durchlaufzeit F_j: Die Zeit, die ein Auftrag J_j vom Zeitpunkt seiner Freigabe r_j bis zum Zeitpunkt seiner Fertigstellung C_j in der Fertigung verweilt (*flow time*).

$$F_j = C_j - r_j$$

In der Literatur werden wegen expliziter oder impliziter Unterstellung von $\forall j : r_j = 0$ die Zeiten C_j und F_j synonym benutzt.

Zykluszeit Z: Ist die Zeit (*makespan*), die benötigt wird, um alle Aufträge zu bearbeiten. Sie kann auch als Belegungszeit des Fertigungssystems interpretiert werden.

$$Z = C_{max} = \max_{j=1}^{n}\{C_j\}$$

Wartezeit W_j: Beschreibt die Zeitspanne, die sich ein Auftrag J_j seit seiner Freigabe zum Zeitpunkt r_j bis zu seiner Beendigung zum Zeitpunkt C_j abzüglich der Bearbeitungszeit p_{ji} der o_j Arbeitsoperationen in der Fertigung befindet.

$$W_j = C_j - \left(r_j + \sum_{k=1}^{o_j} p_{jk} \right)$$

Analoge Zielfunktionen ergeben sich aus der Betrachtung von Maximum, Summe, Durchschnitt und gewogenem Durchschnitt der oben aufgeführten Größen.

$$F_{max} = \max_{j=1}^{n}\{F_j\} \quad \sum F = \sum_{j=1}^{n} F_j \quad \overline{F} = \frac{1}{n} \sum_{j=1}^{n} F_j \quad F^{\omega} = \sum_{j=1}^{n} (\omega_j F_j)$$

$$W_{max} = \max_{j=1}^{n}\{W_j\} \quad \sum W = \sum_{j=1}^{n} W_j \quad \overline{W} = \frac{1}{n} \sum_{j=1}^{n} W_j \quad W^{\omega} = \sum_{j=1}^{n} (\omega_j W_j)$$

Rinnooy Kan[120] beweist die Äquivalenz[121] von $\sum F$, $\sum W$, $\overline{F}$ und $\overline{W}$ zu $\sum C$ und $\overline{C}$, falls alle r_j und p_{ji} gegeben sind und nur additiv in die Berechnung eingehen. Deshalb wird die Betrachtung der fertigstellungszeitbasierten Zielgrößen auf C reduziert.

---

[119]   Für alle Gewichte ω_j, die weiterhin in Formeln benutzt werden, gilt: $\sum \omega_j = 1$.
[120]   Vgl. [Kan76, S. 20 ff.].
[121]   Zwei Ziele heißen *äquivalent*, wenn deren zugehörige Zielfunktionen durch Lineartransformation mittels konstanter Parameter ineinander überführbar sind.

2. *Criteria based on due dates*

Der Fälligkeitszeitpunkt d_j (*due date*) wird für jeden Auftrag in der Regel als Liefertermin vorgegeben. Terminabweichungen L_j (*lateness*) können durch vorfristiges Fertigstellen (*earliness*) bzw. Verspätung T_j (*tardiness*) hervorgerufen werden. Obwohl ein vorzeitiges Fertigstellen Kosten verursacht[122], bleibt diese Art der Terminabweichung in der Literatur ohne Bedeutung. Die Berechnung von Terminabweichung und Verspätung ist für den Fall eines Verzuges identisch.

$$L_j = C_j - d_j$$
$$T_j = \max\{0, L_j\}$$

Analoge Zielfunktionen ergeben sich wiederum aus der Betrachtung von Maximum, Summe, Durchschnitt und gewogenem Durchschnitt der oben aufgeführten Größen.

$$L_{max} = \max_{j=1}^{n}\{L_j\} \quad \sum L = \sum_{j=1}^{n} L_j \quad \overline{L} = \frac{1}{n}\sum_{j=1}^{n} L_j \quad L^{\omega} = \sum_{j=1}^{n}(\omega_j L_j)$$

$$T_{max} = \max_{j=1}^{n}\{T_j\} \quad \sum T = \sum_{j=1}^{n} T_j \quad \overline{T} = \frac{1}{n}\sum_{j=1}^{n} T_j \quad T^{\omega} = \sum_{j=1}^{n}(\omega_j T_j)$$

Es besteht ebenfalls eine Äquivalenz in der Betrachtung von Summe und Durchschnitt und von $\overline{L}$ zu $\overline{C}$[123]. Aufgrund der besseren Vergleichbarkeit zulässiger Ablaufpläne werden diese Kriterien jedoch beibehalten. Auf T_{max} wird wegen

$$
\begin{aligned}
T_{max} &= \max_{j=1}^{n} T_j = \max_{j=1}^{n}\left(\max\{0, L_j\}\right) \\
&= \max\left\{0, \max_{j=1}^{n} L_j\right\} = \max\{0, L_{max}\}
\end{aligned}
$$

verzichtet. Da Zeit einen relativen Charakter besitzt, sollte eine zusätzliche Größe zur Verfügung gestellt werden, welche die Verspätung unabhängig von der gewählten Zeitdimension und in Abhängigkeit zur mittleren Bearbeitungszeit aller Operationen erfasst. Hierzu wird T_j zu $\hat{T}_j$ normiert.

$$\hat{T}_j = \frac{T_j}{\left(\dfrac{\sum\limits_{l=1}^{n}\sum\limits_{k=1}^{o_l} p_{lk}}{\sum\limits_{l=1}^{n} o_l}\right)}$$

---

[122] Es entstehen in jedem Falle Kapitalbindungskosten. In praxi werden diese Kosten durch das Entstehen zusätzlicher Pufferzeiten für Folgeperioden gerechtfertigt.

[123] Siehe [Kan76, S. 20 ff.].

Zur Robustheit gegenüber Ausreißern wird die normierte Verspätung quadriert und anschließend der Mittelwert gebildet. Die Funktion $\overline{T_n^2}$ ist regulär[124].

$$\overline{T_n^2} \;=\; \frac{1}{n}\sum_{j=1}^{n}\hat{T}_j^2$$

3. *Criteria based on inventory cost and utilization*

Anders als bei der auftragsbezogenen Sichtweise, werden bei diesem Kriterium Kosten betrachtet, die durch die Belegung von Maschinen entstehen. Hierbei wird dem Gedanken Rechnung getragen, dass eine ausschließliche Betrachtung der Auftragfertigstellungszeitpunkte unbefriedigend für die Beurteilung der Güte eines Belegungsplans ist.

In der Literatur sind kaum Zielfunktionen zu finden, die sinnvoll, regulär und antivalent zu den oben beschriebenen Größen sind. Da die Auslastung der Maschinen in praxi eine wichtige Kenngröße darstellt, wird die Funktion $\overline{U}$ der Maschinenauslastung mit

$$\max\;\overline{U}=\frac{1}{m}\sum_{i=1}^{m}U_i \quad \text{mit} \quad U_i=\frac{\displaystyle\sum_{(j,k):o_{jk}\in M_i}p_{jk}}{\displaystyle\max_{(j,k):o_{jk}\in M_i}t_{jk}^e}\cdot 100$$

definiert. Die Maschinenauslastung wird nur im Zeitraum zwischen der Freigabe ($r_j = 0$) und dem Fertigstellungszeitpunkt des letzten Arbeitsgangs t_{jk}^e auf der Maschine i betrachtet und als Funktion maximiert. Die Zielfunktion ist anschaulich, aber nicht regulär[125].

Der dritte Parameter $\gamma \in \{f_{max}, \sum f_j\}$ spezifiziert das zu verfolgende Optimierungsziel. Die Möglichkeit, mit $\gamma = \circ$ ziellos zu optimieren, ist trotz gelegentlicher Praxisnähe in der Literatur nicht vorgesehen.

f_{max}: Beschreibt die Minimierung ($f_{max} \to \min$) einer bestimmten Zeitgröße. Gewöhnlich kann f_{max} als

$$f_{max} \in \{C_{max}, L_{max}\} : f_{max} = \max_{j=1}^{n} f_j(C_j) : C_j = f_j(C_j)$$
$$\text{bzw.} \quad \max_{j=1}^{n} f_j(L_j) : L_j = f_j(L_j)$$

betrachtet werden.

---

[124] Siehe hierzu den Beweis in [Bru91, S. 522].

[125] *Beweis:* Gegeben sei s und J_j mit $o_{j\,o_j-1}$ als letzte Operation auf M_i und o_{jo_j} auf $M_{i'}$ unter der Bedingung $t_{j\,o_j}^s - t_{j\,o_j-1}^e > 0$. Somit lässt sich ceteris paribus ein s' konstruieren mit $t_{j\,o_j-1}^e = t_{j\,o_j-1}^e + 1$. Damit wurde gezeigt, dass trotz $C_j = C_j'$ das Kriterium $\overline{U}$ unterschiedlich bewertet wird und somit nicht regulär ist.

$\sum f_j$: Beschreibt die Minimierung der (gewichteten) Summe einer bestimmten Zeitgröße. Gewöhnlich kann $\sum f_j$ als

$$\sum f_j \;\in\; \left\{ \sum C_j, \sum T_j, \sum \omega_j C_j, \sum \omega_j T_j \right\} :$$

$$f_{max} = \sum f_j = \sum_{j=1}^{n} f_j(C_i) : C_j = f_j(C_j)$$

respektive alle anderen Werte.

   betrachtet werden.

4.2.4.1.4 Zusammenfassung

Jedes Scheduling Problem korrespondiert zu einem Acht-Tupel der Art $(u_0, ..., u_7)$, wobei
die u_i die Knoten der Graphen G_i definieren (siehe Abbildung 4.22).

Für zwei Probleme $P = (u_0,...,u_7)$ und $Q = (u'_0,...,u'_7)$ sollte geprüft werden, ob $P \rightarrow Q$
gilt, d. h. ob P nach Q überführbar ist und daraus eine Komplexitätsreduktion resultiert.
Der Graph definiert elementare Reduktionen zwischen Scheduling Problemen.

Diese Reduktionen sind in der Software MSPCLASS [126] von zentraler Bedeutung. Das
Programm speichert den Komplexitätsstatus von Scheduling Problemen auf der Basis
bekannter Lösungen und arbeitet die Inferenzregeln des Graphen ab. In MSPCLASS sind
allein 4.536 Probleme registriert, die zur Klasse $\alpha_2 \in \{1,2,3,\circ\}$ und $\beta_2 = pmtn$ außer
$\beta_5 = p_{ji} = 1$ gehören. Gegenwärtig ist bekannt, dass 417 dieser Probleme in polynomialer
Zeit lösbar und 3821 *NP*-schwierig [127] sind. 298 Probleme sind noch offen.

4.2.4.2 Job Shop Scheduling

4.2.4.2.1 Grundbegriffe

In der englischsprachigen Literatur wird das Maschinenbelegungsproblem bei Werkstattfertigung als *Job Shop Scheduling Problem* oder einfacher als *JSP* bezeichnet [128].

Allgemein kann das JSP in der folgenden Weise dargestellt werden. Die Menge an Aufträgen (Jobs) $\{J_j \mid j = 1,...,n\}$ soll der Menge der Maschinen $\{M_i \mid i = 1,...,m\}$ so
zugeordnet werden, dass ein vorgegebenes Zielkriterium (z. B. möglichst frühe Fertigstellung des Produktionsprogrammes, hohe Termintreue, kurze Durchlaufzeiten priorisierter
Aufträge u. a.) möglichst gut erfüllt wird.

Dabei bezeichnet $\mathcal{T}_j = (\tau_{jk}) = (\tau_{j1},...,\tau_{jo_j})$ die ↑*Maschinenfolge* zur Fertigung von
Auftrag J_j mit $k = 1,...,o_j$ Arbeitsoperationen o_{jk} mit einer Operationszeit p_{jk}. Für
jeden Auftrag J_j wird ein gewünschter Fertigstellungstermin (due date) d_j vorgegeben.

Zur Illustration der Begriffe soll folgendes Beispiel gegeben sein: Zum Zeitpunkt t_0 werden $n = 3$ Aufträge freigegeben. Jeder dieser Aufträge besitzt $o_j = 3$ Arbeitsgänge,

---

[126] Siehe [Lag81, Lag82].

[127] Zum Begriff siehe Abschnitt 4.2.4.3.

[128] Von den Modellformulierungen der damaligen Zeit verdient u. a. die von Manne Beachtung
       (vgl. [Man63, S. 187 ff.]).

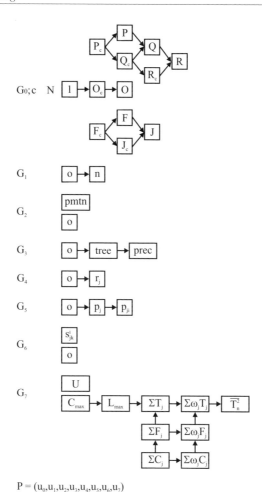

$$P = (u_0, u_1, u_2, u_3, u_4, u_5, u_6, u_7)$$

Abbildung 4.22: Problem-Klassifikation

welche auf ingesamt $m = 3$ Maschinen unter Beachtung der jeweiligen Maschinenfolge $\mathcal{T}_j$ abzuarbeiten sind. Die Maschinenfolgen und Arbeitszeiten sind wie folgt definiert:

$$(p_{jk}) = \begin{pmatrix} 2 & 5 & 3 \\ 5 & 4 & 3 \\ 6 & 4 & 2 \end{pmatrix} \quad (\tau_{jk}) = \begin{pmatrix} 1 & 1 & 2 \\ 2 & 3 & 3 \\ 1 & 2 & 3 \end{pmatrix}$$

Auftrag: Zwischen den Arbeitsoperationen o_{jk} bestehen Präzedenzbeziehungen, wobei $J|prec|C_{max}$ und $J|tree|C_{max}$ nicht zugelassen sind. Die Operationen werden in

Teilmengen gegliedert, innerhalb derer solche Reihenfolgerestriktionen auftreten. Jede dieser Teilmengen wird als *Auftrag* bezeichnet. Die Reihenfolge der Operationen im JSP ist in einer linearen Präzedenzstruktur[129] determiniert. Es gilt:

$$J_j = \{o_{jx}, o_{jy}, ..., o_{jz}\} \mid o_{jx} \prec o_{jy} \prec ... \prec o_{jz}$$

Die Aufträge sind unabhängig voneinander, d. h. außerhalb der Auftragsstruktur sind keine Präzedenzbeziehungen zulässig, jede Arbeitsoperation gehört zu genau einem Auftrag, und die Anzahl der Arbeitsoperationen pro Auftrag kann verschieden sein. Die Beendigungszeit eines Auftrags wird gleichgesetzt mit der Beendigungszeit der letzten Arbeitsoperation o_{jo_j}. Zur graphischen Darstellung werden ein Arbeitsvorgang als Knoten (*node*) und die Menge aller Knoten mit N bezeichnet. N ist eine endliche, nichtleere Menge.

Im Beispiel (4.1) besteht der erste Auftrag aus drei Arbeitsoperationen, die der Reihenfolge nach auf der Maschine 1, danach nochmals auf Maschine 1 und abschließend auf Maschine 2 abgearbeitet werden.

Maschine: Gegeben seien z Zeiträume. Für zwei beliebige Zeiträume x und y sind die Startzeitpunkte t_x^s und t_y^s sowie die Endezeitpunkte t_x^e und t_y^e mit $t_x^s < t_x^e$ und $t_y^s < t_y^e$ gegeben. Die Menge der Arbeitsoperationen N soll in Teilmengen untergliedert werden, die der Bedingung

$$\max_{x=1}^{z} \left(\sum_{y=1}^{z} \begin{cases} 1 & \text{für} \quad x \neq y \ \wedge \ t_y^s \leq t_x^s < t_y^e \\ 1 & \text{für} \quad x = y \\ 0 & \text{sonst} \end{cases} \right) \leq 1$$

genügen. Eine solche Teilmenge heißt Maschine[130]. Die Bedingung verhindert, dass Operationen, die auf ein und derselben Maschine ausgeführt werden sollen, sich nicht paarweise überlappen. Sie kann als Nichtgleichzeitigkeits-Restriktion bezeichnet werden. Die Menge aller Maschinen werde als M bezeichnet. M ist eine endliche, nichtleere Menge.

Arbeitsgangfolge: Wichtigstes Merkmal des JSP sind die auftrags- bzw. teilspezifischen Bearbeitungsreihenfolgen. Sie sind die wichtigste Ursache für dessen hohe Komplexität. Jeder Auftrag J_j wird in eine Menge von Arbeitsoperationen o_{jk} unterteilt, die in der betrieblichen Praxis als *Arbeitsgänge* bezeichnet werden. Die Anzahl der Arbeitsgänge pro Auftrag o_j ist variabel. Die Reihenfolge der Arbeitsgänge wird durch technologische Randbedingungen determiniert und als *Technologie* oder *Arbeitsgangfolge* bezeichnet.

Maschinenfolge: Kann jedem Arbeitsgang o_{jk} eines Auftrages J_j eindeutig eine Maschine M_i zugewiesen werden, so wird die zeitliche Reihenfolge, in der die Arbeitsgänge von Auftrag J_j die Maschinen durchlaufen, als *Maschinenfolge* $\mathcal{T}_j = (\tau_{j1}, ..., \tau_{jo_j})$ bezeichnet. Diese lassen sich in *Maschinenfolgegraphen* veranschaulichen (Abbildung 4.23).

---

[129]   Siehe [Bak74, S. 136].
[130]   Siehe hierzu auch [Geo95, S. 11 ff.].

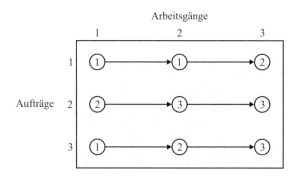

Abbildung 4.23: Maschinenfolgegraph

Der Maschinenfolgegraph ist ein gerichteter Graph oder *Digraph* (*directed graph*) $D = (N,A)$. Jeder Knoten $o_{jk} \in N$ entspricht einer Arbeitsoperation des Auftrages J_j, die auf der im Knoten bezeichneten und durch τ_{jk} referenzierten Maschine ausgeführt wird. A bezeichnet die Menge von zweielementigen, *konjunktiven* Teilmengen von N, wobei zwei adjazente Operationen o_{jk} und $o_{jk'}$ Element von A sind. Das Paar $(o_{jk}, o_{jk'}) \in A : t_{jk'}^s - t_{jk}^s \geq p_{jk} \wedge t_{jk} \geq 0$ wird als gerichtete Kante von o_{jk} nach $o_{jk'}$ bezeichnet. Für A gilt: $A \subset N \times N$. Die Prozesszeiten p_{jk} werden üblicherweise als Kantengewichte benutzt, die die Zeitdauer des Übergangs von o_{jk} zu $o_{jk'}$ determinieren.

Auftragsfolge: Die zeitliche Reihenfolge, in der die Aufträge J_j über eine Maschine M_i laufen, wird *Auftragsfolge* von M_i genannt[131]. m_i ist die Kardinalität der Auftragsfolge von M_i. Im Unterschied zu Arbeitsgang- und Maschinenfolge können die einzelnen Arbeitsgänge verschiedener Aufträge zeitgleich um eine Maschine konkurrieren. Die Auftragsfolge ist nicht fest vorgegeben, sondern Gegenstand der Planung, aus welcher der ↑*Ablaufplan* resultiert.

Ablaufplan: Eine nicht notwendigerweise optimale, zulässige Lösung des JSP durch Festlegung der ↑*Auftragsfolge* der jeweiligen Maschinen wird *Ablaufplan* genannt. Die Entscheidungssituation des Reihenfolgeproblems in der Werkstattfertigung lässt sich durch die Erweiterung des Maschinenfolgegraphen mit disjunktiven Kanten beschreiben.

4.2.4.2.2 Sequencing

Das Konzept, einen Ablaufplan als disjunktiven Graph darzustellen, geht auf *Roy* und *Sussmann*[132] zurück. Eine disjunktive Kante ist eine ungerichtete Kante zwischen zwei Arbeitsoperationen, die auf derselben Maschine bearbeitet werden. Die Menge der disjunktiven Kanten, die alle Operationen bilden, die auf Maschine M_i abzuarbeiten sind, wird mit E_i bezeichnet. Die Menge aller disjunktiven Kanten des Graphen wird mit E

---

[131] Vergleiche hierzu auch [See75, S. 15 ff.].
[132] Siehe [Roy64].

bezeichnet, wobei $E = \cup(E_i : i \in M)$ gilt. Abbildung 4.24 zeigt den disjunktiven Graph
für das Beispiel 4.1, der durch disjunktive Erweiterung des konjunktiven Maschinenfolgegraphen entstanden ist.

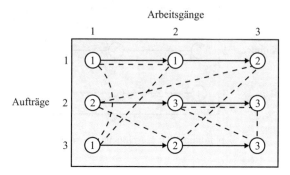

Abbildung 4.24: Disjunktiver Graph

Zur Festlegung der Auftragsfolge jeder Maschine ist für jede disjunktive Kante ein Richtungssinn zu wählen, d. h. die Kante wird gerichtet. Die gerichteten Kanten sind so festzulegen, dass ein azyklischer, gerichteter Ablaufgraph entsteht. Eine *Selektion* $S_i \in E_i$
enthält exakt ein Element jedes disjunktiven Kantenpaars aus E_i. Abbildung 4.25 zeigt
ein mögliches Ergebnis dieser Vorgehensweise. Transitive disjunktive Kanten sind redundant und können in der graphischen Darstellung weggelassen werden[133]. Daraus folgt,
dass jeder Knoten maximal zwei Vorgänger und maximal zwei Nachfolger besitzen kann
(jeweils einen maschinenorientierten und einen auftragsorientierten).

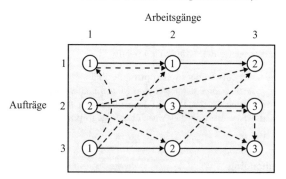

Abbildung 4.25: Ablaufgraph

Jede azyklische Selektion S_i korrespondiert zu genau einer Auftragsfolge und umgekehrt.
Sequencing bedeutet also, genau ein $S_i \in E_i$ auszuwählen. Wurde für jedes $i \in M$ genau

---

[133]   Aus Gründen der Vollständigkeit wurden in der Abbildung 4.25 die redundanten Kanten dargestellt.

ein $S_i \in E_i$ bestimmt, dann liegt eine *vollständige* Selektion S vor. Gilt $i \in M_0 \wedge M_0 \subset M$, dann liegt eine *partielle* Selektion vor. Eine vollständige Selektion S ist azyklisch, wenn der Digraph $D_s = (N, A \cup S)$ azyklisch ist. Diese Tatsache muss zur Deadlock-Vermeidung bei der Konstruktion von Ablaufplänen beachtet werden.

Die Zykluszeit eines Ablaufplans ist gleich der Länge des längsten Weges durch D_s. Die Lösung des JSP besteht somit im Finden einer azyklischen, vollständigen Selektion $S \subset E$, welche die Länge des längsten Weges im Digraph $D_s = (N, A \cup S)$ minimiert[134]. Zur Generierung eines gemeinsamen Startknotens und eines gemeinsamen Endknotens werden gewöhnlich bei derartigen Problemen Pseudoknoten eingeführt, die bei der Enumeration der Knotenmenge $N = \{0,1,...,e\}$ mit 0 für den Startknoten und e für den Endknoten indiziert werden. Das JSP kann unter den bisherigen Annahmen wie folgt definiert werden.

$$\min t_e^s$$

$$
\begin{aligned}
t_{j'k'}^s - t_{jk}^s \geq p_{jk} \quad &(o_{jk}, o_{j'k'}) \in A \\
t_{jk} \geq 0 \quad &o_{jk} \in N \\
t_{j'k'}^s - t_{jk}^s \geq p_{jk} \vee t_{jk}^s - t_{j'k'}^s \geq p_{j'k'} \quad &(o_{jk}, o_{j'k'}) \in E_i, i \in M.
\end{aligned}
$$

Die Festlegung der S_i besitzt jedoch auch Bedeutung für die Lösung von Teilproblemen als Berechnung unterer Schranken, beispielsweise für ↑*Heuristiken*. So werden über die Bestimmung längster Wege Bereitstellungszeitpunkte und Nachlaufzeiten für Arbeitsoperationen ermittelt.

4.2.4.2.3 Scheduling

French[135] unterscheidet zwischen der Festlegung der reinen Reihenfolgen der Arbeitsoperationen auf den entsprechenden Maschinen (sequencing) und der Festlegung der Startzeitpunkte der Arbeitoperationen unter Beachtung der bereits ermittelten Reihenfolgen (scheduling). Ein Ablaufplan wird in der Regel als *Gantt-Diagramm*[136] dargestellt. Dabei werden die Arbeitszeiten über der Abszisse und die Maschinen bzw. die Aufträge über der Ordinate aufgetragen. Das obere Diagramm in Abbildung 4.26 zeigt ein maschinenorientiertes, das untere ein auftragsorientiertes Gantt-Diagramm. Die Arbeitsoperationen o_{jk} sind mit j/k bezeichnet.

Alle Arbeitsoperationen aus Beispiel 4.1 wurden entsprechend dem Ablaufgraph aus Abbildung 4.25 in die Gantt-Diagramme übernommen und frühestmöglich auf der jeweiligen Maschine eingeplant. Für Illustrationen von Ablaufplänen wird aus Gründen der Übersichtlichkeit die maschinenorientierte Darstellungsform bevorzugt. Zur weiteren Betrachtung ist es notwendig, einen Ablaufplan in drei Kategorien einzuteilen.

Semiaktiver Ablaufplan s_S: Kann innerhalb eines Ablaufplanes keine Bearbeitung früher beginnen, ohne die Auftragsfolge zu verändern, wird dieser als *semiaktiv* be-

---

134 Vergleiche hierzu [Ada88b, S. 392].

135 Siehe [Fre82, S. 26].

136 Nach *H. L. Gantt* benannt. Siehe hierzu auch [Ada90, S. 761 ff.].

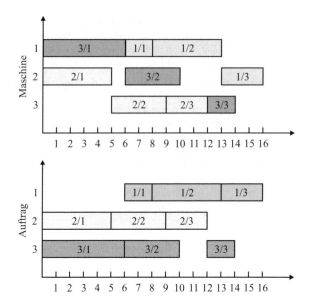

Abbildung 4.26: Gantt-Diagramme

zeichnet[137]. Die Generierung semiaktiver Ablaufpläne erfolgt durch lokale Links-
verschiebungen[138] von Arbeitsvorgängen aus *nicht–semiaktiven* Ablaufplänen. Zur
Generierung eines semiaktiven Belegungsplanes findet der folgende Algorithmus
Verwendung.

Erster Schritt ist die Generierung eines leeren semiaktiven Belegungsplanes s_S.
Ein leerer Belegungsplan ist ein Belegungsplan ohne Arbeitsvorgänge. Anschließend wird eine Menge M_T gebildet, die alle technologisch abarbeitbaren Arbeitsvorgänge enthält. Das sind die Arbeitsvorgänge, die technolgisch die ersten
sind oder deren technologische Vorgänger bereits fertiggestellt sind. Die Funktion
$FIRST()$ liefert für jeden Auftrag diesen Arbeitsvorgang. Die Schleife wird solange durchlaufen, wie die Menge der abarbeitbaren Arbeitsvorgänge nicht leer ist.
Innerhalb dieser Schleife werden alle Arbeitsvorgänge von M_T mit einer Priorität
versehen, wobei der Arbeitsvorgang eingeplant wird, der am höchsten priorisiert
ist. Danach wird dieser aus M_T entfernt und gegen seinen technologischen Nachfolger, sofern es diesen gibt, ersetzt.

Für eine JSSP–Instanz gibt es maximal

---

[137] Siehe [Bak74, S. 181].

[138] Bei einer lokalen Linksverschiebung werden Beginnzeitpunkte von Arbeitsvorgängen ohne Ände-
       rung der Reihenfolge zulässig verringert.

```
 1  begin
 2      Initialisiere einen leeren Belegungsplan s_S;
 3      Bilde eine Menge M_T := {o_{jk} : o_{jk} = FIRST(T_j) ∀j};
 4      while (M_T ≠ ∅) do
 5          for (o_{jk} ∈ M_T) do
 6              φ_{jk} := Φ^{prio}(o_{jk});
 7          od
 8          o*_{jk} := o_{jk} : max{φ_{jk} : o_{jk} ∈ M_T};
 9          M_T := M_T \ o*_{jk};
10          if k* < o*_j then M_T := M_T ∪ o*_{j k+1};  fi
11          Nehme o*_{jk} in s_S unverzögert auf;
12      od
13      Gebe s_S aus.
14  end
```

Abbildung 4.27: Algorithmus zur Generierung eines semiaktiven Ablaufplanes

$$CARD(s_S) = \prod_{i=1}^{m} \frac{m_i!}{\prod_{j=1}^{n} \left(\sum_{k=1}^{o_j} \left\{ \begin{array}{ll} 1: & i = \tau_{jk} \\ 0: & \text{sonst} \end{array} \right. \right)!}$$

semiaktive Belegungspläne[139]. Jeder optimale Plan ist bzgl. einer regulären Zielfunktion mindestens semiaktiv.

Aktiver Ablaufplan s_A: Kann innerhalb eines Ablaufplanes keine Bearbeitung früher beginnen, ohne eine andere zu verzögern, wird dieser als *aktiv* bezeichnet[140]. Aktive Ablaufpläne werden durch globale Linksverschiebung[141] von Arbeitsvorgängen generiert. Jeder aktive Plan ist zugleich semiaktiv und enthält hinsichtlich regulärer Zielkriterien mindestens ein Optimum. Der folgende Algorithmus zeigt eine Heuristik, wie ein aktiver Plan erstellt werden kann.

Erster Schritt der Heuristik ist die Generierung eines leeren Belegungsplanes s_A. Die Menge M_T enthält, wie beim vorherigen Algorithmus, den nächsten zu fertigenden Arbeitsvorgang jedes Auftrages. Die anschließende Schleife wird solange

---

[139] Die Formel stellt deshalb nur eine obere Schranke dar, weil nicht alle Permutationen zulässige Lösungen darstellen. Siehe hierzu [Käs97, S. 4].

[140] Die grundsätzliche Idee zur Generierung von aktiven Ablaufplänen stammt vermutlich von *Giffler* und *Thompson* [Gif60, S. 487 ff.].

[141] Eine globale Linksverschiebung bezeichnet die Verringerung von Beginnzeitpunkten von Arbeitsvorgängen bei Einhaltung der Beginnzeitpunkte aller anderen Arbeitsvorgänge.

```
 1  begin
 2      Initialisiere einen leeren Belegungsplan s_A;
 3      Bilde eine Menge M_T := {o_{jk} : o_{jk} = FIRST(T_j) ∀j};
 4      while (M_T ≠ ∅) do
 5          o*_{jk} := o_{jk} : min{t^e_{jk} : o_{jk} ∈ M_T};
 6          M*_i := τ*_{jk};
 7          for (o_{jk} ∈ M_T) do
 8              if ((τ_{jk} = M*_i) ∧ (t^s_{jk} < t^{*e}_{jk}))
 9                  then φ_{jk} := Φ^{prio}(o_{jk});
10                  else φ_{jk} := 0;
11              fi
12          od
13          o*_{jk} := o_{jk} : max{φ_{jk} : o_{jk} ∈ M_T};
14          M_T := M_T \ o*_{jk};
15          if k* < o*_j then M_T := M_T ∪ o*_{j k+1}; fi
16          Nehme o*_{jk} in s_A unverzögert auf;
17      od
18      Gebe s_A aus.
19  end
```

Abbildung 4.28: Algorithmus zur Generierung eines aktiven Ablaufplanes

abgearbeitet, bis die Menge M_T der einplanbaren Arbeitsvorgänge leer ist. Innerhalb dieser Schleife wird aus dieser Menge zunächst der Arbeitsvorgang gewählt, der unter Berücksichtigung aller bisherigen Planungsschritte die kleinste Fertigstellungszeit besitzt. Danach werden aus der Menge M_T alle Arbeitsvorgänge, die auf derselben Maschine bearbeitet werden, wie der eben ausgewählte Arbeitsvorgang, und die vor dessen Fertigstellungstermin beginnen, einer Betrachtung unterzogen. Von diesen wird jener Arbeitsvorgang als nächster eingeplant, der entsprechend einer Prioritätsfunktion die beste Bewertung erhält. Dieser wird unverzögert in den Plan s_A übernommen, aus der Menge M_T entfernt und durch seinen technologischen Nachfolger, falls vorhanden, ersetzt.

Zur Lösung von $J||C_{max}$ (J mit dem Ziel der Minimierung von C_{max}) wird die Betrachtung auf aktive Belegungspläne beschränkt. Prinzipiell sind Verbesserungsverfahren zwar in der Lage, in endlich vielen Schritten ausgehend von einem semiaktiven Plan einen zugehörigen aktiven Plan zu finden, aber dieser Weg kann beträchtliche Rechenzeit in Anspruch nehmen. Da es einige Heuristiken nicht erlauben, einen Belegungsplan sukzessive aufzubauen (u. a. Evolutionären Algorithmen), ist das Nachschalten eines Algorithmus zur Generierung eines aktiven Planes aus einem bestehenden Plan zweckmäßig[142].

---

   1 **begin**

   2 $s :=$ aktueller Belegungsplan mit o_{jk} $\forall j,k$;

   3   Initialisiere einen leeren Belegungsplan s_A;

   4   **while** $(s \neq \emptyset)$ **do**

   5 $o_{jk} := o_{jk} : \min\{t^e_{jk}\}$ $\forall j,k \in s$;

   6   Entferne o_{jk} aus s;

   7   Ordne o_{jk} in s_A auf $M_i : i = \tau_{jk}$ ein, so da⁻:

   8 $t'^s_{jk} := \min\{t'^s_{jk}\}$ mit $(t'^s_{jk} \geq t'^e_{j(k-1)})$ $\wedge$ $(t_n - t_v \geq p_{jk})$ und

   9 $t_v := \begin{cases} t'^e_{j'k'} & : \; \exists \, (o_{j'k'}, o_{jk}) \in E_i \\ 0 & : \; \text{sonst} \end{cases}$

  10 $t_n := \begin{cases} t'^s_{j''k''} & : \; \exists \, (o_{jk}, o_{j''k''}) \in E_i \\ \infty & : \; \text{sonst} \end{cases}$

  11 **od**

  12   Gebe s_A aus.

  13 **end**

Abbildung 4.29: Algorithmus zur Generierung eines aktiven Ablaufplanes aus einem bestehenden Ablaufplan

Die Grundidee dieses Algorithmus besteht darin, immer den Arbeitsvorgang als
nächsten aus dem bestehenden Belegungsplan s zu wählen, der den frühesten Endtermin besitzt. Dieser Arbeitsvorgang wird dann entsprechend seines technologischen Vorgängers, falls es einen gibt, und eventuell vorhandener Lücken so früh
wie möglich in den aktiven Belegungsplan s_A übernommen. Dabei wird die erste
gefundene Lücke, die genügend zeitlichen Platz bietet, genutzt.

Unverzögerter Ablaufplan s_N: In der Praxis wird häufig die Ansicht vertreten, dass Arbeit, die anliegt, möglichst schnell und ohne zeitlichen Verzug zu vollbringen sei.
Diese Vorgehensweise führt zur Generierung unverzögerter Belegungspläne. Ein
Ablaufplan gilt als *unverzögert*, wenn mit der Bearbeitung eines bereitstehenden
Arbeitsganges sofort begonnen werden muss, wenn diese möglich ist. Jeder unverzögerte Ablaufplan ist zugleich aktiv, aber nicht umgekehrt, d. h. die Menge der
unverzögerten Ablaufpläne enthält nicht notwendigerweise ein Optimum. Daraus
folgt, dass sich „Nichtstun" gelegentlich besser auf die Realisierung vorhandener
Zielsetzungen auswirken kann, als ohne Planung loszuarbeiten.

---

[142] Dieser Algorithmus und die damit erzielten Resultate wurden in [Tei98, S. 223] publiziert.

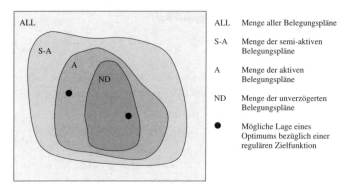

Abbildung 4.30: Venn-Diagramm zum Verhältnis der semi-aktiven, aktiven und un-
          verzögerten Belegungspläne

4.2.4.3 Komplexitätstheoretische Betrachtungen

In zahlreichen wissenschaftlichen Arbeiten dient ein Verweis auf die große Komplexität
des zu behandelnden Problems als Rechtfertigung reduktionistischer Forschungsstrate-
gien. Weniger häufig werden Sachverhalte tatsächlich unter Einbeziehung ihrer vollen
Komplexität bearbeitet. Der Begriff der Komplexität bringt eine gewisse Ohnmacht
des Menschen gegenüber Problemen zum Ausdruck, d. h. das Unvermögen, die Dinge
zu erfassen, zu verstehen und zu beeinflussen. Es besteht ein Gefühl des Unbehagens
und Aktionen zeigen mangels Fundierung oft nicht die gewünschten Ergebnisse. Einer
Problemlösung sollte deshalb immer eine Untersuchung der Problemkomplexität voran-
oder wenigstens nachgestellt werden.

Die Maschinenfolgen mit ihren variablen Längen sind die eigentliche Ursache für die hohe
Komplexität des JSSP. Die Komplexitätstheorie liefert einen mathematischen Rahmen
für Untersuchungen, wie schwierig Probleme lösbar sind[143].
Ein heute beherrschendes Denkmotiv im unternehmerischen Bereich der Fertigung ist das Streben nach Optimalität. Insbesondere bei der Feinsteuerung der Abläufe ist die Suche nach den optimalen Einplanungsreihenfolgen bezüglich Zykluszeit oder Termintreue eine faszinierende Herausforderung. Genauso unüberschaubar wie die Vielzahl der Detailprobleme der Feinplanung
ist die Vielzahl der Vorschläge von Lösungsvarianten. Aus diesem Grund muss die Untersuchung von Lösungsräumen der Auswahl von praktikablen Lösungsverfahren vorangestellt werden.
Zur Verdeutlichung der enorm großen Lösungsräume beim JSSP
und

Abbildung 4.31: 3×3

---

[143] Sehr detaillierte Studien zur Komplexität des JSSP finden sich in *Garey* und *Johnson* [Gar79],
       Brucker [Bru95] und *Brüggemann* [Brü95].

Abbildung 4.32: 5 × 5

deren exponentiellem Wachstum in Abhängigkeit von der Problemgröße wird das folgende Analogon betrachtet. Eine gültige Lösung eines JSSP möge einer Masse von einem Milligramm entsprechen. Bei einem Problem von drei Aufträgen mit jeweils drei Arbeitsvorgängen, die auf insgesamt drei verschiedenen Maschinen bearbeitet werden können (3 × 3–Problem), lassen sich maximal 216 verschiedene Permutationen[144] bilden. Dies entspricht $216mg$ und somit in etwa dem Gewicht einer Briefmarke. Bereits ein unwesentlich größeres 5 × 5–Problem ergibt eine Masse von knapp $25t$ und lässt sich mit einem voll beladenem LKW vergleichen. Ein 8 × 8–Problem verkörpert bereits mehr als die Masse unseres

gesamten Sonnensystems. Praktische Aufgabenstellungen sind gewöhnlich viel größer als die eben beschriebenen Beispiele und die Mächtigkeit der Lösungsräume liegt bereits weit außerhalb des menschlichen Vorstellungsvermögens. Aus dieser Erkenntnis heraus lässt sich schlussfolgern, dass die singuläre Berührung des Lösungsraumes durch die Anwendung irgendeiner Prioritätsregel unbefriedigend ausfallen muss. Der Einsatz von iterativen Verbesserungsverfahren stellt dazu eine vielversprechende Alternative dar.

Abbildung 4.33: 8 × 8

Genauso unüberschaubar wie die Zahl der Detailprobleme, die die praktische Feinterminierung bereithält, ist die Zahl der Vorschläge und Verfahren für die Lösung der theoretischen Probleme und (schon deutlich weniger) für den tatsächlichen Einsatz in der betrieblichen Praxis. Wesentliche Grundlage für die Klärung der Frage, ob ein Problem mit einem bestimmten Verfahren erfolgversprechend in einem vernünftigen Zeitrahmen zu bearbeiten ist oder nicht, stellt eine Untersuchung über dessen Komplexität dar. Die praktische Erfahrung zeigt, dass manche berechenbare Probleme einfacher lösbar sind als andere. *Adams, Balas* und *Zawack* bemerken zum JSP:

> *„Job shop scheduling is among the hardest combinatorial optimization problems. Not only is it NP-complete, but even among members of the latter class it belongs to the worst in practice: we can solve exactly randomly generated traveling salesman problems with 300-400 cities (over 100.000 variables) or set covering problems with hundreds of constraints and thousands of variables, but we are typically unable to schedule optimally ten jobs on ten machines."*[145]

Eine nahezu erschöpfende Untersuchung zur Komplexität des JSP findet sich bei *Brüggemann* [Brü95]. Er zeigt, dass die Modellformulierung von *Manne*[146] bei „vernünftiger

---

[144]   Nicht jede Permutation stellt ein gültige Lösung im Sinne der Durchführbarkeit des Belegungsplanes dar.

[145]   Siehe [Ada88b, S. 392].

[146]   Vgl. [Man63].

Kodierung" im komplexitätstheoretischen Sinn minimal ist, d. h. dass keine Unteräqui-valenzklasse von Modellen existiert, die einen geringeren kategorialen Aufwand verur-sacht als dieses Modell. Unter einer vernünftigen Kodierung wird dabei verstanden, dass die Daten keine unnötigen Informationen enthalten. *Brüggemann* führt darüber hinaus den Beweis für die strenge *NP*-Vollständigkeit des Werkstattfertigungsproblems in sei-ner Entscheidungsversion[147]. Da die Optimierungsversion des Problems mindestens so schwierig ist wie die Entscheidungsversion, muss sie streng *NP*-schwer sein. Anderer-seits ist eine obere Schranke für die Zykluszeit bekannt, die sich aus der Summe aller Bearbeitungszeiten ergibt. Daher kann mittels der Intervallhalbierungsmethode durch wiederholte Anwendung des Entscheidungsproblems die Lösung für das Optimierungs-problem ermittelt werden. Daraus ergibt sich, dass die Optimierungsvariante des Werk-stattfertigungsproblems streng *NP*-äquivalent ist. Diese Betrachtungen implizieren, dass es wahrscheinlich nicht möglich ist, einen effizienten und exakten Lösungsalgorithmus für beliebige Datenrealisierungen zu finden. Dies deckt sich mit der Intuition und der Tatsache, dass in den mehr als vierzig Jahren, die sich die Wissenschaft bereits mit dem Werkstattfertigungsproblem befasst, ein solcher Algorithmus auch nicht gefunden wurde. Da das Problem zu seiner allgemeinen exakten Lösung exponentiell viel Zeit benötigt, ist die Benutzung heuristischer Verfahren zur Generierung praktisch umsetzbarer Lösungen unumgänglich. In zunehmenden Maße wird die klassische Komplexitätstheorie ohnehin durch praxisrelevante Betrachtungen ersetzt, da alle logischen Probleme von Interesse *NP* sind.

4.3 Durchlauf- und Kapazitätsterminierung

Die Ressourceneinsatzplanung gehört in den operativen Bereich der Produktionspla-nung. Ihr voran geht die Grobplanung. Aufgabe dieser, die konkret mit dem Eingang eines Kundenauftrages beginnt und über die Losgrößenplanung zu einem oder mehreren daraus resultierenden Produktionsaufträgen führt, ist allgemein gesagt die Bereitstellung der erforderlichen Produktionskapazitäten sowie die Materialbeschaffung. Die Grobpla-nung erstreckt sich bis zu dem Zeitpunkt, an dem die benötigten Ressourcen (Maschinen, Personal) und das Material bereitstehen.

Grundlage der Ressourceneinsatzplanung sind zum einen die in der Losgrößenplanung festgelegten Ecktermine der Produktionsaufträge und zum anderen die Arbeitspläne der Erzeugnisse. Von der Reihenfolge der im Arbeitsplan angegebenen Arbeitsgänge lässt sich auf die erforderlichen Transportvorgänge schließen. Ein Arbeitsplan gibt zudem für jeden Vorgang dessen Dauer (Rüstzeit und Bearbeitungszeit) an. Weiterhin definiert die Beschreibung des Arbeitsganges, ob dieser auf nur einem Ressourcentyp bzw. einer Anlage ausgeführt werden kann oder ob Alternativen bestehen. Somit lässt sich ein Ar-beitsplan als eine sachbezogene Darstellung definieren, die angibt, welche Arbeitsschrit-te in welcher Reihenfolge an welchem Arbeitsplatz zur Fertigung einer Outputeinheit ausgeführt werden müssen. Zusätzlich enthält der Arbeitsplan Informationen zu Ferti-gungshilfsmitteln[148]. Werden die Arbeitspläne bereits zuvor bei der Losgrößenplanung genutzt, so ist es schon dabei möglich, die Kapazitäten der Anlagen zu berücksichtigen.

---

[147] Vgl. [Brü95, S. 92 ff.].
[148] Vgl. [Loo99].

Die Ressourceneinsatzplanung erfolgt in zwei Schritten:

1. der *Durchlaufterminierung* (ohne Beachtung der Kapazitätssituation), die zu den frühest- und spätestmöglichen Start- und Endterminen der Aufträge führt und

2. der sich anschließenden *Kapazitätsterminierung*, in der die Pläne modifiziert werden.

Die Aufgabe der Durchlaufterminierung besteht darin, für alle abzuarbeitenden Aufträge die Start- und Endtermine ihrer Bearbeitung auf den einzelnen Anlagen festzulegen. Falls verschiedene Zuordnungsmöglichkeiten bestehen, dann muss auch eine Zuordnung der Aufträge zu den Ressourcen erfolgen. Für die Terminplanung werden ebenfalls Angaben über die Transportzeiten benötigt, die in den Arbeitsplänen nicht eigens vermerkt sind. Der reale Produktionsprozess unterliegt jedoch vielerlei zufälligen, ungeplanten Einflüssen wie Maschinenausfällen, Werkzeugbrüchen, notwendige Nachbesserungsarbeiten oder Ausfall von Personal. Daher wird ein solcher „idealer" Plan kaum in seiner ursprünglichen Form umgesetzt. Zeitliche Verschiebungen, die zu Überschneidungen bei der Beanspruchung der Anlagen durch Aufträge führen, sind zu erwarten. Dieser Unsicherheit wird durch die Einbeziehung von geschätzten Wartezeiten der Aufträge an den Arbeitsstationen Rechnung begegnet.

Nach den Rechenregeln der Netzplantechnik errechnen sich für jeden Arbeitsgang bzw. für jeden Auftrag der frühestmögliche und der spätestmögliche Start- bzw. Endtermin. Erst im sich anschließenden Schritt der Kapazitätsterminierung finden die Kapazitäten der Anlagen Beachtung. Die beiden folgenden Abschnitte diskutieren die Durchlauf- und die Kapazitätsterminierung.

4.3.1 Klassische Durchlaufterminierung

Den Ausgangspunkt bildet ein Auftrag, der die erforderliche Menge und den gewünschten Termin der Fertigstellung bzw. Lieferung eines bestimmten Produktes vorgibt. Dies kann ein externer Auftrag sein (Kundenauftrag), es kann sich aber auch um einen unternehmensinternen Auftrag (bei Vor- bzw. Zwischenprodukten, Zulieferung) handeln. Aus solch einem Auftrag wird durch die Planung der Produktion ein Werkstatt-Auftrag erstellt.

Das Scheduling beginnt mit einer Vorwärt- und/oder Rückwärtsterminierung. Durch Anwendung dieser Verfahren können alle Start- und Endtermine sowie Pufferzeiten der Arbeitsvorgänge ermittelt werden. Im Falle von Terminkollisionen beginnt die Suche nach Möglichkeiten der Terminbeeinflussung kritischer Arbeitsvorgänge. Es kommt zur Anwendung der Verfahren Überlappung und Splittung.

4.3.1.1 Vorwärts- und Rückwärtsterminierung

Die Fertigung eines Erzeugnisses ist eine Abfolge einzelner Arbeitsvorgänge. Entsprechend ergibt sich die Durchlaufzeit eines Auftrages aus der Summe der Durchlaufzeiten seiner Arbeitsvorgänge. Die Durchlaufzeit eines solchen Arbeitsvorganges besteht aus *Übergangszeit* und der eigentlichen *Bearbeitungszeit*. Die Bearbeitungszeit wird auch als

„Durchführungszeit" bezeichnet. Zur Übergangszeit zählen Transporte zwischen einzelnen Arbeitsstationen, (Zwischen-)Lagerzeiten sowie Liege- bzw. Wartezeiten (z.B. bis
eine Maschine umgerüstet ist, bis sie verfügbar ist).

Als Startzeitpunkt gilt die Freigabe des Auftrags und dessen Eintreffen am ersten
Arbeitsplatz. Als Fertigstellung gilt das Eintreffen des Erzeugnisses im (End- bzw.
Auslieferungs-)Lager. Somit lässt sich die Durchlaufzeit eines Auftrages auch als die
Zeit von der Freigabe des Werkstattauftrages bis zur Fertigstellung des Erzeugnisses
bzw. vielmehr dessen Eintreffen im Lager verstehen.

Bei der klassischen Durchlaufterminierung sind zwei verschiedene Vorgehensweisen zu
unterscheiden:

- *Vorwärts-Terminierung:* Dabei werden mit dem Startzeitpunkt des betrachteten
  Auftrages und den bekannten Bearbeitungs- und Übergangszeiten die früheste
  Anfangs und Endzeitpunkte aller Arbeitsvorgänge berechnet.

- *Rückwärts-Terminierung:* Es wird von einem gegebenen Soll-Fertigstellungszeit-
  punkt (Liefertermin) des Auftrags ausgegangen. Anhand der Bearbeitungs- und
  Übergangszeiten erfolgt eine retrograde Berechnung der spätesten Anfangs- und
  Endzeitpunkte aller Arbeitsvorgänge sowie aller notwendigen Pufferzeiten.

Ein Beispiel illustriert die Vorgehensweise. Gegeben sei der Netzplan in Abbildung 4.34.

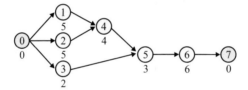

Abbildung 4.34: Beispiel für einen Netzplan

Die Zahl im Knoten gibt die Nummer des Arbeitsvorganges an. Die Zahl unter dem
Knoten ist die Bearbeitungszeit. Übergangszeiten sind nicht bekannt. Der Knoten 0
ist die Quelle und der Knoten 7 die Senke des Netzplans. Die Terminierung erfolgt
dabei mit Hilfe des sogenannten *Netzplan-Modells*[149], in dem der Fertigungsprozess mit
den einzelnen zu durchlaufenden Arbeitsstationen als Vorgangsknoten-Netz dargestellt
wird[150]. In der folgenden Tabelle sind die frühesten und spätesten Start- und Endtermine
des Beispiels aufgeführt.

Probleme stellen sich ein, wenn bei der Vorwärtsterminierung der Endtermin des letzten Arbeitsvorganges über dem Liefertermin oder bei der Rückwärtsterminierung der
Starttermin des ersten Arbeitsvorganges in der Vergangenheit liegt. In diesen Fällen
muss nach einer Reduzierung der Durchlaufzeiten gesucht werden. Hierfür kommt zum
einen die Reduktion von Durchführungszeiten (Splitten, Überlappen, Fremdvergabe)

---

[149]   Zu einer ausführlichen Erläuterung der Netzplan-Technik siehe [Ker93, S. 1328-1354].
[150]   Siehe [Gü00, S. 217].

| Arbeits- | Arbeits- | Soll– | | Terminierung: | | | |
| gang- | gang- | Durch- | Vor- | VORWÄRTS | | RÜCKWÄRTS | |
Nr.	Bez.	laufzeit	gänger	FAT	FET	SAT	SET
0	Start	0	-	0	0	2	2
1	AG1	5	0	0	5	2	7
2	AG2	5	0	0	5	2	7
3	AG3	2	0	0	2	9	11
4	AG4	4	1, 2	5	9	7	11
5	AG5	3	3, 4	9	12	11	14
6	AG6	6	5	12	18	14	20
7	Ende	0	6	18	18	20	20

Abbildung 4.35: Berechnung der frühesten und spätesten Anfangs- und Endtermine

und zum anderen die Reduktion von Übergangszeiten (Wartezeit, Transportzeit) in Betracht. Letzteres kann direkt im Netzplanmodell berücksichtigt werden. Statt der Angabe von Durchführungszeiten d_j erfolgt die Angabe eines Paares (d_j^{min}, d_j^{max}), wobei d_j^{min} die maximale Reduktion und d_j^{max} die Zeit ohne Reduktion angibt. Bei der Vorwärtsterminierung gibt d_j^{max} das früheste Ende bei durchschnittlichen Zeiten an. Analog hierzu gibt d_j^{min} bei der Rückwärtsterminierung den spätesten Anfang bei maximaler Reduktion an.

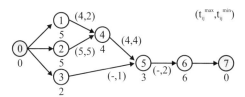

Abbildung 4.36: Beispiel für einen Netzplan mit Reduktion der Übergangszeiten

Bei Problemen der Übergangszeitenermittlung erfolgt stattdessen die Angabe eines Paares $(t_{ij}^{min}, t_{ij}^{max})$. t_{ij}^{min} bezeichnet die früheste Zeitspanne, nach welcher der Arbeitsvorgang j nach dem Start von Arbeitsvorgang i beginnen kann. t_{ij}^{max} beschreibt die Zeitspanne, nach welcher Arbeitsvorgang j nach dem Start von Arbeitsvorgang i spätestens beginnen sollte. Der Netzplan der Abbildung 4.36 zeigt die Veränderung des Graphen durch die Angabe von reduzierbaren Übergangszeiten der Form $(t_{ij}^{min}, t_{ij}^{max})$.

Die folgende Tabelle zeigt die Ergebnisse einer erneuten Berechnung der frühesten und spätesten Start- und Endtermine. Der Fertigstellungstermin verbesserte sich um eine Zeiteinheit. Auf die einzelnen Werte der Berechnung soll an dieser Stelle nicht eingegangen werden.

Arbeitsgang	d_j	Vorgänger	t_{ij}^{max}	t_{ij}^{min}	FAT	FET	SAT	SET
0	Start	-	-	-	0	0	0	0	0
1	AG1	5	0	0	-	0	5	3	8
2	AG2	5	0	0	-	0	5	0	5
3	AG3	2	0	0	-	0	2	8	10
4	AG4	4	1, 2	$i = 1 : 4$	2	5	9	5	9
				$i = 2 : 5$	5				
5	AG5	3	3, 4	$i = 3 : $ -	1	9	12	9	12
				$i = 4 : 4$	4				
6	AG6	6	5	-	2	11	17	11	17
7	Ende	0	6	-	-	17	17	17	17

Abbildung 4.37: Erweiterung des Beispiels um Reduktionszeiten

So einfach die Berechnung des modifizierten Modells sich darstellt, so kompliziert ist die Erfassung der notwendigen Reduktionsanteile. Für die Praxis gibt es keine generelle Vorgehensweise, wie eine Datenerhebung in allgemeiner Form sinnvoll durchgeführt werden kann. Vielmehr ist die aktuelle Situation des planenden Unternehmens ausschlaggebend für eine konkrete Anwendung des Reduktionsmodells. Zur Erfassung reduzierbarer Zeitanteile gibt es verschiedene Möglichkeiten.

- Die Erfassung erfolgt mit Durchschnittswerten. Dazu werden die Stammdaten in der Arbeitsplatzdatei genutzt, welche die Durchführungszeiten sowie die Übergangszeiten enthalten. Bei den Übergangszeiten ist dies nur dann sinnvoll, wenn diese zum größten Teil Liegezeiten sind, die arbeitsplatzbezogen unabhängig von der Auftragsgröße auftreten.

- Der Prozentsatz der Durchlaufzeit des vorangegangenen Arbeitsvorganges wird erfasst. Zur Ermittlung der Übergangszeit ist diese Methode nur sinnvoll, wenn Liege- und Kontrollzeiten überwiegen und die Bearbeitungszeiten proportional dazu sind.

- Eine Übergangsmatrix aus Durchschnittswerten wird generiert. Wenn Transportzeiten den größten Anteil an den Übergangszeiten ausmachen, ist dies möglich und zugleich sinnvoll.

In PPS-Systemen werden die Kapazitäten der Anlagen meist nicht berücksichtigt. Um diesen Mangel auszugleichen, erfolgt ein Aufschlag auf die Durchschnittswerte aller Zeiten auf der Basis von Erfahrungswerten. Dieses Vorgehen ist einfach handhabbar, jedoch nicht sonderlich gut. Insbesondere führt es bei vielen Ansätzen zur Optimierung wie Genetischen Algorithmen zur Unbrauchbarkeit. Letztlich bleibt die Entscheidung bzw. die Vorgehensweise den Verantwortlichen in der konkreten Situation überlassen. Noch dazu bleibt offen, mit welcher Genauigkeit die Übergangszeiten anhand der oben genannten Methoden ermittelt werden können.

Für die gewünschte Reduzierung der Durchlaufzeiten werden die Übergangszeiten meist für alle Arbeitsgänge gleichmäßig verkürzt. So könnte das Ergebnis lauten: „Wenn wir es schaffen, die Übergangszeit an jedem Arbeitsplatz um ein Viertel zu verringern, dann können wir den Liefertermin doch noch einhalten!" Die maximal erreichbare Reduzierung wird mit einem sogenannten „Grenzreduzierungsfaktor" ausgedrückt. Da die Maßnahmen zur Reduzierung dieser Übergangszeiten jedoch einigen Aufwand erfordern, Kosten verursachen und in aller Regel zudem zu Lasten anderer Aufträge gehen (d.h. zusätzlich Probleme bei diesen schaffen), werden sie in der Praxis nur dann umgesetzt, wenn es unumgänglich scheint. Das kann der Fall sein, wenn Terminverzug droht, wenn der betroffene Auftrag eine hohe Kapitalbindung verursacht (hoher Materialwert) und/oder wenn die Bearbeitungskosten sehr hoch sind. Die (negativen) Auswirkungen auf andere Aufträge bleiben jedoch ein gravierendes Problem, das eine genaue Abwägung empfehlenswert macht.

Bei beiden Formen der Terminierung kann die Situation eintreten, dass der geforderte Fertigstellungs- bzw. Liefertermin nicht realisierbar ist. Für die *Vorwärtsterminierung* gilt, dass die vom frühesten Starttermin des gesamten Auftrags ausgehende Aneinanderreihung der Durchlaufzeiten der einzelnen Arbeitsvorgänge einen frühestmöglichen End-Termin ergibt, der nach dem geforderten Soll-Liefertermin liegt. Bei der *Rückwärtsterminierung* gilt entsprechend, dass die vom Soll-Liefertermin ausgehende Rückwärtsrechnung zu einem Startzeitpunkt führt, der gegenüber dem Zeitpunkt, an dem die Berechnung erfolgt, in der Vergangenheit liegt. In dieser Situation gibt es zwei Möglichkeiten der Kompromissfindung:

- Die zu erwartende Verspätung ist akzeptabel, wenn mit dem Kunden ein späterer Liefertermin aushandelbar ist oder bei Verzug keine gravierenden Folgen zu erwarten sind (Konventionalstrafen, Abwanderung von Kunden).

- Der Liefertermin wird durch andere Maßnahmen versucht, zu halten. Diese Alternative scheint, insbesondere in Bezug auf Verlässlichkeit und Image, die bevorzugte zu sein. Jedoch dürfen die mit den zu ergreifenden Maßnahmen verbundenen Kosten und Aufwände nicht unterschätzt werden. Im Vergleich kann eine Konventionalstrafe oder der Verlust eines Kunden wirtschaftlich betrachtet die bessere Lösung sein. Wenn die Entscheidung fällt, den Termin möglichst noch zu erreichen, dann kann dies nur über die Verkürzung der Durchlaufzeit des gesamten Auftrags führen, also über eine Verkürzung der Durchlaufzeiten der Arbeitsvorgänge. Wie oben bereits dargestellt, setzt sich die Durchlaufzeit aus der Durchführungs- und aus der Übergangszeit zusammen. Die Durchführungszeit, also die Zeit der eigentlichen Bearbeitung, kann jedoch als feststehend betrachtet werden. Folglich ist eine Verkürzung der Durchlaufzeiten nur über eine *Reduktion der Übergangszeiten* erreichbar.

Es ist möglich und in der Praxis sehr wahrscheinlich, dass die erzielbare Reduzierung nicht ausreicht. Im operativen Bereich der Fertigungssteuerung gibt es weitere Verfahren, die dem selben Zweck, der Reduzierung von Durchlaufzeiten, dienen. Diese werden in den folgenden Abschnitten vorgestellt.

4.3.1.2 Überlappen von Arbeitsgängen

Bisher wurde die gesamte Menge, die der Auftrag umfasst, an jeder Station erst
vollständig bearbeitet und dann insgesamt an die folgende Station weitergegeben. Beim
Überlappen erfolgt die Weitergabe an die nächste Station in Teilmengen. Ist ein bestimmter Teil des Auftrags fertiggestellt, wird er an das folgende Arbeitssystem weitergegeben, so dass er dort bereits im nächsten Arbeitsgang bearbeitet werden kann,
während der Rest sich noch in der vorhergehenden Station befindet. Voraussetzung ist,
dass das folgende Arbeitssystem zu dieser Zeit genügend freie Kapazität bereitstellt.
Wie leicht zu erkennen ist, lässt sich mit dem Überlappen eine deutliche Zeitersparnis
erreichen. Nicht vergessen werden darf, dass diese Vorgehensweise die Logistikkosten
erhöht, da zur Weitergabe der Teilmengen mehrere Transporte erforderlich sind. Die
Abbildung 4.38 zeigt eine mögliche Realisierung der Überlappung.

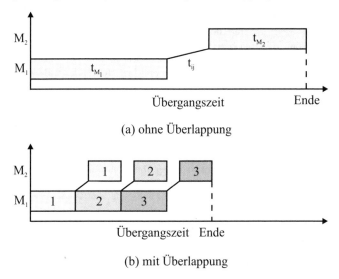

Abbildung 4.38: Überlappung von Arbeitsvorgängen

Optimierungkriterium ist die maximale Reduzierung der Durchlaufzeit bei gleichzeitiger
Einbeziehung der zusätzlich entstehenden Logistikkosten. In Teilbild (a) berechnet sich
die Durchlaufzeit aus der Bearbeitungszeit von Los n auf Maschine 1, der proportionalen
Übergangszeit des Loses n von Maschine 1 auf Maschine 2 sowie der Bearbeitungszeit
von Los n auf Maschine 2. Es ergibt sich die Formel

$$DLZ = t_{M_1} + t_{ü} + t_{M_2}.$$

In Teilbild (b) ist die Reduzierung der Durchlaufzeit durch die Bildung von drei Teillosen
abgebildet. Die neue Durchlaufzeit errechnet sich aus der Bearbeitungzeit des gesamten
Loses n auf Maschine 1, aus der proportionalen Übergangszeit des Teilloses n_3 von

Maschine 1 auf Maschine 2 sowie aus der Bearbeitungszeit des Teilloses n_3 auf Maschine 2. Es ergibt sich folgender Zusammenhang:

$$DLZ = t_{M_1} + \frac{n_3}{n}t_{\ddot{u}} + \frac{n_3}{n}t_{M_2}.$$

Falls keine Optimierung der Teillosgrößen stattfindet, resultieren folgende beiden Fälle in Abbildung 4.39.

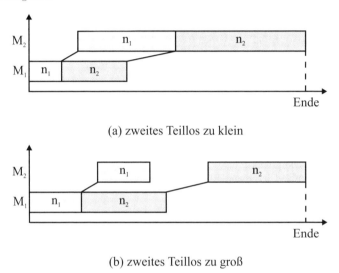

(a) zweites Teillos zu klein

(b) zweites Teillos zu groß

Abbildung 4.39: Abstimmung der Teillosgrößen bei Überlappung

In Teilbild (a) ist das Teillos n_1 zu groß gewählt. Somit kann das Teillos n_2 nicht begonnen werden, wenn es von Maschine 1 auf Maschine 2 übergeht, da Teillos n_1 auf Maschine 2 noch nicht beendet wurde, Es gilt folgende Berechnung:

$$DLZ = \frac{n_1}{n}t_{M_1} + \frac{n_1}{n}t_{\ddot{u}} + t_{M_2}, \text{ wenn} \frac{n_2}{n}(t_{M_1} + t_{\ddot{u}}) \leq \frac{n_1}{n}(t_{M_2} + t_{\ddot{u}}).$$

In Teilbild (b) ist das Teillos n_1 zu klein gewählt. Wenn diese auf Maschine 2 beendet wird, steht Teillos n_2 noch nicht zur Verfügung. Es gilt folgende Berechnung.

$$DLZ = \frac{n_2}{n}t_{\ddot{u}} + t_{M_1} + \frac{n_2}{n}t_{M_2}, \text{ wenn} \frac{n_2}{n}(t_{M_1} + t_{\ddot{u}}) \geq \frac{n_1}{n}(t_{M_2} + t_{\ddot{u}}).$$

Es ist offensichtlich, dass sich das Optimum bei Gleichheit der beiden Bedingungen einstellt. Die Summe aus Übergangszeit und Bearbeitungzeit muss für beide Maschinen im betrachteten Zeitabschnitt gleich sein. Es gilt:

$$n_2(t_{M_1} + t_{ü}) = n_1(t_{M_2} + t_{ü}).$$

Daraus ergibt sich die Berechnung der optimalen Größen der Teillose.

$$
\begin{aligned}
n_2(t_{M_1} + t_{ü}) &= n_1(t_{M_2} + t_{ü}) \\
n_1 + n_2 &= n \\
\Rightarrow n_1 + n_2 &= n \Rightarrow n_1 = n - n_2 \\
n_1 t_{ü} + n_1 t_{M_2} - n_2(t_{M_1} + t_{ü}) &= 0 \\
\Rightarrow (t_{M_2} + t_{M_1} + 2n_2 t_{ü}) &= n t_{M_2} + n t_{ü} \\
n_2 &= n \frac{t_{M_2} + t_{ü}}{t_{M_1} + t_{M_2} + 2t_{ü}} \\
n_1 &= n - n_2 = n \frac{t_{M_1} + t_{ü}}{t_{M_1} + t_{M_2} + 2t_{ü}}.
\end{aligned}
$$

Ein Beispiel soll das Verständnis erleichtern. Gegeben sei folgender Sachverhalt: Maschine 1 besitzt eine Stückbearbeitungszeit von 0.04 Zeiteinheiten, Maschine 2 von 0.06 Zeiteinheiten. Die proportionale Übergangszeit betrage 0.01 Zeiteinheiten pro Stück. Der Auftrag umfasst insgesamt 100 Teile. Gesucht sei die Durchlaufzeitverkürzung bei Überlappung mit zwei Teillosen.

Durchlaufzeit ohne Überlappung:

$$t_{M_1} + t_{M_2} + t_{ü} = 11 ZE.$$

Durchlaufzeit mit Überlappung bei zwei Teillosen:

$$n_2 = \frac{6 + 1}{6 + 4 + 2} \cdot 100 = \frac{7}{12} \cdot 100 = 7 \cdot 8{,}33 = 58{,}31$$

$$
\begin{aligned}
a) n_2 &= 59, n_1 = 41, DLZ = 0{,}04 \cdot 100 + 0{,}01 \cdot 59 + 0{,}06 \cdot 59 = 8{,}13 \\
b) n_2 &= 58, n_1 = 42, DLZ = 0{,}04 \cdot 42 + 0{,}01 \cdot 42 + 0{,}06 \cdot 100 = 8{,}05.
\end{aligned}
$$

Die Lösung mit $n_1 = 42$ und $n_2 = 58$ ist die optimale Lösung. Es ergibt sich eine Durchlaufzeitreduzierung von 2,95 Zeiteinheiten.

4.3.1.3   Splitten von Arbeitsgängen

Während bisher davon ausgegangen wurde, dass der gesamte Auftrag, d.h. die gesamte geforderte Menge, in jedem Arbeitsgang auf der jeweiligen Maschine vollständig bearbeitet und erst dann im Ganzen weitergereicht wird, damit an der folgenden Station der nächste Arbeitsvorgang ausgeführt werden kann, oder bei Überlappung bereits Teillose weitergegeben werden, so wird nun die Bearbeitung innerhalb eines Arbeitsgangs aufgeteilt. Das heißt: Wurde die gesamte Menge bisher auf einer Maschine bearbeitet, so werden jetzt mehrere Maschinen eingesetzt, die parallel den selben Arbeitsgang

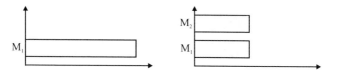

Abbildung 4.40: Splittung von Arbeitsvorgängen

ausführen. Die Abbildung 4.40 zeigt im linken Teilbild die übliche Vorgehensweise einer vollständigen Arbeitsvorgangsbearbeitung auf nur einer Maschine. Im rechten Teilbild wird der Arbeitsvorgang gleichzeitig auf zwei Maschinen abgearbeitet.

Dabei lässt sich die für einen Arbeitsvorgang erzielbare Durchlaufzeit für die gesamte Auftragsmenge sehr stark reduzieren. Werden beispielsweise zum Bohren der Teile drei Maschinen statt bisher einer eingesetzt, so laufen die Maschinen gleichzeitig und jede hat nur ein Drittel der Menge bzw der Zeit zu bewältigen, so dass die Durchlaufzeit auf ein Drittel sinkt. Nachteilig ist jedoch die damit verbundene deutliche Kostenerhöhung.

Für das Aufteilen der Gesamt-Auftragsmenge in Teilmengen (Los-Splitting) gibt es zwei Möglichkeiten:

- **Mengen-Split:** Die Gesamtmenge wird in mehrere Lose, die den gleichen Umfang haben, aufgeteilt. Beispiel: Statt eines Loses mit 75 Stück werden 3 Lose á 25 Stück gebildet.

- **Zeit-Split:** Die Gesamtmenge wird so in mehrere Teilmengen aufgeteilt, dass diese an den betreffenden Maschinen die gleiche Durchlaufzeit haben (Rüstzeit + Bearbeitungszeit).

$$t_{ü1} + n_1 \cdot t_{b1} = t_{ü2} + n_2 \cdot t_{b2}$$
$$n = n_1 + n_2$$

Ein kleines Beispiel soll wiederum den geschilderten Sachverhalt verdeutlichen. Es seien 100 Stück eines Artikels herzustellen. Gesucht ist die Reduzierung der Durchlaufzeit bei einem Splitting in zwei Teillose. Die Stück-Bearbeitungszeiten und die Umrüstzeiten sind wie folgt gegeben:

Maschine	Umrüstzeit	Bearbeitungszeit pro Stück
Maschine 1	20	2 [ZE]
Maschine 2	30	4 [ZE]

Zunächst sei die Ausgangssituation betrachtet. Die 100 Stück werden auf einer Maschine (Maschine 1) gefertigt. Es ergibt sich folgende Durchlaufzeit.

$$DLZ = 20 + 2 \cdot 100 = 220 ZE$$

Der Auftrag ist nach 220 Zeiteinheiten beendet. Anschließend wird ein *Mengensplit* in Erwägung gezogen. Dieser Mengensplit führt bei Aufteilung in 2 Lose gleichen Umfangs zur Verringerung der Durchlaufzeit wie folgt:

$$n = 100 \rightarrow n_1 = n_2 = n/2 = 50$$

DLZ Los n_1 auf Maschine 1: $\quad t_1 = 20 + 2 \cdot 50 = 120$

DLZ Los n_2 auf Maschine 2: $\quad t_2 = 30 + 4 \cdot 50 = 230$

Die Gesamtdurchlaufzeit t_g entspricht der größten der Durchlaufzeiten der Teillose:

$$t_g = \max\{t_1, t_2\} = 230$$

Der Mengensplit führt im Beispiel zu einer Erhöhung der Durchlaufzeit. Es stellt sich in diesem Fall gegenüber der Ausgangssituation eine schlechtere Lösung ein. Im anschließenden Fall erfolgt die Betrachtung eines Zeitsplits, also die Reduzierung der Durchlaufzeit durch Aufteilung des Loses in zwei Teillose (unterschiedlicher Größe), die die gleiche Durchlaufzeit erreichen. Die allgemeine Formel für den Zeitsplit lautet:

$$t_{\ddot{u}1} + n_1 \cdot t_{b1} = t_{\ddot{u}2} + n_2 \cdot t_{b2} \quad (\text{mit:} \quad n_1 + n_2 = n)$$

Daraus folgt für das Beispiel folgende Berechnung.

$$
\begin{aligned}
20 + n_1 \cdot 2 &= 30 + n_2 \cdot 4 \quad , n_1 + n_2 = 100 \\
n_2 &= 100 - n_1 \\
20 + n_1 \cdot 2 &= 30 + 400 - 4 \cdot n_1 \\
6 \cdot n_1 &= 410 \\
\longrightarrow \quad n_1 &= 410/6 = 68{,}3 \\
\longrightarrow \quad n_2 &= 100 - 68{,}3 = 31{,}7
\end{aligned}
$$

Es sind nur ganzzahlige Lösungen möglich. Zu beachten ist allerdings, dass die berechneten Werte nicht einfach zu runden sind, sondern dass die beiden benachbarten ganzzahligen Lösungen geprüft werden sollten!

Somit gibt es zwei mögliche Lösungen:

$$
\begin{array}{llllll}
\text{a)} & n_1 &= 68 & \quad \text{b)} & n_1 &= 69 \\
& n_2 &= 32 & & n_2 &= 31
\end{array}
$$

$$
\begin{aligned}
\text{a)} \quad t_a &= max\,\{20 + 2 \cdot 68\,,\, 30 + 4 \cdot 32\} = 158 \\
\text{b)} \quad t_b &= max\,\{20 + 2 \cdot 69\,,\, 30 + 4 \cdot 31\} = 158
\end{aligned}
$$

In diesem Fall führen beide Möglichkeiten zur gleichen Gesamt-Durchlaufzeit des Auftrags. Im allgemeinen Fall muss die Gleichheit jedoch nicht gelten!

4.3.2 Klassische Kapazitätsterminierung

4.3.2.1 Belastungsrechnung

Eine *Kapazitätseinheit* ist eine Gruppe technisch gleichartiger Maschinen, die einer Arbeitsstation zugeordnet sind. Das kann eine Ansammlung von mehrerer Maschinen sein, die alle in der Lage sind, Werkstücke auf die gleiche Art zu bearbeiten, also den gleichen Arbeitsgang auszuführen. Für die Belastungsrechnung werden kurze Zeitperioden genutzt, meist ein Arbeitstag oder eine Arbeitsstunde. Die gesamte Planperiode erstreckt sich üblicherweise über eine Woche.

Was ist Inhalt der Belastungsrechnung? Zuerst werden die einzelnen Arbeitsgänge entsprechend ihrer zeitlichen Abfolge in die Konten der zugehörigen Arbeitsplätze gebucht. Die folgende Abbildung 4.41 illustriert diesen Vorgang.

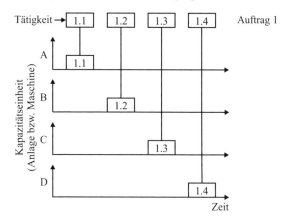

Abbildung 4.41: Buchung der Aufträge bzw. Arbeitsvorgänge auf den Maschinen

Es gibt für dieses „Verbuchen" zwei mögliche Vorgehensweisen:

- *Auftragsbezogene Terminplanung:* Dabei wird für die einzelnen Aufträge dargestellt, wann sie auf welcher Maschine bearbeitet werden.

- *Anlagenbezogene Terminplanung:* Es wird für jede Maschine verbucht, wann sie durch welchen Auftrag beansprucht wird.

Die Abbildung 4.42 gibt beide Möglichkeiten wieder.

Aus Gründen der besseren Verständlichkeit der Darstellung und der besseren Nutzbarkeit für Fragen der Kapazitätsbeanspruchung wird meist der anlagenbezogenen Variante der Vorzug gegeben.

Die Belastungsrechnung zeigt die Beanspruchung der vorhandenen Ressourcen durch die geplanten Aufträge auf. Diese Darstellung der zu erwartenden Kapazitätsbeanspru-

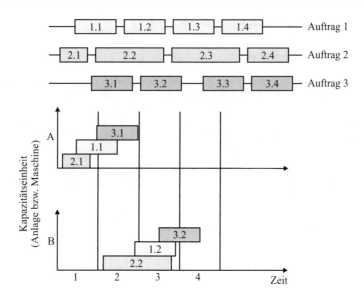

Abbildung 4.42: Terminierung der Aufträge bzw. Arbeitsvorgänge auf den Maschinen

chung wird als *Belastungsprofil* bezeichnet. Die vorhandenen Kapazitäten, also die Ressourcen, die tatsächlich im Produktionsbereich bereitstehen, werden im sogenannten *Kapazitätsprofil* des Unternehmens dargestellt.

4.3.2.2 Kapazitätsanpassung

Verständlicherweise wäre es der Idealfall, wenn Nachfrage (Belastungsprofil) und Angebot (Kapazitätsprofil) übereinstimmen würden. In der Realität ist es jedoch der Normalfall, dass es praktisch keine Übereinstimmung gibt. Meist ist die verfügbare Kapazität geringer als die benötigte bzw. steht sie gerade dann nicht zur Verfügung, wenn sie benötigt wird. Beim zu erwartenden Eintreten des Falls „Belastungsprofil $\neq$ Kapazitätsprofil" gibt es verschiedene Möglichkeiten, die unterscheidbar sind (siehe dazu auch die graphische Darstellung in Abbildung 4.43):

- **Fall A:** *Die Belastung schwankt kurzfristig um den Wert der Normalkapazität.* Dann ist zu versuchen, das Belastungsprofil zu glätten. Dies kann geschehen, indem die zu erledigenden Arbeitsvorgänge zeitlich verschoben werden. Möglich wird dies, da in aller Regel Pufferzeiten existieren. Ein anderer Weg ist das Ausweichen auf andere Arbeitsplätze, sofern das möglich ist und dort freie Kapazitäten vorhanden sind.
  Fazit: Bei kurzfristigen Schwankungen der benötigten um die verfügbare Kapazität ist mit einer Anpassung der Belastung zu reagieren, indem diese gleichmäßig verteilt wird.

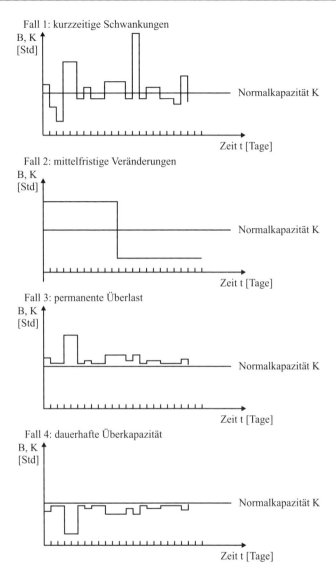

Abbildung 4.43: Typische mögliche Belastungsprofile

- **Fall B:** *Die Belastung senkt sich mittelfristig unter den Normalkapazitätswert.*
  Das heißt, die Kapazitätsbeanspruchung ist über längere Zeit niedriger als die
  verfügbare Kapazität. Bei einer längeren Unterbeanspruchung muss das Kapa-

zitätsangebot gesenkt werden, z.B. durch Absetzen von Überstunden, Abbau von Schichten, Kurzarbeit oder Verkürzung der Arbeitszeit. Ein anderer Weg ist die andersweitige Nutzung der freien Kapazität, z. B. als Ausweichstelle einem anderen, überlasteten Arbeitsplatz Arbeit abzunehmen.

Fazit: Bei länger anhaltender Unterschreitung der verfügbaren Kapazität ist mit einer Anpassung der Kapazität zu reagieren.

- **Fall C:** *Permanente Überlast.* Der dritte denkbare und der praktisch bedeutendste Fall ist der der permanenten Überlast. Die Beanspruchung ist immer höher als die normalerweise verfügbare Kapazität. Dann muss mit einer Erhöhung der verfügbaren Kapazität reagiert werden. Diese Reaktion kann in der dauerhaften Einführung einer weiteren Schicht bestehen, in der dauerhaften Einrichtung zusätzlicher Arbeitsplätze bzw. zusätzlicher Maschinen für die gleiche Aufgabe oder auch im Ersatz der vorhandenen durch neue, leistungsfähigere Anlagen.

- **Fall D:** *Dauerhafte Überkapazität.* Letzter möglicher Fall ist der einer dauerhaft bestehenden Überkapazität. Wenn die Überkapazität nicht übermäßig groß ist, dann sind keine Maßnahmen erforderlich - nicht zuletzt, da sich die Beanspruchungssituation wieder ändern kann. Wenn die Auslastung jedoch unter einen akzeptablen Wert fällt, dann ist mit einer Kapazitätssenkung zu reagieren. Möglichkeiten dazu sind: Abschaffung der zweiten Schicht, Verkauf oder zumindest Außerbetriebnahme von Maschinen.

Es ist zu erkennen, dass der Faktor „Arbeitszeit" bei den Anpassungsmaßnahmen eine wesentliche Rolle spielt. Daher sind aus dieser Sicht Maßnahmen zur Flexibilisierung der Arbeitszeit wünschens- und unterstützenswert.

4.3.2.3 Kapazitätsabgleich

Wie in den Punkten A und B dargestellt, ergibt sich häufig die Notwendigkeit zur Anpassung der verfügbaren Kapazität. Diese Maßnahme wird als *Kapazitätsabgleich* bezeichnet. Ein Abgleich von Belastung und Angebot ist meist nur operativ und in Einzelfällen möglich. Auf die Möglichkeiten soll deshalb an dieser Stelle noch einmal kurz eingegangen werden. Es geht vor allem um die kurz- und mittelfristige Reaktion. Permanente Überlast oder Überkapazität erfordern entsprechend nachhaltigere Maßnahmen (siehe die Fälle C und D).

Als wichtigste Maßnahmen zum Kapazitätsabgleich zählen die Auswärtsvergabe, die zeitliche Verlagerung (Verschieben von Aufträgen, Arbeitszeitverlagerung), die technische Verlagerung (auf ähnliche Arbeitsplatzgruppen) sowie die Kombination aus (hauptsächlich) zeitlicher und technischer Verlagerung. Die Maßnahmen sind allerdings mit folgenden Schwierigkeiten behaftet, auf die in der Praxis besonders zu achten ist.

- Die prognostizierten Termine sind *Schätzungen*, sie sind mit *Unsicherheit* behaftet. Es ist zu überlegen, ob der bei einer Verlagerung zu erwartende Aufwand gerechtfertigt ist.

- Bei einer *Auswärtsvergabe* werden zusätzliche Transporte erforderlich, die zusätzliche Kosten verursachen. Zudem herrschen andere Produktionsbedingungen, die vom Unternehmen selbst nicht kalkulierbar sind (z.B. Einhaltung von Qualitätsstandards), die aber Kosten implizieren können (z.B. Produkthaftung, Inanspruchnahme von Gewährleistungsrechten).

- Auch die so vorteilhaft erscheinende *zeitliche Verlagerung* ist nicht unproblematisch. *Vorziehen:* Ein früheres Einlasten bedeutet eine höhere Durchlaufzeit und somit eine höhere Kapitalbindung (im Umlaufvermögen) sowie erhöhten Lageraufwand. *Verschieben:* Späteres Einlasten kann leicht zu Problemen bei der Erreichung des Fertigstellungstermins führen.

- Bei einer *technischen Verlagerung* ist die Frage nach der Eignung der Ausweichanlagen zu stellen. Nicht nur durch eventuell notwendige aufwändige Umrüstvorgänge können die Produktionskosten steigen. Auch hier sind Qualitätserfordernisse zu beachten.

- Erst bei erkennbarer dauerhafter Über- oder Unterbelastung sind drastische Maßnahmen wie die Einführung oder die Streichung von Schichten oder Veränderungen im Anlagenbereich gerechtfertigt.

4.3.3 Bewertung der klassischen Durchlauf- und Kapazitätsterminierung

Wird die klassische Durchlauf- und Kapazitätsterminierung modellgetreu durchgeführt, dann verlangt sie aufwändige Berechnungen, um eine optimierte, als günstig eingeschätzte Reihenfolge und Terminierung aller Arbeitsgänge zu erhalten. Dieses Ergebnis besteht in der Regel in einer lückenlosen, festen Reihenfolge, die keine Puffer vorsieht. Pufferzeiten sind jedoch von großer Bedeutung, da sie zum Ausgleich von - unvermeidbaren - Störungen dienen. Folglich weist eine Planung ohne (geplante) Puffer eine überaus hohe Anfälligkeit gegenüber Störungen auf. Das ermittelte „Optimum" ist zeitlich instabil. Sobald eine Abweichung auftritt, ist die Lösung hinfällig. In der Praxis hat sich aus diesem Grunde die folgende Arbeitsweise etabliert.

- Es wird keine Kapazitätsterminierung durchgeführt.

- Direkt vor Ort (lokal, z. B. für eine Werkstatt) erfolgt nur eine Durchlaufterminierung. Dieser liegen, wenn überhaupt, folgende Kriterien zugrunde:

  - die technische Machbarkeit

  - die Personalqualifikation

  - die Dringlichkeit des Auftrags

  - die mögliche Minimierung der Rüstzeit(en)

  - die Verfügbarkeit der Werkzeuge

- Grundlage der Feinplanung ist in der Regel das Erfahrungswissen des Werkstattmeisters bzw. der Mitarbeiter vor Ort.

Durch dieses Vorgehen werden zwar praktikable Ergebnisse erzielt, jedoch bleiben sie im Hinblick auf das, was eigentlich möglich wäre, unbefriedigend. Deshalb bleibt für die Zukunft die Forderung nach der Verbesserung der Vorgehensweise bzw. der Entwicklung neuer Verfahren für die Fertigungssteuerung. Diese werden weitestgehend über die Informationstechnik definiert. Für diese sind folgende Entwicklungslinien erkennbar:

- Einsatz von kleinen und schnellen Rechnern in den Werkstätten bzw. in Werkstattnähe. Durch Vernetzung dieser Rechnersysteme wird die technische Voraussetzung für eine abgestimmte Planung der Produktionsprozesse geschaffen.

- Standardsoftware zur Massendatenhaltung: Ablösung der teuren und nicht immer weitverbreiteten speziellen Kunden-Software. Dies führt tendenziell zum Abbau von Informationsbrüchen und zur Verbesserung der Abstimmungsprozesse zwischen nebengeordneten Einheiten.

- Graphische Benutzeroberflächen zur Erhöhung der Anschaulichkeit und zur besseren Bedienbarkeit. Schließlich ist nicht jeder Arbeiter in einer Werkstatt ein Befürworter von Kommandozeilenausdrücken.

- Nutzung von Systemen, die einen schnellen und umfassenden Überblick gestatten und eine prozessnahe Datenverarbeitung ermöglichen: Betriebsdatenerfassung (BDE) und Betriebsdatenverarbeitung (BDV).

Allerdings ist derzeit keine allgemeingültig Weiterentwicklung von Verfahren der Fertigungssteuerung zu beobachten. Zu den Neuerungen, die in jüngerer Vergangenheit entwickelt wurden, zählen das *Kanban-Verfahren* (siehe Abschnitt 4.4.5) aus Japan und das *OPT-System*[151] (siehe Abschnitt 4.4.4 aus den USA. Ansonsten gibt es nur Bemühungen, das bisherige Vorgehen durch die Nutzung von EDV zu unterstützen oder zu erleichtern, jedoch keine nennenswerten neuen Ideen. Weiterhin bieten neuartige Algorithmen (siehe Genetische Algorithmen im Abschnitt 4.5) die Möglichkeit der integrativen Planung unterschiedlicher Fertigungsbereiche.

4.3.3.1 Übungsaufgaben

Aufgabe 1

Erläutern Sie die beiden Möglichkeiten zur Beschleunigung des Werkstattdurchlaufs eines Auftrages, das Lossplitting und das Überlappen!
Wenden Sie diese Möglichkeiten auf folgende Situation an: Ein Auftrag von 1000 [Stück] Teilen durchläuft die Werkstatt A, danach die Werkstatt B. In der Werkstatt A ist die Maschine A_1 bereits gerüstet, sie bearbeitet 2 Teile pro Minute. In der Werkstatt B ist die Maschine B_1 vorgesehen. Sie ist frei, muss aber noch gerüstet werden. Die Rüstzeit beträgt 2 Stunden. Diese Maschine kann ein Teil pro Minute bearbeiten.

1. Realisieren Sie eine Überlappung! Wie teilen Sie dabei die 1000 Stück in 2 Lose auf, um eine maximale Zeiteinsparung gegenüber der Bearbeitung als ein geschlossenes Los zu erzielen?

---

[151] Das System wurde 1980 auf den Markt gebracht und zeichnet sich durch eine konsequente Fluss- und Engpassorientierung aus. Zu einer genaueren Darstellung siehe z.B. [Cor90, S. 434ff.].

2. Sie können kurzfristig in der Werkstatt A eine zweite Maschine (A_2) bereitstellen. Diese muss noch gerüstet werden, was eine Stunde dauert. A_2 kann ein Teil pro Minute bearbeiten.
   Realisieren Sie ein Lossplitting in der ersten Werkstatt (ohne Überlappung mit Werkstatt B)! Welche Zeit lässt sich einsparen?

3. Wie würde eine Kombination aus Lossplitting und Überlappung nach 1.) und 2.) aussehen?

Aufgabe 2

Wenden Sie in der folgenden Situation eine Überlappung an:
Ein Auftrag über 600 Stück eines konkreten Produkts ist vor dem ursprünglich vereinbarten Termin auszuliefern und muss nun vorfristig fertiggestellt werden. Der Auftrag ist soeben in der vorletzten Werkstatt eingetroffen und die Bearbeitung beginnt. Folgende Angaben sind bekannt:

	Rüstzeit [h]	Stückbearbeitungszeit [h]
vorletzte Werkstatt	100	2
letzte Werkstatt	100	4

1. Um wieviele Stunden kann der Auftrag früher beendet werden, wenn eine Überlappung genutzt wird? Teilen Sie die Gesamtmenge dabei in 2 Teilmengen auf!

2. Um wieviele Stunden kann der Auftrag bei einer Überlappung mit 3 Teilmengen früher fertiggestellt werden?

3. Wie schätzen Sie die Realisierbarkeit der Lösungen aus 1) und 2) ein, wenn die letzte Werkstatt noch 200 Stunden mit einem auch inhaltlich völlig anderen Auftrag beschäftigt ist? Passen Sie bei Bedarf die nicht realisierbaren Lösungen an die genannten Gegebenheiten an!

4. Gegeben seien ein Auftrag mit 2 Teillosen (n_1 und n_2), 2 Maschinen (M_1 und M_2) sowie eine konstante Übergangszeit ($t_{\ddot{u}}$). Die Lose werden zuerst auf M_1 und dann auf M_2 bearbeitet. Formulieren Sie ein mathematisches Modell zur Bestimmung der optimalen Losgröße bei der Überlappung, in dem die Größe der Lose n_1 und n_2 als Formel hergeleitet wird!

5. Neben dem unter 1) bis 3) betrachteten Auftrag befinden sich etwa 250 weitere in der Fertigung. Davon sind etwa 90% verspätet. Ist es möglich, durch Anwendung der Überlappung all diese Aufträge noch termingemäß fertigzustellen? Begründen Sie Ihre Antwort!

Aufgabe 3

Wenden Sie in der folgenden Situation eine Überlappung an:
Der Auftraggeber eines Auftrages über 1000 Stück eines konkreten Produktes ist an einer schnellen Lieferung interessiert. Jedes Stück wird in drei Arbeitsvorgängen hergestellt. Der Arbeitsgang 1 benötigt 2 Minuten, Arbeitsgang 2 benötigt 1 Minute und Arbeitsgang 3 benötigt 2 Minuten. Die mengenunabhängigen Übergangszeiten betragen von Arbeitsgang 1 zu 2 100 Minuten, die von 2 nach 3 120 Minuten.

1. Bei welcher Überlappung tritt die größte Reduzierung der Durchlaufzeit ein, wenn ein Auftrag dabei in zwei Teilaufträge geteilt wird, die aber wiederum von Überlappung zu Überlappung variieren können.

2. Was kann aus Kostengesichtspunkten generell zur Überlappung gesagt werden?

3. Ist die Überlappung aus a) rentabel, wenn jede Minute Übergangszeit Kosten in Höhe von 10 €verursacht und jede Minute an verringerter Durchlaufzeit Kosten in Höhe von 3 € spart?

4. Welche nichtoperativen Möglichkeiten der Durchlaufzeitreduzierung gibt es außerdem?

4.3.3.2　Lösungen der Übungsaufgaben

Aufgabe 1

Überlappung: Wenn ein Teil eines Auftrages an einer Station bearbeitet wurde, kann er an die nächste weitergereicht werden, um dort dem nächsten Arbeitsgang unterzogen zu werden. Dann werden zeitgleich der 2. Teil des Auftrages noch an der ersten und der 1. Teil bereits an der zweiten Station bearbeitet.

Lossplittung:
Ein Auftrag wird in mehrere Teile zerlegt. Diese werden - im selben Arbeitsgang - parallel an mehreren Anlagen bearbeitet (gleich große Teile: Mengensplit; Teile mit gleicher Zeit: Zeitsplit).

1. *Aufteilung der Gesamtmenge in zwei Teilmengen (Überlappung):*

   $$n_1 + n_2 = 1000 \qquad n_1 = 333$$
   $$n_1 = \tfrac{1}{2} n_2 \qquad n_2 = 667$$

   Ersparnis: 333 Minuten

2. *Lossplitting:*

   $$n_1 + n_2 = 1000 \qquad n_1 = 707$$
   $$n_2 + 60 = \tfrac{1}{2} n_1 \qquad n_2 = 293$$

   Ersparnis: 146,5 Minuten

3. *Kombination aus Lossplitting und Überlappung - eine Variante:*

   Aus Werkstatt A kommen pro Minute 3 Stück:

   $$n_1 + n_2 = 1000 \qquad n_1 = 250$$
   $$n_1 = \tfrac{1}{3} n_2 \qquad n_2 = 750$$

   Werkstatt A: die ersten 60 Minuten auf A_1: 120 Stück und A_2 und B_1 rüsten, dann in ca. 43 Minuten 87 Stück auf A_1 und 43 Stück auf A_2 und B_1 weiter rüsten; dann Weitergabe dieser 250 Stück an B; dann 250 Minuten: 250 Stück auf A_2 und 500 Stück auf A_1; parallel dazu noch 17 Minuten Rüsten von B_1, dann 250 Stück in B und schließlich noch 750 Stück in B.

   Ersparnis: 380 Minuten

Aufgabe 2

Überlappung

1. *Aufteilung der Gesamtmenge in zwei Teilmengen:*

$$
\begin{aligned}
n_1 + n_2 &= 600 & n_1 &= 200 \\
4\,n_1 &= 2\,n_2 & n_2 &= 400 \\
\rightarrow 2\,n_1 &= n_2
\end{aligned}
$$

Verkürzung: 800 h

2. *Aufteilung der Gesamtmenge in drei Teilmengen:*

$$
\begin{aligned}
n_1 + n_2 + n_3 &= 600 & n_1 &= 600/7 & \approx & \; 86 \\
4\,n_1 &= 2\,n_2 & n_2 &= 1200/7 & \approx & \; 171 \\
2\,n_3 &= 4\,n_2 & n_3 &= 2400/7 & \approx & \; 343 \\[2mm]
\rightarrow n_3 &= 4\,n_1
\end{aligned}
$$

Verkürzung: $(4\,n_1 + 4\,n_2) = 1028$ h

3. bei 1) realisierbar, da zu Zeitpunkt $2 \cdot 200 - 100 = 300$ benötigt

   bei 2) zum Zeitpunkt 172 - 100 = 72 benötigt, ist aber erst ab 200 frei und nach weiteren 100 Stunden gerüstet $\rightarrow$ nicht realisierbar!

   Anpassung:

$$
\begin{aligned}
n_1 &= \frac{200 + 100}{2} & = 150 \\
n_2 &= 2\,n_1 & = 300 \\
n_3 &= 600 - n_1 - n_2 & = 150
\end{aligned}
$$

Verkürzung: = 900 h

4. *Modellierung:*

$$
\begin{aligned}
n_1 + n_2 &= n \\
n_2 \cdot t_{M1} + t_{\ddot{u}} &= n_1 \cdot t_{M2} + t_{\ddot{u}} \qquad | - t_{\ddot{u}} \\
n_2 \cdot t_{M1} &= n_1 \cdot t_{M2}
\end{aligned}
$$

$$
\begin{aligned}
n_2 &= n - n_1 \\
n \cdot t_{M1} - n_1 \cdot t_{M1} &= n_1 \cdot t_{M2} \\
n \cdot t_{M1} &= n_1\,(t_{M2} + t_{M1}) \\
n_1 &= \frac{n \cdot t_{M1}}{t_{M1} + t_{M2}} \\
n_2 &= n - n \cdot \frac{t_{M1}}{t_{M1} + t_{M2}}
\end{aligned}
$$

$$
\Longrightarrow n_2 = \frac{n \cdot t_{M2}}{t_{M2} + t_{M1}} \quad \text{oder} \quad n_2 = n\left(1 - \frac{t_{M1}}{t_{M1} + t_{M2}}\right)
$$

5. 90 % von 250 = 225 (jeder nur 1 ZE verspätet)

   maximale Einsparung > 225

   $\Rightarrow$ Die Möglichkeit besteht, es ist jedoch keine genaue Aussage möglich.

Aufgabe 3

Bisher:

AG_1 : $1000 \cdot 2 = 2000$ Min.   Übergangszeit $AG_1 \rightarrow AG_2 = 100$ Min.

AG_2 : $1000 \cdot 1 = 1000$ Min.   Übergangszeit $AG_2 \rightarrow AG_3 = 120$ Min.

AG_3 : $1000 \cdot 2 = 2000$ Min.

$\Longrightarrow$ <u>DLZ: 5220 Min.</u>

1. *Reduzierung der DLZ:*

<table>
<tr><td colspan="2" align="center">1. Überlappung:</td><td colspan="2" align="center">2. Überlappung:</td></tr>
<tr>
<td align="right">$n_1 + n_2$ =</td><td align="center">1000</td>
<td align="right">$n_4 + t_{\ddot{u}}$ =</td><td align="center">$t_{\ddot{u}} + 2\,n_3$</td>
</tr>
<tr>
<td align="right">$t_{\ddot{u}} + n_1$ =</td><td align="center">$2\,n_2 + t_{\ddot{u}}$</td>
<td align="right">n_4 =</td><td align="center">$2\,n_3$</td>
</tr>
<tr>
<td align="right">$\rightarrow \quad n_1$ =</td><td align="center">$2\,n_2$</td>
<td align="right">$\rightarrow \quad n_3 + n_4$ =</td><td align="center">1000</td>
</tr>
<tr><td colspan="4"> </td></tr>
<tr>
<td align="right">n_1 =</td><td align="center">$666,6 \approx 667$</td>
<td align="right">n_3 =</td><td align="center">$333,3 \approx 333$</td>
</tr>
<tr>
<td align="right">n_2 =</td><td align="center">$333,3 \approx 333$</td>
<td align="right">n_4 =</td><td align="center">$666,6 \approx 667$</td>
</tr>
</table>

$2 \cdot 1000 + 100 + 1 \cdot 1000 - (2 \cdot 667 + 100 + 1 \cdot 667 + 1 \cdot 333) = \ldots$

= Reduzierung 1. Überlappung: 666 Min.

= Reduzierung 2. Überlappung: 666 Min.

$\Longrightarrow$ <u>gesamte DLZ-Reduzierung: 1332 Min.</u>

2. $\rightarrow$ *Kostensenkung:*

Überlappung führt zu einer Senkung der DLZ und damit zur Senkung der Kapitalbindung

$\rightarrow$ *Kostenerhöhung:*

Überlappung erfordert einen hohen Organisationsaufwand und kann zu steigenden Transportkosten führen

$\rightarrow$ keine generelle Aussage möglich

3. $\rightarrow$ *Einsparung:*

$1332 \cdot 3 = $ <u>3996 €</u>

$\rightarrow$ *Kosten:*

$10 \cdot (100 + 120) = $ <u>2200 €</u>

$\Longrightarrow$ <u>Nutzen: 1796 €</u> $\longrightarrow$ rentabel

4. *Anpassung:*

- zeitlich (Verlängerung der Arbeitszeit) $\rightarrow$ operativ!
- intensitätsmäßig (Verkürzung der Taktzeit) $\rightarrow$ operativ!
- quantitativ (Kapazitätsanpassung) $\rightarrow$ strategisch/taktisch!

4.4 Fertigungssteuerungsprinzipien

Zu Beginn dieses Abschnitts wird zunächst eine Einordnung der im folgenden dargestellten Verfahren und Prinzipien zur Fertigungssteuerung vorgenommen. Die Abbildung 4.44 gibt einen Überblick.

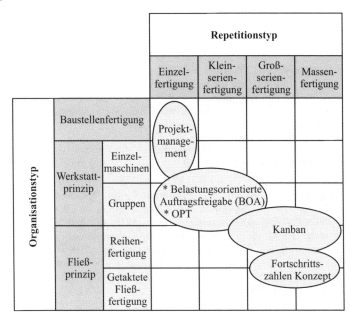

Abbildung 4.44: Einordnung verschiedener Fertigungssteuerungsverfahren

Die in der Abbildung enthaltenen Organisationstypen der Fertigung können wie folgt definiert werden.

- *Baustellenfertigung* zeichnet sich durch die örtliche Gebundenheit des herzustellenden oder zu bearbeitenden Objektes aus. Eine nähere Erläuterung ist mit Hinweis auf die Beispiele Straßenbaustellen und Gebäudebaustellen nicht erforderlich.

- Bei Werkstattfertigung sind jeweils Gruppen von Maschinen mit ähnlichen Funktionen gruppiert. Die Anordnung der Maschinen erfolgt hierbei nach keinem strengen Ordnungsprinzip. Typisch für die Fertigung in Werkstätten ist, dass verschiedene Aufträge die Maschinen in unterschiedlicher Reihenfolge durchlaufen (keine einheitliche Maschinenfolge). Auch weisen die Aufträge keine gleichen Bearbeitungszeiten auf. Der Fertigungsablauf ist nicht getaktet. Als Vorteile sind die große Flexibilität (bezüglich verschiedener Aufträge) und die sehr guten Reaktionsmöglichkeiten bei Störungen zu nennen. Als Nachteile sind zu nennen die Unübersichtlichkeit der Organisation (besonders bei mehreren Werkstätten), großer Transportbedarf bei uneinheitlichen Transportwegen, die Notwendigkeit von (Zwischen-)Lagern sowie der hohe Planungs- und vor allem Koordinationsaufwand.

- Die Fließfertigung ist dadurch gekennzeichnet, dass alle Aufträge die Maschinen in der gleichen Reihenfolge durchlaufen (identische Maschinenfolge). Daher ist es auch möglich, die Maschinen entsprechend der Arbeitsgangfolge anzuordnen. Fließfertigung ist in der Regel bei Großserien- und Massenproduktion anzutreffen. Bei der Unterart *Reihenfertigung* gibt es keine zeitliche Verzahnung der Aufträge, zur Synchronisation werden Puffer genutzt. Bei der anderen Variante, der *Fließfertigung im engeren Sinne*, dagegen liegt eine zeitliche Taktung vor. Positiv zu werten ist, dass bei Fließfertigung nur geringe Anforderungen an die Fertigungssteuerung gestellt werden und dass durch die Fertigung großer Mengen Massendegressionseffekte erzielt werden. Nachteilig erscheinen die hohe Abhängigkeit der einzelnen Arbeitsstationen und die sehr geringe Flexibilität.

- Daneben existieren noch *Mischformen*. Es sind die Werkstatt-Fließfertigung und die Gruppenfertigung erwähnenswert.

Die Baustellenfertigung wird durch das Projektmanagement koordiniert. Obwohl diese Thematik viele interessante Aspekte enthält, soll sie aufgrund der geringen Affinität zur Fertigungssteuerung nicht weiter untersucht werden. Während die Belastungsorientierte Auftragsfreigabe (BOA), die Retrograde Terminierung und auch Prioritätsregeln vorrangig in Werkstätten mit überschaubaren Produktionsstückzahlen angewandt werden, sind das Kanbanprinzip und vor allem das Fortschrittszahlenkonzept für die Fließfertigung mit Reihen- (Kanban) bzw. Großserien- oder Massenfertigung bei getaktetem Materialfluss (Fortschrittszahlen) gedacht.

Insbesondere die Prioritätsregeln besitzen eine Sonderstellung. Wegen ihrer einfachen Struktur finden sie Eingang in zahlreiche andere Steuerungsprinzipien, wie die Belastungsorientierte Auftragsfreigabe oder auch die Genetischen Algorithmen. Aus diesem Grund erfolgt zunächst eine ausführliche Betrachtung der wichtigsten Prioritätsregeln und deren Verknüpfungen.

4.4.1   Prioritätsregeln

Die Prioritätsregelsteuerung[152] gehört zum täglichen manuellen oder softwareunterstützten Instrumentarium der Reihenfolgeplanung in der Werkstatt. Eine Prioritätsregel[153] weist jedem Auftrag in der Warteschlange[154] eine Wertzahl (Priorität) zu. Alle Aufträge

---

[152]   Die betriebswirtschaftliche Forschung beschäftigt sich mindestens seit den 50er Jahren mit Prioritätsregeln. Die ersten publizierten Erkenntnisse zur Reihenfolgebestimmung mit Prioritäten reichen ins Jahr 1956 zurück [Row56]. Darauf aufbauend entwickelte sich ein umfangreiches Forschungsgebiet. Heute ist in nahezu jedem Fachbuch, welches Probleme der Ablaufplanung abhandelt, ein Abschnitt den Prioritätsregeln gewidmet, so dass sich ein Literaturhinweis erübrigt.

[153]   Auch: *dispatching rule*.

[154]   Die Warteschlange ist hier ein allgemeiner Begriff und suggeriert nicht, dass diese wie eine *Queue* im *FIFO-Prinzip* abgearbeitet wird.

werden nicht notwendigerweise mit derselben Regel berechnet werden. Je nach Auslegung der Steuerung werden die bewerteten Aufträge oder Arbeitsvorgänge auf- oder absteigend so sortiert, dass der beste die Warteschlange anführt[155]. Die Notwendigkeit, Prioritätsregeln zu untersuchen, erwächst aus der Tatsache, dass bisher noch keine einzige Regel oder Regelkombination als optimal geeignet für eine Werkstattsteuerung anzusehen ist[156]. *Blackstone*[157] kommt zu dem Schluss: „It is impossible to identify any single rule as the best in all circumstances.". An dieser Feststellung hat sich bis zum heutigen Zeitpunkt nichts geändert, und es müssen weiterhin spezielle Regeln entsprechend der Zielsetzung untersucht und ausgewählt werden.

Im weiteren werden die zur Generierung von Startlösungen benutzten Regeln kurz beschrieben. Zur Bezeichnung der einzelnen Regeln haben sich feste Bezeichnungen durchgesetzt, die an dieser Stelle beibehalten werden[158]. In der Literatur sind eine ganze Reihe unterschiedliche Klassifikationen von Prioritätsregeln zu finden[159]. *Conway*[160] unterscheidet zwischen *lokalen* und *globalen* Regeln, *Hauk*[161] zwischen *lokalen* und *kausalen* Regeln und auch die Gruppierung in *präemtive* und *nicht-präemtive* Regelsteuerungen[162] ist denkbar. Allen ist jedoch gemeinsam, dass sie die gleichen Zeitkriterien verwenden. Wird ausschließlich dieser Sachverhalt zu einer Gliederung ausgenutzt, entsteht die folgende Abbildung 4.45, innerhalb dieser sich alle Prioritätsregeln einordnen lassen.

Die erste Unterteilung findet nach dem Kriterium statt, ob der aktuelle Zeitpunkt in die Betrachtung einbezogen wird und somit der Zeitverlauf eine Rolle spielt. Es kann demnach in zeitunabhängige und zeitabhängige Prioritätsregeln unterschieden werden.

4.4.1.1 Zeitunabhängige Prioritätsregeln

Bei zeitunabhängigen Regeln spielt der Zeitverlauf für die Berechnung von Prioritäten keine Rolle, d. h. die Berechnungen berücksichtigen nicht den aktuellen Zeitpunkt, der Aussagen über zeitkritische Arbeitsvorgänge zulässt. Die weitere Unterteilung erfolgt nach dem Kriterium, welche zeitunabhängigen Einflussgrößen an der Regelbildung beteiligt sind[163]: stochastische, prozesszeiten- oder fertigstellungszeitpunktorientierte.

---

[155] Vgl. [See75, S. 171].

[156] Vgl. [Dul93, S. 118].

[157] Siehe [Bla82, S. 27].

[158] Die Standardwerke, die diese Bezeichnungen ursprünglich prägten, sind [Con67] und [Bak74]. In die folgenden Tabellen werden die englischen Bezeichnungen zum besseren Verständnis der Abkürzungen aufgenommen. Weiterhin befindet sich in [Hau89] ein guter Überblick über die am häufigsten zum Einsatz kommenden Regeln. In [O'G85] wird darüber hinaus eine generelle Schreibweise für Prioritätsregeln vorgeschlagen, in der auch die meisten Regel-Kombinationen darstellbar sind.

[159] Vgl. u. a. [Hau89, S. 6 ff.] und [Pan77, S. 46].

[160] Siehe [Con62, S. 51 ff.]. Die Unterscheidung in lokale und globale Prioritätsregeln ist auch die, welche sich in der Literatur aufgrund ihrer Praxisnähe am meisten durchgesetzt hat. Lokale Regeln arbeiten auf der Basis örtlich (maschinenbezogen) oder sachlich (auftragsbezogen) beschränkter Informationen. Im Gegensatz dazu besitzen globale Regeln die nötige „Draufsicht" auf das Gesamtsystem.

[161] Siehe [Hau73, S. 23].

[162] Vgl. [Dul93, S. 117].

[163] Vgl. [Geo95, S. 110].

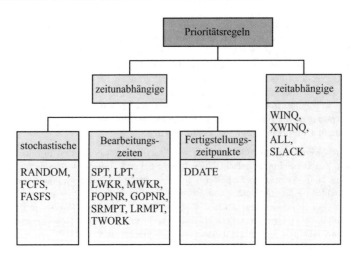

Abbildung 4.45: Klassifikation von Prioritätsregeln

4.4.1.1.1 Stochastische Eigenschaften

Die zufallsbasierten Prioritätsregeln RANDOM, FCFS (first come, first served) und FASFS (first arrival at shop, first served) dienen als Referenzverfahren[164] zum Vergleich mit anderen Prioritätsregeln und generell anderen Vorgehensweisen[165]. RANDOM bestimmt die Reihenfolge einer Warteschlange von Arbeitsvorgängen per Zufallsgenerator. Kann der Zufallsgenerator vor jedem Planungslauf so initialisiert werden, dass keine identischen Zufallszahlenfolgen resultieren, liefert jeder Planungslauf für eine gegebene Probleminstanz i. d. R. einen anderen Belegungsplan. FCFS und FASFS verhalten sich deterministisch gegenüber einer gegebenen Probleminstanz. Zufällig ist nur, wann ein Auftrag ins System eintritt. Bei FCFS wird der einzuplanende Arbeitsvorrat an Arbeitsvorgängen entsprechend der Beendigungszeiten der jeweils vorhergehenden Arbeitsvorgänge C_{jk-1} bewertet und somit die Warteschlangendisziplin[166] festgelegt. Bei Gleichheit oder Undefiniertheit muss eine weitere Regel angewendet werden, um zu einer Entscheidung zu kommen. Bei FASFS ist das Entscheidungskriterium der Freigabezeitpunkt r_j. Somit ist die Priorität für einen Auftrag über alle Maschinen hinweg unveränderlich[167].

Die Abbildung 4.46 fasst alle Regeln zusammen. Eine Regel wird zu einem bestimmten

---

[164] Ähnlich wie bei den Prognoseverfahren, bei denen zur Bewertung ihrer Güte die *naive Prognose* zum Vergleich dient und im *Ungleichheitskoeffizienten von Theil* ausgedrückt wird (siehe [Mer94, S. 209]) werden Reihenfolgeverfahren mit den Regeln RANDOM und FCFS verglichen und bewertet.

[165] Vgl. [Hau89, S. 8].

[166] Vgl. [Sie74, S. 68].

[167] Diese Art von Priorität wird auch als *statisch* bezeichnet. Prioritäten, die sich während der Ablaufplanung ändern können, sind hingegen *dynamisch*.

[168] Auch als FIFO-Regel bezeichnet.

Regel	Kriterium	Beschreibung
RANDOM	X_{jK}	Reihenfolgeermittlung per Zufallszahl
FCFS	C_{jK-1}	Wartezeitregel[168]; *first come first served*
FASFS	r_j	Auftragseingangsregel; *first arrival at shop first served*

Abbildung 4.46: Stochastische Prioritätsregeln

Zeitpunkt auf alle Arbeitsvorgänge angewendet. Die Variable K spezifiziert ein konkretes k.[169]

4.4.1.1.2 Bearbeitungszeitorientierung

Prioritäten, in deren Berechnung die Arbeitsoperationen bzgl. ihrer Anzahl bzw. ihrer Bearbeitungszeiten eingehen, werden als bearbeitungszeitorientiert eingeordnet. In der folgenden Tabelle (Abbildung 4.47) werden die bekanntesten Regeln kurz beschrieben[170]. Die Bewertung der Regeln zur Verwendung der Generierung von Startlösungen erfolgt anhand ausgewählter Benchmarkbeispiele.

Die SPT-Regel ist wohl die bekannteste Prioritätsregel, die die Literatur vorzustellen kennt[171]. Die Auftragspriorität ist hierbei gleich der Bearbeitungszeit des nächsten zu bearbeitenden Arbeitsvorgangs. Dieser einfache Berechnungsmodus garantiert eine schnelle Bestimmung der Prioritäten. Zahlreiche Testergebnisse zeigen zudem, dass die SPT-Regel auch bei unterschiedlichen Problemstellungen sehr gute Ergebnisse bzgl. der Probleminstanzen von $J||\overline{C}$ und daraus überführbare Zielfunktionen liefert und damit robust ist.

Die LPT-Regel ist die negierte Funktion von SPT. Sie liefert im Mittel schlechte Ergebnisse[172] und ist deshalb praktisch nicht von Bedeutung.

Die LWKR-Regel legt die Auftragspriorität entsprechend der Summe der Bearbeitungszeiten aller noch nicht bearbeiteten Arbeitsvorgänge des Auftrags fest und tendiert dazu, weitgehend fertiggestellte Aufträge zu beenden. Somit wird die Anzahl der Aufträge im System minimiert. MWKR ist die negierte Funktion zu LWKR und tendiert dazu, möglichst viele Aufträge zu beginnen, um in späteren Entscheidungssituationen eine größere Auswahl an Alternativen zur Verfügung zu haben[173]. Somit steigt zwar die Komplexität der Planungssituation, aber es werden weniger potentiell gute Lösun-

---

[169] „The imminent operation for which a job is in queue." Siehe [Con67, S. 282].

[170] Vgl. [Con67, S. 283 f.] und [Hau89, S. 3 ff.].

[171] Die FCFS-Regel ist zwar gleichermaßen bekannt, jedoch wird diese Regel selten als „echte" Regel betrachtet. Wird von der Möglichkeit des Vergleichs abgesehen, wird sie eher als Notbehelf eingesetzt, falls jemandem nichts besseres einfällt. Die Untersuchungen von *Conway* [Con67, S. 285] zeigten, dass die FCFS-Regel mit den nahezu gleichen Resultaten abschloss wie RANDOM.

[172] Siehe hierzu die Testreihen von *Conway* [Con67]. Weitere Autoren (u. a. [Hau89, S. 8]) bestätigten durch ihre eigenen Untersuchungen diese Resultate.

[173] Vgl. [Geo95, S. 113 f.].

Regel	Kriterium	Beschreibung
SPT	p_{jK}	KOZ-Regel; *shortest processing time*
LPT	$-p_{jK}$	LOZ-Regel; *longest processing time*
LWKR	$\sum\limits_{k=K}^{o_j} p_{jk}$	kürzeste Restbearbeitungszeit; *least work remaining*
MWKR	$-\sum\limits_{k=K}^{o_j} p_{jk}$	längste Restbearbeitungszeit; *most work remaining*
FOPNR	$o_j - K + 1$	kleinste Anzahl der verbliebenen Operationen; *fewest number of operations remaining*
GOPNR	$-(o_j - K + 1)$	größte Anzahl der verbliebenen Operationen; *greatest number of operations remaining*
SRMPT	$\max\limits_{k=K}^{o_j} p_{jk}$	Auftrag mit der kürzesten verbliebenen maximalen Bearbeitungszeit; *shortest remaining maximum processing time*
LRMPT	$-\max\limits_{k=K}^{o_j} p_{jk}$	Auftrag mit der längsten verbliebenen maximalen Bearbeitungszeit; *longest remaining maximum processing time*
TWORK	$-\sum\limits_{k=1}^{o_j} p_{jk}$	Auftrag mit der größten Summe der Prozesszeiten; *greatest total work*

Abbildung 4.47: Bearbeitungszeitorientierte Prioritätsregeln

gen ausgeschlossen. Es kann vermutet werden, dass LWKR für $J||\overline{C}$ tendenziell bessere Lösungen liefert und MWKR für $J||C_{max}$.

Die Regeln FOPNR und GOPNR sind Vereinfachungen von LWKR und MWKR. Der Unterschied besteht darin, dass nicht die Summe der Bearbeitungszeiten der noch nicht bearbeiteten Arbeitsvorgänge betrachtet wird, sondern nur die Anzahl der noch zu bearbeitenden Arbeitsvorgänge. Falls den Bearbeitungszeiten der Arbeitsvorgänge eine ähnliche Verteilung zugrundeliegt, korrelieren die Summe der Bearbeitungszeiten eines Auftrags und die Anzahl der Arbeitsvorgänge miteinander. Somit ist zu erwarten, dass die Testergebnisse ähnlich ausfallen. In diesem Falle kann die einfachere Regel aus Laufzeitgründen implementiert werden.

SRMPT und LRMPT betrachten den längsten noch nicht abgearbeiteten Arbeitsvorgang jedes Auftrags und wählen dann den kleinsten bzw. größten aus. Es werden somit die Aufträge bevorzugt behandelt, die zu einem späteren Zeitpunkt aufgrund ihres Arbeitsvolumens einen Engpass verursachen könnten.

TWORK summiert die Bearbeitungszeiten aller Arbeitsvorgänge und kommt somit zu einer statischen Prioritätsvergabe. Diese Regel ist unflexibel, und ihr schwaches Abschneiden in Vergleichstests zu anderen Regeln bestätigt dies.

Alle genannten Regeln dieses Abschnitts basieren auf Bearbeitungszeiten oder auf der
Anzahl von Arbeitsvorgängen. In einem Fertigungsprozess gibt es aber noch mehr Informationen über dessen Zustand als diese – z. B. die Warteschlangenlängen. Es kann
bspw. darüber diskutiert werden, ob es sinnvoll ist, einen Arbeitsvorgang zu wählen,
weil er eine kurze Bearbeitungszeit besitzt, dieser anschließend an seine Bearbeitung jedoch in eine Warteschlange erheblicher Länge eingeordnet wird. Anstelle dessen kann die
Auswahl eines Arbeitsvorgangs sinnvoll sein, dessen anschließende Warteschlange den
geringsten Arbeitsinhalt aufweist. Dieser Sachverhalt wird in Abschnitt 4.4.1.2 berücksichtigt.

4.4.1.1.3   Fertigstellungszeitpunktorientierung

Die Lieferterminregel plant die Arbeitsvorgänge entsprechend der Liefertermine ihrer
Aufträge ein. Sie ist aus diesem Grunde ebenso unflexibel wie TWORK.

Regel	Kriterium	Beschreibung
DDATE	d_j	Liefertermin-Regel; *earliest due date*

Abbildung 4.48: Fertigstellungszeitpunktorientierte Prioritätsregeln

Eine denkbare Verfeinerung ist die Durchführung einer Retrograden Terminierung (RT),
die in drei Schritten durchgeführt wird[174]:

1. Ausgangspunkt für das Verfahren sind die Soll-Liefertermine, von denen ausgehend eine Rückwärtsterminierung durchgeführt wird, in deren Ergebnis die
   spätestmöglichen Wunschstarttermine aller Arbeitsvorgänge ermittelt werden.
   Diese Berechnung erfolgt unter der Voraussetzung, dass unendliche Kapazitäten
   an Lägern, Betriebsmitteln und Personal vorliegen.

2. Im zweiten Schritt wird durch eine an die Situation angepasste Heuristik aus dem
   idealisierten Belegungsplan des ersten Schrittes ein möglichst zulässiger Belegungsplan entwickelt, indem die gegebenen Restriktionen berücksichtigt werden.

3. Im dritten Schritt wird die bisherige Lösung überarbeitet[175] und zu einem real
   durchführbaren Belegungsplan umgestaltet[176].

Die Grundidee der RT liegt auf der Hand: Ausgehend von den Soll-Lieferterminen wird
versucht, die Termintreue durch eine rückwärtsterminierte Maschinenbelegung zu maximieren. Für die zu testenden Benchmarkbeispiele existieren jedoch keine Lieferter-

---

[174] Siehe u. a. [Ada88a, S. 89 ff.] und [Sch92c, S. 667 ff.].

[175] Entsprechend den Zielvorgaben ist eine Stauchung oder Entzerrung des Belegungsplanes durchzuführen.

[176] Es ist denkbar, dass die Nebenbedingungen des Modells so restriktiv gewirkt haben, dass die Menge
der zulässigen Lösungen leer ist. In diesem Falle müssen die Nebenbedingungen gelockert werden. In
der Praxis erfolgt dies zum einen über die Erweiterung des Kapazitätsangebotes, z. B. Maßnahmen
der zeitlichen Anpassung, oder die Verschiebung der Soll-Liefertermine in Richtung Zukunft.

mine. Somit müssen Annahmen darüber getroffen werden. Wegen $J|r_j = 0|C_{max}$ wird $d_j = \sum_{k=1}^{o_j} p_{jk}$ angenommen.

4.4.1.2 Zeitabhängige Prioritätsregeln

Bei zeitabhängigen Regeln spielt der Zeitverlauf für die Berechnung von Prioritäten eine wichtige Rolle, d. h. die Berechnungen berücksichtigen den aktuellen Zeitpunkt, der Aussagen über zeitkritische Arbeitsvorgänge zulässt. In der folgenden Tabelle (Abbildung 4.49) werden die bekanntesten Regeln, die wiederum in der erstellten Software zum Einsatz kommen, kurz beschrieben[177].

Regel	Kriterium	Beschreibung
WINQ	$Y_{jk}(t)$	Warteschlangenregel; *will go on for its next operation to the queue with the least work*
XWINQ	$Y'_{jk}(t)$	erweiterte Warteschlangenregel; *will go on for its next operation to the queue with the least work, both present and expected*
ALL	$d_j - t$	verfügbare Zeit; *smallest allowance*
SLACK	$d_j - t - \sum_{k=K}^{o_j} p_{jk}$	Schlupfzeitregel; *least slack-time remaining*

Abbildung 4.49: Zeitabhängige Prioritätsregeln

Bei WINQ wird die Auftragspriorität aus der Summe der Bearbeitungszeiten der Aufträge berechnet, die sich in der Warteschlange befinden, in die der zu bewertende Auftrag als nächstes eintreten wird[178]. Daraus folgt u. a., dass jeder o_j-te Arbeitsvorgang die geringste zuweisbare Priorität besitzt. Das Problem bei der Betrachtung der Warteschlangen in Richtung Liefertermin[179] ist darin zusehen, dass die Warteschlange zwischen der Berechnung der Priorität und dem späteren Eintreffen des Arbeitsvorganges mit einer gewissen Wahrscheinlichkeit ihren Zustand ändert. Dieser Sachverhalt wird dadurch begünstigt, dass eine schwach gefüllte Warteschlange chronisch Arbeitsvorgänge anzieht. Eine Verbesserung von WINQ könnte darin bestehen, den zukünftigen Arbeitsvorrat der betrachteten Warteschlange zu antizipieren und somit die Tendenz zur Überreaktion des Systems zu reduzieren. Diese Regel wird XWINQ genannt.

Bei der XWINQ-Regel werden zur Berechnung des Arbeitsinhaltes einer Warteschlange auch diejenigen Arbeitsvorgänge einbezogen, die im Moment auf einer anderen Maschine bearbeitet werden, jedoch vor dem zu bewertenden Arbeitsvorgang diese Warteschlange erreichen. Obwohl WINQ und XWINQ bei den in der einschlägigen Literatur durchgeführten Tests als separate Verfahren nur durchschnittlich abschnitten, kommt ihnen

---

[177] Vgl. [Con67, S. 283 f.] und [Hau89, S. 3 ff.].
[178] Vgl. [Con67, S. 223].
[179] Hierfür wird auch der Begriff *downstream congestion* verwendet.

eine wichtige Rolle bei den Regelkombinationen zu, die im Abschnitt 4.4.1.3 beschrieben werden.

Die ALL-Regel berechnet die Differenz zwischen Soll-Liefertermin und aktuellem Zeitpunkt. Aufgrund der Äquivalenz zu DDATE besitzt die Regel keine praktische Bedeutung[180]. Sie wird allerdings bei der Kombination von Regeln benutzt. Die SLACK-Regel betrachtet die Zeitdifferenz zwischen Soll-Liefertermin und Restbearbeitungszeit und wird praktisch vor allem zur Erreichung des Ziels „Hohe Termintreue" eingesetzt.

Die abschließende Tabelle gibt einen Überblick über die allgemeine Güte elementarer Prioritätsregeln in Abhängigkeit zu einem bestimmten Ziel wieder[181].

	SPT	LWKR	SLACK
Maximierung der Kapazitätsauslastung	sehr gut	gut	gut
Minimierung der Zykluszeit	sehr gut	gut	gut
Minimierung der mittleren Durchlaufzeit	sehr gut	gut	mäßig
Maximierung der Termintreue	schlecht	mäßig	sehr gut

Abbildung 4.50: Güte von Prioritätsregeln bzgl. unterschiedlicher Zielfunktionen

4.4.1.3 Verknüpfung von Prioritätsregeln

Die Verknüpfung elementarer Entscheidungsregeln zieht mehrere Kriterien für die Entscheidungsfindung heran und vermeidet dadurch eine einseitige Ausrichtung der Reihenfolgebildung[182]. Eine mögliche Verknüpfung besteht einerseits in der Anwendung gewichteter mathematischer Grundfunktionen[183] und andererseits über Aggregationsverfahren. Ziel der Kombination elementarer Prioritätsregeln ist der Versuch der Vereinigung von Vorteilen dieser[184]. Versuch deshalb, da eine Kombination nicht zwingend zu Verbesserungen führt[185] und mit der Anzahl der in die Prioritätsberechnung einzubeziehenden Kriterien die Wirkung der entstehenden Regel auf die Ziele der Ablaufplanung für den Disponenten immer undurchsichtiger wird[186]. Erschwerend kommt hinzu, dass keine ge-

---

[180]   Vgl. [Hau89, S. 8].
[181]   Vgl. hierzu [Hah89, S. 83] und [Zäp82, S. 276].
[182]   Vgl. hierzu [Dau94, S. 144].
[183]   In der Literatur werden die Addition, die Multiplikation und die Division am häufigsten benutzt.
         Siehe hierzu u. a. [Con67, S. 283 f.], [Kis90, S. 148 ff.] und [Cor90, S. 407 ff.].
[184]   Vgl. [Kno86, S. 34].
[185]   Vgl. [Zäp82, S. 273].
[186]   Vgl. [Ada90, S. 776].

nerelle Aussagen über die Wirksamkeit von Regeln und deren Kombinationen getroffen werden können[187], da deren Güte vom konkreten Einsatzumfeld, d. h. Anzahl der Maschinen, Aufträge und Arbeitsvorgänge pro Auftrag sowie der Verteilungsfunktion der Bearbeitungszeiten der Arbeitsvorgänge, abhängt. Es ist daher ratsam, vor dem Einsatz von Prioritätsregeln in einem PPS-System oder einem Leitstand die anzuwendenden Regeln in einer Simulationsstudie zu verifizieren.

4.4.1.3.1 Verknüpfungen einfacher Art

Als Verknüpfung einfacher Art werden die Kombinationen zweier Regeln mittels trivialer mathematischer Operationen wie Addition, Multiplikation und Division bezeichnet. Die folgende Tabelle (Abbildung 4.51) zeigt die Kombinationen, die aufgrund ihres vielversprechenden Abschneidens bei zahlreichen durchgeführten und in der Literatur dokumentierten Testreihen in die zu erstellende Software zur Generierung von Startlösungen implementiert werden.

AL/OPN setzt die verfügbare Zeit bis zum Erreichen des Soll-Liefertermins ins Verhältnis zur Anzahl der noch auszuführenden Arbeitsvorgänge. Gilt für zwei Aufträge J_j und $J_{j'}$ die Bedingung $d_j = d_{j'} \land t < d_j$, so wird der Auftrag bevorzugt, der den größeren Arbeitsvorrat besitzt. Ceteris paribus führt dieses Vorgehen bei $t > d_j$ zu dem Problem, dass bei Liefertermiverzug der Auftrag höher priorisiert wird, der den geringeren Arbeitsvorrat aufweist. In diesem Falle wird die Dringlichkeit eines Auftrags nicht korrekt abgebildet[188].

Ähnliche Probleme treten auch bei S/OPN und S/WKR auf. Diese Regeln sind analog zu AL/OPN zu betrachten, mit dem Unterschied, dass die geringste Schlupfzeit ins Verhältnis zum verbliebenen Arbeitsvorrat (einmal gemessen in Zeit und einmal in Anzahl Operationen) gesetzt wird. Ist der Schlupf negativ, treten die oben genannten Probleme ebenfalls auf.

SPT/TWORK und SPT/WKR^u beziehen in die Betrachtung der Bearbeitungszeiten eine Gewichtung mit der gesamten und der verbleibenden Arbeitszeit ein. Es erwies sich beim Einsatz von SPT/WKR^u als sinnvoll, die verbleibende Arbeitszeit durch eine Potenz $u : 0 < u \leq 2$ abzustufen. Die besten Resultate aller Tests erzielte die kombinierte Regel SPTXWQ[189].

4.4.1.3.2 AHP

Verfahren zur multikriteriellen Abstützung von Entscheidungen[190] finden in der Literatur und in der Praxis starke Beachtung. Ohne näher auf die allgemeine Theorie dieser Thematik einzugehen, soll zur Verknüpfung der elementaren Prioritätsregeln untereinander und zur Integration subjektiver Faktoren[191] ein spezielles Verfahren der Nutzwertanalyse – der *Analytical Hierarchy Process (AHP)* – vorgestellt werden. Es gibt in der mehrkriteriellen Entscheidungsfindung zahlreiche Verfahren, für die in der Literatur

---

[187] Zahlreiche Simulationsstudien bestätigen diese Aussage. Siehe u. a. [Weg76, S. 229].

[188] Vgl. hierzu auch die Bemerkungen in [Hau89, S. 8].

[189] Vgl. [Con67, S. 286].

[190] Siehe hierzu u. a. [Web93, S. 1] und [Sch91, S. 107].

[191] Der am häufigsten gewünschte subjektive Einflussfaktor auf die Reihenfolgeplanung ist in der Praxis zweifellos die manuelle Vergabe von Auftrags- bzw. Kundenprioritäten.

Regel	Kriterium	Beschreibung
AL/OPN	$\dfrac{d_j-t}{o_j-K+1}$	geringste verfügbare Zeit pro Operation; *smallest ratio of allowance to number of operations remaining*
S/OPN	$\dfrac{d_j-t-\sum\limits_{k=K}^{o_j} p_{jk}}{o_j-K+1}$	geringste Schlupfzeit pro Operation; *smallest ratio of slack-time to number of operations remaining*
S/WKR	$\dfrac{d_j-t-\sum\limits_{k=K}^{o_j} p_{jk}}{\sum\limits_{k=K}^{o_j} p_{jk}}$	geringstes Verhältnis von Schlupfzeit zu Restbearbeitungszeit; *smallest ratio of slack-time to work remaining*
SPT/TWORK	$\dfrac{p_{jK}}{\sum\limits_{k=1}^{o_j} p_{jk}}$	geringstes Verhältnis von Bearbeitungszeit zur Summe der Prozesszeiten; *smallest ratio of processing-time to total work*
SPT/WKR^u	$\dfrac{p_{jK}}{\left(\sum\limits_{k=K}^{o_j} p_{jk}\right)^u}$	geringstes gewichtetes Verhältnis von Bearbeitungszeit zur Restbearbeitungszeit; *smallest weighted ratio of processing-time to work remaining*
SPTXWQ	$u\cdot p_{jK}+$ $(1-u)\cdot Y'_{jk}(t)$	geringste gewichtete Summe von Bearbeitungszeit und antizipierter Arbeitsinhalt der folgenden Warteschlange; *smallest weighted sum of processing-time and work (including expected work) of the following queue*

Abbildung 4.51: Verknüpfungen elementarer Prioritätsregeln

eine relativ eindeutige Taxonomie[192] entsprechend ausgewählter Anwendungsvoraussetzungen zu finden ist. Die bekanntesten unter ihnen besitzen auch ihre praktische Bedeutung. Dieses Wissen vorausgesetzt werden einige Eigenschaften des AHP vorgestellt, aus denen implizit Schlüsse über die Eignung anderer Verfahren zur Erreichung der vorgegebenen Zielstellung gezogen werden können. Auf einen expliziten Vergleich der Verfahren wird an dieser Stelle verzichtet. Die Auswahl des AHP als einzusetzende Methode erfolgte einerseits aufgrund der Erfüllung der theoretischen Einsatzkriterien und andererseits aufgrund einiger vielversprechender Anwendungen auf anderen Gebieten komplexer Entscheidungsaufgaben[193]. Implementierte Anwendungen zur Reihenfolgeplanung bei Werkstattfertigung oder Einschätzungen zur Güte eines solchen Verfahrens

---

[192] Siehe u. a. [Zim87b] und [Sch91].
[193] Beachtenswert sind hierbei Beiträge aus der militärischen Anwendung wie [Che94].

in Bezug auf verfolgbare Ziele der Ablaufplanung sind nicht bekannt[194].

Zu den bedeutendsten Weiterentwicklungen multikriterieller Entscheidungsverfahren gehört die AHP-Methodologie[195]. Es handelt sich hierbei nicht um ein neues Verfahren, sondern vielmehr um eine Variante der Nutzwertanalyse, bei der endlich viele Alternativen mit Hilfe eines linearen Präferenzindex angeordnet werden. Die Besonderheit des AHP liegt in der Art der Bestimmung der Gewichte und Wertfunktionen durch ein hierarchisch additives Gewichtungsverfahren, innerhalb dessen die zu berücksichtigenden Attribute mehrstufig angeordnet werden können. In der Praxis gibt es zahlreiche Implementierungen des AHP-Konzeptes[196].

Die AHP-Methode umfasst folgende drei Schritte, die im Wesentlichen den Grundablauf von analytischem Denken widerspiegeln: Systemanalyse, Entwicklung eines Lösungsschemas und Entscheidung (Abbildung 4.52).

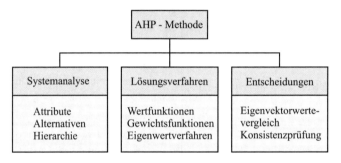

Abbildung 4.52: Grundelemente der AHP-Methode

Systemanalyse

Die Systemanalyse extrahiert aus der Problembeschreibung die das Systemverhalten beeinflussenden Kenngrößen (Attribute), die zu bewertenden Alternativen (Objekte) und die Beziehungen zwischen den Alternativen. In der Reihenfolgeplanung sind die Objekte[197] die auf dem Betriebsmittel einzuplanenden Arbeitsvorgänge. Jeder Arbeitsvorgang ist durch eine Anzahl Attribute (Attributsvektor) näher bestimmt. Innerhalb der Fertigungssteuerung sind u. a. die Attribute Soll-Liefertermin, Bearbeitungszeit, Rüstzeit, Kapitalbindung, Kundenpriorität oder Auftragspriorität signifikant. Die Wertebelegung

---

[194]   Es existieren prinzipiell Publikationen zum Thema AHP in der Produktionswirtschaft. Diese sind jedoch rein theoretischer Natur oder einer anderen Aufgabenstellung gewidmet, wie der Artikel von *Klocke* in [Klo96], in welchem die Bewertung alternativer Fertigungsfolgen unter Benutzung eines hierarchischen Kennzahlensystems beschrieben wird.

[195]   Vgl. [Web93, S. 73].

[196]   Die bekanntesten unter ihnen sind AUTOMAN, CRITERIUM, EXPERT CHOISE. Darüber hinaus gibt es leistungsfähige Programme wie das von *Bard* für die NASA entwickelte (siehe [Bar85]) und Versionen für EXCEL wie die von *Shim* und *Olsen* [Shi88].

[197]   Auch: Entitäten.

der Attribute wird als Attributausprägung bezeichnet. Im Falle der Reihenfolgeplanung ist das Skalenniveau kardinal ausgebildet[198]. In erster Linie erfolgen die Attributausprägungen in einer absoluten Kardinalskala. Die Angabe absoluter Werte kann bei der Bildung von Fuzzy-Sets einer linguistischen Variablen zu Problemen führen. Beispielsweise ist die Durchlaufzeit eines Fertigungsauftrages abhängig von der Kompliziertheit des herzustellenden Teils. Im Zeitablauf kann sich jedoch das Auftragsprofil eines Unternehmens ändern. Somit sind die Kenngrößen veränderlich. Fuzzy-Sets, die absolut kardinal messbare Eingangsgrößen enthalten, müssen daraufhin angepasst werden. Es kann daher sinnvoll sein, in eine Verhältnisskala zu wechseln, um diese Probleme zu umgehen.

Die rationale Lösung des Entscheidungsproblems benötigt ein Wertsystem, d.h. eine Hierarchie von Attributen (Zielen), die bis zu einem definierten Oberziel aggregiert werden und an deren Basis sich die Alternativen befinden (siehe Abbildung 4.53). Wichtig hierfür ist die redundanzfreie Modellierung der Hierarchie[199].

Eine Besonderheit der AHP-Methode gegenüber der Nutzwertanalyse[200] besteht in der gleichartigen Berechnung der Wert- und Gewichtsfunktionen, die sich nur nach der Hierarchiestufe unterscheiden[201].

Lösungsverfahren

Zur besseren Verständlichkeit der folgenden Ausführungen werden die einzelnen Schritte der Berechnung an einem Beispiel nachvollzogen. Hierfür wird der dunkelgrau untersetzte Teilbaum aus der Abbildung 4.53 verwendet, welcher besagt, dass zur Verfolgung des Ziels einer minimalen Zykluszeit die Kriterien SPT, MWKR und SPTXWQ betrachtet werden. Die Berechnung erfolgt exemplarisch für vier beliebige Arbeitsvorgänge o_{jk}.

Für jeden Arbeitsvorgang o_{jk} muss der additive Präferenzindex der Form

$$\Phi^{\mathrm{AHP}}(o_{jk}) = \sum_{\alpha=1}^{\mathcal{A}} g_{\alpha}^{\mathrm{AHP}} v_{\alpha}^{\mathrm{AHP}}(o_{jk})$$

bestimmt werden, so dass $o_{j'k'} \succsim o_{j''k''} \iff \Phi(o_{j'k'}) \geq \Phi(o_{j''k''})$ gilt. g_{α} bezeichnet

---

[198]   Diese Annahme ist dadurch begründet, dass fast alle Attribute Zeit- oder Kostengrößen sind. Auch die Vergabe von Prioritäten ist kardinal messbar, obwohl die Vergabe von Rangpunkten zu den ordinal messbaren Attributen gezählt wird (vgl. [Sch91, S. 42 ff.]). Bei hinreichend großer Werteskala sind dann Aussagen über Abstände in den Rängen sinnvoll. Nominale Merkmale, d.h. reine Klassifizierungen, treten nicht auf.

[199]   Es sollten nach Möglichkeit keine Zielattribute dargestellt werden, die sich ineinander überführen lassen (siehe Abschnitt 4.2.4.1.3.).

[200]   Die Nutzwertanalyse ist ein in der Praxis durchaus geschätztes Instrumentarium zur Bewertung von alternativen Lösungen. Sogar in den Verwaltungsvorschriften der Bundeshaushaltsordnung zur Durchführung öffentlicher Investitionen findet sie Anwendung ($\mathbf{S}_7$ Abs. 2 BHO). In der Betriebswirtschaft wird synonym der Begriff *Scoring Modell* benutzt.

[201]   Diese Gleichbehandlung und Betonung der Hierarchiestufen gab dem Verfahren seinen Namen (vgl. [Sch91, S. 158]).

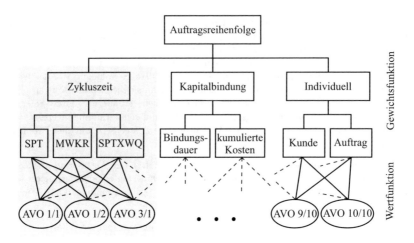

Abbildung 4.53: Hierarchische Zerlegung im AHP

hierbei die Gewichtsfunktion[202] und v_α die Wertfunktion[203] der Alternative α. Der indizierte Zusatz AHP zeigt an, dass sich die Bestimmung des Präferenzindex auf die AHP-Methode bezieht. Zur Bestimmung der v_α^{AHP} gibt es mehrere Möglichkeiten. Ein Ansatz bestünde darin, alle Alternativen mit der schlechtesten Alternative zu vergleichen. Dieses Vorgehen wird aufgrund der Möglichkeit des Entstehens systematischer Fehler in der Literatur kritisiert[204]. Eine andere Möglichkeit besteht darin, jede Alternative mit jeder anderen paarweise zu vergleichen und eine Matrix der Form

$$V = \begin{pmatrix} 1 & v_\alpha(1,2) & \dots & & v_\alpha(1,\mathcal{A}) \\ v_\alpha(2,1) & 1 & & & \\ \vdots & & \ddots & & \vdots \\ & & & 1 & v_\alpha(\mathcal{A}-1,\mathcal{A}) \\ v_\alpha(\mathcal{A},1) & & \dots & v_\alpha(\mathcal{A},\mathcal{A}-1) & 1 \end{pmatrix}$$

zu generieren. Die Matrix beinhaltet die Information, um wieviel eine Alternative bezüglich eines Attributes im Verhältnis besser oder schlechter gestellt ist. Die Messbar-

---

[202] Es wird auch von Artenpräferenz gesprochen. Jedem Ziel wird entsprechend seiner Bedeutung ein Gewicht verliehen. Die Summe der Gewichte der zu einem direkt übergeordneten Ziel aggregierbaren Unterziele wird auf den Wert Eins normiert. Im vorliegenden Fall ist das Gewicht eine Konstante. Allgemein kann des Gewicht jedoch funktional abhängig von den Arbeitsvorgängen bestimmt werden.

[203] Die Wertfunktion ist ein Maß für die Höhenpräferenz. Für jede Attributausprägung wird ein Wert ermittelt. Die Gesamtheit der Werte wird in ein vorgegebenes Intervall normiert. Anderenfalls könnte auf die Gewichtung verzichtet werden.

[204] Vgl. [Sch91, S. 159].

keit auf Verhältnisskalenniveau muss gewährleistet sein, d. h. die interaktive Wertbelegung der Matrizen erfolgt durch die Angabe von Verhältniszahlen eines definierten Wertbereiches und die automatische Generierung bildet kalkulierte Verhältniszahlen in diesen Wertebereich ab. Es wird davon ausgegangen, dass $v_\alpha(i_v, j_v) = (v_\alpha(j_v, i_v))^{-1}$ gilt[205] und somit eine reziproke Matrix existiert.

Im Fall der Konsistenz von V gilt: $v_\alpha(i_v, i'_v) \cdot v_\alpha(i'_v, i''_v) = v_\alpha(i_v, i''_v)$. Das besondere des AHP ist, dass eine solche Konsistenz nicht gefordert ist. AHP unterscheidet sich gerade deshalb von den üblichen Verfahren der Nutzwertanalyse, indem eine Wertfunktion gebildet wird, die auf eine konsistente Situation bei minimaler Abweichung von den gegebenen Inkonsistenzen führt. Die konsistente Situation ist durch

$$v_\alpha(i_v, j_v) = \frac{v^{i_v}}{v^{j_v}}$$

beschrieben, wobei v^{i_v} und v^{j_v} vereinfachte Schreibweisen der Wertfunktionen der Alternativen sind.

Daraus ergibt sich die folgende konsistente Matrix.

$$V = \begin{pmatrix} 1 & \frac{v^1}{v^2} & \cdots & & & \frac{v^1}{v^{\mathcal{A}}} \\ \frac{v^2}{v^1} & 1 & & & & \\ \vdots & & \ddots & & & \vdots \\ & & & 1 & \frac{v^{\mathcal{A}-1}}{v^{\mathcal{A}}} \\ \frac{v^{\mathcal{A}}}{v^1} & & \cdots & \frac{v^{\mathcal{A}}}{v^{\mathcal{A}-1}} & 1 \end{pmatrix}$$

Der regressionsanalytische Ansatz

$$\sum_{i_v=1}^{\mathcal{A}} \sum_{j_v=1}^{\mathcal{A}} \left(v_\alpha(i_v, j_v) - \frac{v^{i_v}}{v^{j_v}} \right)^2 \longrightarrow \min$$

liefert im Ergebnis eine Matrix, die den oben genannten Wünschen entspricht. Die Wertfunktion sollte positiv ($v^{i_v} \geq 0$) und normiert ($\sum_{i_v=1}^{\mathcal{A}} = 1$) sein.

Die Ermittlung der Gewichte erfolgt auf dem gleichen Wege. Aus der Unabhängigkeit der Bestimmung von Wert- und Gewichtsfunktionen folgt, dass der AHP die Substituierbarkeitsbedingung[206] nicht wie andere Verfahren (z. B. MAUT) fordert. Würde die Ermittlung der Gewichte an die Ermittlung der Wertfunktionswerte gekoppelt werden, läge ein nutzentheoretisches Verfahren vor[207].

Die eigentliche Berechnung wird mit dem Eigenwertverfahren durchgeführt, welches für die inkonsistente Matrix V einen Vektor $v = (v^1, \ldots, v^{\mathcal{A}})^T$ sucht, der die Wertfunktion konsistent approximiert. Saaty[208] beschreibt hierzu vereinfachende Abschätzungen

---

[205]   Anderenfalls muss der Nutzer auf seine unkorrekte Dateneingabe aufmerksam gemacht werden.

[206]   Der Entscheidungsträger ist bereit, Substitutionen zwischen Ausprägungen unterschiedlicher Attribute vorzunehmen (vgl. [Sch91, S. 124]).

[207]   Vgl. [Sch91, S. 164 f.].

[208]   Siehe [Saa80].

zur Berechnung der Eigenvektorwerte, auf die bei der Implementierung zurückgegriffen wurde.

Wird für $v_\alpha(i_v,j_v)v^{j_v} = v^{i_v}$ über j_v summiert, stellt sich das bekannte Eigenwertproblem wie folgt dar:

$$\sum_{j_v=1}^{\mathcal{A}} v_\alpha(i_v,j_v)v^{i_v} = mv^{i_v} \qquad \text{oder}$$

$$Vv = mv.$$

Zunächst wurde ein allgemeines Eigenwertverfahren implementiert, bei dem die nicht-symmetrische, reellwertige Matrix V in eine obere *Hessenbergmatrix* transformiert wurde, aus welcher anschließend mit der *QR-Methode* die Eigenwerte berechnet wurden[209]. Die vollständige Lösung des Eigenwertproblems benötigt jedoch einige Rechenzeit, so dass unter Berücksichtigung der Abschätzungen von *Saaty* auf ein vereinfachendes Verfahren zurückgegriffen werden kann.

Generell kann es für das Eigenwertproblem $\lambda_1, \ldots, \lambda_{\mathcal{A}}$ Eigenwerte geben, für die

$$SpV = \sum_{i_v=1}^{\mathcal{A}} \frac{v^{i_v}}{v^{i_v}} = \mathcal{A} \sum_{i_v=1}^{\mathcal{A}} \lambda_{i_v}$$

gilt. Da bei positiver, konsistenter Matrix V ein Eigenwert den Wert $\mathcal{A}$ besitzt, folgt, dass die übrigen Eigenwerte 0 sind[210]. Somit beschränkt sich die Suche auf den maximalen Eigenwert mit zugehörigem Eigenvektor.

Zu diesem Zwecke wurde das wohl einfachste Verfahren zur Berechnung des betragsgrößten Eigenwertes benutzt – die *Potenzmethode*. Das Verfahren wird mit der Folge der Iterierten eines willkürlichen Vektors Y_0 gebildet, so dass nach n Schritten ein Vektor Y_n der folgenden Gestalt entsteht:

$$V^n Y_0 = Y_n = (y_{1n}, \ldots, y_{\mathcal{A}n}).$$

Es kann gezeigt werden, dass sich nach n Schritten (n hinreichend groß) der betragsgrößte Eigenwert wie folgt berechnen lässt[211]:

$$\lambda_1 \approx \frac{y_{n+1}}{y_n}.$$

Da die Berechnung des Eigenwertes nicht vom Vektorindex abhängt, wurde dieser weggelassen. Der erste Eigenwert ist näherungsweise gleich dem Quotienten irgendwelcher gleichindizierter Komponenten, die zu hinreichend hohen Iterierten eines beliebigen Vektors gehören[212]. Nach jeder Iteration wird der Vektor durch die Division durch die erste

---

[209] Ein umfassende und sehr anschauliche Darstellung ist in [Gol96, S. 308 ff.] zu finden. Die mathematischen Berechnungsvorschriften wurden aus dieser Quelle übernommen.

[210] *Saaty* zeigt durch einfache Abschätzung, dass für eine positive reziproke Matrix stets $\lambda_{\max} \geq \mathcal{A}$ gilt. Er definiert ein positives Inkonsistenzmaß IK $= (\lambda_{\max} - \mathcal{A})/(\mathcal{A} - 1)$, welches um so größer ist, je inkonsistenter die Vergleichsurteile ausfallen. Bei IK > 0.1 zeigt die Erfahrung (*Saaty*), dass die Vergleichsurteile überdacht werden sollten.

[211] Siehe hierzu die ausführlichen Bemerkungen von *Faddejew* in [Fad78, S. 356 ff.].

[212] Weitere Informationen über Berechnungsdetails, Konvergenzgeschwindigkeiten und Abbruchtests sind ebenfalls in [Fad78, S. 359] zu finden.

Komponente normiert. Der zugehörige Eigenvektor entspricht dem Y_n. Für die weitere Verwendung im AHP wird zuletzt die *L1-Norm* gebildet.

Im obigen Beispiel besitzen die Arbeitsvorgänge folgende Attributsausprägungen in Bezug auf die anzuwendenden Regeln[213].

Regel	AVO 1/1	AVO 1/2	AVO 3/1	Bedeutung
SPT	3	8	4	10
MWKR	8	13	45	3
SPTXWNQ	2	35	24	6

Abbildung 4.54: Eingangsdaten des Beispiels zum AHP

Die Eingabe der Werte erfolgte nicht manuell, sondern automatisch aus einem teilentwickelten Ablaufplan. Die zugehörigen Matrizen wurden ebenfalls entsprechend der Wertebelegung der einzelnen Attribute automatisch generiert, so dass die subjektive Komponente in diesem Teilbaum der Hierarchie ausgeschaltet wurde[214]. Die Berechnung liefert die folgenden, dem Nutzer nicht direkt zugänglichen Ergebnisse des grauschattierten Teilbaumes aus Abbildung 4.53 mit den Werten der Tabelle von Abbildung 4.54.

```
SPT:                             MWKR:
1.00000   9.00000   2.00000      1.00000   0.88889   0.11111
0.11111   1.00000   0.22222      1.12500   1.00000   0.12500
0.50000   4.50000   1.00000      9.00000   8.00000   1.00000
EV: (0.621 0.069 0.310)          EV: (0.090 0.101 0.809)


SPTXWQ:                          ATTRIBUTE:
1.00000   9.00000   7.00000      1.00000   9.00000   6.00000
0.11111   1.00000   0.77778      0.11111   1.00000   0.66667
0.14286   1.28571   1.00000      0.16667   1.50000   1.00000
EV: (0.797 0.089 0.114)          EV: (0.783 0.087 0.130)


Bewertung:
(0.5976 0.0743 0.3281)
```

Abbildung 4.55: Beispielrechnung des AHP

Entscheidung

---

[213] Die Bestimmung der Attributsausprägungen erfolgt nach den Vorschriften in den Abbildungen 4.47 und 4.49.

[214] Die Berechnung generierte konsistente Matrizen. Deshalb gilt für jede Eigenwertberechnung des Beispiels: $\lambda_{max} = 3$ und IK $= 0$.

Die additiven Präferenzindizes $\Phi^{\mathrm{AHP}}(o_{jk})$ der alternativen Arbeitsvorgänge o_{jk} besitzen folgende gerundete Werte: $\Phi^{\mathrm{AHP}}(o_{11}) = 0.60$, $\Phi^{\mathrm{AHP}}(o_{12}) = 0.07$ und $\Phi^{\mathrm{AHP}}(o_{31}) = 0.33$. Die Einplanungsreihenfolge ergibt sich aus der resultierenden Präferenzordnung $o_{11} \prec o_{31} \prec o_{12}$.

Die Methode des AHP besitzt bei genauer Betrachtung Vor- und Nachteile[215]. Der Vorteil des Verfahrens liegt in der über das Eigenwertverfahren durchgeführten, maßgeschneiderten Anpassung der Wertfunktionen für die Alternativen, in diesem Falle Arbeitsvorgänge. Obwohl eine kardinale Einbettbarkeit nicht gefordert wird[216], werden die Alternativen entsprechend den Maßgaben des Entscheidungsträgers richtig angeordnet.

Die Schwäche des Verfahrens ist seine Genauigkeit. *Saaty* schlägt vor, dass das Verfahren nur dann angewendet werden sollte, wenn die Menge der in die Entscheidung einzubeziehenden Alternativen im Zeitablauf unveränderlich bleibt. Ändert sich diese Menge, kann sich die zuvor ermittelte Rangfolge ändern, ohne dass sich die Attributsstruktur oder die Bedeutung der Attribute verändert haben. Dieses Problem wird vor allem im Zusammenhang mit der Glaubwürdigkeit öffentlicher Entscheidungsträger diskutiert. Für die Reihenfolgeplanung ist es nicht offensichtlich, dass dieser Nachteil zur Nichtanwendung dieses Verfahrens führen sollte[217].

4.4.1.4   Ergebnisse

Im Allgemeinen lässt sich nicht eindeutig vorherbestimmen, welche Prioritätsregel-(kombination) sich im Einzelfall am günstigsten in Bezug auf ablauforganisatorische Zielstellungen auswirkt[218]. Die Eignung hängt entscheidend vom jeweiligen Datenmaterial ab. Somit kann eine generelle Aussage nur über die durchschnittliche Effizienz bestimmter Prioritätsregeln anhand von Erwartungswert und Standardabweichung getroffen werden[219]. Für den Datenbestand der untersuchten Unternehmen existiert keine Vorgehensweise, die Abläufe mit realen Daten zu simulieren. Das liegt einerseits daran, dass seitens der Unternehmen keine Konzeption besteht, wie simulierte Ergebnisse mit realen Ergebnissen vergleichbar gemacht werden können und zum anderen stehen keine sinnvoll benutzbaren Simulationswerkzeuge zur Verfügung, um aufgezeichnete Daten „abzuspielen". Aus diesem Grund erfolgen die Tests in erster Linie an Benchmarkbeispielen. Als solche Beispiele dienen die Probleme $ft06$, $ft10$, $ft20$ und $la21$, für die die Optima mit jeweils 55, 930, 1165 und 1046 Zeiteinheiten bekannt sind.

Zunächst wird die Güte der elementaren Prioritätsregeln untersucht. Für jede Regel eines Beispiels werden zwei Ablaufpläne generiert. Zuerst werden die Regeln verwendet, ohne dass ein aktiver Plan erstellt wird. Danach wird der entstandene semiaktive Plan in einen aktiven überführt. Anschließend wird die selbe Regel nochmals, aber unter Benutzung eines Aktivschedulers angewendet. Die so entstandenen Ablaufpläne wurden bewertet und in Abbildung 4.59 tabellarisch erfasst. Die Berechnung einer Regel dauerte nur Bruchteile einer Sekunde.

---

215   Siehe [Saa90, 259 ff.] und [Sch91, S. 172 ff.].

216   Bei der manuellen Vergabe von Prioritäten erzeugen die ordinalen Attribute nur eine Rangordnung.

217   Auch auf die Gefahr hin, dass der Leitstand kein Vertrauen beim Werkstattmeister erwecken sollte.

218   Dieser Sachverhalt trifft vor allem auf vielstufige Produktionsprozesse zu.

219   Vgl. [Ada90, S. 777]. *Conway* widmet sich in [Con67] umfangreich der Bestimmung dieser Kennzahlen.

	C_{max}	$\overline{C}$	$\overline{F}$	$\overline{U}$	C_{max}	$\overline{C}$	$\overline{F}$	$\overline{U}$
ft06	Rechnen, dann Aktiv				Rechnen + Aktiv			
SPT	83	54.1	46.6	0.51	94	57.6	50.1	0.51
LPT	79	61.8	51.5	0.47	86	67.0	56.6	0.44
LWKR	94	54.5	47.6	0.49	96	52.5	45.6	0.48
MWKR	67	57.5	49.3	0.59	67	57.5	49.3	0.59
FOPNR	71	55.6	49.8	0.52	65	49.3	41.5	0.62
GOPNR	**60**	54.3	49.6	0.67	**60**	54.3	49.6	0.67
SRMPT	84	53.8	48.0	0.51	93	52.5	44.8	0.52
LRMPT	66	55.3	47.0	0.57	72	60.1	53.0	0.52
TWORK	67	54.1	46.0	0.56	67	54.1	46.0	0.56
WINQ	71	55.5	49.0	0.53	65	49.3	41.5	0.62
SPT_TWORK	71	56.8	51.0	0.55	80	59.3	53.5	0.55

Abbildung 4.56: Elementare Prioritätsregeln für das Problem *ft06*

	C_{max}	$\overline{C}$	$\overline{F}$	$\overline{U}$	C_{max}	$\overline{C}$	$\overline{F}$	$\overline{U}$
ft10	Rechnen, dann Aktiv				Rechnen + Aktiv			
SPT	1399	836.2	692.0	0.50	1429	886.6	700.9	0.45
LPT	1534	1134.2	1006.9	0.44	1355	1144.0	1008.1	0.48
LWKR	1530	869.0	697.0	0.44	1520	897.0	738.0	0.47
MWKR	**1178**	1105.8	977.6	0.53	**1178**	1105.8	964.7	0.53
FOPNR	1410	991.1	847.2	0.49	1464	907.1	706.7	0.48
GOPNR	1219	1117.4	1048.0	0.52	1215	1122.7	1053.3	0.52
SRMPT	1392	914.3	724.2	0.45	1383	907.5	717.4	0.48
LRMPT	1352	1112.5	1024.1	0.47	1284	1135.4	1009.8	0.52
TWORK	1272	1003.0	832.5	0.47	1480	1037.1	850.5	0.45
WINQ	1477	1049.0	905.1	0.48	1427	993.7	855.0	0.47
SPT_TWORK	1209	945.4	843.4	0.56	1485	967.2	799.9	0.44

Abbildung 4.57: Elementare Prioritätsregeln für das Problem *ft10*

Die Ergebnisse der elementaren Prioritätsregeln sind gewissermaßen erwartet unbefriedigend. Wird vom *ft*06-Beispiel abgesehen, konnte sich keine der besten Regeln jedes Beispiels auf unter 20% an das Optimum annähern. Das einzige Zufriedenstellende ist die Rechenzeit.

Anschließend wurden die Verknüpfungen elementarer Prioritätsregeln aus der Abbildung 4.51 getestet, in die keine Fertigstellungstermine eingehen. Es ergab sich die folgende Tabelle der Abbildung 4.60.

Es wurden wiederum zwei Datenreihen pro Regel und Beispiel entsprechend des aktiven Schedulings aufgenommen. Im Gegensatz zur vorherigen Abbildung ist erkennbar, dass das nachträgliche Aktivscheduling dazu tendiert, die besseren Ergebnisse zu liefern.

	C_{max}	$\overline{C}$	$\overline{F}$	$\overline{U}$	C_{max}	$\overline{C}$	$\overline{F}$	$\overline{U}$
ft20	Rechnen, dann Aktiv				Rechnen + Aktiv			
SPT	1581	826.8	497.8	0.69	1675	880.4	523.1	0.67
LPT	1610	1147.3	799.05	0.79	1661	1215.2	837.9	0.78
LWKR	1513	815.5	498.9	0.75	1658	847.4	501.2	0.67
MWKR	1588	1356.6	1062.2	0.85	1556	1305.7	995.5	0.86
FOPNR	1526	830.1	490.3	0.77	1718	907.3	551.9	0.63
GOPNR	1611	1323.4	1155.1	0.85	1611	1323.4	1155.1	0.85
SRMPT	1590	882.5	588.1	0.74	1807	946.1	538.9	0.66
LRMPT	1499	1132.3	797.3	0.80	**1427**	1076.4	654.8	0.81
TWORK	1544	1018.7	668.9	0.82	1520	1031.1	627.2	0.80
WINQ	1774	929.7	636.8	0.70	1596	954.7	583.9	0.77
SPT_TWORK	**1496**	1008.9	726.4	0.76	1796	1040.6	750.7	0.65

Abbildung 4.58: Elementare Prioritätsregeln für das Problem *ft20*

	C_{max}	$\overline{C}$	$\overline{F}$	$\overline{U}$	C_{max}	$\overline{C}$	$\overline{F}$	$\overline{U}$
la21	Rechnen, dann Aktiv				Rechnen + Aktiv			
SPT	1719	1129.3	1050.8	0.56	1657	1113.0	1024.5	0.57
LPT	1519	1086.5	1026.4	0.59	1560	1137.4	1051.2	0.57
LWKR	1806	1029.9	929.1	0.53	1828	1042.4	926.5	0.49
MWKR	**1314**	1153.8	1100.2	0.68	**1267**	1128.5	1074.8	0.69
FOPNR	1610	1024.6	971.9	0.59	1801	1024.8	913.5	0.54
GOPNR	1336	1143.2	1113.1	0.70	1336	1143.2	1113.1	0.70
SRMPT	2062	1074.8	1009.8	0.47	1937	1039.6	934.6	0.50
LRMPT	1396	1105.2	1056.0	0.64	1461	1175.2	1095.8	0.62
TWORK	1452	1076.2	1006.1	0.60	1511	1045.5	969.8	0.60
WINQ	1566	1032.9	942.2	0.59	1668	1075.6	969.1	0.56
SPT_TWORK	1377	1069.2	1013.7	0.64	1623	1069.3	991.9	0.55

Abbildung 4.59: Elementare Prioritätsregeln für das Problem *la21*

Die SPT/WKR^u-Regel wurde mit einem u mit den Werten von 2 bis 3 und einer Schrittweite von 0.01 getestet. Die Berechnung für alle u für ein spezielles Beispiel dauerte weniger als eine Sekunde. Diese Regel dominiert bezüglich der minimalen Zykluszeit alle elementaren Prioritätsregeln. Eine Verfeinerung der Schrittweite von u bzw. die Vergrößerung des Definitionsbereiches führte zu keinen besseren Ergebnissen.

Die Regel SPTXWQ erfüllte nicht die Erwartungen. Möglicherweise entfaltet diese Regel erst dann ihre ganze Wirkung, wenn das System eine bestimmte Last überschreitet[220].

---

[220]   Die Vermutung gründet sich auf die Tatsache, dass die Regel SPTXWQ Arbeitsvorgänge favorisiert, die im Anschluss an die Verrichtung nach Möglichkeit sofort auf dem nächsten Arbeitssystem weiterbearbeitet werden. Deshalb werden die Maschinenstillstandszeiten verringert. Die Warte-

	C_{max}^{min}	C_{max}^{max}	$\overline{C}_{max}$	S	C_{max}^{min}	C_{max}^{max}	$\overline{C}_{max}$	S
ft06	Rechnen, dann Aktiv				Rechnen + Aktiv			
SPT/WKR^u	60	85	66.2	7.5	60	94	68.6	9.6
SPTXWQ	71	88	85.5	3.4	65	94	93.7	2.9
ft10	Rechnen, dann Aktiv				Rechnen + Aktiv			
SPT/WKR^u	1096	1416	1225.2	66.1	1111	1429	1201.2	88.2
SPTXWQ	1267	1477	1312.2	43.9	1427	1429	1429.0	0.2
ft20	Rechnen, dann Aktiv				Rechnen + Aktiv			
SPT/WKR^u	1337	1656	1495.2	73.2	1401	1737	1558.4	73.8
SPTXWQ	1492	1774	1632.1	58.0	1596	1768	1757.7	32.3
la21	Rechnen, dann Aktiv				Rechnen + Aktiv			
SPT/WKR^u	1250	1719	1368.1	86.1	1289	1661	1420.5	108.2
SPTXWQ	1541	1940	1681.0	105.6	1657	1782	1673.0	21.8

Abbildung 4.60: Verknüpfungen elementarer Prioritätsregeln, Teil 1

Gegenüber SPT/WKR^u wurden deutlich schlechtere Ergebnisse erzielt.

Abschließend wurden die Regelkombinationen mittels AHP-Methode getestet. Die Größe der Tabelle in Abbildung 4.61 täuscht über den räumlichen und zeitlichen Aufwand hinweg. Für jedes Beispiel wurde das AHP-Verfahren mit zwei, drei und vier Regeln getestet. Die Wichtung der Regeln erfolgte mit Werten von 1 bis 10. Da elf Regeln als Eingangsgrößen zur Verfügung standen, mussten für jede Tabellenzeile mit x Regeln $\binom{11}{x} \cdot 10^x$ Kombinationen errechnet werden. Die Berechnung der Tabelle dauerte etwa vier Wochen[221].

Die Tabelle zeigt, dass die Regelkombinationen über den AHP-Ansatz zu den besten Ergebnissen führten. Es konnte bei der Auswertung allerdings nicht gezeigt werden, dass für die besseren Ergebnisse bestimmte Regelkonstellationen verantwortlich sind. Die Rechenzeiten führen zu der Aussage, dass das AHP-Verfahren als reines Prioritätsregelverfahren nicht praxistauglich anwendbar ist. Vor allem in Bezug auf die Ergebnisse des Abschnittes 4.5 stellt sich die Frage, wieso die Prioritätsregeln in der Praxis und auch in der Theorie, insbesondere in Fachbüchern jüngeren Erscheinungsdatums, diese dominierende Rolle spielen?

4.4.2 Belastungsorientierte Auftragsfreigabe

Dem Verfahren der *Belastungsorientierten Auftragsfreigabe* (kurz als „*BOA*" bezeichnet) liegt folgender Gedankengang zugrunde[222]. Die Menge der abzuarbeitenden Aufträge (Auftragsbestand) an einem Arbeitssystem hat entscheidenden Einfluss auf die

---

schlangen der Maschinen waren möglicherweise zu kurz. Der Parameter u wurde von 0 bis 1 mit der Schrittweite 0.01 getestet.

[221] Die Berechnung wurde auf einem herkömmlichen PC Pentium II/333 und 128 Megabyte Hauptspeicher ausgeführt. Es wurden Ergebnisdateien mit einer Gesamtgröße von über einem Gigabyte erzeugt. Die Auswertung erfolgte maschinell.

[222] Siehe [Cor90, S. 420ff.].

	C_{max}^{min}	C_{max}^{max}	$\overline{C}_{max}$	S	Anzahl
ft06					
2 Regeln	58	96	74.2	9.2	5500
3 Regeln	55	99	74.9	9.5	165000
4 Regeln	55	99	74.9	9.5	3300000
ft10					
2 Regeln	1154	1624	1365.4	135.8	5500
3 Regeln	1083	1698	1362.6	125.8	165000
4 Regeln	1083	1764	1360.4	121.5	3300000
ft20					
2 Regeln	1411	1789	1557.2	65.3	5500
3 Regeln	1357	1871	1559.7	68.9	165000
4 Regeln	1326	1941	1560.8	70.0	3300000
la21					
2 Regeln	1284	2099	1549.4	184.1	5500
3 Regeln	1221	2148	1557.0	181.2	165000
4 Regeln	1209	2165	1546.5	184.3	3300000

Abbildung 4.61: Verknüpfungen elementarer Prioritätsregeln, Teil 2

erzielbare Durchlaufzeit. Deshalb kann über eine gezielte Dimensionierung der Höhe des Auftragsbestandes die Durchlaufzeit gesteuert werden. Damit werden kürzere Durchlaufzeiten und eine bessere Einhaltung der geplanten Fertigstellungstermine angestrebt. Die Aufträge können unterschiedliche Prioritäten besitzen und durchlaufen nach der Einlastung die Systeme ohne konkrete zeitliche Berechnung, sondern allein durch Auftragsweitergabe. Jedes System wird über die geplante Kapazität hinaus durch Aufträge belastet. Es ist darauf zu achten, dass die Warteschlangenbegrenzungen eingehalten werden Ein Auftrag erreicht somit geplante Arbeitssysteme mit Wahrscheinlichkeiten, die mit jedem nachfolgenden System abnehmen.

4.4.2.1 Grundlegende Zusammenhänge

Die folgende Darstellung entspricht in weiten Teilen der von *Wiendahl*[223], der als Urheber der BOA gilt. Zunächst wird das Durchlaufdiagramm aus der Abbildung 4.18 um die Sicht des Belastungskontos erweitert. Darin werden Zu- und Abgänge von Aufträgen (Belastung) an einem Arbeitssystem erfasst. Diese Erfassung wird mittels der sogenannten Arbeitsinhalt-Zeit-Funktion vollzogen.

Das Diagramm in Abbildung 4.62 enthält die tatsächlichen Verläufe von Zugang und Abgang an einem Arbeitssystem im Zeitverlauf, die Treppenfunktionen entsprechen, sowie die entsprechenden idealisierten Darstellungen als parallel verlaufende Geraden. Ablesbar sind die mittlere Durchlaufzeit (MZ) sowie der mittlere Bestand (MB). Der Differenzenquotient ($\tan\beta$) aus dem Zugang pro Zeiteinheit gibt die Belastung des Ar-

---

[223] Siehe dazu [Wie87, S.206ff.].

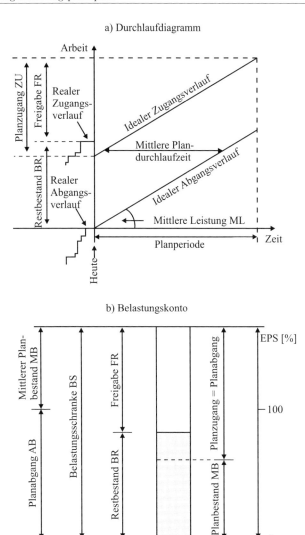

Abbildung 4.62: Durchlaufdiagramm und Belastungskonto

beitssystems an, der Differenzenquotient aus dem Abgang pro Zeiteinheit ($\tan\alpha$) spiegelt die Leistung des Systems wider. Unter der Annahme, dass die idealisierten Zu- und Abgangsgeraden parallel verlaufen, gilt dann die geometrische Beziehung

$$\tan\beta = \frac{MB}{MZ}.$$

Aufgrund der unterstellten Parallelität der beiden Geraden muss gelten: $\tan\beta = \tan\alpha$. Folglich ergibt sich die Gleichung

$$\text{mittlere Leistung} = \frac{\text{mittlerer Bestand}}{\text{mittlere Durchlaufzeit}} \qquad ML = \frac{MB}{MZ}.$$

Weiterhin wird die Annahme getroffen, dass die mittlere Leistung innerhalb der Planungsperiode konstant ist ($ML = konst.$), womit eine proportionale Abhängigkeit zwischen Bestand und Durchlaufzeit begründet wird. Dieser Zusammenhang wird als „*Trichterformel*" bezeichnet:

$$\text{mittlere Durchlaufzeit} = \frac{\text{mittlerer Bestand}}{\text{mittlere Leistung}} \qquad MZ = \frac{MB}{ML}.$$

Die Kenntnis dieses Zusammenhangs kann neben der Analyse vor allem Steuerungszwecken dienen: für das Erreichen einer gewünschten Durchlaufzeit an einem Arbeitssystem ist ein bestimmter mittlerer Bestand erforderlich. Dieser wird erzielt, wenn in einem bestimmten Zeitraum nur so viel Arbeit zugeht, wie voraussichtlich wieder abgehen wird. Eine Veränderung der mittleren Durchlaufzeit ist gemäß dem angesprochenen Zusammenhang über eine Veränderung des mittleren Bestandes und über eine Veränderung der mittleren Leistung möglich. Die Leistung, welche sich aus dem Produktionsprogramm ergibt, ist für einen längeren Zeitraum festgelegt und somit als konstant zu betrachten. Folglich ist der mittlere Bestand die entscheidende Steuergröße für die mittlere Durchlaufzeit.

Wird der Bestand an einem Arbeitsplatz erhöht (also der Abstand zwischen Zugangs- und Abgangskurve größer), so hat dies oberhalb eines bestimmten „angemessenen" Bestandswertes keine Auswirkung auf die Leistung mehr, weil dann in jedem Fall genügend Arbeit vorliegt, um keine Beschäftigungsunterbrechungen eintreten zu lassen. Somit gilt die Trichterformel, also die Proportionalität zwischen Durchlaufzeit und Bestand. Unterhalb dieses „angemessenen" Wertes allerdings kommt es mangels Auslastung zu Beschäftigungsunterbrechungen. Die Leistung sinkt, sie kann sogar auf Null fallen, wenn kein Bestand vorhanden ist. Hier gilt die Trichterformel nicht mehr, die mittlere Durchlaufzeit sinkt nicht entsprechend. Diese „optimale" Höhe des Bestandes wurde bereits in Abbildung 4.19 dargestellt.

Es ergibt sich folgende Schlussfolgerung: der Bestand an jedem Arbeitssystem muss so gesteuert werden, dass einerseits der drohende Leistungseinbruch gerade noch vermieden und andererseits das praktische Minimum der Durchlaufzeit erreicht wird. Er darf also weder zu groß noch zu klein werden.

Steuerungsparameter

Zur Beeinflussung der Höhe des Bestandes stehen verschiedene *Steuerungsparameter*[224] zur Verfügung, die in Abbildung 4.63 dargestellt sind.

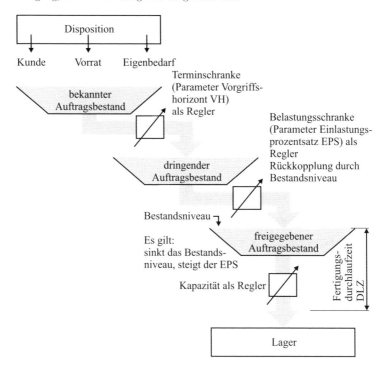

Abbildung 4.63: Steuerungsparameter der BOA

Eine *Terminschranke* dient zur Ordnung der anstehenden Aufträge nach deren Dringlichkeit. Diese wird so gewählt, dass eine größeres Arbeitsvolumen vorgeschlagen wird, als in der betrachteten Periode tatsächlich abgearbeitet werden kann. Der Bestand an Aufträgen, der außerhalb der Betrachtung liegt, wird in die Folgeperiode verschoben. Dieser Steuerungsparameter wird auch als *Vorgriffshorizont* bezeichnet.

Eine *Belastungsschranke* bildet die Grundlage für die Festlegung einer höchstmöglichen Belastung für ein oder mehrere Arbeitssystem(e). Sie entspricht einem prozentualen Vielfachen der verfügbaren Kapazität in der Planperiode (z.B. 200%). Üblicherweise wird diese Prozentangabe als *Einlastungsprozentsatz (EPS)* bezeichnet. Für jede Arbeitsstation (Werkstatt) wird bei der BOA ein *Belastungskonto* geführt. Ein solches Konto gibt den Zusammenhang zwischen der Höhe des Auftragsbestandes und der Auftragsfreigabe wieder, indem die Zahl der zu verbuchenden Aufträge von der Höhe der mittels des

---
[224] Siehe [Cor90, S. 421 f.].

Einlastungsprozentsatzes bestimmten Plan-Kapazität abhängt. Es wird immer dann ein
weiterer Auftrag aus dem Bestand verbucht, d.h. freigegeben, wenn die aktuelle Belastung durch diesen geringer ist als die noch verfügbare Kapazität, die sich über die
Belastungsschranke ergibt. Die Reihenfolge, in der die Aufträge bearbeitet werden, folgt
einer Prioritätseinstufung, die sich u. a. aus der Terminschranke ergibt. Zu beachten ist,
dass ein Auftrag nur dann freigegeben wird, wenn an allen zu passierenden Stationen
genügend freie Kapazität vorhanden ist. Ist dies nicht der Fall, wird der Auftrag oder
werden die Aufträge zurückgewiesen und auf die nächste Periode verschoben.

Desweiteren ist der *Zeitraum zwischen zwei Freigabe- bzw. Planungsläufen*, also die
Länge der Periode von Bedeutung.

Voraussetzungen

Das Verfahren der BOA hängt von einigen *Voraussetzungen* ab, die an dieser Stelle kurz
aufgezählt werden sollen[225].

- Das Volumen der in der Periode zu bearbeitenden Aufträge muss bezüglich Menge
  und Termin grob mit den verfügbaren Kapazitäten abgestimmt sein.

- Für die Aufträge stehen Grobtermine für deren gewünschte Fertigstellung fest.

- Die Verfügbarkeit der nötigen Ressourcen (Anlagen, Werkzeuge, Material) ist gesichert.

- Anlagen- und Personalkapazitäten sind für die Planperiode bekannt.

- Arbeitspläne und Losgrößen der Aufträge stehen als gegeben fest.

Allerdings stellen einige praktische Randbedingungen Probleme für die Realisierung dieser Grundgedanken dar. Der Zusammenhang wurde von den idealen Zu- und Abgangsgeraden abgeleitet. Diese liegen in der Praxis jedoch nicht (so) vor. Der Betrag der
an einem Arbeitsplatz zugehenden und abgehenden Arbeit ist nicht immer gleich groß.
Zugang und Abgang verlaufen real nicht entsprechend einer Geraden, sondern entlang
einer Treppenfunktion und mit zum Teil sehr stark streuenden Werten.

Die flexible Verknüpfung von Arbeitsplätzen einer Werkstatt mit stets wechselnden Ar-
beitsgangfolgen der einzelnen Aufträge macht die Vorhersage eines Zu- und Abgangs-
zeitpunktes eines bestimmten Loses an einem konkreten Arbeitsplatz sehr schwierig.
Dies um so mehr, je mehr Arbeitsplätze zwischen diesem und dem jetzigen liegen und je
weiter der Vorgang in der Zukunft liegt. Eventuell zu berücksichtigende terminliche Verknüpfungen der Bearbeitung verschiedener Teile können ebenfalls nicht berücksichtigt
werden. So müssen z. B. Ober- und Unterteil eines Getriebegehäuses zu einem bestimmten Zeitpunkt gemeinsam bearbeitet werden, die Teile durchlaufen aber unterschiedliche
Arbeitsstationen.

Die Bedingungen für die Anwendung des Verfahrens lassen sich jedoch günstig beeinflussen[226], indem zur Annäherung an die idealisierten Zu- und Abgangskurven kleine Lose
mit möglichst gleichen Arbeitsinhalten festgelegt werden und die Rückmeldung über

---

[225] Aus [Cor90, S. 422].
[226] Siehe [Cor90, S. 423].

die erledigten Aufträge und den Stand der Fertigung zeitnah erfolgt. So wird die Ermittlung der tatsächlich verfügbaren Kapazität erleichtert. Die Anzahl der Eilaufträge und die damit verbundene Streuung der Durchlaufzeiten lässt sich reduzieren, indem die Kapazität weitestmöglich mit dem Bedarf abgestimmt wird, der aus den innerhalb des Vorgriffshorizonts (Terminschranke) liegenden Aufträgen resultiert. Auch dies dient dazu, die Termintreue zu erhöhen.

4.4.2.2 Das Verfahren

In diesem Abschnitt wird der Ablauf des Verfahrens Schritt für Schritt aufgezeigt. Siehe dazu auch die Darstellung 4.64. Die folgende Erläuterung nimmt Bezug auf die sehr anschauliche Darstellung bei *Corsten*[227].

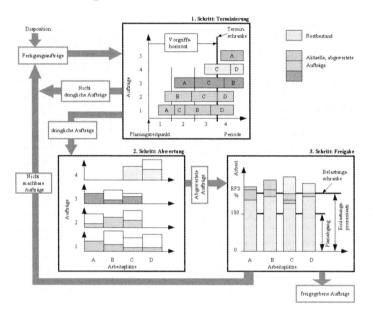

Abbildung 4.64: Ablauf der BOA

Wenn die oben genannten Voraussetzungen erfüllt sind, dann kann folgendermaßen vorgegangen werden:

1. Im ersten Schritt erfolgt eine *Terminierung* zur Ermittlung der Dringlichkeit der Aufträge. Dazu wird für jeden Auftrag, ausgehend vom vereinbarten Liefertermin, eine retrograde Terminierung durchgeführt, die entweder den zeitlichen Verzug aufzeigt oder einen zeitlichen Puffer ergibt. Die Dringlichkeit eines Auftrages wird

---

[227] In [Cor90, S. 422f.].

von der Höhe seines Verzuges abgeleitet. Der Auftrag mit dem geringsten Verzug oder dem größten Zeitpuffer erhält die niedrigste Priorität und wird zuletzt für die Produktion freigegeben, der dringlichste zuerst. Einer zu frühen Freigabe zu vieler Aufträge wird durch eine Terminschranke vorgebeugt, mit deren Hilfe ein Abgleich zwischen Kapazitätsangebot und -nachfrage erfolgt. Sie soll ebenfalls das Durchlaufzeit-Syndrom[228] verhindern. Durch die Festlegung der Terminschranke wird der Vorgriffshorizont bestimmt. Dieser sorgt dafür, dass ein Spektrum von Aufträgen vorliegt, welches eine flexible Reaktion auf Schwankungen des Kapazitätsangebotes ermöglicht. Der Vorgriffshorizont sollte mindestens der betreffenden Planungsperiode entsprechen, da anderenfalls von Beginn an Auftragsverspätungen eingeplant würden.

2. Im nächsten Schritt erfolgt die *Abwertung* der Aufträge. Dem Umstand, dass die Belastung an den folgenden Bearbeitungsstationen nicht sofort und mit Sicherheit, sondern erst später und nur mit einer gewissen Wahrscheinlichkeit auftritt, wird durch eine Abwertung der Inanspruchnahme von Kapazitäten Rechnung getragen[229]. Dazu wird ein Gewichtungsfaktor bzw. Abwertungsfaktor benutzt Dieser ergibt sich als Reziprokes des Einlastungsprozentsatzes. Falls dieser beispielsweise 200% beträgt, dann fällt die Belastung an der ersten Station mit Sicherheit an, also zu 100%. An der zweiten Station ist sie abzuwerten: $\frac{100}{200}\% = \frac{1}{2} = 50\%$. An der dritten dann $\frac{1}{2} \cdot \frac{1}{2} = \frac{1}{4}$ usw.

3. Im letzten Schritt erfolgt die *Freigabe* entsprechend der Einlastung der Aufträge Von den als dringend eingestuften Aufträgen werden diejenigen bestimmt, welche unter den tatsächlichen Kapazitätsbedingungen realisierbar sind. Diese realisierbaren Aufträge werden freigegeben. Dabei wird an der ersten Bearbeitungsstation zu der bereits vorhandenen Belastung die durch den freigegebenen Auftrag zusätzlich entstehende Belastung (abgewertete Kapazitätsverbräuche) addiert. Ebenso ist dies an den folgenden Stationen durchzuführen, die der Auftrag durchläuft. Wenn an einer der zu passierenden Stationen die Kapazität nicht ausreicht, um den Auftrag einlasten zu können, dann wird dieser Auftrag komplett auf die nächste Periode verschoben und mit dem nächsten Auftrag von der Dringlichkeitsliste fortgefahren. Dies wird so lange wiederholt, bis entweder alle möglichen Aufträge eingeplant sind oder aber mangels verfügbarer Kapazität keiner der ver-

---

[228] Das Durchlaufzeit-Syndrom führt grob gesagt zu einer zunehmenden Verlängerung der Durchlaufzeit und zu immer größeren Beständen. Ursache ist die kurzfristige und vorher nicht eingeplante Freigabe von Eilaufträgen (z.B. Nacharbeit bei Qualitätsmängeln, fehlende Teile). Diese Aufträge kommen zu den geplanten hinzu und vergrößern die Warteschlangen vor den Arbeitssystemen. Diese sich ergebenden hohen Werkstattbestände führen zu einer Verlängerung der (mittleren) Durchlaufzeiten durch die Systeme. Noch dazu nimmt die Streuung der Durchlaufzeiten durch den Umstand, dass einige Aufträge verschoben werden und die Eilaufträge zuerst bearbeitet werden, enorm zu. Um zu verhindern, dass erneut geplante Fertigungsaufträge von Eilaufträgen verdrängt werden oder zumindest eine Verspätung erleiden, werden diese nun noch zeitiger freigegeben. Sind allerdings noch mehr Aufträge freigegeben und kommen erneut Eilaufträge hinzu, werden die Warteschlangen noch länger. Wenn sich das fortsetzt, schaukeln sich der Auftragsbestand und die Durchlaufzeit immer mehr auf und machen eine Termineinhaltung nahezu unmöglich.

[229] Vgl. [Bec80, S. 77].

bleibenden Aufträge mehr eingelastet werden kann. *Corsten*[230] verweist darauf, dass dieses Vorgehen bei der Auftragsfreigabe die im Konzept vieler PPS-Systeme beschriebene Kapazitätsterminierung ersetzt. Allerdings erfolgt bei der BOA keine terminliche Festlegung des Vollzugs der einzelnen Arbeitsvorgänge. Stattdessen werden die einzelnen Bearbeitungsstationen termingebunden mit den abzuarbeitenden Aufträgen belastet.

Hieraus ist abzuleiten, dass es sich bei der Belastungsorientierten Auftragsfreigabe um ein *statistisches Verfahren* handelt. Folglich ist die BOA nicht in der Lage, den Durchlauf einzelner Aufträge gezielt zu steuern. Um überhaupt aussagekräftige Ergebnisse zu erzielen, muss eine möglichst genaue Annäherung der Zu- und Abgangskurve an die idealisierten Geraden erreicht werden.

Die Realisierung des Verfahrens

Es wird gezeigt, wie bei der praktischen Anwendung des Konzepts vorzugehen ist. Zur besseren Nachvollziehbarkeit ist ein Beispiel beigefügt. Betrachtet wird eine einzelne Periode. An deren Beginn liegt noch ein Restbestand an Aufträgen aus der Vorperiode an (BR). Die Auftragsfreigabe orientiert sich an der Belastungsschranke. Zunächst ist die Belastungsschranke (BS) zu ermitteln. Diese ergibt sich als Summe aus Planabgang und mittlerem geplantem Bestand $BS = AB + MB$. Der geplante Zugang (ZU) muss so groß sein, dass $BR + ZU$ gerade der Summe aus geplantem Abgang (AB) und mittlerem Bestand (MB), also der Belastungsschranke (BS), entspricht: $BR + ZU = AB + MB = BS$. Neu freigegeben wird nun die Menge, die nach Abzug des Restbestandes aus der Vorperiode von der Belastungsschranke verbleibt: Freigabe $FR = BS - BR$. Es ist erforderlich, für jeden Arbeitsplatz ein entsprechendes Belastungs- bzw. Kapazitätskonto zu führen.

Bei jeder Veränderung der Planleistung (ML) muss die jeweilige Belastungsschranke neu berechnet werden. Daher ist es zweckmäßig, das Verhältnis von BS und AB zu betrachten. Daraus errechnet sich der Einlastungsprozentsatz EPS. Dieser gibt an, wieviel mehr als die tatsächlich verfügbare Kapazität verplant werden kann, ohne dass es dadurch zu Engpässen kommen dürfte, d. h. die Einlastung übersteigt systematisch die geplante Kapazität. Dies ist möglich, weil die Aufträge die Arbeitsstationen nur mit einer gewissen Wahrscheinlichkeit erreichen. Für die Berechnung des EPS gilt:

$$EPS = \frac{BS}{AB} \cdot 100\% = \frac{MB + AB}{AB} \cdot 100\% = \left(1 + \frac{MB}{AB}\right) \cdot 100\%.$$

Es bezeichne P die Anzahl der Tage in der betrachteten Plan-Periode und MZ die mittlere Durchlaufzeit. Dann ergibt sich folgender Zusammenhang:

$$\frac{AB}{P} = \frac{MB}{MZ} = ML \quad \longrightarrow \quad EPS = \left(1 + \frac{MZ}{P}\right) \cdot 100\%.$$

---

[230]   Vgl. dazu [Cor90].

Damit die Aufträge, die neu eingelastet werden, in den Folgeperioden an anderen Arbeitsplätzen auf freie Kapazitäten treffen, muss die Durchlaufterminierung mit einbezogen werden. In der Realität erfolgt der Auftragsdurchlauf jedoch nicht so reibungslos wie geplant. Daher und aufgrund des *EPS* erreichen die Aufträge die einzelnen Arbeitsstationen (nur) mit einer Wahrscheinlichkeit. Folglich entsteht an später zu erreichenden Arbeitsplätzen eine Belastung mit einer um diese Wahrscheinlichkeit abgewertete Belastung. Dabei stellt der bei der Abwertung verwendete *Abwertungsfaktor (ABFA)* das Reziproke von EPS dar[231]. Damit ergibt sich folgendes Vorgehen:

- Für jede Arbeitsstation wird ein Kapazitätskonto geführt.

- Für jede Arbeitsstation ist zunächst die Belastungsschranke (BS) zu berechnen.

- Dann ist zuerst der Auftrag mit der höchsten Priorität entsprechend der Reihenfolge, in der dieser die Arbeitsplätze passiert, abzuwerten und an diesen „einzubuchen".

- Danach folgen die anderen zu bearbeitenden Aufträge, nach abnehmender Priorität. Es ist jeweils zu simulieren, ob der Auftrag am betreffenden Arbeitsplatz noch eingelastet werden kann oder ob die Kapazität bereits erschöpft ist.

- Auf diese Weise wird so lange vorgegangen, bis an einem Arbeitsplatz die Kapazität erschöpft ist oder alle einplanbaren Aufträge betrachtet wurden.

- Jeder verbuchte Auftrag wird freigegeben.

An dieser Stelle sei auf die Abwertung der benötigten Kapazität der einzulastenden Aufträge eingegangen. Zur Verdeutlichung werde ein einzelner Arbeitsplatz betrachtet. Ein Restbestand BR liegt vor, eine neue Freigabe FR erfolgt. Davon kann jedoch nur der Planabgang AB abgearbeitet werden. Folglich ergibt sich die Wahrscheinlichkeit für den Abgang von Aufträgen an diesem System aus

$$W = \frac{AB}{FR + BR} \quad \left(= \frac{\text{mögliche, abarbeitbare Menge}}{\text{gesamte zu bearbeitende Menge}} \right).$$

Dies ist die Wahrscheinlichkeit für den Abgang von Aufträgen an einem Arbeitsplatz (Abgangswahrscheinlichkeit). Allerdings kommt ein solcher Auftrag nur mit einer bestimmten Wahrscheinlichkeit an dem Arbeitsplatz an (Zugangswahrscheinlichkeit). Damit ergibt sich:

$$
\begin{aligned}
W_{ab} &= W_{zu} \cdot \frac{AB}{FR + BR} \quad (\text{mit } BS = BR + FR) \\
&= W_{zu} \cdot \frac{AB}{BS} \quad \left(\text{mit } EPS = \frac{BS}{AB} \cdot 100\%\right) \\
&= W_{zu} \cdot \frac{100}{EPS}.
\end{aligned}
$$

Eine Betrachtung der Arbeitssysteme führt zu folgenden Berechnungsvorschriften.

---

[231]   Zu kurzen Darstellungen der Belastungsorientierten Auftragsfreigabe siehe auch *Blohm et al.* ([Blo97, S. 375-378]) und *Wiendahl* ([Wie92a, S. 354-358]).

- Am ersten Arbeitssystem ist ein sicherer Zugang gegeben:

$$\text{Zugangswahrscheinlichkeit} \quad W_{zu} \quad = \quad 100\%$$
$$\text{Abgangswahrscheinlichkeit} \quad W_{ab} \quad = \quad \frac{100}{EPS_1}$$

- Am zweiten zu passierenden Arbeitssystem ist die Wahrscheinlichkeit des Zugangs gleich der des Abgangs aus dem ersten System:

$$W_{zu} \quad = \quad \frac{100}{EPS_1}$$
$$W_{ab} \quad = \quad \frac{100}{EPS_1} \cdot \frac{100}{EPS_2}$$

und so weiter.

- Entsprechend ergibt sich der Abwertungsfaktor bzw. gleichermaßen die Zugangswahrscheinlichkeit am Arbeitssystem x:

$$ABF_x = \prod_{i=1}^{x-1} \frac{100}{EPS_i}$$

Wenn der Einlastungsprozentsatz an allen Systemen gleich ist ($EPS_1 = EPS_2 = ... = EPS_x = EPS$), dann gilt:

$$ABF_x = \left(\frac{100}{EPS} \right)^{x-1}.$$

4.4.2.3 Kritik am Konzept der BOA

Grundlegender Gedanke hinter dem Konzept der Belastungsorientierten Auftragsfreigabe ist der Zusammenhang zwischen dem Bestand an Aufträgen und der erzielbaren Durchlaufzeit. Daraus wird das Ziel abgeleitet, über eine Beeinflussung dieses Bestandes die Durchlaufzeit und somit die Termintreue zu steuern. Unbestreitbar wird durch die Beschränkung des Bestandes die Durchlaufzeit beeinflusst. Für einen konkreten einzelnen Auftrag ist es aber nicht möglich, den Fertigstellungstermin festzulegen bzw. zu beeinflussen.

Die Verwendung einer Belastungsschranke wird unsinnig, wenn es viele Aufträge mit dringenden Terminen gibt. Eilaufträge, die zuerst bearbeitet werden und damit gegen das FIFO-Prinzip verstoßen sowie die danach eingereihten Aufträge verdrängen, stehen den Voraussetzungen des BOA-Konzeptes entgegen. Sind also Eilaufträge die Regel, dann sollte auf die BOA verzichtet werden. Ebenso stellt sich die Lage anders dar, wenn die Möglichkeit besteht, bei drohender Überlastung der Kapazitäten Bearbeitungsprozesse operativ an Fremdfertiger zu übergeben. Trotz des relativ breiten Raumes, den die BOA vor allem in der produktionswirtschaftlichen Literatur einnimmt, gibt es doch umfangreiche Kritik an diesem Konzept. Einige der Punkte, die von mehreren Autoren[232] bemängelt werden, sind:

---

[232] U.a. bei [Ada87a, S. 18 f.], [Ada87b, S. 2 f.], [Hel87, S. 76], [Sch89, S. 15 f.], [Zäp88b, S. 128], [Zim87a, S. 19 ff.].

- Es handelt sich um einen *statischen Ansatz*, der Planungshorizont beträgt nur eine Periode. Dies stellt eine grobe Vereinfachung der zeitablaufbezogenen Sichtweise der realen Abläufe dar. Besonders bei komplexeren Produktionsstrukturen (in denen die Produktionsprozesse nicht in einer Periode beendet werden können) führt dies zu unbefriedigenden Ergebnissen. Das hat zur Folge, dass viele Planungsprozesse (u.a. die Losgrößenbildung, die Kapazitätsplanung und die Kapazitätszuordnung), die die Zeit nach der aktuellen Planungsperiode betreffen, bereits dann abgeschlossen werden müssen, während die aktuelle Periode noch läuft und somit noch nicht einmal deren Ergebnisse sicher sind.

- Basis des Konzepts sind *einfache lineare Produktionsstrukturen* mit vielen gleichartigen Aufträgen, relativ kurzen Durchlaufzeiten und einem kontinuierlichen Materialfluss. Diese Bedingungen sind bei Werkstattfertigung jedoch in aller Regel nicht gegeben. Wird das Verfahren trotzdem angewandt, führt es zu unbefriedigenden Ergebnissen.

- Eine effiziente Gestaltung der Auftragsverteilung und Feinterminierung wird nicht berücksichtigt. Laut BOA-Konzept werden nur dringliche Aufträge freigegeben. Eine Planung, wann die einzelnen freigegebenen Aufträge in den verschiedenen Werkstätten bearbeitet werden sollen, findet nicht statt. Die Festlegung der Bearbeitungstermine erfolgt dezentral in den Werkstätten nach dem FIFO-Prinzip.

- Es wird mit provisorischen Startterminen gearbeitet, die aus der Differenz zwischen geplantem Liefertermin und mittlerer Durchlaufzeit der Auftragsart ermittelt werden. Eine verlässliche Planungsgrundlage sind diese Termine jedoch nur, wenn die tatsächlichen Durchlaufzeiten nicht stark um die mittleren streuen. Gerade bei der Werkstattfertigung können erhebliche Streuungen der Durchlaufzeit auftreten. Erschwerend kommt hinzu, dass das Konzept der BOA diese ohnehin schon auftretende Streuung noch verstärkt, indem nicht alle dringlichen Aufträge (gleich) freigegeben werden.

- Auch ist eine hohe Liefertermintreue nur erreichbar, wenn die Steuerungsparameter sinnvoll festgelegt werden. Dabei lässt sich zeigen, dass es sehr schwierig ist, zweckmäßige Werte für den Vorgriffshorizont, die Belastungsschranke und die Zeitspanne zwischen zwei Planungsläufen zu finden. Dazu sei auf von *Adam* durchgeführte Simulationen verwiesen[233].

4.4.2.4 Übungsaufgaben BOA

Aufgabe 1

1) Erläutern Sie das Prinzip der Belastungsorientierten Auftragsfreigabe (BOA), gehen Sie dabei u.a. auf Einsatzbedingungen, Abläufe und Art der Steuerung ein!

2) Zeigen Sie das Vorgehen bei der BOA an einem selbstgewählten (einfachen!) Beispiel mit 3 Werkstätten und 4 Aufträgen, von denen maximal 3 eingelastet werden können!

---

[233] Zum Vorgehen und den Ergebnissen siehe [Ada87a, S. 18 ff.] und [Ada87b, S. 3].

Aufgabe 2

Für die nächste Periode sind Freigabeentscheidungen für sieben anstehende Aufträge $(A_1, A_2,...,A_7)$ zu treffen. Diese sieben Aufträge durchlaufen drei Werkstätten (W_1, W_2, W_3) auf folgende Weise und mit den angegebenen Bearbeitungszeiten in Stunden:

	1. Station		2. Station		3. Station
A_1:	$W_1 : 44$	$\longrightarrow$	$W_3 : 30$	$\longrightarrow$	$W_2 : 90$
A_2:	$W_1 : 60$	$\longrightarrow$	$W_2 : 60$	$\longrightarrow$	$W_3 : 45$
A_3:	$W_1 : 20$	$\longrightarrow$	$W_2 : 30$	$\longrightarrow$	$W_3 : 45$
A_4:	$W_2 : 35$	$\longrightarrow$	$W_3 : 60$	$\longrightarrow$	$W_1 : 27$
A_5:	$W_2 : 20$	$\longrightarrow$	$W_1 : 24$	$\longrightarrow$	$W_3 : 225$
A_6:	$W_3 : 50$	$\longrightarrow$	$W_1 : 69$	$\longrightarrow$	$W_2 : 45$
A_7:	$W_1 : 35$	$\longrightarrow$	$W_3 : 30$	$\longrightarrow$	$W_2 : 36$

In den Werkstätten sind als Rest aus der vorangegangenen Periode noch Aufträge mit einem Volumen von 50 Stunden (h) in W_1, 20 h in W_2 und ebenfalls 20 h in W_3 abzuarbeiten. Die Kapazitäten der Werkstätten betragen für den Planungszeitraum 70 h für Werkstatt 1, 80 h für Werkstatt 2 und 60 h für Werkstatt 3.

Vereinfachend sei angenommen, dass jede der 3 Werkstätten im betreffenden Zeitraum einen mittleren Bestand (MB) von 120 Aufträgen und einen Plan-Abgang (AB) von 60 Aufträgen aufweist.

Die Dringlichkeit der Aufträge wird - in absteigender Reihenfolge - folgendermaßen eingeschätzt: $A_1, A_3, A_2, A_4, A_5, A_7, A_6$.

1) Bestimmen Sie nach dem Verfahren der Belastungsorientierten Auftragsfreigabe die realisierbaren Aufträge. Begründen Sie Ihre Antwort!

2) Könnte eine andere Dringlichkeitsfolge der Aufträge dazu führen, dass zahlenmäßig mehr Aufträge als in a) realisiert werden können?

3) Nennen Sie die Steuerungsparameter der BOA!

4) Welche produktionstechnischen Voraussetzungen müssen gegeben sein, damit das Trichtermodell angewendet werden kann?

4.4.2.5 Lösungen zu den Übungsaufgaben BOA

Aufgabe 1

1. Voraussetzungen:

- Werkstattfertigung
- diskontinuierlicher Auftragsfluß
- kleine Losgrößen (ähnliche Arbeitsinhalte)
- kurze Operationszeiten
- Anwendung der FIFO-Regel vor dem Arbeitssystem

Ziele:

- MDLZ-Minimierung $\hookrightarrow$ Steuergröße: Bestand

Prinzip:

- Terminierung: wichtige und unwichtige Aufträge $\rightarrow$ liegen innerhalb des Planungshorizontes
- Belastungsschranke errechnen, Abwertungsfaktor bestimmen
- Freigabe nach Priorität bis die Belastungsschranke erreicht wird

2. MDLZ $= \frac{1}{2}$, P $= 1$

Für die nächste Periode sind Freigabeentscheidungen für 4 anstehende Aufträge (A_1, A_2, A_3, A_4) zu treffen. Diese vier Aufträge durchlaufen 3 Werkstätten (W_1, W_2, W_3) auf folgende Weise und mit den angegebenen Bearbeitungszeiten in Stunden:

	1. Station		2. Station		3. Station
A_1 :	$W_1 : 10$	$\longrightarrow$	$W_3 : 20$	$\longrightarrow$	$W_2 : 40$
A_2 :	$W_1 : 20$	$\longrightarrow$	$W_2 : 40$	$\longrightarrow$	$W_3 : 80$
A_3 :	$W_1 : 10$	$\longrightarrow$	$W_2 : 20$	$\longrightarrow$	$W_3 : 40$
A_4 :	$W_2 : 20$	$\longrightarrow$	$W_3 : 20$	$\longrightarrow$	$W_1 : 40$

In den Werkstätten sind als Rest aus der vorangegangenen Periode noch Aufträge mit einem Volumen von je 10 Stunden (h) in allen Werkstätten abzuarbeiten. Die Kapazitäten der Werkstätten betragen für den Planungszeitraum je 30 h für alle Werkstätten. Vereinfachend sei angenommen, dass eine mittlere Durchlaufzeit (MDLZ) von 5 Tagen und einen Planperiode (P) von 5 Tagen existiert. Die Dringlichkeit der Aufträge ist wie folgt: A_1, A_2, A_3, A_4.

$EPS = (1 + \frac{MDLZ}{P}) \cdot 100\% = (1 + \frac{1}{1}) \cdot 100\% = \underline{200\%}$
$ABWF = \frac{1}{2}$

	W_1		W_2	W_3
Kapazität	30		30	30
BS	60		60	60
BR	10		10	10
verfügbar	50		50	50
A_1	10		10	10
verfügbar	40		40	40
A_2	20		20	20
verfügbar	20		20	20
A_3	10		10	10
verfügbar	10		10	10
A_4	20	= Widerspruch		

$\Rightarrow$ Freigabe: A_1, A_2, A_3

wegen Engpass W_1: A_4 nicht realisierbar

Aufgabe 2

1. $\frac{MZ}{P} = \frac{MB}{AB}$

$$\begin{aligned}
\text{EPS} &= (1 + \tfrac{MZ}{P}) \cdot 100\% \\
&= (1 + \tfrac{MB}{AB}) \cdot 100\% \\
&= (1 + \tfrac{120}{60}) \cdot 100\% \\
&= \underline{300\%}
\end{aligned}$$

$$\text{ABF} = \tfrac{1}{EPS} = \tfrac{1}{3}$$

	W1	W2	W3
Kapazität	70	80	60
BS (Kap. * EPS)	210	240	180
BR (Restarbeit)	50	20	20
freie Kapazität	160	220	160
A1	44	10	10
frei	116	210	150
A3	20	10	5
frei	96	200	145
A2	60	20	5
frei	36	180	140
A4	3	35	20
frei	33	145	120
A5	8	20	25
frei	25	125	95
A7	35*		
A6	23	5	50
frei	2	120	45

* ... Kapazität reicht nicht aus!
realisierbare Aufträge: A1 - A3 - A2 - A4 - A5 - A6

2. Nein, da die Kapazität in W1 nicht ausreicht!

3. Steuerungsparameter der BOA:

   - Vorgriffshorizont
   - Einlastungsprozentsatz
   - Zeitraum zwischen zwei Freigabeläufen

4. Voraussetzungen zur Anwendung des Trichtermodells:

   - In jeder Arbeitsstation gilt das gleiche Verhältnis von Belastung und mittlerer Leistung (MB:ML).
   - Bearbeitungszeiten einzelner Aufträge sind sehr klein
   - keine Reihenfolgevertauschung der Aufträge an Arbeitsstationen (FCFS - Prinzip)
   - linearer Fertigungsprozess (keine Parallelitäten)

4.4.3 Retrograde Terminierung

Mit der Fertigungssteuerung können verschiedene Ziele verfolgt werden: minimieren von Durchlaufzeiten und Beständen (an Rohstoffen, Zwischenprodukten, Teilen, Endprodukten) sowie maximieren von Kapazitätsauslastung (Maschinen und Anlagen) und Termintreue. Da die einzelnen Ziele teils gegenläufig sind, ist es nicht möglich, alle gleichzeitig im Höchstmaß zu erreichen. Deshalb sind in der Praxis immer Kompromisse einzugehen, um eine befriedigende Lösung zu erhalten. Die Zielerreichung hängt von den Einflussgrößen Werkstattbestände, Kapazitäten, Auftragsgröße (Lose) und Auftragsreihenfolge ab. Als Problem bei den bestandsgesteuerten Verfahren ist auf deren mangelhafte Eignung in Situationen von stark diskontinuierlicher Materialfluss (häufig bei nichtteilbaren, großen Aufträgen; z.b. im Maschinenbau) und vernetzten Produktstrukturen mit zeitlich und mengenmäßig zu koordinierenden Montageteilen (z.b. bei Getrieben) hinzuweisen. In diesen Fällen beeinflusst die Auftragsreihenfolge die erzielbare Durchlaufzeit.

4.4.3.1 Das Verfahren

Die Retrograde Terminierung ist ein zentral orientiertes Planungs- und Steuerungsverfahren für die Fertigung bei diskontinuierlichem Materialfluss und großen, nicht teilbaren Auftragslosen. Ziel ist die Sicherung der Einhaltung der Soll-Liefertermine. Dies geschieht, indem bei der Terminierung der Fertigungsaufträge die Wirkung der Auftragsreihenfolge auf die Kapazitäten der Fertigungsbereiche berücksichtigt wird. Kern des Verfahrens ist die zentrale rollierende Planung und Vorgabe eines groben Rahmenterminplans für sämtliche Arbeitsstationen. Somit sind von zentraler Stelle die Ecktermine für den Arbeitsfortschritt der Aufträge in allen Stufen der Produktion festgelegt. Transport- und Übergangszeiten werden vernachlässigt. Der Rahmenplan mit Eckterminen lässt noch Freiraum für dezentrale Entscheidungen innerhalb der Feinplanung, wozu zum Beispiel die konkrete Reihenfolge der Aufträge oder die Belegungsintervalle der Arbeitsstationen für bestimmte Aufträge zählen[234]. *Blohm u. a.* [235] weisen darauf hin, dass in der Literatur jedoch bisher über keine praktischen Erfahrungen mit dem Verfahren berichtet wurde.

Die Retrograde Terminierung ist durch die im folgenden dargestellte Vorgehensweise gekennzeichnet. Die generelle Idee des Verfahrens besteht dabei in einer Planung gegen die Produktionsrichtung (retrograd) mit dem Ziel, dass ausgehend vom Soll-Liefertermin die Wunschstarttermine der Aufträge ermittelt werden.

- Der gesamte Fertigungsbereich wird in sogenannte Steuereinheiten eingeteilt. Diese sind zusammengefasste gleichartige oder ähnliche Arbeitsstationen.

- Für die Stationen in den Steuereinheiten wird ein grober Rahmenplan erstellt.

- Der Fertigungssteuerer kann mit Hilfe verschiedener Steuerungsparameter den Auftragsfluss über die Einheiten simulieren und beeinflussen. Dabei stehen ihm folgende Parameter zur Verfügung:

    – Kapazitäten (Kapazitätsanpassung),

---

[234] Siehe hierzu [Ada93, S. 472].
[235] Siehe [Blo97, S. 386 f.].

- Freigabeverhalten (Zeitpunkt der Auftragsfreigabe und Auftragsgröße),
- Variation der Liefertermine (in einem bestimmten Rahmen),
- Anzahl der Planungsläufe pro Periode
- Reihenfolge der Aufträge.

- Die Auswirkungen auf den Fertigungsfluss werden analysiert, die Erkenntnisse fließen in neue Vorgaben ein.

- Das System arbeitet im Mensch–Maschine—Dialog: Das System unterbreitet Vorschläge, der Disponent steuert.

Die Retrograde Terminierung selbst läuft in drei Schritten ab. Hierfür soll ein Beispiel[236] die folgenden Erklärungen vertiefen. Gegeben seien fünf Aufträge A, B, C, D, E mit jeweils vier Arbeitsvorgängen und identical Routing. Liefertermine und Bearbeitungszeiten sind wie folgt gegeben. Ausgehend vom Soll-Liefertermin erfolgt im *ersten*

Auftrag	Produktionszeit in Stufe				Liefertermin
	1	2	3	4	
A	10	35	20	15	250
B	20	10	20	30	245
C	30	10	70	50	210
D	40	50	20	40	230
E	15	20	30	30	190

Abbildung 4.65: Beispiel für Retrograde Terminierung

Schritt zunächst eine isolierte Rückwärtsterminierung jedes Auftrags ohne Berücksichtigung der Kapazitäten. Dies entspricht einer Just-in-Time–Produktion ohne Zwischen- und Endlager. Siehe dazu Abbildung. Dabei wird festgestellt, wann die Aufträge an den Arbeitsstationen spätestens abgearbeitet werden müssen, um den vereinbarten Fertigstellungstermin halten zu können. Kapazitätsrestriktionen finden dabei keine Beachtung. So führt dieser erste Schritt zu einer Wunsch-Terminierung, die so nicht umsetzbar ist.

Nach einer Heuristik wird im *zweiten Schritt* eine zulässige Belegung erzeugt, die zwar noch vorläufig ist, jedoch die vorhandenen Kapazitäten berücksichtigt. Diese Modifikation ist graphisch im Bild veranschaulicht.

Die in diesem Schritt erstellte Belegung ist zwar provisorisch, aber im Gegensatz zum ersten Plan zulässig, da sie die Einhaltung der Kapazitätsrestriktionen gewährleistet. Sie wird mittels einer Heuristik bestimmt. Welche Heuristik Verwendung findet, hängt von den Produktionsverhältnissen ab. Dabei gibt es zwei unterschiedliche Vorgehensweisen, einen Belegungsplan zu entwickeln: retrograd und progressiv. Die retrograde Belegung erreicht tendenziell geringere Durchlaufzeiten, diese sind jedoch mit beträchtlichen Stillstandszeiten an den Arbeitsstationen (bzw. Steuereinheiten) verbunden. Bei

---

[236] Das Beispiel und die wichtigsten Aspekte der Retrograden Terminierung sind aus [Ada88a, S. 89-106] entlehnt.

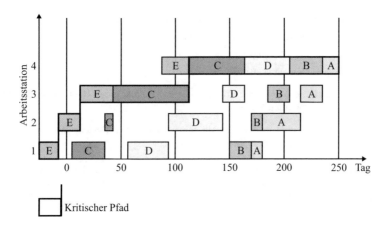

Kritischer Pfad

Abbildung 4.66: Retrograde Terminierung ohne Restbestand an Aufträgen

einer progressiven Belegung treten nur geringe Stillstandszeiten auf, jedoch kommt es
hier zu hohen Lagerzeiten und -kosten[237]. Die folgende Tabelle zeigt die Ergebnisse der
Berechnung für das oben gegebene Beispiel.

Auftrag	Stufe				
	1	2	3	4	Rang
A	(170-180)	(180-215)	(215-235)	(235-250)	1
	[170-180]	[180-215]	[215-235]	[235-250]	
B	(150-170)	(175-185)	(185-205)	(215-245)	2
	[150-170]	[170-180]	[185-205]	[205-235]	
C	(5-35)	(35-45)	(45-115)	(160-210)	4
	[5-35]	[35-45]	[45-115]	[115-165]	
D	(55-95)	(95-145)	(145-165)	(190-230)	3
	[55-95]	[95-145]	[145-165]	[165-205]	
E	((-20)-(-5))	((-5)-15)	(55-85)	(160-190)	5
	((-20)-(-5))	((-5)-15)	(15-45)	(85-115)	

Abbildung 4.67: Berechnungsergebnisse für Retrograde Terminierung

Zuerst werden die Ränge der Aufträge entsprechend des Liefertermins gebildet. Je weiter sich sein Liefertermin in der Zukunft befindet, desto höher sein Rang (1 - höchster
Rang). Anschließend werden die Aufträge nach der gebildeten Rangfolge abgearbeitet.

---

[237]   Siehe dazu [Blo97, S. 386 ff.].

Hierbei werden die Spalten von der letzten Stufe zur ersten Stufe entwickelt. In der oberen Zeile erfolgt die Wunschterminierung. Der Wunschendtermin ergibt sich aus dem kapazitätsterminierten Starttermin des Nachfolger-Arbeitsvorgangs bzw. aus dem Liefertermin für die letzte Stufe. Aus dem Wunschendtermin leitet sich durch Abzug der Bearbeitungsdauer der Wunschstarttermin ab. Abschließend kann die Kapazitätsterminierung ausgeführt werden. Hierbei ergibt sich der kapazitätsterminierte Endtermin aus dem Minimum von Wunschendtermin und letztem freien Verfügbarkeitstermin der Arbeitsstation.

Im *dritten Schritt* ist diese provisorische Belegung zu modifizieren, z. B. durch die Einbeziehung von noch im Altbestand vorhandenen Aufträgen. Darstellung 4.68 zeigt auch einen solchen angepassten Belegungsplan. Allerdings erfolgt die Modifizierung des vorläufigen Belegungsplans aus Schritt zwei nur insoweit wie die Erreichung der angestrebten Ziele dadurch verbessert werden kann. Bei einem retrograd bestimmten provisorischen Plan wird der Starttermin in Richtung Gegenwart (also $t = 0$) vorverlegt, um Verzugszeiten zu minimieren. Bei einer progressiven Planung wird die Belegung stärker am Soll-Liefertermin ausgerichtet, womit sich die Lagerzeiten reduzieren lassen.

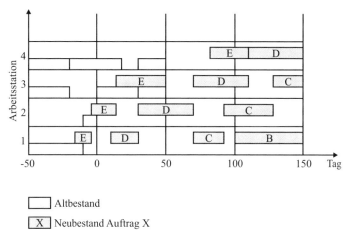

Abbildung 4.68: Retrograde Terminierung unter Beachtung des Restbestandes an Aufträgen

Die Vorgehensweise der Retrograden Terminierung birgt ein großes Problem in sich. Der errechnete Start-Zeitpunkt kann in der Vergangenheit liegen. Der Auftrag hätte schon vor dem Planungszeitpunkt begonnen werden müssen, um pünktlich fertig zu werden. Entsprechend stellt sich die Situation auch dar, wenn die Anlagen zu Beginn der Periode noch durch Restbestände aus der Vorperiode oder erst durch Eilaufträge beansprucht werden, so dass die retrograd ermittelten Start- und Endtermine nicht realisiert werden können. Es gibt verschiedene Handlungsalternativen, dieses Problem zu lösen.

- *Der zu erwartende Terminverzug wird akzeptiert.* Demnach wird mit dem Auftrag so bald wie möglich begonnen (am besten in $t = 0$). Als Verspätung ist mindestens die Zeit zu erwarten, die betragsmäßig dem negativen Starttermin entspricht. Graphisch entspricht diese Alternative einer Rechtsverschiebung des gesamten Gantt-Diagramms.

- Das Mittel *„Anpassung"* wird genutzt, wobei es verschiedene Möglichkeiten gibt, die einzeln oder kombiniert angewandt werden können:

    - zeitliche Anpassung, z. B. durch Überstunden, 2. Schicht, Sonderschicht,

    - intensitätsmäßige Anpassung: schneller arbeiten oder

    - quantitative Anpassung, z. B. zusätzliche Maschinen nutzen, mehr Arbeitskräfte einsetzen, Kapazitätserhöhung durch Outsourcing.

- Splitten und/oder Überlappung des Auftrages.

Zu welcher Alternative gegriffen werden sollte, lässt sich nicht verallgemeinern. Im Einzelfall dürfte auch das Eintreten eines Terminverzuges nicht kritisch sein, zumal häufig der Abnehmer bei der Terminvorgabe selbst schon ein zeitliches Polster einplant und das Produkt zum Termin noch nicht dringend benötigt. Hier ist im Zweifel eine Verständigung mit dem Kunden angeraten. Das Vorgehen hängt auch davon ab, ob eine Konventionalstrafe droht. Es handelt es sich um eine Abwägung je nach Situation, schließlich verursachen auch die anderen Alternativen (z. B. Zusatzschichten) teils erhebliche Kosten.

4.4.3.2   Erweiterungen

An dieser Stelle sei auf mögliche Modifikationen des Verfahrens der Retrograden Terminierung verwiesen. So ist es denkbar, Elemente der Auftragsfreigabe mit einzubeziehen, etwa mittels einer Belastungsschranke wie bei der Belastungsorientierten Auftragsfreigabe. Dann würden nur so viele Aufträge durchgerechnet wie die BOA erlaubt. Eine substanzielle Erweiterung besteht in der Einbeziehung von Sicherheitszuschlägen für den Fall, dass Störungen auftreten. So können bei der Rückwärtsterminierung im ersten Schritt Pufferzeiten beim Wechsel der Arbeitsstationen eingeplant werden. Auch bei der Modifizierung der Belegung in Schritt 3 können Puffer einbezogen werden. Dann ist es bei rollierender Planung möglich, bei der nächsten Rechnung nicht verbrauchte Pufferzeiten zu berücksichtigen.

Komplizierte Formen der Retrograden Terminierung erlauben zudem different routing bei vernetzen Produktstrukturen. Ein Beispiel von zwei Aufträgen mit jeweils acht Arbeitsvorgängen und unterschiedlichen Bearbeitungszeiten sowie Soll-Lieferterminen (18 bzw. 17) soll das Verständnis der nachfolgenden Ausführungen verbessern.

Die Kästen enthalten oben den Namen des Arbeitsvorgangs, unten links die Nummer der Arbeitsstation, auf welcher der Arbeitsvorgang ausgeführt wird und unten rechts die Bearbeitungszeiten des Arbeitsvorgangs jeweils für Auftrag A und B. Gesucht ist eine Einplanungsreihenfolge, die entsprechend der gegebenen Starttermine realisierbar ist. Die Wunschterminierung erfolgt wie oben ausgehend vom Liefertermin. Es ergibt sich die folgende Tabelle:

Im nächsten Schritt erfolgt die provisorische Belegung der Ressourcen unter Beachtung der kapazitiven Situation. Die heuristische Vorgehensweise geht nach folgendem Prinzip vor:

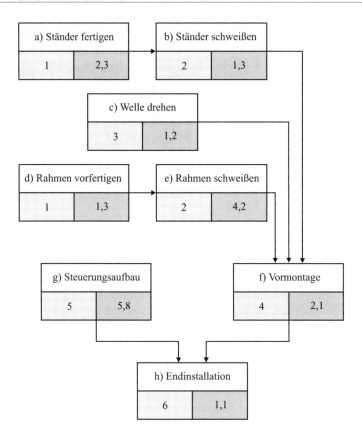

Abbildung 4.69: Retrograde Terminierung für vernetzte Produktstrukturen

1. Auswählen der Arbeitsvorgänge, die erreichbar sind[238].

2. Plane den Arbeitsvorgang ein, der am frühesten bearbeitbar ist. Dieser Termin ergibt sich aus dem Wunschstarttermin und Verfügbarkeit der Ressource.

3. Bei Wahlmöglichkeit mehrerer Arbeitsvorgänge ist die kürzere Bearbeitungszeit maßgebend.

Am Beispiel sind zunächst die Arbeitsvorgänge a, c, d, g erreichbar. Sie sollen auf den Stationen: $1, 3, 5$ mit Restbelegung von $2, 3, 1 ZE$ abgearbeitet werden. Station 5 ist als erste zu belegen. Dort warten die Arbeitsvorgänge Ag und Bg auf ihre Bearbeitung. Bg

---

[238] Die Arbeitsvorgänge besitzen keine technologischen Vorgänger oder die Vorgänger wurden bereits fertiggestellt.

Arbeitsoperation	Arbeits-stationen	Auftrag A		Auftrag B	
		Bearbei-tungszeit	Wunsch-belegung	Bearbei-tungszeit	Wunsch-belegung
a) Ständer vorfertigen	1	2	12 - 14	3	9 - 12
b) Ständer schweißen	2	1	14 - 15	3	12 - 15
c) Welle drehen	3	1	14 - 15	2	13 - 15
d) Rahmen vorfertigen	1	1	10 - 11	3	10 - 13
e) Rahmen schweißen	2	4	11 - 15	2	13 - 15
f) Vormontage	4	2	15 - 17	1	15 - 16
g) Steuerungsaufbau	5	5	12 - 17	8	8 - 16
h) Endinstallation	6	1	17 - 18	1	16 - 17

Abbildung 4.70: Wunschterminierung bei vernetzten Produktstrukturen

besitzt jedoch den früheren Wunschstarttermin und wird zum frühestmöglichen Zeit-punkt eingeplant. Damit ist Station 5 bis zum Zeitpunkt 9 blockiert. Auf Station 1 mit vier wartenden Operationen ist der nächste Arbeitsvorgang einplanbar. *Ba* hat frühe-sten Wunschstarttermin und wieder eingeplant. Die Abbildung 4.71 gibt den berechneten Gantt wieder.

In der ist deutlich zu erkennen, dass bei progressiver Einplanung große Zwischenlagerzei-ten resultieren. Aus diesem Grunde ist der obere Gantt nur als provisorische Belegung zu betrachten. Entsprechend der Randbedingungen vor Ort kann daraus der untere Gantt durch eine zeitliche Rechtsverschiebung von Arbeitsvorgängen generiert werden. Sinn-voll ist diese Vorgehensweise zur Reduzierung von Durchlaufzeiten und Lagerbeständen sowie zum Aufbau von kleineren zeitlichen Puffern für eventuelle Störfälle.

Die Erweiterung der Retrograden Terminierung um vernetzte Produktstrukturen zeigte letztlich, dass das Verfahren ausgehend von seiner Konzeption genügend Potenzial auf-weist, um an eine Reihe Sonderfälle angepasst werden zu können. Allerdings darf die relativ einfache Struktur des Verfahrens wiederum nicht darüber hinweg täuschen, dass aus einem riesigen Lösungraum nur eine singuläre Lösung hervorgeht.

4.4.3.3 Übungsaufgabe Retrograde Terminierung

Die Herstellung eines Bauteils wird gemäß nachfolgender Tabelle in 9 Arbeitsschritte zerlegt:

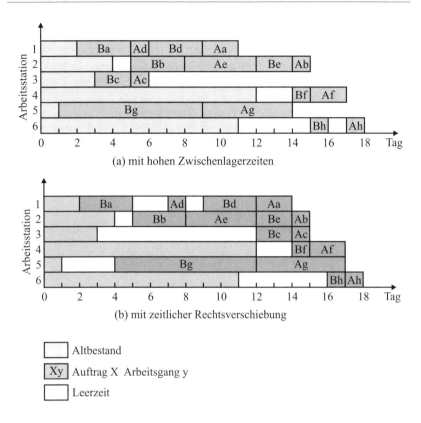

(a) mit hohen Zwischenlagerzeiten

(b) mit zeitlicher Rechtsverschiebung

- Altbestand
- Xy Auftrag X Arbeitsgang y
- Leerzeit

Abbildung 4.71: Gantt für vernetzte Produktstrukturen

Arbeitsschritt	Vorgänger	Dauer
A	–	5
B	–	4
C	A, B	2
D	–	7
E	C, D	4
F	–	3
G	F	4
H	E	8
I	E, F	4

1. Zeichnen Sie den zugehörigen Netzplan. Berechnen Sie für alle Arbeitsschritte die frühesten und die spätesten Start- und Endtermine im Sinne einer Wunschterminierung (d.h. ohne Rücksicht auf die Kapazitätssituation)!

2. Erläutern Sie in diesem Zusammenhang die Begriffe „Vorwärtsterminierung" und

„Rückwärtsterminierung"! Wann wird welche Terminierungsart angewandt?

3. Anhand welcher Daten erkennt man, ob man sich ohne Termingefährdung eine Verzögerung von Arbeitsschritten leisten kann oder nicht? Geben Sie zu einem der obigen Arbeitsschritte einen solchen Wert (ungleich Null) an!

4. Unter der Annahme, dass andere Teile, die gleichzeitig in der Fertigung sind, um die Maschinenkapazität konkurrieren, muss man die Terminierung anpassen. Erläutern Sie dazu ein Verfahren, das - ausgehend vom Endtermin eines Auftrags - die Terminierung unter Berücksichtigung vorhandener Kapazitäten durchführt!

4.4.3.4 Lösung der Übungsaufgabe

1. Netzplan:

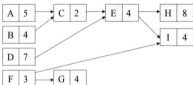

Arbeitsschritt	Vorgänger	Dauer	FAT	FET	SAT	SET
A	-	5	0	5	0	5
B	-	4	0	4	1	5
D	-	7	0	7	0	7
F	-	3	0	3	12	15
C	A,B	2	5	7	5	7
G	F	4	3	7	15	19
E	C,D	4	7	11	7	11
H	E	8	11	19	11	19
I	E,F	4	11	15	15	19

2. *Vorwärtsterminierung:* Aus den frühesten Startterminen ermittelt man mit Hilfe der Vorgangsdauern die frühesten Endtermine von Vorgängen und aus diesen wieder die frühesten Starttermine von Nachfolgevorgängen.

   Anwendung: Ermittlung frühester Endtermine für Projekte bei gegebenem Starttermin

   Rückwärtsterminierung: Aus den spätesten Endterminen von Vorgängen ermittelt man mit Hilfe der Vorgangsdauern die spätesten Anfangstermine dieser Vorgänge und daraus die spätesten Endtermine der Vorgängervorgänge.

   Anwendung: Ermittlung des notwendigen spätesten Starttermins zur Erreichung eines vorgegebenen Endtermines eines Projektes.

3. erkennbar an den Puffern; Bsp.: Gesamtpuffer von B: SET - FET = $\underline{1}$

4. Retrograde Terminierung:

   - Wunschterminierung des Projektes mit Rückwärtsterminierung ohne Kapazitätsberücksichtigung

- Anpassung an die Kapazität durch Verschiebung der zur gleichen Zeit um eine Kapazität konkurrierenden Einzelvorgänge. Regel: Zuerst die Vorgänge, die laut Wunschterminierung zuerst drankommen - falls es mehrere gibt, vorzugsweise den zeitlich kürzeren.

- Gegebenenfalls danach eine weitere Verschiebung der Vorgänge nach verschiedenen Kriterien, wie z.B. minimaler Lagerbestand, ähnlich große Puffer usw.

4.4.4 OPT-System

Das Produktionssteuerungssystem OPT wurde Anfang der 80er Jahre entwickelt. OPT steht für Optimized Production Technology. Ziel war es, ein umfassendes System zu schaffen, mit dem die Führung und Lenkung der Produktion auf der Gesamtbetriebsebene möglich wird und das sich nicht auf Teil- oder Einzelmaßnahmen beschränkt[239]. Aus diesem Grunde wurde das OPT-System in der Literatur als wesentliche Verbesserung gegenüber dem klassischen Ansatz, wie er im MRP II-System angewendet wird oder auch gegenüber dem ebenfalls hoch gelobten Kanbanverfahren eingeschätzt wird[240]. Das OPT-System zeichnet sich insbesondere durch seine starke Fluss- und Engpassorientierung aus.

4.4.4.1 Grundgedanken

Das OPT-System wird durch eine konsequente Orientierung auf den Fertigungsfluss und auf die Kapazitätsengpässe bestimmt[241]. Das wesentliche Ziel der Produktionsplanung und -steuerung besteht in der Aufrechterhaltung eines reibungslosen Materialflusses durch die Fertigung. Da der Materialfluss generell durch die verfügbaren Kapazitäten und speziell durch bestehende Engpässe begrenzt wird, müssen die Engpassstellen der Ausgangspunkt für die Planung sein. Ziel muss sein, die Engpasskapazitäten bestmöglich zu nutzen. Daher ist auf die Losgrößenplanung, die Feinterminierung der Aufträge sowie die Überwachung der Fertigung an den Fertigungsengpässen höchstes Augenmerk zu richten. Nicht-Engpassstellen dagegen sind für den Materialfluss nicht entscheidend. Daher können diese weniger detailliert behandelt werden. Ein zentraler Gedanke ist, dass sich die Durchlaufzeiten als Ergebnis der Belegungsplanung an den Engpässen ergeben und somit nicht vorab bestimmt werden können.

Um die Neuartigkeit des hier verfolgten Ansatzes gegenüber den klassischen Grundsätzen der Fertigungssteuerung deutlich zu machen, bei denen die Kapazitätsauslastung und die Durchlaufzeit im Mittelpunkt standen, seien an dieser Stelle die Regeln des OPT-Systems nicht nur aufgeführt, sondern werden den konventionellen Prinzipien gegenübergestellt. Die Darstellung wurde weitestgehend von *Wiendahl*[242] übernommen.

Konventionelle Regeln

1. Kapazität abgleichen, dann versuchen, den Arbeitsablauf aufrecht zu erhalten.

---

[239] Siehe [Mes85].
[240] Vgl. [Fox83] und [Gol84].
[241] Vergleiche die folgende Ausführungen mit [Ada93, S. 493].
[242] In [Wie87, S. 332].

2. Der zeitliche Nutzungsgrad jedes Mitarbeiters richtet sich nach dessen Leistungsfähigkeit.

3. Bereitstellung und Nutzung der Mitarbeiter bzw. Kapazitäten sind das Gleiche.

4. Eine in einer Engpasseinheit verlorene Stunde ist nur dort eine verlorene Stunde.

5. Eine Stunde, die dort eingespart wurde, wo ein Engpass auftrat, ist eine an dieser Stelle gewonnene Stunde.

6. Engpässe verringern vorübergehend die ausgebrachte Leistung, haben aber wenig Auswirkung auf die Bestände.

7. Splitten und Überlappen von Losen sollten unterlassen werden.

8. Das in Bearbeitung befindliche Los soll hinsichtlich des Arbeitsinhalts und im gesamten Arbeitsablauf konstant sein.

9. Pläne sind in folgender Reihenfolge zu erstellen:

   - Festlegen der Losgröße
   - Berechnen der Durchlaufzeiten
   - Zuteilung der Prioritäten, Aufstellen des Ablaufplans nach den Durchlaufzeiten.
   - Anpassen der Pläne an die offensichtlichen Kapazitätsengpässe durch Wiederholung der 3 vorgenannten Schritte.

10. **Motto:** *Der einzige Weg, zu einem Gesamt-Optimum zu kommen, ist, die lokalen Optima zu sichern.*

OPT-Regeln

1. Den Fertigungsfluss abgleichen, nicht die Kapazitäten.

2. Der Nutzungsgrad einer Nicht-Engpassanlage wird nicht durch deren Kapazität bestimmt, sondern durch irgendeine andere Begrenzung im Gesamtablauf.

3. Bereitstellung und Nutzung einer Kapazität sind nicht gleichbedeutend.

4. Eine am Engpass verlorene Stunde ist eine für das gesamte System verlorene Stunde.

5. Eine Stunde dagegen, die da gewonnen wurde, wo kein Engpass anlag, ist ein Wunder.

6. Engpässe bestimmen sowohl den Durchlauf als auch die Bestände.

7. Das Transportlos soll nicht gleich dem Verarbeitungslos sein - und darf das in vielen Fällen auch gar nicht!

8. Das in Bearbeitung befindliche Los muss variabel und nicht fest bestimmt sein.

9. Wenn Pläne aufgestellt werden, sind alle Voraussetzungen gleichzeitig zu überprüfen. Durchlaufzeiten sind das Ergebnis eines Planes und können nicht im Voraus festgelegt werden.

10. **Motto:** *Die Summe der lokalen Optima ist nicht gleich dem Gesamt-Optimum!*

An diesen Grundregeln wird deutlich, wie stark hier statt der Kapazitätsauslastung
der Fertigungsfluss betont wird, auch wenn nicht jede Regel gedanklich nachvollziehbar erscheint. Besonders wird hervorgehoben, für wie wichtig es gehalten wird, den
Auftragsdurchlauf auf die Engpasskapazitäten abzustellen. Dazu werden die Aufträge
in 2 Gruppen aufgeteilt: In eine, bei der es keine Probleme mit der Kapazität gibt
und in eine Gruppe der kritischen Kapazitäten. Es wird vorgeschlagen, sich nun -
z. B. bei der Qualitätssicherung - vor allem auf die kritischen Kapazitäten zu kon-
zentrieren. Dabei werden die Aufträge als Netzwerk bzw. Teilnetze dargestellt. Auch
sollen an den Engpässen Rüstzeiten minimiert bzw. Rüstvorgänge möglichst vermieden
werden, wohingegen Rüstzeiteinsparungen an Nicht-Engpässen nur zu Leerlaufzeiten
führen würden. Weiterhin erfolgt zur Beschleunigung des Durchlaufs eine Unterscheidung zwischen Bearbeitungslos und Transportlos. Ein Bearbeitungslos ist als Vielfaches des Transportloses definiert und soll im Durchlauf variabel sein. Zudem wird die
Durchlaufzeit eines Auftrages als Ergebnis der Planungsrechnung angesehen. Die Annahme, dass diese nicht im Voraus festgelegt werden könne, weicht von den üblichen
Verfahren ab und ist nicht unumstritten. So wird dieser Gedanke u. a. von *Wiendahl*[243]
angezweifelt. Die OPT-Software wird vom Hersteller[244] weiterhin folgendermaßen charakterisiert. Dem Anwender werde ermöglicht, in kurzer Zeit die Prinzipien der Just-in-
Time–Produktion umzusetzen. Das System soll die Wechselbeziehungen zwischen den
Zielgrößen Bestände, Losgrößen, Durchlaufzeiten und Kapazitäten berücksichtigen sowie die Kontrolle von Beständen, Cash-Flow und letztlich des Gewinns ermöglichen. Wie
dies alles aber genau geschehen soll, wird unter Verweis auf den rechtlichen Schutz des
implementierten Algorithmus bzw. aus Wettbewerbsgründen nicht offengelegt[245]. Daher
kann die Leistungsfähigkeit des Systems in der Praxis an dieser Stelle nicht eingeschätzt
werden, nicht zuletzt, da bei solchen Herstellerangaben immer auch Marketingaspekte
mitschwingen, die allgemein mit Vorsicht zu genießen sind.

4.4.4.2 Verfahren

Folgender Ablauf der Planung und Steuerung gilt als bekannt[246].

Die Planung erfolgt periodisch, z. B. wöchentlich. Der Produktionsprozess aller Aufträge wird - anhand von Stücklisten und Arbeitsplänen - vom Kundenauftrag ausgehend
bis zum Rohmaterial vollständig in einem Produkt-Netzwerk (Arbeitsplan) dargestellt.
Dann werden Engpässe lokalisiert. Dabei wird, ausgehend vom geplanten Fertigstellungstermin der Aufträge, durch Rückwärtsterminierung die zu erwartende Kapazitäts-
belastung für jede Arbeitsstation zu jedem Zeitpunkt ermittelt. Dies geschieht zunächst,
ohne die Kapazitätsgrenzen zu berücksichtigen. Bei der Rückwärtsrechnung wird von einem festen Kapazitätsbedarf der Aufträge an den einzelnen Stationen und von bekannten Übergangszeiten zwischen diesen Abteilungen ausgegangen. Bei der Station mit der
höchsten Überlast erfolgt die Begrenzung der Belastung auf 100%. Ausgehend von dieser
Beschränkung wird das jetzt reduzierte Programm in der Planung erneut durchlaufen,
um festzustellen, ob weitere Engpässe vorliegen. Ob eine Abteilung als Engpassstation
eingestuft wird, hängt auch von der gewählten Länge der Planungsperiode ab. Schwankt

---

243 Siehe [Wie87, S. 333].
244 Anbieterunternehmen CREATIVE OUTPUT.
245 Vgl. [Wie87, S. 334] und [Mes85].
246 Siehe [Ada93, S. 493 f.].

die Belastung innerhalb einer Arbeitswoche, dann können bei einer Planung auf Tages-
basis Engpässe erkannt werden, die sich auf der Ebene der gesamten Woche wieder
ausgleichen würden. Somit läge auf Wochenbasis kein Engpass vor.

Nachdem die Engpässe identifiziert worden sind, erfolgt eine Unterteilung des Auftrags-
netzwerks in einen kritischen und einen unkritischen Bereich. Der kritische Bereich umfasst die Engpässe und alle im Fertigungsfluss nachgelagerten Stationen, während sich
im unkritischen Bereich die den Engpässen vorgelagerten Stationen befinden. Es wird
davon ausgegangen, dass auf einem linearen Teil des Produktionsnetzwerkes keine zwei
Engpässe hintereinander auftreten. Daher kann es nur an diesem einen möglichen Engpass zu Lagerzeiten des Auftrags kommen. Die Übergangszeiten zwischen allen anderen
aufeinander folgenden Stationen setzen sich aus Transportzeiten und technisch beding-
ten Wartezeiten (z. B. Auskühlen oder Aushärten) zusammen. Weiterhin wird davon
ausgegangen, dass diese Engpässe langfristig gleich bleiben, was ein dauerhaft nahezu
unverändertes Produktionsprogramm voraussetzt.

Dann erfolgt die Belegungsplanung für die Anlagen des kritischen Bereichs. Dieser wichtigste Schritt des Verfahrens wird mit Hilfe des sogenannten *OPT-BRAIN-Moduls* umgesetzt, die genaue Vorgehensweise ist jedoch - wie bereits angesprochen - bisher nicht
bekannt. Daher soll hier auf die Darstellung der Vorgehensweise bei *Adam*[247] zurückgegriffen werden. Zunächst werden die Engpässe in einem simultanen Modell detailliert
geplant. Festgelegt werden dabei sowohl die Größe der Bearbeitungslose als auch die
genauen Bearbeitungstermine. Anschließend erfolgt eine von den Engpässen ausgehende Vorwärtsterminierung, bei der die den Engpässen folgenden Stationen eingeplant
werden. Hervorzuheben ist, dass das OPT-System zwischen Transportlosen und Bearbeitungslosen unterscheidet, wobei die Bearbeitungslose ein ganzzahliges Vielfaches
der Transportlose darstellen (siehe oben). Ziel ist es, durch die kleineren Transportlose den Materialfluss zu beschleunigen (Prinzip der offenen Produktion). Als Ergebnis
der Vorwärtsterminierung liegen Durchlaufzeiten im kritischen Bereich und Fertigstellungstermine für die Aufträge vor. Ist absehbar, dass sich geplante Liefertermine nicht
halten lassen, so ist dieser Planungsschritt mit geänderten Kapazitäten (z. B. Kapa-
zitätserhöhung durch Überstunden) erneut zu durchlaufen. *Adam* verweist darauf, dass
auf diese Weise iterativ eine zufriedenstellende Lösung gefunden werden kann.

Im letzten Schritt erfolgt die Planung der Materialversorgung der Engpässe durch die
nicht kritischen Stationen des Netzwerkes. Dies geschieht mit Hilfe des *OPT-SERVE-
Moduls*. Die Terminierung der Nicht-Engpasskapazitäten geschieht mittels einer von den
Engpässen ausgehenden Rückwärtsterminierung. Dabei können, eine passende Wahl des
Zeitrasters für die Planung vorausgesetzt, prinzipiell keine Kapazitätsprobleme mehr
auftreten.

4.4.4.3 Beurteilung des Verfahrens

Trotz einiger Unklarheiten bezüglich der genauen Vorgehensweise sei eine an dieser Stelle
eine Einschätzung des Verfahrens vorgenommen. Folgende Feststellungen treffen *Wiendahl*[248] und *Adam*[249] zum OPT-System, wobei *Wiendahl* ausdrücklich darauf verweist,

---

[247] Siehe [Ada93, S. 495].
[248] Vgl. [Wie87, S. 334].
[249] Vgl. [Ada93, S. 495 f.].

dass fundiertere Analysen erforderlich sind:

Die Betonung der Engpass-Kapazitäten ist sinnvoll. Allerdings ändern sich diese im Laufe der Zeit, was jedesmal eine neue Netzwerkberechnung erfordert. Eine Anpassung des Systems an Änderungen des Produktionsprogramms ist nur mit relativ großem Aufwand möglich, da dabei jedesmal ein neues Auftrags-Netzwerk erstellt werden muss. Außerdem können Änderungen des Programms wechselnde Engpässe zur Folge haben. Eine eindeutige Identifikation von Engpässen bei einer im Zeitablauf schwankenden Belastung ist nur möglich, wenn ein enges Zeitraster verwendet wird. Dies aber erfordert wiederum einen höheren Planungsaufwand. Die exakte Einhaltung der ermittelten Belegungspläne ist für die Engpassstationen von entscheidender Bedeutung für die Funktionsfähigkeit des Systems. Jegliche Abweichung vom „optimalen" Plan führt zu Problemen bei den nachfolgenden Aufträgen (Terminüberschreitungen). Völlig hinfällig wird die gesamte Planung, wenn an den Engpassstationen Störungen auftreten. Deshalb muss durch entsprechende Maßnahmen (wie vorbeugende Instandhaltung oder Bereithalten von Reservekapazitäten) die Verfügbarkeit der Engpassanlagen im geplanten Umfang sichergestellt werden.

Die Unterscheidung zwischen Bearbeitungslos und Transportlos ermöglicht prinzipiell einen schnelleren Auftragsdurchlauf und niedrigere Bestände, weil dadurch bei großen Bearbeitungslosen die Gefahr von Stillständen an Folgearbeitsmaschinen verringert wird. Dem steht jedoch der erhöhte Aufwand zur Steuerung des Verfolgens und des Zusammenführens der Teillose gegenüber.

Die wesentlichen Steuerungsziele Bestand, Durchlaufzeit, Auslastung und Terminabweichung werden – zumindest für den Benutzer – nicht fortlaufend dargestellt und überwacht. Dem Benutzer stehen keine einfachen Steuerparameter zur Verfügung, mit denen er bei Bedarf einem bestimmten Ziel vorrangiges Gewicht verleihen kann. So ist aufgrund der festen Planungszyklen die Flexibilität zur Bearbeitung von Eilaufträgen eingeschränkt. Das System erzeugt einen für den Benutzer nicht nachvollziehbaren Produktionsplan. Es ist zu bezweifeln (insbesondere wegen der Größe des Suchraumes), dass es wirklich nur *einen* solchen kostenminimalen Plan geben soll. Verschiedene Kombinationen von Auslastung und Bestand könnten nämlich durchaus dieselben minimalen Gesamtfertigungskosten ergeben.

Fazit: Zusammenfassend lässt sich sagen, dass das OPT-System zur Belegungsplanung einen von den üblichen Vorgehensweisen stark abweichenden Weg geht. Speziell in der iterativen Abstimmung von Programmplanung, Losgrößen- und Belegungsplanung mit den Kapazitäten unterscheidet sich das System von der klassischen Schrittfolge der MRP II-Philosophie. Der eigentlich zu erwartende hohe Rechenaufwand bei einem Simultanmodell wird durch die Begrenzung der Simultanplanung auf die kritischen Kapazitäten im Auftragsnetzwerk deutlich begrenzt. Allerdings bleibt die empfindliche Reaktion auf jegliche Änderung der Daten (z. B. neue Aufträge), was eine aufwendige Datenpflege und schnelle Anpassungen der Planung erfordert[250].

---

[250]   Weitere Informationen zum OPT-System liefern u. a. *Blohm et al.* in [Blo97, S. 383-386], *Corsten* in [Cor90, S. 434-439] und *Wiendahl* in [Wie92a, S. 351-353].

4.4.5 Kanban

Das Kanban-Prinzip wurde in den siebziger Jahren in Japan entwickelt und hat sich seither weltweit verbreitet. Entsprechend stammt auch der Begriff *Kanban* aus dem Japanischen. Er bedeutet Schild, Beleg bzw. Karte[251]. Die Idee für das Kanban-Verfahren kommt von Toyota, dem größten japanischen Fahrzeugproduzenten sowie allgemein großen Industriekonzern. Hinter dem Kanban-Prinzip steht die Erkenntnis, dass sich in der heutigen Wettbewerbssituation, die durch hohe Marktdynamik und steigende Flexibilitätsanforderungen gekennzeichnet ist, speziell auch für die Fertigungssteuerung die Ziele neu gewichten.

Vorrangig zu erreichen sind eine hohe Liefertermintreue sowie niedrige Durchlaufzeiten, wobei diese mit möglichst niedrigen Beständen bei trotzdem guter Auslastung der Kapazitäten erreicht werden sollen[252]. Niedrige Bestände sind vor allem im Hinblick auf die damit verbundene geringere Kapitalbindung von großer Bedeutung. Beim Kanban-Prinzip wird versucht, diese Ziele durch eine Senkung der Bestände zu erreichen. Im Gegensatz zur Belastungsorientierten Auftragsfreigabe erfolgt die Steuerung der Bestände jedoch nicht zentral, sondern wird dezentral über die Mitarbeiter in der Fertigung umgesetzt. Folglich ist ein Verfahren entwickelt worden, welches in der Lage ist, die wichtigsten Ziele der Fertigungssteuerung bezüglich eines ganz speziellen Organisationstypes zu erreichen.

4.4.5.1 Grundidee

Das Verfahren ist für die Anwendung auf die Fertigung einer Gruppe von Standardprodukten oder von Werkstücken mit definierten Varianten gedacht, jedoch nicht für Einzelfertigung. Es bildet einen selbststeuernden Regelkreis nach dem Warenhausprinzip. Praktisch bedeutet das, wenn ein bestimmter Bestand an einer definierten Stelle unterschritten wird, so wird wieder aufgefüllt, das heißt nachbestellt. Dieser *bestimmte Bestand*[253] hängt von der zur Nachlieferung des Nachschubs benötigten Zeit und dem in dieser Zeit stattfindenden Verbrauch ab. Ein Auftrag für eine solche Nachlieferung wird ausgelöst durch eine Auftragskarte. Diese Bestellkarte (eben Kanban) gibt die benötigte Menge und die Zeit, in der die Lieferung benötigt wird, an. Der Erzeuger der Lieferung beginnt, nachdem der Kanban bei ihm eingetroffen ist, mit der Herstellung der angeforderten Menge und liefert diese in definierter Qualität in einem standardisierten Behälter zum vereinbarten Termin. Meist entspricht eine Karte einem Behälterinhalt.

Das Kanban-Verfahren ist demnach gekennzeichnet durch das Zieh- bzw. Holprinzip und die dezentrale, eigenverantwortliche Steuerung durch die Mitarbeiter des Unternehmens[254].

---

[251] Siehe in [Wer77, S. 98].

[252] Siehe dazu [Wie92a, S. 346 ff.].

[253] Der auch als Sicherheitsbestand, Sicherheitspuffer oder Bestandspuffer bezeichnet werden kann.

[254] Weitere Informationen zum Kanban-Prinzip finden sich neben der hier verwendeten Literatur z. B. bei *Blohm et al.* in [Blo97, S. 371-375], *Corsten* in [Cor90], *Wiendahl* in [Wie92a, S. 345-348] sowie *Wildemann* [Wil84, Wil88].

4.4.5.2   Voraussetzungen

Die bisherigen Erfahrungen mit dem Kanban-Prinzip haben erkennen lassen, welche Voraussetzungen für den Einsatz erfüllt sein müssen[255]. Das Produktionsprogramm des Unternehmens muss harmonisiert sein. Das bedeutet, die Arbeitsinhalte pro Los müssen klein und die Arbeitszeiten gleich sein. Die Fertigung läuft also quasi fließbandartig ab. Anders ausgedrückt muss der Wiederholungsgrad hoch sein und zu starke Bedarfsschwankungen treten nicht auf. Die Betriebsmittel sollten ablauforientiert angeordnet werden, so dass zwischen ihnen ein möglichst gleicher Rhythmus besteht. Geringe Umrüstzeiten und hohe Verfügbarkeit der Betriebsmittel sind ebenfalls erforderlich. Die Kapazitäten der einzelnen Arbeitssysteme sollten aufeinander abgestimmt sein.

Ausschuss ist inakzeptabel. Dies ist insbesondere durch eine leistungsfähige Qualitätskontrolle am Arbeitsplatz selbst, sprich durch Selbstkontrolle der Mitarbeiter in der Fertigung zu erreichen. Wenn Störungen auftreten, müssen diese rasch behoben werden, möglichst durch gut ausgebildete Arbeitskräfte an den Maschinen selbst. Daneben sind teilflexible Kapazitäten wünschenswert. In erster Linie wird dabei an die Bereitschaft des Personals appelliert, bei Bedarf Überstunden zu realisieren. Seitens der Führungskräfte, konkret der Verantwortlichen für die Produktionsplanung und Fertigungssteuerung, sollte die Bereitschaft vorhanden sein, operative Entscheidungen zu dezentralisieren bzw. zu delegieren. Allgemein erfordert die erfolgreiche Umsetzung des Kanban-Prinzips das aktive Mittun der Mitarbeiter. Für das Mittun-Wollen ist hohe Motivation, für das Mittun-Können eine hohe Qualifikation notwendig.

4.4.5.3   Verfahren

An dieser Stelle soll der Ablauf des Kanban-Verfahrens ausführlich erläutert werden. Die Darstellung ist in weiten Teilen übernommen von *Adam*[256].

Bei der Steuerung nach dem Kanban-Prinzip erhält die letzte Fertigungsstufe von der zentralen Produktionssteuerung eine Vorgabe, wann welche Mengen fertig sein müssen. Dieser terminierte Produktionsplan für die letzte Fertigungsstufe (z. B. die Endmontage) ist Ausgangspunkt für die dezentrale Steuerung der einzelnen, dieser vorgelagerten Fertigungsstufen. Die letzte Station entnimmt aus dem Pufferlager zwischen ihr und der vorletzten Stufe einen Behälter mit Teilen und schickt diesen dann geleert mit einer angehängten Kanban als Produktionsauftrag für das nächste Los an die Vorstufe. Damit diese den Auftrag realisieren kann, muss sie selbst wiederum aus dem Pufferlager zwischen ihr und ihrer eigenen Vorgängerstation Teile entnehmen. Auch hier wird wieder zum Ausgleich der entnommenen Vorprodukte mit dem leeren Transportbehälter ein Produktionsauftrag an die vorgelagerte Stufe gegeben. Auf diese Weise setzt sich der Produktionsimpuls von der letzten bis zur ersten Stufe der Produktion bis hin zur Beschaffung fort. Erkennbar ist, dass sowohl der Informationsfluss als auch die Steuerung entgegen der Richtung der Produktion verlaufen. Dieser Ablauf, wenn die Stationen ihre Produktionsimpulse von der jeweils nachgelagerten Stufe erhalten, wird als Holbzw. Ziehprinzip bezeichnet. Dabei bilden jeweils zwei im Produktionsfluss benachbarte Stationen einen selbststeuernden Regelkreis. Innerhalb dieses Regelkreises wird zwischen

---

[255]   Siehe bei [Wie92a, S. 346].
[256]   Siehe [Ada93, S. 484 ff.].

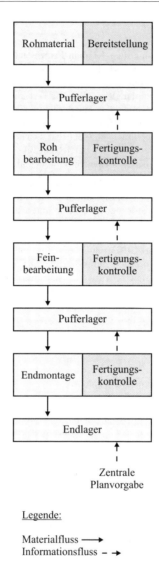

Abbildung 4.72: Steuerung nach dem Kanban-Prinzip

den beteiligten Stufen ein Pufferlager gehalten. Wichtiger Grundsatz ist, dass eine Produktionsabteilung erst dann mit der Herstellung von Teilen beginnt, wenn ihr von ihrer Nachfolgerin Bedarf gemeldet worden ist. Auf diese Weise sollen unnötige Lagerbestände vermieden werden. Die Lagerbestände zwischen zwei Stufen dürfen nur so groß sein, um damit gerade den Materialfluss innerhalb des Regelkreises aufrechterhalten zu können.

Die Einhaltung von organisatorischen Regeln sichert den Ablauf des Verfahrens. Das benötigte Material muss pünktlich, aber nicht zu früh, und in festgelegter Menge angefordert werden. Es darf nicht zuviel, also mehr als tatsächlich benötigt, und nur mit einer konkreten Bestellung produziert werden. Die Auslieferung bzw. Produktion von Ausschuss und fehlerhaften Teilen ist zu vermeiden! Dies ist durch umfassende, eigenverantwortliche Qualitätskontrolle vor Ort zu gewährleisten. Die Produktionsbereiche sollten gleichmäßig ausgelastet werden. Da eine 100%ige Auslastung nicht erreichbar ist, muss das betreffende Personal flexibel einsetzbar sein. Ziel ist, eine möglichst geringe Anzahl von Kanbans im Umlauf zu haben.

Der Kanban, also die Karte, wird als spezieller Informationsträger verwendet. (Wobei der Informationsträger mit dem Einsatz von Computer- bzw. Informationstechnologie auch modernere Formen annehmen kann, nicht zwangsläufig ein Stück Papier oder Pappe sein muss.)

4.4.5.4 Die Karte als Informationsträger

Der Kanban, also die Karte, wird als spezieller Informationsträger verwendet. Dieser kann mit dem Einsatz von Computer- bzw. Informationstechnologie auch inmaterielle Formen annehmen und muss nicht zwangsläufig ein Stück Papier oder Pappe sein.

Der Kanban ist der spezifische Informationsträger zwischen der verbrauchenden und der liefernden Station. Dabei wird eine solche Karte nicht allein hin und her gereicht, jede Karte ist genau einem standardisierten Transportbehälter mit festgelegter Füllmenge zugeordnet. An diesem Behälter kommt sie vom Pufferlager zur verbrauchenden Station, wird dort mit dem Produktionsauftrag ausgefüllt und gelangt dann mit dem leeren Behälter zurück. Von der liefernden Station kommt der Kanban dann wieder mit dem Nachschub in das Lager. Die Füllmenge eines Behälters reicht in aller Regel nicht aus, um die gesamte Tages-Produktions- bzw. Bedarfsmenge einer Station zu decken. Beispielsweise passen in einen Standardbehälter bei Toyota genau 10% der Tagesproduktion, was bedeutet, dass pro Tag 10 solcher Behälter gefüllt werden müssen[257]. Die Anzahl der Behälter und somit der Kanbans für die Regelkreise wird so festgelegt, dass der Materialfluss innerhalb des Kreises gerade aufrechterhalten bleibt. Die Karte enthält folgende Informationen[258]:

- Teilenummer und Name des Teils,
- Behälterart,
- Standardfüllmenge je Behälter,
- Herkunft der Teile (Quelle),
- Adresse der Teile (Senke) und
- Registriernummer der Karte.

Die Anzahl der Kanbans bzw. Behälter innerhalb eines Regelkreises ist von verschiedenen Faktoren abhängig: dem Bedarf pro Tag, der Standardanzahl von Teilen je Behälter und

---

[257] Siehe [Mod83].
[258] Vgl. [Wil88, S. 37].

deren Wiederbeschaffungszeit einschließlich deren Transportzeit. Der Mindestbedarf an
Behältern („Arbeitsbestand") ergibt sich aus der Beziehung

$$Anzahl\ KANBANs\ (AK) = \frac{Tagesbedarf\ (TB) \cdot Wiederbeschaffungszeit\ (ZDL)\ je\ Los}{Anzahl\ der\ Teile\ je\ Behälter\ (BI)}.$$

Zu dieser berechneten Mindestzahl an Behältern bzw. Karten kommt noch ein gewisser
Sicherheitsbestand, eine bestimmte Menge an zusätzlichen gefüllten Behältern. Durch
die Existenz von Sicherheitslagern soll die Materialversorgung in den nachfolgenden Produktionsstufen auch bei zufälligen Schwankungen in der Wiederbeschaffungszeit oder bei
anderen kleinen Störungen gesichert werden. Die Höhe des erforderlichen Sicherheitsbestandes hängt hauptsächlich vom Ausmaß der zufälligen Schwankungen der Wiederauffüllzeiten ab. Werden praktisch konstante Wiederauffüllzeiten erreicht, so genügen
kleine Sicherheitslager. Beim Auftreten größerer Schwankungen jedoch sind die Sicherheitsbestände entsprechend zu erhöhen, um ein Unterbrechen des Produktionsflusses zu
vermeiden. Wird der Sicherheitsfaktor α in die Formel einbezogen, dann ergibt sich:

$$AK = \frac{TB \cdot ZDL}{BI} \cdot (1 + \alpha).$$

In einem Regelkreis ist der Bestand B konstant: $B = AK \cdot BI$. Die pro Tag geleistete
Arbeit muss im Mittel dem Tagesbedarf TB entsprechen: $ML = TB$ (ML=mittlere
Leistung pro Tag). Die Durchlaufzeit ZDL ist gleich der gewichteten mittleren Durch-
laufzeit MZ, da die Auftragszeit konstant ist: $ZDL = MZ$. Daraus folgt:

$$
\begin{aligned}
B &= AK \cdot BI \\
&= \frac{TB \cdot ZDL \cdot (1 + \alpha)}{BI} \cdot BI \\
&= ML \cdot MZ \cdot (1 + \alpha).
\end{aligned}
$$

An dieser Stelle drängt sich ein Vergleich der eben gebildeten Gleichung $B = ML \cdot MZ \cdot (1+\alpha)$ mit der bei der BOA verwendeten Trichterformel $MB = MZ \cdot ML$ auf. Dabei ist
erkennbar, dass bei der Trichterformel der Bestand vom Abgang des Vorgängers bis zum
Abgang am betrachteten Arbeitssystem einfließt, während bei der Kanban-Formel über
das α der Bestand an zurückfließenden leeren Behältern einbezogen ist. Diese Betrachtung zeigt, dass das Kanban-Prinzip – wie die BOA – ein Verfahren zur bestandsgeregel-
ten Fertigungssteuerung darstellt. Jedoch wird im Gegensatz zur BOA der Bestand nicht
mehr durch eine Belastungsschranke geregelt, sondern zum einen durch die Zahl der im
Umlauf befindlichen Kanbans, zum anderen durch den Auftragsinhalt pro Kanban. Als
praktischer Anhaltswert kann für einen Kanban der Arbeitsinhalt von einem halben Tag
gelten. Das Kanban-Verfahren wird mit der Just-in-Time–Fertigung kombiniert, nicht
zuletzt, da es selbst der Just-in-Time–Philosophie entspricht.

Die *Steuergröße* des Kanbans ist der Bestand. Die *Steuerparmater* sind der Teilebedarf in
der Periode, die Größe und die Anzahl der Behälter, sowie deren Wiederbeschaffungszeit.
Mittels der genutzten Karten ist es möglich, den Fortschritt des Produktionsprozesses
(konkret die Anzahl verbrauchter oder produzierter Teile) zu überwachen. Dies kann

durch ein Registrieren der Anzahl der Kartenumläufe an bestimmten Messpunkten geschehen. Wie bereits dargestellt besteht ein Ziel des Kanban-Prinzips in der Minimierung der Anzahl der umlaufenden Behälter bzw. Karten. Dazu sind möglichst geringe Wiederauffüllzeiten und deren genaue Einhaltung ohne große Streuungen erforderlich. Wenn es durch Verbesserungsprozesse gelingt, die Anzahl der Behälter nochmals zu senken, so werden damit nicht nur geringere Lagerbestände, sondern auch kürzere Durchlaufzeiten erreicht. Bei einer gleichzeitigen Verringerung der Streuung der Wiederauffüllzeiten nimmt dadurch auch die Streuung der Durchlaufzeit ab.

4.4.5.5 Beurteilung des Verfahrens

Wie bei allen grundsätzlichen und weitreichenden Neuerungen und Veränderungen empfiehlt es sich, auch die Einführung des Kanban-Verfahrens gründlich zu überdenken und vorzubereiten. Wertvolle Aussagen lassen sich vor allem aus einer vorab durchgeführten Simulation gewinnen, z. B. in Form eines Planspiels. Dabei sind zunächst die Bedarfszahlen zu ermitteln. Im nächsten Schritt wird ein Montageprogramm erstellt. Für dieses sind dann die Durchlauf- und die Umrüstzeiten zu ermitteln, was anhand rüstzeitoptimierter Arbeitspläne zu tun ist, für die besonders der Reihenfolge entscheidende Bedeutung zukommt. Unbedingt einbezogen werden sollten Pufferstückzahlen, die sich aus Maschinenausfallzeiten, Krankenstatistiken, Ausschusszahlen oder Angaben über Maschinenauslastungen ergeben. Weiterhin ist zu beachten, dass die Lose eine konstante Größe haben müssen.

Da das Funktionieren des Verfahrens auf die Motivation und Qualifikation der Mitarbeiter angewiesen ist, sollten vor und während der Einführung Informationen und Schulungen der Mitarbeiter erfolgen. Ebenso ist es ratsam, das Prinzip nicht starr gemäß der Grundregeln durchzusetzen, sondern je nach Situation und Entwicklung Änderungen und/oder Verbesserungen vorzunehmen. Auch dabei ist es sicher nicht von Nachteil, die Anregungen und Vorschläge der ausführenden Mitarbeiter vor Ort einzubeziehen. Hierzu sei die Einführungsphase des Kanban-Prinzips betrachtet, in der sich die Regelkreise erst einspielen müssen. Wenn der Produktionsprozess mit der zunächst eingesetzten Behälter-/Kartenzahl funktioniert, dann kann diese Anzahl in den einzelnen Regelkreisen so lange reduziert werden, bis eine reibungslose Versorgung mit Teilen gerade noch möglich ist. Auf diese Weise ist es möglich, dem System überflüssige Behälter zu entziehen und die Lagerbestände noch zu reduzieren.

Das Hauptproblem beim Kanban-Verfahren ist nicht die eigentliche Steuerung des Produktionsprozesses, sondern die Schaffung der nötigen Einsatzvoraussetzungen bzw. die Zeit, bis das System zum Laufen gebracht wird. In der Praxis sieht es häufig so aus, dass sich die notwendigen Bedingungen nur für einzelne Bereiche der Produktion herstellen lassen. Dann ist mit dem Verfahren nicht die Steuerung des gesamten Produktionsprozesses möglich, sondern es funktioniert nur in Teilbereichen.

Für einen erfolgreichen Einsatz des Kanban-Prinzips sind zahlreiche Maßnahmen und Kriterien unabdingbar. Ein verstetigter Materialfluss bedeutet, dass die Materialintensität, also der Materialbedarf pro Zeiteinheit, im Zeitverlauf keinen oder nur geringen Schwankungen unterliegen darf. Wenn es zu signifikanten Veränderungen kommt, dann reichen die Pufferlager zwischen benachbarten Produktionsstufen nicht aus, um die Versorgung mit Material sicherzustellen. Kleine zufallsbedingte Schwankungen lassen sich

noch durch die Einrichtung zusätzlicher Sicherheitslagerbestände abfangen. Große systematische Veränderungen des Materialbedarfs, z. B. aufgrund von Strukturveränderungen
in der Produktion oder saisonaler Absatzdifferenzen, führen, da die Pufferlager zu ihrer
Deckung nicht ausreichen, zu einem Abreißen des Produktionsflusses wegen mangelnder
Verfügbarkeit von Vorprodukten.

Diese Forderung nach einer gleichen Absatzintensität ist in aller Regel bei Großserien-
oder Massenfertigung (Fließfertigung) erfüllt. Dabei können kleinere Schwankungen des
Absatzes durch Endlager ausgeglichen werden. Bei einer Variantenfertigung ist das
Kanban-Verfahren nur bedingt einsetzbar. Entweder werden viele genormte Teile verwendet oder es ist bei flexibler Fertigung möglich, ohne nennenswerte Rüstzeiten auf
einer Anlage ähnliche Teile herzustellen. Dann können Schwankungen in der Absatzintensität eines Erzeugnisses in der Fertigung durch ein genormtes oder ähnliches Teil
ausgeglichen werden.

Auf das Auftreten von Engpässen in der Produktion kann nur durch eine zentrale
Steuerung angemessen reagiert werden. Bei dezentraler Steuerung in Regelkreisen kann
der Materialfluss jedoch nicht am Engpass ausgerichtet werden. Deshalb erfordert das
Kanban-Prinzip eine Harmonisierung der Kapazitäten aller Stufen. Zufällige Schwankungen der verfügbaren Kapazität treten auch bei harmonisierten Maschinenkapazitäten
auf. So sind der kurzfristige Ausfall von Maschinen (Defekte) und Mitarbeitern (Krank-
heit) unvermeidlich. Um diese Schwankungen schnell ausgleichen zu können, werden in
jeder Produktionsstufe ausreichend Reservekapazitäten vorgehalten, bei deren Einsatz
wieder die normale Kapazität verfügbar ist und abgebaute Sicherheitsbestände schnell
wieder aufgebaut werden können. Auch vorsorgliche Überprüfungen und regelmäßige
Wartungen dienen der Verringerung des Ausfallrisikos. Ebenso tragen der Einsatz moderner Technik sowie qualifiziertes Personal zur Verkürzung der Stillstandszeiten wegen
Wartung oder Instandsetzung bei.

Das Auftreten von Ausschuss bzw. fehlerhaften Teilen kann den harmonisierten Materialfluss zwischen den einzelnen Produktionsstufen erheblich stören. Die Puffer- und
Sicherheitslager werden zusätzlich belastet, die Produktion der nachgelagerten Stufe
gerät ins Stocken, die Versorgungskette reißt unter Umständen ab, wodurch eine termin-
getreue Fertigstellung der Aufträge gefährdet wird. Um dies unbedingt zu vermeiden,
verlangt das Kanban-Prinzip auf jeder Produktionsstufe 100%ige Qualität. Daher liegt
ein Schwerpunkt auf der Qualitätssicherung und -kontrolle. Ein weiteres Problem kann
sich durch die Einbeziehung von Zulieferteilen in den Kanban-Steuerungskreis ergeben.
Erfolgt die Belieferung nach dem Just-in-Time–Prinzip, fallen die eigenen Rohstoff- und
Teilelager prinzipiell weg, zumindest werden sie stark reduziert. Sie fallen naturgemäß
nicht völlig weg, sondern werden auf den Zulieferer verlagert. Verfügt dieser jedoch über
flexible Produktionsmöglichkeiten und kann auch kleinere Lose schnell und wirtschaftlich
herstellen, dann liegen die Lager im Extremfall auf dem Transportweg zum Abnehmer.
Vereinfacht lässt sich sagen, dass die Einbeziehung von Zulieferern nur dann sinnvoll
ist, wenn sich diese nicht weit vom Abnehmer entfernt befinden. So ist es bei einigen
Automobilherstellern so, dass die Zulieferer gleich auf dem eigenen Werksgelände angesiedelt sind, um Transportwege zu minimieren, Transportrisiken auszuschalten und
einen schnellen Informationsaustausch zu ermöglichen sowie ökologische Belastungen zu
verringern. In einem solchen Fall sollte die Anwendung des Kanban-Verfahrens keine
Schwierigkeiten bereiten.

Sind die aufgezeigten Probleme innerhalb des zu schaffenden Rahmens für die Fertigung beseitigt, so ist festzustellen, dass das Kanban-Verfahren zuverlässig arbeitet und eine große Würdigung erfährt.

4.4.5.6 Übungsaufgaben Kanban

Aufgabe 1

Bei einem Unternehmen, das eine kleine Zahl ähnlicher Baugruppen in großen Stückzahlen fertigt, wird die Einführung eines neuen Fertigungssteuerungsverfahrens diskutiert. Zur Auswahl stehen die Belastungsorientierte Auftragsfreigabe (BOA) und das Kanban-Verfahren. Das Unternehmen verfügt über einen Stamm an qualifizierten, flexibel einsetzbaren Mitarbeitern. Die Abarbeitung der Aufträge erfolgt in Losen mit verhältnismäßig geringem und in etwa gleichem Arbeitsinhalt. Die Ausschussraten in der Fertigung sind seit Einführung der eigenverantwortlichen Kontrolle gering. Ziel der Unternehmensleitung ist es vor allem, den personellen und den DV-technischen Aufwand für die Steuerung der Fertigung zu verringern.
Für welches Verfahren (Kanban oder BOA) sollte sich das Unternehmen entscheiden? (Begründen Sie Ihre Antwort in Stichworten!) Müssen für die Umsetzung dieser Entscheidung eventuell weitere Voraussetzungen erfüllt sein? Wenn ja, welche?

Aufgabe 2

1. Erläutern Sie das Prinzip der Belastungsorientierten Auftragsfreigabe (Voraussetzungen, Ziele, Prinzipien, usw).

2. Erläutern Sie das Kanban-Prinzip, gehen Sie dabei auf Voraussetzungen, Ziele, Prinzipien, usw ein!
   Bestimmen Sie die minimale Anzahl von Kanbans für die Bereitstellung eines Teiles, wenn folgende Informationen vorliegen:
   Tagesbedarf (Tag=8 Stunden) an diesen Teilen: 400 Stück, ein Behälter fasst 50 Stück, die Durchlaufzeit eines Loses von 50 Stück dieser Teile beträgt 2 Stunden.

Formel:

$$AK = \frac{TB * ZDL * (1 + \alpha)}{BI}$$

Aufgabe 3

1. Erläutern Sie die Bedingungen für einen sinnvollen Einsatz der Kanban-Steuerung in einem produzierenden Unternehmen!
   Nennen Sie die Prinzipien dieses Systems!

2. Ermitteln Sie die notwendige Anzahl von Kanbans zu einer Baugruppenart, wenn mit einem Behälterinhalt von 500 Stück gearbeitet wird, der Tagesbedarf bei 2000 Stück liegt und die Durchlaufzeit für 500 Stück dieser Baugruppe mit einem halben Tag veranschlagt werden kann! Man verwende einen Sicherheitszuschlag α von 15%.

3. Erläutern Sie die Belastungsorientierte Auftragsfreigabe (BOA) und stellen Sie Gemeinsamkeiten mit der und Unterschiede gegenüber der Kanban-Steuerung heraus!

4.4.5.7   Lösungen zu den Übungsaufgaben

Aufgabe 1

Entscheidung für KANBAN, wegen:

- Dezentralität, keine extra Fertigungssteuerung

- (damit) keine EDV für Fertigungssteuerung erforderlich
  ⇒ das ist günstiger für die Zielerreichung als BOA

- Bedingungen ideal für Kanban

Ja, es sind weitere Voraussetzungen zu erfüllen:

- ablauforientierte Betriebsmittelaufstellung

- hohe Verfügbarkeit der Betriebsmittel

- hohe Motivation der Mitarbeiter

- Haltung eines Sicherheitsbestandes

Aufgabe 2

KANBAN / BOA

1. *BOA*

   Voraussetzungen: Werkstattfertigung (Einzel- und Kleinserienfertigung)
   Ziele: Mittlerer Bestand (MB), der möglichst geringe DLZ sichert, aber auch erforderliche Leistung gewährleistet (Trichterformel!) - an allen Anlagen.
   Damit:

   - geringe DLZ

   - geringe Bestände

   - Termineinhaltung

   - gleichmäßige Kapazitätsauslastung

   Prinzipien: Ablauf:

   - Es wird *eine* Periode betrachtet.

   - zu Beginn: Berücksichtigung des Restbestandes der Vorperiode (BR)

   - Die Freigabe von Aufträgen orientiert sich an einer Belastungsschranke, die größer als die vorhandene Kapazität ist.

   - Kontoführung für jeden Arbeitsplatz erforderlich - Durchlaufterminierung wird einbezogen

   - Aufträge kommen nur mit einer gewissen Wahrscheinlichkeit an eine Anlage.

   - Am späteren Arbeitssystem entsteht eine Belastung mit einer um diese Wahrscheinlichkeit abgewertete Belastung.

- Einlasten der Aufträge nach Reihenfolge (Prioritäten), solange Kapazität vorhanden
- Einbuchen der abgewerteten Belastung in die Anlagenkonten
- Bring-Prinzip, zentrale Steuerung

2. *KANBAN*

Voraussetzungen: $\Rightarrow$ Harmonisierung des Produktionsprogramms:

- kleine Arbeitsinhalte pro Los, gleiche Arbeitszeiten - fließbandähnlich
- ablauforientierte Betriebsmittelaufstellung mit möglichst gleichem Rhythmus
- geringe Umrüstzeiten, hohe Verfügbarkeit der Betriebseinrichtungen
- niedrige Ausschussraten, Selbstkontrolle
- hohe Motivation und Qualifikation der Mitarbeiter

Ziele:

- niedrige Werkstattbestände
- kurze Durchlaufzeiten
- hohe Termineinhaltung
- niedriger Steueraufwand

Prinzipien:

- selbststeuernder Regelkreis nach dem Warenhausprinzip, d.h. wird ein gewisser Bestand an einer definierten Stelle unterschritten, so wird aufgefüllt, d.h. nachbestellt (gewisser Bestand = Sicherheitsbestand = Sicherheitspuffer = Bestandspuffer)
- der Auftrag wird ausgelöst durch Auftragskarte = Bestellkanban mit definierter Menge in definierter Zeit
- Erzeuger beginnt nach Eintreffen des Kanban mit der Herstellung der bestellten Menge und liefert diese
  - in definierter Qualität
  - in standardisiertem Behälter
  - zu definiertem Termin
  - meist: eine Karte = ein Behälterinhalt
- Ziehprinzip / Holprinzip (dezentrale Steuerung)

Anzahl der Kanbans

AK	= Die Anzahl Kanbans	ist gesucht
TB	= Tagesbedarf	= 400 (Stück)
ZDL	= Durchlaufzeit	= 0,25 ZE (= $2h / 8h$)
BI	= Behälterinhalt	= 50 (Stück)
α	= Sicherheitszuschlag	> 0 !!!

$$AK = \frac{TB \cdot ZDL \cdot (1 + \alpha)}{BI} = \frac{400 \cdot 0{,}25 \cdot (1 + \alpha)}{50} = 2 \cdot (1 + \alpha)$$

AK = 3

Aufgabe 3

<u>KANBAN / BOA</u>

1. *KANBAN - Steuerung*

   Bedingungen für den sinnvollen Einsatz (5 Angaben gefordert):

   - harmonische Produktion
   - annähernd konstanter oder gleichmäßiger Bedarf
   - ablauforientierte Betriebsmittelaufstellung
   - geringe Umrüstzeiten
   - hohe Verfügbarkeit der Betriebsmittel
   - niedrige Ausschussrate
   - hohe Motivation und Qualifikation der Mitarbeiter

   Prinzipien:

   - termingerecht
   - mengenexakt
   - qualitätsgerecht

2. *Anzahl der Kanbans*

AK	= Anzahl der Kanbans	ist gesucht	
TB	= Tagesbedarf	= 2000 (Stück)	
ZDL	= Durchlaufzeit	= 0,5 Tage	
BI	= Behälterinhalt	= 500 (Stück)	
α	= Sicherheitsaufschlag	= 15%	

   $$AK = \frac{TB \cdot ZDL \cdot (1 + \alpha)}{BI} = \frac{2000 \cdot 0,5 \cdot 1,15}{500} = 2,3$$

   <u>AK = 3</u>

3. *Belastungsorientierte Auftragsfreigabe (BOA)*

   Abwertung der benötigten Kapazität je Arbeitsstation und Einlasten von Aufträgen nach einer Priorität (z.B. Endtermine), solange die Belastungsschranke nicht überschritten wird

   <u>Unterschiede BOA - Kanban:</u>

BOA	Kanban
globale Steuerung	lokale Steuerung
Bring-Prinzip	Hol-Prinzip
bel. Bedarfsverlauf	gleichm. Bedarfsverlauf
i.d.R. Einzelfertigung	i.d.R. Massenfertigung

   <u>Gemeinsamkeiten BOA - Kanban:</u> Steuergröße : Bestand

4.4.6 Fortschrittszahlenkonzept

Das Fortschrittszahlenkonzept stammt aus der Automobilindustrie. Es wurde bereits in den 60er Jahren zur Verbesserung der Fertigungsorganisation und vor allem des Materialflusses entwickelt[259]. Hintergrund ist das Ziel der Hersteller, mit ihren Zulieferern bedarfsgenaue Lieferungen zu vereinbaren und damit ihre eigenen Lagerbestände reduzieren zu können (Just-in-Time–Prinzip). Allgemein ist das Konzept vor allem für die Anwendung in der Großserienproduktion bzw. Fließfertigung geeignet, also für die Fertigung mit hohem Wiederholungsgrad und größeren Stückzahlen. Kennzeichnend ist, dass nicht die Durchlaufzeit, die Bearbeitungszeit (pro Stück) oder andere derartige Größen gemessen werden, sondern die Erzeugnisse in Stück. Die ermittelte Stückzahl an Produkten stellt für eine Arbeitsstation die Fortschrittzahl dar. Diese Angabe soll jederzeit einen schnellen und aktuellen Überblick bezüglich der Abrufentwicklung, des Fertigungsstandes bis hin zu den einzelnen Arbeitsgängen, der Einkaufsdisposition und der Auslieferung ermöglichen[260]. Die Zahlen können über Soll-Ist-Vergleiche zur Steuerung des Produktionsprozesses genutzt werden, besonders zur Reduzierung der Lagerbestände an Zwischen- und Endprodukten.

4.4.6.1 Grundidee und Voraussetzungen

Das Fortschrittszahlenkonzept beruht auf folgende Ansatz.[261] Der Fertigungsprozess wird in einzelne Stufen (sogenannte Kontrollblöcke) zerlegt, z. B. Teilefertigung, Zwischenlager, Montage.

Produktionsstruktur:

Abbildung 4.73: Bildung von Kontrollblöcken

An jedem dieser Kontrollblöcke werden die abgehenden Teile gezählt. Diese Zahl, die Abgangsstückzahl, wird als *Fortschrittzahl* bezeichnet. Sie bildet zugleich die Basis für die Erstellung einer Abgangskurve für jeden Kontrollblock. Wichtig ist, dass die Fortschrittzahlen nicht jeweils bezogen auf eine Zeiteinheit (z. B. Stück pro Tag), sondern kumulativ erhoben werden (siehe Abbildung 4.74).

Soll-Fortschrittzahlen werden ausgehend von den Planliefermengen durch Ableitung von Bedarfen aus der Stücklistenauflösung gewonnen. Ist-Forschrittzahlen geben den realen Stand zu einem bestimmten Zeitpunkt wieder. Die Kumulation von zeitpunktgenauen Ereignissen führt zur Fortschrittzahlendarstellung. Wie bereits erwähnt wird nicht die Arbeit in Zeiteinheiten, sondern in Stück gezählt. Dies funktioniert aber nur, wenn alle Teile den gleichen Arbeitsinhalt haben. Besonders günstig für die Anwendung

---

[259]   Siehe [Ada93, S. 490].

[260]   Siehe in [Wie92a, S. 348].

[261]   Eine kurze und knappe Charakterisierung des Fortschrittszahlenkonzepts liefern z. B. *Blohm et al.* in [Blo97, S. 378-381].

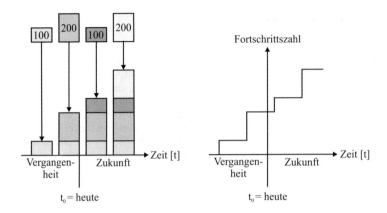

Abbildung 4.74: Fortschrittszahlenkonzept

des Fortschrittszahlenkonzepts ist, wenn die Teile auf Werkstückträgern auf automatischen Transportsystemen bewegt werden.

Zur genaueren Betrachtung der Situation in der Fertigung werden die Zu- und Abgänge in einem Kontrollblock unter Benutzung von Eingangs- und Ausgangsfortschrittszahlen zueinander in Beziehung gesetzt. Auf diese Weise können Kenngrößen wie die mittlere Durchlaufzeit durch jeden zu passierenden Block, die sogenannte Blockverschiebezeit[262] sowie mittlere Bestände ermittelt werden. Der Ausgang des Vorgängerblocks entspricht dem Eingang des folgenden Blocks. Der gesamte Fertigungsprozess lässt sich dann durch ein Diagramm von Fortschrittskennzahlen darstellen. Die Abhängigkeit der Produktion (des Arbeitsinhaltes) von der Zeit ist in Abbildung 4.75 dargestellt.

Eine erfolgversprechende Umsetzung des Fortschrittszahlenkonzepts setzt voraus, dass einige Bedingungen erfüllt sind, insbesondere hohe Planungssicherheit[263]. Das impliziert eine Großserienfertigung weitgehend gleichartiger Produkte in Form der Fließfertigung mit überschaubarem, weitgehend störungsfreiem Produktionsprozess. Die mittleren Durchlaufzeiten durch die einzelnen Fertigungsstationen sind bekannt und mit geringer Streuung behaftet. Weiterhin muss eine bedarfssynchrone Belieferung der einzelnen Stationen durch leistungsfähige Transportsystem und effektive Einbindung der Zulieferer durch langfristige Verträge und intensiven Datenaustausch, besonders über den aktuellen Stand der Produktion, ermöglicht werden.

Es können verschiedene *Arten von Fortschrittszahlen* erhoben werden: Die folgende Übersicht ist weitestgehend von *Wiehland*[264] übernommen, der eine anschauliche Erläuterung des Fortschrittszahlenkonzepts liefert.

- *Eingangs-Fortschrittszahl für Fertigteile*:
  kumulierte Anzahl der produzierten Fertigteile

---

[262] Vgl. [Wie87, S. 326].
[263] Übernommen aus [Ada93, S. 492-493].
[264] Siehe [Wie92a, S. 348 ff.].

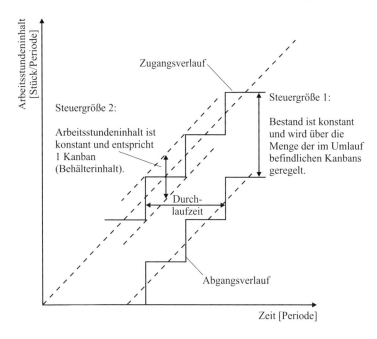

Abbildung 4.75: Arbeitsinhalt-Zeit-Funktion

- *Ausgangs-Fortschrittszahl für Fertigteile*:
  kumulierte Anzahl der ausgelieferten Fertigteile

- *Kunden-Fortschrittszahl*, auch als *Abruf-Fortschrittszahl* bezeichnet:
  kumulierte Anzahl der innerhalb eines Rahmenauftrages abgerufenen Produkte

- *Liefer-Fortschrittszahl*:
  kumulierte Anzahl von Produkten, die bezogen auf einen Abruf geliefert wurden

- *Eingangs-Fortschrittszahl für Zubehör und Rohmaterial*:
  kumulierte Anzahl der vom Vorlieferanten gelieferten oder in Eigenfertigung hergestellten Teile

- *Ausgangs-Fortschrittszahl für Zubehör und Rohmaterial*:
  kumulierte Anzahl der an die Produktion gegangenen Teile

- *Arbeitsgang-Fortschrittszahl*:
  kumulierte Anzahl der von einem Arbeitsgang fertig gemeldeten Gut-Teile, wobei nur bestimmte Arbeitsgänge, die sogenannten „Meilenstein-Arbeitsgänge" als rückmeldepflichtig deklariert werden.

Für einen einzelnen Kontrollblock ist die Bestandsmenge zum Zeitpunkt t_0 gleich dem Umlauf an diesem Block zu diesem Zeitpunkt: $Bestand_0 = U_{t_0}$. Eine Erhöhung des

Bestandes von t_0 bis t_1 resultiert folglich aus einem Zugang am Kontrollblock im Zeitintervall $[t_0,t]$ und die Eingangsfortschrittszahl ergibt sich aus $EFZ_t - EFZ_{t_0}$. Schrumpft der Bestand zwischen t_0 und t_1, so liegt ein Abgang im Zeitintervall $[t_0,t]$ vor und die Ausgangsfortschrittszahl ergibt sich aus $AFZ_t - AFZ_{t_0}$. Damit ergibt sich die Bestandsmenge zum Zeitpunkt t aus $U_t = U_{t_0} + (EFZ_t - EFZ_{t_0}) - (AFZ_t - AFZ_{t_0})$. Falls nun t_0 so ausfällt, dass $EFZ_{t_0} = AFZ_0 = 0$ gilt (was ein Neusetzen der Fortschrittszahlen nach sich zieht), so folgt daraus $U_t = U_{t_0} + EFZ_t - AFZ_t$. Dabei handelt es sich bei U_t um den Umlaufbestand in einem Kontrollblock der Produktion oder um einen Lagerbestand, wenn der Kontrollblock ein Lager oder Zwischenlager darstellt. Anzumerken bleibt, dass zur Plausibilitätskontrolle auch bei der Anwendung des Fortschrittszahlenkonzepts weiterhin eine Lagerbestandsführung empfehlenswert bleibt, auch wenn diese eigentlich nicht erforderlich wäre.

Ein Problem kann sich ergeben, wenn es zu Konflikten zwischen dem Vorgänger- und dem Nachfolger-Kontrollblock kommt, nämlich dann, wenn zwischen dem Vorgänger, von dem der Output stammt, und dem Nachfolger, der den Input benötigt, ein Puffer definiert ist, der einen festgelegten Planbestand erfordert. Dann kann es geschehen, dass Output-Teile den Nachfolger nicht als Input erreichen. Dieser Umstand kann es erforderlich machen, Fortschrittszahlen anhand von Inventurzahlen umzuschlüsseln.

Es sei darauf verwiesen, dass es sich bei den Fortschrittszahlen um kumulierte Stückzahlen handelt. Dies führt per Definition zu einem unaufhaltsamen Anwachsen der Fortschrittszahlen. Dies stellt im Zeitverlauf jedoch ein immer größeres Problem dar, weil die Handhabung immer schwieriger wird. Daher ist zu empfehlen, die Zahlen in regelmäßigen Abständen herunterzutransformieren, z. B. jährlich, quartalsweise oder monatlich. Dies kann einerseits geschehen, indem von den bisherigen großen Zahlen einfach ein Großteil subtrahiert wird, um dann wieder mit kleinen Zahlen arbeiten zu können. Andererseits kann es mit einer Inventur verbunden werden. Dann ergibt sich die neue Fortschrittszahl FZ_{neu} aus $FZ_{neu} = FZ_{alt} - Verkaufs\text{-}FZ(Ende\ der\ Inventurperiode)$. Die Differenz zwischen dem rechnerischen Inventurbestand (Soll-Bestand) und dem Ergebnis der Zählinventur ergibt dann die Inventurabweichung.

4.4.6.2 Das Verfahren

Nachdem die Idee hinter dem Fortschrittszahlenkonzept bereits in den vorigen Abschnitten dargestellt worden ist, soll nun an dieser Stelle die konkrete Anwendung dieser Kennzahlen zur Steuerung des Produktionsprozesses erläutert werden. Dabei wird Bezug auf $Adam$[265] genommen.

Das Fortschrittszahlenkonzept stellt ein Verfahren der zentralen Planung mittels klassischer retrograder Durchlaufterminierung dar. Die Basis dafür bilden mittlere Durchlaufzeiten bzw. mittlere Übergangszeiten zwischen benachbarten Produktionsabteilungen. Ausgehend vom Montageplan der Enderzeugnisse leitet das System ab, welche Mengen bis wann in den einzelnen Produktionsabteilungen bzw. Kontrollblöcken fertiggestellt werden müssen, um die vereinbarten Liefertermine der Enderzeugnisse halten zu können. Dabei wird von den Lieferterminen der Enderzeugnisse unter Berücksichtigung der Blockverschiebezeiten retrograd auf die Starttermine der Produktion in den einzelnen Stationen geschlossen.

---

[265]   Vgl. [Ada93, S.490 ff.].

Eine formale Ähnlichkeit des Fortschrittszahlenkonzepts mit den Durchlaufdiagrammen der Belastungsorientierten Auftragsfreigabe (BOA) besteht darin, dass für jeden Kontrollblock eine kumulierte Zugangs- und eine Abgangskurve abgeleitet wird. Darüberhinaus werden in einem zusätzlichen Fortschrittsdiagramm Zugangs- und Abgangskurve aufeinanderfolgender Stationen verbunden. Dabei entspricht die Abgangskurve eines Blocks mit einer gewissen zeitlichen Verschiebung - der Übergangszeit - der Zugangskurve des Nachfolgerblocks. Abbildung 4.76 zeigt den Abgleich von Soll- und Ist-Fortschrittszahlen auf.

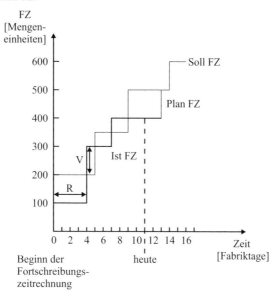

Abbildung 4.76: Soll-Ist-Vergleich von Fortschrittszahlen

Wichtiges Ziel des Konzepts ist, durch die Vereinbarung und Einhaltung von Terminen für den Übergang zwischen den Stationen, die im Verantwortungsbereich der Fertigungs- bzw. Montageprozesse liegen, die Lagerbestände an Rohstoffen, Materialien und Baugruppen zu minimieren. Voraussetzung für die Anwendung des Konzepts ist ein Produktionslayout, das aus hierarchisch voneinander abhängigen Produktions- bzw. Zuliefer-Bereichen (den Kontrollblöcken) besteht. Wie auch *Heinemeyer*[266] fordert, müssen die einzelnen Bereiche organisatorisch, kapazitätsmäßig und bezüglich des Materialflusses klar voneinander abgrenzbar sein.

Zunächst ist für zwei benachbarte Blöcke ein Fortschrittsdiagramm aufzustellen. Vom Montageplan ausgehend werden dann anhand von Stücklisten und Arbeitsplänen die Bedarfe an untergeordneten Baugruppen ermittelt. Diese Bedarfszahlen werden den einzelnen Produktionsbereichen unter Berücksichtigung des terminlichen Vorlaufs als Plan-Fortschrittszahlen vorgegeben. Solche Fortschrittspläne werden auch für die Zulieferer

---

[266] Siehe [Hei88, S. 9].

erstellt. Diese zentral bestimmten Soll-Zahlen werden dann den tatsächlich produzierten bzw. gelieferten Mengen in den einzelnen Blöcken gegenübergestellt. Ergibt ein Soll-Ist-Vergleich eine Fehlmenge, somit eine Unterdeckung, dann sollte reagiert und schnell steuernd auf die Materialflüsse eingewirkt werden. Durch geeignete und rechtzeitige Anpassungsmaßnahmen in den einzelnen Blöcken ist ein weitestgehend reibungsloser Ablauf des Produktionsprozesses sicherzustellen. Da die Planung zentral vorgenommen wird, erfordert eine frühzeitige Reaktion auf Störungen jedoch sehr aktuelle (Rück-)Meldungen der einzelnen Blöcke, besonders die Übermittlung der Ist-Produktionszahlen. Dafür ist der Einsatz eines leistungsfähigen BDE-Systems empfehlenswert.

4.4.6.3 Abschließende Einschätzung

Das Verfahren mit Fortschrittszahlen basiert auf einem anderen Ansatz als die bisher vorgestellten Verfahren. Bei diesem Prinzip handelt es sich um ein Informationssystem, mit dem sich die Daten aus Stücklisten, Arbeitsplänen und Produktions- bzw. Montageprogrammen der einzelnen Fertigungsstationen zweckgerecht aufbereiten und die Materialströme überwachen lassen[267]. Es ist nicht dazu gedacht, aus einer Menge von verschiedenen möglichen den optimalen Ablaufplan zu bestimmen.

Wichtiges Ziel des Fortschrittszahlenkonzepts ist die Synchronisation der Bestände an Zwischen- und Endlagerprodukten. Besonders geeignet sind Fortschrittszahlen für den Bereich der Großserienfertigung. Dabei sind sie sowohl für grobstrukturierte als auch für feinstrukturierte Materialflüsse anwendbar. Da es sich bei Fortschrittszahlen um kumulative und zeitpunktbezogene Größen handelt, sind sie geeignet zur Beschreibung von Vorgängen, die sich über die Zeit entwickeln bzw. aufbauen. Speziell lassen sich mit den Soll-Größen der Bedarfe und den Ist-Größen der Ablieferung eines Erzeugnisses Soll-Ist-Vergleiche bzw. Bestandskontrollen anstellen. Anhand der Fortschrittszahlen lassen sich auch Fehler in anderen Bereichen entdecken, z. B. systematische Fehler, die zu falschen Stammdaten geführt haben. Allerdings enthält das Verfahren keine Maßnahmen zur Kapazitätsanpassung. Die Flexibilität zur Erreichung der Soll-Fortschrittszahlen wird zudem durch kleine Lose, also durch Rüstkosten erkauft.

Als problematisch ist allerdings eine Fertigungsstruktur einzuschätzen, die in eine Stufe „Komplettierung" oder „Montage" mündet. So gehen mehrere Teile aus den vorherigen Stufen in diesen Schritt ein, heraus kommt aber nur jeweils ein Stück. Als Ausweg empfiehlt sich hierbei die Verwendung von Stückzahlen bezogen auf ein Stück Endprodukt, d. h. für die Stückzahlen der Teile wird das Endprodukt als Maßeinheit verwendet.

4.4.6.4 Übungsaufgabe Fortschrittszahlenkonzept

Gegeben seien folgende Informationen über den Durchlauf durch eine Werkstatt, gültig für den Zeitpunkt $t = 0$.

Seit Produktionsaufnahme haben 200 Produkte eines Typs die Werkstatt verlassen. Der aktuelle Bestand an zu bearbeitenden Produkten ist 10 Stück. Für die nächsten 10 Tage ergibt sich:

---

267   Siehe [Ada93, S. 492].

Zeitpunkt t	1	2	3	4	5	6	7	8	9	10
Zugang	5	7	4	2	8	3	0	9	8	1
Abgang	4	4	5	5	5	5	5	6	7	7

1. Zeichnen Sie das Durchlaufdiagramm (Zugangskurve, Abgangskurve)!

2. Ermitteln Sie den mittleren Bestand (MB) für die Werkstatt, ausgehend vom geschilderten Zeitraum!

3. Geben Sie die Fortschrittszahlen für diese Werkstatt und für die 10 Zeitpunkte an!

4. Beschreiben Sie, wie die mittlere Durchlaufzeit (MZ) ermittelt werden kann! (Nur beschreiben, nicht durchführen!)

5. Nach dem Zeitpunkt $t = 10$ findet eine Inventur statt. Diese ergibt eine Minus-Differenz von 2 Stück. Die Fortschrittszahlen werden daraufhin zurückgesetzt. Welche Werte haben sie nun?

6. Unter welchen Bedingungen ist die Verwendung von Fortschrittszahlen bei Werkstattfertigung sinnvoll?

4.4.6.5 Lösung der Übungsaufgabe

Durchlaufzeit / Fortschrittszahlenkonzept

1. *Durchlaufdiagramm:*

2. *Mittlerer Bestand:*

MB $= \frac{FB}{P}$

FB - Bestandsfläche = Bestandssumme

P - Anzahl Tage im Bezugszeitraum

$$
MB_{[t_0, t_{10}]} = \frac{1}{11} \cdot \sum_{t=0}^{10} (FZ_{Zugang} - FZ_{Abgang})
$$

$$
= \frac{1}{11} \cdot (10 + 11 + 14 + 13 + 10 + 13 + 11 + 6 + 9 + 10 + 4)
$$

$$MB_{[0,11]} = 10,09$$

(bei 10 Perioden 0-10 → 10,7)

3. *Fortschrittszahlen:*

t	1	2	3	4	5	6	7	8	9	10
FZ_{Zugang}	215	222	226	228	236	239	239	248	256	257
FZ_{Abgang}	204	208	213	218	223	228	233	239	246	253

4. *Mittlere Durchlaufzeit:*
   Die Zeitdifferenzen addieren, die zwischen dem Erreichen einer bestimmten Zugangs-FZ und der gleichen (hier!) oder der korrespondierenden Abgangs-FZ (allg. Fall) liegen. Daraus das arithmetische Mittel bilden!

5. *Werte nach Inventur:*

   t = 10
   FZ_{Zugang} 257 → 2 (Differenz 4 - Minusdifferenz 2)
   FZ_{Abgang} 253 → 0

6. Die Verwendung von Fortschrittszahlen bei Werkstattfertigung ist nur sinnvoll, wenn in der Werkstatt Großserienfertigung betrieben wird und alle Teile den gleichen Arbeitsinhalt haben.

4.4.7 Zusammenfassung

Die vorgestellten Verfahren haben gezeigt, dass sie nur zum Teil den Anforderungen der betrieblichen Praxis gerecht werden. Vor allem im Organisationstyp des Werkstattprinzip stellen die Prioritätregeln, die Belastungsorientierte Auftragsfreigabe und die Retrograde Terminierung nur unbefriedigende Lösungen bereit. Das liegt vor allem daran, dass durch diese Verfahren jeweils nur eine singuläre Lösung aus dem gewaltigen Lösungsraum ermitteln. Aus diesem Grunde werden die Verfahren auch als Eröffnungsverfahren bezeichnet.

Eine zweite große Gruppe von Heuristiken versucht diese (Start)Lösung schrittweise zu verbessern. Diese Verfahren werden deshalb als iterative Verbesserungsverfahren bezeichnet. Der folgende Abschnitt widmet sich diesen Verfahren.

4.5 Moderne Methoden der Fertigungssteuerung

Nachdem eine Reihe möglicher Eröffnungsverfahren beschrieben wurden, stellt sich die Frage, wie die mit einer solchen Methode erzeugte Lösung noch verbessert werden kann, denn häufig genügen die mit diesen Verfahren gefundenen Lösungen nicht den gestellten Anforderungen[268] bzw. liegen in vielen Fällen zu weit von der gesuchten Lösung entfernt. Sogenannte *heuristische Iterationsverfahren* können den Eröffnungsverfahren, die sich relativ deutlich zu diesen abgrenzen lassen, nachgeschaltet werden. Das Wesentliche der

---

[268]   Siehe [Mül76, S. 82].

Iterationsverfahren besteht darin, dass für eine gefundene Lösung eine Art *Nachbarschaft* definiert wird, in welcher in der nächsten Iteration nach einer besseren Lösung gesucht wird.

Dafür bietet sich die Anwendung einer Reihe neuerer probabilistischer Suchverfahren an. Zu diesen gehören einerseits die Evolutionären Algorithmen, unter denen vorrangig die Genetischen Algorithmen betrachtet werden, und andererseits die Gruppe des Simulated Annealing und die mit ihm verwandten Verfahren, das Threshold Accepting und die Sintflut-Methode. Weiterhin ist als naturanaloges Optimierungsverfahren die Ant Colony Optimierung zu nennen. Die folgenden Abschnitt zeigen das Wesen der Verfahren und bieten einen Vergleich zu den Eröffnungsverfahren.

4.5.1 Modelle, Heuristiken und Algorithmen

Optimierungsprobleme können aufgrund ihrer Zielfunktionen und ihrer Entscheidungsvariablen unterschiedlichen Problemklassen zugeordnet werden. Im Bereich der Produktionssteuerung treten meistens Probleme der linearen, der ganzzahligen (linearen) und kombinatorischen, der dynamischen sowie der nichtlinearen Optimierung auf.

Lineare Optimierungsmodelle bestehen aus einer (oder mehreren) Zielfunktion(en) und linearen Nebenbedingungen. Die Variablen sind reellwertig. Triviale Modelle der Maschinenbelegungsplanung gehören zu dieser Klasse, die oftmals durch vereinfachende Annahmen aus ganzzahligen und kombinatorischen Problemen hervorgehen.

Bei *ganzzahligen (linearen) und kombinatorischen Optimierungsmodellen* sind Zielfunktionen und Nebenbedingungen linear. Die Variablen dürfen nur ganzzahlige Werte annehmen. Ist die Ganzzahligkeit auf eine Teilmenge der Variablen beschränkt, liegt ein gemischt-ganzzahliges Problem vor. Die Maschinenbelegungsplanung ist ein kombinatorisches Optimierungsproblem.

Bei der *dynamischen Optimierung* werden Modelle in Stufen zerlegt, die durch rekursive Abarbeitung optimiert werden. Ein typischer Vertreter dieser Klasse ist das Verfahren von *Wagner/Whitin* der dynamischen Losgrößenplanung.

Nichtlineare Optimierungsmodelle bestehen aus nichtlinearen Zielfunktionen und/oder nichtlinearen Nebenbedingungen. Vertreter dieser Klasse sind vor allem im Bereich der statischen Losgrößenplanung angesiedelt.

Für kombinatorische Optimierungsmodelle gibt es eine ganze Reihe von Verfahren, die im Folgenden genannt und strukturiert werden. Gemeinsam ist vielen die Defintion einer Nachbarschaft. Aus diesem Grunde wird zunächst auf die Definition dieser Nachbarschaft eingegangen.

4.5.1.1 Nachbarschaft

Für die meisten Verbesserungsverfahren gilt die Vorgehensweise, dass ausgehend von einer gefundenen Lösung *s* eine neue Iteration im Lösungsraum vollzogen werden muss, sofern das Verfahren noch nicht terminiert ist. Es stellt sich als die Frage, in welche Richtung und mit welcher Schrittweite diese Iteration ausgeführt wird. Zur Vermeidung eines „ziellosen Umherspringens" im Lösungsraum erfolgt die Definition einer als

$N(s)$ bezeichneten Nachbarschaft N von s (siehe Abbildung 4.77). *Reiter* und *Sherman* haben vermutlich als Erste dieses allgemeine Prinzip publiziert. In Anlehnung an *Müller-Merbach*[269] können drei hierarchische Grade der Nachbarschaft unterschieden werden.

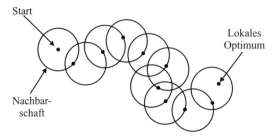

Abbildung 4.77: Nachbarschaften

Die Nachbarschaft *ersten Grades* umfasst alle potenziellen Lösungen, die zur Auswahl stehen. Im rechten Teilbild ist diese Menge durch einen rötlichen Kreis dargestellt. In den folgenden Abbildungen 4.79 und 4.80 entspricht diese Menge dem äußeren Kreis. Die Nachbarschaft *zweiten Grades* ist eine Teilmenge der Nachbarschaft ersten Grades, in der Lösungen für die weitere Betrachtungen vorselektiert wurden. In den folgenden Abbildungen entspricht diese Menge dem mittleren Kreis. Dieser enthält kleine Kreise, die Lösungen darstellen.

Die Nachbarschaft *dritten Grades* umfasst die ausgewählten Lösungen. Im Falle einer Heuristik sind i. d. R. viele Lösungen enthälten, aus der durch Angabe einer Regel eine bestimmte Lösung ermittelt werden kann. Im linken Teilbild markiert der schwarze Punkt diese gefundene Lösung. Der Kreis um den Punkt herum soll die Nachbarschaft zweiten Grades darstellen. Der Kreis selbst ist nur eine idealisierte Darstellung und wird für praktische Problemstellungen kein solcher sein.

Für die Nachbarschaft zweiten Grades existieren für bestimmte Problemstellung spezifische Selektionsbedingungen. So ist für das Maschinenbelegungsproblem folgende Nachbarschaftsdefinition bekannt geworden. Ein Tausch zweier Arbeitsvorgänge ist dann sinnvoll, wenn

1. die betrachteten Arbeitsvorgänge zu unterschiedlichen Aufträgen gehören,

2. die gleiche Maschine referenzieren und

3. sich auf dem kritischen Pfad befinden.

4.5.1.2 Exakte Verfahren

Verfahren, die in endlich vielen Schritten das Optimum einer Optimierungsaufgabe finden, heißen exakte Verfahren. Ihre Anwendung ist an die Kenntnis der konkreten Pro-

---

[269] Siehe [Mül81, S. 7 ff.].

blemstruktur gebunden. Zu den exakten Verfahren zur Lösung linearer Optimierungsprobleme gehört z. B. der Simplex-Algorithmus[270]. Für ganzzahlige (lineare) und kombinatorische Optimierungsprobleme eignen sich z. B. Entscheidungsbaumverfahren (Branch & Bound) oder Schnittebenenverfahren[271]. Die Nachteile dieser Verfahren liegen darin, dass ihre Anwendung Kenntnisse über die Struktur des Lösungsraumes voraussetzt, dass sie Modellformulierungen erfordern, die für praktische Probleme als ungeeignet erscheinen und dass einige von ihnen (z. B. das Gradientenverfahren) systematisch die Tendenz aufweisen, gegen Optima zu konvergieren[272]. Exakte Verfahren werden in der Maschinenbelegungsplanung ausschließlich - wenn überhaupt - zur Lösung von Teilproblemen, z. B. Berechnung von Schranken, herangezogen.

Der Hauptnachteil exakter Verfahren ist jedoch, dass deren Rechenaufwand für große Probleme prohibitiv groß wird. Dies belegt die Komplexitätsuntersuchung des JSP. Da für die praktische Werkstattsteuerung dennoch Computerunterstützung für die Maschinenbelegungsplanung dringend erforderlich ist, bietet sich zur Zeit nur der Weg über Heuristiken.

4.5.1.3 Heuristiken

Das Wissen, dass die Maschinenbelegungsplanung ein *NP*-schweres Problem ist, spendet zunächst einmal jedem Algorithmendesigner Trost, wenn beim Entwurf auf exakte Verfahren zur globalen Lösung des Problems verzichtet werden muss. Aus praktischer Perspektive und unter Missachtung der theoretischen Äquivalenz kann festgestellt werden, dass nicht alle Probleme gleich schwer sind[273] und es Näherungsverfahren gibt, die für die Praxis befriedigende Resultate liefern. Diese Verfahren garantieren kein Optimum, können aber durchführbare Belegungspläne liefern, deren Ergebnisse sich in der Nähe eines Optimums befinden. Ein Verfahren ohne die Garantie einer bestimmten Leistungsfähigkeit wird in der Literatur zumeist als Heuristik bezeichnet.

Als *Heuristik* wird ein in der Regel auf ein spezielles Problem zugeschnittenes, näherungsweises Lösungsverfahren bezeichnet, dass

1. auf nichtwillkürliche Art und Weise

2. potentielle Lösungen vom Suchprozess ausschließt und

3. für das keine Garantie für die Optimalität der Lösung gegeben werden kann, da ein Konvergenzbeweis fehlt[274].

---

[270] Vgl. [Dan66].

[271] Siehe u. a. [Dom93, S. 40 f.].

[272] Dies liegt an der diesen Verfahren zugrunde liegenden *Hillclimbing-Strategie*, d. h. die Verfahren folgen einem stetig aufwärts (Maximierung) oder abwärts (Minimierung) führenden Pfad auf das Optimum zu. Sie bleiben daher, bildlich gesprochen, auf kleineren Hügeln stehen und finden die hohen Berge nicht, da sie die dazwischen liegenden Täler nicht überwinden können.

[273] Manche Probleme können unter Benutzung der dynamischen Programmierung sogar pseudopolynomial gelöst werden (Siehe [Bru95, S. 39].).

[274] Siehe [Str75, S. 143 ff.].

Nach *Domschke*[275] können Heuristiken in drei Gruppen sowie deren Kombinationen unterteilt werden, in Eröffnungsverfahren, Verbesserungsverfahren und unvollständige exakte Verfahren. Zu den Eröffnungsverfahren zählen z. B. die Prioritätsregeln. Heuristiken in Form von Prioritätsregeln stellen derzeit das vorherrschende Planungshilfsmittel dar, das im Großteil der in der Praxis eingesetzten Fertigungsleitstände verwendet wird. Der Grund dafür ist vor allem in ihrer leichten Handhabbarkeit und ihrer vergleichsweise einfach verständlichen Funktionsweise zu suchen. Häufig in der Fertigung explizit oder implizit angewandte Prioritätsregeln sind z. B. die „Kürzeste Operationszeit Regel" (KOZ) und die „First-In-First-Out-Regel" (FIFO).

Der Vorteil der leichteren Handhabbarkeit geht oft dann verloren, wenn die Fertigungssteuerung mehrere verschiedene Zielvorgaben erhält. Zwar lassen sich Prioritätsregeln auch verknüpfen, aber dies stellt einige Anforderungen an die Erfahrung des Fertigungssteuerers. Die Wirkung dieser Verknüpfungen ist nicht unmittelbar vorhersehbar, wie im Fall einzeln genutzter Regeln. Daher wird der Test solcher Regelkombinationen meist mit Hilfe von Simulationssystemen durchgeführt. Hinsichtlich der Güte der Planungsvorschläge im Hinblick auf die Erreichung eines oder mehrerer Ziele liegen Prioritätsregeln in der Regel hinter leistungsfähigen Suchverfahren.

Außerdem existiert eine Reihe von Verfahren, die eher für kleine Instanzen des JSP geeignet sind. Deren derzeit bester Vertreter ist der Shifting-Bottleneck-Algorithmus von *Adam, Balas* und *Zawack*[276]. Trotz z. T. sehr guter Testergebnisse für verschiedene kleinere Testinstanzen des JSP ist dieser Algorithmus für praktische Probleme ungeeignet, vor allem, da er einige sehr restriktive Bedingungen an die Problemstruktur stellt. Auch die Shifting-Bottleneck-Heuristik ist ein Eröffnungsverfahren.

Zu den Verbesserungsverfahren zählen z. B. die nicht-deterministischen Optimierungsverfahren[277]. Nicht-deterministische Optimierungsverfahren[278], die auch als *stochastische Suchverfahren*[279] bezeichnet werden, nutzen den Zufall gezielt aus. Sie eignen sich besonders für Probleme, in denen einerseits kein analytischer Ausdruck für die Zielfunktion vorliegt und sich die Funktionswerte nur aus Messdaten oder einem Rechenalgorithmus ergeben, so dass die Regularitätsbedingungen für die Zielfunktion nicht bekannt sind oder gar nicht existieren und für die andererseits eine schnelle und einigermaßen gute Approximation des Extremwertes ausreicht[280]. Ein klassisches Verfahren ist die Monte-Carlo-Methode, bei der für gleichmäßig verteilte Lösungsvorschläge Zulässigkeit und Zielfunktionswert ermittelt werden. Neben den klassischen nicht-deterministischen Verfahren, die „blind" den gesamten Lösungsraum bzw. einen den Lösungsraum umhüllenden Polyeder abdecken, existieren Verfahren, die zwar den Zufall nutzen, aber gezielt erfolgversprechende Teile des Lösungsraumes durchsuchen. Zu dieser Gruppe zählen z. B. das *Simulated Annealing* und die Verfahren der Evolutionären Optimierung. Letztere können unterschieden werden in Evolutionsstrategien und genetische Algorithmen, die sich zwar in Details unterscheiden, aber beide in einer Art und Weise vorgehen, die der biologischen Evolution nachempfunden ist.

Der Vorteil dieser Suchverfahren liegt darin, dass sie im Prinzip unabhängig von der

---

[275] Siehe [Dom93, S. 42].

[276] Vgl. [Ada88b, S. 391 ff.].

[277] Vgl. [Dom93, S. 42].

[278] Siehe [Sch94, S. 105 ff.].

[279] Siehe [Göp86, S. 236 ff.].

[280] Vgl. [Göp86, S. 236].

Struktur des Lösungsraumes und von der vorgegebenen Zielfunktion eingesetzt werden können. Dies ist bei praktischen Problemen von Vorteil, weil die Verfahren dadurch leichter handhabbar sind. Sie sind daher nicht nur für spezielle Probleme einsetzbar und werden z. T. als *Metaheuristiken* bezeichnet[281].

Als *Metaheuristik* wird ein iterativ ablaufender Prozess bezeichnet, bei dem eine untergeordnete Heuristik intelligent durch ein übergeordnetes allgemeines Prinzip der Informationsauswertung und Steuerung dirigiert wird[282]. Es wird demnach eine Gruppe von Verfahren repräsentiert, die ein gemeinsames Prinzip teilen und zugleich offen für Modifikationen und Erweiterungen sind. Verfahren wie Simulated Annealing und Threshold Accepting sind in diesem Sinne Metaheuristiken. Das jeweilige Grundprinzip zur Steuerung des Suchprozesses ist dabei auf eine Vielzahl von Problemen und Nachbarschaftsdefinitionen anwendbar.

4.5.1.4 Algorithmen

Um sich zunächst einen Überblick zu verschaffen, auf welchem Wege Probleme der Werkstattsteuerungen gelöst werden können, soll zu Beginn eine Betrachtung der Systematik von Algorithmen (Abbildung 4.78) stehen. Die grundsätzlichen Ideen hierzu gehen auf *Streim*[283] zurück. Eine gute Ausarbeitung dieser Thematik, worauf sich auch die folgenden Ausführungen stützen, liefert *Feldmann*[284].

Die Systematik trennt zunächst die Algorithmen danach, ob sie die Schrittfolge wiederholen oder nicht. Direkte Algorithmen terminieren nach einmaliger Anwendung der Berechnungsvorschrift (Differenzierung einer Funktion). Das nächste wichtige Unterscheidungskriterium innerhalb der iterativen Algorithmen ist das garantierte Finden einer optimalen Lösung. Die Verfahren, die diese Garantie nicht übernehmen können, sind die bereits oben erwähnten Heuristiken.

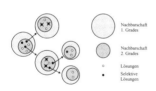

Abbildung 4.79: Heuristischer

Algorithmus

Heuristiken arbeiten nach der Strategie, den Entscheidungsbaum drastisch zu beschneiden. Zu einmal abgeschnittenen Ästen wird im weiteren Verlauf nicht mehr zurückgekehrt, nur bestimmte Lösungen werden weiterverfolgt. Für Blattknoten wird tendenziell nicht gezeigt, dass sie zu keiner Verbesserung mehr führen können Somit können optimale Lösungen verloren gehen. Heuristiken sind Mischformen von Pfad- und Baumstrukturen, die im folgenden kurz dargestellt werden. Physikalisch motivierte Verfahren besitzen meist Pfadstruktur, biologisch motivierte hingegen meist Baumstruktur.

Die andere Gruppe der iterativen Algorithmen wird als (gleichmäßig) konvergierend bezeichnet. Eine stochastische Konvergenz zur Eingliederung in diese Gruppe ist nicht ausreichend, da für praktische Problemstellungen ein Verhalten im Unendlichen irrelevant ist.

---

[281]   Vgl. [Wei94, S. 27 u. S. 123].
[282]   Siehe [Fel99, S. 31].
[283]   Siehe [Str75].
[284]   Siehe [Fel99, S. 28 ff.].

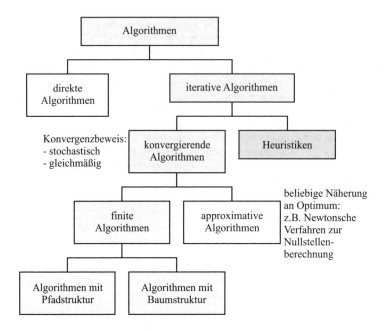

Abbildung 4.78: Systematik von Algorithmen

Innerhalb der konvergierenden Algorithmen lassen sich finite und approximative Algorithmen unterscheiden. Letztere sind Näherungsverfahren, die mit einer bestimmten Genauigkeit gegen ein Optimum konvergieren. Ein Beispiel ist das *Newton-Verfahren* zur Nullstellenberechnung. Finite Algorithmen hingegen finden nach endlich vielen Schritten das Optimum. Diese sind wiederum nach der Organisation des Suchprozesses in Pfadstruktur oder Baumstruktur unterteilbar (siehe Abbildung 4.80).

Als Beispiel für eine Pfadstruktur kann der *Simplex-Algorithmus* als exaktes Verfahren genannt werden. Ausgehend von einer Ausgangslösung können alle Nichtbasisvariablen als Nachbarn ersten Grades angesehen werden. Diejenigen mit negativem Zielfunktionskoeffizienten bilden die Nachbarschaft zweiten Grades. Gemäß vorgegebener Pivot-Regel wird danach die entsprechende Pivot-Spalte gewählt. Anschließend wird die Zeile gewählt, in der die Nichtbasisvariable den kleinsten Koeffizienten besitzt. Dies entspricht dem schwarzen Punkt. Nach dem Basistausch wird das Verfahren erneut iterieren, solange bis die optimale Lösung gefunden worden ist.

Als Beispiel für finite Algorithmen mit Baumstruktur ist *Branch and Bound* zu nennen. Ohne auf das Verfahren selbst einzugehen lässt sich anders als bei Pfadstrukturen die Nachbarschaft dritten Grades nicht auf eine singuläre Lösung reduzieren. Bei diesen Verfahren können dann mehrere Pfade parallel verfolgt werden.

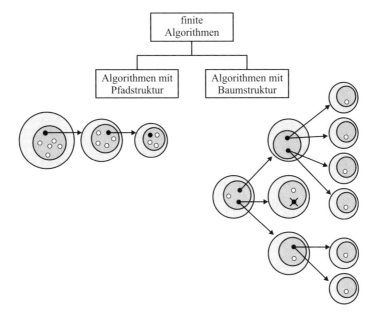

Abbildung 4.80: Finite Algorithmen

4.5.2 Lokale Suchverfahren

In diesem Abschnitt werden die lokalen Suchverfahren vorgestellt. Ihnen gemeinsam ist die Arbeit mit nur einer Lösung. Ausgehend von dieser wird innerhalb einer Nachbarschaft nach der nächsten möglichen Iteration gesucht. Wurde auf die Weise eine neue mögliche Lösung bestimmt, dann unterscheiden sich die lokalen Suchverfahren einzig in der Annahmestrategie einer schlechteren Lösung.

4.5.2.1 Tabu Search

Die Idee des Tabu Search beruht auf der Nachbildung einer Art von Gedächtnis, d. h. des Lernens und Vergessens. Ziel dieses Verfahren ist die Vermeidung des Verharrens in lokalen Optima. Aus diesem Grunde speichert das Verfahren die letzten gefunden Lösungen in einer Liste, welche für den weiteren Suchprozess für die nahe Zukunft „tabu" sind. Nach der Generierung einer neuen Lösung aus der Nachbarschaft wird zuerst in der Liste geschaut, ob die Lösung bereits enthalten ist. Ist das der Fall, wird die Lösung verworfen. Der folgende Algorithmus verdeutlicht dieses Vorgehen.

Da selbst bei populationsbasierten Algorithmen die Populationgröße im Verhältnis zur Zahl der möglichen Ablaufpläne in einem JSP-Lösungsraum verschwindend klein ist, besteht die Möglichkeit, dass sich der Algorithmus im Kreis durch den Suchraum bewegt und schließlich in einem suboptimalen Punkt abbricht. Um diese Gefahr zu verringern,

begin

$i := 0;$

Wähle eine Ausgangslösung $s \in S$;

$best := c(s);$

$s^* := s;$

$T :=$ leere Tabuliste;

$listlen :=$ Länge der Tabuliste;

while Stopkriterium nicht erfüllt **do**

Zufällige Generierung einer neuen Lösung $s' \in N(s);$

if $(c(s') < best) \wedge (s' \notin T)$

then $s := s'$

$s^* := s';$

$best := c(s');$

$T[i \ mod \ listlen] := T \cup s';$

$i := i + 1$

fi

od

end

Abbildung 4.81: Basisalgorithmus Tabu Search

wird ebenfalls auf die Idee der Tabu-Search Heuristik zurückgegriffen. Bei diesem Verfahren[285] werden die letzten x Lösungen in einer sogenannten Tabu-Liste gehalten. Die Liste wird nach dem FIFO-Prinzip geführt, d. h. für eine neu gespeicherte Lösung wird die am längsten in der Liste stehende gelöscht.

Für eine Implementierung einer solchen Tabuliste für praktische Problemstellungen ist eine 100%-ig exakte Identifikation einer Lösung nicht erforderlich. Das nachfolgend beschriebene Verfahren arbeitet hinreichend genau. Jedem Arbeitsvorgang wird beim Laden des aktuellen Arbeitsvorrates eine eindeutige Identifikationsnummer zugeteilt, indem die Arbeitsvorgänge mit dem Wert 1 beginnend enumeriert werden. Ebenso erhält jede Einplanungsposition auf jeder Maschine eine eindeutige Positionsnummer pos_y, beginnend mit 1 für die erste Position der ersten Maschine bis $(\sum_{j=1}^{n} o_j)$ für die letzte Position auf der letzten Maschine. Die Prüfsumme kann dann als

$$\text{CS}_1 = \sum_{y=1}^{\sum_{j=1}^{n} o_j} \left(pos_y \cdot f(pos_y)\right)$$

---

[285] Siehe [Bru95, S. 53].

errechnet werden. Tests zeigten, dass bei Verwendung dieser Prüfsumme hin und wieder verschiedenen Lösungen der gleiche Wert zugewiesen wurde. Dieses Problem wurde durch Multiplikation des Wertes mit der Zykluszeit behoben.

$$\mathrm{CS}_2 = \sum_{y=1}^{\sum_{j=1}^{n} o_j} \big(pos_y \cdot f(\mathrm{pos}_y)\big) \cdot c_{max}$$

Zwar besteht auch weiterhin eine geringe Restwahrscheinlichkeit, für das Auftreten gleicher Prüfsummen bei unterschiedlichen Lösungen, bei den umfangreichen durchgeführten Testläufen kam es jedoch nie zu einem derartigen Fehler. Das Tabu Search Verfahren ist bestens geeignet, um mit anderen Verbesserungsverfahren durch Halten einer Tabuliste hybridisiert zu werden.

4.5.2.2 Simulated Annealing

Das Simulated Annealing[286] ist ein stochastisches Verfahren, welches den physikalischen Prozess des Kristallzüchtens nachbildet. In der Metallurgie ist die Vergütung ein Prozess, bei welchem Metall zunächt erhitzt und anschließend in mehreren Etappen langsam abgekühlt wird. Während des Prozesses des Abkühlens wird die kristalline Struktur in die Nähe seines energetischen Minimums geführt. Abbildung 4.82 deutet diesen Prozess an. Die Teilchen des Kristalls verlieren allmählich ihre Energie und begeben sich somit auf geringere Energieniveaus und können so lokale Minima erreichen. Aufgrund thermodynamischer, temperaturabhängiger Zufallskomponenten[287] besteht für diese Teilchen jedoch die Möglichkeit, temporär wieder ein höheres Niveau an Energie zu erreichen, dass heißt einen schlechteren Zustand anzunehmen. Auf diese Art wird das Verlassen lokaler Minima möglich. Für die Lösung von JSP wird dieses Prinzip übernommen. In Abhängigkeit der aktuellen Lösung (Energieniveau $f(s_i)$) und der bisherigen Laufzeit des Algorithmus (Abkühlungsplan c_i) kann für jede schlechtere Lösung die Annahmewahrscheinlichkeit

Abbildung 4.82: Simulated Annealing

$$p = \min\left\{1, e^{-\frac{f(s_i)-f(s_{i-1})}{c_i}}\right\}$$

bestimmt werden. Je länger also das Verfahren dauert und je besser die Güte der Lösungen wird, desto geringer ist die Wahrscheinlichkeit, dass eine schlechtere Lösung angenommen wird. In der Physik wird davon gesprochen, dass im thermischen Gleichgewicht eine stabile Wahrscheinlichkeitsverteilung der Energiezustände erreicht wird. Die Wahrscheinlichkeitsfunktion ist eine Sigmoide, die in ihrem Wesen der Gleichung 4.1 entspricht. Die Wahrscheinlichkeitsverteilung ist auch als *Boltzmann–Verteilung* bekannt[288].

Der in Abbildung 4.83 dargestellte Algorithmus zeigt den prinzipiellen Ablauf dieser Optimierungsmethode.

---

[286] Siehe zum Verfahren [Kir83].

[287] Diese Tatsache wird auch als thermisches Rauschen bezeichnet.

[288] Weitere Information zur Konfiguration der Parameter finden sich in [Laa87].

begin

$i := 0$;

Wähle eine Ausgangslösung $s \in S$;

$best := c(s)$;

$s^* := s$;

while Stopkriterium nicht erfüllt **do**

Zufällige Generierung einer neuen Lösung $s' \in N(s)$;

if $random[0,1] < min\left\{1, e^{\left(-\frac{c(s')-c(s)}{c_i}\right)}\right\}$;

then $s := s'$;

fi

if $c(s') < best$

then $s^* := s'$;

$best := c(s')$;

fi

$c_{i+1} := g(c_i)$;

$i := i + 1$

od

end

Abbildung 4.83: Basisalgorithmus Simulated Annealing

Simulated Annealing arbeitet mit einem einzelnen Suchpunkt im Gegensatz zu den Evolutionären Verfahren, die mit einer Population von Lösungen den Suchraum parallel erkunden. Ebenso wie die Hillclimbing-Heuristik betrachtet Simulated Annealing den Phänotyp der Lösung[289]. Im Gegensatz zu dieser, akzeptiert SA auch eine temporäre Verschlechterung des Zielfunktionswertes mit Wahrscheinlichkeit p aus Formel 4.1. Sie bewirkt die Annahme einer besseren Lösung in jedem Fall und einer schlechteren Lösung dann, wenn eine gleichverteilte Zufallszahl aus dem Intervall $[0,1]$ kleiner ist, als der Wert der Funktion e^{-x} an der Stelle

$$\frac{c(s') - c(s)}{c_i}.$$

Damit besteht auch für eine extrem schlechte Lösung eine, wenn auch sehr geringe, positive Annahmewahrscheinlichkeit. Dies hilft dem Verfahren, lokale Optima wieder zu verlassen und auch weiter entfernte Teile des Lösungsraumes zu erkunden.

---

[289]   Diese aus dem Gebiet der Evolutionären Algorithmen stammende Bezeichnung ist für die Beschreibung des Simulated Annealing natürlich nicht adäquat, wird aber hier verwendet, um den Zusammenhang mit den folgenden Abschnitten zu verdeutlichen.

Für das Simulated Annealing sind die folgenden Parameter von Bedeutung: die Erzeugung der Startlösung[290] und der Verlauf der Funktion $g(c_i)$, der durch den Anfangs- und Endwert für c_i, die Dauer des Verharrens auf einem Temperaturniveau und die Art der Dekrementierung von c_i determiniert wird. Eine konkrete Belegung der letzten vier Parameter wird als Abkühlungsplan (cooling schedule) bezeichnet.

Der technische Prozess der Vergütung beinhaltet die stufenweise Absenkung der Temperatur eines zuvor erhitzten Werkstückes, bis dieses wieder Raumtemperatur erreicht hat. Um durch Kristallfehlstellen verursachte Spannungen im Material zu minimieren, wird diesem auf jeder Temperaturstufe die Chance gegeben, ein thermisches Gleichgewicht zu erreichen. Dieses Gleichgewicht ist gekennzeichnet durch eine charakteristische Verteilung der Energiezustände der Teilchen eines Systems, die, wie bereits erwähnt, als *Boltzmann-Verteilung* bezeichnet wird. *Laarhoven* und *Aarts* zeigen, dass sich in Analogie zum technischen Verfahren zwei Formen des Simulated Annealing herleiten lassen[291].

- Der *homogene* Algorithmus, der für jeden Wert von c_i eine definierte Anzahl > 1 an Lösungen generiert.

- Der *inhomogene* Algorithmus, der für jeden Wert von c_i nur eine neue Lösung generiert.

Anfangs- und Endwert für c_i können für beide Varianten des Algorithmus auf dieselbe Weise bestimmt werden. Der Startwert muss so hoch sein, dass zunächst fast alle neuen Lösungen akzeptiert werden. Eine einfache Methode, ihn zu bestimmen, ist die folgende[292]. Eine Anzahl von Lösungen wird zufällig erzeugt, deren Akzeptanz unter Verwendung eines beliebig gewählten, möglichst hohen Wertes c_0 überprüft wird. Ist die Akzeptanzrate

$$\chi = \frac{Anzahl\ der\ akzeptierten\ L\ddot{o}sungsvorschl\ddot{a}ge}{Anzahl\ der\ neu\ generierten\ L\ddot{o}sungsvorschl\ddot{a}ge}$$

kleiner als 0.8, so ist c_0 sukzessive solange zu erhöhen, bis $\chi \geq 0.8$ erfüllt wird. Um den Endwert von c_i und damit das Abbruchkriterium für den Algorithmus festzulegen, kommen zwei grundsätzliche Vorgehensweisen in Betracht. Entweder wird die Anzahl der Werte, die c_i annehmen darf, festgelegt[293] oder der Algorithmus terminiert, wenn für die x letzten festgelegten Temperaturniveaus die Suche stets mit einer identischen Lösung endete[294].

Der inhomogene Algorithmus verharrt auf jedem Temperaturniveau nur eine Iteration lang, bedarf also keinerlei Vorgaben über die Anzahl der Iterationen ohne Änderung von c_i. Anders ist es beim homogenen Algorithmus. *Bonomi* und *Lutton* schlagen vor,

---

[290] Siehe dazu Abschnitt 4.5.2.3.

[291] Siehe [Laa87, S. 14].

[292] Für einen Überlick über weitere Möglichkeiten der Bestimmung von c_0 sei auf [Laa87, S. 59-63] verwiesen.

[293] Siehe z. B. [Bon84].

[294] Siehe z. B. [Kir82].

die Anzahl der Iterationen durch einen Wert vorzugeben, der polynomial von der Problemgröße abhängig ist[295]. Eine andere Methode schlägt *Kirkpatrick* vor[296]. Sie basiert auf der intuitiven Idee, dass für jeden Wert von c_i eine Mindestanzahl von Lösungen akzeptiert werden sollte. Da mit zunehmender Annäherung von c_i an 0 die Annahmewahrscheinlichkeit für neue Lösungen stetig sinkt, empfiehlt sich eine Begrenzung der neu generierten Lösungsvorschläge durch eine Konstante L, die von der Problemgröße polynomial abhängig ist[297].

Die Art der Dekrementierung von c_i sollte so gewählt werden, dass eine geringe Anzahl von Lösungen ausreicht, um das Quasi-Gleichgewicht (in Analogie zum thermischen Gleichgewicht) wiederherzustellen[298]. Eine häufig verwendete Regel ist die Multiplikation von c_i mit einem konstanten Faktor c_α, der knapp unter 1 gewählt wird[299]. In den durchgeführten Test wurde c_α über folgende Beziehung berechnet[300].

$$c_\alpha = \sqrt[n]{\frac{c_{END}}{c_0}} \quad \text{mit} \quad c_{END} > 0$$

4.5.2.3 Threshold Accepting

Dueck et al. [301] vereinfachten das Verfahren des Simulated Annealing durch den Verzicht auf das stochastische Element bei der Annahme schlechterer Lösungen. Sie legten eine deterministisch bestimmte Toleranzschwelle (threshold) fest, bei deren Unterschreitung die neue Lösung akzeptiert wird. Das neue Verfahren wurde als Threshold Accepting (TA) bezeichnet. Es arbeitet wie SA direkt auf dem Ablaufplan, benötigt also keine andere Kodierung. Der TA-Algorithmus generiert in jeder Iteration eine neue Lösung aus der Nachbarschaft N_s von s. Auch hierin unterscheidet sich TA nicht vom Simulated Annealing. Abbildung 4.84 zeigt den Basisalgorithmus für das Threshold Accepting. Die Ähnlichkeiten zu SA sind unschwer zu erkennen.

---

[295]   Siehe [Bon84].

[296]   Siehe [Kir82].

[297]   Für einen Überblick über weitere Möglichkeiten zur Festlegung der maximalen Iterationenanzahl für ein gegebenes c_i siehe [Laa87, S. 60-67].

[298]   Siehe [Laa87, S. 61].

[299]   Einen Überlick über verschiedene Dekrementierungsregeln gibt [Laa87, S. 61-71].

[300]   Über den Parameter n kann die Anzahl der Iterationen eingestellt werden.

[301]   Siehe [Due90, Due93].

begin

   $i := 0$;

   Wähle eine Ausgangslösung $s \in S$;

   $best := c(s)$;

   $s^* := s$;

   while Stopkriterium nicht erfüllt **do**

        Lokale Suche nach neuer Lösung $s' \in N(s)$;

        if $c(s') - c(s) < t_i$;

            then $s := s'$;

        fi

        if $c(s') < best$

            then $s^* := s'$;

                $best := c(s')$;

        fi

        $t_{i+1} := g(t_i)$;

        $i := i + 1$

   od

end

Abbildung 4.84: Basisalgorithmus Threshold Accepting

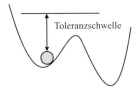

Abbildung 4.85: Threshold
Accepting

Bei der Initialisierung des TA-Algorithmus bestehen Freiheitsgrade bezüglich der Wahl der Ausgangslösung, der Wahl des Anfangswertes für den Threshold, hinsichtlich der Funktion $g(t_i)$, die die zeitliche Änderung des Schwellwertes bestimmt und in Bezug auf die Festlegung des Abbruchkriteriums. Für die Generierung der Ausgangslösung kommt eine zufällige Initialisierung oder die Wahl einer Prioritätsregel in Frage. Auch ein Nachschalten von TA hinter einen Genetischen Algorithmus ist denkbar.

Der Threshold sollte dem Verfahren in der Anfangsphase ermöglichen, hohe „Gebirgszüge" im Lösungsraum zu überqueren, um eine vorzeitige Konvergenz zu verhindern. Gegen Ende der Optimierung sollten nur noch kleinere Verschlechterungen akzeptiert werden, um sicherzustellen, dass ein schon gefundenes, aber nicht endgültig identifiziertes Optimum nicht wieder verlassen wird. *Dueck et al.* testeten TA an einem Travelling-Salesman-Problem. Hierbei zeigte sich das Verfahren wesentlich robuster gegenüber Änderungen der Threshold-Parameter als SA gegenüber Änderungen des Abkühlungsplans. Für die praktische Implementierung kann der Threshold als Prozentsatz gesehen werden, der die maximale relative Verschlechterung von

einer Lösung zur nächsten bestimmt. Um die Akzeptanzschwelle über die Zeit abzu-
senken, werden häufig Treppenfunktionen verwendet, über welche t_i für jeweils eine
bestimmte Anzahl von Iterationen einen festen Wert zugewiesen bekommt. Darüber
hinaus kann t_i natürlich auch in jeder Iteration um einen festgelegten Wert abgesenkt
werden. Dies entspricht einer linearen Funktion $g(t_i)$. Eine dritte Möglichkeit, die am
Beginn des Verfahrens zu einer schnellen Absenkung des Thresholds führt, die sich mit
fortschreitender Optimierungsdauer stark verlangsamt, ist die Multiplikation des Thresholds in jeder Iteration mit einer Konstante β mit $0 < \beta < 1$. Die vorgestellten Varianten
von $g(t_i)$ gehen von einer definierten Iterationenzahl als Abbruchkriterium für das TA
aus. Dies ist zwar einfach zu implementieren, aber nicht in jedem Fall günstig. Eine andere denkbare Vorgehensweise wäre die sukzessive Absenkung der Akzeptanzschwelle,
sobald für einen gegebenen Wert von t_i über eine bestimmte Anzahl von Iterationen
keine Lösungsverbesserung eingetreten ist. Die Suche ist dann bei der bis dahin besten
Lösung fortzusetzen.

4.5.2.4 Sintflut-Methode

Beim Threshold Accepting wird die Akzeptanzschwelle mit
der Differenz der Zielfunktionswerte der aktuellen und der
vorherigen Lösung verglichen. Ist die Differenz kleiner,
wird die Lösung angenommen. Dieses Vorgehen ermöglicht
es dem TA-Algorithmus, sukzessive auch sehr große Verschlechterungen zu akzeptieren, sich also – bildlich gesprochen – Schritt für Schritt über hohe Gebirge hinwegzuta-
sten, wobei die kumulierte Verschlechterung über mehrere
Iterationen beträchtlich über dem Threshold liegen kann.
Prinzipiell besteht jedoch auch die Möglichkeit, einen absoluten Schwellwert einzuführen, der nicht mehr mit der
Differenz der Zielfunktionswerte zwei aufeinanderfolgender
Lösungen verglichen wird, sondern nur noch mit dem Ziel-

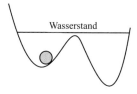

Abbildung 4.86: Sintflut-
Methode

funktionswert der aktuellen Lösung. Dies ist die Grundidee der Sintflut-Methode, die
ebenfalls von *Dueck et al.* entwickelt wurde[302]. Abbildung 4.87 zeigt den Basisalgorithmus für dieses Verfahren.

Soll eine Maximierungsaufgabe[303] gelöst werden, so stellt der höchste Gipfel des Lösungsgebirges die optimale Lösung dar. Der absolute Schwellwert, der den Suchpunkt in diesem Gebirge sukzessive in höhere Regionen des Lösungsgebirges zwingt, wird von *Dueck
et al.* sehr anschaulich als Wasserstand bezeichnet. Lösungen die „unter Wasser" liegen,
werden nicht akzeptiert. Mit fortschreitender Laufzeit des Verfahrens besteht zunehmend die Gefahr, dass einzelne Gipfel des Gebirges, vom Umland abgetrennt, zu Inseln
werden. Erstaunlicherweise scheint es zumindest in den von *Dueck et al.* durchgeführten
Untersuchungen nicht in größerem Umfang vorgekommen zu sein, dass ihr Algorith-

---

[302]   Siehe [Due93].

[303]   Für eine Minimierungsaufgabe wie die Zykluszeitminimierung, muss der Zielfunktionswert in geeig-
        neter Form skaliert werden. Dies geschieht im in Abbildung 4.87 dargestellten Algorithmus, durch
        Subtraktion des Zykluszeitwertes der aktuellen Lösung von der oberen Grenze der Zykluszeitwerte,
        die sich als Summe aller p_{jk} ergibt.

---

begin

$i := 0;$

$b_u := \sum_j \sum_k p_{jk}$

Wähle eine Ausgangslösung $s \in S$;

$best := c(s);$

$s^* := s;$

while Stopkriterium nicht erfüllt **do**

    Lokale Suche nach neuer Lösung $s' \in N(s)$;

    if $b_u - c(s') > w_i$;

        then $s := s'$;

    fi

    if $c(s') < best$

        then $s^* := s'$;

            $best := c(s');$

    fi

    $w_{i+1} := g(w_i);$

    $i := i + 1$

od

end

Abbildung 4.87: Basisalgorithmus Sintflut-Methode

mus auf solchen Inseln steckenblieb. Um diese Gefahr aber generell zu verringern, ist es sinnvoll, die Suche am bis dahin besten, gefundenen Lösungspunkt fortzusetzen, sofern dieser nicht schon unter Wasser liegt. Dieser Rücksprung zur bis dahin besten Lösung wird ausgeführt, wenn sich aus der aktuellen Lösung s keine Lösung $s' \in N(s)$ mehr generieren lässt, für die gilt:

$$b_u - c(s') > w_i.$$

Für die Initialisierung der Sintflut-Methode bestehen Freiheitsgrade im Hinblick auf die Generierung der Start-Lösung, die Wahl des Anfangswasserstandes und die zeitliche Veränderung des Wasserspiegels. Für die Wahl der Start-Lösung gilt das bereits zu Simulated Annealing und zu Threshold Accepting Gesagte. Der Wasserstand w_i kann mit dem Wert 0 initialisiert werden. Die Funktion $g(w_i)$ kann eine lineare Funktion oder eine logarithmische Funktion sein. Im letzten Fall bleibt dem Algorithmus mehr Zeit, in kleinen Schritten das Optimum zu erreichen, wenn dessen Attraktionsbecken schon gefunden wurde. Um eine lineare oder logarithmische Funktion $g(w_i)$ zu definieren, ist es sinnvoll, einen Endwert für den Wasserstand festzulegen. Dieser kann im Fall einer Minimierung und bei Verwendung der oben beschriebenen Skalierung z. B. als Differenz zwischen oberer und untere Grenze für den Zielfunktionswert bestimmt werden.

$$w_{\text{END}} = b_u - b_l$$

Als Abbruchkriterium ist der so berechnete Endwasserstand allerdings nicht günstig. Sinnvoller ist es, den Algorithmus abzubrechen, sobald die bis dahin beste gefundene Lösung „unter Wasser" steht.

4.5.2.5 Testergebnisse

Nach der ausführlichen Verfahrensbeschreibung der lokalen Suchtechniken soll abschließend eine kurze Darstellung der mit diesen Methoden erzielten Ergebnisse erfolgen. Vergleichsgrundlage waren wie bei den Prioritätsregeln die bekannten Benchmarkprobleme des *Fisher-Thompson*-Datenbestandes (ft06, ft10 und ft20), sowie das Problem la21 von *Lawrence*.

Die ersten Tests, deren Ergebnisse Abbildung 4.88 zeigt, wurden mit dem Verfahren des Simulated Annealing durchgeführt. Als Abbruchkriterium wurde eine Iterationenzahl von 600000 verwendet. Zur Bestimmung des Startwertes der Temperatur c_0 wurden zwei Varianten getestet. Einmal wurde $c_0 = 1000 \cdot b_u$ und einmal $c_0 = b_u$ gesetzt, wobei die letztere Variante bessere Ergebnisse erzielte. c_{end} wurde in allen Fällen gleich eins gewählt. Für den homogenen Algorithmus wurde die Verharrzeit auf einem Temperaturniveau in polynomialer Abhängigkeit von der Problemgröße mit Exponenten der Größe 2 und 2.5 getestet. Dies führt wegen der Festlegung der Iterationenzahl zu einer Verringerung der Anzahl der Temperaturniveaus bei größeren Problemen.

	C_{max}^{min}	t_{CPU}	C_{max}^{max}	$\overline{C}_{max}$	S	Anzahl	$\sum L$
ft06							
inhomogen	55	< 1	55	55.0	0.0	42	600000
homogen	55	< 1	59	55.1	0.5	126	600000
ft10							
inhomogen	938	286	982	955.0	9.0	42	600000
homogen	930	302	990	953.5	12.3	126	600000
ft20							
inhomogen	1165	309	1219	1181.0	12.2	42	600000
homogen	1165	311	1236	1183.4	12.3	126	600000
la21							
inhomogen	1054	416	1102	1072.9	11.4	42	600000
homogen	1053	430	1171	1093.9	32.1	126	600000

Abbildung 4.88: Testbeispiele für Simulated Annealing

Durchschnittlich schnitt der inhomogene Algorithmus besser ab, wobei die Mittelwerte der Ergebnisse um so näher beieinander liegen, je kleiner das Problem ist. Durch die

Kombination des Verfahrens mit einer Tabu-Liste (Gedächtnis) ließ sich die Leistung verbessern.

	C_{max}^{min}	t_{CPU}	C_{max}^{max}	$\overline{C}_{max}$	S	Anzahl	$\sum L$
ft06							
linear	55	< 1	59	55.2	0.8	42	600000
exponentiell	55	< 1	59	55.2	0.8	42	600000
treppe	55	< 1	60	55.3	0.9	42	600000
ft10							
linear	954	301	1017	977.6	14.7	42	600000
exponentiell	951	253	1006	976.2	15.2	42	600000
treppe	963	229	1015	986.8	14.2	42	600000
Abbruch nach 10 Sekunden							
linear	969	9	1079	1011.3	26.9	42	10000
exponentiell	935	10	1056	1002.8	29.4	42	10000
treppe	951	6	1069	1007.6	28.9	42	10000
ft20							
linear	1236	348	1299	1263.4	18.2	42	600000
exponentiell	1218	326	1291	1253.9	17.5	42	600000
treppe	1180	281	1277	1223.8	29.5	42	600000
la21							
linear	1070	248	1153	1110.7	18.1	42	600000
exponentiell	1067	325	1134	1106.6	15.3	42	600000
treppe	1071	367	1134	1102.1	16.7	42	600000

Abbildung 4.89: Testbeispiele für Threshold Accepting

Das Threshold-Accepting wurde mit drei verschiedenen Funktionen für die Absenkung des Thresholds getestet: einer linearen, einer exponentiellen und einer diskreten Absenkung des Thresholds. Unter den letzteren wurde mit verschiedenen Stufenzahlen und veränderten Stufenhöhen experimentiert. Es zeigte sich, dass mit exponentieller Veränderung des Thresholds oder mit einer Treppenfunktion, die in ihrer Gestaltung eine exponentielle Funktion annähert, die besten Ergebnisse erzielbar waren, wie die Abbildung 4.89 zeigt. Die Tests erfolgten mit einem prozentualen Threshold, der die maximale Verschlechterung gegenüber der letzten akzeptierten Lösung bestimmt. Als Startwert wurde 100% gewählt, als Endwert 0. Die Gestalt der Treppenfunktion konnte durch Angabe der Stufenzahl und prozentuale Vorgaben für Stufenlänge und Höhe bestimmt werden, wobei die Länge der letzten Stufe mit dem niedrigsten Threshold um einen beliebigen Prozentsatz der Gesamtiterationen verlängert werden konnte. Durch Kombination des Verfahrens mit einer Gedächtnisfunktion waren auch hier bessere Ergebnisse möglich.

Die Sintflut-Methode wurde mit zwei unterschiedlichen Funktionen zur Veränderung des Wasserstandes getestet. Dabei schnitt die exponentielle Funktion, bei der sich die Änderung des Wasserstandes gegen Ende verlangsamt, deutlich besser ab. Auch hier wurde die Leistung des Verfahrens durch die Einführung einer Gedächtnisfunktion verbessert. Die Abbildung 4.90 zeigt die konkreten Ergebnisse, die das Verfahren an den vier Bench-

	C_{max}^{min}	t_{CPU}	C_{max}^{max}	$\overline{C}_{max}$	S	Anzahl	$\sum L$
ft06							
linear	55	< 1	55	55.0	0.0	21	600000
exponentiell	55	< 1	55	55.0	0.0	21	600000
ft10							
linear	996	275	1039	1020.7	11.2	21	600000
exponentiell	949	264	993	962.5	13.3	21	600000
ft20							
linear	1241	269	1323	1294.5	21.6	21	600000
exponentiell	1178	330	1276	1201.1	26.4	21	600000
la21							
linear	1104	173	1167	1149.4	13.0	21	600000
exponentiell	1055	459	1123	1088.7	15.7	21	600000

Abbildung 4.90: Testbeispiele für Sintflut-Methode

markbeispielen erzielen konnte. Bemerkenswert ist, dass diese relativ einfache Methode eine mehr als befriedigende Lösungsgüte erreicht.

4.5.3 Evolutionäre Verfahren

Bevor mit der Betrachtung von Evolutionsstrategien und Genetischen Algorithmen als Heuristiken begonnen wird, soll zunächst ein Überblick zur Historie und Begriffen der Evolutionstheorie erfolgen.

Obwohl *Darwin* der vermutlich am häufigsten zitierte Wissenschaftler der Evolutionstheorie ist, so hat auch er seine gedanklichen Vorfahren. Zu nennen sind in diesem Zusammenhang vor allem *Carl von Linné* und *Lamarck*. *Carl von Linné* (1707-1778) hat in seinem Werk *systema naturae* ein Klassifizierungssystem für die zu dieser Zeit bekannten Lebewesen aufgestellt. Darin fanden etwa 4.000 Tier- und 14.000 Pflanzenarten Eingang[304]. Der größte Systematiker seiner Zeit ging jedoch nicht von der Entwicklung der Arten aus. Er unterstellte nach der Schaffung der Lebewesen eine Unveränderlichkeit selbiger. Aus der Sicht der Länge eines Forscherlebens mag diese Annahme nachvollziehbar erscheinen, zumal Fossilien kaum bekannt waren. Der Zeitraum der sichtbaren Veränderung von Individuen erstreckt sich jedoch auf tausende von Jahren. Mutationen wurden als Unfälle abgetan. Die Theorie von der Konstanz der Arten war die dominierende dieser Zeit.

Jean Baptiste de Lamarck (1744-1829) erkannte die Vielzahl abgestufter Ähnlichkeiten der Arten und schloss als erster auf die Entwicklung der Arten. Nicht *Darwin* sondern er schuf den Evolutionsgedanken[305] und machte ihn bereits ein knappes Jahrhundert vor *Darwins* Werk *On the Origin of Species by Means of Natural Selection* salonfähig. *Lamarck* ging von der Fähigkeit der Höherentwicklung von Lebewesen und der Weitervererbung dieser erworbenen Fähigkeiten auf Nachkommen aus. Die Arten, insbesondere

---

[304]   Siehe [Sch94, S. 32].
[305]   Siehe [Nis94, S. 6].

der Mensch, können sich der Umwelt in einem längeren Zeitraum anpassen. Zu dieser
Evolutionstheorie gibt es auch noch heute zahlreiche Anhänger.

Darwin vertrat eine andere Theorie. Er erklärte den Prozess der Evolution als Zusammenspiel von Variation (zufällige Abweichung) und Selektion (natürliche Zuchtwahl).
Vor allem der Nachkommensüberschuss spielte eine zentrale Rolle. Es wurde angenommen, dass mehr Nachkommen erzeugt werden, als Überleben können. Abweichungen unter den Nachkommen führen zu einer unterschiedlichen Tauglichkeit (Fitness) innerhalb
ihrer Umwelt. Nur die bestangepassten werden überleben und ihr Erbgut weitergeben
können. Die Fitness ist das Maß für den Ausleseprozess. Das Erbgut ist in den Genen
kodiert, die ihren Platz auf den Chromosomen besitzen. Diese Kenntnis besaß *Darwin*
allerdings noch nicht. Darwin wusste oder ahnte, dass die Selektion beeinflusst werden
konnte und dass die Kreuzungen ausgewählter Individuen merkmalsverstärkend wirken.
Vererbungsgesetze konnte er jedoch keine finden. Erst die Wiederentdeckung der *Mendelschen Vererbungsgesetze* und die Entwicklungen innerhalb Molekularbiologie haben
das Wissen über die Genetik und damit über die Evolution gefestigt und vorangetrieben.

Einige wesentliche Annahmen von *Darwin* bilden die Grundlage der Evolutionären Algorithmen:

1. die Natur generiert einen potenziellen Überschuss an Lebewesen, aber die Population bleibt nahezu konstant, d. h. der größere Teil Nachkommen stirbt eher, als er
   Nachkommen produzieren kann,

2. zwei Individuen sind nicht identisch und

3. erbliche Varianten, die sich im Überlebenskampf bewährt haben, werden bevorzugt
   selektiert („natura non facit saltus" bzw. „Survival of the fittest").

Auch die Genetik besitzt ihre Vordenker. *Gregor Johann Mendel* (1822 - 1884) veröffentlichte in seinen „Untersuchungen über Pflanzenhybride" seine drei Vererbungsgesetze:

1. Das *Uniformitätsgesetz* sagt aus, dass bei Kreuzung zweier reinerbiger Vorfahren,
   die sich in Merkmalen voneinander unterscheiden können, in der ersten Generation
   uniform aussehende Nachkommen auftreten.

2. Das *Spaltungsgesetz* besagt, das bei bei einer Kreuzung der ersten Nachkommen
   untereinander eine Merkmalsausprägung auftritt und diese kein uniformes Erscheinungsbild mehr besitzen. Die Ausprägung ist abhängig von der Dominanz und
   Rezessivität der Erbanlagen der Elterngeneration.

3. Das *Rekombinationsgesetz* sagt aus, dass sich bei mehreren Unterscheidungsmerkmalen in der Elterngeneration die einzelnen Merkmalspaare in der zweiten Nachkommensgeneration unabhängig voneinander aufspalten und frei miteinander rekombiniert werden.

Diese wissenschaftlich bedeutsame Leistung resultierte aus jahrelangen empirischen Untersuchungen zu Kreuzungen von Erbsen. *Mendels* Gesetze waren der Ausgangspunkt
der Molekulargenetik und anderer Wissenschaftsdisziplinen. Das dritte Gesetz über die
freie Rekombination des Erbgutes ist in der Evolutionstheorie das wichtigste. Dieser

Sachverhalt ist auch für die Entwicklung von Evolutionären Algorithmen von zentraler Bedeutung. *Mendel* selbst konnte zu seiner Zeit noch nichts über die Träger der Erbinformationen wissen.

Erst in der zweiten Hälfte des 20. Jahrhundert konnte diese wichtige Frage Beantwortung finden. *Watson* und *Crick* beschrieben aufbauend auf den chemischen und physikalischen Strukturuntersuchungen anderer Wissenschaftler (z. B.*Pauling*) ein Modell der DNS-Struktur[306], dem Träger der Erbinformation und Schlüssel zur Vererbungstheorie. An dieser Stelle erfolgt eine kurze Erklärung der wichtigsten Begriffe. Eine ausführliche Erläuterung findet sich bei *Schöneburg*[307].

Alle bekannten Lebewesen sind aus Zellen aufgebaut, welche die Elementarorganismen (kleinste noch selbständig reproduktionsfähige Funktionseinheit alles Lebenden) darstellen und deren komplexe Struktur bis heute noch nicht vollständig verstanden wurde. Der Zellkern (Nukleus) ist die Steuerzentrale und enthält im Kernplasma die Chromosomen, welche die eigentlichen Träger der Erbsubstanz sind. Diese Chromosomen beinhalten die Gene, die das eigentliche Erbgut ausmachen und betehen aus Nukleinsäuren und Proteinen. Die Feinstruktur des Chromosoms ist ebenfalls nicht vollständig bekannt. Klar ist jedoch, dass Chromosomen nach bestimmten Gesetzmäßigkeiten während der unterschiedlichen Phasen der Zellteilung ihre Gestalt verändern. Während der Zellteilung verdrillen sich die Chromosomen durch ein schraubenförmiges Sichaufwickeln. Sie tritt beim Menschen als Doppelstrang („Strickleiter") von Millionen von Nukleotiden auf. Zwischen den komplementären Basen bilden sich Wasserstoffbrücken, die die Nukleotidketten spiralförmig verbinden.

Die Chromosomen vermehren sich nur durch Teilung und nicht durch Neubildung. Jedes Chromosom hat bestimmte Architektur und innere Struktur, die nur durch bestimmte Ereignisse (Mutation, Crossover) verändert wird. Die Prozesse von Vermehrung und Wachstum sind die *Mitose* (Duplikation in identische Tochterzellen - ungeschlechtlich) und die *Meiose* (Rekombination der Chromosomen). Für das Verständnis der Evolution ist die Meiose von größerem Interesse, da sie neben wichtigen anderen biologischen Funktionen für die Mischung des Erbgutes durch Rekombination verantwortlich ist.

Während der Meiose verkürzen sich die Chromosomen durch Spiralisierung. Die entstehenden Verdichtungsringe werden als Chromomere bezeichnet, die in gleichen Zellteilungsphasen immer an den gleichen Stellen in den Chromosomen auftauchen. Durch sie ist die Lagebeziehung der Chromosomen bstimmbar. Homologe Chromosomen stimmen bezüglich Anzahl, Ort und Lage der Chromomere überein. In der Meiose paaren sich die homologen Chromosomen derart, dass sich die entsprechenden Chromomeren exakt aneinander bzw. nebeneinander lagern. Während der Teilung kommt es an bestimmten Stellen (Chiasmen) zu Überkreuzungen (crossing-over) der Chromosomen. An diesen Stellen erfolgt ein Chromatidenstücktausch. Die Chiasmenbildung findet nicht immer an den gleichen Stellen im Chromosom statt. Die Bruchstellenwahrscheinlichkeit ist über das Chromatid hinweg ist nahezu gleich groß. Dieser, sehr kurz beschriebene Prozess der Rekombination ist das Kernstück des Evolutionsgedanken für Heuristiken. Abschließend können bestimmte Bereiche auf dem Chromosom einer zufälligen Änderung, einer Mutation unterliegen.

Die Gene sind bestimmte Abschnitte (Einheit) auf der DNS, die die Information zur

---

[306]   DNS = Desoxyribonukleinsäure.
[307]   Siehe [Sch94, S. 46 ff.].

Bildung eines Proteinmoleküls enthalten. Sie bestehen aus den Basen Adenin, Guanin, Cytosin und Thymin. Ein „Wort" besteht in der Basensequenzsprache aus Dreierketten (Tripletts) der vier Buchstaben (Basen). Jedes Gen bestimmt in einem gewissen Maße die Ausprägung des Individuum. Die interne Kodierung der Gene wird als Genotyp bezeichnet, das äußere Erscheinungsbild als Phänotyp . Die Genetischen Operationen erfolgen als auf dem Genotyp des Inividuums. Für die Entwicklung eines Algorithmus ist es notwendig, das zu modellierende Problem in einen Genotyp zu überführen. Jedes Gen auf dem Chromosom kodiert eine bestimmte Eigenschaft des Modells. Die spezifische Belegung des Gens (Allel) mit einem konkreten Wert führt zu einer Ausprägung im Phänotyp. Die folgende Tabelle gibt die Terminologie der Begriffe in unterschiedlichen Fachgebieten wieder.

Biologie	*Informatik*
Population	Menge von Strukturen (Individuen)
Individuum	in geeigneter Weise repräsentiertes Strukturelement
Fitness	Lösungsqualität bezüglich Zielkriterien
Generation	Verfahrensiteration
Eltern	die zur Reproduktion gewählten Individuen
Kinder	die aus Eltern generierten Lösungen
Chromosom	meist identisch mit Individuum
Gen	Variable eines Datentyps (z. B. Bit)
Allel	Wertbelegung der Variable
Genotyp	kodierte Lösung
Phänotyp	dekodierte Lösung (z. B. Gantt-Diagramm)

Abbildung 4.91: Terminologie von Biologie und Informatik

Die Evolutionären Algorithmen können deshalb als Metaheuristik bezeichnet werden, da sie für eine ganze Klasse von Problemstellungen konzipiert sind. Erst die Dekodierung vom Genotyp in den Phänotyp bringt den Anwendungsbezug zum Tragen. Am Optimierungsmodell bleiben die einzelnen Schritt der nachempfunden Evolution jedoch davon unberührt. Der Vorgang der Evolution ist ein spezielles Optimierungsverfahren mit dem Ziel, jene Erbanlagen finden, die ein Individuum am besten dazu befähigt, in seiner Umwelt zu überleben. Die Effizienz dieses Verfahrens, sowohl die biologische als auch die mathematische, ist beeindruckend. Erstaunlich ist die relative Einfachheit der Vorgehensweise und das Zusammenwirken der verschiedenen Steuerungsmechanismen. Bei Vernachlässigung einiger Details beruht der Evolutionsprozess auf drei einfachen Prinzipien, die so auch den Eingang in die Algorithmen finden:

- Veränderung des Erbgutes (Mutation),

- Mischen der Erbinformationen (Rekombination) und

- Auslese aufgrund der Tauglichkeit (Selektion)

Die folgende Abbildung zeigt den Basiszyklus der Evolutionären Algorithmen. Beim Generationswechsel sind das Replizieren (Vervielfältigung von Erbgut), die Variation (Rekombination, Mutation) und der Ausleseprozess in mehr oder weniger ausgeprägter Form zu durchlaufen.

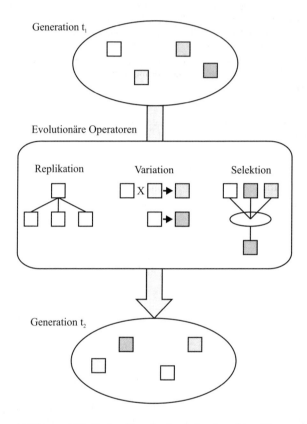

Abbildung 4.92: Basiszyklus der Evolutionären Algorithmen

Es gibt im Vergleich mit konventionellen Optimierungsverfahren eine ganze Reihe von Besonderheiten, durch die sich die Evolutionären Algorithmen auszeichnen. Die bereits erwähnte Verwendung evolutionärer, an stochastische Eigenschaften gekoppelte Operatoren ist das wichtigste Alleinstellungsmerkmal dieser Klasse. Weiterhin verwenden viele Algorithmen eine Population von Lösungsalternativen, d. h. gleichzeitig mehrere Lösungen. Aus dieser Eigenschaft resultiert die Inhärenz zur Parallelisierung. Die Zielrichtung des Suchprozesses ist oftmals abhängig von der Qualität der aktuellen Lösung. Im Sinne klassischer Suchstrategien erfolgt durch die Evolution eine gekoppelte Tiefen- und Breitensuche.

4.5.3.1 Evolutionsstrategien

Die Evolutionsstrategien (ES) wurden in den 60er Jahren von *Ingo Rechenberg* entwickelt und von *Hans-Paul Schwefel* anschließend weiterentwickelt. Erste Modelle vernachlässigten viele Details der Evolution. *Rechenberg* formulierte das 1972 so[308]:

> „*Nun ist es auch falsch zu glauben, ein natürliches Vorbild müsse möglichst genau kopiert werden, um höchste Vollkommenheit in der technischen Ebene zu erreichen. (...) Das biologische Vorbild bestimmt einen Anfangspunkt, von dem aus eine Weiterentwicklung unter den speziellen technischen Bedingungen einsetzen kann. (...) Es muss nicht unbedingt am besten sein, jeden Evolutionsfaktor genauestens zu kopieren. Das Verstehen des jeweiligen biologischen Vorganges kann ebenso wertvoll sein, wenn es darauf gelingt, ein idealisiertes Schema zu entwerfen, das die gleiche Wirkung hervorbringt.*"

In den letzten Jahren kam es zu einer Entwicklung mehrerer in sich abgeschlossener und teilweise aufeinander aufbauender Evolutionsstrategien mit zunehmenden Komplexitätsgrad[309]. Die ersten Modelle waren stark simplifiziert und auf hohem abstrakten Niveau. Dies war unter anderem der Tatsache geschultet, dass die ersten ES von Hand durchgerechnet und die Bestimmung der Fitness durch physikalische Prozesse ermittelt wurden. Die einzelnen Varianten der Verfahren unterscheiden sich vor allem in der Modellierung der Details der biologischen Evolution und der Repräsentation der Art und Weise, wie die Individuen den Operatoren zu unterziehen sind. Die Frage der Detailliertheit der genetischen Operatoren und Repräsentation hat die Forscher aus diesem Grunde auch in zwei Lager gespalten. Die deutsche Schule um *Rechenberg* begreift die ES nur als Weg zur Entwicklung leistungsstarker Suchalgorithmen. Die amerikanische Schule um *Holland*, dem Erfinder der Genetischen Algorithmen, präferiert die Details der Evolution, wie es gelingt, Informationen zu kodieren und über Generationen hinweg zu erhalten.

Einfache Evolutionsstrategien arbeiten über einer Struktur, die als Chromosom angesehen werden auch, aber primitiverweise auch als reellwertigen Vektor. Die reellen Zahlen sind oftmals direkt ins Optimierungsmodell als Variable (Parameter) übernehmbar. Aus diesem Grunde bildet eine ES die Evolution auf phänotypischer Ebene mit einen realzahlenorientierter Codierungsansatz ab.

Ausgangspunkt für eine ES ist eine Population aus μ Individuen[310]. Jedes Individuum enthält als Vektor stetiger Größen $\vec{x} = \{x_1, x_2, ..., x_m\}$ Werte für alle m Entscheidungsvariablen des betrachteten Optimierungsproblems. Die Strategieparameter des ES sind selbstadaptive Mutationsschrittweiten σ_ω mit $\omega = 1,...,m'$, $m' \leq m$. Der folgende Algorithmus gibt den Grundablauf einer (μ/λ) Evolutionsstrategie wieder.

Zunächst wird die Startpopulation generiert und gleichmäßig im Lösungsraum verteilt. Dies wird erreicht, indem die Entscheidungsvariablen der Individuen entsprechend

---

[308] Siehe [Rec73a, S. 15 f.].

[309] Siehe [Sch94, S. 141 ff.].

[310] Vergleiche zu den folgenden Ausführungen die umfangreiche Sammlung von Informationen zu Evolutionsstrategien in [Nis94, S. 140 ff.].

---

begin

   Initialisierung und Bewertung der Startpopulation

      - μ Startvektoren $\vec{x_K}$ im Lösungsraum verteilen

      - Strategieparameter σ_ω wählen

   Bewertung der Startpopulation (Fitness jedes Individuums $\Phi(\vec{x_K})$)

   while Stopkriterium nicht erfüllt **do**

      Erzeugung und Bewertung von λ Nachkommen

         Selektion und Rekombination von 2 Eltern

            - gleiche Selektionswahrscheinlichkeit der Eltern

            - Entscheidungsvariablen $x_j(K)$ aus $x_j(E1)$ oder $x_j(E2)$

             durch diskrete Rekombination

            - Strategievariablen $\sigma_\omega(K) = 0.5(\sigma_\omega(E1) + \sigma_\omega(E2))$

             durch intermediäre Rekombination

         Mutation des Kindes

            - Schrittweitenanpassung der Mutation (Stand.abw.)

            - Mutation der Entscheidungsvariable

         Bewertung des Kindes

        Selektion von μ neuen Eltern

   od

end

Abbildung 4.93: Basisalgorithmus Evolutionsstrategie

gewählt werden. Die Strategieparameter sollten für alle Individuen zunächst gleich und möglichst groß gewählt werden, um eine vorzeitige Konvergenz zu vermeiden. Abschließend erfolgt über die Zielfunktionswertberechnung die Bestimmung der Fitness eines jeden Individuums der Population. Anschließend kann der evolutionäre Prozess starten. Der Zyklus wiederholt sich bis zum Erreichen eines definierten Abbruchkriteriums. Dies kann eine bestimmte Anzahl Iterationen sein, aber auch ein Wert $\epsilon > 0$, durch den der minimale Betrag der Differenz des besten und des schlechtesten Fitnesswertes der Population definiert ist.

In jeder Generation werden die gleichen Schritte ausgeführt: Selektion, Rekombination, Mutation und Bewertung von Individuen. Ziel ist die Bildung einer neuen Generation von μ Kindern, indem aus μ Eltern zunächst λ Kinder generiert und anschließend die besten μ selektiert werden. Das Verhältnis von λ/μ ist häufig mit $1/7$ angegeben.

Im ersten Schritt erfolgt die gleichverteilte Auswahl zweier Eltern A und B. Der Selektionsdruck ist somit für alle Eltern gleich. Für die anschließende Rekombination werden für die Entscheidungs- und Strategievariablen unterschiedliche Rekombinationsformen angewendet. Für ein Kind wird jede Entscheidungsvariable $x_j(K)$ durch eine diskrete Entscheidung für $x_j(A)$ oder $x_j(B)$ ermittelt. Die Strategievariable σ_ω hingegen wird durch intermediäre Rekombination (Mittelwert der elterlichen Werte) mit folgender Vorschrift gebildet:

$$\sigma_\omega = 0.5\,(\sigma_\omega(A) + \sigma_\omega(B)) \quad \text{mit } \omega = 1,2,...m'\,,\ m' \leq m.$$

Es ist darauf zu achten, dass zu Beginn des Verfahrens die Mutationsschrittweite nicht zu schnell verringert wird, da sonst die Konvergenzgeschwindigkeit stark abnimmt und die Suche nur noch in einem Unterraum des ursprünglichen Problems stattfindet. Besonders kritisch ist dieser Fall bei kleinem μ. Ein zu großes μ hingegen muss ebenfalls verhindert werden, um die Überlebenschancen schlechter Parameter zu senken. Die richtige Auswahl der Populationsgröße ist bezüglich des Optimierungsproblems von entscheidender Bedeutung. Nach der Rekombination erfolgt die Mutation des entstandenen Kindes. Zuerst wird die Mutationsschrittweite $\sigma_\omega(K)$ des neuen Kindes auf der Basis der Log-Normalverteilung modifiziert[311].

$$
\begin{aligned}
\sigma'_\omega(K) &= \sigma_\omega(K) \cdot exp(\tau' \cdot N(0,1) + \tau \cdot N_\omega(0,1)) \\
\tau' &\propto (2 \cdot m)^{-0.5} \\
\tau &\propto \left(2 \cdot m^{0.5}\right)^{-0.5}
\end{aligned}
$$

mit

$N(0,1)$ normalverteilte Zufallsgröße

mit Erwartungswert 0 und Standardabweichung 1

$N_\omega(0,1)$ für jede Komponente von $\sigma'_\omega(K)$

neu bestimmte normalverteilte Zufallsgröße

mit Erwartungswert 0 und Standardabweichung 1

τ,τ' exogene Konstanten (Strategieparameter)

Diese Verteilung garantiert für einen positiven Bereich der Parameter. Der globale Faktor $\tau' \cdot N(0,1)$ beeinflusst die Veränderung aller Schrittweiten einheitlich, während $\tau \cdot N_\omega(0,1)$ individuelle Anpassungen ermöglicht. Die problembezogenen Entscheidungsvariablen werden anschließend unter Benutzung dieser Mutationsschrittweiten modifiziert. Die Mutation der Entscheidungsvariable $x_j(K)$ erfolgt nach der Vorschrift

$$x'_j(K) = x_j(K) + N_j(0, \sigma'j(K)).$$

$N_j(0,\sigma'j(K))$ ist die für jede Komponente von $x'_j(K)$ neu bestimmte normalverteilte Zufallsgröße mit Erwartungswert μ und Standardabweichung σ. Die Normalverteilung wird präferiert, da kleine Änderungen häufiger vorkommen als größere.

Als nächster Schritt erfolgt die Bestimmung des Zielfunktionswertes $F(\overrightarrow{x}_K)$, der dem Fitnesswert entspricht. Im letzten Schritt werden aus den λ neuen Kindern μ entsprechend des besseren Fitnesswertes selektiert. Diese bilden die neue Generation. Diese Vorgehensweise wird als (μ,λ)-Selektion und das gesamte Verfahren als (μ,λ)-ES bezeichnet.

---

[311]   Die Angaben wurden aus [Nis94, S. 142 f.] übernommen.

Innerhalb klassischer (λ,μ)-ES bleiben frühere Eltern unbeachtet. Eine Erweiterung des Verfahrens besteht darin, Eltern und Kinder in einem „Überlebenskampf" konkurrieren lassen. Diese Variante einer Evolutionsstrategie wird als $(\lambda + \mu)$-ES bezeichnet. In dieser Ausprägung werden die μ neuen Eltern aus der Vereinigungsmenge von Eltern und Kindern gebildet. Das beste Individuum wird daher immer überleben. Das Führen von sogenannten Elitisten bedeutet bei starker Dominanz die Gefahr von vorzeitiger Konvergenz. Die folgende Abbildung zeigt idealisiert einen $(1 + 3)$-ES nach Rechenberg.

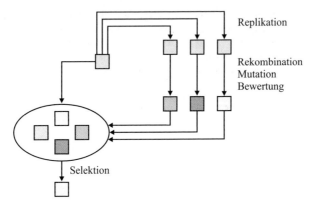

Abbildung 4.94: (1+3)-ES nach Rechenberg

Die Population besteht aus nur einem Individuum. Aus diesem werden drei Nachkommen repliziert und miteinander rekombiniert und abschließend mutiert. Die Entscheidung, welches Individuum in die Nachfolgegeneration aufgenommen wird, fällt zwischen vier Individuen, dem Elter und den drei Kindern.

4.5.3.2   Genetische Algorithmen

Genetische Algorithmen stellen ebenfalls ein der biologischen Evolution nachempfundenes, leistungsfähiges Suchverfahren dar[312]. Wie in der tatsächlichen Evolution wird eine *Population* von Individuen betrachtet, keine einzelnen Lösungen. Jede Lösung stellt *phänotypisch* ein *Individuum* dar, welches z. B. einen konkreten Ablaufplan und dessen Zielfunktionswert repräsentiert. Im Vordergrund der Betrachtung standen keine praktischen Fragen wie bei den Evolutionsstrategien von *Rechenberg*, sondern nur das Problem, wie der Informationsfluss mit genetischen Mechanismen in der Natur ohne Fehler ablaufen kann. Die Kernfrage war, wie es die Natur fertigbekommt, mit Hilfe genetischer Prozesse so erstaunliche Dinge wie Intelligenz, Selbstorganisation und komplexe Formen der Adaption hervorzubringen? Die Motivation reduzierte sich zunächst darauf, diese Fähigkeit künstlich nachzubauen und zu nutzen. Im Jahre 1975 erschien das Hauptwerk auf diesem Gebiet: *Holland's* „Adaption in Natural and Artificial Systems"[313]. In diesem

---

312   Die erste Anwendung auf Probleme der Fertigungssteuerung findet sich bei [Dav85].
313   Siehe [Hol75].

Werk wurden u. a. Kodierungsprobleme und Chromosomen einer Population als binäre Vektoren diskutiert.

Ein Individuum wird durch seinen in einem oder mehreren *Chromosomen* (Inputteilen) gespeicherten *Genotyp* bestimmt. Der Aufbau des Genotyps kann unterschiedlich sein. Seine konkrete Form wird als *genetische Repräsentation* bezeichnet. Die Lösungen der Population werden generationsweise einer Bewertung unterzogen. Die „fittesten" Individuen bilden Nachkommen durch Rekombination des Erbgutes (ähnlich der geschlechtlichen Rekombination bei höherentwickelten Lebewesen). Die alte Generation wird nach einem bestimmten *Ersetzungsschema* gegen die Nachkommen ausgetauscht. Da bei der Rekombination nur Lösungen innerhalb der Population kombiniert werden, stellt die *Mutation* sicher, dass auch zufällige Erbgutänderungen in die Suche eingehen. Die *Selektion* der fittesten Individuen für die Fortpflanzung, die *Rekombination* und die *Mutation* werden als *genetische Operatoren* bezeichnet. Nach Auswahl einer geeigneten genetischen Repräsentation für ein zu lösendes Problem läuft ein genetischer Algorithmus wie folgt ab:

begin

    Initialisierung der Startpopulation

    /* Chromosomen im Lösungsraum verteilen */

    /* Strategieparameter wählen */

    while Stopkriterium nicht erfüllt

        /* Lösungsgüte erreicht oder nicht verbessert */

        /* Anzahl Schleifen (Generationen, Zeit) */

    do

        Fitnessproportionale Selektion zweier Eltern

        Rekombination (Crossover)

        Mutation

        Dekodierung Genotyp in Phänotyp

        Fitnessbewertung des Individuums

        Bildung der neuen Generation

    od

end

Abbildung 4.95: Basiszyklus eines Genetischen Algorithmus

Unabhängig vom zu lösenden Optimierungsproblem besteht ein Genetischer Algorithmus aus verschiedenen elementaren Komponenten[314]:

- einem Repräsentationsformalismus, der der genetischen Kodierung der Lösungen des Problems dient,

---

[314] Siehe [Bru96, S. 12].

- einem Verfahren, um eine Ausgangspopulation zu initialisieren,

- einem Ersetzungsschema, das neu erzeugte Individuen auf eine bestimmte Weise in die Population einfügt,

- einer Fitnessfunktion, die die entstandenen Lösungen bewertet,

- einem Selektionsoperator, der Individuen entsprechend ihrer Fitness für die Rekombination auswählt,

- genetischen Operatoren (Rekombination bzw. Crossover und Mutation), die die Zusammensetzung des Erbgutes der Population verändern,

- konkreten Werten für die Steuerungsparameter des GA und

- einer grundlegenden Kontrollstruktur (Basisalgorithmus).

Die Güte der erreichten Lösung und der Rechenaufwand eines genetischen Algorithmus wird durch die Wahl der genetischen Repräsentation, die Art der Generierung der Ausgangslösung, die konkrete Form der genetischen Operatoren und die Wahl des Ersetzungsschemas bestimmt. Die Theorie zur Auswahl und Kombination dieser Elemente steht erst am Anfang. Dennoch lässt sich z. T. abschätzen, welche Vor- und Nachteile z. B. eine konkrete Form der Selektion hat. Die folgenden Unterabschnitte werden auf die einzelnen Komponenten eines Genetischen Algorithmus näher eingehen. Abbildung 4.96 zeigt diese einzelnen Bestandteile in ihrem Zusammenhang.

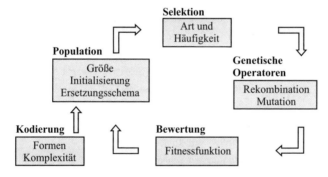

Abbildung 4.96: Bestandteile eines GA

Die Konstruktion eines GA muss insgesamt ein Gleichgewicht zwischen zwei Grundaspekten der genetischen Suche gewährleisten. Einerseits soll sich der Algorithmus auf schon gefundene gute Lösungen stützen und gezielt die umliegenden, vermutlich erfolgversprechenden Gebiete des Lösungsraumes durchsuchen. Überwiegt dieser als *Exploitation* bezeichnete Aspekt, konvergiert der GA sehr schnell, möglicherweise in suboptimalen Lösungen.

Da i. d. R. nicht bekannt ist, ob in weit entfernten Teilen des Lösungsraumes noch bessere als die bisher gefundenen Lösungen enthalten sind, darf die Erkundung dieser Gebiete nicht vernachlässigt werden. Überwiegt dieser als *Exploration* bezeichnete Aspekt der genetischen Suche jedoch, so konvergiert der GA nicht wesentlich schneller als ein herkömmliches stochastisches Suchverfahren[315].

Alle der nachfolgend beschriebenen GA-Komponenten beeinflussen die Lage des Gleichgewichtes zwischen Exploration und Exploitation. Die Auswahl geeigneter Operatoren und Parameter und die Vorhersage der Wirkung einer gewählten Kombination ist selbst so schwierig, dass sich Kritiker zu der Aussage veranlasst sehen könnten, Genetische Algorithmen transformierten lediglich das zu lösende Optimierungsproblem auf ein gleich schweres Problem der Optimierung der GA-Parameter. Doch so viel Pessimismus ist nicht gerechtfertigt. Bereits GA's ohne großes „Fein-Tuning" weisen eine sehr gute Performance auf. Darüber hinaus ist eine problemspezifische Parameteroptimierung für praktische Anwendungen mit wechselnden Nebenbedingungen und Zielkriterien ohnehin kaum sinnvoll.

An dieser Stelle erfolgt ein tabellarischer Vergleich der Merkmale von Genetischen Algorithmen und Evolutionsstrategien.

Abstraktionsebene	Genotyp	Phänotyp
Lösungsrepräsentation	beliebig	reellwertig
Dekodierungsfunktion	erforderlich	keine
Selektion	stochastisch, erhaltend	deterministisch, auslöschend
Mutation	Hintergrundoperator	Hauptoperator
Crossover	Hauptoperator	für Selbstadaption
Operatorenfolge	Selektion-Replikation-Crossover-Mutation-Evaluation	Replikation-Crossover-Mutation-Evaluation-Selektion
Optimierungsebene	1 (Variablen)	2 (Variablen und Strategieparameter)

Abbildung 4.97: Merkmalsvergleich von GA und ES

Die wesentlichen Bestandteil dieses Abschnittes sind den Dissertationen von *Teich* und *Köbernik* entnommen[316].

4.5.3.2.1   Kodierung

Die Leistungsfähigkeit Genetischer Algorithmen hängt in hohem Maße von der gewählten genetischen Repräsentation ab. Die Kodierung bestimmt den „Blickwinkel" des GA auf das Anwendungsproblem. Speziell für das Maschinenbelegungsproblem lassen sich verschiedene Anforderungen formulieren, die eine ideale Kodierung erfüllen sollte:

1. Ausschluss der Entstehung ungültiger Lösungen.

---

[315]   Siehe [Nie96, S. 13].
[316]   Siehe [Tei98, Köb99].

2. Definition eines möglichst kleinen Suchraums, ohne dass Kandidaten für gute Lösungen ausgeschlossen werden. Seine Struktur sollte der des Lösungsraumes des Maschinenbelegungsproblemes so ähnlich sein, dass ähnlich kodierte Lösungen auch ähnliche Ablaufpläne erzeugen.

3. Wenige erforderliche Schritte für die Umwandlung der kodierten Lösung in einen Ablaufplan und umgekehrt.

Diese Forderungen bedürfen zumindest teilweise einer Erläuterung. Gegen die erste lässt sich einwenden, dass unter Umständen gerade durch die Einbeziehung unzulässiger Lösungen ein sinnvoller Einsatz von Verbesserungsverfahren erst möglich wird. Für ein Tourenplanungsproblem kann z. B. die Bedingung an eine zulässige Lösung sein, dass die Tour eine bestimmte Länge (etwa aus Zeitgründen) nicht übersteigt. Für diesen Fall bietet sich eine Relaxation der Bedingung an. Die unzulässige Lösung wird aufgrund einer schlechteren Fitness im Laufe des Verfahrens ohnehin wieder verworfen[317]. Ähnliche Forderungen treten auch bei Maschinenbelegungsproblemen auf, wenn eine möglichst hohe Termintreue gefordert wird. Sie können genauso behandelt werden. Neben diesen Lösungen, die nur durch die Nichterfüllung einer Nebenbedingung unzulässig werden, existieren jedoch gerade bei Maschinenbelegungsproblemen auch solche, die durch Zyklen zwischen den Auftragsreihenfolgen auf verschiedenen Maschinen entstehen.

Die zweite der Forderungen bedarf kaum einer Diskussion. Aufgrund der kombinatorischen Explosion wächst der Lösungsraum eines Maschinenbelegungsproblemes mit zunehmender Inputlänge ohnehin so stark, dass im Interesse der Laufzeit eine durch die Kodierung verursachte Vergrößerung vermieden werden sollte. Ähnliches gilt auch für die dritte Forderung. Bereits eine polynomiale Vergrößerung der CPU-Zeit aufgrund zusätzlicher Umwandlungsschritte von der kodierten Lösung zum fertigen Ablaufplan kann den praktischen Einsatz der Verfahren indiskutabel machen.

Die Forschung zur Anwendung Evolutionärer Algorithmen, insbesondere die GA-Forschung, erkannte bereits frühzeitig die Bedeutung einer geeigneten genetischen Repräsentation (Kodierung) für die Leistungsfähigkeit der evolutionären Verfahren. Die Ansätze können drei grundlegenden Kodierungstypen zugeordnet werden[318]:

Bitchromosomen stellen die klassische Kodierungsform dar, die bereits *Holland* in seinem, die GA-Theorie begründenden Buch[319] verwendete. Jedes Gen wird durch ein einzelnes Bit repräsentiert, das die Allele 0 und 1 haben kann.

Zahlenchromosomen sind Vektoren reeller oder natürlicher Zahlen. Sie werden z. B. für Parameteroptimierungen eingesetzt.

Permutationschromosomen eignen sich besonders für Reihenfolgeprobleme. Jedes Gen stellt einen Platz in der Reihenfolge dar. Das konkrete Allel bezeichnet das Element, welches diesen Platz einnimmt. Permutationschromosomen können in auf einfacher Permutation und auf Permutation mit Wiederholung basierende unterschieden werden.

---

[317]   Voraussetzung ist natürlich, dass überhaupt Lösungen existieren, die die Bedingung erfüllen.
[318]   Siehe [Nie96, S. 36].
[319]   Siehe [Hol75].

Eine Lösung eines Optimierungsproblems kann in einem oder mehreren Chromosomen verschlüsselt werden. Entsprechend wird in Ein- und Mehr-Chromosomenkodierungen unterschieden.

Die Wahl der genetischen Repräsentation bestimmt u. a., welche genetischen Operatoren in einem GA verwendet werden können. Da das Job Shop Scheduling Problem ein Reihenfolgeproblem darstellt, eignen sich besonders Permutationschromosomen für seine genetische Repräsentation. Ausgehend von der Modellformulierung von *Manne* ist jedoch auch eine Kodierung als Bitchromosom möglich[320].

Die bis Anfang der 90er Jahre entwickelten JSP-Kodierungen für reine Genetische Algorithmen[321] wiesen alle ähnliche Probleme in der Dekodierung und Fehlerbeseitigung nach erfolgter Anwendung genetischer Operatoren auf. Das Problem von Laufzeiterhöhungen aufgrund rechenzeitintensiver Algorithmen zur Erkennung und Reparatur ungültiger Lösungen kann offensichtlich am besten ausgeschaltet werden, wenn eine Kodierung derartige Lösungen überhaupt nicht zulässt. Einen ersten Ansatz in dieser Richtung entwickelten *Bierwirth et al.*[322]. Diese Kodierung basiert auf Permutationen mit Wiederholung. Dabei wird nicht eine Reihenfolge für den Arbeitsvorrat jeder einzelnen Maschine gebildet, was bei der Verknüpfung zu einem Gesamtablaufplan zu Deadlocks führt, sondern aus dem Arbeitsvorrat der gesamten Werkstatt wird eine Einplanungsreihenfolge erzeugt. Im Unterschied zur Task-Sequenz-Kodierung, die analog vorgeht, ist dies jedoch keine Reihenfolge aus eindeutig identifizierten Arbeitsoperationen, sondern aus Fertigungsauftragsnummern.

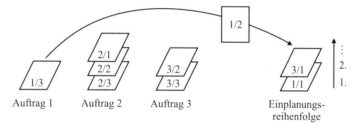

Abbildung 4.98: Erzeugung einer Ausgangslösung.

Jeder Fertigungsauftrag sei durch einen Stapel von Papierbögen dargestellt, wobei jeder Bogen einen Arbeitsvorgang repräsentiert. Die Reihenfolge, in der die Bögen auf dem Stapel liegen, entspricht der technologischen Reihenfolge der Arbeitsvorgänge, wobei der erste Vorgang oben auf dem Stapel und der letzte entsprechend unten liegt. Die zufällige Reihenfolgebildung entspricht einem Mechanismus, der jeweils von oben von einem zufällig gewählten Stapel einen Bogen Papier abhebt und die abgehobenen Bögen

---

[320]   Siehe [Man63].
[321]   Reine Genetische Algorithmen wenden das Evolutionäre Verfahren direkt auf das Optimierungs-
         problem an. Im Gegensatz dazu nutzen die hybriden Verfahren herkömmliche Methoden (z. B. Prio-
         ritätsregeln, Shifting-Bottleneck u. a.), während mit dem Genetischen Algorithmus nur Teilproble-
         me gelöst werden.
[322]   Siehe [Bie93, Bie94].

zu einem einzigen neuen Stapel (der Einplanungsreihenfolge) aufeinander legt.

Jeder Fertigungsauftrag taucht sooft in der Reihenfolge auf, wie er Arbeitsvorgänge besitzt. Erst bei der Evaluierung des Chromosoms muss der exakte Arbeitsvorgang durch einen auftragsbezogenen Zählindex ermittelt werden, während die Lösung von vorn nach hinten eingeplant wird. Bild 4.99(a) zeigt den Genotyp als Chromosom, das eine Lösung trägt, die den Phänotyp als Ablaufplan aus Abbildung 4.99(b) erzeugt.

(a) Kodierung nach Bierwirth et al.

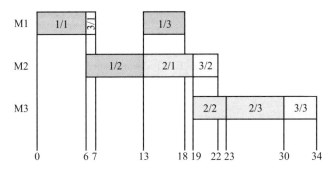

(b) Belegungsplan einer 3 x 3 JSP-Instanz

Abbildung 4.99: Genotyp und Phänotyp eines Problems

Die Vorteile der Kodierung durch Permutationen mit Wiederholungen liegen klar auf der Hand. Ungültige Lösungen werden von vornherein vermieden. Ein Genetischer Algorithmus auf der Basis dieser genetischen Repräsentation ist nicht auf die Lösung spezieller JSP-Klassen beschränkt, sondern universell einsetzbar. Die Kodierung besitzt aber auch einen nicht zu unterschätzenden Nachteil, den das folgende Beispiel illustriert:

Wird eine einfache JSP-Instanz mit drei Maschinen M_1, M_2 und M_3, drei Aufträgen J_1, J_2 und J_3 mit jeweils drei Arbeitsvorgängen und den Maschinenfolgen T_1 (M_1, M_2, M_1), T_2 (M_2, M_3, M_3) und T_3 (M_1, M_2, M_3) betrachtet, so lassen sich dafür insgesamt

$$\frac{\left(\sum_{j=1}^{n} o_j\right)!}{\prod_{j=1}^{n} o_j!} = \frac{(3+3+3)!}{3! \cdot 3! \cdot 3!} = \frac{362.880}{216} = 1.680$$

Permutationen mit Wiederholung (also Einplanungsreihenfolgen) bilden[323]. Werden jedoch die Permutationen mit Wiederholung für den Arbeitsvorrat jeder Maschine berechnet und die Reihenfolgen aller Maschinen miteinander kombiniert[324], so ergeben sich nur

$$\prod_{i=1}^{m} \frac{\left(\sum_{j=1}^{n} \sum_{k=1}^{o_j} \left\{ \begin{array}{ll} 1: & i = \tau_{jk} \\ 0: & \text{sonst} \end{array} \right. \right)!}{\prod_{j=1}^{n} \left(\sum_{k=1}^{o_j} \left\{ \begin{array}{ll} 1: & i = \tau_{jk} \\ 0: & \text{sonst} \end{array} \right. \right)!} = \frac{(2+1)!}{2! \cdot 1!} \cdot \frac{(1+1+1)!}{1! \cdot 1! \cdot 1!} \cdot \frac{(2+1)!}{2! \cdot 1!} = 54$$

von einander verschiedene Ablaufpläne. Der Suchraum für einen Genetischen Algorithmus, der die Kodierung auf Basis von Permutationen mit Wiederholung nutzt, ist also mehr als 30 mal größer als der tatsächliche Lösungsraum des konkreten Planungsproblems.

$$\boxed{1 - 3 - 1 - 2 - 3 - 1 - 2 - 2 - 3}$$

$$\boxed{1 - 1 - 3 - 2 - 3 - 2 - 1 - 2 - 3}$$

$$\boxed{1 - 1 - 2 - 3 - 1 - 2 - 3 - 2 - 3}$$

Abbildung 4.100: Verschiedene Genotypen mit gleichem Phänotyp

Es ist zu sehen, dass eine Vielzahl von Einplanungsreihenfolgen denselben Ablaufplan enthalten. In Abbildung 4.100 ist dies für den Ablaufplan aus Bild 4.99(b) konkretisiert. Die drei Chromosomen stellen für den Genetischen Algorithmus drei verschiedene Individuen (wenn auch mit gleicher Fitness) dar, obwohl sie alle den Ablaufplan aus Bild 4.99(b) kodieren. Es ist klar, dass dies den Suchprozess bei großen JSP-Instanzen enorm verlängert. Um zu verhindern, dass letztlich nur phänotypisch gleiche Individuen in einer Population enthalten sind und damit das Crossing-Over schwerfällig wird, rekombinierten *Bierwirth et al.* in einer verbesserten Version des Algorithmus nur Individuen unterschiedlicher Fitness[325]. Doch gleiche Fitness muss nicht unbedingt phänotypische Gleichheit bedeuten. So können z. B. durchaus unterschiedliche Ablaufpläne die gleiche Zykluszeit besitzen. Die Lösung ist also nicht völlig befriedigend. Das Problem des stark vergrößerten Suchraumes bleibt davon ohnehin unberührt.

---

[323] Siehe [Bie93, S. 10].

[324] Es lässt sich zeigen, dass die so entstandenen Ablaufpläne alle zyklenfrei sind, da die Flussrichtung der Aufträge über alle Maschinen gleich ist. Für normale JSP-Instanzen enthält die mit dieser Formel errechnete Lösungsanzahl auch ungültige Lösungen.

[325] Siehe [Bie93, S. 16].

4.5.3.2.2 Populationskonzepte

Genetische Algorithmen weisen den Vorteil einer verfahrensinhärenten Parallelisierbarkeit auf. Die Arbeit mit einer Population von Lösungen erhöht jedoch auch die Anzahl der einstellbaren Parameter eines solchen Algorithmus gegenüber Verfahren mit einem einzelnen Lösungspunkt, wie dem Simulated Annealing. Vier Aspekte müssen hinsichtlich des Aufbaus einer Population von Lösungen berücksichtigt werden: die Größe, die Zusammensetzung der Startpopulation, das Ersetzungsschema und die Struktur der Population.

Untersuchungen hinsichtlich der optimalen *Populationsgröße* für Genetische Algorithmen wurden u. a. von *Grefenstette*[326] und *Goldberg*[327] angestellt. Generell kann festgestellt werden, dass zwischen der Gefahr vorzeitiger Konvergenz in suboptimalen Lösungen bei zu kleinen Populationen und einem ausufernden Rechenaufwand bei zu großen Populationen ein tradeoff besteht. *Grefenstette* empfiehlt auf der Basis empirischer Untersuchungen für serielle Genetische Algorithmen eine Populationsgröße zwischen 30 und 200 Individuen. Für parallele GA können die Populationen dagegen in Abhängigkeit des zu lösenden Problems und der zur Verfügung stehenden Hardwareplattform auch wesentlich größer werden. jedoch die Richtung.

Zur Erzeugung der Startpopulation eines Genetischen Algorithmus kommen nach *Nissen* drei grundsätzliche Möglichkeiten in Betracht[328], wobei in der Literatur keine einheitlichen Aussagen zur Effektivität der Verfahren getroffen werden.

Die Standard-Methode ist die *zufällige Initialisierung* der Ausgangsgeneration. Sie wird in den meisten GA verwendet und ist ohne großen Aufwand zu implementieren. Als Argument für eine zufällige Initialisierung der Startindividuen wird zumeist die durch sie erreichbare Heterogenität des Erbgutes angeführt. Dadurch kann das Crossover überhaupt erst seine Wirksamkeit als Operator entfalten.

Dieser Gedanke wurde von *Reeves* konsequent weiterverfolgt. Statt rein zufällig erzeugter Ausgangsindividuen wählte er eine *gezielt initialisierte Startpopulation*, die bei minimaler Größe alle denkbaren Merkmalsausprägungen enthält. *Reeves'* Verfahren generiert eine Startpopulation so, dass jeder Punkt des Suchraumes von der Ausgangspopulation aus nur durch Crossover (also ohne zusätzliche Mutation) erreichbar ist[329].

Nicht unumstritten ist die *Nutzung problemspezifischer Heuristiken* für die Erzeugung der Startindividuen. Sie erscheint dann sinnvoll, wenn[330]

- gültige Startlösungen schwer zu finden sind,

- hohe Konvergenzgeschwindigkeit unabdingbar ist,

- die Suche wahrscheinlich nur in speziellen Gebieten eines sehr komplexen Lösungsraumes zweckmäßig ist oder

- die Anzahl von Lösungsbewertungen niedrig gehalten werden muss, weil jede Evaluierung aufwendig ist[331].

---

[326] Siehe [Gre86].

[327] Siehe [Gol89b, Gol92, Gol93].

[328] Siehe [Nis94, S. 38].

[329] Siehe [Ree93, S. 93-96].

[330] Siehe [Nis94, S. 38].

[331] Dies kann z. B. dann der Fall sein, wenn die Evaluierung über eine Simulation erfolgt.

Unter Umständen erweist sich die Kombination verschiedener Methoden der Verwendung eines einzigen Ansatzes als überlegen.

Der nächste wichtige Aspekt ist das *Ersetzungsschema*. Im Standard-GA von *Holland*[332] wurden alle Individuen der Elterngeneration vollständig durch die Individuen der Nachkommengeneration (*offspring*) ersetzt. Dieser Ersetzungsmechanismus wird als *generational replacement* bezeichnet. Dieses Verfahren weist den Nachteil auf, dass die Fitness des besten Individuums, wie auch die durchschnittliche Fitness in der Folgegeneration geringer sein können, als in der Elterngeneration. Die Konvergenz des Algorithmus wird verlangsamt. Außerdem können gute Schemata „verlorengehen", da sie möglicherweise mit den derzeit existierenden Rekombinationspartnern nur schlechte Nachkommen bilden können.

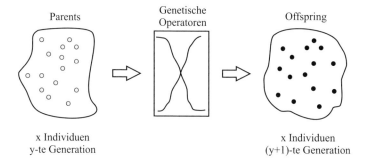

Abbildung 4.101: Generational Replacement

Diesen Nachteil versuchte *De Jong* mit Hilfe seines *Elitismus-Modells* zu vermeiden, in welchem er n Individuen direkt in die Offspring-Generation übernimmt[333]. Allerdings birgt der Elitismus die Gefahr in sich, dass ein besonders gutes Individuum, ein sogenanntes Superindividuum mehrfach direkt weitergegeben wird und auf diese Art die folgenden Generationen dominiert. So kommt es zu einer unerwünschten, frühzeitigen Konvergenz des Algorithmus in einem lokalen Optimum. Das Konzept des *schwachen Elitismus* schaltet dieses Problem dadurch aus, dass die beste Lösung in mutierter Form an die Offspring-Generation weitergegeben wird[334].

Eine weitere Methode, um den Problemen des Generational Replacement zu begegnen, stellt eine Adaption des Vorschlages von *Rechenberg*[335] dar, die Alterung von Individuen zu simulieren. Lösungen stehen so über mehrere Generationen hinweg für die Rekombination zur Verfügung und „sterben" erst nach einer festgelegten maximalen Zahl von Iterationen.

Einen anderen Weg beschritten *Whitley*[336] und *Syswerda*[337]. Sie entfernten sich vom

---

[332] Siehe [Hol75].
[333] Siehe [Jon75].
[334] Siehe [Sch94, S. 207].
[335] Siehe [Rec73b] und [Sch94, S. 209].
[336] Siehe [Whi89b, Whi89a].
[337] Siehe [Sys89].

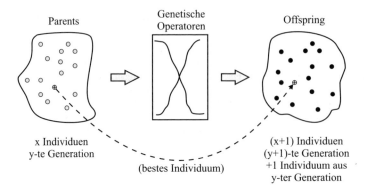

Abbildung 4.102: Generational Replacement mit Elitismus

Konzept des Generational Replacement und entwickelten einen eigenen Ersetzungsme-chanismus, der als *stetige Ersetzung* bezeichnet wird. Dabei wird in jeder Iteration aus zwei Parents nur ein Offspring erzeugt, der das jeweils schlechteste Individuum der Population ersetzt. Ein Genetischer Algorithmus, der ein solches Ersetzungsschema ver-wendet, wird als *Steady-State GA* bezeichnet.

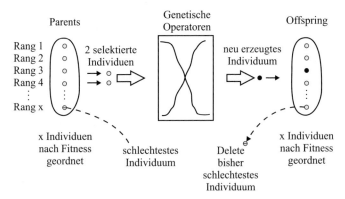

Abbildung 4.103: Stetige Ersetzung (Steady-State GA)

Sinnvoll erscheint eine Kombination aus Generational Replacement und Steady-State GA, wie das Konzept der überlappenden Populationen, das von *De Jong*[338] entwickelt wurde. *De Jong* führt einen zusätzlichen Strategieparameter, die Generationslücke (*ge-nerational gap*) G ein, mit $0 < G \leq 1$. Wird G gleich eins gesetzt, liegt Generational Replacement vor, $G \approx 1/x$ entspricht einem Steady-State GA. *De Jongs* Modell war auf-

---

[338]   Siehe [Nis94, S. 41].

grund von Allelverlusten durch Gendrift[339] zunächst nicht sehr erfolgreich. Er ergänzte es daraufhin um das Konzept des *Crowding*. Ein Nachkomme ersetzt dabei das Individuum aus einer zufällig gewählten Teilmenge der Ausgangspopulation, das ihm nach Maßgabe der Hamming-Distanz am ähnlichsten ist. Abbildung 4.104 veranschaulicht den Sachverhalt. Die Größe dieser Teilmenge wird durch den Crowding Faktor *CF* bestimmt.

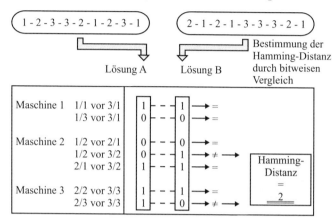

Abbildung 4.104: Bestimmung der Hamming-Distanz zweier Lösungen

Der dritte wichtige Punkt ist die *Populationsstruktur*. Die den Evolutionären Algorithmen innewohnende Möglichkeit zur Parallelisierung führte bereits früh zu ersten Überlegungen hinsichtlich der Einbeziehung der Populationsstruktur in den Optimierungsmechanismus. Mit der prinzipiellen Verfügbarkeit leistungsfähiger Parallelhardware wurden die Anstrengungen auf diesem Gebiet seit Ende der 80er Jahre intensiviert. Nachfolgend soll ein kurzer Überblick über Parallelisierungsmöglichkeiten für Genetische Algorithmen gegeben werden.

Die einfachste Möglichkeit, eine Population von Lösungen zu strukturieren, stellt ihre Aufspaltung in mehrere Subpopulationen dar. Diese durchlaufen getrennt voneinander und ohne Austausch von Nachrichten eine eigene Optimierungsprozedur. Diese Variante der strukturierten Population wird als *Inselmodell* bezeichnet[340]. Sie ermöglicht, verschiedene Teile des Lösungsraumes gleichzeitig durch mehrere Subpopulationen durchsuchen zu lassen. Jeder Subpopulation kann in einem Transputer ein eigener Prozessor zugewiesen werden.

Obwohl gänzlich isolierte Populationen in der Natur gelegentlich auftreten, sind viel häufiger räumlich getrennte Populationen zu beobachten, zwischen denen ein Informationsaustausch erfolgt. In der Regel geschieht dies durch wandernde Individuen. Modelle, die diese Form des Informationsaustausches zwischen Subpopulationen beinhalten, werden als *Migrationsmodelle* bezeichnet.

---

[339]   Unter Gendrift wird die Veränderung des Erbgutes einer Population in Richtung auf die Struktur des Erbgutes der besten Individuen verstanden.

[340]   Siehe [Sch94, S. 242].

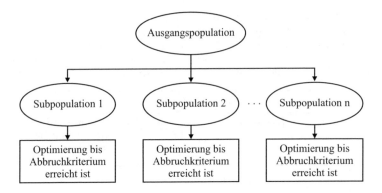

Abbildung 4.105: Inselmodell

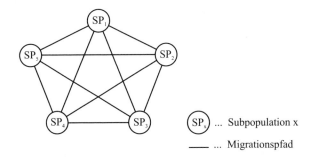

Abbildung 4.106: Netzwerkmodell

In ihrer einfachsten Form handelt es sich um Netzwerkmodelle[341], in denen zu bestimmten Zeitpunkten über festgelegte Verbindungen Individuen zwischen Subpopulationen ausgetauscht werden. In komplizierten Migrationsmodellen werden Migrations-
pfade sukzessive auf- und abgebaut. Die Stärke der Migrationsbewegungen schwankt
nach bestimmten Gesetzmäßigkeiten. So können Zeiten regelrechter Völkerwanderun-
gen von Perioden weitgehend geringer Wanderungstätigkeit gefolgt sein. Die Richtung
der Wanderung kann über den Selektionsdruck in den Subpopulationen bestimmt werden. Individuen wandern dabei verstärkt aus Populationen mit hohem Selektionsdruck
zu Populationen mit niedrigem Selektionsdruck. Generell bleibt aber festzuhalten, dass
derartige, sehr stark an der menschlichen Entwicklung angelehnte Modelle nur sinnvoll
sind, wenn durch ihren Einsatz das Optimierungsverfahren tatsächlich verbessert wird.

Eine spezielle Form der Migrationsmodelle stellen die *Diffusions-* oder *Nachbarschaftsmodelle* (siehe Abbildung 4.107) dar[342]. Sie eignen sich auch zur Strukturierung von

---

[341] Siehe [Sch94, S.243].
[342] Siehe [Bie95].

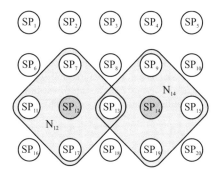

(a) In einer Ebene angeordnete Subpopulationen
mit je vier Nachbarn

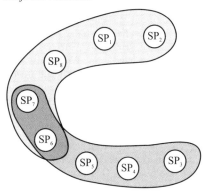

(b) Ringförmig angeordnete Subpopulationen
mit je vier Nachbarn

Abbildung 4.107: Nachbarschaftsmodelle

Populationen in seriellen GA, wobei die Subpopulationen eine Größe von einem Individuum haben. In Diffusionsmodellen wird die gesamte Population in Subpopulationen aufgeteilt, denen jeweils eine bestimmte Nachbarschaft aus anderen Subpopulationen zugewiesen wird. Auf diese Art wird die gesamte Population mit einem System von einander überlappenden Nachbarschaften „überdeckt". Individuen, die zur Rekombination selektiert wurden, können ihren Partner nur aus ihrer Nachbarschaft auswählen. Dadurch verringert sich die Gendrift in einer Population. Die Gefahr einer frühzeitigen Konvergenz in suboptimalen Punkten, die durch einzelne Superindividuen ausgelöst werden kann, wird vermieden. Auch Diffusionsmodelle existieren in durchaus unterschiedlicher Komplexität. Neben den o. g. einfachen Nachbarschaftsmodellen mit festen, einander überlappenden Nachbarschaften existieren z. B. Pollenflugmodelle, bei denen die Nachbarschaft einer Subpopulation in Abhängigkeit von Stärke und Richtung eines wechselnden „Windes" definiert wird[343].

Darüber hinaus wurden bereits *Mischformen* der oben genannten Modelle, die Nachbarschafts- und Migrationselemente verknüpfen, entwickelt. Ein Vertreter dieser Klasse ist z. B. das Kommunenmodell[344]. Auch hier gilt es, ein vernünftiges Verhältnis von Aufwand und Nutzen zu wahren. Die z. T. guten Ergebnisse, die bereits durch serielle GA mit unstrukturierten Populationen in der Maschinenbelegungsplanung erzielt wurden, deuten nicht auf eine Notwendigkeit für den Einsatz hochkomplexer, rechenzeitintensiver Strukturmodelle hin.

4.5.3.2.3 Selektion

Selektionsoperatoren entscheiden darüber, welche Individuen für die Rekombination bzw. das Crossover ausgewählt werden. Wirkungsvolle evolutionäre Algorithmen nutzen, wie oben beschrieben, einerseits die Information in bereits ermittelten guten Lösungspunkten aus (*Exploitation*) und halten andererseits nach erfolgversprechenden Regionen im Suchraum Ausschau (*Exploration*). Zwischen beiden Aspekten gilt es, die Balance zu wahren. Wichtigstes Mittel dazu ist die Stärke des Selektionsdruckes, d. h. die Stärke der Auslese nach dem Darwinschen Prinzip des „Survival of the Fittest". Bessere Individuen sollten tendenziell bessere Chancen auf Weitergabe ihres Erbgutes haben. Ein zu hoher Selektionsdruck verringert jedoch die Genvielfalt in einer Population. Der GA konvergiert sehr schnell. Die Gefahr des Steckenbleibens in lokalen Optima ist sehr hoch. Demgegenüber erhält ein sehr niedriger Selektionsdruck zwar die Genvielfalt, doch der GA ähnelt dann eher einer reinen stochastischen Suche und durchsucht den Lösungsraum eher zufällig und relativ ineffizient.

Eine allgemeine Aussage über eine optimale Höhe des Selektionsdrucks und damit über die Stärke der Gendrift kann die GA-Literatur z. Z. nicht treffen. Zwar herrscht weitgehend Einigkeit, dass in frühen Phasen der Optimierung die Auslese stärker erfolgen sollte, um schnell erfolgversprechende Regionen des Lösungsraumes anzusteuern, während später ein eher niedrigerer Selektionsdruck die vorzeitige Konvergenz in suboptimalen Lösungen verhindern kann, aber wann die frühe Phase endet und mit der Absenkung des Selektionsdrucks begonnen werden kann, ist in einem Lösungsraum unbekannter Struktur nicht ohne weiteres zu beantworten.

Einfaches Roulette-Schema

Das einfache Roulette-Schema funktioniert ähnlich einem Glücksrad. Jedem Individuum wird ein Abschnitt auf dem Rad zugeordnet, der dem Wert seiner Fitness entspricht. Wird eine Zielgröße maximiert, kann der Zielfunktionswert direkt als Fitness-Wert übernommen werden. Bei einer Minimierung ist dagegen ein zusätzlicher Schritt für die Berechnung der Fitness aus dem Zielfunktionswert erforderlich, da das Verfahren naturgemäß Individuen mit größerer Fitness häufiger selektiert. Eine einfache Fitness-Berechnungsmethode für die Zykluszeitminimierung wird durch die folgende Gleichung beschrieben[345].

$$FIT_x^{(min)} = C_{min} + C_{max} - C_x$$

---

[343] Siehe [Sch94, S. 250].
[344] Siehe [Sch94, S. 253], [Gol89a].
[345] Das konkrete Individuum wird mit x bezeichnet.

Der Nachteil der Roulette-Selektion liegt darin, dass für relativ eng beieinander liegende Zielfunktionswerte die Auswahl der Individuen für Crossover

und Rekombination nahezu gleichverteilt erfolgt. Dies widerspricht dem Gedanken der natürlichen Auslese, da der Selektionsdruck extrem niedrig ist. Der Genetische Algorithmus degeneriert zur reinen stochastischen Suche.

Modifiziertes Roulette-Schema

Die Nachteile einer unkritischen Verwendung des einfachen Roulette-Schemas sind schon seit langem bekannt. Eine einfache Methode zur Verstärkung des Selektionsdruckes ist die Subtraktion des schlechtesten Fitness-Wertes der Generation, von den Fitness-Werten aller Individuen.

$$norm\_FIT_x^{(min)} = FIT_x - FIT_{min}$$

Dadurch wird die Fitness auf das Intervall $[0, FIT_{max} - FIT_{min}]$ normiert. Ein Nachteil dieses Verfahrens liegt auf der Hand. Die Fitness des schlechtesten Individuums wird mit dem Wert 0 belegt. Diese Lösung kann also ihr Erbgut nicht an die nächste Generation weitergeben, obwohl die Unterschiede der Zielfunktionswerte nur wenige Prozent betragen können. Das Problem kann durch Addition eines konstanten Terms $c \cdot FIT_{min}$ behoben werden.

$$norm\_FIT_x^{(min)} = FIT_x - FIT_{min} + c \cdot FIT_{min}$$

Die Konstante c liegt im Intervall [0,1]. Mit ihrer Hilfe kann der Selektionsdruck eingestellt werden. Wird c nahe 1 gewählt, besteht nur ein geringer Auslesedruck. Liegt c nahe 0, wird er relativ hoch. Abbildung 4.108 zeigt die Verhältnisse der Selektionswahrscheinlichkeiten für eine zufällig erzeugte Beispielgeneration des ft06-Problems mit folgenden Fitness-Werten:

$$\{FIT_x\} = \{83, 84, 84, 101, 105, 106, 110, 112, 113, 120\} \quad x = 1, ..., 10$$

jeweils für einfache Roulette-Selektion, für modifizierte Roulette-Selektion mit $c = 0$ und für modifizierte Roulette-Selektion mit $c = 0.5$.

Ranglisten-Selektion (Ranking)

Die Ranglisten-Selektion ist eng mit der Roulette-Selektion verwandt. Die Individuen einer Generation werden nach aufsteigender Fitness geordnet – das schlechteste erhält die Stelle $y = 1$ und das beste die Stelle $y = \text{POP\_GRÖSSE}$. Ihre Selektionswahrscheinlichkeit ist proportional der Stelle, an der sie sich befinden.

Ein Problem, das manche Autoren stillschweigend übergehen, ist die Frage, wie zu verfahren ist, wenn mehrere Individuen gleicher Fitness erzeugt werden. In dieser Arbeit wird die folgende Methode angewandt:

1. Feststellen, welche Ränge die Individuen gleicher Fitness belegen.

2. Bildung des Mittelwertes der betreffenden Ränge. Ist die Anzahl der Stellen gerade, wird abgerundet

3. Alle Individuen werden mit dem Mittelwert belegt. Dadurch sind ihre Selektionswahrscheinlichkeiten gleich. Ihre Reihenfolge untereinander in der Liste ist dann ohne Belang.

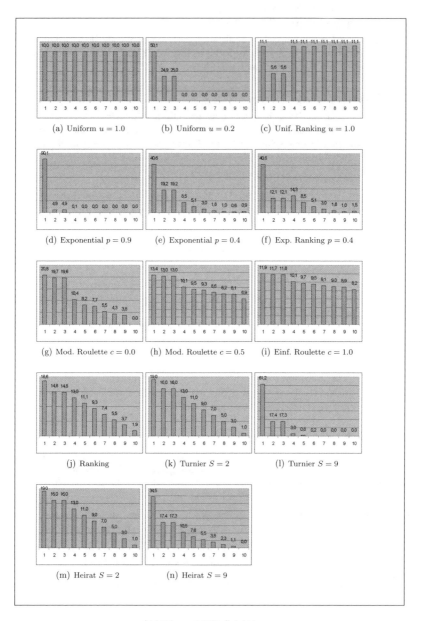

Abbildung 4.108: Selektionen

Uniforme Selektion

Auch die Uniforme Selektion benötigt zunächst ein Ranking der Individuen der aktuellen Generation. In einem ersten Schritt wird eine Teilmenge aus den u besten Individuen der Generation gebildet. Aus diesen wird gleichverteilt ein Individuum ausgewählt.

Wieder ist die Frage zu klären, wie mit Individuen gleicher Fitness zu verfahren ist. Bei reiner Uniformer Selektion hat jede Lösung aus der ausgewählten Teilmenge die gleiche Selektionswahrscheinlichkeit. Dieser Operator weist, wie im vorigen Abschnitt beschrieben, Individuen gleicher Fitness denselben Rang zu. Die im ersten Schritt der Uniform Selection zu bildende Teilmenge wird dann nicht aus den u besten Individuen, sondern aus den u besten Rängen gebildet.

Auch die gleichverteilte Zufallsauswahl selektiert zunächst nur einen Rang. Haben mehrere Individuen den gleichen Rang, erfolgt zwischen diesen erneut eine gleichverteilte Zufallsauswahl. Dadurch sinkt die Selektionswahrscheinlichkeit für die einzelnen Individuen mit gleicher Fitness und es haben auch Individuen schlechterer Fitness eine Chance zur Weitergabe ihres Erbgutes. Vorzeitige Konvergenz des GA wird vermieden. Dieser als *Uniform Ranking Selection* bezeichnete Operator war dem reinen Uniform Selection Operator bei Tests deutlich überlegen.

Exponentielle Selektion

Ähnliche Probleme ergeben sich bei der exponentiellen Selektion. Auch hier erfolgt die Ordnung aller Individuen nach ihrer Fitness. Beginnend mit dem besten werden die Individuen der Reihe nach betrachtet. Mit einer Wahrscheinlichkeit $0 < p < 1$ wird das aktuelle Individuum selektiert, anderenfalls wird zur nächsten Lösung weitergegangen. Nach der Selektion eines Individuums beginnt die Auswahlprozedur erneut. Individuen mit schlechterer Fitness werden mit geringerer Wahrscheinlichkeit selektiert. Haben Individuen die gleiche Fitness, erweist sich dies als nachteilig. Das Problem kann behoben werden, indem für jedes gezogene Individuum überprüft wird, ob weitere Individuen gleicher Fitness existieren. Aus dieser Teilmenge gleich guter Lösungen wird danach eine zufällig ausgewählt (Gleichverteilung).

Auch für dieses Verfahren wurde ein abgeänderter Selektor entworfen. Dieses als *Exponential Ranking Selection* Verfahren ordnet, wie oben beschrieben, Individuen gleicher Fitness demselben Rang zu. Die Exponentielle Selektion wird dann auf Ränge angewandt. Haben mehrere Individuen den gleichen Rang, erfolgt zwischen ihnen eine Zufallsauswahl (Gleichverteilung). Bei Tests an verschiedenen JSP-Benchmarkproblemen erwies sich dieser Selektor der normalen exponentiellen Selektion überlegen.

Turnier-Selektion

Das Verfahren der Turnier-Selektion ist den Rangkämpfen mancher Tierarten nachempfunden. Bei dieser Methode erfolgt in einem ersten Schritt eine zufällige Auswahl (Gleichverteilung) von s Individuen. Aus diesen wird die beste Lösung selektiert.

Heirats-Selektion

Eine Abwandlung der Turnier-Selektion stellt die Heirats-Selektion dar. Zunächst wird ein Individuum zufällig ausgewählt (Gleichverteilung). Danach werden maximal $s - 1$

Versuche unternommen, ein besseres Individuum zu finden. Sobald eine solche Lösung entdeckt wurde, wird diese selektiert und die Suche abgebrochen. Wird auch nach $s - 1$ Versuchen kein besseres Individuum entdeckt, wird das ursprünglich gewählte selektiert.

4.5.3.2.4 Rekombination und Crossover

Obwohl häufig synonym verwendet, bezeichnen Rekombination und Crossover nicht dasselbe Phänomen. Im biologischen Sinn wird von Rekombination des Erbgutes gesprochen, wenn das Erbgut zweier haploider Geschlechtszellen zum diploiden Chromosomensatz einer befruchteten Eizelle kombiniert wird. Das Crossover hingegen wird in der Biologie auch als Chromosomenmutation bezeichnet. Bei diesem Prozess liegen Chromosomen während des Rekombinationsvorgangs überkreuz übereinander. Dies kann dazu führen, dass Teile von ihnen abbrechen und mit einem anderen Chromosom zusammengefügt werden.

Da in vielen GA ein Individuum nur durch ein Chromosom kodiert wird, ist es nicht unbedingt sinnvoll, zwischen Rekombination und Crossover zu unterscheiden. Bei Mehrchromosomen-Kodierungen hingegen ist eine solche Unterscheidung durchaus von Nutzen. Etwas Konfusion besteht auch im Hinblick um den Begriff der Crossover-Rate. So bezeichnet *Bruns* die Crossover-Rate als die Wahrscheinlichkeit, mit der es zwischen zwei selektierten Individuen tatsächlich zu einem Crossover kommt[346]. Laut *Bäck* liegen typische Werte für diesen Parameter zwischen 0.6 und 1.0[347]. Im Zusammenhang mit dem Uniform-Crossover wird mitunter auch die Wahrscheinlichkeit, dass an einer bestimmten Stelle des Chromosoms ein Element für das Crossover ausgewählt wird, als Crossover-Rate bezeichnet. Die Werte liegen in diesem Fall bedeutend niedriger, etwa zwischen 0.05 und 0.3.

Nachfolgend wird die Wahrscheinlichkeit, dass zwei selektierte Individuen tatsächlich ihr Erbgut austauschen, als Rekombinationsrate und die Wahrscheinlichkeit für die Auswahl eines Elements innerhalb eines Chromosoms als Crossoverrate bezeichnet.

Unabhängig von der gewählten Kodierung kann zwischen zwei grundsätzlichen Typen von Operatoren unterschieden werden. Beim n-Punkt-Crossover[348] werden die Chromosomen an zufälligen Stellen aufgetrennt und die Teilstücke in den anderen Partner eingefügt[349]. Das von *Syswerda* entwickelte Uniform-Crossover verwendet dagegen eine Bitmaske, die einzelne Elemente für den Austausch auswählt. Alle nachfolgend beschriebenen Operatoren basieren auf diesen Grundtypen. Inzwischen ist die Zahl verschiedener X-Operatoren recht beachtlich geworden. Im folgenden wird daher nur auf solche eingegangen, die sich für Permutationschromosomen eignen.

Eine recht gute Übersicht zu X-Operatoren für Reihenfolgeprobleme findet sich bei *Whitley et al.*[350] Er stellt u.a. das Order Crossover nach *Davis*, das Partially Mapped Crossover nach *Goldberg et al.*, das Cycle-Crossover nach *Oliver et al.*, den Genetic-Edge-Operator nach *Starkweather et al.* und das Order Crossover (OX) sowie das Position Based Crossover (PBX) nach *Syswerda* vor. Diese Vielzahl von Operatoren unterscheiden

---

[346]   Siehe [Bru96, S. 16].

[347]   Siehe [Bäc92].

[348]   Crossover wird in Kurzbezeichnungen durch ein die sich kreuzenden Chromosomen symbolisierendes X abgekürzt.

[349]   Dies ist in dieser Form natürlich nur bei Bit- oder Zahlenchromosomen möglich.

[350]   Siehe [Whi91].

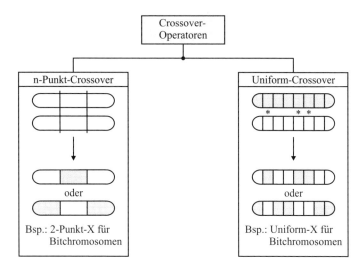

Abbildung 4.109: n-Punkt- und Uniform-Crossover

sich vor allem in ihrer Fähigkeit, verschiedene Informationsaspekte, die für die Lösung von Reihenfolgeproblemen von Bedeutung sind, an die Nachkommen zu übertragen. *Whitley et al.* stellen drei unterschiedliche Aspekte heraus:

- die relative Reihenfolge von Elementen im Chromosom,

- die absolute Position von Elementen im Chromosom und

- Nachbarschaftsbeziehungen zwischen Elementen des Chromosoms.

Diese Aspekte sind offenbar für die Lösung unterschiedlicher Reihenfolgeprobleme von verschiedener Wichtigkeit. Die Untersuchungen von *Whitley et al.* deuten darauf hin, dass sich für die Lösung des Travelling Salesman Problems die Weitergabe von Nachbarschaftsinformation als vorteilhaft erweist. Folgerichtig erwies sich der Genetic Edge Recombination Operator als überlegen. Bei einem andersgearteten Scheduling Problem (Warehouse-Shipping-Problem) schnitt dieser Operator hingegen sehr schlecht ab.

Es ist nicht sicher, dass sich diese Ergebnisse ohne weiteres auf das JSP anwenden lassen. Besonders interessant ist in diesem Zusammenhang die Tatsache, dass die GA im Travelling Salesman Problem direkt über dem Phänotyp arbeiten. Im JSP ist zumindest bei Verwendung der oben vorgestellten Kodierungen in jedem Fall eine Dekodierung der genotypischen Lösung notwendig, denn hier arbeitet der GA über dem Genotyp.

Generalized Order Crossover (GOX)

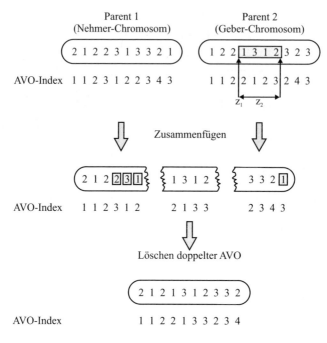

Abbildung 4.110: Generalized Order Crossover (GOX)

Das von *Bierwirth et al.* entwickelte GOX ist den n-Punkt-X Operatoren zuzuordnen[351].
Aus einem Geber-Chromosom wird ausgehend von einer zufällig ausgewählten Stelle ein
Teilstück zufälliger Länge herausgetrennt. Da das Chromosom als eine Art virtueller
Ring betrachtet wird, kann dieses Teilstück auch über das Ende des Chromosoms hinaus
reichen. Dadurch wird ein sogenannter Positions-Bias weitgehend vermieden[352]. Dieses
Teilstück wird in das Nehmer-Chromosom an der Stelle eingefügt, an der das zuerst
im Teilstück stehende Element vorkommt[353]. Die im Teilstück übertragenen Arbeitsvorgänge werden dann im Nehmer-Chromosom gelöscht.

Generalized Position Based Crossover (GPBX)

Das von *Teich* entwickelte Generalized Position Based Crossover ist in Anlehnung an

---

[351]   Dies weicht von *Syswerdas* OX ab, das als Uniform Crossover konzipiert wurde.

[352]   Als Positions-Bias wird die Eigenart der n-Punkt-Crossover bezeichnet, Elementkombinationen,
die weitentfernt auf dem Chromosom liegen, häufiger auseinander zu reißen, als solche, die nahe
beieinander liegen. Dadurch werden letztere bevorzugt vererbt. Uniform Operatoren besitzen einen
Positions-Bias von 0.

[353]   Zu beachten ist dabei, dass *Bierwirths* Kodierung zwar keine Arbeitsvorgänge enthält, sondern
nur Fertigungsauftragsnummern, für das Crossover werden jedoch die exakten AVO-Nummern
benötigt.

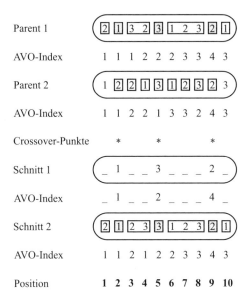

Abbildung 4.111: Generalized Position Based Crossover (GPBX)

das PBX als Uniform Crossover konzipiert. In einem ersten Schritt werden zufällig die Elemente für das Crossover mit einer bestimmten Wahrscheinlichkeit ausgewählt. Die als Crossover-Rate hinterlegte Auswahlwahrscheinlichkeit liegt unter 0.15. Größere Werte führen tendenziell zu einer überdimensionalen Weitergabe des Erbgutes von Parent 1. Dies zeigten vom Autor durchgeführte Tests. Die ausgewählten Elemente werden aus Parent 1 direkt an die gleichen Positionen im Offspring übertragen. In einem zweiten Schritt werden diejenigen Elemente, die in Parent 1 zwischen zwei Crossoverpunkten bzw. zwischen einem Crossoverpunkt und dem Anfang oder Ende des Chromosoms liegen, in der relativen Ordnung von Parent 2 übertragen.

4.5.3.2.5 Mutation

Die Mutation stellt den Background-Operator der genetischen Suche dar. Während das Crossover und die Rekombination vor allem die Exploitation guter Lösungen und damit die Exploration erfolgversprechender Abschnitte des Lösungsraumes vorantreiben, verhindert die Mutation eine zu starke Gendrift und sichert die Exploration von Lösungsraumbereichen, die durch Rekombination des gegenwärtigen Erbgutes nicht oder nur schwer zu erreichen wären. Es liegt klar auf der Hand, dass die Mächtigkeit des Mutationsoperators in entscheidendem Maße die Nähe der mutierten Lösungen zur bisherigen Population bestimmt. Nachfolgend wird eine Reihe von Mutationsoperatoren dargestellt, die die Struktur einer existierenden Lösung in zunehmendem Maße zerstören, beginnend mit dem einfachen Tausch zweier Vorgänge bis hin zur zufälligen Erzeugung einer gänzlich neuen Lösung.

Shift-Operator

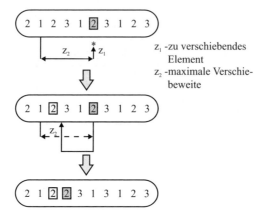

z_1 -zu verschiebendes
   Element
z_2 -maximale Verschie-
   beweite

Abbildung 4.112: Shift-Operator

Der einfachste Mutationsoperator für Permutationschromosomen ist der Shift-Operator. Bei dieser Mutationsart wird zufällig eine Position innerhalb des Chromosoms ausgewählt und das dort stehende Element um eine zufällige Anzahl von Positionen nach links oder rechts verschoben.

Order Based Mutation (OBM)

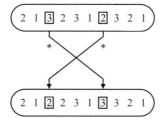

Abbildung 4.113: Order Based Mutation

Einer der einfachsten Mutationsoperatoren ist der Order Based Mutation-Operator. Hier werden zwei zufällige Tasks ausgewählt, und ihre Positionen miteinander vertauscht. In Tests von *Syswerda* und *Whitley et al.* bezüglich der Mächtigkeit zur Lösung des TSP und zweier Scheduling Probleme schnitt dieser Operator am besten ab[354].

---
[354]   Siehe [Sys91, Whi91].

Position Based Mutation (PBM)

Bei der von *Syswerda* entwickelten Position Based Mutation werden zwei Elemente zufällig ausgewählt und der hintere direkt vor den vorderen eingeplant. Sowohl bei OBM als auch bei Einsatz des PBM-Operators ist die durch Mutation erzeugte Lösung der ursprünglichen recht ähnlich. Dies kann unter Umständen dazu führen, dass der Operator nicht stark genug ist, um einer vorzeitigen Konvergenz entgegenzuwirken. In Tests schnitt dieser Operator schlechter ab als OBM[355].

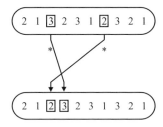

Abbildung 4.114: Position Based Mutation

Scramble Sublist Mutation

Für die Scramble Sublist Mutation wird zufällig ein Teilstück des Chromosoms ausgewählt. Innerhalb dieses Teilbereichs wird die Reihenfolge der Elemente neu ausgewürfelt.

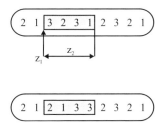

Abbildung 4.115: Scramble Sublist Operator

Translokations-Mutation

Für diese Form der Mutation werden zufällig zwei Mutationspunkte im Chromosom bestimmt. Der zwischen ihnen liegende Abschnitt bleibt unverändert die Mitte der Lösung. Der vornliegende Teil wird mit dem hinten liegenden ausgetauscht.

---

[355]   Siehe [Sys91].

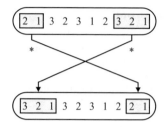

Abbildung 4.116: Translokationsoperator

Inversions-Mutation

Die Inversion kann auf einen Teil des Chromosoms (*Sublist-Inversion*) oder auf die gesamte Lösung angewandt werden. Im ausgewählten Bereich wird Reihenfolge des Auftretens der Auftragsnummern vertauscht.

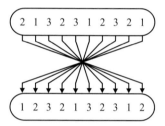

Abbildung 4.117: Inversionsoperator

Random-Mutation

Bei Anwendung der Random-Mutation wird die Struktur der mutierten Lösung vollständig zerstört. Sie wird durch eine zufällig neu ausgewürfelte Lösung ersetzt. Damit kann der Operator auch weit entfernte Teile des Suchraumes erreichen. Er deckt jedoch den Suchraum gleichmäßig ab, was seine Effizienz bei der Erkundung bisher unbeachteter Gebiete etwas abschwächt.

4.5.3.2.6   Lösungsevaluierung und Fitnessfunktion

Um die Fitness einer Lösung des GA zu berechnen, muss diese zunächst dekodiert, also in einen Phänotyp umgewandelt werden. Dafür kommen bei der Lösung von Job Shop Problemen aktive und semiaktive Scheduler in Frage. Wird ein aktiver Scheduler zur Dekodierung der genotypischen Lösung verwendet, besteht grundsätzlich die Möglichkeit, durch den Scheduler verursachte Reihenfolgeänderungen in den Genotyp zu übernehmen. Ob dies Vorteile für die genetische Suche mit sich bringt, können nur Tests erweisen. Für ein Übertragen der geänderten Reihenfolgen in den Genotyp spricht die Auffassung, dass bessere Individuen tendenziell auch bessere Nachkommen erzeugen. Als Gegenargument lässt sich jedoch anführen, dass in einem eher chaotischen Suchraum durch die Informationsübertragung aus dem aktiven Ablaufplan in den Genotyp möglicherweise genetische Informationen vernichtet werden, die für die weitere Suche von Vorteil wären.

Aus dem Phänotyp kann der Zielfunktionswert ermittelt werden. Da die genetische Suche Individuen höherer Fitness bevorzugt für die Weitergabe des Erbgutes auswählt, kann im Falle einer Maximierungsaufgabe[356] der Zielfunktionswert direkt als Fitnesswert übernommen werden. Wird hingegen minimiert, so muss der Zielfunktionswert über eine Skalierungsfunktion in den Fitnesswert umgerechnet werden.

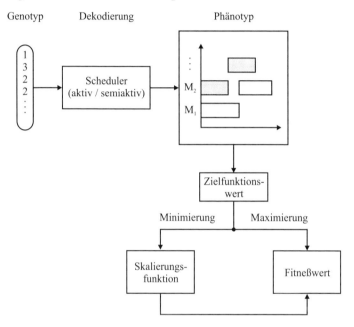

Abbildung 4.118: JSP-Lösungsevaluierung

Wird der Prozess der Lösungsevaluierung betrachtet, so stellt sich die Frage, warum der GA nicht direkt über dem Phänotyp einer Lösung arbeitet. Dies war lange Zeit ein Streitpunkt zwischen GA-Verfechtern und ES-Strategen. Die GA-Theoretiker verweisen auf das Beispiel der Natur. Abgesehen von (i. d. R. schädlichen) Veränderungen[357] wird die Entwicklung des Erbgutes nicht direkt durch Umweltfaktoren beeinflusst[358]. Die Evolution in der Natur ist also gewissermaßen „blind". Genau so verhält es sich mit

---

[356] Dies wäre z. B. bei der Maximierung der Kapazitätsauslastung der Fall.

[357] Zum Beispiel Veränderungen durch Strahlungseinwirkungen.

[358] Es konnte eben nicht nachgewiesen werden, wie *Lamarck* glaubte, dass der Schmied durch seine Arbeit große Körperkraft erwirbt und diese über sein Erbgut an seine Kinder weitergibt, so dass diese wieder zu muskelbepackten Schmieden werden.

den GA's. Dies begründet ihre prinzipiell universelle Einsetzbarkeit im Gegensatz zu herkömmlichen, problemspezifischen Heuristiken. Der Optimierungsprozess ist abgekoppelt vom Problem, und nur die Fitness der Individuen bestimmt seine Richtung. Dies wirft zwei Fragen auf. Ist die Arbeit direkt über dem Phänotyp möglicherweise erfolgreicher und ist die eben beschriebene Art und Weise der Fitnessbewertung für das JSP sinnvoll?

Die Evolutionsstrategen verweisen auf die Tatsache, dass der evolutionäre Prozess ohne größere Probleme auch auf den Phänotyp eines Individuums anwendbar ist. Darüber hinaus ermöglicht dies die Einbeziehung problemspezifischen Wissens, um die Suche zu beschleunigen. Eine schnelle, effiziente Suche ist wegen der hohen Anforderungen an die Laufzeit eines praktisch einsetzbaren GA von enormer Wichtigkeit. Die Entwicklung eines über dem Phänotyp einer Lösung des JSP arbeitenden GA ist jedoch mit Problemen behaftet, wie etwa den oben beschriebenen ungültigen Lösungen. Dafür müssen spezielle Operatoren entwickelt werden. Die Problemunabhängigkeit des GA geht dadurch verloren. Zukünftige Forschungsarbeiten werden zeigen, ob dieser Ansatz von Vorteil ist. Im Rahmen dieser Arbeit werden zunächst nur die Möglichkeiten der traditionellen GA's ergründet, um die Grenzen dieser Vorgehensweise herauszufinden und im weiteren Verlaufe des Projektes die Potenziale eines phänotypbasierten GA's zu untersuchen.

4.5.3.2.7 Erweiterungen zur Belegungsplanung

Mittlerweile existiert eine Vielzahl von Heuristischen Verfahren zur Maschinenbelegungsplanung mit durchaus für die Praxis tauglichen Rechenergebnissen, erzielt in vertretbaren Rechenzeiten. Die Verwertung der genannten Lösungsansätze in einem konkreten Unternehmen erfordert dennoch zusätzliche Anstrengungen, da unumgehbare praktische Belange wie

- die Einbeziehung eines Betriebskalenders,

- das Verwenden verschiedener Kapazitätstypen,

- das Realisieren mehrerer Kapazitätsarten,

- die Auswahl aus Kapazitätsalternativen und

- das Beachten reihenfolgeabhängiger Rüstzeiten von Arbeitsvorgängen

in den „akademischen" Lösungen von reinen Maschinenbelegungsproblemen nicht betrachtet werden. *Köbernik* liefert hierzu eine Übersicht[359].

Die Aufgabe Deterministischer Scheduling Probleme ist es, für einen gegebenen Bestand an Aufträgen gültige Belegungspläne entsprechend der beteiligten Ressourcen (Kapazitäten) zu erzeugen. Dabei werden die Kapazitäten vom jeweiligen Arbeitsvorgang bestimmt und können sich in Art und Typ unterscheiden (siehe Abbildung 4.119).

Eine *Kapazitätsart* verkörpert eine eigenständige Ressourcenklasse, die aus einer Ableitung von *Kapazität* resultiert. Beispiele für Kapazitätsarten sind *Personal* (Arbeitskräfte) und *Bearbeitungsstation* (Arbeitsplätze). Für jede Kapazitätsart existieren entsprechende Ressourcen (Instanzen), die im Zuge einer Belegungsplanung den auszuführenden Arbeitsvorgängen konfliktfrei zugeordnet werden. Ein Arbeitsvorgang kann

---

[359] Die Ausführungen wurden im Wesentlichen aus [Köb99, S. 129 ff.] übernommen.

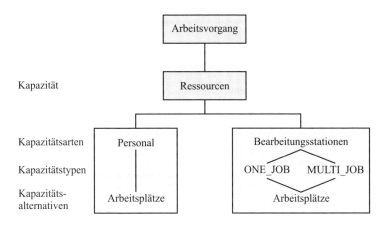

Abbildung 4.119: Ressourcen für Arbeitsvorgänge

zum Zeitpunkt seiner Ausführung mehrere Kapazitätsarten bedingen, was eine Konjunktion von Ressourcen mit unterschiedlichen Kapazitätsarten bedeutet. Desweiteren können für jede Kapazitätsart Alternativen von Ressourcen existieren.

Ein *Kapazitätstyp* definiert spezielle Eigenschaften für Ressourcen in bezug auf die Bearbeitung eines Arbeitsvorgangs. Im weiteren Vorgehen sollen für die Kapazitätsart *Bearbeitungsstation* zwei Kapazitätstypen unterschieden werden. Sie legen mögliche Parallelitäten in der Ausführung von Arbeitsvorgängen auf einer Ressource fest, d. h. sie bestimmen, wieviele Arbeitsvorgänge simultan auf einer Ressource bearbeitet werden können. Jede Ressource besitzt implizit den Kapazitätstyp ONE_JOB, kann aber durch eine explizite Angabe der maximalen Anzahl gleichzeitig ausführbarer Arbeitsvorgänge mit größer als eins den Kapazitätstyp MULTI_JOB erlangen[360].

Ein Arbeitsvorgang kann bei seiner Ausführung mehrere Ressourcen einer Kapazitätsart bedingen. Ein Beispiel dafür sind Montagearbeitsplätze, an denen mehrere Arbeitskräfte einen Arbeitsvorgang ausführen. Eine Belegung von mehreren Bearbeitungsstationen durch einen Arbeitsvorgang wird im weiteren ausgeschlossen.

Betriebskalender

Die Betrachtung einer gegebenen Maschinenbelegung ohne Einbeziehung eines Betriebskalenders zeigt zu einem fiktiven Zeitpunkt Null alle Start- und Endzeiten der die Maschinenbelegung umfassenden Arbeitsvorgänge. Dabei wird in Abhängigkeit vom jeweiligen Problem durch das Festlegen einer kleinsten Zeiteinheit die Genauigkeit der Start- und Endzeiten bestimmt. Eine Zeitdauer in Verbindung mit einem Starttermin erzeugt einen Endtermin (Vorwärtsterminierung), in Verbindung mit einem Endtermin einen Starttermin (Rückwärtsterminierung). Wird ein Maschinenbelegungsproblem oh-

---

[360] Ein weiteres Beispiel für einen Kapazitätstyp mit einer theoretischen Kapazität von ∞ ist die Fremdvergabe von Arbeitsvorgängen.

ne die Einbeziehung eines Betriebskalenders gelöst, entstehen lediglich Auftragsfolgen auf den einzelnen Maschinen (Sequencing), die im weiteren noch terminiert werden müssen (Scheduling). In der Regel erfolgt eine Vorwärtsterminierung für jeden Arbeitsvorgang, ausgehend von den frühestmöglichen Startterminen der einzelnen Aufträge. Dabei kann die Terminierung von Arbeitsvorgängen bei entsprechenden Terminvorgaben zu zusätzlichen Wartezeiten führen, wodurch sich eine gegebene optimale Lösung eines Maschinenbelegungsproblems ohne die Einbeziehung eines Betriebskalenders nach erfolgter Terminierung in eine schlechte Lösung verwandeln kann.

Ein *Betriebskalender*[361] ist ein spezielles Maßsystem für den betrieblichen Zeitablauf (Werktage) mit besonderer Berücksichtigung der für die Fertigung und damit auch für die Fertigungssteuerung relevanten Arbeitszeiten. Notwendig wird ein Betriebskalender aufgrund nichtfixer Arbeitszeitlängen für Kalenderperioden, verursacht[362] durch nicht konstante Periodendauern[363], durch die Lage der Wochenenden[364], durch Feiertage sowie durch betriebsbedingte arbeitsfreie Zeiten[365]. Desweiteren soll ein Betriebskalender für Transparenz im Umgang mit Terminen und Zeitdauern sorgen und einen Vergleich von Perioden[366] ermöglichen.

Kalendersysteme können nach *Dezimal* und *Gregorianisch* gegliederte Betriebskalender unterschieden werden[367]. Dezimal gegliederte Betriebskalender numerieren fortlaufend Arbeitstage als Dezimalzahl, wobei nach einer festgelegten Zeitperiode die Numerierung wieder von vorne beginnt. Gregorianisch gegliederte Betriebskalender beziehen sich i. d. R. auf die Woche oder den Monat eines Jahres und weisen den entsprechenden Arbeitstag aus. Beide Gruppen von Kalendersystemen haben entsprechende Vor- und Nachteile. Der dezimal gegliederte Betriebskalender gestattet im Unterschied zum gregorianisch gegliederten Betriebskalender ein kontinuierliches Durchzählen der Arbeitstage und zeichnet sich durch fixe Periodenlängen aus. Dagegen sind beim gregorianisch gegliederten Betriebskalender die Termine transparenter. Eine Nullstellung und die damit verbundenen Probleme wie beim dezimal gegliederten Betriebskalender entfallen.

Während der Betriebskalender den Beginn und das Ende von Werktagen determiniert, werden durch *Schichtpläne* Personalkapazitäten diesen Werktagen zugeordnet. Der Schichtplan legt für jeden Arbeitnehmer den Arbeitszeitrahmen für eine Periode fest. Mit dem *Tagesprogramm* werden alle den Arbeitszeitrahmen betreffenden Zeiten beschrieben. Solche Zeiten sind Arbeitsbeginn, Arbeitsende aber auch Arbeitspausen mit entsprechendem Pausenbeginn und Pausenende.

Für die nachfolgende Betrachtung des Problems der Maschinenbelegung unter Einbeziehung eines Betriebskalenders soll im weiteren von einem Betriebskalender ausgegangen werden, der eine Unterbrechung des Arbeitsablaufes erzwingt. Denkbar ist ein Betriebskalender, der Werktage nicht an Feiertagen ansonsten Montag bis Freitag von 7.00 Uhr bis 16.00 Uhr festlegt (siehe Abbildung 4.122). Eine wesentliche Rolle in bezug

---

[361] Synonyme Begriffe für Betriebskalender sind u. a. Fabrikkalender und Arbeitskalender.

[362] Siehe [Ste93, S. 300].

[363] Ein Monat kann 28 bis 31 Tage lang sein. Ein Jahr kann 365 oder 366 Tage umfassen.

[364] Innerhalb eines Monats können Wochenenden 8, 9 oder 10 arbeitsfreie Tage bewirken. Die Zahl der Wochenenden schwankt im Jahr zwischen 52 und 53.

[365] Beispiele für betriebsbedingte arbeitsfreie Zeiten sind Betriebsferien, Generalreperaturen usw.

[366] Perioden haben im Betriebskalender fixe Längen. Typisch sind Dekaden mit 10 Arbeitstagen und Fabrikmonate mit 21 Arbeitstagen.

[367] Siehe [Ste93, S. 301].

auf die Auswirkungen eines Betriebskalenders auf eine Maschinenbelegung spielt dabei die Möglichkeit, Arbeitsvorgänge zu unterbrechen. Arbeitsvorgänge beanspruchen laut REFA-Schema[368] für ihre Durchführung Belegungszeiten, Übergangszeiten und Zusatzzeiten. Dabei ist für eine Analyse der Unterbrechungsfähigkeit eines Arbeitsvorganges die Belegungszeit, die sich aus Rüstzeit und Bearbeitungszeit zusammensetzt, ausschlaggebend. Übergangszeiten und Zusatzzeiten werden aus Gründen der praktischen Relevanz nicht in die weitere Untersuchung einbezogen. Diese Zeiten gelten jederzeit als unterbrechbar, ohne zusätzliche Kosten zu verursachen. Zur weiteren Problembeschreibung ergeben sich für *jeden* Arbeitsvorgang die folgenden Fallunterscheidungen (siehe Abbildung 4.120):

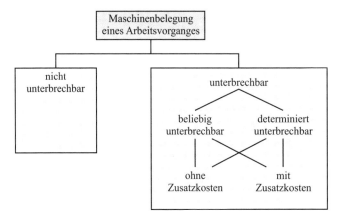

Abbildung 4.120: Unterbrechbarkeit von Arbeitsvorgängen

Ein Arbeitsvorgang ist nicht unterbrechbar. Rüst- und Bearbeitungsvorgang stellen eine Einheit dar und können nicht unterbrochen werden[369].

Ein Arbeitsvorgang ist beliebig unterbrechbar. Zu jeden Zeitpunkt besteht die Möglichkeit, einen Arbeitsvorgang zu unterbrechen[370]. Eine Wiederaufnahme der Arbeit geschieht grundsätzlich auf der gleichen Bearbeitungsstation und kann entsprechende Zusatzkosten[371] verursachen.

Ein Arbeitsvorgang ist determiniert unterbrechbar. Das Unterbrechen eines Arbeitsvorgangs kann zu genau definierten Zeitpunkten erfolgen. Unterbrechungszeitpunkte

---

[368] Vgl. [REF91, Bd. 3, S. 15 ff.].

[369] Ein Beispiel für nicht unterbrechbare Arbeitsvorgänge ist das Tauchen von Werkstücken. Während des Aufheizens bzw. nach erfolgtem Aufheizen des Tauchbades ist es nicht sinnvoll, den Arbeitsvorgang zu unterbrechen. Ein Unterbrechen des Arbeitsvorgangs während des Tauchens schließt sich von selber aus.

[370] Beispiele für beliebig unterbrechbare Arbeitsvorgänge sind Montagevorgänge.

[371] Zusatzkosten können Anlaufzeiten, aber auch erneute Rüstzeiten sein.

repräsentieren dabei immer einen bestimmten Abarbeitungsstand eines Arbeitsvorgangs und können durch Aufzählen oder als Funktion angegeben werden. Analog zu beliebig unterbrechbaren Arbeitsvorgängen erfolgt eine Wiederaufnahme der Arbeit ohne den Wechsel der Bearbeitungsstation und kann zu entsprechenden Zusatzkosten führen.

1 **begin**

2 $\quad \exists\, s : \forall j, j = 1, \ldots, n \; \exists\, t_{j1}^{s} \geq 0; \quad s_{plan} := \emptyset;$

3 $\quad$ **for** $(idx := 0; \; idx < CARD(s); \; idx := idx + 1)$ **do**

4 $\qquad o_{jk}^{*} := IDX(s, idx);$

5 $\qquad M_{i}^{*} := \tau_{jk}^{*};$

6 $\qquad$ **if** $\exists\, (o_{j'k'}, o_{jk}^{*}) \in E_{i}$ **then** $t' := t_{j'k'}^{e};$ **else** $t' := t_{jk}^{*s};$ **fi**

7 $\qquad$ **if** $k^{*} > 1$ **then** $t'' := t_{jk-1}^{*e};$ **else** $t'' := t_{jk}^{*s};$ **fi**

8 $\qquad t_{min} = \max\{t', t''\};$

9 $\qquad$ **if** $IS\_INTERRUPTABLE(o_{jk}^{*})$

10 $\qquad\quad$ **then** $t_{jk}^{*s} := \min\{\forall\, t : (t \geq t_{min}) \wedge$

11 $\qquad\qquad$ (ab t existieren $(p_{jk}^{*} + x)$ zur Belegung nutzbare ZE, mit einer zusammenhängenden Belegungszeit vor einer Unterbrechung größer als die daraus resultierende Zusatzzeit)$\};$

12 $\qquad\qquad t_{jk}^{*e} := t_{jk}^{*s} + p_{jk}^{*} +$ Unterbrechungszeiten $+$

13 $\qquad\qquad\qquad\qquad$ Zusatzzeiten;

14 $\qquad\quad$ **else** /* o_{jk}^{*} ist nicht unterbrechbar */

15 $\qquad\qquad t_{jk}^{*s} := \min\{\forall\, t : (t \geq t_{min}) \wedge$

16 $\qquad\qquad$ (ab t sind p_{jk}^{*} ZE zusammenhängend)$\};$

17 $\qquad\qquad t_{jk}^{*e} := t_{jk}^{*s} + p_{jk}^{*};$

18 $\qquad$ **fi**

19 $\qquad s_{plan} := s_{plan} \cup o_{jk}^{*};$

20 $\quad$ **od**

21 **end**

Abbildung 4.121: Scheduling unter Beachtung von Unterbrechungen

Das Einbeziehen eines Betriebskalenders bei der Erstellung eines Belegungsplanes erfolgt im Scheduling (siehe Abbildung 4.121). Ausgangspunkt ist dabei eine durch den Genetischen Algorithmus erzeugte Einplanungsreihenfolge für einen Belegungsplan.

Durch Vorwärtsterminierung werden den Arbeitsvorgängen Start- und Fertigstellungstermine zugeordnet, die mit einem gegebenen Betriebskalender abgeglichen werden. Der Abgleich besteht im Prüfen des Starttermins auf Gültigkeit bzw. im Ermitteln eines

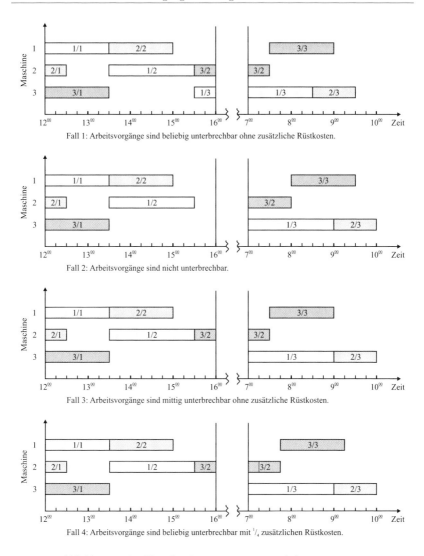

Abbildung 4.122: Unterbrechungsszenarien von Arbeitsvorgängen

gültigen (späteren) Starttermins und im Bereitstellen einer dem Arbeitsgang adäqua-
ten Belegungszeit. Je nach Unterbrechbarkeit des einzuplanenden Arbeitsvorgangs kann
eine solche Belegungszeit zusammenhängend oder geteilt sein. Entsteht bei der Unterbrechung eines Arbeitsvorgangs Mehraufwand, so ist diese nur dann sinnvoll, wenn die
Zusatzzeit nicht größer als der unmittelbar vor der Unterbrechung liegende Anteil der

Belegungszeit ist. Abbildung 4.122 illustriert verschiedene Szenarien der Unterbrechung
für eine gegebene Belegungsplanung.

Aus praktischen Erwägungen kann es durchaus sinnvoll sein, einen durch den Betriebskalender vorgegebenen Werktag geringfügig zu überziehen oder vorzeitig zu beenden.
Bei einem Arbeitsvorgang mit großer Belegungszeit ist es sicher nicht sinnvoll, diesen
aufgrund einer sehr kleinen Überschreitung des Werktages zu unterbrechen. Genauso
wenig sinnvoll ist es aber auch, einen Auftrag mit großer Belegungszeit unmittelbar vor
Beendigung eines Werktages anzufangen. Das Ende eines Werktages sollte daher nicht
als ultimativ betrachtet werden. Die Angabe einer maximalen Über- bzw. Unterschreitung sowie die Ausschöpfung dieser Spielräume in Abhängigkeit von der Belegungszeit
eines Auftrages realisiert die nachfolgende Formel:

$$L_{Werktag} = \min\left\{\frac{p_{jk}}{K}, L_{Werktag}^{max}\right\}.$$

Als Vorschlag für eine geduldete Überschreitung $L_{Werktag}$ eines Werktages durch einen
Arbeitsvorgang wurde ein Zehntel seiner Bearbeitungszeit ($K = 10$) bei einer maximal
zulässigen Überschreitung $L_{Werktag}^{max}$ von 10 Minuten als akzeptabel befunden.

Das Einbeziehen von Schichtplänen in eine Belegungsplanung erfolgt analog dem ei-
nes Betriebskalenders. Schichtpläne beziehen sich auf Arbeitskräfte und bestimmen
die Verfügbarkeit dieser in Form von zugeordneten Arbeitszeiten. Die Verfügbarkeit
einer einem Arbeitsvorgang zugeordneten Arbeitskraft ist Voraussetzung für dessen
Ausführung, was zwangsläufig zu Unterbrechungen von Arbeitsabläufen führen kann.
Für die Unterbrechbarkeit von Arbeitsvorgängen gilt die in Abbildung 4.120 getroffene
Strukturierung. Das Arbeitsprinzip des Scheduling–Algorithmus für das Einplanen von
Arbeitsvorgängen unter Einbeziehung von Schichtplänen gilt analog.

Kapazitätstypen

Als Erweiterung des bisherigen Problems der Maschinenbelegung, in dem eine Bearbeitungsstation zu einem Zeitunkt genau einen Arbeitsvorgang bearbeiten kann
(ONE_JOB), stehen im weiteren Bearbeitungsstationen mit einem Kapazitätstyp, der es
gestattet, auf diesen simultan mehr als einen Arbeitsvorgang auszuführen *(MULTI_JOB)*,
im Mittelpunkt der Betrachtung.

Das Scheduling eines Arbeitsvorgangs auf einer Bearbeitungsstation mit Kapazitätstyp
MULTI_JOB kann auf zwei Arten erfolgen:

Die Einplanung erfolgt durch unverzögerte Vorwärtsterminierung. Das Terminieren ei-
    nes Arbeitsvorgangs geschieht zum frühestmöglichen Zeitpunkt, unter Beachtung
    der Möglichkeit einer simultanen Bearbeitung des Arbeitsvorgangs mit seinem
    unmittelbaren Vorgänger auf der entsprechenden Bearbeitungsstation. Abbildung
    4.123 illustriert im Fall 1 eine solche Einplanung, verdeutlicht aber auch im Fall
    2, dass auf diese Weise ein großes Optimierungspotenzial nicht beachtet wird. Ein
    Scheduling mit unverzögerter Vorwärtsterminierung erzielt im Fall 2 keine gleich-
    zeitige Bearbeitung von Arbeitsvorgängen.

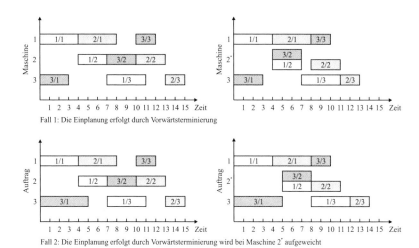

Fall 1: Die Einplanung erfolgt durch Vorwärtsterminierung

Fall 2: Die Einplanung erfolgt durch Vorwärtsterminierung wird bei Maschine 2* aufgeweicht

* Arbeitsvorgänge können Simultan bearbeitet werden

Abbildung 4.123: Einplanung mit Kapazitätstyp MULTI_JOB

Die Einplanung erfolgt durch verzögerte Vorwärtsterminierung. Das Terminieren eines Arbeitsvorgang kann mit seinem unmittelbaren Nachfolger auf der entsprechenden Bearbeitungsstation realisiert werden. Damit findet die Einplanung eines Arbeitsvorgangs nicht mehr zwangsläufig zum frühestmöglichen Zeitpunkt statt. Die Vorwärtsterminierung eines Arbeitsvorgangs wird auf seinen Nachfolger verzögert. Abbildung 4.123 zeigt im Fall 2 eine Verzögerung des Arbeitsvorgangs 1/2 auf den Arbeitsvorgang 3/2.

Die oben genannten Arten der Einplanung können während der Erstellung eines Belegungsplanes durchaus in Kombination auftreten und in unterschiedlicher Ausprägung eine gleiche Maschinenbelegung bewirken. Bezogen auf eine Bearbeitungsstation mit Kapazitätstyp MULTI_JOB kann ein Arbeitsvorgang auf seinen Nachfolger verzögert werden und mit diesem einen Arbeitsvorgangsblock bilden. Für diesen Block besteht jedoch prinzipiell die Möglichkeit einer Vorwärtsterminierung und damit einer simultanen Einplanung mit seinem Vorgänger. Das Resultat ist gleich einer Einplanung durch eine unverzögerte Vorwärtsterminierung.

Auf einer Bearbeitungsstation mit Kapazitätstyp MULTI_JOB wird das Einplanen eines Arbeitsvorgangs durch unverzögerte Vorwärtsterminierung ausschließlich im Scheduling-Algorithmus realisiert, während die Einplanung eines Arbeitsvorgangs durch verzögerte Vorwärtsterminierung sowohl den Scheduling-Algorithmus als auch die Kodierung des Chromosoms betrifft. Der in Abbildung 4.124 dargestellt Scheduling-Algorithmus verwirklicht eine unverzögerte Vorwärtsterminierung auf Bearbeitungsstationen mit Kapazitätstyp MULTI_JOB. Er stellt einen einfachen Weg zum Integrieren des Kapazitätstyps MULTI_JOB dar, unter der Einschränkung des in Abbildung 4.123 aufgezeigten Fallbeispiels 2. Die Einbeziehung der Möglichkeit einer Blockbildung von Arbeitsvorgängen nach Fallbeispiel 2 birgt ein hohes Optimierungspotenzial und soll Gegenstand der nachfolgenden Betrachtung sein.

Die Lösung einer verzögerten Vorwärtsterminierung von Arbeitsvorgängen auf Bearbeitungsstationen mit Kapazitätstyp MULTI_JOB gliedert sich in das Beantworten von zwei Teilfragen:

- Wann wird ein Arbeitsvorgang verzögert?

- Wie kann ein verzögerter Arbeitsvorgang vom Scheduling-Algorithmus aufgelöst werden?

Die Entscheidung, ob ein Arbeitsvorgang verzögert wird, ist Bestandteil der Kodierung des Chromosoms und soll durch den Genetischen Algorithmus bezüglich der Optimierung einer Zielfunktion getroffen werden. Dazu enthält jedes Gen eine binäre Information über die Verzögerung des entsprechenden Arbeitsvorgangs (*Verzögerungsbit vb*).

Das Verzögerungsbit stellt eine Anweisung für den Scheduler dar und obliegt im weiteren dessen Auswertung bei der Einplanung des Arbeitsvorgangs. Ist das Verzögerungsbit gleich null, findet keine Verzögerung statt. Die Einplanung des Arbeitsvorgangs erfolgt durch unverzögerte Vorwärtsterminierung. Bei einem Verzögerungsbit gleich eins wird dagegen der Scheduler aufgefordert, eine Verzögerung des Arbeitsvorgangs zu versuchen. Dabei entscheidet letztendlich der Scheduler, ob eine Verzögerung des Arbeitsvorgangs bei gesetztem Verzögerungsbit möglich ist oder nicht (siehe Abbildung 4.125). Eine Manipulation der Verzögerungsbits realisieren die Crossover-Operatoren sowie die Anwendung von Standardoperatoren zur Mutation für Bitkodierungen.

Die Hauptarbeit für das korrekte Einplanen eines Arbeitsvorgangs mit verzögerter Vorwärtsterminierung liegt beim Scheduler. Das im Arbeitsvorgang gesetzte Verzögerungsbit weist diesen an, eine verzögerte Vorwärtsterminierung zu versuchen, stellt aber keine Garantie dar, ob eine solche auch möglich ist. Ziel ist das Einplanen des Arbeitsvorgangs mit seinem Nachfolger auf der entsprechenden Bearbeitungsstation bzw. mit dem Nachfolger des Nachfolgers usw., wenn dessen Verzögerungsbit ebenfalls gesetzt ist. Als Wirkung entsteht ein Arbeitsvorgangsblock, der auf den nachfolgenden Arbeitsvorgang der Bearbeitungsstation verzögert wird. Ein solcher Arbeitsvorgangsblock wird genau dann aufgelöst, wenn der auf der Bearbeitungsstation nachfolgende Arbeitsvorgang nicht in den Arbeitsvorgangsblock aufgenommen werden kann oder wenn ein Arbeitsvorgang mit nicht gesetztem Verzögerungsbit in den Arbeitsvorgangsblock aufgenommen wurde. Detaillierte Informationen über den Scheduler und auftretende Probleme werden in[372] ausführlich behandelt und sollen an dieser Stelle nicht weiter vertieft werden.

Kapazitätsarten

Beinhaltet eine Belegungsplanung n unterschiedliche Kapazitätsarten, so bedingt das Ausführen eines Arbeitsvorgangs o_{jk} eine gültige Ressourcenzuordnung in der Form von $R_{jk}^z = (r_1, r_2, \ldots, r_n)$ sowie deren gleichzeitige Verfügbarkeit. Ein Arbeitsvorgang wird durch genau eine Arbeitskraft auf genau einer Bearbeitungsstation ausgeführt.

---

[372] Vgl. [Köb99, S. 150 ff.].

/* *MPRED* ermittelt in s_{plan} alle direkten Vorgänger von o_{jk}^* bezüglich M_i. Rückgabewert: Menge von Arbeitsvorgängen. */

1 **funct** $MPRED(s_{plan}, o_{jk}^*)$

2 $M_i := \tau_{jk}^*;$

3   **if** $(\exists(o_{j'k'}, o_{jk}^*) \in E_i)$

4   **then** $MPRED := \{\forall o_{jk} \in s_{plan} : (t_{jk}^s = t_{j'k'}^s) \wedge (\mathcal{T}_{jk} = M_i)\};$

5   **else** $MPRED := \emptyset;$ **fi**

6 .

/* *CHECK_SCHEDULING_WITH_PRED* prüft in s das simultane Einplanen von
o_{jk}^* mit seinem direkten Vorgänger auf M_i mit M_i^{kap} als Parameter für die maximale Anzahl gleichzeitig ausführbarer Arbeitsvorgänge vom gleichen Typ mit gleicher
Bearbeitungsdauer p_{jk}. Rückgabewert: *true* – o_{jk}^* ist einplanbar; *false* – o_{jk}^* ist nicht
einplanbar. */

1 **funct** $CHECK\_SCHEDULING\_WITH\_MPRED(s, o_{jk}^*)$

2 $M_i := \tau_{jk}^*;$

3 $CHECK\_SCHEDULING\_WITH\_MPRED :=$

4 $((TYPE(M_i) = MULTI\_JOB) \wedge (\exists(o_{j'k'}, o_{jk}^*) \in E_i) \wedge$

5 $(o_{j'k'} \in s) \wedge (TYPE(o_{j'k'}) = TYPE(o_{jk}^*)) \wedge$

6 $(((k^* = 1) \wedge (t_{j'k'}^s \geq t_{j1}^{*s})) \vee ((k^* > 1) \wedge (t_{j'k'}^s \geq t_{jk-1}^{*e}) \wedge$

7 $(o_{jk-1}^* \notin MPRED(s, o_{jk}^*)))) \wedge (CARD(MPRED(s, o_{jk}^*)) < M_i^{kap}));$

8 .

/* *SCHEDULE_AVO* plant o_{jk}^* in s_{plan} ein. */

1 **proc** $SCHEDULE\_AVO(s_{plan}, o_{jk}^*)$

2 $M_i := \tau_{jk}^*;$

3   **if** $\exists(o_{j'k'}, o_{jk}^*) \in E_i$ **then** $t' := t_{j'k'}^{*e};$ **else** $t' := 0;$ **fi**

4   **if** $k^* > 1$ **then** $t'' := t_{jk-1}^{*e};$ **else** $t'' := t_{j1}^{*s};$ **fi**

5   **if** $CHECK\_SCHEDULING\_WITH\_MPRED(s_{plan}, o_{jk}^*)$

6   **then** $t_{jk}^{*s} := t_{j'k'}^s;$ **else** $t_{jk}^{*s} := \max\{t', t''\};$ **fi**

7 $t_{jk}^{*e} := t_{jk}^{*s} + p_{jk}^*;$

8 $s_{plan} := s_{plan} \cup o_{jk}^*;$

9 .

1 **begin**

2 $\exists s : \forall j, j = 1, \dots, n \; \exists t_{j1}^s \geq 0; \; s_{plan} := \{\};$

3   **for** $(idx := 0; \; idx < CARD(s); \; idx := idx + 1)$ **do**

4 $o_{jk}^* := IDX(s, idx);$

5 $SCHEDULE\_AVO(s_{plan}, o_{jk}^*);$

6   **od**

7 **end**

Abbildung 4.124: Unverzögertes Scheduling mit Kapazitätstyp MULTI_JOB

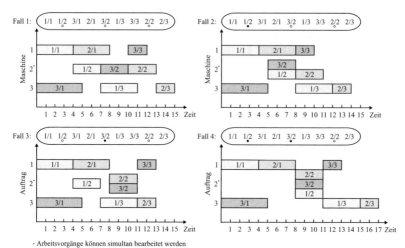

Abbildung 4.125: Kodierungsbeispiele mit verzögerter Vorwärtsterminierung

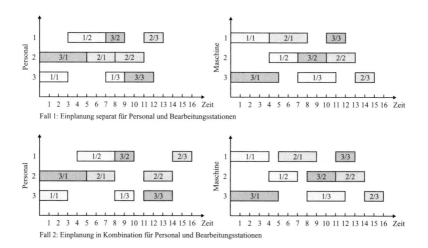

Abbildung 4.126: Einplanung mit mehreren Kapazitätsarten

Desweiteren bestehen für Arbeitsvorgang, Arbeitskraft und Bearbeitungsstation Beziehungsabhängigkeiten in der Form, dass zwischen einer dem Arbeitsvorgang zugeordneten Arbeitskraft und Bearbeitungsstation ein gültiges Qualifizierungs– und Berechtigungsverhältnis existieren muss. Das Resultat ist eine Ressourcenzuordnung aus den Kapazitätsarten *Personal* und *Bearbeitungsstation* als Tupel $R_{jk}^z = (r_1, r_2)$ mit $r_1 \in P$ (Arbeitskraft) und $r_2 \in M$ (Bearbeitungsstation).

Aus einem Tupel R_{jk}^z bestimmt sich für einen Arbeitsvorgang eine Rüst- und Bearbeitungszeit, bestehend aus dem Maximum der jeweiligen Rüst- und Bearbeitungszeiten für Personal und Bearbeitungsstation.

$$\forall o_{jk} : s_{jk} = \max\{s_{jk}^{r_1}, \ s_{jk}^{r_2}\}$$
$$\forall o_{jk} : p_{jk} = \max\{p_{jk}^{r_1}, \ p_{jk}^{r_2}\}$$

Die resultierende Rüst- und Bearbeitungszeit eines Arbeitsvorgangs determiniert den frühestmöglichen Startzeitpunkt seines technologischen Nachfolgers. Gleichzeitig wird die Belegungsdauer einer Ressource durch einen Arbeitsvorgang von dessen Rüst- und Bearbeitungszeit auf der entsprechenden Ressource festgelegt. Ein Beispiel für eine Belegungsplanung mit den Kapazitätsarten *Personal* und *Bearbeitungsstation* illustriert die Abbildung 4.126. Fall 1 zeigt eine separate Einplanung für jede Kapazitätsart, während Fall 2 eine Einplanung für alle Kapazitätsarten durch den in Abbildung 4.127 dargestellten Scheduling-Algorithmus demonstriert.

```
 1  begin
 2      ∃ s : ∀j, j = 1, …, n ∃ t_{j1}^s ≥ 0;  s_{plan} := ∅;
 3      for (idx := 0; idx < CARD(s); idx := idx + 1) do
 4          o_{jk}^* := IDX(s, idx);
 5          P_p^* := τ_{jk}^{P*};
 6          M_i^* := τ_{jk}^{M*};
 7          if ∃ (o_{j'k'}, o_{jk}^*) ∈ E_p then t' := t_{j'k'}^s + p_{j'k'}^{r_1};
 8                              else t' := t_{jk}^{*s};  fi
 9          if ∃ (o_{j''k''}, o_{jk}^*) ∈ E_i then t'' := t_{j''k''}^s + p_{j''k''}^{r_2};
10                              else t'' := t_{jk}^{*s};  fi
11          if k* > 1 then t''' = t_{jk-1}^{*s} + max{p_{jk-1}^{*r_1}, p_{jk-1}^{*r_2}};
12                              else t''' = t_{jk}^{*s};  fi
13          t_{jk}^{*s} = max{t', t'', t'''};
14          s_{plan} := s_{plan} ∪ o_{jk}^*;
15      od
16  end
```

Abbildung 4.127: Scheduling mit mehreren Kapazitätsarten

Eine Belegungsplanung mit mehreren Ressourcen einer Kapazitätsart resultiert im Wesentlichen aus der Existenz von Montagearbeitsplätzen. Montagearbeitsplätze stellen Bearbeitungsstationen dar, denen zur Ausführung eines Arbeitsvorgangs mehrere Arbeitskräfte zugeordnet werden können. Dabei kann die Zuordnung mehrere Arbeitskräfte für Montageprozesse sowohl durch die Tätigkeit bedingt sein als auch zur Erhöhung der Kapazität dienen. Abbildung 4.128 illustriert eine Personalbelegung für gegebene Arbeitsvorgänge mit mehreren Personalzuordnungen.

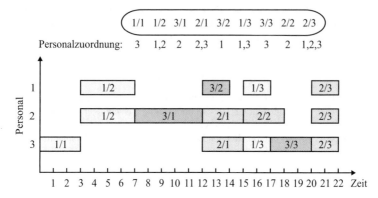

Abbildung 4.128: Einplanung mehrerer Ressourcen einer Kapazitätsart

1 **begin**

2     $\exists \, s : \forall j, j = 1, \ldots, n \, \exists \, t_{j1}^s \geq 0; \;\; s_{plan} := \emptyset;$

3   **for** $(idx := 0; \; idx < CARD(s); \; idx := idx + 1)$ **do**

4         $o_{jk}^* := IDX(s, idx);$

5         $P^* := \tau_{jk}^{P*};$

6         $M_i^* := \tau_{jk}^{M*};$

7         $t' := 0;$

8   **for** $(\forall P_p^* \in P^*)$ **do**

9   **if** $\exists \, (o_{j'k'}, o_{jk}^*) \in E_p$ **then** $t' := \max\{t', (t_{j'k'}^s + p_{j'k'}^{r_1})\};$

10   **else** $t' := \max\{t', t_{jk}^{*s}\}; \;$ **fi**

11   **od**

12   **if** $\exists \, (o_{j''k''}, o_{jk}^*) \in E_i$ **then** $t'' := t_{j''k''}^s + p_{j''k''}^{r_2};$

13   **else** $t'' := t_{jk}^{*s}; \;$ **fi**

14   **if** $k^* > 1$ **then** $t''' = t_{jk-1}^{*s} + \max\{p_{jk-1}^{*r_1}, p_{jk-1}^{*r_2}\};$

15   **else** $t''' = t_{jk}^{*s}; \;$ **fi**

16        $t_{jk}^{*s} = \max\{t', t'', t'''\};$

17        $s_{plan} := s_{plan} \cup o_{jk}^*;$

18   **od**

19 **end**

Abbildung 4.129: Scheduling mit mehreren Ressourcen einer Kapazitätsart

Das Realisieren einer Belegungsplanung von Arbeitsvorgängen mit mehreren Ressourcen bezüglich einer Kapazitätsart ist Aufgabe des Schedulers. Abbildung 4.129 zeigt einen entsprechenden Scheduling–Algorithmus zur Einplanung von Arbeitsvorgängen mit mehreren Personalzuordnungen auf einer Bearbeitungsstation[373]. Ausgangspunkt sind festgelegte Ressourcenzuordnungen für die einzelnen Arbeitsvorgänge. Die Einplanung eines Arbeitsvorgangs erfolgt dabei nach seinem technologischen Vorgänger unter gleichzeitiger Belegung der dem Arbeitsvorgang zugeordneten Ressourcen.

Kapazitätsalternativen

Eine Belegungsplanung mit Kapazitätsalternativen verkörpert die Möglichkeit, die zur Ausführung eines Arbeitsvorgangs benötigten Ressourcen aus einer gegebenen Menge auszuwählen. Neben einem Reihenfolgeproblem zur Einplanung von Arbeitsvorgängen entsteht damit zusätzlich ein Auswahlproblem von Ressourcen für Arbeitsvorgänge. Beide Probleme wirken im Zusammenhang und beeinflussen auf diese Weise den Wert der Zielfunktion. Das Lösen des Reihenfolge- und Auswahlproblems soll die Aufgabe des GA sein und erfordert eine entsprechende Kodierung.

Jedem Arbeitsvorgang o_{jk} kann eine geordnete Menge R_{jk} von Tupel R_{jk}^z zugeordnet werden.

$$R_{jk} = \{R_{jk}^1, \ldots, R_{jk}^n\} \quad | \quad R_{jk}^1(P_1, M_1) \prec R_{jk}^2(P_1, M_2) \prec \ldots \prec$$
$$R_{jk}^k(P_2, M_1) \prec R_{jk}^l(P_2, M_2) \prec \ldots \prec$$
$$R_{jk}^n(P_x, M_y)$$

Die Kodierung der Zuordnung eines Tupels R_{jk}^z für einen Arbeitsvorgang o_{jk} wird im Gen durch eine Ressourcenzahl z mit $z = 1, \ldots, CARD(R_{jk})$ realisiert, wobei z das zugeordnete Tupel R_{jk}^z aus R_{jk} identifiziert. Abbildung 4.130 illustriert die Kodierung eines Belegungsplanes als Chromosom. Neben der durch die Reihenfolge der Gene (Arbeitsvorgänge) im Chromosom repräsentierten Einplanungsreihenfolge besitzt jedes Gen eine entsprechende Ressourcenzahl.

$$\left(\begin{array}{ccccccccc} 1/1 & 1/2 & 3/1 & 2/1 & 3/2 & 1/3 & 3/3 & 2/2 & 2/3 \\ {}_3 & {}_1 & {}_1 & {}_2 & {}_1 & {}_2 & {}_3 & {}_1 & {}_2 \end{array} \right)$$

$R_{11} = \{(1,1),(2,1),(3,1)\}$	$R_{21} = \{(1,1),(2,1),(3,1)\}$	$R_{31} = \{(2,3)\}$
$R_{12} = \{(1,2)\}$	$R_{22} = \{(2,2),(2,3)\}$	$R_{32} = \{(1,2),(2,2)\}$
$R_{13} = \{(3,2),(3,3)\}$	$R_{23} = \{(1,1),(1,3)\}$	$R_{33} = \{(1,1),(2,1),(3,1)\}$

Abbildung 4.130: Kodierungsbeispiel mit mehreren Ressourcen

Aus der Zuordnung von Ressourcenzahlen zu Genen resultiert eine Zahlenkodierung, die eine Zuordnung von Arbeitskraft und Bearbeitungsstation zu einem Arbeitsvorgang ermöglicht. Eine Manipulation der Ressourcenzahlen bewirken die Crossover-Operatoren sowie die Anwendung von Standardoperatoren zur Mutation von Zahlenkodierungen.

---

[373] In Analogie zum nächsten Abschnitt.

Zusätzlich zu den üblichen Zielgrößen können durch die Existenz von Kapazitätsalternativen spezielle Forderungen von Ressourcen an eine Belegungsplanung entstehen, die im weiteren zu neuen Zielgrößen führen. So kann für Bearbeitungsstationen eine Forderung nach einer gleichmäßigen Belastung dieser bestehen. Desweiteren kann bei Personalalternativen ein gewisses Maß an Arbeitsabwechslung gefordert werden. Eine mögliche Zielfunktion zur Bewertung einer gleichmäßigen Belastung von Bearbeitungsstationen besteht in der Varianz der relativen Belegungen (Benutzungsgrad) aller an der Belegungsplanung beteiligten Bearbeitungsstationen, bedingt durch die in der Vergangenheit bearbeiteten und für die Zukunft geplanten Arbeitsvorgänge. Dazu sind für jede Bearbeitungsstation die folgenden Vergangenheitsdaten erforderlich:

$t_i^{v'}$: die Summe der Bearbeitungszeiten von Arbeitsvorgängen, die auf dieser Bearbeitungsstation ausgeführt wurden (oder werden),

$t_i^{v''}$: die Summe der Bearbeitungszeiten von Arbeitsvorgängen, für die diese Bearbeitungsstation eine Alternative zur Ausführung darstellte.

Analog zu $t_i^{v'}$ und $t_i^{v''}$ ergeben sich $t_i^{z'}$ und $t_i^{z''}$ aus den zu beplanenden Arbeitsvorgängen eines Belegungsplanes.

$$b_i = (t_i^{v'} + t_i^{z'})/(t_i^{v''} + t_i^{z''})$$

Die relative Belegung b_i beschreibt den Benutzungsgrad einer Bearbeitungsstation bezogen auf die Bearbeitungszeiten von Arbeitsvorgängen für den Zeitraum von der Indienststellung der Bearbeitungsstation bis zum Planungsende eines zu erstellenden Belegungsplanes.

$$\left(\frac{1}{m} \sum_{i=1}^{m} b_i^2 - \left(\frac{1}{m} \sum_{i=1}^{m} b_i \right)^2 \right) \to min$$

Das Ziel einer gleichmäßigen Belastung von Bearbeitungsstationen ist gleich einer Minimierung der Varianz der Benutzungsgrade dieser Bearbeitungsstationen.

Die Personalforderung nach Abwechslung von Arbeitsaufgaben (Rotationsprinzip) erfordert für jede Arbeitskraft eine spezielle Präferenz–Funktion Φ_p, die für einen Arbeitsvorgang o_{jk} auf einer Bearbeitungsstation M_i zu einem Zeitpunkt t einen Präferenzwert verkörpert.

$$\Phi_p(o_{jk}, M_i, t)$$

In die Bewertung einer Präferenz–Funktion werden alle die Arbeitstätigkeiten einbezogen, die der entsprechenden Arbeitskraft vor dem Zeitpunkt t zugeordnet wurden. Dabei ist der Funktionswert der Präferenz-Funktion um so größer, je besser einem festgelegten Rotationsprinzip entsprochen wird.

$$\sum \Phi_p(o_{jk}, M_i, t_{jk}^s) \to max$$

Eine mögliche Zielfunktion ist die Summe der Präferenzwerte aller im Belegungsplan existierenden Arbeitsvorgang-Personal-Zuordnungen, deren Maximierung angestrebt wird.

Rüstzeiten

Für einen Arbeitsvorgang können sowohl reihenfolgeabhängige als auch reihenfolgeunabhängige Rüstzeiten geführt werden. Eine reihenfolgeunabhängige Rüstzeit stellt die Zeitdauer dar, die zum Rüsten einer unvorbereiteten Bearbeitungsstation benötigt wird. Dagegen repräsentiert eine reihenfolgeabhängige Rüstzeit die Zeitdauer zum Rüsten einer bereits vorgerüsteten Bearbeitungsstation, verursacht durch einen unmittelbar zuvor ausgeführten Arbeitsvorgang.

$$
\begin{array}{ll}
1 & \underline{\mathbf{begin}} \\
2 & \quad \exists\, s : \forall j, j = 1, \ldots, n\ \exists\, t^s_{j1} \geq 0;\ \ s_{plan} := \emptyset; \\
3 & \quad \underline{\mathbf{for}}\ (idx := 0;\ idx < CARD(s);\ idx := idx + 1)\ \underline{\mathbf{do}} \\
4 & \qquad o^*_{jk} := IDX(s, idx); \\
5 & \qquad M^*_i := \tau^*_{jk}; \\
6 & \qquad \underline{\mathbf{if}}\ \exists\, (o_{j'k'}, o^*_{jk})\ \in E_i \\
7 & \qquad\quad \underline{\mathbf{then}}\ \underline{\mathbf{begin}} \\
8 & \qquad\qquad\qquad t' := t^e_{j'k'};\ \ t''' := s^i_{j'k',jk}; \\
9 & \qquad\qquad \underline{\mathbf{end}} \\
10 & \qquad\quad \underline{\mathbf{else}}\ \underline{\mathbf{begin}} \\
11 & \qquad\qquad\qquad t' := t^{*s}_{jk};\ \ t''' := s_{jk}; \\
12 & \qquad\qquad \underline{\mathbf{end}} \\
13 & \qquad \underline{\mathbf{fi}} \\
14 & \qquad \underline{\mathbf{if}}\ k^* > 1\ \underline{\mathbf{then}}\ t'' := t^{*e}_{jk-1};\ \ \underline{\mathbf{else}}\ t'' := t^{*s}_{jk};\ \ \underline{\mathbf{fi}} \\
15 & \qquad t^{*s}_{jk} := \max\{t', t''\}; \\
16 & \qquad \underline{\mathbf{if}}\ t'' > t'\ \underline{\mathbf{then}} \\
17 & \qquad\qquad \underline{\mathbf{if}}\ (t'' - t') > t'''\ \underline{\mathbf{then}}\ t^{*s}_{jk} := t^{*s}_{jk} - t'''; \\
18 & \qquad\qquad\qquad\qquad\quad \underline{\mathbf{else}}\ t^{*s}_{jk} := t^{*s}_{jk} - (t'' - t');\ \ \underline{\mathbf{fi}} \\
19 & \qquad \underline{\mathbf{fi}} \\
20 & \qquad t^{*e}_{jk} := t^{*s}_{jk} + t''' + p^*_{jk}; \\
21 & \qquad s_{plan} := s_{plan} \cup o^*_{jk}; \\
22 & \quad \underline{\mathbf{od}} \\
23 & \underline{\mathbf{end}}
\end{array}
$$

Abbildung 4.131: Scheduling unter Beachtung von Rüstzeiten

Der in Abbildung 4.131 dargestellte Scheduling-Algorithmus realisiert eine Belegungsplanung unter Einbeziehung von reihenfolgeabhängigen und reihenfolgeunabhängigen Rüstzeiten. Prinzipiell gilt dabei folgende Vorrangregel. Existieren zwischen Arbeitsvorgängen auf bestimmten Bearbeitungsstationen reihenfolgeabhängige Rüstzeiten, so haben diese stets Vorrang gegenüber reihenfolgeunabhängigen Rüstzeiten. Voraussetzung für eine reihenfolgeabhängige Rüstzeit zwischen zwei Arbeitsvorgängen bezüglich einer Bearbeitungsstation ist die Existenz eines entsprechenden Arbeitsvorgangswechsels sowie eine für diesen Übergang explizit definierte Rüstzeit. Grundsätzlich wird von werkstückunabhängigen Rüsten ausgegangen, was den Zeitpunkt für den Beginn des Rüstens einer Bearbeitungsstation zur Durchführung eines Arbeitsvorgangs vor der Beendigung dessen technologischen Vorgängers legen kann.

4.5.3.2.8 Testergebnisse

Als Vertreter der Evolutionären Algorithmen wurde ein generational replacement GA implementiert, der die auf Permutationen mit Wiederholung basierende Kodierung von *Bierwirth et al.* verwendet. Als Crossoveroperatoren wurden das Generalized Order Crossover (GOX) und das Generalized Position Based Crossover (GPBX) verwendet. In der Testreihe schnitt der GOX besser ab. Bei Vortests mit einem GA, der nur einen Shift-Mutationsoperator nutzte, erwies sich jedoch GPBX als besser. Alle beschriebenen Mutationsoperatoren wurden implementiert. Aus ihnen wird bei jeder Mutation zufällig (Gleichverteilung) ein Operator ausgewählt. Als Mutationsrate wurden Werte zwischen 0 (keine Mutation) und 10% getestet. Sehr niedrige Mutationsraten (unter 3%) erwiesen sich dabei nicht als günstig. Die Testergebnisse sind in der Abbildung 4.132 dargestellt. Für die Selektion wurden die in diesem Kapitel beschriebenen Operatoren implementiert, wobei zunächst Parametertests erfolgten, aus denen eine feste, als günstig erkannte Parametereinstellung übernommen wurde, die im eigentlichen Testlauf keine weitere Veränderung erfuhr. Schließlich wurde auch der Genetische Algorithmus mit einer Gedächtnisfunktion (Tabu-Liste) kombiniert. Dabei schlug sich eine Vergrößerung der Liste – wie bei den anderen Verfahren auch – in einer besseren Leistung mit dem Preis einer größeren Rechenzeit nieder.

Die Testergebnisse sind in Abbildung 4.132 dargestellt. Die angegebenen Daten scheinen auf den ersten Blick eine Unterlegenheit des GA gegenüber den lokalen Suchtechniken zu belegen. Diese Aussage muss jedoch relativiert werden. Die wesentlich größere Zahl einstellbarer Parameter, die der GA aufweist, führt zu einem deutlich erhöhten Testaufwand. Beispielsweise wäre zu prüfen, ob andere Auswahlwahrscheinlichkeiten für die Mutationsoperatoren, die wie beschrieben in unterschiedlichem Maße die Lösungsstruktur zerstören, bessere Ergebnisse ermöglichen als die gleichverteilte Auswahl. Für die Praxis werden auch Methoden zur Selbstadaption der Parameter zu entwickeln sein. Letztlich müssen größere Testbeispiele zeigen, ob die verfahrensinhärente Parallelität den GA bei größeren Problemen zu einem Vorteil gegenüber den lokalen Suchtechniken verhilft. Insofern sind die Tests des Genetischen Algorithmus bei weitem noch nicht als abgeschlossen zu betrachten.

Ein Performanceverbesserung kann außerdem erreicht werden, indem die Verfahren robuster gegenüber Parametereinstellungen gestaltet werden. Eine Variante ist die in praktizierte Auswahl verschiedener Operatoren und Parameter nach einer bestimmten Wahrscheinlichkeitsverteilung. Auf diese Weise werden alle zur Verfügung stehenden Instrumente benutzt, ohne dass der Nutzer dies explizit einstellen muss. Eine andere Möglichkeit besteht in der Anpassung der Parameter über einen Fuzzy-Regler (siehe Abbildung 4.133).

Die Abbildung zeigt, wie der prinzipielle Aufbau der Verbindung zwischen einem Genetischen Algorithmus und einem Fuzzy-Regler aussehen kann. Die errechneten Ergebnisse

	C_{max}^{min}	t_{CPU}	C_{max}^{max}	$\overline{C}_{max}$	S	Anzahl	Mutationsrate
ft06							
GOX	55	< 1	87	55.5	2.0	858	0-10
GOX	55	< 1	57	55.0	0.2	468	5-10
GOX	55	< 1	57	55.0	0.2	78	10
GBPX	55	< 1	87	55.6	1.9	858	0-10
GBPX	55	< 1	58	55.1	0.3	468	5-10
GBPX	55	< 1	57	55.0	0.2	78	10
ft10							
GOX	951	225	1413	1032.8	65.1	858	0-10
GOX	951	225	1096	1010.2	29.0	468	5-10
GOX	964	562	1092	1006.9	27.5	78	10
GBPX	954	212	1413	1045.6	59.8	858	0-10
GBPX	954	212	1103	1025.8	29.7	468	5-10
GBPX	959	211	1101	1019.2	31.3	78	10
ft20							
GOX	1177	240	3205	1293.9	239.2	858	0-10
GOX	1177	240	1357	1243.0	29.5	468	5-10
GOX	1178	518	1302	1236.2	27.1	78	10
GBPX	1173	423	3205	1303.3	243.3	858	0-10
GBPX	1173	423	1391	1253.0	44.0	468	5-10
GBPX	1180	345	1390	1248.4	41.5	78	10
la21							
GOX	1078	452	6014	1315.5	629.7	858	0-10
GOX	1078	452	1270	1143.5	29.5	468	5-10
GOX	1078	452	1246	1141.1	31.9	78	10
GBPX	1076	592	6014	1351.3	653.2	858	0-10
GBPX	1076	592	1324	1167.7	39.6	468	5-10
GBPX	1076	592	1310	1152.8	39.5	78	10

Abbildung 4.132: Testbeispiele für Genetische Algorithmen

können in jedem Schritt die Parameter des Algorithmus beeinflussen.

4.5.4 Ant Colony Optimierung

Bei den sogenannten Ant Algorithmen (Ant = dt. Ameise) handelt es sich um einen recht jungen Forschungsbereich, der sich als ein Teilgebiet der sogenannten Swarm Intelligence[374] etabliert hat. Dies ist eine Forschungsrichtung, welche Verhaltensweisen und Kommunikationsstrukturen der Natur untersucht. Es wird versucht, mit dem gewonnen Wissen bessere Lösungen für praktische und theoretische Probleme zu erreichen. Innerhalb der Klasse der Heuristiken gliedert sich die Swarm Intelligence in den Teilbereich

---

[374] Siehe [Bon99, S. 25 ff.].

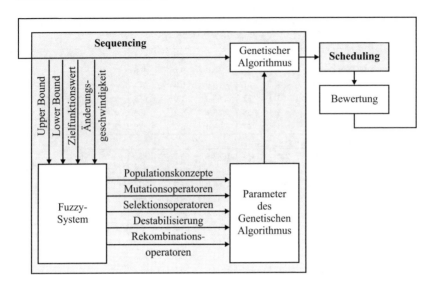

Abbildung 4.133: Parametereinstellung mittels Fuzzy-Regler

der Verbesserungsverfahren ein. Es wird aber nicht nur die Vorgehensweise und Kommunikation der Ameisen untersucht. Auch andere Tierarten, wie z. B. die Zusammenarbeit innerhalb einer Bienenkolonie, stellen Untersuchungsbereiche dar[375]. Die einzelnen Mitglieder einer Kolonie oder einer Gemeinschaft wären allein nicht in der Lage zu überleben bzw. gute Lösungen zu erreichen. Innerhalb der Gemeinschaften herrscht eine strenge Arbeitsteilung. So sind bei den Ameisen beispielsweise Bauarbeiter für die Instandhaltung und Erweiterung des Nestes der Kolonie, Futtersucher und Krieger zu unterscheiden. Die Ant Algorithmen, die in diesem Abschnitt erläutert werden, entwickelten sich aus den Untersuchungen und Experimenten von *Goss*. Dieser erarbeitete die grundlegenden Erkenntnisse über das Verhalten und die Zusammenarbeit realer Ameisen.

Ausgangspunkt seiner Untersuchungen waren die Verhaltensweisen realer Ameisen in der freien Natur. Es ist zu beobachten das fast alle Ameisen einer Kolonie, welche mit der Futtersuche beschäftigt sind, den gleichen Weg von und zu der Futterstelle nutzen. Wird es durch ein Hinderniss, z. B. einen Stein, unmöglich diesen Weg weiterhin zu verwenden sind die Ameisen in der Lage einen neuen, kürzesten Weg zum umgehen dieses Hindernisses zu finden. Dieser Sachverhalt ist in Abbildung 4.134[376] dargestellt.

Diese Beobachtungen der realen Welt führten zum bekannten Brückenexperiment.[377] Im Versuchsaufbau wurde einer Ameisenkolonie Zugang zu einer Futterquelle gewährt. Diese Futterquelle konnte über zwei Wegvarianten erreicht werden, welche sich lediglich durch die Entfernung zur Futterquelle unterscheiden. Die Punkte $B - H$ und $H - D$

---

[375] Siehe [Cam98] und [See91].
[376] Abbildung in Anlehnung an [Dor96a, S. 3].
[377] Siehe [Gos89].

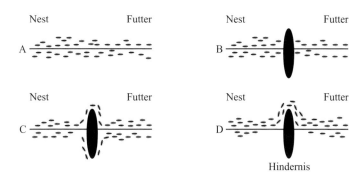

Abbildung 4.134: Futtersuche mit Hindernissen

sind eine Längeneinheit voneinander entfernt. Der Abstand zwischen den Punkten $B - C$ und $C - D$ beträgt dagegen nur eine halbe Längeneinheit. Der Versuchsaufbau ist exemplarisch in der Abbildung 4.135 dargestellt. Zu Beginn des Experimentes, im Zeitpunkt $t = 0$, wurde beobachtet, dass die Suche der Ameisen zunächst zufällig verläuft und beide Wegvarianten gleichgewichtet verfolgt werden. Bei einer angenommenen Anzahl von 30 Ameisen würden, idealisiert, jeweils 15 die beiden Wegvarianten verfolgen. Im Zeitpunkt $t = 1$ wählten dann ca. 2/3 der Ameisen die kurze Wegvariante. Bei einem Weiterlaufen der Untersuchung stiege der Anteil der kurzen Variante weiter an. Das Ergebnis fällt umso eindeutiger zu Gunsten der kurzen Variante aus, je größer die Entfernungsunterschiede der beiden Varianten sind. Um auf eventuelle Veränderungen der Umwelt (z.B. neue Wegvarianten oder neue Futterquellen) reagieren zu können sind auch nach einer längeren Laufzeit des Versuchs noch Ameisen auf der schlechteren Variante unterwegs.

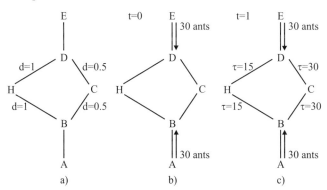

Abbildung 4.135: Brückenexperiment

Wie ist dieses Phänomen erklärbar? Der Schlüssel zum optimalen Ergebnis liegt in der indirekten Kommunikation der Ameisen, der sogenannten Stigmergy. Jede Ameise kann eine Wegvariante mit Geruchstoffen markieren, welche Pheromone genannt werden. Die Stärke der Markierung eines Weges hängt von der abgesonderten Menge Pheromon ab. Einzelne Ameisen, die sich fast zufällig bewegen und auf eine solche Pheromonspur treffen, werden diese Spur mit einer umso höheren Wahrscheinlichkeit verfolgen je stärker diese ist. Dabei kann diese Ameise dann die bestehende Spur verstärken, wobei die Menge des ausgeschütteten Pheromons variieren kann. Dadurch erhöht sich die Attraktivität einer Variante mit jeder Ameise, die diese wählt. So ergibt sich eine positive Rückkopplung. Die Stärke der Markierung mit Pheromon ist in den Abbildungen 4.135 und 4.136 als τ gekennzeichnet. Die kürzere (30 Mengeneinheiten Pheromon) der beiden Varianten ist also für eine Ameise im Zeitpunkt $t = 1$ attraktiver als die längere (15 Mengeneinheiten Pheromon). Im Zeitpunkt $t = 0$ erfolgt die Suche noch zufällig, da noch keine der beiden Varianten mit einer Menge an Pheromon markiert ist. Da aber die Ameisen, welche die kürzere Variante gewählt haben, eher zum Nest zurückkehren, erhöht sich der Pheromonwert der kurzen Variante schneller. Somit wählen im Zeitablauf mehr und mehr Ameisen diese Variante.

Nachdem die Funktionsweise der Kommunikation der Ameisen erklärt werden konnte, erfolgte die erste algorithmische Umsetzung dieses Prinzips, das sogenannte Ant System (AS)[378]. Dabei handelt es sich um einen populationsorientierten, kooperativen Algorithmus. Die Zielsetzung ist nicht die Simulation des Verhaltens realer Ameisen, sondern die Lösung von Optimierungsproblemen.

Die ersten Untersuchungen mit dieser Art der Algorithmen bezogen sich auf das bekannte und oft untersuchte Traveling Salesman Problem (TSP)[379]. Dies war naheliegend, da die zurückzulegende Strecke minimiert werden soll, wie es auch bei den Ameisen der Fall ist. Es wird eine künstliche Ameisenkolonie angenommen, innerhalb derer einzelne Ameisen das Problem bearbeiten und gemeinsam eine gute Lösung suchen. Die Computerameisen sind dabei einfache Agenten, die aber im Gegensatz zu ihren realen Verwandten zusätzliche Fähigkeiten, wie z. B. ein Gedächtnis über die bereits besuchten Städte, besitzen. Außerdem werden nicht nur die Informationen über die Menge an Pheromon (τ_{ij}) genutzt, sondern auch problemspezifisches Wissen, wie z. B. die Entfernung zwischen zwei Städten (der heuristische Wert η_{ij}). Dieses problemspezifische Wissen stammt von einer externen Quelle, wird also nicht von den Ameisen geschaffen oder im Lösungsfindungsprozess verändert.
Nachdem eine Lösung konstruiert wurde, wird auf die Teile der gefundenen Lösung eine feste Menge an Pheromon addiert. Somit steigert sich die Attraktivität der Bestandteile der gefundenen Lösung. In den folgenden Durchläufen des Algorithmus wird dadurch eher im direkten „Umfeld" einer guten Lösung nach besseren Lösungen gesucht. Um eine frühzeitige Stagnation der Suche in einer suboptimalen Lösung zu vermeiden, wird eine Verdunstungsrate ρ festgelegt. Dies geschieht in Analogie zur Natur, da auch die von realen Ameisen hinterlegten Pheromone verdunsten. Dadurch wird gewährleistet, dass nach vielen Iterationen noch in Teilgebieten des Lösungsraumes gesucht wird, welche nicht im direkten Umfeld der bisherigen Lösungen liegen.

Der Algorithmus setzt sich also aus den Teilabschnitten Lösungskonstruktion und Aktualisierung der Pheromonmengen zusammen. Dies wird solange durchgeführt, bis eine

---

[378]   Siehe [Dor96b].
[379]   Siehe [Dom97, S. 100 ff.].

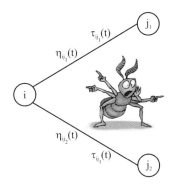

Abbildung 4.136: Entscheidungssituation

gewisse Abbruchbedingung erreicht wird (z. B.: eine gewisse Anzahl Iteration oder eine bestimmte Lösungsqualität). Mit dem Ant System in seiner ursprünglichen Form konnten lediglich gute Ergebnisse für Probleme mit bis zu 50 Städten gefunden werden. Daher wurden in den letzten Jahren ständig Anpassungen und Erweiterungen vorgestellt, welche zwar die grundlegenden Ideen nutzen, sich aber besonders in den Aspekten der Intensivierung und/oder der Diversifikation der Suche unterscheiden. So werden z. B. Begrenzungen der Pheromonwerte für einzelne Alternativen eingeführt[380]. Auch andere Erweiterungen der ursprüngliche Grundlagen haben sich bewährt[381].

Die erfolgreichsten Ant Algorithmen sind sogenannte Hybride Algorithmen. Bei diesen werden die von den Computerameisen gefunden Lösungen mit Hilfe von lokalen Suchverfahren (nach-)optimiert[382]. Mit diesen Hybriden Algorithmen wurden zum Teil neue beste Ergebnisse für bekannte Standardprobleme gefunden.

Als allgemeiner Rahmen für Ant Algorithmen wurde die Ant Colony Optimization (ACO) Meta-Heuristik[383] formuliert. Diese kann durch Anpassung und Spezifikation auf viele verschiedene Probleme angewendet werden, die gewissen Bedingungen[384] genügen. In Abbildung 4.137 ist die reine ACO Meta-Heuristik als PseudoCode abgebildet. In dieser Darstellung fehlen aus Gründen der Übersichtlichkeit die genauen Festlegungen und Berechnungsvorschriften.

Eine Ameisenkolonie bewegt sich gleichzeitig und asynchron durch den Graph eines Problems. Jede Ameise ist dabei in der Lage, eine eigene Lösung für das Problem zu finden, wobei jedoch nur durch kollektive Zusammenarbeit auch Lösungen guter Qualität zustande kommen. Das sind solche Lösungen, bei denen die Kosten der Lösung (im TSP die gesamte zurückzulegende Strecke; für Job Shop Scheduling Probleme die Bearbeitungsdauer) minimal sind. Wie oft die Bestandteile der Meta-Heuristik durchlaufen werden, hängt von der Problemgröße, vom Stagnationsverhalten der Suche, von

---

[380]   Siehe [Stu96a].
[381]   Siehe [Dor97].
[382]   Siehe u. a. [Man94] und [Stu96b].
[383]   Siehe [Dor99].
[384]   Siehe [Dor99, S. 14].

---

begin (*Schedule – Activity*)

$\quad$ *ManageAntsActivity*()

$\quad$ *EvaporatePheromone*()

$\quad$ *DaemonActivities*() – *optional* –

end

Abbildung 4.137: ACO-Meta-Heuristik

individuellen Vorgaben oder allgemein formuliert von der Abbruchbedingung ab.

Die Ameisen finden eine Lösung, indem sie Schritt für Schritt vorgehen. Sie wandern von einem Startpunkt ausgehend von Knoten zu Knoten. Eine Ameise, welche sich in einem Knoten befindet und als nächstes einen Knoten aus der Menge der Nachbarknoten aufsuchen will, verwendet bei ihrer Wahl eine probabilistische Entscheidungsregel. Diese Entscheidungsregel setzt sich aus den in den Knoten gespeicherten Werten (Ant-Routing Table) zusammen. Die Entscheidungsregel berücksichtigt bei der Berechnung die Pheromonwerte und die heuristischen Werte der vom aktuellen Knoten aus erreichbaren Alternativen (Nachbarknoten). Außerdem werden die Werte im Speicher der Ameisen sowie die Nebenbedingungen des Problems berücksichtigt.

$$p_{ij}^{k}(t) = \begin{cases} \dfrac{[\tau_{ij}]^{\alpha}*[\eta_{ij}]^{\beta}}{\sum_{l\in\mathcal{N}_{i}^{k}}[\tau_{il}]^{\alpha}*[\eta_{il}]^{\beta}} & \forall j \in \mathcal{N}_{i}^{k} \\ 0 & \forall j \notin \mathcal{N}_{i}^{k} \end{cases}$$

Über die beiden Parameter α und β kann die Gewichtung der beiden Faktoren (Pheromon, Heuristikwert) geregelt werden. Die Aktualisierung der Pheromonspur kann in der Meta-Heuristik auf zwei verschiedene Arten erfolgen. Einmal mit *Online Step-by-Step Pheromone Update*, das ist die Aktualisierung der Pheromone Schritt für während der Lösungssuche, oder durch *Online Delayed Pheromone Update*, dabei wird die Pheromonspur durch die Ameise auf dem Rückweg der von ihr gefundenen Lösung aktualisiert.

Ein weiterer Teilprozess ist die Evaporation (Verdunstung) der Pheromone über die Zeit hinweg. Über den Verdunstungsfaktor (ρ) kann dabei die Rate des Vergessens gesteuert werden.

$$\tau_{ij}(t) \leftarrow (1 - \rho)*\tau_{ij}(t) + \Delta\tau_{ij}(t)$$

Optional können sogenannte Daemon Actions durchgeführt werden. Diese können als Aktivitäten oder Eingreifen von übergeordneter Stelle beschrieben werden, welche nicht von den Ameisen selbst ausgeführt werden können, wie z. B. das Aufrufen einer lokalen Optimierungsprozedur (z. B. 2-opt) oder das Positionieren von Pheromonen durch Dritte (*Offline Pheromone Update*). Das *Offline Pheromone Update* bietet die Möglichkeit, die

Lösungssuche der Ameisen zu überwachen und zu steuern und auf der bislang besten, von den Ameisen gefundenen Lösung, zusätzliche Pheromone zu platzieren.

---

begin

    while ¬Stopkriterium (Generationen oder Zeit) **do**

        generation := *generation* + 1;

        for *ameise* := 1 **to** *Ameisen* **do**

            initialisiere next[] mit den ersten Operationen der Aufträge

            for *operation* = 1 **to** *Operationen* **do**

                Auswahl der nächsten einzulastenden Operation aus next[]

                Speichern dieser Operation in path[]Besetzen der Position

                der ausgewählten Operation in next[]

                mit der Nachfolgeoperation

            od

            Zykluszeit von path[] bestimmen

        od

        Beste Ameise erhöht das Pheromon gemäss ihres path[]

        Pheromon auf gesamtem Feld[][] verdunsten

    od

end

Auswahl der nächsten Operation

begin

    for *auftrag* := 1 **to** *Auftraege* **do**

        if (*Zufallswert* < *c*)

            then *Zufallsvector*[*auftrag*] := *Lokaler_Wahrscheinlichkeit*;

                else *Zufallsvector*[*auftrag*] := *Gewichteter_Summenwahrschein-*

                lichkeit;

        fi

    od

    Neuen Zufallswert bilden

    Diesen mit den Werten in Zufallsvector[] vergleichen und einen

    Auftrag wählen

end

Abbildung 4.138: Ant Algorithmus als PseudoCode für JSP

Der grundsätzliche Unterschied zwischen dem Traveling Salesman Problem (TSP) und dem Job Shop Scheduling Problem (JSP) besteht darin, dass beim TSP allein die Minimierung der Weglänge im Vordergrund steht, wohingegen beim JSP die Technologie mit ihren Vorgänger-Nachfolger-Beziehungen eine wesentliche Rolle spielt. Das heißt, dass die Position einer Operation in einer Lösung (Permutation) eine hohe Bedeutung und somit einen signifikanten Einfluss auf die Lösungsqualität besitzt. Es ist also nicht entscheidend, welche Operation einer anderen Operation folgt, sondern vielmehr die Einordnung in der gesamten generierten Reihenfolge unter Beachtung der Technologie. Aus diesem Grund wird anstatt einer *Operation-Operation-Pheromone-Matrix* eine *Position-Operation-Pheromone-Matrix*[385] verwendet. Die Menge an Pheromone in einer Zelle gibt an, wie attraktiv es ist, eine Operation an dieser Position in der Lösung zu bearbeiten[386]. Der in Abbildung 4.138 dargestellte Pseudo Code zeigt exemplarisch den Aufbau eines Ant Algorithmus für Job Shop Scheduling Probleme. Alle bereits beschrieben Teilprozesse werden durchlaufen, allerdings geschieht dies mit Anpassung an die Problemrepräsentation.

In der Theorie haben die Ant Algorithmen in einer weiten Bandbreite an Problemen ihre Eignung demonstriert. So wurden z. B. gute Ergebnisse für Quadratic Assignment, Vehicle Routing und Graph Coloring Probleme gefunden.[387] Auch in der Praxis werden mittlerweile Probleme mit Hilfe der Computerameisen gelöst. Bei der *British Telecom* werden sie zum Load Balancing eingesetzt, bei *InterNET* zum Routing in Paket Netzwerken (wobei eine hohe und stabile Durchsatzrate erreicht wird) und zum Routing in optischen Hochgeschwindigkeitsnetzwerken[388].

4.5.5   Übungsaufgaben zu Heuristiken

Aufgabe 1

Die Fertigungssteuerung gehört zu einer der schwierigsten täglichen Aufgaben eines Meisters in einer Werkstatt. Insbesondere die Reihenfolgeplanung bietet heutzutage enormes Verbesserungspotential innerhalb des Wertschöpfungsprozesses. Aus diesem Grunde haben sich in der Forschung zahlreiche neue Verfahren etabliert, die dem Meister bei seiner Arbeit unterstützen sollen.

1. Erläutern Sie den Begriff des Gantt-Diagrammes und grenzen Sie hierbei aktive, semiaktive und unverzögerte Ablaufpläne voneinander ab. Zeigen Sie in einem Venn-Diagramm den Zusammenhang dieser Ablaufpläne, insbesondere in Bezug auf die Lage eines möglichen Optimums.

2. Welche Zielbeziehungen werden in der Theorie unterschieden? Nennen Sie zusätzlich jeweils ein Beispiel. Was verstehen Sie unter Zieläquivalenz? Nennen Sie ebenfalls ein Beispiel.

3. Was ist im Gegensatz zu einem exakten Verfahren eine Heuristik?

---

[385]   Siehe [Mer00].

[386]   Siehe [Tei01b].

[387]   Für eine Übersicht der Arbeiten siehe [Dor99, S. 30].

[388]   Zusätzliche und weiterführende Informationen zum Thema Ant Colony Optimization können im Internet (*http://iridia.ulb.ac.be/~mdorigo/ACO/ACO.html*) gefunden werden.

4. Erläutern Sie das Prinzip eines Genetischen Algorithmus und gehen Sie dabei kurz auf die Problematik jedes Bestandteils ein.

Aufgabe 2

Kreuzen Sie die richtige Lösung im Feld ◯ an. Zu jeder Teilaufgabe gibt es genau eine richtige Lösung.

1) Die Nachbarschaftsdefinition bei der Verwendung lokaler Suchverfahren setzt für zwei zu tauschende Arbeitsvorgänge voraus

  ◯ a) unterschiedliche Maschine, kritischer Pfad
  ◯ b) nur kritischer Pfad
  ◯ c) gleiche Maschine, kritischer Pfad, unterschiedlicher Auftrag
  ◯ d) nur gleiche Maschine

2) Das Verfahren des Tabu-Search

  ◯ a) ist ein tabellengesteuertes Verfahren.
  ◯ b) verwirft Lösungen, die schon einmal gefunden wurden.
  ◯ c) wählt zur Weitersuche die am häufigsten gefundene Lösung.
  ◯ d) keines von a) bis c)

3) Die Sintflut-Methode bei Maximierung

  ◯ a) setzt den Lösungsraum systematisch „unter Wasser".
  ◯ b) spült das Lösungsgebirge aus.
  ◯ c) löst schlechte Lösungen im Wasser auf.
  ◯ d) keines von a) bis c)

4) Ein schwacher Mutationsoperator bei Genetischen Algorithmen fördert die

  ◯ a) Transpiration.
  ◯ b) Extrapolation.
  ◯ c) Exploration.
  ◯ d) Exploitation.

5) Beim Verfahren des Simulated Annealing

  ◯ a) werden die Lösungen systematisch erwärmt.
  ◯ b) gibt es einen Abkühlungsplan.
  ◯ c) wird die Temperatur des Lösungsraumes systematisch erhöht.
  ◯ d) verdampfen die schlechten Lösungen.

6) Beim Verfahren des Threshold Accepting gibt es

  ◯ a) eine relative Ablehnnungsgrenze schlechterer Lösungen.
  ◯ b) eine absolute Ablehnungsgrenze schlechterer Lösungen.
  ◯ c) keine Ablehnungesgrenzen schlechterer Lösungen.
  ◯ d) keines von a) bis c).

7) Beeinflussbarer Durchlaufzeitbestandteil durch Reihenfolgeplanung ist die

  ◯ a) Rüstzeit.
  ◯ b) Stückbearbeitungszeit.
  ◯ c) technologische Liegezeit.
  ◯ d) keines von a) bis c)

4.5.6 Lösungen zu den Übungsaufgaben

Aufgabe 1

a) Gantt-Diagramm

- grafische Darstellung von Maschinenbelegungsplänen
- Abszisse = Zeitachse
- Ordinate = Maschinen oder Aufträge
- Arbeitsvorgänge sind so eingezeichnet, dass keine Maschine zu einem Zeitpunkt mehrfach belegt wird und die Technologien eingehalten werden

semiaktiv: keine Aktion kann früher beginnen, ohne die Auftragsfolge zu ändern

aktiv: keine Operation kann früher beginnen, ohne eine andere zu verzögern

unverzögert: Operation wird begonnen, sobald betreffende Maschine frei ist

Venn-Diagramm

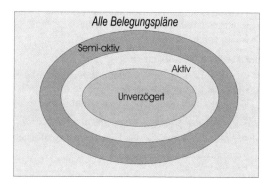

Die optimale Lösung teilt sich auf zwischen aktiv und unverzögert, in der Praxis normalerweise unverzögert.

b) Zielbeziehungen

komplementär   ↑ Ziel1 → ↑ Ziel2
                       ↓ Ziel1 → ↓ Ziel2
                       (Bsp.: Gesamt-DLZ und Gesamtwartezeit)

konkurrierend   ↑ Ziel1 → ↓ Ziel2
                       ↓ Ziel1 → ↑ Ziel2
                       (Bsp.: Max. der Kapazitätsausl. und Min. der mittl. DLZ)

indifferent   ↑ ↓ Ziel 1 → keine Änderung Ziel 2
                       (Bsp.: Umsatzglättung und Zykluszeiten)

Zieläquivalenz   Komplementarität im gesamten
                       Definitionsbereich
                       Bsp.: mittlere DLZ und mittlerer Bestand

c) exaktes Verfahren

- terminiert nach endlicher Schrittzahl und liefert dann die optimale Lösung oder Nichtlösbarkeit

Heuristik

- schließt auf nichtwillkürliche Weise Lösungen vom Suchprozess aus ↪ keine optimale Lösung garantiert !

d) Genetischer Algorithmus

Kreislaufmodell

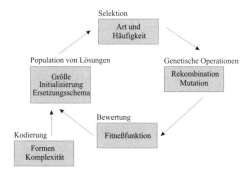

Ein Genetischer Algorithmus ist eine der natürlichen Evolution nachempfundene Heuristik und besteht aus verschiedenen elementaren Komponenten

- einem Repräsentationsformalismus, der der genetischen Kodierung der Lösungen des Problems dient,
- einem Verfahren, um eine Ausgangspopulation zu initialisieren,
- einem Ersetzungsschema, das neu erzeugte Individuen auf eine bestimmte Weise in die Population einfügt,
- einer Fitnessfunktion, die die entstandenen Lösungen bewertet,
- einem Selektionsoperator, der Individuen entsprechend ihrer Fitness für die Rekombination auswählt,
- genetischen Operatoren (Rekombination bzw. Crossover und Mutation), die die Zusammensetzung des Erbgutes der Population verändern,
- konkreten Werten für die Steuerungsparameter des GA und
- einer grundlegenden Kontrollstruktur (Basisalgorithmus) mit Abbruchkriterium.

Aufgabe 2

1.	c	2.	b	3.	a	4.	d
5.	b	6.	a	7.	a		

Kapitel 5

Übungsaufgaben mit Lösungen

5.1 Aufgaben

Aufgabe 1

Gegeben sei eine Produktionsfunktion nach Turgot (sog. Ertragsgesetz)

a) Stellen Sie den Verlauf der entsprechenden Ertragskurve dar. Zeichnen Sie auch die Grenzertragskurve. Inwiefern stehen die Extrema bzw. Wendepunkte der einzelnen Kurven in Bezug zueinander (graphische Darstellung genügt)?

b) Wie und weshalb schneidet die Grenzertragskurve die Durchschnittsertragskurve in ihrem Maximum (Begründung anhand des Verlaufs der beiden Kurven)?

c) Wie lässt sich aus dieser Produktionsfunktion die Kostenfunktion graphisch ableiten?

d) Geben Sie formelmäßig je ein Beispiel für eine Produktionsfunktion mit limitationaler und substitutionaler Eigenschaft an. (Verwenden Sie zum Beispiel x, r_1 und r_2.)

Aufgabe 2

Ein Produkt P (Enderzeugnis) wird aus zwei Rohstoffen (Faktoren) R_i hergestellt. Hierzu stehen vier Produktionsverfahren V_j zur Verfügung. Die folgende Tabelle enthält den Faktorverbrauch a_{ij} (Produktionskoeffizienten) für je eine Mengeneinheit Enderzeugnis.

Faktor-Verbrauch → Verfahren ↓	a_{1j}	a_{2j}
v_1	0,2	0,4
v_2	0,3	0,3
v_3	0,4	0,2
v_4	0,4	0,3

a) Entwickeln Sie aus diesen Angaben die Matrix der Produktionskoeffizienten $\mathbf{A} = \{a_{ij}\}$.

b) Ermitteln Sie die Menge der effizienten Verfahren.

c) Für die effizienten Verfahren sind in einem Faktordiagramm darzustellen:

   (a) die Prozessstrahlen (bis $r_1 = r_2 = 12$),

   (b) die Isoquanten für die Ausbringungsmengen $x_1 = 10$, $x_2 = 20$ und $x_3 = 30$.

d) Wieviele ME des Enderzeugnisses können maximal mit jedem Verfahren hergestellt werden? Welches Verfahren erlaubt die höchste Ausbringung?

e) Ermitteln Sie das Verfahren mit den niedrigsten Kosten (MKK) rechnerisch und graphisch bei den Faktorpreisen $p_1 = 2$ €/ME und $p_2 = 8$ €/ME.

f) Welches Verfahren würden Sie einsetzen?

g) Zeichnen Sie den Expansionspfad in das Faktordiagramm zu Aufgabe 3 ein.

h) Weshalb kommt das Verfahren V_1 für eine Kombination nicht in Betracht?

i) Es sollen $x = 35$ ME des Enderzeugnisses hergestellt werden. Jeder Faktor steht maximal mit 12 ME zur Verfügung.

   (a) Welche Verfahrenskombination würden Sie wählen, wenn Sie eine kostenminimale Produktion anstreben?

   (b) Wieviele ME des Enderzeugnisses würden Sie herstellen?

   (c) Welcher Kostenbetrag würde anfallen?

   (d) Welche Stückkosten fallen an, wenn 35 ME erzeugt werden und $r_1 \leq 12$ sowie $r_2 \leq 12$ gilt?

j) Welche Verfahrenskombination ist zu wählen, um beide Faktoren vollständig aufzubrauchen ($r_1 = r_2 = 12$) und eine kostenminimale Produktion zu erzielen? Welche Kosten fallen an?

k) Geben Sie die Kostenfunktion für den gesamten Ausbringungsbereich $0 \leq x \leq x_{max}$ an. Stellen Sie den Sachverhalt graphisch dar. Führen Sie entsprechende Kontrollrechnungen für $x = 35$ und $x = 30$ durch.

 **Aufgabe 3**

Zur Herstellung eines seiner Produkte setzt ein Betrieb 2 Faktorarten ein. Er verfügt über 2 Herstellungsverfahren, die die gleiche Produktqualität sichern und beliebig miteinander kombiniert werden können.

Die Situation ist durch folgende Bedingungen charakterisiert:

- Produktionskoeffizienten:
  Verfahren 1: 3 vom ersten Faktor und 2 vom zweiten Faktor,
  Verfahren 2: 1 vom ersten Faktor und 3 vom zweiten Faktor.

- Faktorenbegrenzungen:
  Faktor 1: $r_1 \leq 15$ ME; Faktor 2: $r_2 \leq 24$ ME

- Faktorpreise:
  Faktor 1: $p_1 = 2$ €/ME; Faktor 2: $p_2 = 6$ €/ME

- Der Betrieb muss vertragsgebunden im betrachteten Planzeitraum 8,5 ME des betreffenden Produktes liefern. Die Herstellung soll so kostengünstig wie möglich stattfinden.

a) Weshalb muss die geforderte Menge mit einer Verfahrenskombination hergestellt werden?

b) Geben Sie die Produktionskoeffizienten des erforderlichen Mischprozesses an.

c) Geben Sie den Verbrauch der beiden Faktoren für $x = 8,5$ ME an. Welche Bezeichnung wird in der Produktions- und Kostentheorie für dieses Wertetupel verwendet?

Aufgabe 4

Gegeben seien die folgenden drei Verbrauchsfunktionen an einem Aggregat:

$$a_1(d) = 0,6 \cdot d^2 - 20 \cdot d + 200$$
$$a_2(d) = d^2 - 24 \cdot d + 120$$
$$a_3(d) = 0,3 \cdot d^2 - 30 \cdot d + 450$$

a) Gesucht ist die kostenoptimale Intensität d_{opt}, wenn die nachfolgenden Faktorpreise gelten: $p_1 = 3$, $p_2 = 6$ und $p_3 = 4$?

b) In welcher Höhe entstehen Kosten bei kostenoptimaler Intensität in 8 Zeiteinheiten?

c) Ist in 8 Zeiteinheiten eine Ausbringung von 150 bei kostenoptimaler Intensität möglich?

d) Wie lautet die Kostenfunktion K(x) bei zeitlicher und bei intensitätsmäßiger Anpassung, wenn $t_{max} = 40$ und $d_{max} = 30$ gilt?

e) Welche Anpassungsform wäre bei einer Ausbringung von $x = 100$ zu wählen, um kostenoptimal zu produzieren? Geben Sie die Parameter des betreffenden Produktionsprozesses an (Zeitdauer, Intensität).

Aufgabe 5
Für eine Kaffeerösterei sind folgende Verbrauchsfunktionen gegeben, wobei mit d die Intensität in kg/Stunde bezeichnet wird:

| Elektroenergieverbrauch: | $a_1(d) = 0,1d^2 - 20d + 1010$ [kWh/kg] |
| Ausschuß: | $a_2(d) = 0,2d^2 - 84d + 8820$ [g/kg] |

Es sollen folgende Preise gelten: $p_1 = 0,20$ €/kWh und $p_2 = 10$ €/kg. Täglich wird 10 Stunden lang gearbeitet, wobei maximal 300 kg/Stunde geröstet werden können.

a) Ermitteln Sie die kostenoptimale Intensität der Anlage und die zugehörigen Kosten je kg.

b) Vergleichen Sie die Kosten je kg für die Intensitäten $d_1 = 100$ und $d_2 = 120$ mit denen aus der ersten Teilaufgabe. Kommentieren Sie das Ergebnis.

c) Geben Sie die Funktion der gesamten variablen Kosten für einen Tag an, wobei zeitliche und intensitätsmäßige Anpassung zu berücksichtigen sind.

 Aufgabe 6

Eine Anlage kann mit unterschiedlicher Intensität d (Stück pro Stunde) betrieben werden. Der intensitätsabhängige Produktionsverbrauch wird durch folgende Beziehungen wiedergegeben:

Material: $a_1(d) = 3{,}956$ (Einheiten pro Stück Erzeugnis)
Arbeitszeit: $a_2(d) = 10$ (Minuten pro Stück Erzeugnis)
Wartungszeit: $a_3(d) = 0{,}0244d - 0{,}08$ (Stunden pro Stück Erzeugnis)
Energie: $a_4(d) = 0{,}2d^2 - 8{,}42d + 90$ (kWh pro Stück Erzeugnis)

Folgende Faktorpreise bilden die Grundlage der Kostenrechnung:

Material: $p_1 =$ 2,00   €/ME
Arbeitszeit: $p_2 =$ 0,30   €/Minute
Wartungszeit: $p_3 =$ 12,00   €/Stunde
Energie: $p_4 =$ 12,00   €/50 kWh

Die Normalarbeitszeit betrage innerhalb einer Woche 40 Stunden. Die Minimalintensität sei 10 Stück/Stunde, die Maximalintensität 40 Stück/Stunde.

a) Ermitteln Sie für o.g. Daten die kostenoptimale Intensität und die zugehörigen minimalen Stückkosten.

b) Geben Sie die Gesamtkostenfunktion in Abhängigkeit von der Ausbringungsmenge x (in Stück) an, wobei Sie sich für x auf den Bereich beschränken, in dem aus Kostengründen eine zeitliche Anpassung zu wählen ist.

c) Es soll insbesondere Energie gespart werden. Berechnen Sie die Intensität, bei der der Verbrauch dieses Faktors je Erzeugniseinheit minimal wird. Wie ändern sich dabei die Stückkosten im Vergleich zu 1.?

 Aufgabe 7

Für einen Produktionsprozess ist bekannt, dass für die Produkte P_j folgende Daten gelten:

Produkt ⟍ Kenngröße	P_1	P_2	P_3	P_4	P_5	P_6	P_7
Preis	20	16	18	14	10	15	17
Variable Stückkosten	14	12	12	10	7	11	12
Produktionskoeffizient	6	4	2	2	0,5	1	0,25
Absatzhöchstmenge	50	50	50	100	100	80	70

Die Kapazität der Maschine beträgt für die entsprechende Planperiode 200 Zeiteinheiten.

Die Fixkosten belaufen sich auf 950 €.

a) Bestimmen Sie das Gewinnmaximale Produktionsprogramm. Geben Sie den damit erzielbaren Gewinn an.

b) Inwieweit ändert sich das gewinnmaximale Produktionsprogramm, wenn das Produkt P_4 aus dem Absatzprogramm entfernt wird?

c) Inwieweit ändert sich das gewinnmaximale Produktionsprogramm, wenn das Produkt P_3 aus dem Absatzprogramm entfernt wird?

d) Was muss man tun, um ein Produkt, das nur mit der Menge u_j im Produktionsplan enthalten ist, „attraktiver" zu machen?

Aufgabe 8

Ein Unternehmen produziert die Produkte $P1$ und $P2$ auf 3 Maschinen. Dabei gelten die folgenden Produktionskoeffizienten (in Stunden $[h]$):

	Maschine 1	Maschine 2	Maschine 3
Produkt 1	2	1	1,5
Produkt 2	4	1	1

Die Maschinen weisen die folgenden Kapazitäten pro Planperiode auf:

	Maschine 1	Maschine 2	Maschine 3
Kapazität	400 h	110 h	150 h

Die Produkte erzielen die folgenden Deckungsbeiträge (ME - Mengeneinheit):

	Produkt 1	Produkt 2
Deckungsbeitrag	9 €/ME	7 €/ME

a) Formulieren Sie ein mathematisches Entscheidungsmodell.

b) Ermitteln Sie graphisch die optimalen Mengeneinheiten der beiden Produkte und geben Sie den maximal erreichbaren Deckungsbeitrag an.

c) Das Unternehmen hat sich entschlossen, Rationalisierungsmaßnahmen an der Maschine 2 durchzuführen, die zu einer gleichmäßigen Senkung der Produktionskoeffizienten dieser Maschine führen. Um wieviel Prozent ist es sinnvoll, die Produktionskoeffizienten bei Maschine 2 zu senken, um eine maximale Erhöhung des Deckungsbeitrages zu erreichen? Geben Sie den maximal erreichbaren Deckungsbeitrag nach der Rationalisierung an.

Aufgabe 9

Ein Betrieb produziert vier Produkte P_1, P_2, P_3 und P_4. Dafür liegen ihm nachfolgende Absatzunter- und -obergrenzen vor, die unbedingt einzuhalten sind.

	P_1	P_2	P_3	P_4
Absatzuntergrenze	2	2	0	2
Absatzobergrenze	5	4	3	3
Gewinn je Stück	3000 €	2000 €	3000 €	4000 €

Weiter werden insgesamt vier Maschinen benötigt, die durch die Produkte wie folgt belastet werden (in Stunden):

je Stück Produkt	Maschine 1	Maschine 2	Maschine 3	Maschine 4
P_1	0	8	0	10
P_2	6	0	6	0
P_3	0	12	0	0
P_4	5	0	4	0
max. Kapazität	30	48	24	40

a) Erstellen Sie ein Planungsmodell (Lineares Optimierungsproblem) für diese Situation zur Ermittlung der Produktionsmengen, die einen maximalen Gewinn realisieren, wobei Sie voraussetzen, dass die Maschinen über den gesamten Planungszeitraum einsetzbar sind.

b) Lösen Sie das Modell. (Hinweis: Es ist nicht erforderlich, auf die Simplexmethode zurückzugreifen.) Ermitteln Sie den maximal erzielbaren Gewinn.

Aufgabe 10

Eine Unternehmung produziert die Endprodukte P_1, P_2, P_3 P_4 und P_5. Dazu sind drei Maschinengruppen M_1, M_2 und M_3 erforderlich. Die Produktionskoeffizienten (Zeiteinheiten pro Stück Endprodukt und je Maschinengruppe) und die Kapazität der Maschinengruppen (in Zeiteinheiten) für die zu planende Periode sind in folgender Tabelle gegeben:

Maschinengruppe	M_1	M_2	M_3
P_1	3	4	5
P_2	2	4	2
P_3	3	0	4
P_4	1	2	6
P_5	2	4	2
Kapazität	600	500	1000

Aus der Einschätzung des Marktes und aus bereits eingegangenen Lieferverpflichtungen ergeben sich nachfolgende Ober- und Untergrenzen (in Stück) für die Produktionsmengen. Die variablen Kosten je Stück Endprodukt und die voraussichtlich erzielbaren Preise sind ebenfalls in nachfolgender Tabelle enthalten.

Produkt	P_1	P_2	P_3	P_4	P_5
Untergrenzen	20	0	20	0	10
Obergrenzen	50	50	50	50	50
Preis	30	60	45	30	50
var. Kosten	22	36	27	21	32

a) Formulieren Sie einen Ansatz zur Ermittlung des deckungsbeitragsmaximalen Produktionsprogramms für die zu planende Periode in Form eines LO-Problems!

b) Ermitteln Sie das deckungsbeitragsmaximale Produktionsprogramm numerisch.

   Hinweis: Die Anwendung des Simplexalgorithmus ist nicht erforderlich. Untersuchen Sie dazu die Wirkung der formulierten Beschränkungen durch vorhandene Kapazitäten.

c) Unabhängig von den Untergrenzen soll ein Produkt aus dem Produktprogramm eliminiert werden. Welches würden Sie aus der Sicht der Untersuchung unter 2. vorschlagen und warum?

Aufgabe 11

Ein Fertigerzeugnis F weist die nachfolgende Zusammensetzung, gegliedert nach Fertigungsstufen auf. Die großen Buchstaben kennzeichnen Baugruppen, die kleinen Einzelteile.

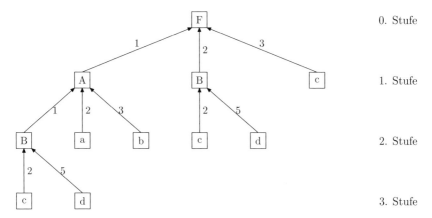

Die Zahlen an den Linien kennzeichnen die Anzahl der direkt eingehenden Baugruppen und Einzelteile.

a) Wie lauten die Strukturstückliste und die Mengenstückliste für das Fertigerzeugnis F?

b) Zeichnen Sie die Struktur des Fertigerzeugnisses nach Dispositionsstufen gegliedert auf!

c) Wieviele Teile a, b, c und d müssen beschafft werden, damit vom Fertigerzeugnis 100 Mengeneinheiten hergestellt werden können? Lagerbestände liegen vor:

   Lagerbestand A: 50
   Lagerbestand B: 200
   Lagerbestand c: 300

d) Warum kann eine bedarfsgesteuerte Materialbedarfsplanung für gewöhnlich nicht auf der Basis von Mengenübersichtsstücklisten vorgenommen werden?

Aufgabe 12

Ein Betrieb produziert ein Produkt P aus den vier Einzelteilen E_1, E_2, E_3 und E_4. Bei der Produktion werden als Zwischenstufen die drei Baugruppen B_1, B_2 und B_3 erzeugt.

Folgende Produkt- und Baugruppenstruktur liegt vor:

Komponente	Direkter Aufwand
P	$3E_1, 2E_2, 4E_4, 6B_1, 2B_2, 5B_3$
B_1	$4E_1, 5E_2$
B_2	$2E_2, 4E_3, 3E_4$
B_3	$7E_1, 3E_4$

a) Ermitteln Sie durch eine geeignete Rangbestimmung die Dispositionsstufen der einzelnen Komponenten.

b) Stellen Sie die Struktur als Gozintograph dar. Tragen Sie die direkten Aufwandskoeffizienten in den Graphen ein.

c) Ermitteln Sie im Gozintographen die Koeffizienten des Gesamtaufwandes:

    E_3 für 9 Mengeneinheiten B_2 und E_1 für 3 Mengeneinheiten P

Aufgabe 13

Ein Betrieb bereitet seine Bestellmengenplanung für die kommende Planperiode vor. Der Listenpreis beträgt 25,00 € je Stück. Der Periodenbedarf wird durch mehrere Bestellungen gedeckt, wobei jede Bestellung Kosten in Höhe von 57,60 € verursacht. Die Lagerkosten werden mit einem Satz von 15 % (bezogen auf den Einstandspreis) veranschlagt.

Aus den Unterlagen der Materialstatistik ergaben sich für die vergangenen 10 Perioden folgende Bedarfswerte:

Jahr t	1	2	3	4	5	6	7	8	9	10
Bedarf d	190	205	210	230	235	250	255	265	275	289

a) Prognostizieren Sie auf geeignete Weise den Bedarf für die Periode 11. Verwenden Sie dazu den durchschnittlichen jährlichen Zuwachs des Bedarfs d.

b) Ermitteln Sie die optimale Bestellmenge für die Periode 11 unter Verwendung des in Teilaufgabe 1. ermittelten Bedarfs.

c) Eine Anfrage beim Lieferanten ergab als erste Variante, daß er bei Abnahme von mindestens 100 Stück 10 %, von mindestens 150 Stück 15 %, von mindestens 200 Stück 20 % und von mindestens 250 Stück 25 % Rabatt gewährt. Der Listenpreis, die Bestellkosten sowie der Zinssatz werden nicht verändert. Geben Sie an, welche Bestellvariante gewählt werden sollte.

d) Als zweite Variante bietet der Lieferant an, Rabatte kontinuierlich zu gewähren. Wie sollte bei Anwendung einer noch zu ermittelnden Preis-Beschaffungs-Funktion bestellt werden, um kostengünstig zu sein, wenn folgende Daten zur Verfügung stehen?

Menge	12	10	8	6	4	3	2	1,8	1,6	1
Preis/ME	8,8	9,6	10,8	12,8	16,6	20	28	30	34	50

Aufgabe 14

Ein Produzent benötigt für die Montage eines Produktes für die folgende Planperiode von 100 Tagen 1000 Stück eines Zulieferteils. Der Listenpreis beträgt 20 €/Stück und ist unabhängig von der Bestellmenge. Für jede Bestellung entstehen mengenunabhängig Kosten in Höhe von 50 €. Die Lagerkosten werden mit 50 % des Einstandspreises veranschlagt.

a) Bestimmen Sie in allgemeiner Form

  (a) die unmittelbaren Beschaffungskosten,

  (b) die reinen Bestellkosten,

  (c) die Lagerkosten

b) Geben Sie die Gesamtkosten-Funktion für die losrelevanten Kosten an.

c) Berechnen Sie die optimale Bestellmenge, den optimalen Bestellabstand und die optimale Bestellhäufigkeit.

d) Stellen Sie die Kostenverläufe in einem Diagramm dar.

e) Der Betrieb könnte einen Teil seiner Lagerkapazität vermieten. Ihm verbliebe danach noch eine Lagerkapazität von 80 Stück des Zulieferteils. Bei welchem Mietpreis wäre das Vermieten wirtschaftlich?

Aufgabe 15

Ein Unternehmen habe 5 Aufträge auf 2 Maschinen zu bearbeiten. Die Bearbeitung der Aufträge erfolgt stets zuerst auf der Maschine M1 und danach auf der Maschine M2. Die Bearbeitungszeiten seien für alle Aufträge vorgegeben und sind aus der folgenden Tabelle zu entnehmen:

Aufträge → Bearbeitungszeiten ↓	1	2	3	4	5	Summe Bearbeitungszeiten
auf Maschine M_1	4	5	2	4	3	18
auf Maschine M_2	7	5	3	6	2	23

a) Bestimmen Sie diejenige Bearbeitungsfolge, für die die gesamte Durchlaufzeit, die beim Bearbeiten aller Aufträge auf zwei Maschinen anfällt, ihren Minimalwert annimmt.

b) Zeichnen Sie für die unter 1. ermittelte Auftragsreihenfolge ein Gantt-Diagramm und ermitteln Sie die Stillstandszeiten der beiden Maschinen.

Aufgabe 16

Vier Aufträge A_1 bis A_4 sollen in zwei Werkstätten auf jeweils zwei Maschinen M_1 und M_2 bzw. M_3 und M_4 bearbeitet werden, alle vier jeweils zuerst in Werkstatt 1 auf M_1, danach auf M_2 und dann in Werkstatt 2 zuerst auf M_3, danach auf M_4. Die Matrix der Bearbeitungszeiten (in Zeiteinheiten) ist

Auftrag	M_1	M_2	M_3	M_4
A_1	10	4	2	7
A_2	3	5	4	9
A_3	3	2	10	2
A_4	2	4	5	5

Es werden in einem ersten Schritt alle vier Aufträge in der ersten Werkstatt bearbeitet, danach geschlossen in die zweite Werkstatt transportiert und dort bearbeitet.

a) Bestimmen Sie unter Vernachlässigung der Übergangszeiten einen Ablaufplan zur Bearbeitung dieser Aufträge. Welche kürzeste Zykluszeit ergibt sich für diesen Auftragskomplex? Zeichnen Sie das Gantt-Diagramm!

b) Welche Zykluszeitverkürzung für den Auftragskomplex können Sie erzielen, wenn Sie – ausgehend von Ihrer in 1. ermittelten Auftragsfolge – schon nach Bearbeitung der ersten zwei Aufträge in der Werkstatt 1 diese an die zweit Werkstatt weiterreichen? (Die restlichen zwei Aufträge sollen danach geschlossen in die zweite Werkstatt gebracht werden.) Zeichnen Sie das Gantt-Diagramm!

 **Aufgabe 17**

Ein Betrieb fertigt auf 3 Maschinen 6 Aufträge mit folgenden Bearbeitungszeiten und Lieferterminen (LT):

Auftrag	M_1	M_2	M_3	LT
1	6	3	8	40
2	9	1	4	50
3	5	3	6	24
4	5	2	7	18
5	9	2	5	40
6	5	1	9	22

a) Stellen Sie aus den gegebenen Daten eine Bearbeitungszeitenmatrix T auf.

b) Stellen Sie den Sachverhalt für die Auftragsreihenfolge 1-2-3-4-5-6 in einem Gantt-Diagramm dar.

c) Ermitteln Sie aus dem Gantt-Diagramm:

   (a) die Stillstandszeit jeder Maschine,

   (b) die Liegezeit jedes Auftrages,

   (c) die Zykluszeit.

d) Berechnen Sie in einer Vorwärtsrechnung die Fortschrittszeitenmatrix D für die Auftragsreihenfolge 1-2-3-4-5-6.

e) Ermitteln Sie aus der Matrix D:

   (a) die Stillstandszeit jeder Maschine,

   (b) die Liegezeit jedes Auftrages,

   (c) die Zykluszeit.

f) Geben Sie an, welche organisatorische Reihenfolge (Auftragsfolge) zu einer minimalen Zykluszeit führt. Verwenden Sie dazu den Johnson-Algorithmus.

g) Stellen Sie die Bearbeitungszeitenmatrix T^{opt} für die zykluszeit-optimale Auftragsfolge auf.

h) Berechnen Sie in einer Vorwärtsrechnung die Fortschrittszeitenmatrix D^{opt} für die zykluszeit-optimale Auftragsreihenfolge.

Aufgabe 18

Für eine Produktionsentscheidung (Jahresplan) wird die Entscheidungssituation beschrieben, indem man ein Modell in Form eines Linearen Optimierungsproblems entwirft. Sie sollen in weiteren daran mitwirken. Dabei bleibt es Ihnen überlassen, ob Sie gegebenenfalls weitere Variable definieren oder nicht.

Folgende Variablen- und Koeffizientenvereinbarungen werden zugrunde gelegt (alle Mengenangaben in Stück):

x_j^k - zu produzierende Menge am Produkt der Nummer j einer Produktionsstufe k

b_j^2 - vorliegender und zu deckender Bedarf am Endprodukt der Nummer j

Dabei bedeute:

$k = 0$ - es handelt sich um zu beschaffende Einzelteilmengen

$k = 1$ - es handelt sich um Mengen von Baugruppen, die aus Einzelteilen gefertigt werden

$k = 2$ - es handelt sich um Mengen von Endprodukten, die ausschließlich aus Baugruppen zusammengebaut werden.

Formulieren Sie selbst die weiteren notwenigen Koeffizienten zur Beschreibung nachfolgender Forderungen.

a) Formulieren Sie eine Zielfunktion, die beim Festlegen der Produktionsmengen einen maximalen Deckungsbeitrag sichert.

b) Formulieren Sie die Bedingungen, die sichern sollen, dass bestehende Lieferverträge (nur über das Jahr betrachtet) eingehalten werden können und zugleich das Marktvolumen berücksichtigt wird.

c) Formulieren Sie die Bedingungen, die sichern sollen, dass vorhandene Maschinenkapazitäten nicht überlastet werden. Dabei sollen für jede Produktionsstufe eigene Maschinen eingesetzt werden, d.h. es gibt Arbeitsplätze für die Fertigung der Baugruppen und andere Arbeitsplätze für die Fertigung der Endprodukte.

d) Formulieren Sie die Bedingungen, die sichern, dass die richtigen Mengen an Baugruppen, passend zu den Endproduktmengen, gefertigt werden.

e) Formulieren Sie eine *Bedingung*, die den Materialbedarf ermittelt.

f) Stellen Sie sich vor, es läge ein fertiger Produktionsplan für die geschilderte Situation vor. Was muss mit diesem Plan weiter gemacht werden, um im Januar tatsächlich mit der Produktion beginnen zu können?

Aufgabe 19

Ein Unternehmen hat für eines seiner Produkte für das kommende Halbjahr folgende Bedarfszahlen (in TStück) geschätzt und den Kapazitäten (in TStück) gegenüber gestellt:

Monat	Jan.	Feb.	März	Apr.	Mai	Juni
Bedarf	12	6	3	21	24	27
Kapazität	15	15	18	18	21	21

Das Unternehmen verfüge über ein hinreichend großes Lager. Die Lagerkosten pro TStück und Jahr seien 2.400,00 €. Zu Beginn des Monats Januar sei mit einem Lagerbestand von 3.000 Stück zu rechnen. Ende Juni soll ein Lagerbestand von höchstens 1.000 Stück und mindestens 200 Stück vorliegen.

a) Formulieren Sie für diese Situation ein Modell mit allgemeinen Symbolen, mit dessen Hilfe ein lagerkostenminimaler Produktionsplan für die genannten Monate ermittelt werden kann.

b) Konkretisieren Sie dieses Modell mit Hilfe der genannten Daten zu einer Optimierungsaufgabe. Erkennen Sie ohne große Rechnungen eine redundante (überflüssige) Bedingung?

c) Welche Probleme sind bei derartigen Modellen stets zu beachten, vor allem, wenn sie regelmäßig – hier für jedes Halbjahr – angewandt werden sollen?

d) Aufgrund der Einfachheit der Struktur des Problems kann man die Lösung ohne großen Rechenaufwand ermitteln. Wie sieht die Lösung aus?

e) Nennen Sie verschiedene Möglichkeiten, die ein Unternehmen hat, um auf eine sporadische Nachfrage seiner Produkte zu reagieren.

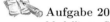

Aufgabe 20

Modellieren Sie folgende Situation: Sie sollen das Produktionsprogramm eines Unternehmens des Maschinenbaus für einen Monat (160 Arbeitsstunden) planen. Dabei sind zwei Endprodukte P_1 und P_2 zu fertigen sowie die zugehörigen Baugruppen B_1, B_2 und B_3. Die Einzelteile E_1, E_2, E_3 und E_4 werden beschafft.

Beschreibung des Produktes P_1:

Stufe	Teile-Bezeichnung	Menge
1	B_1	2
*2	B_2	1
**3	E_1	2
**3	E_2	3
*2	E_1	1
*2	E_3	2
1	B_3	1
*2	E_2	1
*2	E_4	3
1	E_1	4

Beschreibung des Produktes P_2 (wobei sich die Baugruppen wie bei P_1 zusammensetzen):

Stufe	Teile-Bezeichnung	Menge
1	B_1	1
1	B_3	3
1	E_1	2

Für die Montage der Baugruppen gibt es einen gemeinsamen Arbeitsplatz Platz 1 und für die Montage der Produkte gibt es einen weiteren Arbeitsplatz Platz 2. Deren zeitliche Inanspruchnahme ist wie folgt:

Teile-Bezeichnung	Arbeitsplatz	Zeit (in Minuten)
B_1	Platz 1	8
B_2	Platz 1	7
B_3	Platz 1	6
P_1	Platz 2	24
P_2	Platz 2	16

a) Erstellen Sie den Teil eines mathematischen Modells zur Produktionsprogramm-planung, der folgendes sichert:

   • von jedem Produkt sind mindestens 50, höchstens 300 Stück zu fertigen;

   • die Kapazität jedes Arbeitsplatzes soll nicht überschritten werden;

   • die Menge an zu beschaffenden Einzelteilen wird ausgewiesen;

   (Hinweis: die zeitliche Abfolge der Arbeitsschritte ist bei den Kapazitäten nicht zu berücksichtigen, es werden nur die kumulierten Zeitbedarfe mit den Kapazitäten verglichen.)

b) Kann bei der Lösung Ihres Modells folgende Situation eintreten: Die Kapazitäten beider Plätze sind nicht ausgeschöpft und die Obergrenzen der Produktmengen sind nicht erreicht. Begründung! (Stellen Sie sich als Zielfunktion z.B. eine Gewinnmaximierung vor.)

c) Was würden Sie tun, welche Möglichkeiten würden Sie überprüfen bzw. auf Realisierbarkeit untersuchen, wenn Sie anhand der optimalen Lösung feststellen, dass Platz 1 voll ausgelastet ist, Platz 2 noch zeitliche Reserven hat und die Obergrenzen der Produktionsmengen noch nicht erreicht sind?

Aufgabe 21

Ein Unternehmen plant auf aggregierter Ebene mit 4 Produktarten (P_1, P_2, P_3 und P_4) und mit 4 Kapazitätsarten (K_1, K_2, K_3 und K_4) die Produktionsmengen für das kommende Jahr. Die Inanspruchnahme der Kapazitäten durch die Produkte (gemessen in Stück) kann folgender Tabelle entnommen werden (Angaben in Stunden):

Produktart	K_1	K_2	K_3	K_4
P_1	4	2	0	0
P_2	3	3	0	0
P_3	0	0	5	2
P_4	0	0	3	4
Kapazität	2000	2000	3000	3000

a) Formulieren Sie für diese Situation ein Modell mit allgemeinen Symbolen, mit dessen Hilfe ein deckungsbeitragsmaximaler Produktionsplan für die genannte Situation ermittelt werden kann.

b) Konkretisieren Sie dieses Modell mit Hilfe der genannten Daten zu einer Optimierungsaufgabe, wenn mit folgenden Stück-Deckungsbeiträgen DB (auch Deckungsspanne, Deckungsbeitrag pro Stück) gerechnet werden kann:

Produktart:	P_1	P_2	P_3	P_4
DB	12	15	8	21

Sind alle formulierten Restriktionen wesentlich, oder gibt es redundante Bedingungen?

c) Sie sollen das Modell nicht lösen, aber: Beschreiben Sie (kurz, in Stichworten), wie Sie – ohne Anwendung der Simplexmethode – das Modell jetzt und hier an diesem Ort lösen könnten (Modellaufbereitung, Lösungsverfahren, Gesamtlösung).

d) Im Nachhinein wird eine weitere Forderung formuliert: Insgesamt sollen mindestens 1400 Stück (summiert über alle 4 Produktarten) hergestellt werden. Formulieren Sie diese Bedingung für das Modell. Lässt sich Ihr vorgesehener Lösungsweg (siehe vorangegangene Teilaufgabe) weiterhin anwenden? Wenn ja, wie - wenn nein, warum nicht.

e) Um die Forderung nach mindestens 1400 Stück für den Planer handhabbarer zu machen, wird entschieden, dass diese zu ersetzen ist durch: Von P_1 und P_2 sind zusammen mindestens 600 Stück und von P_3 und P_4 zusammen mindestens 800 Stück zu produzieren. Wie sieht das Modell jetzt aus? Lässt sich Ihr vorgesehener Lösungsweg (siehe Teilaufgabe 3) in diesem Fall anwenden? Wenn ja, wie – wenn nein, warum nicht. Ist die Aufgabe überhaupt lösbar (Begründung!)? Was erwarten Sie von der Güte der optimalen Lösung (sofern sie existiert) bei dieser Forderung im Vergleich zu einer optimalen Lösung des Modells in der Teilaufgabe 4?

Aufgabe 22

Ein Glasprodukt kann durch vier linear-limitationale Verfahren hergestellt werden. Dazu werden die Faktoren R_1 (Rohmaterial) und R_2 (Energie) eingesetzt. Die Matrix der Produktionskoeffizienten hat folgendes Aussehen:

$$\mathbf{A} = \begin{array}{c} \\ \\ \end{array} \begin{bmatrix} V_1 & V_2 & V_3 & V_4 \\ 2 & 3 & 5 & 6 \\ 6 & 4 & 3 & * \end{bmatrix} \begin{array}{c} R_1 \\ R_2 \end{array}$$

V_4 ist dadurch bestimmt, daß der Abschnitt der Produktisoquante für eine Mengeneinheit Glas bei Kombination von V_3 und V_4 einen Anstieg von -2 besitzt.

a) Ermitteln Sie den Wert für $a_2^{(4)}$.

b) Stellen Sie den Sachverhalt graphisch dar.

c) Welche Kombination von jeweils zwei Verfahren sind effizient?

d) Wie lautet die Gleichung der Isoquante bei Kombination von V_2 und V_4?

e) Die Verfahren V_1, V_2 und V_4 können einzeln oder in Linearkombinationen von jeweils zwei Verfahren eingesetzt werden. Der Faktor Energie sei auf $r_2 \leq 4$ beschränkt.

  (a) Wie hoch ist die maximal mögliche Produktionsmenge?

  (b) Wieviele Mengeneinheiten von R_1 werden für die maximale Produktion benötigt?

f) Zeichnen Sie den Expansionspfad in die Graphik ein.

g) Wieviele ME von R_1 werden benötigt, und wieviele ME Output können hergestellt werden, wenn der Expansionspfad die Gerade $r_2 = 4$ erreicht?

Aufgabe 23
Sechs Aufträge sollen auf zwei Arbeitsplätzen bearbeitet werden. Dabei soll gelten, daß jeder Auftrag zuerst auf Arbeitsplatz 1 und danach auf Arbeitsplatz 2 bearbeitet wird. Der folgenden Tabelle können die Bearbeitungszeiten der Aufträge auf den Maschinen entnommen werden:

A_i	M_1	M_2
A_1	15	7
A_2	9	8
A_3	13	15
A_4	5	12
A_5	8	16
A_6	7	19

a) Ermitteln Sie alle zykluszeit-optimalen Auftragsreihenfolgen.

b) Auf wieviel Prozent sinkt die Zykluszeit durch Optimierung der Auftragsreihenfolge im Vergleich zur Zykluszeit für die Anfangsreihenfolge?

c) Geben Sie die Liegezeitensumme für Auftrag A_4 an.

d) Geben Sie die Stillstandszeitensumme für Maschine M_2 an.

5.2   Lösungen

Lösung zu Aufgabe 1

a)

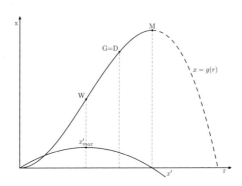

Dabei sind:

$x = g(r) \dots$ Ertragskurve

$x' \dots$ Grenzertragskurve

$W \,\hat{=}\, x'_{max}$

$M \,\hat{=}\, x' = 0$

b)

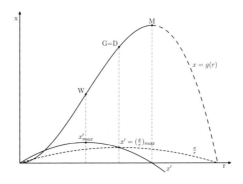

$\frac{x}{r} \dots$ Durchschnittsertragskurve

$G = D$ wenn x' bereits wieder sinkt/fällt

c) *Ermittlung der Kostenfunktion* Ausgangspunkt ist die ertragsgesetzliche Produktionsfunktion:

$$x = g(r).$$

Nachdem die Faktoreinsatzmenge mit ihrem Stückpreis bewertet worden ist, erhält man $x = g(p \cdot r)$ und mit $p \cdot r = K$ schließlich $x = g(K)$.

Durch Bildung der Umkehrfunktion der ertragsgesetzlichen Produktionsfunktion erhält man die ertrangsgesetzliche Kostenfunktion

$$K = f(x).$$

Die Bildung der Umkehrfunktion kann zeichnerisch erfolgen:

- Spiegelung der Produktion an der 45°-Achse
- Berechnung $K = p \cdot r$ sowie Verwendung von K als Ordinate,
- Verwendung von x als Abszisse.

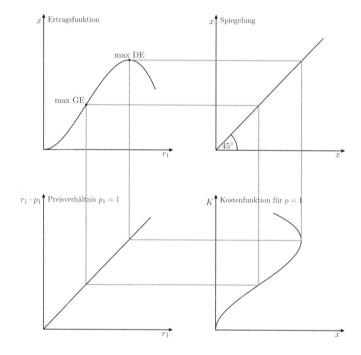

d) • limitationale Produktionsfunktion: Produktionsfunktion vom Typ B, z. B. Gutenberg oder Leontiev. Gutenberg:

$$\rightarrow K(x) = 32d^2 - 344d + 940$$

- substitutionale Produktionsfunktion: Produktionsfunktion vom Typ A, z. B. Turgot
  - begrenzte Substitutionalität: $x = r_1 \cdot r_2$
  - unbegrenzte Substitutionalität: $x = 2r_1 + 3r_2$

Lösung zu Aufgabe 2

a)

$$\mathbf{A} = \begin{matrix} & V_1 & V_2 & V_3 & V_4 & \\ \left[\begin{matrix} 0{,}2 & 0{,}3 & 0{,}4 & 0{,}4 \\ 0{,}4 & 0{,}3 & 0{,}2 & 0{,}3 \end{matrix}\right] & \begin{matrix} R_1 \\ R_2 \end{matrix} \end{matrix}$$

b) Durch paarweisen Vergleich der Verfahren erhalten wir: V_2 und V_3 dominieren V_4. V_4 ist somit nicht effizient. Zur Menge der effizienten Verfahren gehören V_1, V_2 und V_3.

$$\mathbf{A}^{eff} = \begin{matrix} & V_1 & V_2 & V_3 & \\ \left[\begin{matrix} 0{,}2 & 0{,}3 & 0{,}4 \\ 0{,}4 & 0{,}3 & 0{,}2 \end{matrix}\right] & \begin{matrix} R_1 \\ R_2 \end{matrix} \end{matrix}$$

c) Faktordiagramm

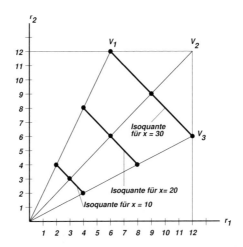

d) $V_1 : x_{max}^{(1)} = \min_{i}\{\frac{12}{0{,}2}; \frac{12}{0{,}4}\} = 30$

   $V_2 : x_{max}^{(2)} = \min_{i}\{\frac{12}{0{,}3}; \frac{12}{0{,}3}\} = 40$

   $V_3 : x_{max}^{(3)} = \min_{i}\{\frac{12}{0{,}4}; \frac{12}{0{,}2}\} = 30$

V_2 gestattet die maximale Produktion von 40 Mengeneinheiten. Dabei werden alle (zwei) Faktoren vollständig aufgebraucht.

e) • Rechnerisch:

   $k_1 = 0{,}2{\cdot}2 + 0{,}4{\cdot}8 = 3{,}6 \ \text{€/ME}$
   $k_2 = 0{,}3{\cdot}2 + 0{,}3{\cdot}8 = 3{,}0 \ \text{€/ME}$
   $k_3 = 0{,}4{\cdot}2 + 0{,}2{\cdot}8 = 2{,}4 \ \text{€/ME}$

• Graphisch:

$$K(x) = p_1 \cdot r_1 + p_2 \cdot r_2 \rightarrow r_2 = \frac{K(x)}{p_2} - \frac{p_1}{p_2} \cdot r_1$$

Für jede Kostensumme $K(x)$ kann eine Isokostengerade angegeben werden.

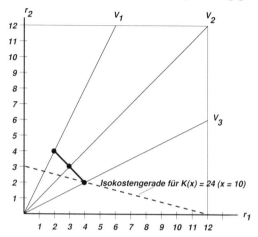

f)

$$\begin{aligned}
0 &< x \leq 30 &\rightarrow& \text{ Einsatz von } V_3 \text{ allein} \\
30 &< x < 40 &\rightarrow& \text{ Kombination von } V_3 \text{ und } V_2 \\
&\ \ x = 40 &\rightarrow& \text{ Einsatz von } V_2 \text{ allein}
\end{aligned}$$

g) der Expansionspfad

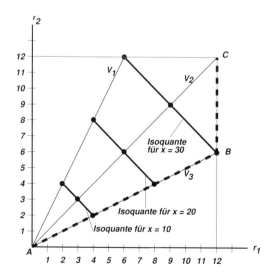

Der Expansionspfad ist die gestrichelte Linie. Von Punkt A bis einschließlich Punkt B wird nur V_3 eingesetzt. Zwischen B und C sind die Verfahren V_3 und V_2 zu kombinieren. In C wird nur V_2 verwendet.

h) V_1 weist höhere Kosten auf als V_2. Deshalb wäre die Kombination V_1/V_3 ungünstiger als die Kombination V_2/V_3.

i) (a) Um möglichst niedrige Kosten zu erzielen, ist die Kombination V_3/V_2 zu wählen.

   Die Fragen (b) bis (d) beziehen sich auf die in (a) gewählte Verfahrenskombination.

(b) $x^{(3)} + x^{(2)} = 35 \ \rightarrow \ x^{(2)} = 35 - x^{(3)}$

   $r_1 = a_{13}{\cdot}x^{(3)} + a_{12}{\cdot}x^{(2)} = 12 = 0{,}4{\cdot}x^{(3)} + 0{,}3{\cdot}(35 - x^{(3)})$

   Wir wählen r_1, da r_1 Engpass ist.

   $\underline{x^{(3)} = 15 \qquad x^{(2)} = 20}$

(c) $K(x) = K(35) = 2{,}4{\cdot}15 + 3{\cdot}20 = 96$

(d) $96/35 = 2{,}7428571$ €/ME

j) $x = 40 = x^{(3)} + x^{(2)}$

$\begin{array}{rcllc}
r_1 = a_{13}{\cdot}x^{(3)} + a_{12}{\cdot}x^{(2)} \rightarrow & 12 & = & 0{,}4{\cdot}x^{(3)} + 0{,}3{\cdot}x^{(2)} & \text{(I)} \quad + \\
r_2 = a_{23}{\cdot}x^{(3)} + a_{22}{\cdot}x^{(2)} \rightarrow & 12 & = & 0{,}2{\cdot}x^{(3)} + 0{,}3{\cdot}x^{(2)} & \text{(II)} \quad - \\
\hline
& 0 & = & 0{,}2{\cdot}x^{(3)} &
\end{array}$

$\underline{x^{(3)} = 0 \qquad x^{(2)} = 40}$

$K(x) = K(40) = p_1{\cdot}x^{(3)} + p_2{\cdot}x^{(2)}$
$K(40) = 2{,}4{\cdot}0 + 3{\cdot}40 = 120$ €

k) $V_3 : K(x) = 2{,}4{\cdot}x \qquad V_2 : K(x) = 3{\cdot}x$
$K(x)_{ges} = K(x^{(3)}) + K(x^{(2)}) \rightarrow K(40) = 2{,}4{\cdot}0 + 3{\cdot}40 = 120$

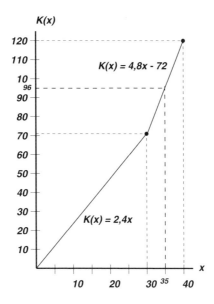

$x = 35 : K(35) = 4{,}8 \cdot 35 - 72 = 96$ (vergleiche 9 c)
$x = 30 : K(30) = 2{,}4 \cdot 30 = 4{,}8 \cdot 30 - 72 = 72$

Lösung zu Aufgabe 3

a) Eine Verfahrenskombination ist immer dann in Betracht zu ziehen, wenn keines der effizienten Verfahren die geforderte Produktion zuläßt.

$V_1 : x_1^{max} = min\{\frac{15}{3}; \frac{24}{2}\} = 5$

$V_2 : x_2^{max} = min\{\frac{15}{1}; \frac{24}{3}\} = 8$

Somit kann $x = 8{,}5$ mit keinem der Verfahren erzeugt werden.

b) Zunächst ist festzustellen, welches Verfahren das kostengünstigste ist:

$V_1 : k_1 = a_1^{V_1} \cdot p_1 + a_2^{V_1} \cdot p_2 = 3 \cdot 2 + 2 \cdot 6 = 18$

$V_2 : k_2 = a_1^{V_2} \cdot p_1 + a_2^{V_2} \cdot p_2 = 1 \cdot 2 + 3 \cdot 6 = 20$

Somit ist V_1 das kostengünstigste Verfahren.

Nun können die Teilmengen x_1 und x_2 ermittelt werden. Dabei ist zu beachten, dass für V_1 (kostengünstigstes Verfahren) der Faktor R_1 Engpass ist.

$15 = 3 \cdot x_1 + 1 \cdot x_2$

$8{,}5 = x_1 + x_2$

Ergebnis: $x_1 = 3{,}25$ und $x_2 = 5{,}25$

Ermittlung des Mischungsverhältnisses λ:

$\lambda = \frac{x_1}{x} = \frac{3{,}25}{8{,}5} = \frac{13}{34} \approx 0{,}38235294$

Schließlich können die Produktionskoeffizienten des Mischprozesses berechnet werden:

$a_1^M = \frac{13}{34} \cdot 3 + (1 - \frac{13}{34}) \cdot 1 = \frac{60}{34} = 1\frac{26}{34} \approx 1{,}7647059$

$a_2^M = \frac{13}{34} \cdot 2 + (1 - \frac{13}{34}) \cdot 3 = \frac{89}{34} = 2\frac{21}{34} \approx 2{,}6176471$

c) $r_i = a_i^M \cdot x$

$r_1 = \frac{60}{34} \cdot 8{,}5 = 15$

$r_2 = \frac{89}{34} \cdot 8{,}5 = 22{,}25$

Da es sich hier um eine Faktormengen-Kombination handelt, bei der minimale Kosten anfallen, heißt die Kombination $r_1 = 15$ und $r_2 = 22{,}25$ Minimalkostenkombination (MKK) zu $x = 8{,}5$.

Lösung zu Aufgabe 4

a) $k(d) = (0{,}6d^2 - 20d + 200) \cdot 3 + (d^2 - 24d + 120) \cdot 6 + (0{,}3d^2 - 30d + 450) \cdot 4$

$k(d) = 9d^2 - 324d + 3120$

$k'(d) = 18d - 324 = 0$

$\underline{\underline{d_{opt} = 18\,[\frac{ME}{ZE}]}}$

b) $K(d_{opt}) = k(d_{opt}) \cdot x_{d_{opt}} = k(d_{opt}) \cdot t_{max} \cdot d_{opt}$

$k(d_{opt}) = 9 \cdot 18^2 - 324 \cdot 18 + 3120$

$k(d_{opt}) = 204\,[\frac{e}{ME}]$

$K(d_{opt}) = 204 \cdot 8 \cdot 18$

$\underline{\underline{K(d_{opt}) = 29376\,[e]}}$

c) $x_t = t \cdot d_{opt} = 8 \cdot 18 = 144$

Somit kann in 8 ZE bei optimaler Intensität die Menge $x = 150$ nicht hergestellt werden. Um die geforderte Menge x zu erreichen, müßte die Intensität erhöht werden.

d) • Zeitliche Anpassung:

$K(x) = k(d_{opt}) \cdot t_{max} \cdot d_{opt} = k(d_{opt}) \cdot x$

$\underline{\underline{K(x) = 204 \cdot x}}$

Diese Funktion gilt für den Bereich $0 \le x \le 720$

• Intensitätsmäßige Anpassung:

Für den Bereich $d_{opt} \cdot t_{max} \le x \le d_{max} \cdot t_{max}$, d.h. $720 \le x \le 1200$, gilt folgende Funktion:

$d = \frac{x}{t_{max}} = \frac{x}{40}$

$K(x) = [9 \cdot \frac{x^2}{40^2} - 324 \cdot \frac{x}{40} + 3120] \cdot x$

$\underline{\underline{K(x) = 0{,}005625 \cdot x^3 - 8{,}1 \cdot x^2 + 3120 \cdot x}}$

e) Kostenoptimalität ist nur bei zeitlicher Anpassung möglich:

$d = d_{opt};\ t_{erf} = \frac{x}{d_{opt}}$

- Zeitliche Anpassung:

  $K(x = 100) = 204 \cdot 100 = 20400$

  $d_{geg} = d_{opt} = 18 \longrightarrow t_{erf} = \frac{x_{geg}}{d_{opt}} = \frac{100}{18} = 5,\overline{5}$

- Intensitätsmäßige Anpassung:

  $K(x = 100) = 0{,}005625 \cdot 100^3 - 8{,}1 \cdot 100^2 + 3120 \cdot 100 = 236625$

  $t_{geg} = 3,\overline{3} \longrightarrow d_{erf} = \frac{100}{3,\overline{3}} = 30$

  $k(d = 30) = 1500 \rightarrow K(x = 100) = 150000$

  $t_{geg} = 10 \longrightarrow d_{erf} = \frac{100}{10} = 10$

  $k(d = 10) = 780 \rightarrow K(x = 100) = 78000$

  $t_{geg} = 40 \longrightarrow d_{erf} = \frac{100}{40} = 2,5$

  $k(d = 2,5) = 2366{,}25 \rightarrow K(x = 100) = 236625$

  Gesamtkostendifferenz: $236625 - 20400 = 216225$

  Die intensitätsmäßige Anpassung bei Voraussetzung von $t_{max} = 40$ verursacht 216225 € Mehrkosten im Vergleich zur zeitlichen Anpassung!

Lösung zu Aufgabe 5

a) Ermittlung der Stückkostenfunktion

Um Strom und Ausschuß addierbar zu machen, erfolgt eine Umrechnung in Kosten.

$$
\begin{aligned}
k(d)_1 &= a_1 \cdot p_1 = (0{,}1 \cdot d^2 - 20 \cdot d + 1010) \cdot 0{,}20 = 0{,}02 \cdot d^2 - 4 \cdot d + 202 \\
k(d)_1 &= 0{,}02 \cdot d^2 - 4 \cdot d + 202 \\
k(d)_2 &= a_2 \cdot p_2 = (0{,}2 \cdot d^2 - 84 \cdot d + 8820) \cdot 0{,}01 \\
k(d)_2 &= 0{,}002 \cdot d^2 - 0{,}84 \cdot d + 88{,}2 \\
k(d) &= k(d)_1 + k(d)_2
\end{aligned}
$$

$$
\underline{\underline{k(d) = 0{,}022 \cdot d^2 - 4{,}84 \cdot d + 290{,}2}}
$$

Ermittlung von d_{opt} und $k(d_{opt})$

$k'(d) = 0{,}044 \cdot d_{opt} - 4{,}84 = 0$

$\underline{d_{opt} = 110 \text{ kg/Stunde}}$

$k(d_{opt}) = k(110)$

$\underline{k(110) = 24 \text{ €/kg}}$

b) $k(100) = 0{,}022 \cdot 100^2 - 4{,}84 \cdot 100 + 290{,}2 = 26{,}20 \text{ €/kg}$

$k(120) = 0{,}022 \cdot 120^2 - 4{,}84 \cdot 120 + 290{,}2 = 26{,}20 \text{ €/kg}$

Die Stückkosten sind bei den Intensitäten 100 und 120 gleich. Aber die Produktionsmengen sind unterschiedlich:

Bei $d = 100$ werden täglich 100 kg/Std. $\cdot$ 10 Stunden = 1000 kg hergestellt.

Bei $d = 120$ werden täglich 120 kg/Std. $\cdot$ 10 Stunden = 1200 kg hergestellt.

Beide Stückkosten sind höher als diejenigen bei optimaler Intensität.

c) • Zeitliche Anpassung (mit d_{opt})

$K(x) = k(d_{opt}) \cdot x$

$\underline{K(x) = 24 \cdot x \text{ €}}$

$\overline{0 \leq x \leq 1100}$

$t(x) = x/d_{opt}$ z.B. $t(660) = 660/110 = 6$ Stunden

• Intensitätsmäßige Anpassung (mit t_{max})

$K(x) = K(d(x)) \cdot x$ mit $d(x) = x/t_{max} = x/10$

$K(x) = K(x/10) \cdot x$

$K(x) = (0{,}022 \cdot d(x) - 4{,}84 \cdot d(x) + 290{,}2) \cdot x$

$K(x) = (0{,}022 \cdot (x/10)^2 - 4{,}84 \cdot (x/10) + 290{,}2) \cdot x$

$\underline{K(x) = 0{,}00022 \cdot x^3 - 0{,}484 \cdot x^2 + 290{,}2 \cdot x}$

$\overline{1100 \leq x \leq 3000}$

$x_{max} = d_{max} \cdot t_{max} = 300 \text{ kg/Stunde} \cdot 10 \text{ Stunden} = 3000 \text{ kg}$

$x_{d_{opt}} = d_{opt} \cdot t_{max} = 110 \text{ kg/Stunde} \cdot 10 \text{ Stunden} = 1100 \text{ kg}$

Lösung zu Aufgabe 6

a) Beachte die erforderlichen Umrechnungen beim Faktorpreis p_4!

$$k(d) = 3{,}956 \cdot 2 + 10 \cdot 0{,}3 + (0{,}0244d - 0{,}08) \cdot 12 + (0{,}2d^2 - 8{,}42d + 90) \cdot 0{,}24$$

$$k(d) = 7{,}912 + 3 + 0{,}2928d - 0{,}96 + 0{,}048d^2 - 2{,}0208d + 21{,}6$$

$$k(d) = 0{,}048d^2 - 1{,}728d + 31{,}552$$

$$k'(d) = 0{,}048d - 1{,}728 = 0$$

$$d_{opt} = \frac{1{,}728}{0{,}096} = 18 \left[\tfrac{\text{Stück}}{\text{Stunde}}\right]$$

$$k(18) = 0{,}048 \cdot 8^2 - 1{,}728 \cdot 18 + 31{,}552 = 15{,}552 - 31{,}104 + 31{,}552$$

$$k(d_{opt}) = k(18) = 16{,}00 \left[\tfrac{\text{€}}{\text{Stück}}\right]$$

b) $K(x) = k(d_{opt}) \cdot x \qquad K(x) = 16 \cdot x$

Da nur der Bereich der zeitlichen Anpassung berücksichtigt werden soll, gilt diese Kostenfunktion für den Ausbringungsbereich:

$$d_{min} \cdot t_{max} \leq x \leq d_{opt} \cdot t_{max} \rightarrow 10 \cdot 0 \leq 18 \cdot 40 \rightarrow \underline{\underline{0 \leq x \leq 720}}$$

c) $a_4(d) = 0{,}2d^2 - 8{,}42d + 90$

$$a_4'(d) = 0{,}4d - 8{,}42 = 0$$

$$\underline{\underline{d_{opt} = 21{,}05 \left[\tfrac{\text{Stück}}{\text{Stunde}}\right]}}$$

$$k(21{,}05) = 0{,}048 \cdot 21{,}05^2 - 1{,}728 \cdot 21{,}05 + 31{,}552$$

$$\underline{\underline{k(21{,}05) = 16{,}44652 \left[\tfrac{\text{€}}{\text{Stück}}\right]}}$$

Somit steigen die Stückkosten um ca. 0,45 €/Stück an.

Lösung zu Aufgabe 7

a)

Produkt	P_1	P_2	P_3	P_4	P_5	P_6	P_7
Prod.koeff.	6	4	2	2	0,5	1	0,25
Stück-DB	6	4	6	4	3	4	5
rel. DB	1	1	3	2	6	4	20
Priorität	6./7.	7./6.	4.	5.	2.	3.	1.

Einplanungsreihenfolge:

P_7 - P_5 - P_6 - P_3 - P_4 - P_2 - P_1
P_7 - P_5 - P_6 - P_3 - P_4 - P_1 - P_2

$$\underline{\underline{G = DB - K_f = \sum_{j=1}^{n} (p_j - k_j) \cdot x_j - K_f \rightarrow \max}}$$

Restkapazität: 200

Einplanung von P_7:

max. Produktion: $200 : 0{,}25 = 800$

max. Absatz: $o_7 - u_7 = 70 - 0 = 70$

$\underline{\underline{x_7^* = 70}}$

Restkapazität: $200 - 70 \cdot 0{,}25 = 182{,}5$

Einplanung von P_5:

max. Produktion: $182{,}5 : 0{,}5 = 365$

max. Absatz: $o_5 - u_5 = 100 - 0 = 100$

$\underline{\underline{x_5^* = 100}}$

Restkapazität: $182{,}5 - 100 \cdot 0{,}5 = 132{,}5$

Einplanung von P_6:

max. Produktion: $132{,}5 : 1 = 132{,}5$

max. Absatz: $o_6 - u_6 = 80 - 0 = 80$

$\underline{\underline{x_6^* = 80}}$

Restkapazität: $132{,}5 - 80 \cdot 1 = 52{,}5$

Einplanung von P_3:

max. Produktion: $52{,}5 : 2 = 26{,}25$

max. Absatz: $o_3 - u_3 = 50 - 0 = 50$

$\underline{\underline{x_3^* = 26{,}25}}$

Restkapazität: $52{,}5 - 26{,}25 \cdot 2 = 0$ ENDE!

$$\underline{DB = 0 \cdot 6 + 0 \cdot 4 + 26{,}25 \cdot 6 + 0 \cdot 4 + 100 \cdot 3 + 80 \cdot 4 + 70 \cdot 5 = 1127{,}50}$$

Gewinn = DB - Fixe Kosten $= 1127{,}50 - 950 = 177{,}50$

b) Es tritt keine Änderung ein, da P_4 nicht im optimalen „Füllprogramm" enthalten ist.

c) Einplanungsreihenfolge: P_7 - P_5 - P_6 - P_4 - P_2 - P_1

P_7 - P_5 - P_6 - P_4 - P_1 - P_2

Einplanung von P_4:

max. Produktion: $52{,}5 : 2 = 26{,}25$

max. Absatz: $o_4 - u_4 = 100 - 0 = 100$

$\underline{\underline{x_4^* = 26{,}25}}$

Restkapazität: $52{,}5 - 26{,}25 \cdot 2 = 0$ ENDE!

$$\underline{DB = 0 \cdot 6 + 0 \cdot 4 + 0 \cdot 6 + 26{,}25 \cdot 4 + 100 \cdot 3 + 80 \cdot 4 + 70 \cdot 5 = 1075}$$

Gewinn = DB - Fixe Kosten $= 1075 - 950 = 125$

d) attraktiv: Aufnahme in das optimale Produktionsprogramm

Maßnahmen: Preis erhöhen, Kosten Senken - damit DB-Spanne erhöhen; außerdem Produktionskoeffizienten senken - damit relativen DB erhöhen.

Lösung zu Aufgabe 8

a)

$$\begin{aligned}
\text{ZF:} \quad 9x_1 + 7x_2 &\rightarrow \max \\
\text{Maschinen:} \quad 2x_1 + 4x_2 &\leq 400 \\
x_1 + x_2 &\leq 110 \\
1{,}5x_1 + x_2 &\leq 150 \\
\text{Nichtnegativität:} \quad x_1 &\geq 0 \\
x_2 &\geq 0
\end{aligned}$$

b) deckungsbeitragsoptimales Produktionsprogramm

$$x_1^{opt} = 80$$
$$x_2^{opt} = 30$$
$$x_3^{opt} = 930$$

Zielfunktionswert: 930

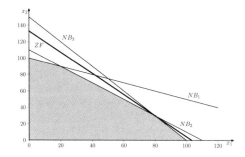

c) Nebenbedingung 2 muss durch Schnittpunkt von NB 3, NB 1 verlaufen

Es ergibt sich das folgende Gleichungssystem:

$$\begin{aligned}
2x_1 + 4x_2 &= 400 \\
1{,}5x_1 + x_2 &= 150
\end{aligned}$$

$$x_1 = 50; \quad x_2 = 75$$

$$\begin{aligned}
\text{NB II:} \quad x_1 + x_2 &= 110 \\
50 + 75 &= k_{II} \\
k_{II} &= 125 \\
\Delta k_{II} &= 125 - 110 = 15 \\
p &= \frac{15}{125} \cdot 100\ \% = \underline{\underline{12\ \%}}
\end{aligned}$$

Es ergibt sich ein Deckungsbeitrag von $\underline{\underline{975\,€}}$.

Lösung zu Aufgabe 9

a)

$$\text{ZF:} \quad 3000x_1 + 2000x_2 + 3000x_3 + 4000x_4 \rightarrow \max$$

$$
\begin{array}{lrrrrr}
\text{Maschinen:} & & 6x_2 & & 5x_4 & \leq & 30 \\
& 3x_1 & & + 12x_3 & & \leq & 48 \\
& & 6x_2 & & + 4x_4 & \leq & 24 \\
& 10x_1 & & & & \leq & 40
\end{array}
$$

$$
\begin{array}{lrcrcr}
\text{Absatz:} & 2 & \leq & x_1 & \leq & 5 \\
& 2 & \leq & x_2 & \leq & 4 \\
& 0 & \leq & x_3 & \leq & 3 \\
& 2 & \leq & x_4 & \leq & 3
\end{array}
$$

b) Zerfall in zwei Probleme:

(a)

$$\text{ZF:} \quad 2000x_2 + 4000x_4 \rightarrow \max$$

$$
\begin{array}{lrcrcr}
\text{Maschinen:} & 6x_2 & + & 5x_4 & \leq & 30 \\
& 6x_2 & + & 4x_4 & \leq & 24 \\
\text{Absatz:} & 2 & \leq & x_2 & \leq & 4 \\
& 2 & \leq & x_4 & \leq & 3
\end{array}
$$

(b)

$$\text{ZF:} \quad 3000x_1 + 3000x_3 \rightarrow \max$$

$$
\begin{array}{lrcrcr}
\text{Maschinen:} & 8x_1 & + & 12x_3 & \leq & 48 \\
& 10x_1 & & & \leq & 40 \\
\text{Absatz:} & 2 & \leq & x_1 & \leq & 5 \\
& 0 & \leq & x_3 & \leq & 3
\end{array}
$$

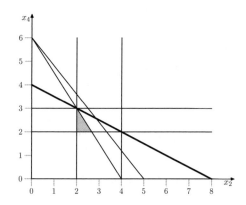

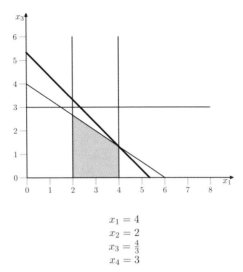

$$x_1 = 4$$
$$x_2 = 2$$
$$x_3 = \frac{4}{3}$$
$$x_4 = 3$$

$$ZF = 16.000 + 16.000 = 32.000$$

Lösung zu Aufgabe 10

a)

$$\text{ZF:} \quad 8x_1 + 24x_2 + 18x_3 + 9x_4 + 18x_5 \rightarrow \max$$

NB Maschinen:

$$
\begin{aligned}
M_1: \quad & 3x_1 + 2x_2 + 3x_3 + x_4 + 2x_5 \leq 600 \\
M_2: \quad & 4x_1 + 4x_2 \qquad\quad\ + 2x_4 + 4x_5 \leq 500 \\
M_3: \quad & 5x_1 + 2x_2 + 4x_3 + 6x_4 + 2x_5 \leq 1.000
\end{aligned}
$$

NB Produkte:

$$
\begin{aligned}
20 \leq\ & x_1 \leq 50 \\
0 \leq\ & x_2 \leq 50 \\
20 \leq\ & x_3 \leq 50 \\
0 \leq\ & x_4 \leq 50 \\
10 \leq\ & x_5 \leq 50
\end{aligned}
$$

b) Untersuchung der Absatzobergrenzen $M_1 : 550 < 600$

$M_2 : 700 > 500 \rightarrow$ Engpass

$M_3 : 950 < 1000$

Ermittlung der Restkapazität nach Produktion der Untergrenzen für M_2:

$$500 - (4 \cdot 20 + 0 \cdot 20 + 4 \cdot 10) = 380$$

Rangfolge

	1	2	3	4	5
d_j	8	24	18	9	18
a_j	4	4	0	2	4
$\tilde{d}_j$	2	6	∞	4,5	4,5
Rang	5	2	1	3	4

Auffüllprogramm

Menge/Produkt	beanspruchte Kapazität	Restkapazität
		380
$30x_3$	0	380
$50x_2$	200	180
$50x_4$	100	80
$20x_5$	80	0

$x_1 = 20$
$x_2 = 50$
$x_3 = 50$
$x_4 = 50$
$x_5 = 30$

$\underline{DB = 3.250\,\text{GE}}$

c) P_1 sollte entfernt werden, da es den niedrigsten relativen Deckungsbeitrag aufweist.

Lösung zu Aufgabe 11

a)

Strukturstückliste				
0	1	2	3	Menge
F				
	A			1
	B			2
	c			3
		B		1
		a		2
		b		3
		c		4
		d		10
			c	2
			d	5

Mengenstückliste	
Name	Menge
A	1
B	3
a	2
b	3
c	9
d	15

b)

Komponente	Unmittelbarer Nachfolger	Rang = Dispositionsstufe
F	–	0
A	F	1
B	A, F	1
a	A	2
b	A	2
c	F, B	3
d	B	3

Gozintograph

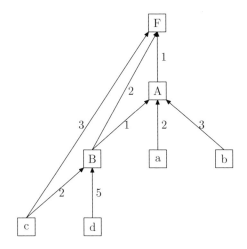

c) Bedarf:

$A : 100 \cdot 1 - 50 = 50$

$B : 50 \cdot 1 + 2 \cdot 100 - 200 = 50$

Beschaffung:

$a : 2 \cdot 50 = 100$

$b : 3 \cdot 50 = 150$

$c : 3 \cdot 100 + 2 \cdot 50 - 300 = 100$

$d : 5 \cdot 50 = 250$

d) Bedarfszeiten unbekannt, Lagerbestände von Baugruppen beeinflussen Bedarfsmenge

Lösung zu Aufgabe 12

a)

Komponente	Unm. Nachf.	Dispositionsstufe
P	-	0
B_1	P	1
B_2	P	1
B_3	P	1
E_1	P, B_1, B_3	2
E_2	P, B_1, B_2	2
E_3	B_2	2
E_4	P, B_2, B_3	2

b)

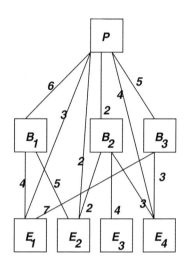

c) E_3 für 9 Mengeneinheiten B_2 und E_1 für 3 Mengeneinheiten P

   E_3 für 9 $B_2 : 4 \cdot 9 = 36$

   E_1 für 3 P: $(4 \cdot 6 + 3 + 7 \cdot 5) \cdot 3 = 186$

Lösung zu Aufgabe 13

a) Zur Prognose können z.B. genutzt werden:

- ein Streudiagramm mit graphischer Ermittlung der Regression
- eine rechnerische Ermittlung der Parameter der Regressionsfunktion
- Summe aus letztem Jahresbedarf und der durchschnittlichen jährlichen Änderung des Bedarfs

Im konkreten Fall handelt es sich um einen linearen Verlauf.

$99/9 = 11 \rightarrow d_{11} = 289 + 11 = 300$

b) Als Prognosewert für die Periode 11 (Jahr 11) ergibt sich ein Bedarf von 300 Mengeneinheiten.

$$x_{opt} = \sqrt{\frac{2 \cdot d \cdot s}{h}} = \sqrt{\frac{2 \cdot d \cdot s}{p \cdot z}} = \sqrt{\frac{2 \cdot 300 \cdot 57{,}60}{25 \cdot 0{,}15}} = \sqrt{\frac{34560}{3{,}75}} = \sqrt{9216}$$

$\underline{\underline{x_{opt} = 96 \ [\text{Stück}]}}$

c) Wir verwenden folgende Symbole:

p...Listenpreis p^*...Rabattpreis   r...Rabattsatz

Zunächst ist für jeden Einstandspreis (Rabattpreis) $p^* = p(1 - r)$, beginnend mit dem höchsten Rabattsatz, zu überprüfen, ob die optimale Bestellmenge größer als die zum Rabattsatz gehörende Rabattgrenze ist. Wenn dies der Fall ist, könnte diese Rabattklasse genutzt werden. Für die niedrigeren Rabattsätze sind dann keine Untersuchungen mehr erforderlich.

Es ist häufig so, dass sich das Optimum an einer Rabattgrenze befindet. Ursache hierfür ist, dass der Rabatteinfluß i.d.R. stärker wirkt als die Veränderungen bei Bestell- und Lagerhaltungskosten.

Deshalb sind auch noch die Rabattgrenzen auf Optimalität zu untersuchen.

Auszuwählen ist schließlich die Bestellstrategie mit den niedrigsten Gesamtkosten.

Untersuchung der Rabattklassen auf Optimalität:

- 25 % Rabatt:
  $$x = \sqrt{\frac{2 \cdot 300 \cdot 57{,}60}{3{,}75 \cdot (1 - 0{,}25)}} = \sqrt{\frac{34560}{2{,}8125}} = \sqrt{12288}$$
  $\underline{\underline{x = 110{,}85 < 250}} \longrightarrow x$ liegt außerhalb der Rabattgrenzen

- 20 % Rabatt:
  $$x = \sqrt{\frac{2 \cdot 300 \cdot 57{,}60}{3{,}75 \cdot (1 - 0{,}20)}} = \sqrt{\frac{34560}{3}} = \sqrt{11520}$$
  $\underline{\underline{x = 107{,}3 < 200}} \longrightarrow x$ liegt außerhalb der Rabattgrenzen

- 15 % Rabatt:
  $$x = \sqrt{\frac{2 \cdot 300 \cdot 57{,}60}{3{,}75 \cdot (1 - 0{,}15)}} = \sqrt{\frac{34560}{3{,}1875}} = \sqrt{10842{,}35}$$
  $\underline{\underline{x = 104{,}1 < 150}} \longrightarrow x$ liegt außerhalb der Rabattgrenzen

- 10 % Rabatt:

$$x = \sqrt{\frac{2 \cdot 300 \cdot 57{,}60}{3{,}75 \cdot (1 - 0{,}10)}} = \sqrt{\frac{34560}{3{,}375}} = \sqrt{10240}$$

$\underline{x = 101{,}2 > 100} \longrightarrow x$ liegt innererhalb der Rabattgrenzen

Somit könnte die Rabattklasse mit 10 % Rabatt genutzt werden. Es würden folgende Gesamtkosten entstehen:

$K_{ges} = 25 \cdot 0{,}9 \cdot 300 + \frac{101{,}2}{2} \cdot 25 \cdot 0{,}9 \cdot 0{,}15 + \frac{300}{101{,}2} \cdot 57{,}60 = 7091{,}526$

Ob diese Lösung das absolute (globale) Minimum darstellt, ist erst nach Untersuchung der Rabattgrenzen zu entscheiden.

Untersuchung der Rabattgrenzen auf Optimalität:

$$K_{ges}(r) = p_R \cdot d + \frac{x_r}{2} \cdot p_R \cdot z + \frac{d}{x_r} \cdot s$$

$$K_{ges}(r) = p \cdot (1 - r) \cdot d + \frac{x_r}{2} \cdot p \cdot (1 - r) \cdot z + \frac{d}{x_r} \cdot s$$

- Rabattgrenze = 250

  $K_{ges}(r = 0{,}25) = 25 \cdot 0{,}75 \cdot 300 + \frac{250}{2} \cdot 25 \cdot 0{,}75 \cdot 0{,}15 + \frac{300}{250} \cdot 57{,}60$

  $\underline{\underline{K_{ges}(r = 0{,}25) = 6045{,}68}}$

- Rabattgrenze = 200

  $K_{ges}(r = 0{,}20) = 25 \cdot 0{,}8 \cdot 300 + \frac{200}{2} \cdot 25 \cdot 0{,}8 \cdot 0{,}15 + \frac{300}{200} \cdot 57{,}60$

  $\underline{\underline{K_{ges}(r = 0{,}20) = 6386{,}40}}$

- Rabattgrenze = 150

  $K_{ges}(r = 0{,}15) = 25 \cdot 0{,}85 \cdot 300 + \frac{150}{2} \cdot 25 \cdot 0{,}85 \cdot 0{,}15 + \frac{300}{150} \cdot 57{,}60$

  $\underline{\underline{K_{ges}(r = 0{,}15) = 6729{,}26}}$

- Rabattgrenze = 100

  $K_{ges}(r = 0{,}10) = 25 \cdot 0{,}9 \cdot 300 + \frac{100}{2} \cdot 25 \cdot 0{,}9 \cdot 0{,}15 + \frac{300}{100} \cdot 57{,}60$

  $\underline{\underline{K_{ges}(r = 0{,}10) = 7091{,}55}}$

- Ohne Rabatt

  $K_{ges}(r = 0) = 25 \cdot 1 \cdot 300 + \frac{96}{2} \cdot 25 \cdot 1 \cdot 0{,}15 + \frac{300}{96} \cdot 57{,}60$

  $\underline{\underline{K_{ges}(r = 0) = 7860{,}00}}$

Das Optimum (globale Minimum) liegt an der Rabattgrenze $x = 250$.

d)

Menge	12	10	8	6	4	3	2	1,8	1,6	1
Preis/ME	8,8	9,6	10,8	12,8	16,6	20	28	30	34	50

Argumentation:

- Eine PBF darf aus betriebswirtschaftlichen Gründen nicht linear sein, da der Preis mit wachsendem x schon bald den Wert 0 erreicht und dann negativ wird.

- Da der Preis praktisch *nie* 0 werden darf, muss die PBF so gestaltet sein, dass auch bei beliebig großer Bestellmenge ein Mindestpreis erhalten bleibt.

Hieraus ergibt sich, dass eine Hyperbel als PBF geeignet ist:

$$p = p_{min} + \frac{a}{x}$$

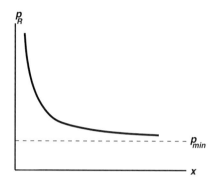

Graphische Darstellung der PBF für die gegebenen Daten siehe nachfolgende Seite.

Ermittlung der Parameter der PBF:

Wir verwenden folgende Symbole:

x...Bestellmenge, Losgröße p_{min}...Minimalpreis

p_R...Rabattpreis   a...Koeffizient der PBF

$$\underline{\underline{p_R = p_{min} + \frac{a}{x}}}$$

Die Werte für p_{min} und a können durch Gleichsetzen zweier ausgewählter Funktionsbeziehungen oder durch Regressionsrechnung ermittelt werden.

- Gleichsetzen zweier Funktionsbeziehungen:

    Wir wählen die erste und die letzte Beziehung.

    $8{,}8 = p_{min} + \frac{a}{12} \rightarrow 0 = p_{min} + \frac{a}{x} - 8{,}8$

    $50 = p_{min} + \frac{a}{1} \rightarrow 0 = p_{min} + a - 50$

    $p_{min} + \frac{a}{x} - 8{,}8 = p_{min} + a - 50$

    $a = 44{,}95 \rightarrow 50 = p_{min} + \frac{44{,}95}{12} \rightarrow p_{min} = 5{,}05$

    Somit erhalten wir: $\underline{\underline{p_R = 5{,}05 + \frac{44{,}95}{x}}}$

- Regressionsrechnung:

    $$p_R = 5{,}19 + \frac{44{,}95}{x}$$

    Gewählt: $p_R = 5{,}1 + \frac{45}{x}$

    Zur Berechnung der optimalen Bestellmenge wird der Rabattpreis in die Formel für die losrelevanten Kosten eingesetzt.

    $K = d \cdot p_R + \frac{d}{x} \cdot s + \frac{x}{2} \cdot p_R \cdot z$

    $K = d(p_{min} + \frac{a}{x}) + \frac{d}{x} \cdot s + \frac{x}{2}(p_{min} + \frac{a}{x}) \cdot z$

    $K = d \cdot p_{min} + d \cdot \frac{a}{x} + \frac{d}{x} \cdot s + \frac{x}{2} \cdot p_{min} \cdot z + \frac{a}{2} \cdot z$

$$K' = -d \cdot \frac{a}{x^2} - \frac{d}{x^2} \cdot s + \frac{p_{min}}{2} \cdot z = 0$$

$$-d \cdot a - d \cdot s + \frac{p_{min}}{2} \cdot z \cdot x^2 = 0$$

$$x^2 = \frac{2 \cdot d(a+s)}{p_{min} \cdot z}$$

Wir erhalten: $x_{opt} = \sqrt{\frac{2d(a+s)}{p_{min} \cdot z}}$

$$x_{opt} = \sqrt{\frac{2 \cdot 300 \cdot (45+57,6)}{5,1 \cdot 0,15}} = \sqrt{\frac{61560}{0,765}} = \sqrt{80470} = 284$$

Lösung zu Aufgabe 14

a) (a) $K_{B_{dir}} = d \cdot p = 1000[\text{Stück}] \cdot 20[\frac{€}{\text{Stück}}] = 20000 \ [€]$

   (b) $K_{Bbest} = \frac{d}{x} \cdot s = \frac{1000}{x} \cdot 50 = \frac{50000}{x} \ [€]$

   (c) $K_L = \frac{x}{2} \cdot h = \frac{x}{2} \cdot p \cdot z = \frac{x}{2} \cdot 20 \cdot 0,5 = 5x \ [€]$

b) Zu den losrelevanten Kosten gehören nur K_{Bbest} und K_L, da nur sie von der Bestellmenge x abhängen. Die direkten Beschaffungskosten $K_{B_{dir}}$ sind von x unabhängig.

$$K_{rel} = K_{Bbest} + K_L = \frac{50000}{x} + 5x$$

c) $K'_{rel} = -\frac{50000}{x^2} + 5 = 0$

$$x_{opt} = \sqrt{10000} = \underline{100 \text{ Stück}}$$

$$n_{opt} = \frac{d}{x_{opt}} = \frac{1000}{100} = 10$$

$$t_{opt} = \frac{T}{n_{opt}} = \frac{100}{10} = 10 \ [\text{Tage}]$$

d)

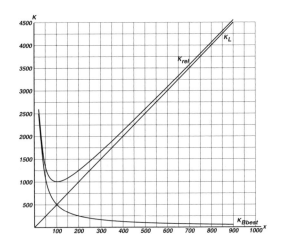

x	K_{Bbest}	K_L	K_{rel}
10	5000	50	5050
20	2500	100	2600
30	1667	150	1817
40	1250	200	1450
50	1000	250	1250
100	500	500	1000
150	333	750	1083
200	250	1000	1250
250	200	1250	1450
300	167	1500	1667
400	125	2000	2125
500	100	2500	2600
600	83	3000	3083
700	71	3500	3571
800	63	4000	4063
900	56	4500	4556
1000	50	5000	5050

$$K_{B_{best}} = \frac{50000}{x} \qquad K_L = 5x$$

e) Die kostenoptimale Bestellmenge beträgt 100 Stück.

Auf Grund der Lagerkapazität können aber nur 80 Stück bestellt werden.

Die Kostendifferenz gibt an, ab welchem Mietpreis sich das Vermieten lohnt.

Es genügt, die losrelevanten Kosten zu berücksichtigen, da die reinen Beschaffungskosten durch die Subtraktion eliminiert werden.

- Bestellmenge 100:
  $K_{rel} = K_{B_{best}} + K_L = \frac{50000}{100} + 5 \cdot 100 = 1000$
- Bestellmenge 80:
  $K_{rel} = K_{B_{best}} + K_L = \frac{50000}{80} + 5 \cdot 80 = 1025$
  Differenz: $1025 - 1000 = 25$

  Ab einem Mietpreis von 25 € aufwärts lohnt sich die Vermietung.

Lösung zu Aufgabe 15

a) Zwei-Maschinen-Problem; Anwendung des Johnson Algorithmus:

Platz	1	2	3	4	5
Auftrag	A_3	A_1	A_4	A_2	A_5

$$T^*_{31425} = \begin{pmatrix} 2 & 4 & 4 & 5 & 3 \\ 3 & 7 & 6 & 5 & 2 \end{pmatrix}$$

$$D^*_{31425} = \begin{pmatrix} 2 & 6 & 10 & 15 & 18 \\ 5 & 13 & 19 & 24 & 26 \end{pmatrix}$$

b)

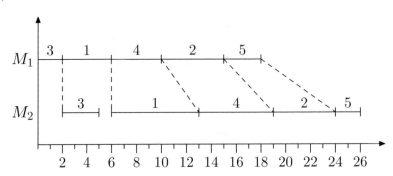

 Stillstandszeiten: M_1 : 0 ZE; M_2 : 1 ZE

Lösung zu Aufgabe 16

a) Werkstatt 1:

Platz	1	2	3	4
Auftrag	A_4	A_2	A_1	A_3

Werkstatt 2:

Platz	1	2	3	4
Auftrag	A_1	A_2	A_4	A_3

Zykluszeit: 46 ZE

b) Zykluszeitverkürzung: $46 - 38 = 8$ ZE

Gantt-Diagramme:

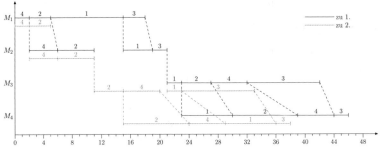

Lösung zu Aufgabe 17

a)
$$T_{123456} = \begin{array}{c} \\ M_1 \\ M_2 \\ M_3 \end{array} \begin{array}{cccccc} A_1 & A_2 & A_3 & A_4 & A_5 & A_6 \\ \left[\begin{array}{cccccc} 6 & 9 & 5 & 5 & 9 & 5 \\ 3 & 1 & 3 & 2 & 2 & 1 \\ 8 & 4 & 6 & 7 & 5 & 9 \end{array}\right] \end{array}$$

b)

c)

d)
$$D_{123456} = \begin{array}{c} \\ M_1 \\ M_2 \\ M_3 \end{array} \begin{array}{cccccc} A_1 & A_2 & A_3 & A_4 & A_5 & A_6 \\ \left[\begin{array}{cccccc} 6 & 15 & 20 & 25 & 34 & 39 \\ 9 & 16 & 23 & 27 & 36 & 40 \\ 17 & 21 & 29 & 36 & 41 & 50 \end{array}\right] \end{array}$$

e)

f) Da die geforderten Voraussetzungen erfüllt sind, kann aus dem Drei-Maschinen-Problem interimsweise ein fiktives Zwei-Maschinen-Problem konstruiert werden, indem die Bearbeitungszeiten der Maschine 2 zu den entsprechenden Bearbeitungszeiten der Maschine 1 und der Maschine 3 addiert werden:

$$T_{123456}^* = \begin{array}{c} \\ M_1^* \\ M_3^* \end{array} \begin{array}{cccccc} A_1 & A_2 & A_3 & A_4 & A_5 & A_6 \\ \left[\begin{array}{cccccc} 9 & 10 & 8 & 7 & 11 & 6 \\ 11 & 5 & 9 & 9 & 7 & 10 \end{array}\right] \end{array}$$

Wir erhalten als optimale Reihenfolge der Aufträge:

A_6 - A_4 - A_3 - A_1 - A_5 - A_2

g)
$$T_{643152}^{opt} = \begin{array}{c} \\ M_1 \\ M_2 \\ M_3 \end{array} \begin{array}{cccccc} A_6 & A_4 & A_3 & A_1 & A_5 & A_2 \\ \left[\begin{array}{cccccc} 5 & 5 & 5 & 6 & 9 & 9 \\ 1 & 2 & 3 & 3 & 2 & 1 \\ 9 & 7 & 6 & 8 & 5 & 4 \end{array}\right] \end{array}$$

h)
$$D_{643152}^{opt} = \begin{array}{c} \\ M_1 \\ M_2 \\ M_3 \end{array} \begin{array}{cccccc} A_6 & A_4 & A_3 & A_1 & A_5 & A_2 \\ \left[\begin{array}{cccccc} 5 & 10 & 15 & 21 & 30 & 39 \\ 6 & 12 & 18 & 24 & 32 & 40 \\ 15 & 22 & 28 & 36 & 41 & 45 \end{array}\right] \end{array}$$

Lösung zu Aufgabe 18

a) d_j – Stück-DB für Endprodukt j

$$\sum_{j=1}^{n_k} d_j x_j^2 \to \max$$

b) u_j – Mindestmengen (durch Verträge gebunden) am Endprodukt j
o_j – Marktvolumen

$$u_i \leq x_j^2 \leq o_j \qquad j = 1, \ldots, n_1$$

c) K_i^k – Kapazität der Maschine i der Stufe k

a_{ij}^k – Bedarf an Kapazität i durch Produkt j der Stufe k

$$\sum_{j=1}^{n_k} a_{ij}^k x_j^k \le K_i^k \qquad \forall i, k \in \{0, 1, 2\}$$

d) b_{lj}^k - Bedarf am Produkt l der Stufe k für die Herstellung einer Einheit des Produktes j der Stufe $k + 1$, $k = 1$

$$\sum_{j-1}^{n_{k+1}} b_{lj}^k x_j^{k+1} = x_l^1$$

e) mit b_{lj}^k, $k = 0$, analog d)

$$x_l^0 = \sum_{j=1}^{n_1} b_{lj}^0 x_j^1$$

f)   • Aufteilung der Produktionsmengen auf Monate, Wochen

   • Bereitstellung von Kapazität an Mensch/Maschine oder Anpassung

   • Bereitstellung von Material

Lösung zu Aufgabe 19
Modellierung

a) Modell eines lagerkostenminimalen Produktionsplanes

y_i -   Lagermenge in Periode i
x_i -   Produktionsmenge in Periode i
k_i -   Kapazität in Periode i
b_i -   Bedarf in Periode i

$i = 1, \ldots, 6$; $T = 6$

$$\text{ZF:} \quad \sum_{i=1}^{T} y_i \to \min$$

NB:

$$y_{i-1} + x_i - y_i = b_i \qquad \forall i$$

$$x_i \le k_i \qquad \forall i$$

Restriktionen:

$$x_i \ge 0 \qquad \forall i$$

$$y_i \ge 0 \qquad \forall i$$

$$y_0 = 3$$

$$0{,}2 \le y_6 \le 1$$

b) Optimierungsaufgabe

$$\text{ZF:} \quad \sum_{i=1}^{6} y_i \to \min$$

NB:

$$
\begin{aligned}
y_0 + x_1 - y_1 &= 12; & 0 \leq x_1 \leq 15 \\
y_1 + x_2 - y_2 &= 6; & 0 \leq x_2 \leq 15 \\
y_2 + x_3 - y_3 &= 3; & 0 \leq x_3 \leq 18 \\
y_3 + x_4 - y_4 &= 21; & 0 \leq x_4 \leq 18 \\
y_4 + x_5 - y_5 &= 24; & 0 \leq x_5 \leq 21 \\
y_5 + x_6 - y_6 &= 27; & 0 \leq x_6 \leq 21
\end{aligned}
$$

$$
\begin{aligned}
y_i &\geq 0; \quad i = 1, \ldots, 6 \\
y_0 &= 3 \\
y_6 &= 0{,}2 \quad \text{(wegen Minimierung der Lagermenge)}
\end{aligned}
$$

$\to$ Keine redundanden Bedingungen erkannt!

c) Probleme:

Zu geringer Anfangsbestand $\to$ Modell nicht lösbar

Periodenübergänge $\to$ rollierende Planung

d) Lösung des Modells

$$
\begin{aligned}
y_6 &= 0{,}2 & \to & \quad x_6 = 21 \\
y_5 &= 6{,}2 & \to & \quad x_5 = 21 \\
y_4 &= 9{,}2 & \to & \quad x_4 = 18 \\
y_3 &= 12{,}2 & \to & \quad x_3 = 15{,}2 \\
y_2 &= 0 & \to & \quad x_2 = 6 \\
y_1 &= 0 & \to & \quad x_1 = 9 \\
y_0 &= 3 & \Rightarrow & \quad \text{Kosten minimal!}
\end{aligned}
$$

Lagerkosten $= (3 + 0 + 0 + 12{,}2 + 9{,}2 + 6{,}2) \cdot \frac{2400}{12} = \underline{6.120 \text{\textit{e}}}$

$y_6 = 0{,}2$ wird erst in nächster Periode betrachtet

e) Reaktionsmöglichkeiten auf sporadische Nachfrage:

Anwendung der Modelle von Corsten oder Wedekind

$\Rightarrow$ Bedarfsvorhersagen

Lösung zu Aufgabe 20

a) x_i -   Menge am Produkt $i \in \{1, 2\}$

$$\left.\begin{array}{ccccc} 50 & \leq & x_1 & \leq & 300 \\ 50 & \leq & x_2 & \leq & 300 \end{array}\right\} (1)$$

Anzahl Baugruppen B_1: $2x_1 + x_2$
Anzahl Baugruppen B_2: $2x_1$
Anzahl Baugruppen B_3: $x_1 + 3x_2$

Kapazitäten: $8(2x_1 + x_2) + 7(2x_1) + 6(x_1 + 3x_2) \leq 160 \cdot 60$

$$\Rightarrow \quad 36x_1 \; + \; 26x_2 \; \leq \; 9600 \quad (2)$$

$$24x_1 \; + \; 16x_2 \; \leq \; 9600 \quad (3)$$

e_j -   Menge Einzelteile $j \in \{1, \dots, 4\}$

$$\left.\begin{array}{rclcl} e_1 & = & 4x_1 + 2x_1 + 4x_1 + 2x_2 & = & 10x_1 + 2x_2 \\ e_2 & = & 6x_1 + x_1 & = & 7x_1 \\ e_3 & = & & = & 4x_1 \\ e_4 & = & & = & 3x_1 \end{array}\right\} (4)$$

(umformen zu: $\dots 3x_1 - e_4 = 0$)

b) Falls bei beiden Produkten Verlust (negativer Gewinn) anfällt, werden nur die Untergrenzen 50 für x_1, x_2 realisiert, egal, ob Kapazität für höhere Produktion vorliegt – also ja.

Sobald bei einem Produkt Gewinn anfällt, kann also dieser Fall nicht eintreten.

c) Kapazität von Platz 1 erweitern – falls möglich *oder* Kapazität von Platz 2 zugunsten von Platz 1 reduzieren (Umverteilung) – falls möglich.

Möglich heißt: praktisch realisierbar und ohne finanzielle Verluste machbar

Lösung zu Aufgabe 21

a) Modell:

    x_j -   Menge an Produktart j
    k_i -   Menge an Kapazitätsart i
    d_j -   DB für Produktart j
    a_{ij} -   Produktionskoeffizient, Bedarf an Kapazitätsart i je Stück der Produktart j
    n -   Anzahl der Produktarten
    m -   Anzahl der Kapazitätsarten

$$\sum_{j=1}^{n} d_j x_j \rightarrow max$$

$$\sum_{j=1}^{n} a_{ij} x_j \leq k_i, \qquad i = 1, 2, \ldots, m$$

$$x_j \geq 0, \qquad j = 1, 2, \ldots, n$$

b) Optimierungsaufgabe:

$$12x_1 + 15x_2 + 8x_3 + 21x_4 \rightarrow max$$
$$4x_1 + 3x_2 \leq 2000$$
$$2x_1 + 3x_2 \leq 2000$$
$$5x_3 + 3x_4 \leq 3000$$
$$2x_3 + 4x_4 \leq 3000$$
$$x_1, x_2, x_3, x_4 \geq 0$$

NB II wird von NB I dominiert und ist damit redundant.

c) Die Aufgabe zerfällt in zwei unabhängige Aufgaben:

$$12x_1 + 15x_2 \rightarrow max$$
$$4x_1 + 3x_2 \leq 2000$$
$$2x_1 + 3x_2 \leq 2000$$
$$x_1, x_2 \geq 0$$

und

$$8x_3 + 21x_4 \rightarrow max$$
$$5x_3 + 3x_4 \leq 3000$$
$$2x_3 + 4x_4 \leq 3000$$
$$x_3, x_4 \geq 0$$

Beide Aufgaben sind damit geometrisch lösbar. Die Gesamtlösung ergibt sich durch Zusammensetzen der beiden Teillösungen (x_1^*, x_2^*) und (x_3^*, x_4^*), der optimale Zielfunktionswert ergibt sich aus der Summe der einzelnen ZF-Werte.

d) Zusatzbedingung: $x_1 + x_2 + x_3 + x_4 \geq 1400$. Der Zerfall ist nicht mehr gegeben, geometrisches Lösen ist folglich nicht mehr möglich.

e) Zusatzbedingungen: $x_1 + x_2 \geq 600$ und $x_3 + x_4 \geq 800$
Der Zerfall ist damit gewährleistet:

$$12x_1 + 15x_2 \rightarrow max$$
$$4x_1 + 3x_2 \leq 2000$$
$$2x_1 + 3x_2 \leq 2000$$
$$x_1 + x_2 \geq 600$$
$$x_1, x_2 \geq 0$$

und

$$8x_3 + 21x_4 \rightarrow max$$
$$5x_3 + 3x_4 \leq 3000$$
$$2x_3 + 4x_4 \leq 3000$$
$$x_3 + x_4 \geq 800$$
$$x_3, x_4 \geq 0$$

Damit ist das Geometrische Lösen wieder anwendbar.

Die Aufgabe ist lösbar, denn:

- die ZF ist wegen der beschränkten Kapazitäten nach oben beschränkt

- es gibt eine zulässige Lösung: (200, 400, 300, 500)

Man kann erwarten, dass die Lösung schlechter (bzgl. DB) sein wird als die des Modells in der vierten Teilaufgabe, keinesfalls aber ist sie besser.

Lösung zu Aufgabe 22

a) Ermitteln Sie den Wert für $a_2^{(4)}$.

$$m = -2 = \frac{a_2^{V_3} - a_2^{V_4}}{a_1^{V_3} - a_1^{V_4}} = \frac{3 - a_2^{V_4}}{5 - 6} = -3 + a_2^{V_4} \rightarrow \underline{\underline{a_2^{V_4} = 1}}$$

b) Stellen Sie den Sachverhalt graphisch dar.

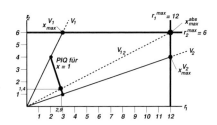

c) Eine Dominanzbetrachtung ergibt, dass alle vier Verfahren und auch ihre Zweierkombinationen effizient sind, da keine Verfahren von einem anderen dominiert wird. Im weiteren Sinn gibt es also kein ineffizientes Verfahren.

Im Vergleich untereinander, d.h. i.e.S., gibt es aber Unterschiede hinsichtlich der Effizienz. Die stark gezeichneten Isoquanten (V_1/V_2 und V_2/V_4) bilden die sogenannte „Effizienzkontur". Somit sind i.e.S. effizient: V_1, V_1/V_2, V_2, V_2/V_4, V_4.

d) Wie lautet die Gleichung der Isoquante bei Kombination von V_2 und V_4?

$$r_2 = m \cdot r_1 + n$$

$$m = \frac{a_2^{V_4} - a_2^{V_2}}{a_1^{V_4} - a_1^{V_2}} = \frac{1 - 4}{6 - 3} = -1$$

$$r_2 = -r_1 + n$$

Für $r_1 = 6$ und $r_2 = 1$ gilt: $1 = -6 + n$

$$\underline{\underline{r_2 = -r_1 + 7}}$$

e) Die Verfahren V_1, V_2 und V_4 können einzeln oder in Linearkombinationen von jeweils zwei Verfahren eingesetzt werden. Der Faktor Energie sei auf $r_2 \leq 4$ beschränkt.

  (a) Da der Faktor R_2 Engpass ist, gestattet dasjenige Verfahren die höchste Produktion, welches den kleinsten Wert a_2 aufweist. Das ist im Beispiel das Verfahren V_4 mit $a_2^{V_4} = 1$.

  Daraus resultiert, dass $x_{max} = 4/1 = 4$ lautet. Wir können unter der gegebenen Einschränkung maximal 4 Mengeneinheiten des Produktes herstellen.

  (b) Es gilt $r_1^{V_4}/a_1^{V_4} = 4$. Damit erhalten wir $r_1^{V_4}/6 = 4$. Für unser Beispiel ergibt sich somit $r_1^{V_4} = 6 \cdot 4 = 24$. Wir benötigen unter den gegebenen Bedingungen 24 Mengeneinheiten von R_1, um 4 Mengeneinheiten des Produktes zu erzeugen.

  Kontrolle:

  Für die Ausbringungsmenge $x = 1$ benötigen wir $r_1 = 1 \cdot 6 = 6$ ME vom Faktor R_1. Demzufolge wird für die Ausbringungsmenge $x = 4$ die vierfache Einsatzmenge vom Faktor R_1 benötigt: $r_1 = 4 \cdot 6 = 24$ ME.

f) Der Expansionspfad beginnt mit demjenigen Verfahren, das den Faktor R_2 am stärksten auslastet (ist als effizienter Faktoreinsatz zu verstehen). Bei uns ist dies das Verfahren V_1, das den Produktionskoeffizienten $a_2^{V_1} = 6$ aufweist. Danach verläuft der Expansionspfad entlang der Geraden $r_2 = 4$. Das bedeutet, dass mit Verfahrenskombinationen gearbeitet werden muss, um eine weitere Erhöhung der Ausbringung erreichen zu können. Schließlich gelingt es mit dem Verfahren V_4, eine maximale Ausbringung von $x_{max} = 4$ zu erreichen.

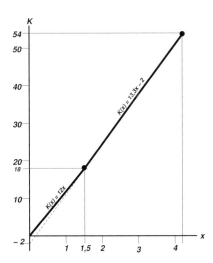

g) V_1 ist bis zum Schnittpunkt mit dem Expansionspfad identisch. R_2 ist Engpass.

Somit gilt: $x = \dfrac{r_2}{a_2^{V_1}} = \dfrac{4}{6} = \dfrac{2}{3}$.

Dann kann die erforderliche Menge von R_1 ermittelt werden:

$r_1 = a_1^{V_1} \cdot x = 2 \cdot \frac{2}{3} = \frac{4}{3}$

Es werden $r_1 = 4/3$ ME verbraucht. An dieser Stelle können $x = 2/3$ ME hergestellt werden.

Lösung zu Aufgabe 23

a) Optimale Auftragsfolge: 4-6-5-3-2-1 mit Zykluszeit 82

b) Zykluszeit der Auftragsfolge 1-2-3-4-5-6: 99 ZE

   Die ZZ sinkt auf ca. 82 %

c) Auftragsfolge 1-2-3-4-5-6: 10 ZE
   Auftragsfolge 4-6-5-3-2-1: 0 ZE

d) Auftragsfolge 1-2-3-4-5-6: 7 ZE
   Auftragsfolge 4-6-5-3-2-1: 0 ZE

Literaturverzeichnis

[Ada75]   D. Adam. *Optimale Losgröße.* Handwörterbuch der Betriebswirtschaft, Hrsg.: E. Grochla und W. Wittmann. Gabler Verlag, Wiesbaden, 1975.

[Ada87a]   D. Adam. *Ansätze zu einem integrierten Konzept der Fertigungssteuerung bei Werkstattfertigung.* Veröffentlichungen des Instituts für Industrie- und Krankenhausbetriebslehre der Westfälischen Wilhelms Universität Münster, Nr. 21, Münster, 1987.

[Ada87b]   D. Adam. *Retrograde Terminierung, ein Ansatz zu verbesserter Fertigungssteuerung bei Werkstattfertigung.* Veröffentlichungen des Instituts für Industrie- und Krankenhausbetriebslehre der Westfälischen Wilhelms Universität Münster, Nr. 22, Münster, 1987.

[Ada88a]   D. Adam. *Retrograde Terminierung: Ein Verfahren zur Fertigungssteuerung bei diskontinuierlichem Materialfluss oder vernetzter Fertigung.* Fertigungssteuerung II. Systeme zur Fertigungssteuerung. Hrsg.: D. Adam. Gabler Verlag, Wiesbaden, 1988.

[Ada88b]   J. Adams, E. Balas, D. Zawack. *The shifting bottleneck procedure for job shop scheduling.* Management Science Vol. 34, Nr. 3, Graduate School of Industrial Administration, Carnegie-Mellon University, Pittsburgh, Pennsylvania, 1988.

[Ada90]   D. Adam. *Produktionsdurchführungsplanung.* Industriebetriebslehre, Handbuch für Studium und Praxis, Hrsg.: H. Jacob. Gabler Verlag, Wiesbaden, 4. Auflage, 1990.

[Ada93]   D. Adam. *Produktionsmanagement.* Gabler Verlag, Wiesbaden, 1993.

[Ada97]   D. Adam. *Produktions-Management.* Gabler, Wiesbaden, 1997.

[AWF96]   AWF. *Projektinitiative: Vitale Fabrik.* Eschborn, 1996.

[Bäc92]   T. Bäck. *Evolutionary Algorithms: Comparison of Approaches.* Arbeitspapier, Universität Dortmund, Fachbereich Informatik, Dortmund, 1992.

[Bak74]   K. R. Baker. *Introduction to Sequencing and Scheduling.* Wiley, New York, 1974.

[Bar85]   J. F. Bard. *User's Manual for AHP.* University of Texas, Austin, Department of Mechanical Engineering, 1985.

[Bec80] W. Bechte. *Steuerung der Durchlaufzeit durch belastungsorientierte Auftragsfreigabe bei Werkstattfertigung.* Dissertation, Hannover, 1980.

[Bee77] K. Beer. *Lösung großer linearer Optimierungsaufgaben.* VEB Deutscher Verlag der Wissenschaften, Berlin, 1977.

[Ber02] R. Berndt, A. Cansier. *Produktion und Absatz.* Springer, Berlin Heidelberg New York, 2002.

[Bie93] C. Bierwirth, H. Kopfer, D. Mattfeld, T. Utecht. *Genetische Algorithmen und das Problem der Maschinenbelegung.* Universität Bremen, Lehrstuhl für Logistik, Bremen, 1993.

[Bie94] C. Bierwirth. *A Generalized Permutation Approach to Job Shop Scheduling with Genetic Algorithms.* Universität Bremen, Lehrstuhl für Logistik, Bremen, 1994.

[Bie95] C. Bierwirth, H. Kopfer, D. Mattfeld. *Control of Parallel Population Dynamics by Social-Like Behavior of GA-Individuals.* Universität Bremen, Lehrstuhl für Logistik, Bremen, 1995.

[Bla82] J. H. Blackstone jr., D. T. Phillips, G. L. Hogg. *A state-of-the-art survey of dispatching rules for manufacturing job shop operations.* in: International Journal of Production Research, 20 Jg., Nr. 1, S. 2745, 1982.

[Bla87] J. Blazewicz. *Selected Topics in scheduling theory.* Annals of Discrete Mathematics 31, 1-60, 1987.

[Bla92] M. Blaxill. *Hersteller brauchen vor allem robuste Produktionsverfahren.* Harvard Manager (1992)1, S. 84-93, 1992.

[Blo97] H. Blohm, T. Beer, U. Seidenberg and H. Silber. *Produktionswirtschaft: Mit Kontrollfragen sowie Aufgaben und Lösungen.* Verlag Neue Wirtschaftsbriefe (nwb), Herne/Berlin, 1997.

[Blo04] J. Bloech, R. Bogaschewsky, U. Götze, F. Roland. *Einführung in die Produktion.* Springer, Berlin Heidelberg New York, 2004.

[Bon84] E. Bonomi, J. L. Lutton. The N-city Travelling Salesman Problem: Statistical Mechanics and the Metropolis Algorithm. *SIAM Revue*, 26:551–568, 1984.

[Bon99] E. Bonabeau, M. Dorigo, G. Theraulaz. *Swarm Intelligence - From Natural to Artificial Systems.* Oxford University Press, New York, NJ, 1999.

[Boo86] G. Booch. *Object-oriented development.* IEEE Transactions on Software Engineering SE-12, 2, 1986.

[Bow59] E. H. Bowman. *The Schedule-Sequencing Problem.* in: Operations Research (7), 1959.

[Bru81] P. Brucker. *Scheduling.* Akademische Gesellschaft, Wiesbaden, 1981.

[Brü95] W. Brüggemann. *Ausgewählte Probleme der Produktionsplanung.* Physica-Verlag, Heidelberg, 1995.

[Bru91] R. Bruns, H.-J. Appelrath. *Ein universelles Modell für Ablaufplanungsmodelle.* Wirtschaftsinformatik 6, 1991.

[Bru95] P. Brucker. *Scheduling algorithms.* Springer-Verlag, Berlin; Heidelberg; New York, 1995.

[Bru96] R. Bruns. *Wissensbasierte Genetische Algorithmen.* Infix, Sankt Augustin, 1996.

[Büh89] R. Bühner. *Betriebswirtschaftliche Organisationslehre.* Oldenbourg Verlag, München, Wien, 1989.

[Bus87] U. Busch. *Entwicklung eines PPS-Systems.* Verlag Erich Schmidt, hrsg. von Price Waterhouse, Berlin, 1987.

[Cam98] S. Camazine, J.L. Deneubourg, N.R. Franks, J.Sneyd, G. Therlauz, E. Bonabeau. *Self-Organized Biological Superstructures.* Princeton University Press, Princeton, NJ, 1998.

[Che94] C.-H. Cheng, D.-L. Mon. *Evaluation weapon system by Analytical Hierarchy Process based on fuzzy scales.* Fuzzy Sets and Systems 63(1994), S. 1-10, North-Holland, 1994.

[Chu63] C. W. Churchman, u.a. *Introduction to Operations Research.* New York, 1963.

[Con62] R. W. Conway, W. L. Maxwell. *Network dispatching by shortest operation discipline.* in: Operations Research, 10. Jg., S. 51-73, 1962.

[Con67] R. W. Conway, W. L. Maxwell, L. W. Miller. *Theory of Scheduling.* Addison-Wesley, Reading, Massachusetts, 1967.

[Cor90] H. Corsten. *Produktionsplanung: Einführung in das industrielle Produktionsmanagement.* Oldenbourg Verlag, München, Wien, 1990.

[Cor99] H. Corsten. *Produktionswirtschaft.* Springer, Berlin Heidelberg New York, 1999.

[Dan66] G. B. Dantzig. *Lineare Programmierung und Erweiterungen.* Springer-Verlag, Berlin; Heidelberg; New York, 1966.

[Dau94] A. Daub. *Ablaufplanung.* Verlag Josef Eul, Bergisch Gladbach, Köln, 1994.

[Dav85] L. Davis. Job shop scheduling with genetic algorithms. In J. Grefenstette, editor, *Proceedings of an International Conference on Genetic Algorithms and their Applications*, pages 136–140, Hillsdale, 1985. Lawrence Erlbaum Associates.

[DeM79] T. DeMarco. *Structured Analysis and Systems Specification.* Prentice Hall, Englewood Cliffs, New Jersey, 1979.

[Dem82] M. A. H. Dempster, J. K. Lenstra, A. H. G. Rinnooy Kan. *Deterministic and Stochastic Scheduling.* Reidel-Verlag, Dordrecht, 1982.

[Din82] W. Dinkelbach. *Entscheidungsmodelle.* de Gruyter Verlag, Berlin, 1982.

[Dom93]   W. Domschke; A. Scholl; S. Voß. *Produktionsplanung.* Springer-Verlag, Berlin; Heidelberg; New York, 1993.

[Dom97]   W. Domschke. *Logistik: Rundreisen und Touren.* R. Oldenbourg Verlag, München, 1997.

[Dor96a]   M. Dorigo, L.M. Gambardella. *Ant Colonies for the traveling salesman problem.* Technical Report, IRIDIA/96-3, Universite Libre de Bruxelles, Belgium, 1996.

[Dor96b]   M. Dorigo, V. Maniezzo, A. Colorni. *The Ant System: Optimization by a Colony of Cooperating Agentst.* in: IEEE Transactions on Systems, Man and Cybernetics - Part B, 26(1), S. 29–42, 1996.

[Dor97]   M. Dorigo, L.M. Gambardella. *Ant Colony System: A Cooperative Learning Approach to the Traveling Salesman Problem.* in: IEEE Transactions on Evolutionary Computation, 1(1), S. 53–66, 1997.

[Dor99]   M. Dorigo, G. DiCaro. *The Ant Colony Optimization Meta-Heuristic.* in: New Ideas in Optimization, Editors: D. Corne, M. Dorigo, F. Glover. McGraw-Hill, S. 11–32, 1999.

[Due90]   G. Dueck, T. Scheuer. Threshold Accepting: A general purpose optimization algorithm appearing superior to Simulated Annealing. *Journal of Computational Physics*, 90:161–175, 1990.

[Due93]   G. Dueck, T. Scheuer, H.-M. Wallmeier. Toleranzschwelle und Sintflut: neue Ideen zur Optimierung. *Spektrum der Wissenschaft*, 3:42–51, 1993.

[Dul93]   A. Dulger. *Prioritätsregeln für die industrielle Werkstattfertigung.* Dissertation, Universität Regensburg, 1993.

[Dyc03]   H. Dyckhoff. *Grundzüge der Produktionswirtschaft.* Springer, Berlin Heidelberg New York, 2003.

[Eid86]   B. Eidenmüller. *Neue Planungs- und steuerungskonzepte bei flexibler Serienfertigung.* in: ZfbF 38, 7/8 1986.

[Ell80]   T. Ellinger, R. Haupt. *Ablauforganisation.* Handwörterbuch der Organisation, 2. Auflage, Hrsg.: E. Grochla. Poeschel-Verlag, Stuttgart, 1980.

[Ell90]   Th. Ellinger, R. Haupt. *Produktions- und Kostentheorie.* Poeschel, Stuttgart, 1990.

[Eng90]   A. Engel. *Beyond CIM: Bionic Manufacturing Systems in Japan.* IEEE Expert, 1990.

[Fad78]   D. K. Faddejew, W. N. Faddejewa. *Numerische Methoden der Mathematik.* VEB Deutscher Verlag der Wissenschaften, Berlin, 1978.

[Fan94]   G. Fandel; P. François; K.-M. Gubitz. *PPS-Systeme.* Springer-Verlag, Berlin; Heidelberg; New York, 1994.

[Fan96]   G. Fandel. *Produktion I: Produktions- und Kostentheorie.* Springer, Berlin Heidelberg New York, 1996.

[Fel99]   M. Feldmann. *Naturanaloge Verfahren. Metaheuristiken zur Reihenfolgeplanung.* Deutscher Universitätsverlag, Wiesbaden, 1999.

[Fox83]   B. Fox. *Kanban or OPT. What's best?* Inventories and Production 2 (1982) No.4 (July-August)(Part I of: OPT, An Answer for America). OPT, An Answer for America; Part II: 2 (1982) No.8 (November-December; Part III: 3 (1983) No.1 (January-February); Part IV: 3 (1983) No. 2 (March-April), 1982/83.

[Fre82]   S. French. *Sequencing and Scheduling - An Introduction to the Mathematics of the Job-Shop.* Wiley, Chichester, 1982.

[Fre94]   E. Frese. *Wirtschaftslexikon.* Gabler Verlag, Wiesbaden, 13. Auflage, 1994.

[Gai83]   M. Gaitanides. *Prozessorganisation: Entwicklung, Ansätze und Programme prozessorientierter Organisationsgestaltung.* Verlag Franz Vahlen GmbH, München, 1983.

[Gar79]   M. R. Garey, D. S. Johnson. *Computers and Intractability.* W. H. Freeman & Co., San Francisco, 1979.

[Geo95]   G. Georgi. *Job Shop Scheduling in der Produktion.* Physica-Verlag, Heidelberg, 1995.

[Gif60]   B. Giffler, G. L. Thompson. *Algorithms for Solving Production-Scheduling Problems.* Operations Research 8 (1960) 4, S. 487-503, 1960.

[Gol84]   E.M. Goldratt, J. Cox. *The Goal - Excellence in Manufacturing.* North River Press, Inc., 1984.

[Gol89a]   D. E. Goldberg. *Genetic Algorithms in Search, Optimization and Machine Learning.* Addison-Wesley, Reading, 1989.

[Gol89b]   D. E. Goldberg. Sizing populations for serial and parallel genetic algorithms. In J. D. Schaffer, editor, *Proceedings of the Third International Conference on Genetic Algorithms and their Applications,* pages 70–79, San Mateo, 1989. Morgan Kaufman.

[Gol92]   D. E. Goldberg, K. Deb, J. H. Clark. Genetic Algorithms, Noise and the Sizing of Populations. *Complex Systems,* 6:333–362, 1992.

[Gol93]   D. E. Goldberg, K. Deb, J. H. Clark. Accounting for the noise in the sizing populations. In L. D. Whitley, editor, *Foundations of Genetic Algorithms 2,* pages 127–140, San Mateo, 1993. Morgan Kaufman.

[Gol96]   G. H. Golub, C. F. van Loan. *Matrix Computations.* The Johns Hopkins University Press, Baltimore and London, Third Edition, 1996.

[Göp86]   A. Göpfert. *Optimierung und optimale Steuerung.* Akademie Verlag, Berlin, 1986.

[Gos89]   S. Goss, S. Aron, J.L. Deneubourg, J.M. Pateels. *Self-organized shortcuts in the argentine ant.* in: Naturwissenschaften, Heft 76, S. 579–581, 1989.

[Gra79]   R. L. Graham, E. L. Lawler, J. K. Lenstra, A. H. G. Rinnooy Kan. *Optimization and approximation in deterministic sequencing and scheduling. A survey.* Annals of Discrete Mathematics 5, 1979.

[Gra81]   S. C. Graves. *A review of production scheduling.* Operations Research 29, 646-657, 1981.

[Gra93]   S. C. Graves, A. H. G. Rinnooy Kan, H. P. Zipkin. *Logistics of production and inventory,* volume 4 of *Handbooks in operations research and management science.* North-Holland, Amsterdam, London, New York, Tokyo, 1993.

[Gre86]   J. J. Grefenstette. Optimization of Control Parameters for Genetic Algorithms. *IEEE Transactions on Systems, Man and Cybernetics,* 16(1):122–128, 1986.

[Gü94a]   H. Günther; H. Tempelmeier. *Produktion und Logistik.* Springer-Verlag, Berlin; Heidelberg; New York, 1994.

[Gü94b]   H.-O. Günther, M. Gronalt. *Montageplanung in der Elektronikfertigung.* in: Handbuch Produktionsmanagement, Hrsg.: H. Corsten. Gabler Verlag, Wiesbaden, 1994.

[Gü00]   H. Günther; H. Tempelmeier. *Produktion und Logistik.* 4. Auflage. Springer-Verlag, Berlin; Heidelberg; New York, 2000.

[Gün03]   H.-O. Günther, H. Tempelmeier. *Produktion und Logistik.* Springer, Berlin Heidelberg New York, 2003.

[Gut51]   E. Gutenberg. *Grundlagen der Betriebswirtschaftslehre, Band 1: Die Produktion.* Springer-Verlag, Berlin; Heidelberg; New York, 1. Auflage, 1951.

[Gut58]   E. Gutenberg. *Sortenproblem und Losgröße.* Handwörterbuch der Betriebswirtschaftslehre, Hrsg.: E. Grochla und W. Wittmann. Poeschel-Verlag, Stuttgart, 1958.

[Gut83]   E. Gutenberg. *Grundlagen der Betriebswirtschaftslehre, Band 1: Die Produktion.* Springer-Verlag, Berlin; Heidelberg; New York, 24. Auflage, 1983.

[Hab92]   M. Habich, H. Kath, W. Maßberg. *Dezentrale Dispositionsentscheidungen synchronisieren.* Die Arbeitsvorbereitung 1/92, S. 36-40, 1992.

[Hah89]   D. Hahn. *Prozesswirtschaft - Grundlegung.* in: Produktionswirtschaft, Controlling industrieller Produktion, Bd. II: Produktionsprozesse, Hrsg.: D. Hahn, G. Laßmann, Physica-Verlag, Heidelberg, 1989.

[Har95]   M. Hartmann. *Merkmale zur Wandlungsfähigkeit von Produktionssystemen für die mehrstufige Serienfertigung bei turbulenten Aufaben.* Dissertation, TU Magdeburg, 1995.

[Hau73]   W. Hauk. *Einplanung von Produktionsaufträgen nach Prioritätsregeln.* Schriftenreihe Arbeitswissenschaft und Praxis; 29, Berlin [u. a.]: Beuth, 1973.

[Hau89]   R. Haupt. *A Survey of Priority Rule-Based Scheduling.* in: OR-Spektrum, Vol. 11, S. 3-16, 1989.

[Hec91]   R. Hechtfischer. *Kapazitätsorientierte Verfahren der Losgrößenplanung.* Deutscher Universitäts-Verlag GmbH, Wiesbaden, 1991.

[Hei85]   E. Heinen. *Einführung in die Betriebswirtschaftslehre.* Gabler Verlag, Wiesbaden, 9. Auflage, 1985.

[Hei88]   W. Heinemeyer. *Die Planung des logistischen Prozesses mit Fortschrittszahlen.* in: Fertigungssteuerung II, SzU, Band 39, Hersg.: D. Adam, Wiesbaden, 1988.

[Hel87]   P. Helberg. *PPS als CIM-Baustein. Gestaltung der Produktionsplanung und -steuerung für die computerintegrierte Produktion.* Berlin, 1987.

[Hil92]   R. Hildebrand, P. Mertens. *PPS-Controlling in Kennzahlen und Checklisten.* Springer-Verlag, Berlin; Heidelberg; New York, 1992.

[Hol75]   J. H. Holland. *Adaptation in Natural and Artificial Systems.* The University of Michigan Press, Ann Arbor, 1975.

[Höp94]   M. Höpf. Holonic manufacturing systems: the basic concept and a report of the imd cas 5. 1994.

[Joh54]   S. M. Johnson. *Optimal Two- and Three-Stage Production Schedules with Setup-times Included.* Naval Research Logistics Quarterly, Volume 1, 1954.

[Joh83]   D. S. Johnson. *The NP-completeness column: An ongoing guide.* J. Algorithms 4, 189-203, 1983.

[Jon75]   K. De Jong. *An Analysis of the Behavior of a Class of Genetic Adaptive Systems.* University of Michigan, Ann Arbor, 1975.

[Kah96]   E. Kahle. *Produktion.* Oldenbourg Verlag, München, Wien, 1996.

[Kan76]   A. H. G. Rinnooy Kan. *Machine scheduling problems: Classification, complexity an computations.* Dissertation, The Hague: Nijhoff, 1976.

[Käs97]   J. Käschel, G. Köbernik, B. Meier, T. Teich. *Ein genetischer Algorithmus für das Job Shop Problem.* Arbeitsbericht der TU Chemnitz-Zwickau 8/97, Chemnitz, 1997.

[Ker67]   W. Kern. *Optimierungsverfahren in der Ablaufplanung.* Girardet, Essen, 1967.

[Ker93]   W. Kern (Hrsg.) et al. *Handwörterbuch der Produktionswirtschaft.* Enzyklopädie der Betriebswirtschaftslehre VII; ungek. Sonderausgabe. Schäffer-Poeschel, Stuttgart, 1993.

[Ket79]   H. Kettner, J. Jendralski. *Fertigungsplanung und Fertigungslenkung - ein Sorgenkind der Produktion.* VDI-Zeitschrift 121, 9/1979.

[Kil73]   W. Kilger. *Optimale Produktions- und Absatzplanung.* Westdeutscher Verlag, Opladen, 1973.

[Kir77]   W. Kirsch. *Einführung in die Theorie der Entscheidungsprozesse.* Gabler Verlag, Wiesbaden, 2. Auflage, 1977.

[Kir82]   S. Kirkpatrick, C. Gelatt, M. Vecci. *Optimization by simulated annealing.* IBM Research Report RC 9355, 1982.

[Kir83]   S. Kirkpatrick, C. Gelatt, M. Vecci. *Optimization by simulated annealing.* Science Vol. 220, S. 671 - 680, 1983.

[Kis90]   K.-P. Kistner, M. Steven. *Produktionsplanung.* Physica-Verlag, Heidelberg, 1990.

[Kis93]   K.-P. Kistner. *Produktions- und Kostentheorie.* Physica-Verlag, Heidelberg, 1993.

[Klo96]   F. Klocke, M. Weck, H. Schell, E. Rüenauver. *Bewertung alternativer Fertigungsfolgen.* in: Zeitschrift für wirtschaftliche Fertigung und Automatisierung, Heft 7(8)/1996, S. 359-362, 1996.

[Kno86]   J. Knoop. *Online-Kostenrechnung für die CIM-Planung: prozessorientierte Kostenrechnung zur Ablaufplanung flexibler Fertigungssysteme.* Erich Schmidt Verlag, Berlin, 1986.

[Köb99]   G. Köbernik. *Moderne Methoden für die Fertigungssteuerung bei Werkstattfertigung.* Josef Eul Verlag, Lohmar, Köln, 1999.

[Kop00]   U. Koppelmann. *Beschaffungsmarketing.* Berlin, 2000.

[Kos76]   E. Kosiol. *Organisation der Unternehmung.* Gabler Verlag, Wiesbaden, 2. Auflage, 1976.

[Kre90]   H. Kreikebaum. *Industrielle Unternehmensorganisation.* Industriebetriebslehre, Hrsg.: M. Schweitzer. Verlag Franz Vahlen GmbH, München, 1990.

[Küp82]   H.-U. Küpper. *Ablauforganisation.* Fischer Verlag, Stuttgart, 1982.

[Laa87]   P. J. M. Van Laarhoven, E. H. L. Aarts. *Simulated Annealing: Theory and Applications.* D. Reidel Publishing Company, Dordrecht, 1987.

[Lag81]   B. J. Lageweg, E. L. Lawler, J. K. Lenstra, A. H. G. Rinnooy Kan. *Computer aided complexity classification of deterministic scheduling problems.* Centre of Mathematics and Computer Science, Report BW 138, Amsterdam, 1981.

[Lag82]   B. J. Lageweg, E. L. Lawler, J. K. Lenstra, A. H. G. Rinnooy Kan. *Computer-aided complexity classification of combinatorial problems.* Communications of ACM 25, 817-822, 1982.

[Law93]   E. L. Lawler, J. K. Lenstra, A. H. G. Rinnooy Kan, D. B. Shmoys. *Sequencing and Scheduling: Algorithms and Complexity,* volume 4 of *Logistics of production and inventory, Hrsg.: S. C. Graves, A. H. G. Rinnooy Kan, H. P. Zipkin.* North-Holland, Amsterdam, London, New York, Tokyo, 1993.

[Len84]   J. K. Lenstra, A. H. G. Rinnooy Kan. *New directions in scheduling theory.* Operations Research Letters 2, 255-259, 1984.

[Lie84]   R. Liedl. *Ablaufplanung bei auftragsorientierter Werkstattfertigung - eine Analyse situationsspezifischer Strukturdefekte und ihrer Lösungsmöglichkeiten.* LitVerlag, Münster, 1984.

[Loo99]   P. Loos. *Grunddatenverwaltung und Betriebsdatenerfassung als Basis der Produktionsplanung und -steuerung.* In Produktionscontrolling, H. Corsten, B. Friedl [Hrsg.], S. 227–252, Vahlen–Verlag, München, im WWW gefunden unter:
           http://wi072.wirtschaft.tu-chemnitz.de/loos/gdvbpps/gdvbpps.htm, 1999.

[Lud95]   B. Luderer, U. Würker. *Einstieg in die Wirtschaftsmathematik.* Teubner, Stuttgart, 1995.

[Man63]   A. S. Manne. *On the Job-shop Scheduling Problem.* in: Industrial Scheduling, Hrsg.: J. F. Muth, G. L. Thompson, Prentice Hall, Englewood Cliffs, New Jersey, 1963.

[Man94]   V. Maniezzo, M. Dorigo, A. Colorni. *The Ant System Applied to the Quadratic Assignment Problem.* Technical Report IRIDIA/94-28, Universite Libre de Bruxelles, Belgium, 1994.

[Mer94]   P. Mertens. *Prognoserechnung.* Physica-Verlag, Heidelberg, 5. Auflage, 1994.

[Mer00]   D. Merkle, M. Middendorf, H. Schmeck. *Ant Colony Optimization for Resource-Constrained Project Scheduling.* in: Proceedings of the Genetic and Evolutionary Computation Conference, Las Vegas, Nevada, S. 697–701, 2000.

[Mer42]   P. Mertens. *Virtuelle Unternehmen.* in: Wirtschaftsinformatik, 36(1994)2.

[Mes85]   A. Meshar. *OPT - Auf dem Weg zu neuen Lösungen.* Jahrestagung 1985 der Gesellschaft für Fertigungssteuerung und Materialwirtschaft. in: Produktionsmanagement - heute realisiert, Heidelberg, 1985.

[Mod83]   Y. Moden. *Toyota Production System.* in: Practical Approach to Production Management, Atlanta, 1983.

[Mül70]   H. Müller-Merbach. *Optimale Reihenfolgen.* Springer-Verlag, Berlin; Heidelberg; New York, 1970.

[Mül76]   H. Müller-Merbach. *Morphologie heuristischer Verfahren.* in: Zeitschrift für Operations Research, Band 20, S. 69-87, Physica-Verlag, Würzburg, 1976.

[Mül81]   H. Müller-Merbach. *Heuristics and their design: a survey.* in: European Journal of Operations Research, Vol. 8, S. 1-23, 1981.

[Mut63]   J. F. Muth; G. L. Thompson. *Industrial Scheduling.* Prentice Hall, Englewood Cliffs, New Jersey, 1963.

[Nie96]   U. Nieländer. *Zur optimalen Konfigurierung und Steuerung diskreter Systeme, insbesondere Fertigungssysteme, mittels Evolutionärer Algorithmen und Simulation (Diplomarbeit).* Technische Universität Chemnitz, Fakultät für Wirtschaftswissenschaften, Chemnitz, 1996.

[Nis94]   V. Nissen. *Evolutionäre Algorithmen.* Deutscher Universitäts-Verlag GmbH, Wiesbaden, 1994.

[Nor34]   F. Nordsieck. *Grundlagen der Organisationslehre.* Poeschel-Verlag, Stuttgart, 1934.

[Obe91]   T. Obermeier. *Kapazitätsorientierte Produktionsplanung bei variantenreicher Serienfertigung am Beispiel des Siemens Gerätewerks Regensburg.* Dissertation, Regensburg, 1991.

[Oet94]   S. Oeters, O. Woitke. *DV-gestützte Produktionsplanung.* Friedrich Vieweg & Sohn Verlagsgesellschaft mbH, Braunschweig / Wiesbaden, 1994.

[O'G85]   P. J. O'Grady, C. Harrison. *A General Search Sequencing Rule for Job Shop Sequencing.* in: International Journal of Production Research, Vol. 23, Nr. 5, S. 961-973, 1985.

[Pan77]   S. S. Panwalkar, W. Iskander. *A survey of scheduling rules.* in: Operations Research, Vol. 25, S. 45-61, 1977.

[Pau84]   R. Paulik. *Kostenorientierte Reihenfolgeplanung bei Werkstattfertigung, Eine Simulationsstudie.* Verlag Paul Haupt, Bern Stuttgart Wien, 1984.

[Pic93]   A. Picot. *Organisation.* in: Kompendium der Betriebswirtschaftslehre, hrsg. von Michael Bitz u.a. Verlag Franz Vahlen GmbH, München, 1993.

[Pug68]   D. S. Pugh. *Dimensions of Organization Structure.* in: Administrative Science Quarterly (13). 1968.

[Rec73a]   I. Rechenberg. *Evolutionsstrategie.* Friedrich Frommann Verlag, Stuttgart, 1973.

[Rec73b]   I. Rechenberg. *Evolutionsstrategien.* Friedrich Frommann Verlag, Stuttgart, 1973.

[Ree89]   N. Reetz. *Produktionstheorie.* Wilhelm Surbir, St. Gallen, 1989.

[Ree93]   C. R. Reeves. Using genetic algorithms with small populations. In S. Forrest, editor, *Proceedings of the Fifth International Conference on Genetic Algorithms and their Applications*, pages 92–99, San Mateo, 1993. Morgan Kaufman.

[REF91]   REFA - Verband für Arbeitsstudien und Betriebsorganisation e.V. *Methodenlehre der Betriebsorganisation: Planung und Steuerung, Teil 1-6.* Carl Hanser Verlag, München Wien, 1991.

[Reh79]   G. Rehwinkel. *Erfolgsorientierte Reihenfolgeplanung.* Gabler Verlag, Wiesbaden, 1979.

[Rei65]   S. Reiter, G. Sherman. *Discrete Optimizing.* Journal Soc. Indust. Appl. Math. 13, H. 3, S. 864-889, 1965.

[Ric88]   K. Richter, P. Bachmann, S. Dempe. *Diskrete Optimierungsmodelle: effektive Algorithmen und näherungsweise Lösung.* Verlag Technik, Berlin, 1988.

[Row56]   A. J. Rowe, J. R. Jackson. *Research problems in production routing and scheduling.* in: Journal of Industrial Engineering, 7(1956), S. 116-121, 1956.

[Roy64]   S. Roy, B. Sussmann. *Les problèmes d'ordonnancement avec contraintes disjonctives.* Note D.S. No. 9 bis, SEMA, Paris, 1964.

[Rum93]   J. Rumbaugh, M. Blaha, W. Premerlani, F. Eddy, W. Lorensen. *Objektorientiertes Modellieren und Entwerfen.* Carl Hanser Verlag, München Wien, 1993.

[Saa80]   T. L. Saaty. *The Analytical Hierarchy Process.* McGraw Hill, New York, 1980.

[Saa90]   T. L. Saaty. *Exposition of AHP in Reply to Dyer.* Management Science 36(1990), S. 259-268, 1990.

[Sac01]   H. Sackstetter, R. Schottmüller. *C-Teile-Management.* DBV GmbH, Gernsbach, 2001.

[Sch83]   A.-W. Scheer. *Computergestützte Produktionsplanung und -steuerung.* in: Zeitschrift für Betriebswirtschaft, 53/1983.

[Sch89]   H.-H. Schröder. *Entwicklungsstand und -tendenzen bei PPS-Systemen.* Arbeitsbericht Nummer 26 des Seminars für Allgemeine Betriebswirtschaftslehre, Industriebetriebslehre und Produktionswirtschaft. Köln, 1989.

[Sch90]   A.-W. Scheer. *CIM. Der computergesteuerte Industriebetrieb.* Springer-Verlag, Berlin; Heidelberg; New York, 4. Auflage, 1990.

[Sch91]   C. Schneeweiß. *Planung 1: Systemanalytische und entscheidungstheoretische Grundlagen.* Springer-Verlag, Berlin; Heidelberg; New York, 1991.

[Sch92a] C. Schneeweiß. *Einführung in die Produktionswirtschaft.* Springer-Verlag, Berlin; Heidelberg; New York, 4. Auflage, 1992.

[Sch92b] J. Schroer. *Produktions- und Kostentheorie.* Oldenbourg, München Wien, 1992.

[Sch92c] M. Schweitzer. *Industriebetriebslehre: das Wirtschaften in Industrieunternehmungen.* Verlag Franz Vahlen GmbH, München, 1992.

[Sch94]   E. Schöneburg, F. Heinzmann, S. Feddersen. *Genetische Algorithmen und Evolutionsstrategien.* Addison-Wesley, Bonn; München; Paris [u.a.], 4. Auflage, 1994.

[Sch95]   A.-W. Scheer. *Wirtschaftsinformatik.* Springer-Verlag, Berlin; Heidelberg; New York, 6. Auflage, 1995.

[Sch97]   M. Schweitzer, H.-U. Küpper. *Produktions- und Kostentheorie.* Gabler, Wiesbaden, 1997.

[Sch98]   G. Schuh. *Virtuelle Fabrik - Neue Marktchancen durch dynamische Netzwerke.* Carl Hanser Verlag, München Wien, 1998.

[Sch99]   C. Schneeweiß. *Einführung in die Produktionswirtschaft.* Springer, Berlin Heidelberg New York, 1999.

[Sch01]   B. Schiemenz, O. Schönert. *Entscheidung und Produktion.* Oldenbourg, München Wien, 2001.

[See75]   H. Seelbach. *Ablaufplanung.* Physica-Verlag, Heidelberg, 1975.

[See91]   T.D. Seeley, S. Camazine, J. Sneyd. *Collective Decision-MakingHoney Bees: How Colonies Choose Among Hectar Sources.* in: Behav.Ecol.Sociobiol, Heft 28, S. 105–109, 1991.

[Shi88]   J. P. Shim, D. L. Olson. *A Note on the Analytical Hierarchy Process. Expert Choise vs. Spreadsheet.* Mississippi State University, 1988.

[Sie74]   T. Siegel. *Optimale Maschinenbelegungsplanung - Zweckmäßigkeit der Zielkriterien und Verfahren zur Lösung des Reihenfolgeproblems.* Erich Schmidt Verlag, Berlin, 1974.

[Sim81]   H. A. Simon. *Entscheidungsverhalten in Organisationen.* Verlag Moderne Industrie, Landsberg am Lech, 1981.

[Sim92]   D. Simon. *Zeitgerechte Produktionssteuerung.* Technica 5/92, 1992.

[Som01]   G. Sommerer. *Produktions- und Kostentheorie.* Wissenschft & Praxis, Frankfurt/Main, 2001.

[Spe97]   O. Specht, B. Wolter. *Produktionslogistik mit PPS-Systemen.* Kiehl, Ludwigshafen, 1997.

[Ste93]   P. A. Steinbuch. *Fertigungswirtschaft.* Kiel, Ludwigshafen, 5. Auflage, 1993.

[Ste98]   M. Steven. *Produktionstheorie.* Gabler, Wiesbaden, 1998.

[Sti01]   W. Stier. *Methoden der Zeitreihenanalyse.* Springer-Verlag, Berlin Heidelberg New York, 2001.

[Sto76]   H. J. Stommel. *Betriebliche Terminplanung.* de Gruyter Verlag, Berlin, 1976.

[Str75]   H. Streim. *Heuristische Lösungsverfahren - Versuch einer Begriffsklärung. Zeitschrift für Operations Research,* 25(3):143–162, 1975.

[Stu96a] T. Stuetzle, H.H. Hoos. *Improving the Ant System: A Detailed Report on the Max-Min Ant System.* Technical Report AIDA-96-12, TH Darmstadt, FG Intellektik, 1996.

[Stu96b] T. Stuetzle, H.H. Hoos. *The Max-Min Ant System and Local Search for the Traveling Salesman Problem.* in: Proceedings of ICEC 1997, S. 309–314, 1996.

[Swi89]   M. Switalski. *Hierarchische Produktionsplanung: Konzeption und Einsatzbereich.* Physica-Verlag, Heidelberg, 1989.

[Sys89]   G. Syswerda. Uniform Crossover in Genetic Algorithms. In J. D. Schaffer, editor, *Proceedings of the Third International Conference on Genetic Algorithms and their Applications,* pages 2–9, San Mateo, 1989. Morgan Kaufman.

[Sys91]   G. Syswerda. Scheduling Optimization using Genetic Algorithms. In L. Davis, editor, *Handbook of Genetic Algorithms*, pages 332–349, New York, 1991. Van Nostrand Reinhold.

[Tei98]   T. Teich. *Optimierung von Maschinenbelegungsplänen unter Benutzung heuristischer Verfahren.* Verlag Josef Eul, Lohmar, Köln, 1998.

[Tei01a]   T. Teich. *Hierarchielose Regionale Produktionsnetzwerke.* Verlag der GUC, Chemnitz, 2001.

[Tei01b]   T. Teich, M. Fischer, A. Vogel, J. Físcher. *A new Ant Colony Algorithm for the Job Shop Scheduling Problem.* in: Proceedings of the Genetic and Evolutionary Computation Conference, San Francisco, California, S. 803, 2001.

[Tem92]   H. Tempelmeier. *Material-Logistik, Quantitative Grundlagen der Materialbedarfs- und Losgrößenplanung.* Springer-Verlag, Berlin; Heidelberg; New York, 1992.

[Tem03]   H. Tempelmeier. *Material-Logistik.* Springer, Berlin Heidelberg New York, 2003.

[Thi02]   K. Thiel. *Prognoseverfahren für betriebswirtschaftliche Massendaten.* Josef Eul Verlag, Lohmar Köln, 2002.

[Wag81]   G. R. Wagner. *Fertigstellungsgrad und industrielle Angebotselastizität.* Habilitationsschrift, Frankfurt a. M., 1981.

[War92]   H.-J. Warnecke. *Die fraktale Fabrik.* Springer-Verlag, Berlin; Heidelberg; New York, 1992.

[War94]   H.-J. Warnecke. *Das Gruppenprinzip als Grundlage dezentraler Produktionsstrukturen.* in: Handbuch Produktionsmanagement, Hrsg.: H. Corsten. Gabler Verlag, Wiesbaden, 1994.

[Web93]   K. Weber. *Mehrkriterielle Entscheidungen.* Oldenbourg Verlag, München, Wien, 1993.

[Weg76]   N. Wegner, W. Heinemeyer. *Einsatz der Simulationstechnik im Produktionsbereich.* Fortschrittliche Betriebsführung/Industrial Engineering, 25, 1976.

[Wei94]   Mark Weigelt. *Dezentrale Produktionssteuerung mit Agenten-Systemen.* Gabler Verlag, Wiesbaden, 1994.

[Wei95]   U. Weingarten. *Ressourceneinsatzplanung bei Werkstattproduktion.* Physica-Verlag, Heidelberg, 1995.

[Wer77]   H. Wernicke. *Japanisch - Deutsches Zeichenlexikon.* Leipzig, 1977.

[Wes96]   E. Westkämper. *Gestaltung flexibler Produktionsstrukturen durch dynamisches Produktionsmanagement.* Zeitschrift für Logistik (1996)2, Zürich, 1996.

[Whi89a]   D. Whitley. The GENITOR Algorithm and Selection Pressure: Why Rank-Based Allocation of Reproductive Trials is best. In J. D. Schaffer, editor, *Proceedings of the Third International Conference on Genetic Algorithms and their Applications*, pages 116–121, San Mateo, 1989. Morgan Kaufman.

[Whi89b] D. Whitley, J. Knauth. *GENITOR: A different Genetic Algorithm.* Technical Report CS-88-101, Colorado State University, Department of Computer Science, Fort Collins, 1989.

[Whi91] D. Whitley, T. Starkweather, S. McDaniel, K. Mathias. A Comparison of Genetic Sequencing Operators. In L. B. Booker R. K. Belew, editor, *Proceedings of the Fourth International Conference on Genetic Algorithms and their Applications*, pages 69–76, San Mateo, 1991. Morgan Kaufman.

[Wie87] H. P. Wiendahl. *Belastungsorientierte Fertigungssteuerung - Grundlagen, Verfahrensaufbau, Realisierung.* Carl Hanser Verlag, München Wien, 1987.

[Wie92a] H. P. Wiendahl. *Anwendung der belastungsorientierten Fertigungssteuerung.* Carl Hanser Verlag, München Wien, 1992.

[Wie92b] H. P. Wiendahl. *Grundlagen der Belastungsorientierten Auftragsfreigabe.* Carl Hanser Verlag, München Wien, 1992.

[Wie96] H. P. Wiendahl. *Produktionsmanagement in wandelbaren Pproduktionsnetzen - Merkmale, Anforderungen und Instrumente.* Tagung Dezentrale Produktionsstrukturen, Hannover, 1996.

[Wig84] O. W. Wight. *Manufacturing Resource Planning: MRP II. Unlocking America's Productivity Potential.* Oliver Wight Limited Publications, Inc., Essex Junction, VT 05452, 1984.

[Wil84] H. Wildemann. *Flexible Werkstattsteuerung durch Integration von KANBAN-Prinzipien.* CW-Publikationen Verlagsgesellschaft mbH, München, 1984.

[Wil86] H. Wildemann. *Losgrößenbestimmung für Werkstatt und Beschaffung.* Schriftenreihe Produktionsplanung und Produktionssteuerung, Rationalisierungs-Kuratorium der Deutschen Wirtschaft (RKW) e.V., 1986.

[Wil88] H. Wildemann. *Produktionssteuerung nach KANBAN-Prinzipien.* in: Fertigungssteuerung II, SzU, Band 39, S. 33-50. Hrsg.: D. Adam, Wiesbaden, 1988.

[Wil94] H. Wildemann. *Die modulare Fabrik.* TCW, München, 1994.

[Wil95] H. Wildemann. *Schnell lernende Unternehmen.* TCW, München, 1995.

[Wir98] S. Wirth, A. Baumann. *Innovative Unternehmens- und Produktionsnetze.* Wissenschaftliche Schriftenreihe des IBF, Heft 8, TU Chemnitz, 1998.

[Wir01a] S. Wirth. *Der kompetenzzellenbasierte Vernetzungsansatz für Produktion und Dienstleistung.* in: Regionale Hierarchielose Produktionsnetzwerke. Hrsg.: T. Teich, Chemnitz, 2001.

[Wir01b] S. Wirth. *Wertschöpfung durch vernetzte Kompetenz.* Huss-Verlag, München, 2001.

[Wit73] E. Witte. *Ablauforganisation.* Handwörterbuch der Organisation, 1. Auflage, Hrsg.: E. Grochla. Poeschel-Verlag, Stuttgart, 1973.

[Wöh90]   G. Wöhe. *Einführung in die Allgemeine Betriebswirtschaftslehre.* Verlag Franz Vahlen GmbH, München, 1990.

[Zah94]   E. Zahn. *Produktion als Wettbewerbsfaktor.* in: Handbuch Produktionsmanagement, Hrsg.: H. Corsten. Gabler Verlag, Wiesbaden, 1994.

[Zäp82]   G. Zäpfel. *Produktionswirtschaft - Operatives Produktionsmanagement.* de-Gruyter, Berlin New York, 1982.

[Zäp88a] G. Zäpfel, H. Miessbauer. *Bestandskontrollierende Produktionsplanung und -steuerung.* in: Fertigungssteuerung I - Grundlagen der Produktionsplanung und -steuerung, Hrsg.: D. Adam. Gabler Verlag, Wiesbaden, 1988.

[Zäp88b] G. Zäpfel, H. Missbauer. *Neuere Konzepte der Produktionsplanung und -steuerung in der Fertigungsindustrie.* in: WiSt, 17. Jahrgang, S. 127-131, 1988.

[Zäp89a] G. Zäpfel. *Strategisches Produktionsmanagement.* deGruyter, Berlin New York, 1989.

[Zäp89b] G. Zäpfel. *Taktisches Produktionsmanagement.* deGruyter, Berlin New York, 1989.

[Zäp94]   G. Zäpfel, H. Miessbauer. *Entwicklungsstand und -tendenzen von PPS-Systemen.* in: Handbuch Produktionsmanagement, Hrsg.: H. Corsten. Gabler Verlag, Wiesbaden, 1994.

[Zäp01]   G. Zäpfel. *Grundzüge des Produktions- und Logistikmanagements.* Oldenbourg, München Wien, 2001.

[Zim87a] G. Zimmermann. *PPS-Methoden auf dem Prüfstand - Was leisten sie, wann versagen sie?* Landsberg/Lech, 1987.

[Zim87b] H. J. Zimmermann. *Methoden und Modelle des Operations Research.* Friedrich Vieweg & Sohn Verlagsgesellschaft mbH, Braunschweig / Wiesbaden, 1987.

[Zim92]   W. Zimmermann. *Operations Research, Quantitative Methoden der Entscheidungsvorbereitung.* Oldenbourg Verlag, München, Wien, 1992.

[Zwe79]   W. von Zwehl. *Wirtschaftliche Losgrößen.* Handwörterbuch der Produktionswirtschaft, Hrsg.: W. Kern. Poeschel-Verlag, Stuttgart, 1979.

Index

Im Verlag der GUC sind außerdem erschienen:

- Lehrbuch: „Strategisches Management"
  (Uwe Götze, Barbara Mikus), 408 S., 1999
  ISBN: 3-934235-03-4   22,90 €
- Lehrbuch: „Mikroökonomie - mit Aufgaben und Lösungen"
  (Klaus Müller), 410 S., 2. Aufl., 2001
  ISBN: 3-934235-14-X   22,90 €
- Lehr- und Übungsbuch: „Buchführung"
  (Klaus Müller), 425 S., 4. Aufl., 2003
  ISBN: 3-934235-25-5   22,90 €
- Lehr- und Übungsbuch: „Statistik I - deskriptive und explorative Statistik"
  (Frank Lammers), 150 S., 2. Aufl., 2005
  ISBN: 3-934235-32-8   12,95 €
- Lehr- und Übungsbuch: „Statistik II - Wahrscheinlichkeitsrechnung und Inferenz-
  statistik"
  (Frank Lammers), 192 S., 2. Aufl., 2006
  ISBN: 3-934235-27-1   12,95 €

- Dissertation: „Produktionssteuerung mittels modularer Simulation"
  (Gert Blazejewski), 270 S., 2000
  ISBN: 3-934235-04-2   39,90 €
- Dissertation: „Investitionsmanagement in divisionalen Unternehmen"
  (Christian Bosse), 320 S., 2000
  ISBN: 3-934235-07-7   39,90 €
- Dissertation: „Marketing-Unternehmensspiel MARKUS"
  (Hans-Jürgen Prehm), 318 S., 2. Aufl., 2000
  ISBN: 3-934235-09-3   49,90 €
- Dissertation: „Management und Controlling von Immobilieninvestitionen"
  (Ralf Kesten), 426 S., 2001
  ISBN 3-934235-12-3   44,90 €
- Dissertation: „CID - Customer Integration Deployment"
  (Alexander Wyrwoll), 182 S., 2001
  ISBN 3-934235-15-8   39,90 €
- Dissertation: „Verarbeitung unscharfer Informationen für die fallbasierte Kosten-
  schätzung im Angebotsengineering" (Silke Meyer), 200 S., 2001
  ISBN 3-934235-16-6   39,90 €
- Dissertation: „Make-or-buy-Entscheidungen. Führungsprozesse, Risikomanage-
  ment und Modellanalysen" (Barbara Mikus), 340 S., 2. Aufl., 2001
  ISBN 3-934235-17-4   44,90 €

- Dissertation: „Grundgedanken einer evolutionär-institutionalistischen Controllingkonzeption" (Michael Rösner), 287 S., 2003
  ISBN 3-934235-21-2   42,90 €
- Dissertation: „Relativkosten-Kataloge als Kosteninformationssysteme für Konstrukteure" (Jan O. Fischer), 217 S., 2003
  ISBN 3-934235-22-0   39,90 €
- Dissertation: „Energieertrag und dynamische Belastungen in einer Windkraftanlage mit stufenlosem leistungsverzweigtem Getriebe bei aktiver Dämpfung" (Tong Zhang), 214 S., 2004
  ISBN 3-934235-30-1   39,90 €
- Dissertation: „Ermittlung divisionaler Eigenkapitalkosten in wertorientierten Steuerungsansätzen" (Thomas Suhiater), 340 S., 2004
  ISBN 3-934235-31-X   44,95 €
- Dissertation: „Liquidity at Risk zur Steuerung des liquiditätsmäßig-finanziellen Bereichs von Kreditinstituten" (Stefan Zeranski), 306 S., 2005
  ISBN 3-934235-35-2   49,95 €
- Dissertation: „Kontextsensitives Kosteninformationssystem zur Unterstützung frühzeitiger Produktkostenexpertisen im Angebotsengineering" (Mike Rösler), 260 S., 2005
  ISBN 3-934235-26-3   42,90 €
- Dissertation: „Optimales Investitionsvolumen divisionaler Unternehmen. Einflussfaktoren, Modelle und Vorgehenskonzeption" (Kai Steinbach), 310 S., 2005
  ISBN 3-934235-36-0   46,95 €
- Dissertation: „Der Sachsen-Finanzverband und die Sachsen-Finanzgruppe. Über die Umstrukturierungsbemühungen des öffentlich-rechtlichen Kreditsektors im Freistaat Sachsen" (Dino Uhle), 360 S., 2005
  ISBN 3-934235-38-7   49,95 €
- Dissertation: „Beitrag zur Auslegung und Konstruktion von Balligzahn-Kupplungen" (Rainhold Beckmann), 138 S., 2005
  ISBN 3-934235-39-5
- Dissertation: „Strategische Beschaffungsplanung für Dienstleistungen als Input industrieller Produktionsprozesse" (Axel Wagner), 253 S., 2005
  ISBN 3-934235-40-9   42,90 €
- Dissertation: „Kostenbenchmarking - Konzeptionelle Weiterentwicklung und praktische Anwendung am Beispiel der Mobilfunkindustrie" (Marc Wagener), 262 S., 2006
  ISBN 3-934235-43-3   42,90 €
- Dissertation: „Konzeption eines wertorientierten Führungsinformationssystems Anforderungen, Aufbau, Instrumente und Implementierung" (Uwe Schmitz), 350 S., 2006
  ISBN 3-934235-45-X   49,90 €

- Dissertation: „Risikoorientierte Standortstrukturgestaltung mit einem Ansatz zur Modellierung von Risiken" (Dirk Hinkel), 230 S., 2006
  ISBN 3-934235-47-6   42,90 €
- Dissertation: „Neuer Rechtsrahmen für einen offenen Abwassermarkt nach materieller Privatisierung und Liberalisierung der Abwasserentsorgung"
  (Christian Schulze), 340 S., 2006
  ISBN 3-934235-50-6   49,90 €
- Dissertation: „DIMA – Decentralized Integrated Modelling Approach"
  (Dmitry Ivanov), 268 S., 2007
  ISBN 978-3-934235-56-4   42,90 €

- Habilitationsschrift: „Extended Value Chain Management (EVCM). Ein Konzept zur Koordination von Wertschöpfungsnetzen"
  (Tobias Teich), 707 S., 2003
  ISBN 3-934235-23-9   59,80 €

- Fachbuch: „Postrecht im Wandel"
  (Ludwig Gramlich), 126 S., 1999
  ISBN 3-934235-01-8   22,90 €
- Fachbuch: „Hierarchielose Regionale Produktionsnetzwerke"
  (Tobias Teich (Hrsg.)), 426 S., 2001
  ISBN 3-934235-18-2   49,90 €
- Sachbuch: „Vererbung und Ererbtes - Ein humangenetischer Ratgeber"
  (Jörg Schmidtke), 270 S., 2. Aufl., 2002
  ISBN 3-934235-20-4   14,90 €
- Fachbuch: „Leitfaden für die Revitalisierung und Entwicklung von Industrie-brachen" (Volker Stahl u.a.), 226 S., 2003
  ISBN 3-934235-06-9   29,90 €
- Fachbuch: „Quo vadis Gesundheitswesen? DRGs und Clinical Pathways unter der sozialökonomischen Lupe von Theorie und Praxis"
  (Cornelia Teich; Friedrich Schröder (Hrsg.)), 172 S., 2004
  ISBN 3-934235-29-8   29,95 €
- Fachbuch: „Kostenrechnung und Kostenmanagement im Verlagswesen"
  (Maik Arnold), 150 S., 2004
  ISBN 3-934235-28-X   22,95 €
- Fachbuch: „Erfolgsorientiertes Management von Krankenhäusern und Pflegeeinrichtungen"
  (Friedrich Schröder; Cornelia Teich (Hrsg.)), 134 S., 2005
  ISBN 3-934235-37-9   24,95 €
- Fachbuch: „Zwischen Legitimität und Effektivität – zur Rolle des Parlaments im Bereich des außenpolitischen Handels"
  (Ludwig Gramlich (Hrsg.)), 191 S., 2006
  ISBN 3-934235-48-4   49,90 €

- Fachbuch: „Entwicklungen bei eGovernment in Sachsen und Tschechien"
  (Ludwig Gramlich (Hrsg.)), 166 S., 2006
  ISBN 978-3-934235-55-7   29,95 €
- Fachbuch: „Die optimale Rotationsperiode erneuerbarer Ressourcen"
  (Frank Mrusek, Uwe Götze), 140 S., 2007
  ISBN 978-3-934235-57-3   24,95 €
- Fachbuch: „Juristische Wechselreden" - Festgabe für Hugo J. Hahn zum 80.
  Geburtstag"
  (Ludwig Gramlich, Ulrich Häde; Albrecht Weber; Franz Zehetner), 220 S., 2006
  ISBN 978-3-934235-51-9   49,95 €

Bitte informieren Sie sich über das aktuelle Verlagsprogramm (Lehr- und Übungs-
bücher, Fachbücher, Belletristik) im Internet unter **www. guc-verlag.de** - dem
Onlineauftritt der GUC m.b.H.